育明考研考博系列丛书

公共政策学

考点热点与真题解析

李国正　主编

首都师范大学出版社
CAPITAL NORMAL UNIVERSITY PRESS

图书在版编目(CIP)数据

公共政策学:考点热点与真题解析 / 李国正主编. —北京:首都师范大学出版社, 2022.1

ISBN 978-7-5656-6820-3

Ⅰ. ①公… Ⅱ. ①李… Ⅲ. ①公共政策—研究生入学考试—自学参考资料 Ⅳ. ①D035-01

中国版本图书馆 CIP 数据核字(2022)第 011863 号

GONGGONG ZHENGCEXUE:KAODIAN REDIAN YU ZHENTI JIEXI

公共政策学:考点热点与真题解析

李国正　主编

责任编辑　马　岩　许　蔚

首都师范大学出版社出版发行

地　址　北京西三环北路 105 号

邮　编　100048

电　话　68418523(总编室)　68982468(发行部)

网　址　http://cnupn.cnu.edu.cn

印　刷　三河市明华印务有限公司

经　销　全国新华书店

版　次　2022 年 1 月第 1 版

印　次　2022 年 1 月第 1 次印刷

开　本　787mm×1092mm　1/16

印　张　38

字　数　673 千

定　价　89.00 元

使用说明

本书在编写的过程中参考了公共政策学科几本重要教材：

谢明，《公共政策概论》，中国人民大学出版社

谢明，《公共政策导论》，中国人民大学出版社

严强，《公共政策学》，社会科学文献出版社

陈振明，《公共政策分析》，中国人民大学出版社

陈振明，《政策科学——公共政策分析导论》，中国人民大学出版社

陈庆云，《公共政策分析》，北京大学出版社

宁骚，《公共政策学》，高等教育出版社

李国正，《公共政策分析》，首都师范大学出版社

本书由北京大学、中国人民大学、清华大学、厦门大学等高校的教授、博士历经2年编写完成。本书结合了当前公共政策学科研究的热点理论以及社会时政热点问题，并融合了国内数十所公共政策考研院校的真题。考生在备考过程中，可以结合本书整理笔记，争取在背记的基础上结合自己的思考对已给的参考答案进行调整修补，切忌拿来主义。

目 录

第一部分 专业课备考技巧及答题技巧

第二部分 公共政策学：考点难点与真题解析

第三部分　公共政策学领域的九大热点案例

第一部分

专业课备考技巧及答题技巧

一、专业课备考技巧

对于专业课的复习，育明教育咨询师建议大家可以采取以下建议。

1. 快速、反复、多次

根据育明教育咨询师多年辅导经验总结，绝大多数学员在备考时经常犯以下两个错误。

第一，看书速度比较慢，期望看一遍书就能够把考点记住。不单是复习专业课，很多考生在看英语单词的时候也经常犯这样的错误。

第二，背诵的时候缺乏复习和巩固。只知道一本书一本书地背诵，结果往往背完之后很快就忘记了。

综合以上两个问题，育明教育咨询师希望大家一定要养成“快速、反复、多次”记忆的好习惯。

2. 重点突出，主次分明

毋庸置疑，考试是有侧重点的。凡是企图一字不差地记住和背诵下来的想法都是错误的。专业课复习必须主次分明，重难点突出。在备考过程中，要懂得“二八法则”，即 20%的知识点会带来 80%的分数，所以必须做到抓重点、抓关键，明白“舍得”。

3. 框架入手，由粗到细

对于一本书，大家首先要明确它的知识框架，然后再慢慢细化。这样比较有利于大家快速建立起知识架构。但是这点很多考生都不明白其重要性，导致越是复习到最后感觉越乱，很多就直接放弃了。所以，构建学科框架、知识框架非常重要，尤其是在回答论述题、材料分析题时。

二、专业课答题技巧

1. 名词解释

（1）名词解释一般答 100 字左右，在 A4 纸上约 3 行，每行 30—40 字。

（2）名词解释三段论答题法：定义→背景、特征、概念类比→总结/评价。

第一，名词本身的含义，一般都可以在书本中找到。

第二，从名词提出的背景、特征及相似概念比较等方面进行简述。

第三，总结，可以做一下简短的个人评价。

（3）育明教育温馨提示。

第一，名词解释一般位于试卷的第一部分，很多考生刚上考场非常兴奋，一兴奋就容易下笔如流水，一不小心就把名词解释当成了简答题。结果后面的题目答题时间非常紧张。

第二，在回答名词解释的时候，以150—200字为最佳。按照每个人写字的速度，一般需要5分钟左右。

2. 简答题

（1）简答题一般每题600字左右，可以看情况划分成3—4条，每条150—200字。

（2）简答题定义框架答题法：定义→框架→总结。

第一，先把简答题干中涉及的最重要的1—2个名词进行阐述，类似于“名词解释”。很多人省略了这一点，无意中丢失了很多的分数。

第二，按照要求，搭建框架进行回答。回答要点一般3—5条，每条150—200字。

第三，进行简单的总结。

（3）育明教育温馨提示。

第一，简答题一般来说位于试题的第二部分，基本考查对某些重要问题的掌握程度。难度中等偏低，这就要求考生在复习的时候把课本重要问题梳理清楚，要比较扎实地记忆。一般来说，书本看到5遍以上可以达到记忆的效果。当然，记忆也要讲究方法。

第二，在回答的时候字数一般在800字左右，答题时间控制在15—20分钟。

3. 论述题

（1）论述题是拉分的关键，也是专业课里分值最高、题量最大的题型，同时也往往是概括性最强、最难回答的题型。

（2）论述题“三步走”答题法：是什么→为什么→怎么做。

第一，论述题中重要的核心概念要阐释清楚，即重要的理论要点要罗列到位，而这些是可以在书本上直接找到的，是得分点，也是进一步分析的理论基点。

第二，要分析目前所存在问题出现的原因。这个部分基本可以通过对课本中所涉及的问题进行总结而成。

第三，提出自己合理化的建议。

（3）育明教育温馨提示。

第一，论述题属于中等偏上难度的题目，考查对学科整体的把握和对知识点的灵活运用，进而运用理论知识来解决现实问题，进一步强调对课本的整体框架和参考书内部逻辑的掌握。

第二，答题视角要发散，不要拘泥于一两个点。

第三，答题字数控制在 1500 字左右，用时为 25—30 分钟。但也要根据具体题目数量进行适度调整。

第四，建议采用“总分总”结构。即前后是起始和总结的套话，中间是要点，要点部分采用 4×300（2×150）模式，即分 4 大条，每条 300 字，每条又分两小点，每点 150 字。

第二部分

公共政策学：考点难点与真题解析

第一篇　导论

育明教育名师解析

第一篇为导论部分，主要介绍公共政策学科的一些基本概念，属于基础部分。读者会在导论部分1—3章中看到同一名词解释的不同定义，这时需要注意，各个定义虽然说法不一，但本质接近。因此，在复习背记时，一定要区别对待，背诵好自己所报考院校重点参考书目中的相关定义即可。若报考院校不划定参考书目，则要都有所了解，有所取舍，有所融合。

第1章　公共政策的基本概念

育明教育名师解析

本章作为开篇首章，开门见山，介绍了公共政策的基本概念，如定义、特征、作用、为什么研究公共政策等。在此基础上，提出了涉及公共字眼的诸多概念以及政府收支、失灵理论等内容。由于其知识点琐碎，且极其重要，在各大院校真题中常有出现，尤其是以名词解释为主要考查题型。但是，考生在复习背记时，切忌拆分零散记忆，而要结合本章章节知识框架，进行系统记忆，若这样背记，后期更能在答题中游刃有余。

1.1 章节知识框架

- 公共政策的基本概念
  - 定义
  - 研究的缘由
    - 科学层面
    - 专业层面
    - 政治层面
  - 作用
  - 特征
  - 表现形式
    - 西方国家三权分立体制下的公共政策
    - 中国议行合一体制下的公共政策
  - 类型
    - 实质性政策和程序性政策
    - 分配性政策和再分配性政策
    - 管制性政策/调节性政策和自我管制性政策/自我调节性政策
    - 物质性政策和象征性政策
    - 涉公政策和涉私政策
  - 全民公决
  - 比较直接民主与间接民主
  - 公共的相关概念汇总
    - 公共物品
    - 公共职能
    - 公共利益
    - 公共权力
    - 公共秩序
    - 公共治理
  - 政府收入与政府支出
  - 政府支出相关理论
  - 失灵理论
    - 政府失灵
      - 定义
      - 类型及原因
    - 市场失灵
      - 定义
      - 清单
    - 契约失灵
    - 志愿失灵
    - 社会失灵
      - 三大模型
        - 公地悲剧
        - 囚徒困境
        - 集体行动逻辑
      - 群体的非理性的八大效应
        - 邻避效应
        - 从众效应
        - 搭便车效应
        - 旁观者效应
        - 广场效应
        - 马太效应
        - 黑洞效应
        - 暴民政治
  - 公共政策与法

1.2 常考知识点梳理

【考点1】公共政策的定义——谢明《公共政策概论》

公共政策是指社会公共权威在特定情境中，为达到一定目标而制定的行动方案或行动准则。其作用是规范和指导有关机构、团体或个人的行动，其表达形式包括法律法规、行政规定或命令、国家领导人口头或书面的指示、政府大型规划、具体的行动计划和相关策略等。

【考点2】研究公共政策的缘由——谢明《公共政策概论》

1. 科学层面

从科学角度而言，分析公共政策的成因与结果，有助于增进和提高社会领域的知识，有助于了解社会与经济、政府与环境、问题与回应、政治与政策等多方面因素的互动关系，有助于增进人们对政治行为和政府治理的理解，从而加深对公共政策本质规律的认识。

2. 专业层面

从专业角度而言，掌握公共政策的理论与方法能够使人们应用科学知识解决实际问题，即政策分析能够产生专业化的建议，通过对问题的分析和描述，提供行之有效的解决办法。

3. 政治层面

从政治角度而言，政策不仅是为科学和专业而存在，而且在政治领域也具有举足轻重的地位和作用，它通过提供政治讨论的素材，促进政治意识的提高，从而完善政策制定过程，提高公共政策质量。

【考点3】公共政策的作用——谢明《公共政策概论》

1. 导向功能

公共政策作为规范公众行为的社会准则，对公众行为具有重要的引导作用，这种引导既包括行为的引导也包括观念的引导，它告诉人们应以什么为标准，应该做哪些事和不该做哪些事。

2. 管制功能

为避免一些影响社会良性运行的不利因素出现，公共政策就要发挥对目标群体的约束和管制职能。

3. 调控功能

公共政策的调控功能是指政府运用政策手段对社会生活中出现的利益冲突进行调节与控制。

4. 分配功能

对社会公共利益进行分配是公共政策的本质特征。

【考点4】公共政策的特征——谢明《公共政策导论》

公共政策的特征如下：

1. 政治性

公共政策的制定是政党和政府的政治行为，公共政策集中体现了统治阶级的利益需要，是源于政治动机的组织产物，因而它具有鲜明的政治倾向性。

2. 多样性

公共政策的多样性主要包括层次多样性、领域多样性、形式多样性、时间多样性、功能多样性等。

3. 层次性

公共政策有其层次要求，一刀切到底的政策往往是要碰壁的。

4. 阶段性

从动态角度看，公共政策有一个发生、发展的变化过程，表现出阶段性的特征。

5. 复杂性

社会是复杂的，事物是变化的，所以任何一项政策都不可能尽善尽美、万无一失。

6. 合法性

从广义角度而言，公共政策的合法性主要是指公众对其的认可和接受程度。公共政策要具有合法性就必须经过一个合法化的过程，第一部分是政治系统的合法化，第二部分是公共政策的合法化。

7. 权威性

公共政策的权威性是以其合法性为基础的，政策只有经过合法化的过程，才能具有对公众的约束力。

8. 普遍性

公共政策在其所框定的范围内具有广泛的适用性，其规定的行为标准和设定的行为限度具有普遍的约束力。

9. **稳定性**

公共政策必须保持一定的稳定性，朝令夕改、变化无常的政策是最不得人心的。

【考点5】公共政策的表现形式——谢明《公共政策导论》

1. **西方国家三权分立体制下的公共政策**

三权分立制度是指国家的立法、行政、司法三权分别由三个机关独立行使，并相互制衡的制度。西方国家三权分立体制下的公共政策制定主要有以下形式。

（1）国会立法

国会立法是公共政策最基本的形式。立法者在政策制定过程中具有重要作用。

例如，美国国会是美国最高立法机构，由参、众两院组成。美国国会是行使立法权的地方。议案一般经过提出、委员会审议、全院大会审议等程序。

（2）总统决策

总统是强有力的直接决策者，其决定往往是通过如下途径做出的：一是在内阁决策中具有独断权；二是政府各部提出的政策倡议会源源不断地汇集到总统直辖机构这个行政系统的末端。

（3）政府机构决策

国会授予政府机构正式权力以做出具有法律效力的抉择。如授予环保局正式权力以做出有关规章、条例、细则等。

（4）司法决策

最高法院是公共政策的直接制定者。法院通过解释宪法和法律进一步扩大现行法律的适用范围，或直接宣布某项法律违宪使之无效，或提出纠正的具体措施。

2. **中国议行合一体制下的公共政策**

中国现行的政治体制是中国共产党领导的议行合一体制。当代中国的公共政策，从其实质特征看，充分体现出中国共产党的领导作用；从其形式特征看，则主要由以下四部分组成。

（1）中国共产党的政策

中国共产党作为各种社会公共权力机构的领导核心，其公共权威作用集中体现在公共政策的制定与执行过程中。中国共产党制定的政策是其在一定历史时期为实现一定的目标和任务而规定的调整国际上国与国之间、国内团体与团体之间、人与人之间关系与行为方式的依据和准则。

（2）人民代表大会的立法

我国宪法规定，国家机关体系有四大组成部分，即国家权力机关、国家行政机关、国家审判机关和国家检察机关。显然，国家权力机关在国家机关体系中居首要地位。它有权决定同级其他国家机关的领导人选，并从法律制度和原则上规定它们的机构设置、职权范围、人员编制和活动方式。

（3）国家行政机关的行政决策

国家行政机关指国务院及其组成部分和地方各级人民政府，它们是国家权力机关的执行机关，行使国家行政权。

（4）国家司法机关的司法解释

最高人民法院和最高人民检察院根据法律赋予的职权，对审判和检察工作中具体应用法律所做的具有普遍司法效力的解释是公共政策的一种特殊组成。

【考点6】公共政策的类型——谢明《公共政策概论》

1. 实质性政策和程序性政策

（1）实质性政策

实质性政策与政府将要采取的行动有关，实质性政策会直接给人们带来利益或产生不便，并分配相关受益和支付必要成本。如2008年我国为应对国际金融危机而启动的刺激内需计划、福利计划等。

（2）程序性政策

程序性政策只涉及怎样采取行动和由谁来采取行动，程序性政策也可能会有重要的实质性结果。程序性政策包括一些法律，如组织法。

2. 分配性政策和再分配性政策

（1）分配性政策

分配性政策涉及将服务和利益分配给人口中的特定人群——个人、团体等，分配性政策一般只产生受益者，没有明确的受损者。

（2）再分配性政策

再分配性政策是政府有计划的积极行动，涉及在社会各阶层和团体中财富、收入、财产和权力的转移性分配。再分配性政策的通常模式是资产从有产者流向无产者。

3. 管制性政策/调节性政策和自我管制性政策/自我调节性政策

（1）管制性政策/调节性政策

管制性政策是对个人或团体的行动加以限制和约束的政策。管制性政策的主要形式有：

①某些管制性政策提出了行为的基本准则，如《中华人民共和国反垄断法》；

②消费者保护政策能用来说明管制性政策存在的另一些差别；

③某些管制性政策通过将权力赋予一些人，拒绝另一些人来贯彻实施。

（2）自我管制性政策/自我调节性政策

自我管制性政策受到被管制团体更多的控制，而且他们把其用作保护和促进自身成员利益的手段。

4. 物质性政策和象征性政策

（1）物质性政策

物质性政策是将有形的资源和实质性的权利给予受益人，或将真正的不利条件强加给受反向影响的人。如确立最低工资标准等。

（2）象征性政策

象征性政策对人们几乎没有真正的物质性影响，它们并不交付表面上似乎要交付的东西，也不分配有形的利益。象征性政策多涉及人们所珍视的一些价值观，如爱国主义、和平理念等。

绝大多数政策既不是纯粹的象征性政策，也不是完全的物质性政策，大多数政策落在二者之间。

5. 涉公政策和涉私政策

（1）涉公政策

涉公政策是指涉及公共物品提供的政策。涉公政策既没有任何有效的方法可以在向某些人提供公共物品时把其他人排除在外，也没有任何方法计算哪些人从公共物品中得到更多的收益。例如国防。

（2）涉私政策

涉私政策是指涉及私人物品提供的政策。私人物品具有排他性。

【考点7】全民公决（全民表决）——谢明《公共政策概论》

全民公决又称全民投票或全民表决，是指全体公民通过投票对重大问题做出决定。它起源于古希腊城邦雅典的公民大会。全民公决是一种直接民主的民主形式，是民主国家宪政制度的重要组成部分，是由选民通过投票对相关议题表达同意、反对或弃权的明确态度，然后根据表决结果达成决策的一种制度。

优点：

（1）它是基于平等原则，使每个公民都有参与制定政策的权利，能够实现最大范围的民主。

（2）可以更明确了解人们的真正需求，而不是从选举出来的代表那里获得。

（3）防止国家重大政策的制定被少数人所操控。

（4）可以培养公民的参与意识和政治责任感。

缺点：

（1）投票者会更多地关注自己的利益，不能使政策达到国家利益最大化。

（2）简单多数的通过办法使得少数人的权益得不到保证。

（3）成本过高，不可能频繁进行。

（4）耗时长，没有很强的实时性，不能用来解决需要尽快做出决策的问题。

（5）政府可以通过全民公决推卸责任。

【考点8】比较直接民主和间接民主——谢明《公共政策概论》

民主可分为两种，即直接民主和间接民主。直接民主是指公民直接参与决定国家与社会事务的民主形式，一般包括具体事务上的直接民主和国家体制上的直接民主。具体事务上的直接民主是指在一些具体问题上采用全体投票的方式做出决定，但在整个国家的主导制度上仍然可能是代议形式。国家体制上的直接民主是指整个国家在体制上的直接投票形式。直接选举、全民公决、公民参加听证会等都属于直接民主的不同表现形式。

间接民主又称代议制民主，是指公民通过经由自己同意选举出来的代表来负责制定政策和管理公共事务。间接民主要求有一整套的监督机构来对人民所选的代表及由此产生的政府进行监督和防范，以避免这些代表和政府官员滥用权力。

【考点9】公共的相关概念汇总——谢明《公共政策概论》

1. 公共物品

公共物品是指能够被所有人得到的物品或服务，即如果把公共物品提供给任何一个人，那么也必须提供给所有人。对单一消费者而言，公共物品或服务的成本要远远高于其价值。公共物品具有非排他性、不可分割性。

私人物品是指通过市场选择而被个人消费的物品，而且只有为之付费的人才有权对其进行支配。私人物品具有排他性。

公共物品与私人物品的区别：

（1）公共物品具有非排他性、不可分割性；私人物品具有排他性。

（2）公共物品用税收和借贷的方式予以支付，价格体现在为支付其生产所要求的征税水平上；私人物品通过在市场条件下运行的价格体系予以支付。

2. **公共职能**

公共职能是政府依法对国家和社会公共事务进行管理时所承担的职责和所从事的活动。主要包括以下内容：

（1）政治职能

政治职能，又称统治职能，即对外保护国家安全，对内维持社会秩序的职能。主要包括：军事保卫职能、外交职能、治安职能、民主政治建设职能。

（2）经济职能

经济职能是指政府为国家经济发展，对社会经济生活进行管理的职能。主要包括：宏观调控职能、提供公共产品和服务的职能、市场监管职能。

（3）文化职能

文化职能是指政府为满足人们日益增长的文化生活需要，依法对文化事业所实施的管理。主要包括：发展科学技术职能、发展教育职能、发展文化事业职能、发展卫生体育职能。

（4）社会职能

社会职能是指除政治、经济、文化职能以外政府必须承担的其他职能。主要包括：调节社会分配和组织社会保障职能、保护生态环境和自然资源职能、促进社会化服务体系建立职能、实行计划生育的职能。

3. **公共利益**

公共利益是指一定范围内不特定多数人的共同利益。它包括国家利益、阶级利益、民族利益、集体利益在内的公共物质利益和精神需要。正确界定公共利益需要遵循：公共性、合理性、正当性、公平性的标准。

（1）公共性。较私人利益而言，公共利益首先是公共的利益，受益主体具有普遍性或不特定性的显著特点。

（2）合理性。由于一种公共利益的实现经常是以其他公共利益和私人利益的减损为代价，因此在界定公共利益时就应当遵循合理性原则：要对局部公共利益与整体公共利益、短期公共利益与长期公共利益加以权衡，对可能减损的私人利益与可能增长的公共利益加以权衡，对实现公共利益的不同方式加以权衡。

（3）正当性。公共利益的界定事关广泛的公共利益，政府机关应当广泛听取、充分尊重公众意见，保证公共利益界定基于广泛的民意之上。

（4）公平性。公共利益是公共的利益，如果以减损少数人的私人利益却又不给予必要补偿的方式来增进公共利益，就会有违公共政策的正义和公平原则。

4. **公共权力**

公共权力是指由立法、行政、司法、执法等国家和社会的公共机构行使的权力，它在保证社会稳定、维持良性互动和促进经济发展方面发挥着任何非公共的私人组织都无法取代的重要作用。正因为如此，相对于非公共领域的团体或个人而言，公共权力往往处于明显的优势地位。由于公共权力不可避免地要交由具体的机构或个人去行使，不可避免地会出现扩展权力的冲动和角色表现的悖论。因此，为了有效抑制这种非理性的冲动和角色的错位，就应该为公共权力划定法律界限。

5. **公共秩序**

公共秩序又称社会秩序，是指为了维护社会公共生活的正常进行，而要求人们必须遵守的行为规范，由法律法规、国家机关和企事业单位以及社会团体的规章制度等共同确定，主要包括社会管理秩序、生产秩序、工作秩序、交通秩序和公共场所秩序等。遵守公共秩序是公民的基本义务。

6. **公共治理**

公共治理又称治理式行政，是一种多元的、民主的、合作的公共行政，是由开放的公共管理与广泛的公众参与二者整合而成的公域之治模式，具有治理主体多元化、治理依据多面化、治理方式多样化等特征。

首先，就治理主体而言，该模式主张不仅包括国家，还包括其他公权力主体如行业协会、自治团体等，各种治理主体在公域之治中应各展其长、各得其所。

其次，就治理依据而言，该模式主张不仅包括国家立法，还包括社会共同体形成的规则，甚至不同主体之间达成的协议等。

再次，在治理方式上，该模式主张依照公域之治的实际需要，在进行综合性成本—收益分析的基础上，能使用非强制方式的就不使用强制方式，能用双方协商解决的方式就不用单方强制的方式，能使用自治的方式就不使用他治的方式，遵照先市场后社会再政府的选择标准，实现治理方式的多元化、民主化和市场化。

最后，这种模式主张，在宪政框架下，所有公共治理主体都应当权责一致，确保没有权力不受监督、没有权利不受救济，所有公共治理主体都要依法承担违法责任，尤其是确保过罚相当、罚当其责。

【考点10】政府收入与政府支出——谢明《公共政策概论》

1. 政府收入

政府收入是指政府为履行其职能而筹集的一切资金总和，是国家通过一定的形式和渠道集中起来的以货币表现的一定量的社会产品价值，是国家从事一切活动的物质前提。广义的政府收入是指各级政府所支配的全部资金，包括预算内收入和预算外收入；狭义的政府收入仅指国家预算内收入。

政府收入的形式：

（1）税收收入

税收收入是指政府凭借政治权力参与社会产品分配所取得的收入，是政府收入的最主要形式，是政府活动的主要财力支柱。

（2）债务收入

债务收入是指国家以信用方式从国内外取得的借款收入。

（3）国有企业运营收入

国有企业运营收入是指国家以国有资产所有者代表的身份，采取上交利润、租金股息红利和资产占用费等形式取得的收入。

（4）国有财产收入

国有财产收入是指政府凭借其所拥有的财产而取得的租金、利益和变价款等收入，包括国有动产收益和国有不动产收益。

（5）行政司法收入

行政司法收入是指政府或公共机关由于向居民提供某种服务或为了限制人们的某些行为，根据一定的标准收取的规费收入或罚没收入。

（6）其他收入

除了上述各类收入形式以外的其他各种形式的收入，如捐赠收入等。

2. 政府支出

政府支出是指各级政府履行其必要职能所进行的各项活动成本，包括购买所需商品和劳务的支出、提供公共产品和准公共产品的支出，以及为实现收入分配等进行的转移支出。政府支出要遵循的原则：量入为出原则、公平原则、效益原则、统筹兼顾原则。政府支出规模增长受政治、经济和社会因素的影响。

【考点11】政府支出相关理论——谢明《公共政策概论》

1. 瓦格纳法则

由德国经济学家瓦格纳提出，是指当国民收入增长时，财政支出会以更大比例增长。随着人均收入水平的提高，政府支出占 GNP 的比重将会提高，这就是财政支出的相对增长。

2. 梯度渐进增长理论

皮科克和怀斯曼在瓦格纳分析的基础上得出：在一个较长的时期内，政府支出的增长呈现出阶梯性增长的特点。该理论的前提假设是：政府多开支，公民不愿意多纳税。

3. 经济发展阶段论

经济发展的早期阶段，政府投资在社会总投资中占有较高比重；经济发展的中期阶段，政府投资还应继续进行，但只是对私人投资的补充；经济发展成熟阶段，政府支出规模膨胀。

4. 非均衡增长理论

由鲍莫尔提出：将国民经济部门分为进步部门和非进步部门。非进步部门的规模会随着进步部门工资率的增长而增长，即政府部门的投资效率偏低导致政府支出规模扩大。

5. 官僚预算最大化模型

官僚预算最大化模型基于两种假设。假设一：官僚们试图最大化自己的预算；假设二：官僚机构在最大化他们的预算时大多数情况下是成功的。在大多数情况下，相对的刺激与可得到的信息，给予官僚机构绝对支配性的垄断权力。

6. 财政幻觉假说

依靠精心组织税收和支出的制度，使纳税人觉得所承受的负担比实际的负担要轻，使受益人觉得提供给他们的公共商品和服务的价值比实际的价值要大。

7. 选举权扩大增长论

选举权扩大到更多的社会阶层，这种政治权利从一国的少数阶层向多数阶层的转移会导致社会福利性支出显著增加，从而促进政府支出规模不断扩大。

8. 公共决策中的“排队”理论

公共决策中的问题是由公共资源短缺引起的，解决资源短缺的基本方法是竞争，最重要的方式是排队。排队又分为效率规则排队和权力规则排队。

【考点 12】失灵理论——谢明《公共政策概论》

1. 政府失灵

政府失灵是指由于政府机制本质上的缺失，从而无法使资源配置效率达到最佳的情形。

政府失灵的类型及原因如下：

（1）成本和收益的分离：过剩和成本提高

政府活动缺乏任何价格的指引，便割裂了价格和成本的联系，因为维持政府活动的收入具有非价格来源，即来源于政府税收。政府活动的一个劣势是会产生明显的多余成本，从而导致社会资源的浪费。政府预算也会因利益集团的游说造成生产过剩和重复投资。

（2）政策制定的复杂性和低质政策

公共政策的制定是一个复杂的政治过程，由于理性选民的无知、利益集团的影响、等级制和官僚制本身的障碍、政治家的偏好因素以及政府部门的本位主义和机关利益等因素的存在，使得公共政策并不能反映公共的利益，也不符合有效率的资源配置。

（3）内部性问题

公共组织为了进行其内部的管理，需要发展一些规则和标准，这些规则和标准即内部性，用来评估机构的运行和机关人员的行为。内部性是政府失灵的核心，内部性在政府中的表现如下：①预算增长；②大机构规模；③控制信息使之转化为有价值的产品或权力。内部性的存在，使得政府的运作成本大大提高。

（4）政府组织的低效率

政府是唯一对其成员具有强制力且有权征收义务税的组织，是名副其实的自然性垄断者。由于缺乏竞争，政府管理部门以及管理者缺乏竞争的压力，政府官员缺乏企业管理的理念，没有降低成本的动力，也没有较好的激励机制，导致了经营的低效率。

（5）另一种分配不公平

政府活动产生的不公平往往不是集中在财富和收入上，而是集中在权力或特权上。因为政府的公共政策本质上涉及价值和权力再分配问题，这就给不公正和滥用职权提供了机会。

（6）寻租

寻租是指在某种政府保护的制度环境中，个人寻求财富转移的活动，或者追求非生产性利润的活动。寻租是政府干预的结果，在政府干预的情况下，寻租者从政府那里寻到了某种特权，从而对某种资源具有垄断权，或者在政府的庇护下按寻租者的意愿进行生产。寻租的结果是导致社会资源的浪费，具体表现在：①为了获取租金，寻租者需要花费时间、精力、金钱，这种活动对社会没有任何效率；②如果寻租行为得以实现，相关生产者和消费者将付出比寻租者所得利润更高的代价，社会也要为寻租行为付出道德的成本，甚至政治的成本。

(7) 政策执行的无效率

各种不利因素的存在导致政策执行的无效率，有以下情形：①部门利益的存在使得部门可能出现“损公肥私”的情况；②地方利益驱使地方政府做出与政策目标相反的选择；③委托—代理关系导致逆向选择和道德风险；④沉淀成本：在政策执行过程中，可能发现政策有误，但政府部门因过去的计划而投入了资源，故不愿意终止计划，因怕背上“政策失误”的罪名。

(8) 所有制残缺

所有制残缺是指对那些用来确定完整的所有制权利的一些私有权的删除。所有制之所以残缺是因为一些代理者（如政府）获得了允许他人改变所有制安排的权利。国家管制是所有制残缺的根源，管制导致所有权的残缺，所有制残缺程度与管制程度成正比。

2. 市场失灵

市场失灵是指因市场缺陷而引起的资源配置的无效率。市场失灵有两种情况：一是市场机制无法将社会资源予以有效配置；二是市场经济无法解决效率以外的非经济目标。

市场失灵的清单：

(1) 公共产品的提供

消费者偏好在市场上反应不出来的产品或服务即公共产品。公共产品具有非排他性、共享性，因此市场无法对公共产品进行资源分配。

对公共产品的提供是政府分内之事，政府会通过政府财政予以提供。

(2) 市场经济中的垄断

市场实现资源优化配置的前提条件之一是竞争存在而垄断不存在。然而市场面临的是不完全竞争，故而造成了垄断和寡头经济的存在。其祸害不在于谋取垄断利润，而在于破坏正常的市场运作。

政府会通过控制垄断程度、价格管制、制定反垄断法和公平竞争法来控制垄断，维护市场的正常运作。

(3) 市场经济的外部性

外部性包括外部经济和外部不经济。外部经济，又称外部利益，是指某一活动或某一项目所产生的经济效益被与该项目无关的人所享有；外部不经济又称外部损失成本，是指某一企业的经济活动所造成的经济损失，而企业并不承担外部成本。

政府的作用在于使外部经济最大化和使外部不经济最小化。

（4）市场的波动与经济的不稳定性

市场从来就含有不稳定性，它的发展是以周期性增长的方式进行的。市场始终孕育经济活动急剧且大幅度变动的可能性。这种变动危害到市场机制的有效性、资源配置和收入分配的公平性。

政府主要通过财政政策和货币政策来实现经济的稳定。

（5）市场经济下的收入不平等

在市场机制中，收入由力量关系、个人能力、继承财产多少、受教育的可能性等方面决定，因此产生了各种不平等。收入分配的不平等，差距的扩大，不利于社会的稳定和社会公平公正的实现。

政府通过税收政策、转移支付政策以及直接干预市场机制、操纵价格等方法来改变收入分配的不平等。

3. 契约失灵

契约失灵理论是由美国学者汉斯曼提出的，契约失灵是指由于信息不对称导致仅仅依据生产者和消费者之间的契约，难以防止生产者坑害消费者的机会主义行为的出现。生产者所拥有的信息远远多于消费者，这使得消费者缺少足够的信息来评估产品和服务的质量。此时达成的契约不是最优的，生产者完全有能力通过劣质商品来获取额外收益，甚至出现所谓的“逆向选择”，即劣质商品把优质商品驱逐出市场的现象。契约失灵无法靠市场自行解决，需要依靠政府和非营利组织来解决。

4. 志愿失灵

志愿失灵是指非政府组织有其内在局限性，在以筹款志愿为基础而建立的非政府组织内，存在很多的问题。志愿失灵理论指出了非政府组织的以下缺陷。

（1）慈善不足

非政府组织活动所需要的开支与所能筹集到的资源之间存在巨大的缺口。政府补贴是其资金的主要来源，然而由于新公共管理运动和政府重塑运动使得政府没有能力和意愿来帮助非政府组织。

（2）非政府组织往往存在家长作风

实际掌握经济资源的人对如何使用资源有较大的发言权。

（3）非政府组织的业余性

非政府组织的工作由志愿人士承担，缺少专业人员，影响了组织绩效和服务产品质量，影响了非政府组织功效的发挥。

（4）非政府组织对象的局限性

非政府组织活动的对象只是某些特定的社会群体，具有局限性。

（5）非政府组织存在被环境同化的可能

政府和市场是两种成功的组织形式，它们的结构和运转方式是非政府组织一直模仿和选择的，所以非政府组织的官僚化倾向和组织目标的转移在所难免。

5. 社会失灵

社会失灵是指由于盲目性行为和情绪化冲动所导致的群体非理性，以及由此产生的负面影响。从公共管理角度来看，有三大富有影响力的理论模型，即哈定的公地悲剧、塔克的囚徒困境和奥尔森的集体行动逻辑。这三大模型都揭示了在社会管理过程中，个人的理性选择往往导致群体的非理性。群体的非理性还包括邻避效应、从众效应、搭便车效应、旁观者效应、广场效应、马太效应、黑洞效应、暴民政治等。

三大模型：

（1）公地悲剧

公地悲剧是指如果一种资源没有排他性的所有权，就会导致这种资源的过度使用。公地悲剧是哈定提出的，他说在共享公有物的社会中，每个人都追求各自的最大利益，这就是悲剧所在，公有物自由给所有人带来了毁灭。

公地悲剧与英国的圈地运动联系在一起，在15—16世纪的英国，草地、森林、沼泽等都属于公共用地，耕地虽有主人，但庄家收割完以后要把栅栏拆除，将其开辟为公共牧场。由于英国对外贸易需求的增加，养羊业迅速发展，大量羊群进去公共牧场，草地开始退化，公地悲剧就出现了。

（2）囚徒困境

囚徒困境是博弈论中非零和博弈最具代表性的例子，反映个人的最佳选择。囚徒困境最早是由美国数学家阿尔伯特·塔克在1950年提出的。

囚徒困境的故事讲的是，两个嫌疑犯作案后被警察抓住，分别关在不同的屋子里接受审讯。警察知道两人有罪，但缺乏足够的证据。警察告诉每个人：如果两人都抵赖，各判刑一年；如果两人都坦白，各判八年；如果一人坦白一人抵赖，坦白的放出去，抵赖的判十年。于是，每个囚徒都面临两种选择：坦白或抵赖。然而，不管同伙选择什么，每个囚徒的最优选择都是坦白：如果同伙抵赖，自己坦白的话放出去、不坦白的话判一年，坦白比不坦白好；如果同伙坦白，自己坦白的话判八年、不坦白的话判十年，坦白比不坦白好。结果，两个嫌疑犯都选择坦白，各判刑八年。如果两人都抵赖，各判一年，显然这个结果对两人都好。但这种可能基本不存在，因为它不能满足个人的理性要求。囚徒困境所反映出的深刻问题是，人类的个人理性有时能导致集体的非理性——聪明的人类会因自己的聪明而作茧自缚。

（3）集体行动逻辑

《集体行动逻辑》是奥尔森的代表作，书中提出这样一个问题：人们为什么会组成集团？奥尔森的观点是：集团本质上提供了一种集体性的公共物品，如果不加入集团，就享受不到特殊利益。集团的存在是一种搭便车行为，只有当一个集团能够提供排他性的个人收益时，这个集团才能存在下去。

集体行动逻辑的推论：

①如果当一个集团为其成员提供的收益下降，那么它就很有可能走向衰弱。

②由于集团提供的是所有成员都可以享受的公共物品，所以大集团的成员维护集团利益的动机，弱于小集团的成员，因为在大集团中，个人的贡献越大，他可以享受到的回报就越少。

③三个和尚没水喝。若三个和尚不对称，或存在选择性激励，那么他们就可能有水喝。选择性激励是指对给集团带来利益的个人给予额外的奖励，即排他性的个人收益。

【补充】名词解释：合成谬误（单独摘出复习背记）

合成谬误由萨缪尔森提出。合成谬误是一种错误的推理，它论证说：如果一个整体的每一部分都有某种性质，则该整体也有此种性质；如果一个集合的每一个别元素都有某种属性，则该集合也具有此种属性。由于某一原因而对个体来说是对的，便据此认为对整体来说也是对的，这就是合成推理的谬误。

群体的非理性的八大效应：

（1）邻避效应

邻避效应是指居民或当地单位因担心工程建设项目（如垃圾场、核电站等）对身体健康、环境质量和资产价值等带来诸多负面影响，从而激发人们的嫌恶情结，滋生“不要建在我家后院”的心理，及采取的强烈和坚决的、有时高度情绪化的集体反对甚至抗争的行为。

由于项目所在地居民不甘承受本可以不承受的风险，如环境污染、健康伤害等，衍生出对政府引进项目的集体抵制，是理性经济人与非理性社会人纠结的结果。

（2）从众效应

一般而言，“从众”做事不需要上天入地地搜罗信息，不需要绞尽脑汁地分析判断。久而久之，养成了把头脑让渡给他人的习惯，如此循环往复，“从众”演变成一种基因。美国心理学家米尔格雷姆在20世纪60年代设计了心理测试，测试结果显示，当一个人向天上望时，只有4%的行人遵从了他的行为；当5个人向天上望时，遵从率增加到16%；当10个人向天上望时，遵从率达到22%；当15个人向天上望时，遵从率达到40%。

（3）搭便车效应

“搭便车”本是经济学概念，主要源于正外部性，其基本含义是不付成本而坐享他人之利。现在它经常被用来分析一些社会现象。在利益集团内，某个成员为了本利益集团的利益所做的努力，集团内所有的人都有可能得益，但成本则由这个人承担。由于利益集团的利益是由组成集团的每个成员的需求和动机决定的，因此，每个利益集团成员只有联手努力才能获得共同利益。如果有人没有为此而努力，而其他人付出了努力，那么这就会抑制集团成员为本利益集团努力的动力；如果利益集团内每个成员都共同努力，则个人成本就会相当小。

（4）旁观者效应

旁观者效应也称责任分散效应，指个体对于紧急事态的反应在单个人时与同其他人在一起时是不同的。由于他人在场，个体会抑制利他行为。救助行为出现的可能与在场旁观人数成反比，即旁观人数越多，救助行为出现的可能性就越小。当一个人遇到紧急情境时，如果只有他一个人能提供救助，他会清醒地意识到自己的责任，对受难者给予帮助。如果有许多人在场的话，帮助求助者的责任就由大家来分担，造成责任分散，每个人分担的责任很少，旁观者产生一种“我不去救，自然有人去救”的心理，造成“集体冷漠”的局面。

（5）广场效应

社会心理学家认为，在一切人群聚集的公开场合，人们常常表现出与日常生活大相径庭甚至完全相反的言行，这并不是一个知识性方面的问题，而是一个无意识统治下的群体心理问题，这在社会心理学中被称为广场效应。

①行为特点：在多数情况下群体的道德比个人低劣。

②产生原因：产生这一切心理特征的原因是个人在群体中的消失，无意识成为统治者。

③社会影响：广场效应在特定环境下会影响群众对社会法制和道德标准的判断，甚至出现暴民政治现象，影响社会的和谐稳定。

（6）马太效应

马太效应是指“好的愈好，坏的愈坏；多的愈多，少的愈少”的正反馈现象，最早由美国学者罗伯特·默顿于1968年提出。任何个体、群体或地区，一旦在某个方面获得成功和进步，就会产生一种积累优势，就会有更多机会获得更大成功和发展。

(7) 黑洞效应

所谓黑洞效应是一种自我强化效应，从社会角度来看，当一个组织达到一定规模之后，也会像一个黑洞一样产生非常强大的吞噬、复制和自我强化能力，把它势力所及的大量资源吸引过去，而这些资源使得组织更加强大，形成一个正向加速循环的旋涡。强势品牌具有强大吸引力的引力场，最大限度地吸纳更多的社会资源，从而在激烈的市场竞争中处于垄断地位。比如，教育体系为微软输送大批成熟用户。

(8) 暴民政治

暴民在拉丁文中意指“善变的人群”，暴民政治或众愚政治指一种被大众主导的政治形态，是一种病态的大众统治，是一种与好的民主所对立的政体。在这种统治下，狂热和激情胜过了理性，短期的煽动导致道德的恐慌。

【考点13】公共政策与法——宁骚《公共政策学》

1. 公共政策与法的相同点

(1) 在法治国家，公共政策的制定必须经过合法化这一环节，从而使政策获得法的形态，这就是政策与法常常具有同一文本和共同的形式特征的基本原因。

(2) 在法治国家，公共政策的制定和执行主体与法的制定和执行主体是相同的，即都是公共权力机关。

(3) 法和政策都是调整人的行为亦即调整社会关系的准则、标准。

(4) 在法治国家，法和政策的制定可以具有相同的程序：狭义的法即立法决策的制定都要有方案的提出、审议、通过、公布等必经的环节；这种程序大体上也适用于行政法规和地方性法规的制定过程。

2. 公共政策与法的不同点

(1) 政策注重于按规则进行价值分配和资源配置；法则注重于纠察、校正价值分配和资源配置中有关各方违背既定规则的行为。

(2) 法的执行过程除刑事诉讼和违宪审查外，司法机关一般不主动地加以干预，而且法庭的判决一般实行“判给的不多于原告所请求的”的原则；在法的执行过程中，政府主动地进行政策实施，政策对象是否要求或反对实施政策，政策对象是否请求给予以及请求多少，都不是影响政府行为的根本因素。

(3) 法规定了人们的权利和义务，是权利和义务的统一体；政策，就各项具体的政策而言，政策对象的权利和义务往往是不对称的。

（4）法的适用必须力求统一，在法律适用时，法律明文优于法律精神、不得偏离法律的明文；政策执行则强调精神优于条文、实质重于形式。

（5）虽然政策和法都具有强制性，但是政策执行是以国家强制力为后盾，如果没有法律依据一般不直接动用强制力；法是由国家来保证其执行的最低限度的行为规范，一旦越限国家就要依法惩处。

（6）政策和法都要求具有稳定性和连续性，但是二者相比较，政策更为灵活，能更快地适应客观形势的变动。

（7）法和政策对社会、政治、经济、文化各领域都有广泛的干预，但是二者相比较，政策干预的范围更大、更深入。

3. 公共政策与法的相互关系

（1）政策是法的来源和动力，并且对法的制定和执行具有方向性的指导作用。

（2）法为政策提供保障，定型化为法律的政策具有更强的稳定性和连续性。

1.3 热门院校真题解析

育明教育名师解析

本章知识点繁多且琐碎，各大院校真题往往给本章知识点设置名词解释题，所以本章要重点把握每个名词的含义，以及了解名词解释题的答题技巧。

一、名词解释题

1. **公共政策**（2020 年中国社会科学院大学；2019 年首都经济贸易大学；2018 年大连理工大学；2018 年江苏大学；2018 年、2016 年、2013 年湖南农业大学；2017 年北京邮电大学；2017 年广州大学；2017 年、2012 年杭州师范大学；2016 年湖南师范大学；2015 年西北政法大学；2015 年华中农业大学；2013 年北京化工大学；2013 年福建师范大学；2012 年武汉大学；2005 年中国人民大学）

公共政策是指社会公共权威在特定情境中，为达到一定目标而制定的行动方案或行动准则。其作用是规范和指导有关机构、团体或个人的行动，其表达形式包括法律法规、行政规定或命令、国家领导人口头或书面的指示、政府大型规划、具体的行动计划和相关策略等。

公共政策的特征如下：（1）政治性；（2）多样性；（3）层次性；（4）阶段性；（5）复杂性；（6）合法性；（7）权威性；（8）普遍性；（9）稳定性。

2. **实质性政策和程序性政策**

育明教育名师解析

如果名词解释题在两者中考其一，考生一定要答全面，不仅答这个名词的含义，还要涉及与其相对应的另一名词的含义。

实质性政策与政府将要采取的行动有关，实质性政策会直接给人们带来利益或产生不便，并分配相关受益和支付必要成本。如 2008 年我国为应对国际金融危机而启动的刺激内需计划、福利计划等。

程序性政策只涉及怎样采取行动和由谁来采取行动，程序性政策也可能会有重要的实质性结果。程序性政策包括一些法律，如组织法。

3. **分配性政策**（2018 年北京邮电大学；2011 年北京航空航天大学）**和再分配性政策**（2021 年北京大学；2016 年西北政法大学）

育明教育名师解析

要能区分现实中的分配性政策（如担保贷款、税收减免、公立学校、政府补贴）以及再分配性政策（如个税改革、医疗补贴、扶贫计划）。

分配性政策涉及将服务和利益分配给人口中的特定人群——个人、团体等，分配性政策一般只产生受益者，没有明确的受损者。

再分配性政策是政府有计划的积极行动，涉及在社会各阶层和团体中财富、收入、财产和权力的转移性分配。再分配性政策的通常模式是资产从有产者流向无产者。

4. **管制性政策/调节性政策**（2020 年中国人民大学；2019 年对外经济贸易大学；2019 年中国海洋大学；2013 年华中师范大学）**和自我管制性政策/自我调节性政策**

育明教育名师解析

要能区分现实中的管制性政策（如交通管制、汽车限购）以及自我管制性政策（如行业标准）。

管制性政策是对个人或团体的行动加以限制和约束的政策。管制性政策的主要形式有：（1）某些管制性政策提出了行为的基本准则，如《中华人民共和国反垄断法》；（2）消费者保护政策能用来说明管制性政策存在的另一些差别；（3）某些管制性政策通过将权力赋予一些人，拒绝另一些人来贯彻实施。

自我管制性政策受到被管制团体更多的控制，而且他们把其用作保护和促进自身成员利益的手段。

5. **物质性政策和象征性政策**（2018 年中国海洋大学；2010 年中国人民大学）

物质性政策是将有形的资源和实质性的权利给予受益人，或将真正的不利条件强加给受反向影响的人。如确立最低工资标准等。

象征性政策对人们几乎没有真正的物质性影响，它们并不交付表面上似乎要交付的东西，也不分配有形的利益。象征性政策多涉及人们所珍视的一些价值观，如爱国主义、和平理念等。

绝大多数政策既不是纯粹的象征性政策，也不是完全的物质性政策，大多数政策落在二者之间。

6. **涉公政策和涉私政策**（2021年中国社会科学院大学）

涉公政策是指涉及公共物品提供的政策。涉公政策既没有任何有效的方法可以在向某些人提供公共物品时把其他人排除在外，也没有任何方法计算哪些人从公共物品中得到更多的收益。例如国防。

涉私政策是指涉及私人物品提供的政策。私人物品具有排他性。

7. **全民公决**

全民公决又称全民投票或全民表决，是指全体公民通过投票对重大问题做出决定。它起源于古希腊城邦雅典的公民大会。全民公决是一种直接民主的民主形式，是民主国家宪政制度的重要组成部分，是由选民通过投票对相关议题表达同意、反对或弃权的明确态度，然后根据表决结果达成决策的一种制度。

优点：（1）它是基于平等原则，使每个公民都有参与制定政策的权利，能够实现最大范围的民主。（2）可以更明确了解人们的真正需求，而不是从选举出来的代表那里获得。（3）防止国家重大政策的制定被少数人所操控。（4）可以培养公民的参与意识和政治责任感。

缺点：（1）投票者会更多地关注自己的利益，不能使政策达到国家利益最大化。（2）简单多数的通过办法使得少数人的权益得不到保证。（3）成本过高，不可能频繁进行。（4）耗时长，没有很强的实时性，不能用来解决需要尽快做出决策的问题。（5）政府可以通过全民公决推卸责任。

8. **直接民主**（2021年清华大学）

民主可分为两种，即直接民主和间接民主。直接民主是指公民直接参与决定国家与社会事务的民主形式，一般包括具体事务上的直接民主和国家体制上的直接民主。具体事务上的直接民主是指在一些具体问题上采用全体投票的方式做出决定，但在整个国家的主导制度上仍然可能是代议形式。国家体制上的直接民主是指整个国家在体制上的直接投票形式。直接选举、全民公决、公民参加听证会等都属于直接民主的不同表现形式。

9. **间接民主**（2017年中国人民大学）

民主可分为两种，即直接民主和间接民主。间接民主又称代议制民主，是指公民通过经由自己同意选举出来的代表来负责制定政策和管理公共事务。间接民主又被称为代议制民主。间接民主要求有一整套的监督机构来对人民所选的代表及由此产生的政府进行监督和防范，以避免这些代表和政府官员滥用权力。

10. 公共物品/公共产品［2018年中国人民大学；2018年、2015年中国地质大学（武汉）；2018年、2016年河北大学；2016年、2015年中央党校；2015年中国农业大学；2014年安徽师范大学；2014年福建师范大学；2013年大连理工大学；2013年南京大学；2013年华中师范大学］

公共物品是指能够被所有人得到的物品或服务，即如果把公共物品提供给任何一个人，那么也必须提供给所有人。对单一消费者而言，公共物品或服务的成本要远远高于其价值。公共物品具有非排他性、不可分割性。

私人物品是指通过市场选择而被个人消费的物品，而且只有为之付费的人才有权对其进行支配。私人物品具有排他性。

公共物品与私人物品的区别：

（1）公共物品具有非排他性、不可分割性；私人物品具有排他性。

（2）公共物品用税收和借贷的方式予以支付，价格体现在为支付其生产所要求的征税水平上；私人物品通过在市场条件下运行的价格体系予以支付。

11. 公共职能［2021年中国矿业大学（北京）］

公共职能是政府依法对国家和社会公共事务进行管理时所承担的职责和所从事的活动。主要包括以下内容：

（1）政治职能

政治职能，又称统治职能，即对外保护国家安全，对内维持社会秩序的职能。主要包括：军事保卫职能、外交职能、治安职能、民主政治建设职能。

（2）经济职能

经济职能是指政府为国家的经济发展，对社会经济生活进行管理的职能。主要包括：宏观调控职能、提供公共产品和服务的职能、市场监管职能。

（3）文化职能

文化职能是指政府为满足人们日益增长的文化生活需要，依法对文化事业所实施的管理。主要包括：发展科学技术职能、发展教育职能、发展文化事业职能、发展卫生体育职能。

（4）社会职能

社会职能是指除政治、经济、文化职能以外政府必须承担的其他职能。主要包括：调节社会分配和组织社会保障职能、保护生态环境和自然资源职能、促进社会化服务体系建立职能、实行计划生育的职能。

12. **公共利益**（2018 年北京大学；2017 年中南大学；2017 年暨南大学；2016 年山东大学；2016 年杭州师范大学；2012 年中国人民大学）

公共利益是指一定范围内不特定多数人的共同利益。它包括国家利益、阶级利益、民族利益、集体利益在内的公共物质利益和精神需要。正确界定公共利益需要遵循：公共性、合理性、正当性、公平性的标准。

（1）公共性。较私人利益而言，公共利益首先是一种公共的利益，受益主体具有普遍性或不特定性的显著特点。

（2）合理性。由于一种公共利益的实现经常是以其他公共利益和私人利益的减损为代价，因此在界定公共利益时就应当遵循合理性原则：要对局部公共利益与整体公共利益、短期公共利益与长期公共利益加以权衡，对可能减损的私人利益与可能增长的公共利益加以权衡，对实现公共利益的不同方式加以权衡。

（3）正当性。公共利益的界定事关广泛的公共利益，政府机关应当广泛听取、充分尊重公众意见，保证公共利益界定基于广泛的民意之上。

（4）公平性。公共利益是一种公共利益，如果以减损少数人的私人利益却又不给予必要补偿的方式来增进公共利益，就会有违公共政策的正义和公平原则。

13. **公共权力**［2021 年中国矿业大学（北京）］

公共权力是指由立法、行政、司法、执法等国家和社会的公共机构行使的权力，它在保证社会稳定、维持良性互动和促进经济发展方面发挥着任何非公共的私人组织都无法取代的重要作用。正因为如此，相对于非公共领域的团体或个人而言，公共权力往往处于明显的优势地位。由于公共权力不可避免地要交由具体的机构或个人去行使，不可避免地会出现扩展权力的冲动和角色表现的悖论。因此，为了有效抑制这种非理性的冲动和角色的错位，就应该为公共权力划定法律界限。

14. **公共秩序**（2021 年中国人民公安大学）

公共秩序又称社会秩序，是指为了维护社会公共生活的正常进行，而要求人们必须遵守的行为规范，由法律法规、国家机关和企事业单位以及社会团体的规章制度等共同确定，主要包括社会管理秩序、生产秩序、工作秩序、交通秩序和公共场所秩序等。遵守公共秩序是公民的基本义务。

15. **公共治理**（2021 年首都师范大学）

公共治理又称治理式行政，是一种多元的、民主的、合作的公共行政，是由开放的公共管理与广泛的公众参与二者整合而成的公域之治模式，具有治理主体多元化、治理依据多面化、治理方式多样化等特征。

首先，就治理主体而言，该模式主张不仅包括国家，还包括其他公权力主体，如行业协会、自治团体等，各种治理主体在公域之治中应各展其长、各得其所。

其次，就治理依据而言，该模式主张不仅包括国家立法，还包括社会共同体形成的规则，甚至不同主体之间达成的协议等。

再次，在治理方式上，该模式主张依照公域之治的实际需要，在进行综合性成本—收益分析的基础上，能使用非强制方式的就不使用强制方式，能用双方协商解决的方式就不用单方强制的方式，能使用自治的方式就不使用他治的方式，遵照先市场后社会再政府的选择标准，实现治理方式的多元化、民主化和市场化。

最后，这种模式主张，在宪政框架下，所有公共治理主体都应当权责一致，确保没有权力不受监督、没有权利不受救济，所有公共治理主体都要依法承担违法责任，尤其是确保过罚相当、罚当其责。

16. **政府收入**（2021 年中央财经大学）

政府收入是指政府为履行其职能而筹集的一切资金总和，是国家通过一定的形式和渠道集中起来的以货币表现的一定量的社会产品价值，是国家从事一切活动的物质前提。广义的政府收入是指各级政府所支配的全部资金，包括预算内收入和预算外收入；狭义的政府收入仅指国家预算内收入。

政府收入的形式：（1）税收收入；（2）债务收入；（3）国有企业运营收入；（4）国有财产收入；（5）行政司法收入；（6）其他收入。

17. **政府支出**（2021 年西南财经大学）

政府支出是指各级政府履行其必要职能所进行的各项活动成本，包括购买所需商品和劳务的支出、提供公共产品和准公共产品的支出，以及为实现收入分配等进行的转移支出。政府支出要遵循的原则：量入为出原则、公平原则、效益原则、统筹兼顾原则。政府支出规模增长受政治、经济和社会因素的影响。

18. **政府失灵**（2019 年、2016 年华南师范大学；2018 年华东师范大学；2015 年中央党校；2014 年、2013 年苏州大学；2014 年安徽师范大学；2014 年杭州师范大学；2013 年北京师范大学；2012 年西南交通大学；2011 年、2006 年中国人民大学）

政府失灵是指由于政府机制的本质上的缺失，从而无法使资源配置效率达到最佳的情形。

政府失灵的类型及原因如下：（1）成本和收益的分离：过剩和成本提高；（2）政策制定的复杂性和低质政策；（3）内部性问题；（4）政府组织的低效率；（5）另一种分配不公平；（6）寻租；（7）政策执行的无效率；（8）所有制残缺。

19. **市场失灵**（2018 年、2014 年中山大学；2016 年中央民族大学；2015 年对外经济贸易大学；2014 年武汉大学；2012 年山西财经大学）

市场失灵是指因市场缺陷而引起的资源配置的无效率。市场失灵有两种情况：一是市场机制无法将社会资源予以有效配置；二是市场经济无法解决效率以外的非经济目标。

市场失灵的清单包括：（1）公共产品的提供；（2）市场经济中的垄断；（3）市场经济的外部性；（4）市场的波动与经济的不稳定性；（5）市场经济下的收入不平等。

20. **契约失灵**（2021 年中央民族大学）

契约失灵理论是由美国学者汉斯曼提出的，契约失灵是指由于信息不对称导致仅仅依据生产者和消费者之间的契约，难以防止生产者坑害消费者的机会主义行为的出现。生产者所拥有的信息远远多于消费者，这使得消费者缺少足够的信息来评估产品和服务的质量。此时达成的契约不是最优的，生产者完全有能力通过劣质商品来获取额外收益，甚至出现所谓的“逆向选择”，即劣质商品把优质商品驱逐出市场的现象。契约失灵无法靠市场自行解决，需要依靠政府和非营利组织来解决。

21. **志愿失灵**［2021 年矿业大学（北京）；2017 年北京航空航天大学；2013 年杭州师范大学］

志愿失灵是指非政府组织有其内在局限性，在以筹款志愿为基础而建立的非政府组织内，存在很多的问题。志愿失灵理论指出了非政府组织的缺陷：（1）慈善不足；（2）非政府组织往往存在家长作风；（3）非政府组织的业余性；（4）非政府组织对象的局限性；（5）非政府组织存在被环境同化的可能。

22. **社会失灵**（2021 年北京航空航天大学）

社会失灵是指由于盲目性行为和情绪化冲动所导致的群体非理性，以及由此产生的负面影响。从公共管理角度来看，有三大富有影响力的理论模型，即哈定的公地悲剧、塔克的囚徒困境和奥尔森的集体行动逻辑。这三大模型都揭示了在社会管理过程中，个人的理性选择往往导致群体的非理性。群体的非理性还包括邻避效应、从众效应、搭便车效应、旁观者效应、广场效应、马太效应、黑洞效应、暴民政治等。

23. **公地悲剧**（2019 年北京大学；2015 年上海交通大学；2015 年中央党校；2014 年中国人民大学）

育明教育名师解析

该考点多为名词解释考点，考生在复习过程中也要思考会不会与其他考点结合，另外也要注意多个名词解释考点放在综合性论述题中考查的情况，如 2019 年北京大学真题有这样一道简答题：为什么会产生“搭便车”和“公地悲剧”现象，如何解决？

我们考生不仅要背诵名词解释题答题语言，还要结合是什么、为什么（定义性话语），进一步深入思考怎么做。

公地悲剧是指如果一种资源没有排他性的所有权，就会导致这种资源的过度使用。公地悲剧是哈定提出的，他说在共享公有物的社会中，每个人都追求各自的最大利益，这就是悲剧所在，公有物自由给所有人带来了毁灭。

公地悲剧与英国的圈地运动联系在一起，在 15—16 世纪的英国，草地、森林、沼泽等都属于公共用地，耕地虽有主人，但庄家收割完以后要把栅栏拆除，将其开辟为公共牧场。由于英国对外贸易需求的增加，养羊业迅速发展，大量羊群进去公共牧场，草地开始退化，公地悲剧就出现了。

24. **囚徒困境**（2019 年北京大学；2009 年北京航空航天大学）

育明教育名师解析

该考点绝不仅仅是名词解释题的考点，还可以变形考查，即用“囚徒困境”中的博弈论思想去解释其他现象。这一点在 2015 年北京大学和北京师范大学真题中就有所体现，这很值得考生注意、思考。

【补充】2015 年北京大学：使用“囚徒困境”所展示的逻辑来解释“公地悲剧”现象。2015 年北京师范大学：囚徒困境和公地悲剧的结构关系。

解题思路：

（1）“公地悲剧”名词解释。

（2）谈二者联系，过渡。

比如，公地悲剧是囚徒困境的另一种形式，现实的博弈参与者不只一方，会有多方参与的囚徒困境。但最终都可以简化为两方参与的博弈。

（3）套用“囚徒困境”的逻辑来分析，画个矩阵分析。

囚徒困境是博弈论中非零和博弈最具代表性的例子，反映个人的最佳选择。囚徒困境最早是由美国数学家阿尔伯特·塔克在1950年提出的。

囚徒困境的故事讲的是，两个嫌疑犯作案后被警察抓住，分别关在不同的屋子里接受审讯。警察知道两人有罪，但缺乏足够的证据。警察告诉每个人：如果两人都抵赖，各判刑一年；如果两人都坦白，各判八年；如果一人坦白一人抵赖，坦白的放出去，抵赖的判十年。于是，每个囚徒都面临两种选择：坦白或抵赖。然而，不管同伙选择什么，每个囚徒的最优选择都是坦白：如果同伙抵赖，自己坦白的话放出去、不坦白的话判一年，坦白比不坦白好；如果同伙坦白，自己坦白的话判八年、不坦白的话判十年，坦白比不坦白好。结果，两个嫌疑犯都选择坦白，各判刑八年。如果两人都抵赖，各判一年，显然这个结果对两人都好。但这种可能基本不存在，因为它不能满足个人的理性要求。囚徒困境所反映出的深刻问题是，人类的个人理性有时能导致集体的非理性——聪明的人类会因自己的聪明而作茧自缚。

25. **集体行动逻辑**（2020年北京师范大学）

《集体行动逻辑》是奥尔森的代表作，书中提出这样一个问题：人们为什么会组成集团？奥尔森的观点是：集团本质上提供了一种集体性的公共物品，如果不加入集团，就享受不到特殊利益。集团的存在是一种搭便车行为，只有当一个集团能够提供排他性的个人收益时，这个集团才能存在下去。

集体行动逻辑的推论：

（1）如果当一个集团为其成员提供的收益下降，那么它就很有可能走向衰弱。

（2）由于集团提供的是所有成员都可以享受的公共物品，所以大集团的成员维护集团利益的动机，弱于小集团的成员，因为在大集团中，个人的贡献越大，他可以享受到的回报就越少。

（3）三个和尚没水喝。若三个和尚不对称，或存在选择性激励，那么他们就可能有水喝。选择性激励是指对给集团带来利益的个人给予额外的奖励，即排他性的个人收益。

26. **合成谬误**（2015年中国人民大学）

合成谬误由萨缪尔森提出。合成谬误是一种错误的推理，它论证说：如果一个整体的每一部分都有某种性质，则该整体也有此种性质；如果一个集合的每一个别元素都有某种属性，则该集合也具有此种属性。由于某一原因而对个体来说是对的，便据此认为对整体来说也是对的，这就是合成推理的谬误。

27. **邻避效应**（2015年中国人民大学）

邻避效应是指居民或当地单位因担心工程建设项目（如垃圾场、核电站等）对身体健康、环境质量和资产价值等带来诸多负面影响，从而激发人们的嫌恶情结，滋生“不要建在我家后院”的心理，及采取的强烈和坚决的、有时高度情绪化的集体反对甚至抗争的行为。

由于项目所在地居民不甘承受本可以不承受的风险，如环境污染、健康伤害等，衍生出对政府引进项目的集体抵制，是理性经济人与非理性社会人纠结的结果。

28. **从众效应**（2021年中国人民大学）

一般而言，“从众”做事不需要上天入地地搜罗信息，不需要绞尽脑汁地分析判断。久而久之，养成了把头脑让渡给他人的习惯，如此循环往复，“从众”演变成一种基因。美国心理学家米尔格雷姆在20世纪60年代设计了心理测试，测试结果显示，当一个人向天上望时，只有4%的行人遵从了他的行为；当5个人向天上望时，遵从率增加到16%；当10个人向天上望时，遵从率达到22%；当15个人向天上望时，遵从率达到40%。

29. **搭便车效应**（2019年北京大学）

育明教育名师解析

参考前文名词解释23考题的提示语言，对该部分所有名词解释题进行深入分析思考。流利背诵、会写只是最低标准，结合思考、内容有内涵才是达到高分的要求。

“搭便车”本是经济学概念，主要源于正外部性，其基本含义是不付成本而坐享他人之利。现在它经常被用来分析一些社会现象。在利益集团内，某个成员为了本利益集团的利益所做的努力，集团内所有的人都有可能得益，但其成本则由这个人承担。由于利益集团的利益是由组成集团的每个成员的需求和动机决定的，因此，每个利益集团成员只有联手努力才能获得共同利益。如果有人没有为此而努力，而其他人付出了努力，那么这就会抑制集团成员为本利益集团努力的动力；如果利益集团内每个成员都共同努力，则个人成本就会相当小。

30. **旁观者效应**（2021年山东师范大学）

旁观者效应也称责任分散效应，指个体对于紧急事态的反应在单个人时与同其他人在一起时是不同的。由于他人在场，个体会抑制利他行为。救助行为出现的可能与在场旁观人数成反比，即旁观人数越多，救助行为出现的可能性就越小。当一个人遇到紧急情境时，如果只有他一个人能提供救助，他会清醒地意识到自己的责任，对受难者给予帮助。如果有许多人在场的话，帮助求助者的责任就由大家来分担，造成责任分散，每个人分担的责任很少，旁观者产生一种“我不去救，自然有人去救”的心理，就会造成“集体冷漠”的局面。

31. **广场效应**（2021 年清华大学）

社会心理学家认为，在一切人群聚集的公开场合，人们常常表现出与日常生活大相径庭甚至完全相反的言行，这并不是一个知识性方面的问题，而是一个无意识统治下的群体心理问题，这在社会心理学中被称为广场效应。

（1）行为特点：在多数情况下群体的道德比个人低劣。（2）产生原因：产生这一切心理特征的原因是个人在群体中的消失，无意识成为统治者。（3）社会影响：广场效应在特定环境下会影响群众对社会法制和道德标准的判断，甚至出现暴民政治现象，影响社会的和谐稳定。

32. **马太效应**（2021 年广西师范大学）

马太效应是指“好的愈好，坏的愈坏；多的愈多，少的愈少”的正反馈现象，最早由美国学者罗伯特·默顿于 1968 年提出。任何个体、群体或地区，一旦在某个方面获得成功和进步，就会产生一种积累优势，就会有更多机会获得更大成功和发展。

33. **黑洞效应**（2021 年北京体育大学）

所谓黑洞效应是一种自我强化效应，从社会角度来看，当一个组织达到一定规模之后，也会像一个黑洞一样产生非常强大的吞噬、复制和自我强化能力，把它势力所及的大量资源吸引过去，而这些资源使得组织更加强大，形成一个正向加速循环的旋涡。强势品牌是具有强大吸引力的引力场，最大限度地吸纳更多的社会资源，从而在激烈的市场竞争中处于垄断地位。

34. **暴民政治**（2021 年贵州大学）

“暴民”在拉丁文中意指“善变的人群”，暴民政治或众愚政治指一种被大众主导的政治形态，是一种病态的大众统治，是一种与好的民主所对立的政体。这种统治下，狂热和激情胜过理性，短期的煽动导致道德的恐慌。

二、简答题→论述题

1. 试从科学、专业、政治的角度解释公共政策（2011 年中国人民大学）

公共政策是指社会公共权威在特定情境中，为达到一定目标而制定的行动方案或行动准则。其作用是规范和指导有关机构、团体或个人的行动，其表达形式包括法律法规、行政规定或命令、国家领导人口头或书面的指示、政府大型规划、具体的行动计划和相关策略等。

（1）科学角度

从科学角度而言，分析公共政策的成因与结果，有助于增进和提高社会领域的知识，有助于了解社会与经济、政府与环境、问题与回应、政治与政策等多方面因素的互动关系，有助于增进人们对政治行为和政府治理的理解，从而加深对公共政策本质规律的认识。

（2）专业角度

从专业角度而言，掌握公共政策的理论与方法能够使人们应用科学知识解决实际问题，即政策分析能够产生专业化的建议，通过对问题的分析和描述，提供行之有效的解决办法。

（3）政治角度

从政治角度而言，政策不仅为科学和专业而存在，而且在政治领域也具有举足轻重的地位和作用，它通过提供政治讨论的素材，促进政治意识的提高，从而完善政策制定过程，提高公共政策质量。

2. **公共政策的特征**（2017 年天津商业大学；2016 年中国政法大学；2014 年福建师范大学；2013 年武汉大学；2013 年杭州师范大学；2010 年华侨大学）

公共政策是指社会公共权威在特定情境中，为达到一定目标而制定的行动方案或行动准则。其作用是规范和指导有关机构、团体或个人的行动，其表达形式包括法律法规、行政规定或命令、国家领导人口头或书面的指示、政府大型规划、具体的行动计划和相关策略等。

公共政策的特征如下：

（1）政治性

公共政策的制定是政党和政府的政治行为，公共政策集中体现了统治阶级的利益需要，是源于政治动机的组织产物，因而它具有鲜明的政治倾向性。

（2）多样性

公共政策的多样性主要包括层次多样性、领域多样性、形式多样性、时间多样性、功能多样性等。

（3）层次性

公共政策有其层次要求，一刀切到底的政策往往是要碰壁的。

（4）阶段性

从动态角度看，公共政策有一个发生、发展的变化过程，表现出阶段性的特征。

（5）复杂性

社会是复杂的，事物是变化的，所以任何一项政策都不可能尽善尽美、万无一失。

（6）合法性

从广义角度而言，公共政策的合法性主要是指公众对其的认可和接受程度。公共政策要具有合法性就必须经过一个合法化的过程，第一部分是政治系统的合法化，第二部分是公共政策的合法化。

（7）权威性

公共政策的权威性是以其合法性为基础的，政策只有经过合法化的过程，才能具有对公众的约束力。

（8）普遍性

公共政策在其所框定的范围内具有广泛的适用性，其规定的行为标准和设定的行为限度具有普遍的约束力。

（9）稳定性

公共政策必须保持一定的稳定性，朝令夕改、变化无常的政策是最不得人心的。

3. **公共政策的类型**（2021 年北京大学）

育明教育名师解析

参考本章 1.2 常考知识点梳理的【考点 6】内容，要求书写分点、有条理。

4. **比较直接民主和间接民主**（2021 年中国社会科学院大学）

育明教育名师解析

注意名词解释题向简答题的转化，答题篇幅差不多，简答题可适当加入部分案例解释。

民主可分为两种，即直接民主和间接民主。直接民主是指公民直接参与决定国家与社会事务的民主形式，一般包括具体事务上的直接民主和国家体制上的直接民主。具体事务上的直接民主是指在一些具体问题上采用全体投票的方式做出决定，但在整个国家的主导制度上仍然可能是代议形式。国家体制上的直接民主是指整个国家在体制上的直接投票形式。直接选举、全民公决、公民参加听证会等都属于直接民主的不同表现形式。

间接民主又称代议制民主，是指公民通过经由自己同意选举出来的代表来负责制定政策和管理公共事务。间接民主要求有一整套的监督机构来对人民所选的代表及由此产生的政府进行监督和防范，以避免这些代表和政府官员滥用权力。

5. 什么是公共利益？界定公共利益需要遵循哪些基本标准（2018 年北京大学；2009 年中国人民大学）

育明教育名师解析

注意名词解释题向简答题的转化，答题篇幅差不多，简答题可适当加入部分案例解释。

【补充】2018 年北京大学简答题：评价“公共利益是千百个集团利益的混合物”。

公共利益是指一定范围内不特定多数人的共同利益。它包括国家利益、阶级利益、民族利益、集体利益在内的公共物质利益和精神需要。正确界定公共利益需要遵循：公共性、合理性、正当性、公平性的标准。

（1）公共性。较私人利益而言，公共利益首先是公共的利益，受益主体具有普遍性或不特定性的显著特点。

（2）合理性。由于一种公共利益的实现经常是以其他公共利益和私人利益的减损为代价，因此在界定公共利益时就应当遵循合理性原则：要对局部公共利益与整体公共利益、短期公共利益与长期公共利益加以权衡，对可能减损的私人利益与可能增长的公共利益加以权衡，对实现公共利益的不同方式加以权衡。

（3）正当性。公共利益的界定事关广泛的公共利益，政府机关应当广泛听取、充分尊重公众意见，保证公共利益界定基于广泛的民意之上。

（4）公平性。公共利益是公共的利益，如果以减损少数人的私人利益却又不给予必要补偿的方式来增进公共利益，就会有违公共政策的正义和公平原则。

6. 如何解读“市场在资源配置中起决定性作用和更好发挥政府作用”（2014 年北京大学）

育明教育名师解析

本题考查“政府与市场关系”知识点，可以在此处围绕政府和市场的失灵来谈。之所以提出“市场在资源配置中起决定性作用和更好发挥政府作用”，是因为政府和市场都存在失灵。为求答案平衡全面，还要再谈谈二者的优点避免失分。

在现代社会，政府和市场是解决社会问题的两种基本途径。市场途径建立在个体自主决策和市场交易的基础上，而政府途径则主要是通过制定和实施公共政策来完成。社会问题是在一个社会群体的生活中至少另一部分人同时感到不满的状态或现象，现代社会问题高度复杂，必须依靠多种途径相互配合才能取得最佳效果。

（1）政府途径的优势和劣势

①政府途径的优势体现在两个方面：一方面，其权威的广泛性，政府权威的广泛性使得政府行动比其他组织的行动更有可能影响到广泛的区域和群体。政府能够有效地克服"搭便车"现象所造成的负面影响。另一方面，政府是唯一能合法使用强制力的组织，合法运用强制力的能力使得政府能够有效减少个体或群体为了进行集体决策所需付出的协调成本，从而提高行政效率。

②政府途径的缺陷——政府失灵（2016 年华南师范大学；2014 年安徽师范大学；2014 年、2013 年苏州大学；2013 年北京师范大学；2012 年西南交通大学）

政府失灵是指由于政府机制的本质缺失，从而无法使资源配置效率达到最佳的情形。

政府失灵的类型及原因如下：A. 成本和收益的分离，即过剩和成本提高；B. 政策制定的复杂性和低质政策；C. 内部性问题；D. 政府组织的低效率；E. 另一种分配不公平；F. 寻租；G. 政策执行的无效率；H. 所有制残缺。

（2）市场途径的优势和劣势

①市场途径的的优势：A. 通过分工和专业化生产促进投入—产出效率；B. 通过为个体提供充分的激励来提高投入—产出效率；C. 市场通过对社会成员的需求进行评估来保证资源配置效率的实现。

②市场途径的缺陷——市场失灵（2018 年中山大学；2014 年武汉大学）

市场失灵是指因市场缺陷而引起的资源配置的无效率。市场失灵有两种情况：一是市场机制无法将社会资源予以有效配置；二是市场经济无法解决效率以外的非经济目标。

市场失灵的清单：A. 公共产品的提供；B. 市场经济中的垄断；C. 市场经济的外部性；D. 市场的波动与经济的不稳定性；E. 市场经济下的收入不平等。

（3）理想的政府角色定位

①以效率、公平等价值标准判断，寻找解决社会问题的最佳途径。

②在其他部门不能有效发挥作用的地方，存在政府干预的必要性，但并非充分性。

③只有在深入考虑到政府的缺陷后，我们才能够为政府角色定位。

④如果其他部门能够有效解决问题，则不应政府干预。

⑤如果其他部门不理想，但政府途径符合上述价值标准，则采用政府途径和政策。

⑥在所有部门都存在缺陷的情况下，选择缺陷最小的途径。

⑦政府发挥作用时，在可能的情况下应引入其他部门的帮助来共同解决问题。

综上，社会主义市场经济也是市场经济，市场经济的本质特征就是市场决定资源配置，因而在资源配置中必须坚持市场的决定性地位；同时，也要看到市场的缺陷，必须结合政府的有效调控，努力解决政府管得过多以及政府缺位等问题。

7. 运用志愿失灵简述非政府组织的缺陷（2016 年中国人民大学；2015 年湖南师范大学；2014 年福建师范大学）

育明教育名师解析

考生在看到此真题时，要懂得举一反三。由于失灵理论这部分的知识点分点明确、框架清晰，也极有可能涉及简答题和论述题，所以其他失灵理论也要明确掌握，先掌握框架再填充解释性话语。

志愿失灵是指非政府组织有其内在局限性，在以筹款志愿为基础而建立的非政府组织内，存在很多的问题。志愿失灵理论指出了非政府组织的缺陷。

（1）慈善不足

非政府组织活动所需要的开支与所能筹集到的资源之间存在巨大的缺口。政府补贴是其资金的主要来源，然而由于新公共管理运动和政府重塑运动使得政府没有能力和意愿来帮助非政府组织。

（2）非政府组织往往存在家长作风

实际掌握经济资源的人对如何使用资源有较大的发言权。

（3）非政府组织的业余性

非政府组织的工作由志愿人士承担，缺少专业人员，影响了组织绩效和服务产品质量，影响了非政府组织功效的发挥。

（4）非政府组织对象的局限性

非政府组织活动的对象只是某些特定的社会群体，具有局限性。

（5）非政府组织存在被环境同化的可能

政府和市场是两种成功的组织形式，它们的结构和运转方式是非政府组织一直模仿和选择的，所以非政府组织的官僚化倾向和组织目标的转移在所难免。

8. 结合实际谈谈“公地悲剧”“集体行动的逻辑”模型（2017 年中国人民大学）

公地悲剧是指如果一种资源没有排他性的所有权，就会导致这种资源的过度使用。公地悲剧是哈定提出的，他说在共享公有物的社会中，每个人都追求各自的最大利益，这就是悲剧所在，公有物自由给所有人带来了毁灭。

【实例】公地悲剧与英国的圈地运动联系在一起，在 15—16 世纪的英国，草地、森林、沼泽等都属于公共用地，耕地虽有主人，但庄家收割完以后要把栅栏拆除，将其开辟为公共牧场。由于英国对外贸易需求的增加，养羊业迅速发展，大量羊群进去公共牧场，草地开始退化，公地悲剧就出现了。

《集体行动逻辑》是奥尔森的代表作，书中提出这样一个问题：人们为什么会组成集团？奥尔森的观点是：集团本质上提供了一种集体性的公共物品，如果不加入集团，就享受不到特殊利益。集团的存在是一种“搭便车”行为，只有当一个集团能够提供排他性的个人收益时，这个集团才能存在下去。

集体行动逻辑的推论：

（1）如果当一个集团为其成员提供的收益下降，那么它就很有可能走向衰弱。

（2）由于集团提供的是所有成员都可以享受的公共物品，所以大集团的成员维护集团利益的动机，弱于小集团的成员，因为在大集团中，个人的贡献越大，他可以享受到的回报就越少。

（3）三个和尚没水喝。若三个和尚不对称，或存在选择性激励，那么他们就可能有水喝。选择性激励是指对给集团带来利益的个人给予额外的奖励，即排他性的个人收益。

【实例】试举某公司的例子。

9. 公共政策的内涵、本质及功能（2017 年华中农业大学）

公共政策是指国家机关、政党及其他政治团体在特定时期为实现或服务于一定社会政治、经济、文化目标所采取的政治行为或规定的行为准则，是一系列谋略、法令、措施、办法、方法、条例等的总称。

（1）公共政策的内涵

①政策主体

任何公共政策都有特定的主体，即国家权威机构、政党及其他政治集团、团体。

②目标取向

一定的公共政策总是要实现一定的目标，具有明确的方向性。同时，公共政策又在特定的历史时期内起作用，具有时效性，公共政策不是无意识或偶然性的行为，目标指向明确。

③活动过程

公共政策是主体服务于特定目标而采取的一系列活动，是与谋略、措施、办法、规定密切相关的一系列政治行为。

④行为规范

公共政策是一种行为准则或行为规范，政策总有具体的作用对象或客体，规定对象应做什么和不应做什么；规定哪些行为受鼓励，哪些行为被禁止。

（2）公共政策的本质

公共政策的制定、执行及其执行的结果都是为了解决一定的社会问题，调整社会利益关系。政策的本质集中表现在以下三个方面：

①政策是阶级意志、利益的集中体现和表达

政策的本质首先表现在其是一定社会阶级意志和利益的集中体现。任何政策的制定和执行都是以维护本阶级的政治、经济利益为宗旨的。同时，政策在一定程度上表现着阶级力量的变化。总之，政策体现了阶级的意志、利益，不同历史阶段的不同统治阶级，其政策的本质有明显区别，但都是为了巩固其统治、进行政治管理的基本工具。

②政策服务于社会经济的发展

这种本质是由国家职能的两重性所决定的。国家作为阶级统治的工具，除了具有维护其统治的政治职能外，还有维护其统治的社会经济职能。作为其意志与利益的直接体现的政策及法律当然也带有这样的特性。

③政策是各种利益关系的调节器

政策的核心是要解决社会利益分配的问题，所有政策最终都表现为对社会利益关系的处理。

首先，政策的本质表现在它是一定社会阶级意志和利益的集中体现，其所要调控的各种社会利益关系实际上是阶级关系的表现形式。

其次，政策对社会利益关系的分配又是一种反映全体社会成员利益的全社会利益的综合性分配。

最后，公共政策对利益的分配，是一个动态的过程。

（3）政策的功能（2013 年湖南农业大学；2012 年杭州师范大学）

政策功能，即政策所能发挥的功效和作用，通过政策的地位、结构、作用表现出来，总是在与某种社会目标的联系中得到判定。政策的基本功能包括：导向功能、控制功能、协调功能和象征功能。

①导向功能

政策的导向功能是指政策引导人们的行为或事物的发展朝着政策制定者所期望的方向发展。政策导向功能所包含的一项重要内容是规定目标、确定方向。

②控制功能

政策的控制功能是指政策对社会中人们的行为或事物的发展起到制约或促进作用。政策的控制功能有直接控制和间接控制两种形式。实施政策的控制功能应特别注意对“度”的把握，这就要求注意发挥信息反馈系统的作用，及时动作，适时调整控制的方向和力度，使政策保持在发挥积极作用的状态上。

③协调功能

国家的管理活动是一个复杂的系统过程，其中有许多利益关系需要协调，以保证整个国家社会生活的和谐进行。显然，这些性质各异、错综复杂的关系，是不能靠长官意志或个人权威来协调的，而必须靠正确的政策。

④象征功能

政策的象征功能是指政策仅具有符号意义，不产生实质性后果，主要发挥象征性作用。象征性功能不在于政策的实际作用，它仅仅在于影响公众的看法、观念或思想意识。

第 2 章　公共政策的学科要素和研究路径

育明教育名师解析

本章在上一章的知识点的基础上又做了补充，融合了宁骚老师的《公共政策学》的相关知识，重点把公共政策学当作一个学科来研究，因此提出了学科要素和研究路径。本章知识点相对晦涩、难理解，建议报考以宁骚《公共政策学》为考研专业课参考书目的院校考生着重理解记忆，其他院校考生可酌情了解。

2.1　章节知识框架

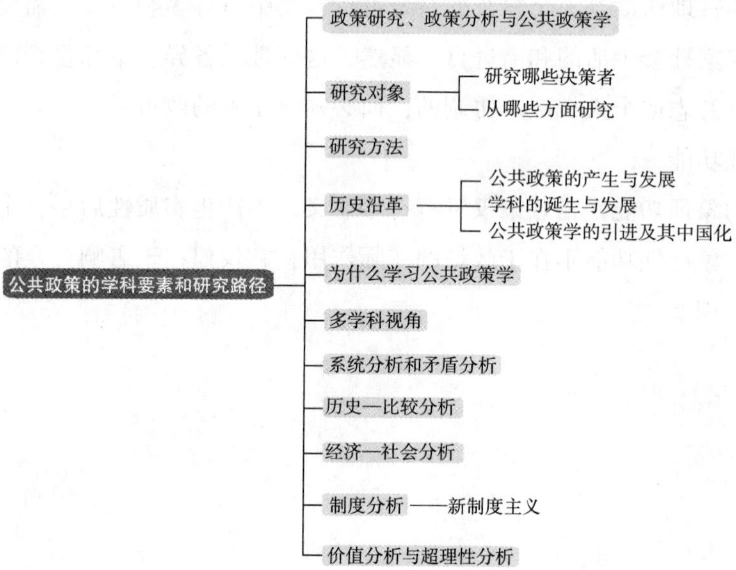

2.2 常考知识点梳理

【考点1】政策研究、政策分析与公共政策学——宁骚《公共政策学》

1. 政策研究的含义

政策研究的主体是学术取向的职业学问家。研究活动关注的重点和研究范围是政策内容、政策过程和政策产生、发现和验证政策与其主体和客体之间、与有关社会和自然环境诸因素之间的因果联系。因此，政策研究是一门科学。研究的目的或目标是建构政策理论，创设研究方法，推动学科发展。对研究成果的社会反响的期待是获得学术界同僚的肯定。

2. 政策分析

（1）政策分析的兴起背景

①到了20世纪六七十年代，西方发达国家的公共政策和社会问题的研究突破了社会科学各门类的科际分界线，政策分析成为社会科学各学科进一步发展的一个聚合点。

②众多的思想库的兴起，推动着社会科学各学科的学者走出象牙塔，寻找和探索学术研究适合社会需求的有效途径，而政策分析则为他们提供了广阔的平台。

（2）政策分析的内涵

①研究的主体或者政策分析者是应用取向的政府机构和其他公共组织内部的专业人员，以及民间智库的政策研究人员。

②研究活动关注的重点或研究范围是政策。

③政策分析的目的或目标是为了公共组织特别是公共权力机关的决策者规划解决社会现实问题的政策蓝图。

④对研究成果的社会反响的期待是被决策者采用并达到预期的效果。

3. 公共政策学

（1）公共政策学的含义

公共政策学是这样一门学科，它尽可能地运用科学方法研究公共政策的内容、过程与产出，探索其固有规律，形成系统性知识，并运用这种知识进行政策分析，进而通过公共权力机关将研究成果转化为政策实践。

（2）公共政策学的内涵

①这门学科的研究对象是公共组织，尤其是公共权力机关制定和执行的公共政策，也就是公共决策。

②这门学科具有准科学的特征。强调运用科学方法，强调实证研究，既强调研究发现要具有逻辑一致性，又强调其可检验性，是这门学科在方法论上的重要特征。

③在学科内容上，公共政策学具有跨学科或多学科交叉、渗透、综合的特征。

④学术研究与应用研究相结合、理论与实践相结合、知识创造与权力运作相结合，是这门学科的又一显著特征。

【考点2】公共政策学的研究对象——宁骚《公共政策学》

1. 公共政策学研究哪些决策者的决策行为

（1）公共政策学研究的是组织的而非纯个人的决策行为。

（2）并非所有组织的决策行为都属于公共政策学的研究对象，只有公共组织的决策行为才是公共政策学的研究对象。

（3）在公共组织中，政府组织即公共权力组织的决策行为，是公共政策学的研究对象的核心和重点。

（4）政府组织以外的公共组织，被称为非政府组织。就行为取向而言，公共政策学的研究对象主要是公共权力组织的决策行为，涉及一部分非政府公共组织的公共性强的决策行为；就结果取向而言，公共政策学的研究对象就是公共政策。因此，公共政策学是一门研究公共决策的学问。

2. 公共政策学从哪些方面研究公共决策行为

（1）公共政策

公共政策学首先要研究的是：公共政策是什么。作为公共政策学的研究对象的公共政策，指的则是公共权力机关建立起来的包括立法、行政、司法三权在内的所有国家机构，以及一定类型的政治体制内的执政党制定和实施的政策。

公共政策可以区分为以下三个层次：

①具体的个别的政策。

②政策群和政策链。

政策群，是指国家、政府和一定类型的政治体制中的执政党在某一较长时间内制定和实施的内容各异，但理念同源、导向相近的政策的聚合体。

政策链，是指国家、政府和一定类型的政治体制中的执政党为解决同一政策问题而先后制定的在内容上具有一致性、在形态和功能上具有差别性的一系列政策。

③政策一般。

政策一般，是指从无数项具体的个别的政策和众多的政策群、政策链中，抽象出所有的政策的共同的本质和属性。

（2）政策系统

对研究者来说，政策系统的研究有四个突出的问题应予以重视：

①直接的政策制定系统中决策者的类别差异；

②公共政策的直接主体系统与对象系统的地位的相对性；

③公共政策直接主体系统与政策支持系统的地位的相对性；

④公共政策制定系统内部的结构。

（3）政策过程

公共政策的直接主体的决策行为使政策系统的各个子系统成为一个整体，而决策行为是一个从政策问题的认定到政策目标的达成这样的一个动态过程，这个过程也就是政策系统的运行过程。政策过程研究就是分析哪些因素是怎样影响政策主体的选择行为的，是怎样影响政策过程的各个环节的，影响的性质和程度怎样。

【考点3】公共政策学的研究方法——宁骚《公共政策学》

1. 公共政策学的科学特征

当代公共政策的研究者大都倾向于认为这门学科既具有科学的特征又具有艺术的特征。公共政策学具有科学的特征，使它从社会的结构、体制、功能、作用的角度来界定人的本质；公共政策学具有艺术的特征，则使它从洋溢着灵性和诗性的人的角度来看待政策过程的性质、意义与合理性。

2. 科学主义的认识论

公共政策学的研究方法所依据的认识论有：

（1）经验主义

①经验主义认为人的认识起源于感觉经验；

②经验主义强调人的认识需从个别的、特殊的事物出发；

③关于普遍性与特殊性、共性与个性的关系；

④经验主义强调归纳逻辑作为认识工具而具有的根本作用，忽视真理自身的逻辑一贯性；

⑤知识主体的认识能力的有限性。

（2）理性主义

①理性主义认为人的认识起源于理性直观而不是感觉经验；

②理性主义总是把一般而不是把个别作为认识的首要对象；

③在是否有普遍的共同理性存在的问题上，理性主义持肯定的态度；

④理性主义蔑视和贬低归纳法作为人类认识工具所起的作用，认为用归纳法得出的知识完全是偶然的，尚不具有真正的知识所具有的形式，顶多只能用作一般原理的例证。

（3）逻辑经验主义

①经验证实原则，是逻辑经验主义的根本原则，它规定知识必须依据经验；

②经验证实原则必须将数理逻辑用作分析和论证的工具；

③科学主义的科学观。

（4）后现代主义

①对从伽利略开始，支配西方思想三百多年的机械主义的认识论、方法论与科学观进行了激烈的批评；

②后现代主义主张自然主义的认识论与方法论；

③后现代主义对人文精神的呼唤；

④后现代主义重视非理性、反理性和超理性等反科学主义的创造性思维。

（5）辩证唯物主义

辩证唯物主义的认识论、方法论和科学观与经验主义、理性主义、逻辑经验主义、后现代主义以及其他各种各样的哲学流派的认识论、方法论和科学观相比较，有两个突出的特点。

①全面性，或者说由于它综合了各种片面的知识中的正确的方面，因此，它本身就有最少的片面性。

②实践性，或者说它在实践的基础上，实现了感性与理性、经验与理论、个别与一般、整体与部分、真理的相对性与绝对性、归纳与演绎的统一。

3. 公共政策研究程序的设计

（1）提出拟研究的政策问题；

（2）确定假设；

（3）收集系统资料；

（4）资料分析；

（5）做操作性研究；

（6）写作研究报告。

【考点4】公共政策学的历史沿革——宁骚《公共政策学》

（一）公共政策学的产生与发展

1. 古代的政策研究

把从上古时代直到20世纪中期的政策研究统称为“前公共政策学时期的政策研究”。古代中国的政策研究是十分发达的，究其原因，史官制度、策士制度、谏议制度和科举制度起了很大的作用。

2. 18、19世纪西方国家的政策研究

从产业革命前后到第一次世界大战前后，有许多学者和思想家，其中佼佼者如亚当·斯密、克劳塞维茨、卡尔·马克思、恩格斯和马克斯·韦伯等，在经济学、军事学、政治学、社会学和其他一般社会科学等领域里做了大量的理论研究和方法论探索，其成果不仅对他们各自耕耘其中的学科领域的发展做出了突出贡献，而且也为公共政策学的形成奠定了理论和方法论的基础。

3. 20世纪前半期学科孕育的历史条件

公共政策学是在两次世界大战期间和第二次世界大战后初期孕育成形而于20世纪50年代初诞生的。这门学科得以形成的历史条件，一些是其他学科的形成和发展造成的，另一些是政治、经济、科学技术的发展所导致的。

其主要条件有以下四个方面：

（1）系统论、信息论、控制论的产生

这是三门相互联系的交叉学科。“三论”的后续研究所取得的一项重大进展，就是到20世纪70年代开始形成“大系统论”，大系统论试图把“三论”组合成统一的理论方法的体系。

（2）决策科学的形成

决策科学是以现代科学手段与分析工具研究决策原理、决策程序和决策方法并认识和把握正确决策的规律的综合性新兴学科。决策科学与公共政策学之间是一般与个别的关系，前者取得的所有重要研究成果都直接地成为公共政策学的内容。当然，公共政策学取得的重要研究成果，对决策科学的进展也有助益。

（3）行为科学的形成和行为主义政治学的进展

行为科学发端于20世纪30年代的美国，孕育于管理学领域，“行为主义”

是从现代心理学中借用过来的一个概念外，从方法论上讲，行为主义政治学对公共政策学的产生也有着重大影响。

(4) 凯恩斯主义的出台与政府政策领域的扩大

在1929—1933年世界经济危机的爆发暴露出市场经济体制的缺陷，“市场失败”推动着经济学家寻找救治方案。凯恩斯主义被西方国家的政府认为是最佳的方案。凯恩斯主义的出台及其被奉为政府制定政策的依据，对公共政策学的产生有如下影响。

①公共政策对于经济、社会生活的正面作用。古典自由主义力主国家尽可能不干预经济、社会体系的运行，对干预的负面作用给予了充分的强调，因此政府就没有必要制定调节和控制国家、经济生活的政策。而凯恩斯主义反其道而行之，同时许多国家的政府的实践也证明，公共政策是能够对经济、社会体系的健康运行产生益处的。于是，公共政策领域乘势大大扩展，通过政策履行的国家职能由政治统治的领域大张旗鼓地进入宏观管理的领域，各种各样的经济、社会、科技和文化政策一个接一个地被政府制定出来，因而为改进政策的制定和执行系统、提高政策的质量，公共政策学就成为一门呼之欲出的学科了。

②尽管许多国家的政府官僚系统乘势不断扩充，但是政策的制定与执行过程中涉及的专门知识仍然大大超出他们的知识领域，解决的办法：一是吸收学者参政，二是实行政策咨询。结果，政策分析、政策咨询、政策评估开始作为一种社会职业在有些国家应运而生。这也对公共政策学的诞生起到了直接的催化作用。

（二）学科的诞生与发展

1. 公共政策学的诞生

1951年，由美国著名的政治学家勒纳和拉斯韦尔共同主编的《政策科学：视野与方法的近期发展》一书面世。书中所收论文对公共政策的概念、政策科学的学科特点和基本范畴、科学的决策方法等，都做了比较深刻的探讨，奠定了公共政策学的学科基础。这本书被誉为“政策科学的开山之作”“公共政策学的经典著作”，被认为是公共政策学诞生的标志。

2. 公共政策学的初步发展

20世纪60年代后期，从事政策研究的学者，以德洛尔为代表，对拉斯韦尔等学者倡导的行为主义方法论做了全面的批评。从此，公共政策学的发展进入第二阶段，其标志是德洛尔的《重新审查公共政策的制定过程》《政策科学探索：概念与使用》《政策科学构想》的出版。

公共政策学在这一阶段主要在以下四个方面取得显著的成就。

（1）方法论的多样化。对拉斯韦尔等人的批评，改变了公共政策学领域行为主义一统天下的局面，出现了方法论的多样化。

（2）对政策过程研究的重点的转变。公共政策学在其发展的第二个阶段里，研究重点由政策过程的前期阶段即政策的制定转移到政策过程的后期阶段即政策的执行、评估和终结上。

（3）对政策过程中的价值因素和伦理因素的作用给予了重视。

（4）公共政策比较研究开始起步。

3. 公共政策学的近期发展

从20世纪90年代以来，公共政策学在各主要国家里都取得了重大进展。在这门学科的发源地美国突出表现为以下三个方面的进展。

（1）课题选择的新取向

20世纪90年代以来，公共政策学研究课题的选择偏重于伦理取向、管理取向和政府改革取向。

①伦理取向。政策过程是一个不断选择的过程，政策问题、政策目标、政策方案、政策执行的方式和手段都需要选择等。而任何选择都必须有一定的标准，其中价值和伦理的标准是不可或缺的。基于这一认识，一些学者对公共政策研究课题的选择以伦理和价值为取向。

②管理取向。政策是管理的一环，而公共政策则是另一种形式的战略管理。组织、计划、指挥、管制等管理工具的运用，对于公共政策产生预期效果是至关重要的。在20世纪80年代，一些公共政策学者在这方面已经做了基础性的研究。90年代以来，管理取向的政策研究呈现出更强的发展势头。

③政府改革取向。没有一个现代化的决策系统，就没有顺应并引导潮流的高质量的公共政策，而决策系统现代化的目标，就是建立一个高效能的新型政府。20世纪90年代，政府改革在发达国家成为一种潮流，政府改革对公共政策研究产生了广泛而深刻的影响。

（2）方法论的非科学趋向

自20世纪80年代起，不断有人批评在逻辑经验主义和实用主义这两条思想路线下所做的公共政策研究。他们倡导的是“混沌原则”“不确定性”“诠释学观点”，并据此来说明当代的政策环境已非理性的思考所能把握。以主观的研究方法代替客观的研究方法，势必影响到以什么标准来评估和选择政策以及如何判断一项政策是好政策这样的基本问题。采取主观研究方法的学者认为，没有一项政策能够被社会全体成员普遍接受为好政策。因此，确认一项好政策的比较可行的办法是主观认定的办法，即具有法律正当性的政策就是好政策。主观的研究方法对公共政策研究的影响是相当深入的。

（3）公共政策学的建制化

公共政策学经过数十年的发展，逐步成为一门比较成熟的独立学科，建制化则是学科成熟的外在标志。建制化表现在以下三个方面：①学会的成立和专业研究刊物的问世；②专门研究机构的建立；③大学教育中专业与课程的设置。

（三）公共政策学的引进及其中国化

公共政策学引入中国以后，要有效解释中国的公共决策实践，要在中国土地上生根开花，必须在概念、理论、模型和分析路径上中国化，形成有中国特色的公共政策学学科体系。

1. 公共政策学的引进

在20世纪50—70年代，公共政策学首先在美国发轫、发展起来并随后被引入其他西方国家以及一系列发展中国家和地区。

把公共政策学引入中国，台湾早于大陆。中国大陆是随着改革开放的深入而开始引进公共政策学的，而引进和发展这一学科的根本动机是推动党和国家领导部门决策科学化和民主化进程。

2. 公共政策学中国化的丰富资源

公共政策学在中国的发展，不能只是拿来和照搬，不能只看到从国外引进的这门学科的概念、理论、模型、路径的普适性、通用性和有效性的一面。我们必须充分认识到，与西方国家相比较，中国大陆公共决策体制所具有的特殊性、政策过程的差异性和政策环境即中国国情的复杂性，因而构建有中国特色的公共政策学学科体系就成为重大课题。

公共政策学的中国化或者构建有中国特色的公共政策学学科体系可利用的特殊资源有以下几方面：

（1）当代中国的公共决策实践

中国的决策实践不仅极其丰富，而且独具特色。

①关于决策体制。中国的公共决策体制实行的是单一制国家结构中执政党领导的民主集中制，这既可保障决策的有效性，也能够在政策之间留下弹性、可操作的空间，从而使公共决策过程中得以插进“试点”这一极为重要的环节。

②关于利益表达机制。中国的利益表达机制是坚持党的领导、人民当家作主、依法治国有机统一，实行从群众中来、到群众中去的民主集中制。它与西方国家的利益表达机制存在着根本的差异。

③关于政策过程。在中国的政策过程中，调查、协商和试点这三个环节起着特别重要的作用，从而保障了决策的科学性。

④关于政策环境。与西方国家相比较，中国不仅在地理、气候、资源、人口、历史、文化等方面具有特别的复杂性，而且中国仍处于社会主义的初级阶段的基本国情。

（2）马克思主义理论与方法

在当代中国的公共决策实践中，马克思主义理论与方法在决策者的决策思维中居于指导地位。因此，公共政策学的中国化必须十分重视马克思主义理论与方法。

（3）中华传统政策思想

中国古代的政策研究中“以民为本”的理念深深根植于中华传统政策思想的沃壤之中。而以民为本、执政为民又是当代中国公共政策的基本内容。这种民本论作为一种历史的智慧闪耀着理性的光辉，对当代中国的公共决策以及构建有中国特色的公共政策学学科体系，有着极其宝贵的启示意义。

【考点5】为什么学习公共政策学？——宁骚《公共政策学》

公共政策学是一门具有很强的社会应用性的学科，同时它也是一个需要进行广泛而深入的理论探讨的领域。

学习和研究公共政策学的必要性或者基本的意义有以下几个方面：

1. 学习和研究公共政策学是为了改进政策系统，提高政策质量；

2. 学习和研究公共政策学是为了教育群众理解公共政策，运用政策争取和保护自身的和公共的利益，以适当的方式向公共组织特别是公共权力组织提出政策建议；

3. 学习和研究公共政策学是为了推动社会科学和自然科学各学科的研究工作具有公共政策研究的取向。

【考点6】公共政策研究的多学科视角——宁骚《公共政策学》

1. 哲学视角

哲学对公共政策分析的贡献主要集中在两个方面：

（1）在世界观和方法论方面的影响。

（2）规范性哲学尤其是伦理学对公共政策的影响。伦理学对公共政策研究的影响表现在两个方面：①强调政策研究中的价值分析；②强调政策研究本身的伦理规范，或者说是政策分析的职业伦理，这包括政策者的行为标准、政策研究者的职业道德要求、政策执行者的道德规范等。

2. **政治学视角**

政治学是研究社会政治现象及其规律的学科。公共政策作为一种普遍和重要的政治现象，一直是政治学关注和研究的对象。

一般说来，西方的政治学研究可以分为三个大的阶段。

（1）传统政治学：主要研究对象是国家；研究方法有历史的、法律的和制度的；研究重点是政府和主权，强调研究政府的制度结构和政府治理的方法与理论基础，主要包括宪政制度、政府机构的权利和职责、各级政府间的相互关系等主题。

（2）行为主义政治学：克服了传统政治学研究方法上的局限性，从社会学和心理学中借用了各种适用的定量方法，特别是调查方法，通过对公共政策过程的描述性研究（特别是对个体决策的描述）来进行公共政策分析。

（3）后行为主义政治学：保留了行为主义政治学特意强调的定量和描述性研究的特点，同时又力求将公共政策过程和行为的描述性研究与公共政策的内容结合起来，并将微观经济学和管理科学中的数学推论模型等规范性研究引进公共政策分析。

3. **管理学视角**

（1）管理科学对公共政策研究的最大贡献是决策科学。以西蒙为代表的决策理论学派认为，组织就是作为决策者的个人所组成的系统，管理活动的全部过程都是决策的过程，即“管理就是决策”。西蒙等人还提出用“令人满意”准则代替“最优化”准则作为决策的准则。这些都为后来的公共政策分析做出了重要贡献。

（2）公共政策学与管理科学尤其是公共管理学在研究对象上有很多共同之处，它们都是管理社会公共事务、解决社会公共问题的科学，都要经过从确认问题、制定方案、实施计划到评估结果的程序。管理学对公共政策学理论与实践的发展起到非常广泛的影响。

4. **经济学视角**

公共政策学的经济学视角就是采用经济学的理论假定、概念框架、分析方法及技术来看待公共政策问题。

政策研究的经济学视角的基本内容是（阿马切尔《经济学与公共政策》）：

（1）经济力量是实证的或非规范的，它由事实命题而不是价值判断所组成。

（2）经济学理论解释某些事件的结果，它允许“如果 A，则 B”一类的问题，一般并不预言 A 的出现。

（3）经济学家倾向于用私人市场过程来解决社会问题。

（4）经济学家倾向于花大量的心血去澄清各种选择，并使特定选择的机会成本尽可能清楚。

（5）经济学家更有可能认识在现存选择中的替代机会。

（6）经济学家使用渐进的和边际的途径。

（7）经济学家倾向于用个人的途径来做社会分析。

（8）经济学理论对所有经济系统和体制背景都是适应的。

5. 社会学视角

（1）公共政策学研究的大量具体政策都属于社会政策，这种研究须以社会学知识和研究成果为基础。

（2）社会学对公共政策分析的主要贡献在于它对社会问题、种族关系、家庭问题、犯罪学和社会变革所进行的研究。

（3）社会学中关于政策的研究是描述性的，主要集中在政策过程特别是集中在公共政策的制定、实施和效果评估等几个阶段。

（4）社会学在社会控制、社会化和社会变化等广泛领域内，发展了大量的实证知识和理论，这些也都有助于理解不同公共政策的效果及公共政策制定者和执行者的行为。

（5）社会学对公共政策研究的另一大贡献在于微观的实证研究方法。

【考点7】公共政策的系统分析和矛盾分析——宁骚《公共政策学》

1. 公共政策的系统分析

系统分析已经成为公共政策研究尤其是公共政策分析的基础性方法。系统分析基础上的公共政策分析可以认为是基于公共政策与政策目标之间的关系，在各种备选方案中确定一个能最大程度实现该目标的最优方案的过程。

（1）从系统分析的要素和步骤来看

公共政策分析过程的逻辑顺序，可以分为五个阶段。

①阐释目标

这是政策分析过程中最重要的一步，只有正确地阐释目标，才能保证这个分析过程的正确进行。其内容包括：A. 分析有关问题和争论点；B. 弄清这些争论的来龙去脉；C. 说明目标；D. 发现起作用的主要因素以及取得对它们之间关系的初步认识。

②寻找方案

这是指根据政策目标来搜寻和设计出所有可能的备选方案，包括对已有方案的整理。在此基础上，收集与方案有关的资料和数据，并进行分析。

③预测效果

这是根据备选方案的内容和性质以及方案实施的环境和条件，对方案的效果做出估计。

④构造模型

A. 构造一个或多个关于政策系统及其环境的模型；B. 根据模型，对政策系统的操作进行分析，并对政策系统的工作方式和工作性能做出估计。

⑤评估方案

即选择一定的（一个或多个）标准，把各种备选方案按照优先顺序排列起来，使决策者更容易做出选择。系统分析使用两种主要的理性方法来排列备选方案：A. 固定任务或效用水平，然后按照成本递增的顺序来排列方案；B. 固定成本或预算，然后按照效用递减的顺序来排列方案。

政策分析的这些阶段在实际应用中不仅是递进的，而且往往互相交叉、互相渗透，有些阶段还要循环往复若干次。阔德用框架图来表示政策分析的重复过程，如图 2-1 所示。

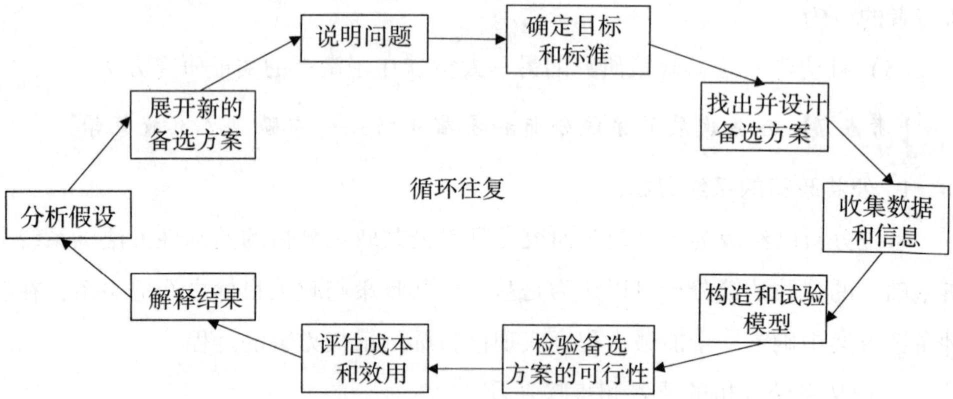

图2-1 分析过程的重复性

（2）从系统分析的内容来看

对公共政策系统的分析通常包括以下三个方面：

①政策系统的环境分析

要确定政策系统的边界和约束条件，就必须对环境做出分析，而政策系统分析的许多资料也来源于环境。因此，分析环境与政策系统的关系是接近政策系统问题的必要步骤，也是政策系统分析的重要内容。

②政策系统的目标分析

政策系统的目标定位是政策系统分析和系统设计的出发点，是政策系统所要达到的目的之具体化。政策系统目标分析的任务有：A. 论证目标的合理性、可行性和经济性；B. 获取目标分析的结果，建立目标的指标体系；C. 提出政策系统的总目标要有充分的根据；D. 要有实现目标的具体方案做保证；E. 要充分考虑到提出总目标可能产生的积极和消极作用；F. 要使总目标具体化，在建立目标体系和指标体系时既要层次清楚又能够突出重点；G. 当各个子目标发生冲突时要明确矛盾，厘清线索，进行必要的、适当的调整。

③政策系统的结构分析

政策系统结构分析的目的是要找出政策系统构成上的整体性、相关性、层次性特征，使政策系统的组成要素及其相互之间的关联在分布上达到最优结合的效果。

（3）公共政策研究中的系统分析的主要作用

①帮助政策分析人员从整体性的角度理解政策系统，并在此基础上对不同的政策系统加以比较。

②鼓励政策分析人员同时对政策系统的各子系统进行研究，促使政策分析人员注意系统内部的结构和层次特点。

③系统分析强调并突出对未知事物和状态的探索，使人们能够在过去和现在的基础上预测未来，不断开拓新的领域。

④系统分析引导政策分析人员在政策分析过程中善于转换视角，从不同的角度或侧面看待政策分析中的问题。

⑤系统分析促使政策分析人员在考虑政策目标和解决问题所需的要求和条件时，也同时注意考虑协调、控制和贯彻执行等问题，并注意进行从目的到手段的全面调查。

2. 公共政策的矛盾分析

矛盾分析法作为唯物辩证法认识事物和分析问题的根本方法，在我国的政策分析和政策实践中得到广泛的应用。矛盾分析在当代中国公共政策中的应用体现为以下几方面：

（1）矛盾普遍性和特殊性的辩证关系要求我们在普遍性原理的指导下，具体地分析矛盾的特殊性。分析政策问题、制定和执行政策，必须坚持具体问题具体分析，反对不问具体情况的“一刀切”，反对把马克思主义当作教条的错误思想和做法。

（2）主要矛盾与次要矛盾的辩证关系要求我们在分析政策问题、制定和执行政策时首先要善于抓住重点，抓住关键，集中主要力量去解决主要矛盾，同时又要学会统筹兼顾，恰当地处理次要矛盾，学会“弹钢琴”。

（3）矛盾的主、次方面的辩证关系要求我们在分析政策问题、制定和执行政策时要善于抓住重点，分清事物的主流和支流，坚持两点论和重点论的统一。这样才能抓住事物的本质，才能辨方向、识大局。否则，主次颠倒，就会混淆事物的性质。

【考点8】公共政策的历史—比较分析——宁骚《公共政策学》

1. 公共政策的历史分析

（1）认识事物和研究问题必须遵循科学的历史主义方法

①在认识事物时，要坚持变与不变的辩证统一。

A. 要通过揭示一事物所依赖的根据和条件，来说明该事物存在的必然性。

B. 要通过事物所依赖的根据和条件的变更，来认识事物变化的必然性。

C. 将以上两点综合起来，揭示由一定的根据和条件所造成的该事物存在和变化的客观规律性。

②在评价事物时，要坚持肯定与否定的辩证统一。

③在改造事物时，要坚持继承和变革的辩证统一。

（2）研究公共政策同样必须坚持历史的观点

任何一个政策问题都不是孤立的，而是一个复杂的系统和矛盾群体，是会不断发展变化的；同时，每一项政策也都是一个过程，有其产生、发展和消亡的历史。因此对公共政策的研究就不能仅限于对当前情况的分析，否则就难以把握政策变化的原因，更谈不上对政策的改进。

研究一项公共政策的历史过程主要有以下几点。

首先，必须研究该政策产生的历史条件；随着政策的发展，还要研究政策实施的历史条件以及政策变动乃至终结的历史条件。

其次，要研究前后政策之间的联系，也就是说要对现行政策与过去的同类政策进行历史比较，从中找出一些经验性的东西，为更好地贯彻落实现行政策服务。

最后，要深入研究该政策或该政策的某个阶段的具体脉络，更多地以描述性的语言来记录政策的历史。

（3）历史分析法的优点

①可以研究不能直接调查的对象。

②资料数量往往比一次性调查丰富，可以采取大样本来提高可信度。

③资料来源于历史事实，受干扰小，具有客观性。

④有些文献中的基础数据和资料是经过整理归纳的现成资料。

⑤较之其他社会调查方法的花费要少。

（4）历史分析法的缺点

①虽然资料来源比较广泛，但缺乏足够的深入性、全面性和系统性。

②限于书面语言，难以见到具体环境下的行为和思想；定量化困难等。

2. 公共政策的比较分析

比较研究或比较分析是将比较方法系统地运用于科学研究而形成的一种特定的研究活力和研究方式。

（1）进行公共政策的系统比较的三个基本原因

①为制定更好的政策提供指导，不同的国家往往采取不同的措施来应对类似的问题，孰优孰劣要通过仔细的比较才能洞悉。

②为了更加深入地了解在处理具体问题时政府机构和政治过程是怎样运作的。

③因为当今世界日益增长的相互依存，很多全球性的问题需要各国相互合作，一个国家的政策常常会对其他国家政策的制定产生重大影响。

（2）分类

在跨国比较中，根据比较主体的异同及研究目的是求同还是求异，可以分为六类。

①同上求同，比较相同或相似的政治形态，寻求它们的共同性。

②同上求异，比较相同或相似的政治形态，寻求差别性。

③异上求同，比较不同的政治形态，寻求某种共同性。

④异上求异，对不同政治形态的差异性进行比较，找出差异性的原因，强调各自的特殊性。

⑤同上求异同，对相同的政治形态，既揭示共同性又揭示出特殊性，研究共同性和特殊性对社会发展的影响。

⑥异上求异同，对不同政治形态，研究其共同性与差异性。

（3）比较的步骤

①确定比较研究的范围，即确定要比较的公共政策领域和作为比较对象的国家。

②进行个案研究，具体描述各个国家所采取的政策的内容及其相关因素。

③类型分析，即按照同一逻辑特征，把一定的政策现象分门别类地加以整理，找出若干种事物的共同特征，以及这类事物与其他事物的基本区别。

④设定比较对象的自变量和因变量，通过对这些变量之间的关系的比较，考察它们的共同特征和个别特征，发现共同本质和个别事物的特殊属性。

（4）比较研究的种类

①宏观比较与微观比较。

②横向共时比较与纵向历时比较。

③同类比较与异类比较。

④定性分析比较与定量分析比较等。

3. 公共政策的案例研究

案例研究又称个案研究或个案分析，是对单一的研究对象进行深入而具体研究的方法。

（1）案例研究的步骤

①明确案例研究的目的和内容；②制订研究计划；③实施案例研究（如收集资料、访谈、观察、测量等）；④整理分析材料，形成结论；⑤起草研究报告。

（2）案例研究的证据

有六个不同的来源：文献、档案记录、访谈、直接观察、参与观察和物理人工制品。

（3）在案例的资料收集中要注意的三条原则

①利用多种数据来源；②建立案例研究数据库；③保存一系列证据。

（4）案例研究法的主要特点

①研究对象的个别性与典型性；②研究内容的深入性和全面性；③研究方法的多样性和综合性。

（5）案例研究的优点

①案例研究充分考虑研究对象的特点，根据研究对象的实际，提出解决问题的方案；②案例研究是历史研究与现实发展相结合的动态研究，能更好地揭示研究对象的发展特点和规律；③案例研究的方法灵活多样。

【考点9】公共政策的经济—社会分析——宁骚《公共政策学》

1. 经济分析方法

（1）从经济方面分析政治和政策现象是马克思主义的基本观点和重要方法

之一。公共政策是否合理和有效，要看它是否反映了正确的经济关系，是否有利于社会经济的发展。

（2）当代西方政治学和公共政策研究同样重视经济分析方法的应用，只是它们更多的是用现代经济学的概念和理论来分析政治和政策现象。

（3）运用现代经济学分析公共政策获得最大成功的是公共选择理论。

①公共选择理论对非市场决策的分析思路。

A. 做出与一般经济学相同的行为假设（理性的、功利主义的个人）；B. 通常把偏好的显示过程描述为类似于市场；C. 提出与传统价格理论相同的问题。

②公共选择理论的基本内涵。

布坎南等人创立公共选择理论的目的在于克服凯恩斯主义下政府干预的局限和缺陷。通过对政府决策行为的研究，国家结构的缺陷尽可能地降到最低的限度，从而达到以政治市场领域的和谐运转去弥补经济市场运转不足的目的。

2. 社会形态分析

（1）社会形态的概念

社会形态是生产力发展到一定阶段的经济基础和上层建筑的统一，或者说是一定社会发展阶段的经济制度、政治制度和思想文化体系的总称，是这个阶段生产力和生产关系、经济基础和上层建筑的具体的历史的统一。

经济基础是上层建筑赖以存在的根据，它决定上层建筑；上层建筑是经济基础在政治和观念上的表现，它反作用于经济基础。

（2）经济基础和上层建筑的关系

①上层建筑一定要适合经济基础发展状况的规律。

②上层建筑在任何时候都不会完全、绝对地适应经济基础的需要，两者之间始终存在着某种矛盾。在社会形态中，经济基础是相对易变的，而上层建筑则相对稳定，往往落后于经济基础的变更。

③在两者基本相适合时出现的局部性矛盾，可以在同一社会制度的范围内加以调整；当上层建筑在总体上已不适应其生产力和经济基础发展的要求时，两者的矛盾就会从量变发展到质变。这时，只有通过社会革命来根本改变旧的上层建筑，实现新旧社会形态的更替。上层建筑一定要适合经济基础发展状况的规律，是无产阶级政党和社会主义国家的公共权力机关制定路线、方针和政策的一个重要的理论基础。

（3）当代西方学者对社会形态的研究

当代西方学者同样重视社会形态的研究，只是划分的标准有所不同。最有代表性的观点是丹尼尔·贝尔在其著作《后工业社会的来临》中提出的社会发展三阶段论，即前工业社会、工业社会和后工业社会。

3. 社会阶级与阶层分析

（1）阶级

阶级是一个历史范畴，阶级的存在是和生产发展的一定历史阶段相联系的。

（2）阶级分析

阶级分析就是用阶级和阶级斗争的观点去观察和研究阶级社会中社会现象的方法。

要正确认识社会，指导社会实践，就必须用阶级分析的方法，研究社会各阶级的经济地位，并在此基础上分析它们的政治态度和思想状况，还要分析各个阶级的历史地位和作用以及各阶级的相互关系。

（3）有关社会分层的理论解释

①功能论

认为在一个社会中，为了实现社会的基本价值目标，需要居于各种社会位置的人们的共同努力。但是，各种社会位置对实现社会基本价值目标的重要程度不一样，而重要的社会位置需要高素质并经过高度训练的人去占据，以确保社会功能的高效率发挥和社会目标的高效率达成。因此，各种社会报酬应该按照各种社会位置对整体社会的贡献的大小来分配。由于贡献的大小不一，社会分配也就自然是不平等的。按照这种理论，社会不平等不仅是合理的，而且是必然的。

②冲突论

秉承马克思主义的阶级理论，把社会分配不平等的根源归结为不同的社会集团在控制社会经济运行过程和公共机构的权力的不同。拥有这些权力的集团可以用此权力来剥夺无权者，从而从社会分配中获得更多的份额。这是一种不合理的社会状况。

③总结

两种理论解释都在一定程度上反映了社会不平等的二重性。一方面，合理的、一定程度的不平等分配确实比平均主义更能调动人们的劳动积极性。另一方面，由于几乎社会中的每个人和每个群体都可能想自己先富起来，围绕着“先富”“后富”的问题就会有冲突。而且随着一部分人先富起来，如果不能有效地解决社会共同富裕的问题，两极分化就会越来越严重。因此，在现阶段应将上述两种理论结合起来，制定既有利于社会经济快速发展，又有利于和谐社会构建的公共政策。

【考点 10】公共政策的制度分析——宁骚《公共政策学》

1. 政治学中的制度主义

（1）政治学中制度的概念

①广义的制度指的是一个社会为确定人们的相互关系而人为设定的约束规则，一般包括非正式约束和正式约束两个部分。

②狭义的制度指的就是正式约束及其结构化的形式，特别是组织机构及其所遵循的规则。

（2）政治学对制度研究的重视

由于制度规定了政治体系是如何运转的，因此它占据了政治学研究的中心位置。从古至今，政治学者一贯重视对制度的研究和分析。

①在近代，制度分析一直是西方政治学的主要研究方法。到 20 世纪 20 年代，一些欧美政治学家出于对政治学研究现状的不满而开始寻求创新。他们呼吁政治学研究不应停留在法律条文或正式制度分析上，而应采用新的科学方法深入探究现实的政治过程和政治活动。在他们的推动下，行为主义在 20 世纪中叶开始成为政治学研究的主流方法论。

②行为主义研究方法过分强调研究者的价值中立和研究方法的科学化，使政治学研究远离了现实的政治制度和政治生活。到了 20 世纪 80 年代，由于行为主义自身的缺陷以及新制度经济学的冲击，政治学家开始重新关注制度问题，把制度纳入了当代主流政治学理论的视野。政治学新制度主义开始兴起。

③新制度主义在当代的兴起，不仅表现在学者从不同的视角对制度进行全方位的研究，而且还把新制度主义理论运用到公共管理、公共政策分析、比较政治学、国际关系以及欧洲一体化研究中。从目前的研究来看，新制度主义已经成为国际上政治科学研究的主要方法之一。

2. 新制度主义的三大流派

新制度主义是在传统制度分析的基础上，批判吸收了行为主义的研究方法，同样借鉴了社会学、制度经济学以及其他社会科学的研究成果，因此在其内部形成了多种分支。根据彼得·霍尔和罗斯玛丽·泰勒的划分，新制度主义分为三大流派。

（1）历史制度主义

历史制度主义是在对政治学中团体理论和结构功能主义的批判和整合基础上形成的。“历史”，是因为这一学派认为历史是克服人类理性（工具理性）局限性的一个主要途径；“制度主义”，因为他们注重以制度为核心的概念分析工具来考察历史。

历史制度主义者通过社会历史发展过程中形成的制度来解释政治现象。他们是社会因果论的积极倡导者，但反对传统认为相同的作用力必然会在任何地方产生完全相同结果的观点，认为社会力量作用的结果还受到源自过去的特定情势的某些因素的影响，而制度正是该特定情势中最重要的因素。

保罗·皮尔逊在《回报递增、路径依赖和政治学研究》一文中，提出了自己的路径依赖观。

①含义

广义的路径依赖是指前一阶段的事件可能会对后一阶段的事件产生某种影响和制约作用；狭义的路径依赖则诉诸“回报递增”，认为某种制度模式一旦上了轨道之后，沿着同一道路继续发展的可能性会增大，这是因为该制度模式提供了比其他制度更大的收益。

②路径依赖在政治生活中的表现

A. 时间序列的重要性。一方面，前一阶段发生的事件会对后一阶段产生重要影响；另一方面，尽管在某些政治事件中出现了一些共同的变量，但若变更其出现的先后顺序则会产生不同的政治后果。

B. 政治制度的惯性。一旦某种制度确立之后，由于政治制度在政治生活中的密集分布，往往会建立起一种多元平衡机制，即出现一种相互补充的“制度群”来共同维持现有局面。

C. 政治过程的偶然性。由于政治制度在设计和变迁过程中所体现出的意外后果现象，以前不重要的制度可能会在某一时刻变得重要起来；有时候还会出现这样一种局面，即一个发生在重要时刻的小事件可能引出一系列重大结果和持久影响。

D. 政治制度的继承性。政治制度的创设并非纯理性建构的空中楼阁，而是在已有制度的基础之上，在特定的环境下展开，因此现行制度不可避免地会残留过去制度的成分。

③制度变迁在正常时期遵循这种路径依赖的规律，而制度的创始和变革则有赖于制度断裂的临界点。

新制度是临界点上各种政治力量冲突的结果。历史制度主义认为正常时期的制度变迁也还存在着意外后果，环境和条件的变化可能促使制度的功能发生扭曲或改变。

A. 社会经济系统和政治背景的变化有可能会使原来不那么重要的制度变得重要起来，原来不怎么发生作用的制度会突然对政治生活产生重大影响；

B. 社会经济和政治背景的变化也有可能会在既定的制度背景下产生出一些新的行动者，他们有可能会利用本服务于旧有行动者的制度来为自己服务；

C. 环境的变化还有可能使旧制度下的旧行动者利用既存的制度来追求新的目标；

D. 新观念的输入有可能会使既定制度下的行动者重新审视原有的制度，从而促成主动的制度变革；

E. 制度自身的意义和功能随着时间的改变而出现内在冲突，而这些斗争和冲突又可能溢出制度之外，并引发新的变革。

（2）理性选择制度主义

理性选择制度主义主要吸收新古典经济学中有关“经济人”的假设和新制度主义经济学中有关制度在经济生活中作用的理论。其主要分析工具有产权、寻租和交易成本等理论。

①理性选择制度主义从“经济人”假设出发，认为个人行为是基于个人利益或效用的最大化，因此，制度被看成个人行为的结果。

②理性选择制度主义最重要的贡献就是发现了在决定政治结果时，制度影响政治行为者之间战略互动的方式。首先，政治行为者的行为不是由非个人的历史力量驱动的，而是经过个人的战略计算后采取的；其次，这种战略计算深受行为者对他人可能实施某些行为的预期的影响。

（3）社会学制度主义

①社会学制度主义源于对传统组织理论的反思。社会学制度主义反对传统组织理论把制度和文化截然分开的做法，认为现代组织所使用的规则、规范、程序就是特定文化的一种实践形态，并试图解释为什么组织要采用特定的制度形式、程序或象征符号，这些又是如何在组织内传播的。

②社会学制度主义的理论基础是建立在“社会人”假设之上的。社会学制度主义反对理性选择学派将个人的行为归结为出于自我利益考虑的理性计算，认为个人的政治行动不完全是理性选择的结果，而是受到制度的规定和制约。

③在制度和个体行为的关系上，社会学制度主义超越了传统的“规范解

释”，提出了新的“认知解释”，即制度通过提供作为人类行为依据的认知性文字、行为类别与活动模型而影响人们的行为。

3. 公共政策的制度分析

制度是公共政策得以实现的场所，它包括政治组织、法律和规则等。政府机构赋予政策如下三个特征：合法性、普遍性和强制性。

（1）制度主义强调制度安排和机构设置与公共政策之间的相关性，认为只要找出结构的内在机制，就可以系统地预测政府组织的行为。

①传统制度主义

A. 传统制度主义往往偏重描述，并纠缠于行政的细节和正式的程序，而忽视了个人和团体会利用制度来谋求私利，也忽略了社会背景对正式制度安排的形成和调整所发挥的作用。

B. 再者它是从静态的角度来看待政策过程的，而且制度在其中并非是独立变量，制度的规则和运作实际上有赖于像官僚和政客这样的个人所做出的政治选择。因此，在行为主义时期诞生的政策科学最初倾向于反对制度主义。

②新制度主义

新制度主义是传统制度主义的否定之否定，它弥补了行为主义的不足，把制度因素重新置于政策研究的中心位置。

（2）新制度主义的三大流派对公共政策研究的影响

①历史制度主义者承认影响政策因素的多元化，尤其是经济方面的因素。他们整合了社会的和国家的视角以便更好地理解公共政策过程。他们认为制度会影响团体的权力、使观念对政策产生循环影响，并且影响到公共决策中的合作。

②理性选择制度主义者继承了理性选择理论的合理内核，着重加入了制度因素。通过对公用资源的研究，他们为集体行动的问题提供了一个可能的答案。尽管理性选择制度主义注意到行动者战略互动在决定政治后果中的作用，但它却无法解释一些内化的规则，也无法解释在政治生活中大量无效率的制度存在的事实。而历史制度主义由于过于注重宏观过程，因此无法揭示出制度创建和变革过程中存在的利益之争和权力之争。

③社会学制度主义从更为宽泛的角度把文化和价值引入制度分析，这对政治生活中大量的无效率的制度的存在很有解释力。但是由于它们把文化也作为一种制度，使其在解释政治现象时很难进行定量化研究，带有相当的模糊性；同时，它忽略了政治过程中的行为者，淡化了人在社会政治活动中的能动作用。

【考点11】公共政策的价值分析与超理性分析——宁骚《公共政策学》

1. 价值分析

（1）公共政策价值观

公共政策价值观是指政策制定者以及其他涉及决策过程的人共有的偏好、个人愿望和目标。价值观可能包括一个人的政治信条、个人偏好、组织目标以及政策取向。价值观关心的是一个人认为是称心的和美好的东西。

①公共政策价值观可以从不同的角度来研究

从个人的角度看，公共政策价值观是以选择、愿望或兴趣的形式来表现的；从标准角度看，公共政策价值观则意味着对一些特定情况的判断。

②公共政策价值观的内容

主要包括：政策理论、政策理想、意识形态、政策认知、政策感情、政策态度和评价标准。

（2）公共政策的价值分析

公共政策的价值分析是考察公共政策过程中某种目的是否值得为之争取、采取的手段是否能被接受以及改进系统的结果是否良好。

①价值分析在公共政策研究中的意义与作用

A. 公共政策分析人员通过价值分析可以确定一些基本的衡量和评价政策方案价值准则。

B. 运用价值分析方法，可以了解人们价值观念的变化与趋向，从而有助于人们把握某种新的价值观念以及价值规范的形成过程，并在公共政策的分析与决策中确立新的价值准则。

C. 社会的价值观念并不因为公共政策系统中个别的决策行为而改变，但随着整个社会政策系统的展开，人们的价值观念将随之而发生新的转变。建立在价值分析基础上的政策分析系统会帮助人们形成科学的价值观，还能指导人们对政策做出新的选择。

②价值分析的方法

A. 对作为价值观念外在表象的行为方式和需求结构进行研究，调查社会不同阶层的人对公共政策所持的态度与可能的行动。

B. 对价值观念的各个方面，如人生态度、道德风尚、审美标准、生活方式等进行全面的调查和研究，识别社会公众、公务人员和社会团体等不同层面的价值观的含义、范围和变化趋势。

C. 对规范性的价值体系即价值规范，如社会意识形态、道德伦理规范、精神文明规范以及社会经济、科学技术、生态环境等诸方面的规范（包括成文或不成文的公共政策）进行分析，寻求价值规范所蕴含的价值观念。

D. 价值分析的具体方法包括：可以通过各种形式的社会调查，对上述几个方面进行研究与分析；可以运用决策分析对不同价值准则的敏感度进行分析；此外，可以通过对经济活动中的预算分析、劳动报酬关系以及资源分配优先顺序等方面的分析来透视价值观念及其变化。

2. 超理性分析

公共政策的分析和制定过程是一种复杂的过程。公共政策学主流理论主张公共政策的分析过程应当是理性的、明晰的过程。但在实际上，这一过程经常是超理性或模糊的。

（1）公共政策的分析是超理性或模糊的原因。

①在公共政策的分析和制定过程中，有些问题是纯理性的方法无法解决的，即理性方法本身的功能有限。

②一种被传统观点认为超理性的方法，本身含有重要的、合理的成分。

（2）在理论上，对超理性因素的考虑主要来自哲学上关于不可直观范畴的命题和生物学上关于直觉的研究和发现。

（3）在公共政策分析过程中，超理性就具有了更大的复杂性。在可以预见的将来，最为有效的公共政策分析方法，是要把理性分析的科学与超理性分析的艺术结合起来。超理性的过程是极为复杂的过程，但超理性过程基本上是非逻辑的过程，它直接影响人的决定和行为。

2.3 热门院校真题解析

一、名词解释题

1. **政策研究**（2018年天津商业大学）

政策研究的主体是学术取向的职业学问家。研究活动关注的重点和研究范围是政策内容、政策过程和政策产生、发现和验证政策与其主体和客体之间、与有关社会和自然环境诸因素之间的因果联系。因此，政策研究是一门科学。研究的目的或目标是建构政策理论，创设研究方法，推动学科发展。对研究成果的社会反响的期待是获得学术界同僚的肯定。

2. **公共政策学**（2018年天津商业大学；2010年华中农业大学）

公共政策学是这样一门学科，它尽可能地运用科学方法研究公共政策的内容、过程与产出，探索其固有规律，形成系统性知识，并运用这种知识进行政策分析，进而通过公共权力机关将研究成果转化为政策实践。

公共政策学的内涵：

①这门学科的研究对象是公共组织，尤其是公共权力机关制定和执行的公共政策，也就是公共决策。

②这门学科具有准科学的特征。强调运用科学方法，强调实证研究，既强调研究发现要具有逻辑一致性又强调其可检验性，是这门学科在方法论上的重要特征。

③在学科内容上，公共政策学具有跨学科或多学科交叉、渗透、综合的特征。

④学术研究与应用研究相结合、理论与实践相结合、知识创造与权力运作相结合，是这门学科的又一显著特征。

3. **元政策**［2019年中国地质大学（武汉）；2018年浙江财经大学；2013年辽宁大学；2012年湖南农业大学；2011年中国传媒大学］

元政策，或者叫作总政策，是政策体系中总管的或具有统摄性的政策，对其他各项政策起指导和规范的作用，是其他各项政策的出发点和基本依据，是政策主体用以指导一定历史时期全局性行动的高度原则性的指针。

元政策的基本功用在于保障其他各项政策遵循同一套政策理念、谋求实现统一的政策目标。因此，它是关于政策的政策。认识到元政策或总政策的这一功用，对于中国革命和建设取得胜利是至关重要的。

（1）公共问题、公共目标和公共利益是公共政策的三大要素。

（2）公共政策是一种权威性的价值分配方案。

（3）公共政策在形式上可以是积极的，也可以是消极的。

4. **政策群**（2017年湖南农业大学；2015年华中农业大学）

政策群，是指国家、政府和一定类型的政治体制中的执政党在某一较长时间内制定和实施的内容各异，但理念同源、导向相近的政策的聚合体。

如自1978年党的十一届三中全会以来，中国实行改革开放政策，涵盖了各个阶段、各个领域、各个方面的成千上万项政策（包括党章、党的历次代表大会的报告决议、党中央历次全会的决议和公报、历次全国人大通过的政府工作报告和其他报告、宪法、法律、行政法规、规章和制度等），中国特色社会主义理论为所有这些政策提供了共同的理念，这些政策的共同导向是实现中国特色社会主义现代化。因此我们就可以把所有这些政策视作“改革开放政策群”。

5. **政策链**（2017年、2013年天津商业大学；2015年华中农业大学）

政策链是指国家、政府和一定类型的政治体制中的执政党为解决同一政策问题而先后制定的在内容上具有一致性、在形态和功能上具有差别性的一系列政策。同一系列的决策相互衔接、相互补充，但其中一两项政策在形态上更具有完整性，在内容和功能上更具有全面性和系统性，起着统摄全系列的政策的作用，从而使得同一系列的政策环环相扣，如同一个链条。

6. **路径依赖**（2012年湖南农业大学；2008年北京大学）

（1）广义的路径依赖指的是前一阶段的事件可能会对后一阶段的事件产生某种影响和制约作用；狭义的路径依赖则诉诸“回报递增”，认为某种制度模式一旦上了轨道之后，沿着同一道路继续发展的可能性会增大，这是因为该制度模式提供了比其他制度更大的收益。

（2）路径依赖在政治生活中表现为：①时间序列的重要性。一方面，前一阶段发生的事件会对后一阶段产生重要影响；另一方面，尽管在某些政治事件中出现了一些共同的变量，但若变更其出现的先后顺序则会产生不同的政治后果。②政治制度的惯性。一旦某种制度确立之后，由于政治制度在政治生活中的密集分布，往往会建立起一种多元平衡机制，即出现一种相互补充的“制度群”来共同维持现有局面。③政治过程的偶然性。由于政治制度在设计和变迁过程中所体现出的意外后果现象，以前不重要的制度可能会在某一时刻变得重要起来；有时候还会出现这样一种局面，即一个发生在重要时刻的小事件可能引出一系列重大结果和持久影响。④政治制度的继承性。政治制度的创设并非纯理性建构的空中楼阁，而是在已有制度的基础之上，在特定的环境下展开，因此现行制度不可避免地会残留过去制度的成分。

二、简答题→论述题

1. 试述拉斯韦尔对政策科学的贡献（2019 年浙江财经大学；2016 年北京航空航天大学；2016 年上海交通大学）

育明教育名师解析

本题题目的问法是北京航空航天大学近几年堪称模板的问法，即“谈谈某学者对政策科学的贡献”，因此考北航的考生尤其要注意。但这样的问法足够新颖，也足够有迷惑性，这就要求我们所有考生注意，在平时背记时要记下重要理论的杰出贡献者人名，以防报考学校出类似题目，造成严重失分。

美国政治科学家拉斯韦尔首先提出了“政策科学”的概念，并对这一学科内容进行了较为系统的阐述，他对政策科学的贡献主要表现在以下几个方面：

（1）拉斯韦尔是政策科学的创始人，被称为“政策科学之父”。他认为政策科学就是以制定政策规划和政策替代方案为焦点，动用新的方法论对未来发展趋势进行分析的学问，奠定了公共政策学的学科基础。他为揭示公共政策的价值分配功能提供了最初的思路，阐明了政治科学与决策科学之间的关系。

（2）拉斯韦尔在《政策科学：近来在范畴与方法上的发展》一书中，对政策科学的内容加以系统介绍和说明，并把政策制度划分为信息、建议、法令、援引、实施、评价、终止等七过程。据此，他认为政策分析者在决策过程中可做出三种贡献：①确定一项政策的目标和价值；②收集和提供相关信息；③提出几种政策方案以及最佳选择。

（3）拉斯韦尔不仅提出了政策科学的概念，而且提出一种唯科学主义的研究公共政策的范式，注重对人们政治行为过程的动态心理分析，对民主主义和理论实证主义的合理性的赞赏，认识到公共政策学的跨学科性、充分的时空观念的必要性、发展观念的重要性，政府官员应参与政策科学化的研究，强调价值中立、科学实验、统计量化和严格的逻辑推理。这种研究范式对政策科学化的意义十分重大，特别是对确定情景条件下的公共政策的科学分析很有用，但由于实现公共问题的绝大多数是在不确定情景下发生的，而价值取向是公共政策最本质的规定性，因而公共政策做纯科学、纯理性的定量研究仍是不现实的。

2. 公共政策学科诞生的历史条件（2011 年中国传媒大学；2011 年华中农业大学）

公共政策学（政策科学或政策分析）是第二次世界大战后首先在西方兴起的一个全新的跨学科、应用性研究领域，它的出现甚至被说成当代西方政治学和行政学乃至整个西方社会科学的一次“革命”。公共政策是一个综合地运用各种知识和方法来研究政策系统和政策过程，探求公共政策的实质、原因和结果的学科，以提供政策相关知识，改善公共决策系统，提高公共政策质量。

公共政策学科形成的历史条件包括：

（1）系统论、信息论、控制论的产生

系统论是研究系统的原则、规律或模式，并对其功能进行数学描述的一门科学。系统论或称系统科学由三部分组成：其一为系统原理；其二为系统方法；其三为系统工程。信息论是一门以信息为基本研究对象，以信息的运动规律和应用方法为主要研究内容，以计算机技术为主要研究目的的一门新兴的、横断的综合性学科。控制论是研究不同系统之间的共同控制规律以实现优化目标的学科；是利用系统各部分之间的相互关系和信息传递，将整个系统组织成能自动且合乎要求的运动机制的一门横断科学。这是三门相互联系的交叉学科。

（2）决策科学的形成

决策科学是以现代科学手段与分析工具研究决策原理、决策程序和决策方法并认识和把握正确决策的活动，这种活动可区分为个人的、群体的和组织的三个层次，遍及社会生活的所有领域的每时每刻。

西蒙在巴纳德的研究基础上，发展了他的决策概念。他系统论证了管理决策的概念体系，从而创立了现代管理科学的决策理论学派。

（3）行为科学的形成和行为主义政治学的进展

它是运用自然科学的实验和观察的方法，研究在自然和社会环境中人的行为规律以及人与人的相互关系的学科。行为科学产生于管理工作实践。行为科学包括个体行为研究、动机与激励的理论、群体行为研究、组织行为等。它广泛应用于企业管理，研究如何激发人的工作积极性，提高劳动生产率，改善并协调人与人之间的关系，缓和劳资矛盾。

（4）凯恩斯主义的出台与政府政策领域的扩大

凯恩斯主义的出台及其被奉为政府制定政策的理论依据对公共政策学具有一定影响。

第一，公共政策学对经济、社会生活的正面作用，对推动经济政策及社会政策的科学化、民主化具有重要影响。

第二，尽管许多国家的政府官僚系统乘势不断扩充，但政策的制定与执行过程中涉及的专门知识仍然大大地超出他们的知识领域，解决的办法一是吸收学者参政，二是发挥智库作用。

总之，政策科学并不是突然降生的，它经历了漫长的历史孕育时期。古代和中世纪的政策研究思想和经验是政策科学的早期思想源泉，近现代经验研究的成长、应用社会科学的成长及其职业化是政策科学发展中的重要事件，而近现代社会科学对政策研究理论和方法的讨论则构成当代政策科学的先导。

3. 比较描述性研究和解释性研究的区别（2017 年北京航空航天大学）

描述性研究是从观察入手来了解并说明研究者感兴趣的问题，旨在将现象和事件描述和辨别清楚。解释性研究则是运用假设检验逻辑，在研究之前需要建立理论假设并提出一些明确的研究假设，然后将这些假设联系起来，构成一个因果模型。

二者的联系：解释性研究是在描述性研究的基础上，即试图在描述清楚现象和事件之后，深入探索现象和事件之间的关联。

二者的区别反映在如下表格中：

	描述性研究	解释性研究
对象规模	大样本	小样本
抽样方法	简单随机、按比例分层抽样	不按比例分层抽样
研究方式	问卷调查、结构式访问	调查、实验
分析方法	定量分析、描述统计分析	因果研究和相关分析
主要目的	描述现象或事件总体状况和分布特征	解释变量关系和进行理论检验
基本特征	内容广泛、规模很大	设计复杂、理论性强

4. 公共政策的系统分析及其作用（2010 年湖南师范大学）

系统分析已经成为公共政策研究尤其是公共政策分析的基础性方法。系统分析基础上的公共政策分析可以认为是基于公共政策与政策目标之间的关系，在各种备选方案中确定一个能最大程度实现该目标的最优方案的过程。

（1）从系统分析的要素和步骤来看

公共政策分析过程的逻辑顺序，可以分为：

①阐释目标

这是政策分析过程中最重要的一步，只有正确地阐释目标，才能保证这个分析过程的正确进行。

②寻找方案

这是指根据政策目标来搜寻和设计出所有可能的备选方案，包括对已有方案的整理。在此基础上，收集与方案有关的资料和数据，并进行分析。

③预测效果

这是根据备选方案的内容和性质以及方案实施的环境和条件，对方案的效果做出估计。

④构造模型

即构造一个或多个关于政策系统及其环境的模型，进而根据模型对政策系统的操作进行分析，并对政策系统的工作方式和工作性能做出估计。

⑤评估方案

即选择一定的（一个或多个）标准，把各种备选方案按照优先顺序排列起来，使决策者更容易做出选择。

政策分析的这些阶段在实际应用中不仅是递进的，而且往往互相交叉、互相渗透，有些阶段还要循环往复若干次。

（2）从系统分析的内容来看

对公共政策系统的分析通常包括三个方面：

①政策系统的环境分析

要确定政策系统的边界和约束条件，就必须对环境做出分析，而政策系统分析的许多资料也来源于环境。因此，分析环境与政策系统的关系是接近政策系统问题的必要步骤，也是政策系统分析的重要内容。

②政策系统的目标分析

政策系统的目标定位是政策系统分析和系统设计的出发点，是政策系统所要达到的目的之具体化。

③政策系统的结构分析

政策系统结构分析的目的是要找出政策系统构成上的整体性、相关性、层次性特征，使政策系统的组成要素及其相互之间的关联在分布上达到最优结合的效果。

（3）公共政策研究中的系统分析的主要作用

①帮助政策分析人员从整体性的角度理解政策系统，并在此基础上对不同的政策系统加以比较。

②鼓励政策分析人员同时对政策系统的各子系统进行研究，促使政策分析人员注意系统内部的结构和层次特点。

③系统分析强调并突出对未知事物和状态的探索，使人们能够在过去和现在的基础上预测未来，不断开拓创新的领域。

④系统分析引导政策分析人员在政策分析过程中善于转换视角，从不同的角度或侧面看待政策分析中的问题。

⑤系统分析促使政策分析人员在考虑政策目标和解决问题所需的要求和条件时，也同时注意考虑协调、控制和贯彻执行等问题，并注意进行从目的到手段的全面调查。

5. 公共政策的价值分析在公共政策研究中的意义与作用（2016 年湖南农业大学）

公共政策的价值分析是考察公共政策过程中某种目的是否值得为之争取、采取的手段是否能被接受以及改进系统的结果是否良好。

（1）价值分析在公共政策研究中的意义与作用

①公共政策分析人员通过价值分析可以确定一些基本的衡量和评价政策方案价值准则。

②运用价值分析方法，可以了解人们价值观念的变化与趋向，从而有助于人们把握某种新的价值观念以及价值规范的形成过程，并在公共政策的分析与决策中确立新的价值准则。

③社会的价值观念并不因为公共政策系统中个别的决策行为而改变，但随着整个社会政策系统的展开，人们的价值观念将随之发生新的转变。建立在价值分析基础上的政策分析系统会帮助人们形成科学的价值观，同时还能指导人们对政策做出新的选择。

（2）价值分析的方法

①对作为价值观念外在表象的行为方式和需求结构进行研究，调查社会不同阶层的人对公共政策所持的态度与可能的行动。

②对价值观念的各个方面，如人生态度、道德风尚、审美标准、生活方式等进行全面的调查和研究，识别社会公众、公务人员和社会团体等不同层面的价值观的含义、范围和变化趋势。

③对规范性的价值体系即价值规范，如社会意识形态、道德伦理规范、精神文明规范以及社会经济、科学技术、生态环境等诸方面的规范（包括成文或不成文的公共政策）进行分析，寻求价值规范所蕴含的价值观念。

④价值分析的具体方法包括：可以通过各种形式的社会调查，对上述几个方面进行研究与分析；可以运用决策分析对不同价值准则的敏感度进行分析；此

外，可以通过对经济活动中的预算分析、劳动报酬关系以及资源分配优先顺序等方面的分析来透视价值观念及其变化。

6. 公共政策研究的多学科视角/途径

育明教育名师解析

注意各研究视角的拆分考查，易设简答题。

政策研究的主体是学术取向的职业学问家。研究活动关注的重点和研究范围是政策内容、政策过程和政策产生、发现和验证政策与其主体和客体之间、与有关社会和自然环境诸因素之间的因果联系。因此，政策研究是一门科学。研究的目的或目标是建构政策理论，创设研究方法，推动学科发展。对研究成果的社会反响的期待是获得学术界同僚的肯定。公共政策研究主要从哲学、政治学、管理学、经济学、社会学视角/途径进行。

（1）哲学视角

哲学对公共政策分析的贡献主要集中在两个方面：

①在世界观和方法论方面的影响。

②规范性哲学尤其是伦理学对公共政策的影响。伦理学对公共政策研究的影响表现在两个方面：强调政策研究中的价值分析；强调政策研究本身的伦理规范，或者说是政策分析的职业伦理，这包括政策者的行为标准、政策研究者的职业道德要求、政策执行者的道德规范等。

（2）政治学视角（2015 年西北师范大学）

政治学是研究社会政治现象及其规律的学科。公共政策作为一种普遍和重要的政治现象一直是政治学关注和研究的对象。

一般说来，西方的政治学研究可以分为三个大的阶段。

①传统政治学。主要研究对象是国家；研究方法有历史的、法律的和制度的；研究重点是政府和主权，强调研究政府的制度结构和政府治理的方法与理论基础，主要包括宪政制度、政府机构的权利和职责、各级政府间的相互关系等主题。

②行为主义政治学。克服了传统政治学研究方法上的局限性，从社会学和心理学中借用了各种适用的定量方法，特别是调查方法，通过对公共政策过程的描述性研究（特别是对个体决策的描述）来进行公共政策分析。

③后行为主义政治学。保留了行为主义政治学特意强调的定量和描述性研究的特点，同时又力求将公共政策过程和行为的描述性研究与公共政策的内容结合

起来，并将微观经济学和管理科学中的数学推论模型等规范性研究引进公共政策分析。

（3）管理学视角

①管理科学对公共政策研究的最大贡献是决策科学。以西蒙为代表的决策理论学派认为，组织就是作为决策者的个人所组成的系统，管理活动的全部过程都是决策的过程，即“管理就是决策”。西蒙等人还提出用“令人满意”准则代替“最优化”准则作为决策的准则。这些都为后来的公共政策分析做出了重要贡献。

②公共政策学与管理科学尤其是公共管理学在研究对象上有很多共同之处，它们都是管理社会公共事务、解决社会公共问题的科学，都要经过从确认问题、制定方案、实施计划到评估结果的程序。管理学对公共政策学理论与实践的发展起到了非常广泛的影响。

（4）经济学视角

公共政策学的经济学视角就是采用经济学的理论假定、概念框架、分析方法及技术来看待公共政策问题。

政策研究的经济学视角的基本内容是（阿马切尔《经济学与公共政策》）：

①经济力量是实证的或非规范的，它由事实命题而不是价值判断所组成。

②经济学理论解释某些事件的结果，它允许“如果 A，则 B”一类的问题，一般并不预言 A 的出现。

③经济学家倾向于用私人市场过程来解决社会问题。

④经济学家倾向于花大量的心血去澄清各种选择，并使特定选择的机会成本尽可能清楚。

⑤经济学家更有可能认识在现存选择中的替代机会。

⑥经济学家使用渐进的和边际的途径。

⑦经济学家倾向于用个人的途径来做社会分析。

⑧经济学理论对所有经济系统和体制背景都是适应的。

（5）社会学视角

①公共政策学研究的大量具体政策都属于社会政策，这种研究须以社会学知识和研究成果为基础。

②社会学对公共政策分析的主要贡献在于它对社会问题、种族关系、家庭问题、犯罪学和社会变革所进行的研究。

③社会学中关于政策的研究是描述性的，主要集中在政策过程特别是集中在

公共政策的制定、实施和效果评估等几个阶段。

④社会学在社会控制、社会化和社会变化等广泛领域内，发展了大量的实证知识和理论，这些也都有助于理解不同公共政策的效果及公共政策制定者和执行者的行为。

⑤社会学对公共政策研究的另一大贡献在于微观的实证研究方法。

第3章　公共政策活动

育明教育名师解析

本章涉及很多特色内容，包括社会问题链、公共政策活动的基本功能和为公共政策中获益的社会公众分类等知识点。各大院校真题考查题型多样，要求考生在充分理解框架基础上进行高效背记。

3.1　章节知识框架

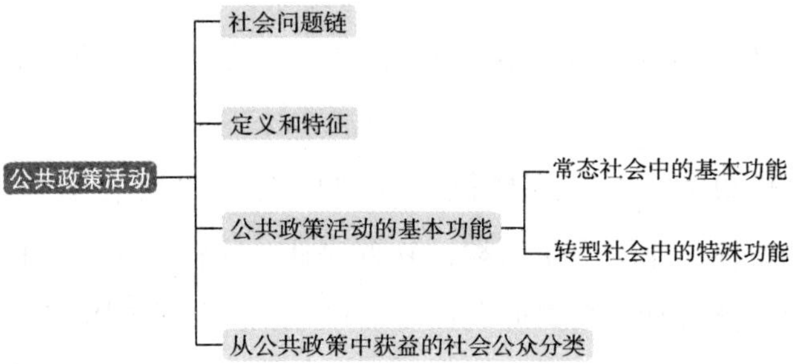

3.2 常考知识点梳理

【考点1】社会问题链——严强《公共政策学》

社会问题链是指当对社会问题做考察时，存在的一根“问题链”。

1. 处在社会问题链一端的是个人的问题，或者是由个人组成的家庭的问题，如个人恋爱问题。

2. 在个人、家庭之外则是企业、社会集团，它们也会碰到问题。如企业的投资不足、产品质量不高、技术老化等问题。

3. 在集团、企业之上就是一个国家、一个执政党、各级政府碰到的问题。如能源短缺。

4. 在社会问题链的另一端是超越一个国家、政府之上的社会问题。如跨国犯罪。

与人类需要解决的“社会问题链”相对应的是“政策连续谱”：从解决个人、家庭问题的个体、家庭政策活动，到解决社会团体、企业中的问题的社会团体政策活动，再到解决社会公共问题的政府政策活动，直到解决全球问题的全球治理的政策活动。处在这一政策活动链条后两个环节上的政策活动是公共政策活动。

【考点2】公共政策的定义和特征——严强《公共政策学》

育明教育名师解析

本知识点的定义部分在背记过程中，能总结出一套依靠关键词串联知识的背记技巧：主体+背景+途径+工具+目的+（定性）活动过程，考生不妨试试。本知识点的特征部分在背记过程中，能总结出一套关键字+联想记忆法：“向”“导”“托”“命”“标”，这样就能串成一句话，在背记时加入自己的理解，或许效果会更好。但注意切忌生搬硬套，要在充分结合自身背记的习惯下灵活运用，最终达到记忆能答题的目的即可。

公共政策是以执政党和政府为主的公共机构，在一定的政治背景下，经论辩、竞争、合作的民主途径，以科学方法选择适合的工具，采取行动解决社会公共问题、求得社会进步的活动过程。

公共政策活动的基本特征有：

(1) 公共政策活动是以解决公共问题为取向的；

(2) 公共政策活动是以政府及其公共部门为主导的；

(3) 公共政策活动是以公共权力的运用为依托的；

(4) 公共政策活动是以科学民主决策为生命的；

(5) 公共政策活动是以维护公共利益为目标的。

【考点3】公共政策活动的基本功能——严强《公共政策学》

1. 常态社会中公共政策活动的基本功能（次要）

从整体上说，社会的公共政策系统对社会的存在、运行和发展起着导引、调控、分配作用。

(1) 政策的导引功能

社会活动主体的行为是可以规范和引导的。公共政策的规范导向功能主要是通过两种途径表现出来的。一是借助于目标要素，规范人们的行为方式；二是借助于价值要素，规范人们的行为方向。

(2) 政策的调控功能

公共政策调控功能的基础包括两个方面：一是这种调控的必要性；二是这种调控的可能性。

(3) 政策的分配功能

公共政策之所以具有分配功能，是因为政府具有参与社会再分配的职能，政府制定与实施公共政策的目的就是将社会公共资源正确有效地在它所服务的公众中加以分配。

2. 转型社会中公共政策活动的特殊功能（主要）

(1) 政策的社会均衡稳定功能

公共政策的作用就是对一定范围内的利益矛盾、冲突加以缓解、调和、协调，使之趋于和谐。

(2) 政策的社会公平正义功能

公共政策的作用就在于通过各种协调、补偿措施，尽量实现个体之间、社会集团之间、社会层次之间、代与代之间在机会方面的公平、平等、公正。

(3) 政策促进社会变革求新的功能

公共政策的作用就在于，通过基于新的利益追求和新的行为规则设计的公共政策创新，来突破旧的机构设置和旧的制度安排，逐步形成新的组织机构、新的制度安排，保证在新的利益结构出现后，能够促使其成长、壮大，并推动新的组织、制度安排的出现，以促进社会的变革、发展。

【考点4】从公共政策中获益的社会公众分类——严强《公共政策学》

1. 与政府的主观偏好相一致的公众

任何政府要维持自身的存在与发展，一方面要考虑社会的总体利益，另一方面也必然要维护与坚持其主观利益。因此，凡是与政府主观利益或主观偏好相一致的公众，必然会首先获利。

2. 能代表社会发展方向的公众

当人们采取的行动是和社会发展的方向相一致的，也就必定是符合社会运行变化规律的。即便有时受到阻碍，但最终必定会成功。从长远来看，任何政府最终都会将公共政策的价值取向和社会发展方向一致起来，那些一直坚持按社会发展方向行动的公众，最终则会从政府的科学、合理的公共政策中获得最大利益。

3. 在社会中成为大多数者的公众

对大多数政府来说，它要维持自身的存在与发展，就必须考虑社会中绝大多数人的利益。凡是能通过自己的行为成为公众大多数群体一分子的人，都会从公共政策的实施中获得一定程度的好处。

3.3 热门院校真题解析

一、名词解释题

1. **社会问题链**（2021 年宁夏大学）

社会问题链是指当对社会问题做考察时，存在的一根“问题链”。

（1）处在社会问题链一端的是个人的问题，或者是由个人组成的家庭的问题，如个人恋爱问题。

（2）在个人、家庭之外则是企业、社会集团，它们也会碰到问题。如企业的投资不足、产品质量不高、技术老化等问题。

（3）在集团、企业之上就是一个国家、一个执政党、各级政府碰到的问题。如能源短缺。

（4）在社会问题链的另一端是超越一个国家、政府之上的社会问题。如跨国犯罪。

2. **政策连续谱**（2019 年中国人民公安大学）

社会问题链是指当对社会问题做考察时，存在的一根“问题链”。

与人类需要解决的“社会问题链”相对应的是“政策连续谱”：从解决个人、家庭问题的个体、家庭政策活动，到解决社会团体、企业中的问题的社会团体政策活动，再到解决社会公共问题的政府政策活动，直到解决全球问题的全球治理的政策活动。处在这一政策活动链条后两个环节上的政策活动是公共政策活动。

3. **政策科学“三部曲”**（2012 年杭州师范大学；2012 年华中农业大学）

20 世纪 70 年代，是公共政策科学的发展时期。政策科学作为一门独立学科研究，在相当大的程度上与叶海卡 · 德洛尔的工作分不开。从 1968 年至 1971 年，他发表的《公共政策制定的再审查》《政策科学探索》《政策科学构想》被称为政策科学三部曲。

德洛尔批评了拉斯韦尔的过分推崇行为科学方法论的作用，分析了管理科学与行为科学方法的局限性，提倡系统群研究方法，确立了包含十二项内容的总体政策论。同时德洛尔与政策分析家 E. S. 奎德合作创办了《政策科学》刊物，倡导举办了政策科学国际培训班，为政策科学的传播与发展做出了杰出贡献。

二、简答题→论述题

1. 公共政策活动的基本特征（2015 年湖南师范大学）

公共政策是以执政党和政府为主的公共机构，在一定的政治背景下，经论辩、竞争、合作的民主途径，以科学方法选择适合的工具，采取行动解决社会公共问题、求得社会进步的活动过程。

育明教育名师解析

在具体回答问题时，基本特征部分五点各需写一句话进行解释。

公共政策活动的基本特征：

（1）公共政策活动是以解决公共问题为取向的；

（2）公共政策活动是以政府及其公共部门为主导的；

（3）公共政策活动是以公共权力的运用为依托的；

（4）公共政策活动是以科学民主决策为生命的；

（5）公共政策活动是以维护公共利益为目标的。

2. 公共政策活动的基本功能（2013 年湖南师范大学）

育明教育名师解析

注意答题时要运用详略得当的答题语言，若考题是考查两种功能的综合性题目，那么以转型期的特殊功能为主，而以常态社会的基本功能为辅进行论述。

公共政策活动是以执政党和政府为主的公共机构，在一定的政治背景下，经论辩、竞争、合作的民主途径，以科学方法选择适合的工具，采取行动解决社会公共问题、求得社会进步的活动过程。它分为常态社会的基本功能和转型社会的特殊功能。

（1）常态社会中公共政策活动的基本功能（2013 年湖南师范大学）

从整体上说，社会的公共政策系统对社会的存在、运行和发展起着导引、调控、分配作用。

①政策的导引功能

社会活动主体的行为是可以规范和引导的。公共政策的规范导向功能主要是通过两种途径表现出来的。一是借助于目标要素，规范人们的行为方式；二是借助于价值要素，规范人们的行为方向。

②政策的调控功能

公共政策调控功能的基础包括两个方面：一是这种调控的必要性；二是这种调控的可能性。

③政策的分配功能

公共政策之所以具有分配功能，是因为政府具有参与社会再分配的职能，政府制定与实施公共政策的目的就是将社会公共资源正确有效地在它所服务的公众中加以分配。

（2）转型社会中公共政策活动的特殊功能（2017 年江苏大学；2016 年湖南师范大学）

①政策的社会均衡稳定功能

公共政策的作用就是对这些一定范围内的利益矛盾、冲突加以缓解、调和、协调，使之趋于和谐。

②政策的社会公平正义功能

公共政策的作用就在于通过各种协调、补偿措施，尽量实现个体之间、社会集团之间、社会层次之间、代与代之间在机会方面的公平、平等、公正。

③政策促进社会变革求新的功能

公共政策的作用就在于，通过基于新的利益追求和新的行为规则设计的公共政策创新，来突破旧的机构设置和旧的制度安排，逐步形成新的组织机构、新的制度安排，保证在新的利益结构出现后，能够促使其成长、壮大，并推动新的组织、制度安排的出现，以促进社会的变革、发展。

第二篇　公共政策理论

育明教育名师解析

第二篇主要介绍了公共政策的理论模型，在基本概念梳理之后加入理论模型总结，这也是各位专家学者编纂教材的主要写作思路。今后研究生生活以科研为主要任务，自然而然，学生要重点研究相关理论文献，这就要求考生在考研复习备考过程中格外重视理论模型的复习背记，这也往往是各大院校专业老师希望我们重点掌握的知识，是真题考查的重点内容。而且，真题还涉及各个类型题目，如名词解释、简答、论述、案例等。另外，由于知识晦涩难懂，考生在背记过程中，要积极克服畏难情绪，可以在背记枯燥的知识点的同时，引入相关案例，把握住标题要点后进行灵活记忆。

第4章　政策模型及相关理论

育明教育名师解析

本章是谢明老师《公共政策概论》教材中的常考知识点总结，其呈现逻辑清晰的特点。因此，在枯燥的理论模型背记时，要注意按照标题、定义、特色内容、优缺点这样的模式进行复习整理。当然，这也是各大热门院校真题考查的重点知识。

4.1 章节知识框架

- 政策模型及相关理论
  - 评价政策模型效用的准则
  - 十大政策模型
    - 传统理性模型
    - 有限理性模型
    - 渐进模型
    - 小组意识（团体迷思）模型
    - 精英理论
    - 制度理论
    - 博弈理论
    - 团体理论
    - 系统理论
    - 过程模型（生命周期理论）
  - 政策分析理论
    - 混合扫描理论
    - 批判性理论
    - 实验性理论
    - 取舍理论
    - 政策系统说

4.2 常考知识点梳理

【考点1】评估政策模型效用的准则（有效的政策模型的特征）——谢明《公共政策概论》

1. 排列并简化现实

政策模型的有效性首先依赖于它对现实政治生活进行序化和简化的能力。序化能使真实世界中错综复杂的关系建立逻辑上的联系；简化有助于人们清楚地理解难以琢磨的复杂现象。

2. 认定重要层面

好的模型应该能够抓住主要矛盾，使人们的注意力转移到真正重要的因素上来，使人们更加关注公共政策的起因与结果。

3. 符合社会现实

政策模型应该与客观现实具有一定的联系，以现实生活为重要的参考依据，它应该具有真正意义上的指涉对象。

4. 提供有意义的沟通

政策模型中的概念在沟通过程中应该具有实质性含义并形成较为一致的看法。

5. 指导调查与研究

政策模型应该具有一定的可操作性，有助于对公共政策进行实证分析，应该直接涉及现实生活中那些能够被观察到的、可以进行测量的、能够加以证实的客观现象。

6. 提出一定的解释

政策模型应该对公共政策提出一种解释，而不是只对公共政策及其过程进行简单的描述，它应该对公共政策的原因和结果提出一定的假设。

【考点 2】十大政策模型——谢明《公共政策概论》

1. 传统理性模型：决策追求最优解

传统理性模型是以经济人的假设为前提的。传统的政策理论有着理性主义前期的深刻烙印，它认为任何决策都是目标性行为，达到目标有很多途径和手段，所谓理性的选择就是要做出最大价值的选择，即选择达到目标的最优方案。

（1）传统理性模型所要求的最优选择应具备的条件

①把决策行为视为整体行为而非群体行为。因为是整体，才会有一致性的价值判断。如果是群体就必然会出现价值判断的差异，因而在目标选择和最优认定方面产生分歧。

②决策者具有绝对理性。决策者具有完备的知识和信息，能穷尽备选方案并预测所有结果。

③决策目标单一、明确和绝对。

④决策者在决策过程中具备一以贯之的价值偏好。

⑤决策过程中不考虑时间和其他政策资源的消耗。

（2）传统理性模型中最优选择的具体步骤

①确定决策目标；

②提出备选方案；

③对备选方案及其结果进行比较分析；

④通过排序选择出最优方案。

（3）传统理性模型的前提假设的缺陷（限制条件）

①决策目标不是单一、明确和绝对的，而是多元、模糊和相对的。

②人是感情动物，存在理性缺陷，其行为往往受到个人偏好、性格特征等非理性因素的影响。

③人处理信息的能力是有限的。主要表现在：人对信息的感知能力有限；人的记忆能力有限。

④决策所面临的情况往往是价值冲突而非价值一致。

⑤决策总要受制于时间、人力、物力、财力等资源条件的限制。

2. 有限理性模型：决策追求满意解

有限理性模型，又称满意模型或次优模型，是指用“社会人”取代“经济人”，它认为人的理性是处于完全理性和完全非理性之间的一种有限理性。

由于种种条件的限制，无论是个人决策还是群体决策，大多数都是发现和选择满意方案的过程，只有在非常例外的情况下，才是发现和选择最优方案的过程。

（1）有限理性的行为表现

①在情报活动阶段

人的决策行为往往受到知觉选择性的支配，不同经验和背景的决策者对决策环境的认识会有不同的解释。

②在设计活动阶段

人们并不试图找出所有可行性方案，而是通过力所能及的求解活动，寻找尽可能多的决策方案。

③在抉择活动阶段

决策者的选择往往与备选方案的提出顺序有关，先提出的且能够令人满意的方案往往就会被确定下来，而不再考虑其他方案。

（2）次优决策涉及的基本问题（即满意决策或理性模型下的决策的基本问题）

①有限目标

决策并不能保证一开始就有十分明确的目标，环境又不允许我们等到目标完全明确之后再做选择。因此需要从主要的、紧迫的、明确的问题入手，边了解情况，边探索目标。

②期望水平

期望水平不是固定不变，而是随环境条件和个人体验的变化而变化的。为决策目标确定一个恰如其分的期望水平，是决策成败的一个关键环节。应采取量化方法将期望水平明确地表达出来。

③搜索方法

搜索方法基于满意原则，主要有以下几种：

试探方法：在没有满意方案的情况下，提出探索性方案，选择若干试点进行试验，看是否满足期望水平。由此总结经验和教训，再设计下一步的备选方案。

随机方法：没有满意方案的情况下，随机行动。

折中方法：在决策有风险、实际情况复杂，又必须提出方案时，对相互冲突的方案折中。

效益方法：在资源有限的条件下，选择能产生最大效益的备选方案。

（3）评价

有限理性模型对人们的实际决策行为做了比较真实的解释，为决策理论及其实践的开展开辟了新的方向。

3. 渐进模型：新政策是对旧政策的补充和修正

渐进模型是指政策制定的实际过程并不完全是一个理性过程，而是对以往政策行为不断补充和修正的过程。政策制定只能根据以往的经验，在现有政策基础上实现渐进变迁。

（1）渐进模型的特点

①渐进模型要求决策者必须保留对以往政策的承诺

政策制定要以现行政策为基础。

②渐进模型注重研究现行政策的缺陷

并不强调有所创新，也不是无所作为，只是注重对现行政策的修改与补充，以弥补现行政策的缺陷。

③渐进模型强调目标与方案之间的相互调适

不是金口玉言，一劳永逸，而是注意反馈调节，在试探和摸索中前进。

（2）渐进模型的优点

渐进的过程是一个不断学习和试验、不断反馈和调整的过程，有利于避免因决策严重失误所产生的持久性结果。

（3）渐进模型的缺点

渐进模型有很大的局限，带有明显的保守主义偏见，不符合社会变革的需要。

4. 小组意识（团体迷思）模型：源自凝聚力的群体狂想症

团体迷思是指在一个具有团队精神的团体里，其成员为维护团体凝聚力，追求团体的和谐与共识，会忽略最初的决策目标，因而不能有效进行方案评估的病态思考模式。

（1）诱发团体迷思的前置因素

①高度的团体凝聚力。

②团体与外界的隔绝。

③采用命令式的领导方式。

④缺乏有条理的决策方法与程序。

⑤团体成员背景和价值观的相似性。

⑥外部威胁及时间压力。

⑦对领导所提方案的依赖性。

⑧由新近失败导致的盲目悲观。

（2）团体迷思的表现形式

①无懈可击之错觉

团体过分自信和盲目乐观，忽视潜在的危险及警告，意识不到决策存在的危险性。

②集体合理化

团体一旦做出决策，就努力使其合理化，忽视环境变化，缺乏重新审视和评价。

③对团体固有道德深信不疑

团体成员相信团体的决策是正义的，不存在道德问题。

④刻板印象

对外界存有偏见，同时坚信自己团体的方案一定会成功。

⑤对持异议者施加压力

团体不欣赏不同的意见和看法，对持异议者施加压力。

⑥自我审查

团体成员有疑虑时总是习惯保持沉默，认为自己无权挑战团体智慧。

⑦全体一致的错觉

团体意见看起来总是一致的，有全体一致的错觉。

⑧自我指定的心理守卫

团体成员会隐瞒不利于团体一致性决策的信息和资料，来保护团体的统一性。

（3）团体迷思对团体决策及结果的影响

①不全面研究替代方案。

②不全面研究决策目标。

③不考虑既定选择的风险。

④信息搜集不足。

⑤信息处理过程带有偏见。

⑥不重新评估当初放弃的选择。

⑦未制定突发情况的备用方案。

（4）团体迷思的防范措施

①让团体成员了解团体迷思现象，认识其原因、表现、影响和后果。

②团体领导应鼓励成员尽可能多地提出怀疑和反对意见。

③领导不要一开始就表明自己倾向于哪个方案，避免自己的主观好恶对成员造成心理影响。

④建立一些独立的政策计划和政策评估小组，为同一项政策服务，增强小组的开放性。

⑤把决策小组再分成若干小组，由不同的人主持小组讨论，然后把意见汇总。

⑥团体成员与组外人员交换意见，避免当局者迷的劣势，发挥旁观者清的优势。

⑦邀请专家参与讨论，提出意见。

⑧领导者安排“魔鬼”角色，故意与大家的意见相左，破除追求一致所带来的消极结果，克服群体压力所引起的从众效应。

⑨采用角色扮演的方法，从对方的观点去分析和思考问题，做到知己知彼。

⑩不轻易满足于简单的一致，在成员意见一致后，应该再开一次会，专门提出疑问，并加以认真研究。

5. 精英理论：政策是精英们的偏好

在政策制定过程中，公众完全是被动的，他们的要求及行动对公共政策不会产生决定作用。占统治地位的政治精英们把握政策制定的主动权，公共政策完全由他们来决定，然后由行政官员及其机构加以执行。

（1）精英理论的基本观点

①社会分化成掌权的少数人和无权的多数人，少数人掌握社会价值的分配权，多数人参与不了公共政策的制定。

②统治者并非是被统治者的代表。精英人物主要来自经济地位较高的社会阶层。

③从被统治的非精英阶层进入统治者的精英阶层是缓慢且持续的，且只有能够接受精英阶层共同观念的人才可能被允许进入统治精英的行列。

④在社会制度的基本价值观和维护这一社会制度的发展方面，精英阶层表现出看法的一致性。

⑤公共政策所反映的不是大众的要求，而是政治精英的主要价值观。公共政策的变化一定是渐进性的，而非革命性的。

⑥精英是活跃的，公众是麻木的，二者信息严重不对称。精英的影响力远大于公众的影响力。

（2）精英理论对政策分析的启示

①公共政策不反映公众的要求，而反映精英的兴趣和偏好。公共政策的变化必然是渐进性的。

②精英理论认为公众是被动、麻木和信息闭塞的，公众的情感往往被操纵在精英们的股掌之中，公众对精英价值观的影响微乎其微。

③精英集团对支撑社会制度的基础准则有一致的认识。

6. 制度理论：政策是组织的产物

制度理论认为公共政策与政府制度之间的关系是紧密的，政府制度是公共政策的母体，它在公共政策的整个生命周期里都发挥着决定性的影响。也就是说，不同的政府制度会导致不同的政策输出，公共政策是政府制度的产物。

（1）政府制度赋予的公共政策的特征

①公共政策的合法性

只有公共政策才表现为法律的规定。

②公共政策的普遍性

公共政策涉及社会的各个层面和社会中的每一个人。

③公共政策的强制性

政府以武力为后盾，独享社会的强制权，使得公共政策具有强制性。

（2）政府制度相对固化的行为模式对公共政策内容的影响

①它可能有利于某些政策的形成与实施，不利于另一些政策的形成与实施。

②它可能对社会上的某些利益需求提供便利，对另一些利益需求设置障碍。

③它可能为某些个人和团体提供接近政府权力的便利，为另一些个人和团体设置接近政府权力的障碍。

（3）评价

①现代组织理论的发展为制度分析提供了理论上的依据，制度模型逐渐成为

政策分析的主要方法，代表了当前政策分析的最新动态和研究走向。

②制度分析不同于理性分析，不认为某种原因必导致某种行动，而认为具有某种制度特征的组织必会做出某种行为的选择。

7. 博弈理论：政策是竞争环境中进行的理性选择

博弈理论研究的是在特定情况下如何进行理性决策的问题。这种特定情况是指两个或两个以上的参与者，他们彼此存在相反的利害关系，其中每个人的选择都会对其他人的决定产生影响，最终的结果依赖于所有参与者的选择。每个参与者不仅要考虑自己的需要和能力，而且还要对他人的预期行为做出判断，然后调整自己的决定。博弈理论解释了理性的人在竞争状态下会怎样去考虑决策，更适用于竞争环境。

博弈规则描述了适用于所有参与者的多种选择，这些选择通常用数学上的矩阵表述。最简单的形式被称为二阶矩阵，即只有两个参与者，而且每人仅有两种选择。这些结果代表不同的价值回报，往往通过赋值来加以表现。

【补充】名词解释：智猪博弈——谢明《公共政策概论》

“智猪博弈”是由约翰·纳什在1950年提出的博弈模型。假设猪圈里有一头大猪、一头小猪。猪圈的一头有猪食槽，另一头安装着控制猪食供应的按钮，按一下按钮会有10个单位的猪食进槽，但是谁按按钮就会首先付出2个单位的成本，若大猪先到槽边，大小猪吃到食物的收益比是9∶1；同时到槽边，收益比是7∶3；小猪先到槽边，收益比是6∶4。那么，在两头猪都有智慧的前提下，最终结果是小猪选择等待。

“智猪博弈”的结论是，在一个双方公平、公正、合理和共享的竞争环境中，有时占优势的一方最终得到的结果却有悖于他的初始理性。

8. 团体理论：政策是团体利益的平衡

团体理论认为所有政治现象都可以归纳为团体现象。团体是个体的集合，是有着共同利益需要或理想追求的一些个人正式或非正式的联合形式。不同的团体有着不同的要求，来自不同团体的不同要求都聚敛于政府，从而对其形成不同程度的压力。

利益团体是指社会中有着共同观点和看法并有权力对其他团体提出要求的社会团体。

政治体系最根本的使命就是通过以下途径调和团体之间的冲突。

（1）角色：建立团体斗争的游戏规则并充任裁判。

（2）目标：平衡各方利益，力求彼此妥协。

（3）途径：以公共政策的形式出台这种办法。

（4）方法：以各种手段推动政策的实施。

政治体系依赖以下几种重要力量的支撑。

（1）社会上存在一个非常庞大的、极为普遍的、潜在的社会团体，它拥护和支持国家的宪法体系和维护社会稳定的运行机制。

（2）团体间成员资格的相互重叠会使任何孤立的团体难以偏离社会的基础价值观，维系了平衡的稳定。

（3）团体间的竞争能使任何单个团体的实力得到有效控制，形成相互制约的局面，维护了社会稳定和体系平衡。

9. 系统理论：政策是政治系统的输出

系统理论把公共政策视为政治系统对外界环境压力所做出的反应，公共政策的输出是政治系统与其外部环境互动的结果。要求与支持的输入是社会团体和个人试图影响公共政策的表现。政治系统与外部环境的互动是一个反复循环的过程。

政治系统可以通过以下途径保护自身利益，维持系统生存：（1）政策输出满足环境需求，符合公众利益。（2）加强系统自身建设，完善内部机制。（3）以武力为威慑或直接使用武力。

10. 过程模型（生命周期理论）：政策是一个动态过程

过程模型试图通过阶段性的描述，对政策进行程式化的分析。核心是把公共政策看作一种政治行为或政治行动，通过政治与公共政策的关系对公共政策的政治行为进行阶段性或程序化研究。

公共政策的过程：

（1）社会问题的出现

社会问题是指社会关系失调，影响大部分人的生活，破坏社会正常秩序，妨碍社会协调发展的一些社会现象。

（2）社会问题的确认

社会问题的确认是指发现社会问题的内涵和界限，界定问题的性质、深度和广度、严重程度和关联性，寻找进入政府政策议程的途径，以及进行社会问题分析的过程。

（3）政策议程的建立

政策议程的建立是社会问题转化为政策问题的关键环节，社会问题只有进入政府政策议程时，才能转化为政策问题。

（4）政策规划

政策规划是指政策方案策划、设计、评估和选择方案的过程。

（5）政策方案的执行

政策方案的执行是指把政策方案的内容转化为客观现实的过程。

（6）执行效果评估

执行效果评估是信息反馈的过程，目的是确定政策价值和政策取向。

（7）政策调整与改变

通过执行效果的评估，对公共政策做出必要的调整与改变。

（8）政策的终结

政策应及时退出社会和历史舞台，从而推动政策过程进入新一轮循环。

【考点3】政策分析理论——谢明《公共政策概论》

1. 混合扫描理论

社会学家阿米泰·埃茨伊奥尼认为完全理性理论和渐进主义理论都存在不足。在合并基础性决策和渐进性决策的基础上，埃茨伊奥尼提出了混合扫描的决策方法，强调一种“更好的次序，即基础性决策程序设定基本方向。渐进性为基础性决策做准备并在基础性决策达成以后对其加以实施”。

混合扫描理论有助于决策者在不同场合综合运用完全理性方法和渐进主义理论，同时也考虑到决策者的能力大小。决策者运用权力执行决策的能力越大，就越能进行更多的“扫描”活动。扫描的范围越大，决策的有效性就越强。

混合扫描方法经常为政府部门所采用。比如，经济顾问委员会分析国家经济形势，提醒决策者关注可能遇到的问题或失败的威胁，并针对经济的发展和稳定提出具体的政策建议。

由此可见，混合扫描理论试图将理性主义和渐进主义二者相互结合，取之所长，弃之所短。

2. 批判性理论

政策学家科林德里奇在1982年出版《批判性决策——一种社会选择的新理论》一书，提出并解释了批判性理论的思维框架。他认为，规范性政策理论的研究焦点历来集中于讨论如何对一项政策做出辨明，即通过各种方法对这项政策的正确性加以证实。而实际上这样的辨明是不可能有任何效果的。主要原因有两点：一是价值选择难以确定标准，其正确与否无法进行客观评判；二是受主客观条件的制约，不可能全面且准确地掌握有关的决策信息，因而人们既无法穷尽所有的备选方案，也不可能预测每种方案全部的可能性结果。

因此，规范性政策理论有着极其有限的适用场合，即价值标准是既定的且得到公认，备选方案极为有限且执行结果不难预料。但在绝大多数决策活动中无法应用。他在否定规范性政策理论的同时，提出了他的规范性政策理论。在借鉴卡尔·波普哲学观点的基础上提出这一理论模型。

科林德里奇认为，在政策制定过程中，正确的途径是去寻找那些错误和缺陷尽可能少且可以很快克服与改进并无须付出过多代价的决策方案。

3. 实验性理论

政策实验主义论者认为，政府的政策制定实际上往往是在对预期效果没有充分把握下进行的。考察一下那些曾被政府采纳并颁布实施的政策，如果能在事前对结果做出正确估计的话，这些政策无疑会在出台之前就已被否决；再考察一下那些曾在事前就已被否决了的备选方案，如果能在事前对后果有更清晰的了解，这些方案倒是很可能被采纳的。因此，进行可控制的试验或小范围的试点不仅是合理的也是必要的。

一些学者对政策实验主义论提出了批判，他们的观点主要表现在以下几个方面：

（1）不可能对所有重大的决策都进行试点，比如外交领域的决策就不具备实验和试点的条件，再如危机状态下的决策，决策者面临着巨大的时间压力，决策不具备试点的时间条件。

（2）对象、目标群体难以选择，代表性不明确。被实验者将体会强制性条件和操作性说明，特别是在控制因素的人为调整过程中，这种体验将表现得更为明显，这无疑有悖于民主政治的价值原则。

（3）尽管有时在理论上讲得通，但从实际情况来看，难以对政策问题进行可控制的社会实验。模拟的现实代替不了真正的现实，局部的现象常常是整体的假象。

（4）进行盲试的困难极大，很难避免人为因素的干扰，如霍桑效应。

4. 取舍理论

取舍理论源于经济学原理。经济学家在分析经济政策或经济目标时，通常把现有资源假定为有限和固定的，若他们面临多项政策或多重目标的选择，那么就必须有所取舍。采取某项政策或追求某种目标，就必须舍弃其他政策或牺牲其他目标。例如，经济增长与公平分配的取舍、物价稳定与充分就业的取舍、工业生产与环境保护的取舍。

但取舍理论反对者认为，把这种理论应用于政策实践是非常危险的。取舍理论是短视观点，是权宜之计，与可持续发展背道而驰。在分析公共政策过程中，应尽可能地超越取舍的观念，因为政策目标间的冲突并非是不可调和的。

其中，机会成本又称择一成本，是指在经济决策过程中，因选取某一方案而放弃另一方案所付出的代价或丧失的潜在利益。某种资源常常有多种用途，即有多种使用的机会，但用在某一方面，就不能同时用在另一方面，因此在决策分析中，必须把已放弃方案可能获得的潜在效益，作为被选取方案的机会成本，这样才能对中选方案的经济效益做出正确评价。

5. 政策系统说

所谓系统，是指由若干个相互依赖和相互作用的组成部分构成的具有一定功能的有机整体。构成系统的各个组成部分之间的结合方式叫系统的结构，系统是事物存在的普遍形式。系统的功能是由要素之间的相互关系决定的，系统的结构决定了系统的功能。

公共政策作为一种社会事物也常常被人们视为一个系统，它主要是由信息子系统、咨询子系统、决策子系统、执行子系统和监控子系统构成。

（1）信息子系统

信息子系统由相关机构、人员、设备、技术等要素构成，它在政策制定过程中发挥着信息收集、整理、加工、存储和利用等功能。信息沟通是信息子系统运行的主要模式。

（2）咨询子系统

咨询子系统又称参谋或智囊子系统，是由研究型组织和研究人员组成。其功能主要表现在政策问题咨询、社会问题分析、政策方案设计、政策方案评估、政策前景预测等方面。

（3）决策子系统

决策子系统往往被视为政策系统的中枢，是由享有拍板决策权的领导者组成的。它与咨询子系统是谋与断的关系，其功能主要表现在提出政策课题、进行价值判断、确立政策目标、组织政策制定等方面。

（4）执行子系统

执行子系统是政策贯彻落实的中坚，主要由政府机关和行政人员组成，负责政策的具体落实，涉及一系列的环节，如计划的制订、行动的落实、工作的组织、信息的沟通、矛盾的协调等。

(5) 监控子系统

监控子系统地位特殊，相对独立，在政策执行活动中主要负责权利的监督、程序的合法、执行的控制、信息的反馈等方面的工作。

以上五个子系统相互联系、相互依存、相互影响、相互作用，从而形成政策系统的有机运行。

4.3 热门院校真题解析

一、名词解释题

1. **混合扫描理论**（2011 年湖南师范大学）

社会学家阿米泰·埃茨伊奥尼认为完全理性理论和渐进主义理论都存在不足。在合并基础性决策和渐进性决策的基础上，埃茨伊奥尼提出了混合扫描的决策方法，强调一种“更好的次序，即基础性决策程序设定基本方向。渐进性为基础性决策做准备并在基础性决策达成以后对其加以实施”。

混合扫描理论有助于决策者在不同场合综合运用完全理性方法和渐进主义理论，同时也考虑到决策者的能力大小。决策者运用权力执行决策的能力越大，就越能进行更多的“扫描”活动。扫描的范围越大，决策的有效性就越强。

2. **取舍理论**（2012 年华中农业大学；2009 年中国人民大学）

取舍理论源于经济学原理。经济学家在分析经济政策或经济目标时，通常把现有资源假定为有限和固定的，若他们面临多项政策或多重目标的选择，那么就必须有所取舍。采取某项政策或追求某种目标，就必须舍弃其他政策或牺牲其他目标。例如，经济增长与公平分配的取舍、物价稳定与充分就业的取舍、工业生产与环境保护的取舍。

3. **分利集团**（2021 年北京大学）

所谓分利集团也就是特殊利益集团，这些集团采取集体行动的目标是为了争取重新分配财富，而不是为了增加总产出。例如工会、行会等。

4. **衔头官僚**

指处于低层次行政单位同时也是最前线的政府工作人员，包括警察、教师、社会工作者、收税员等。

育明教育名师解析

由于本章属于决策理论内容，极具专业性，所以有关本章考点的真题频繁出现在各大热门院校的专业课自命题试卷上，并且考查形式灵活，名词解释、简答和论述都有涉及，答题语言上有一定程度的共通。

2020 年中国政法大学考到“反馈在政策系统中的作用”。

2019 年中国人民大学真题考查该部分全部模型，在复习时掌握框架是十分必要的。

2017 年、2018 年北京航空航天大学真题采用“试述某学者对政策科学的贡献”的问法出题，这就给考生们提个醒，在平时背记时除了对理论内容的记忆，也要对理论提出者或突出贡献者人名充分记忆。

2015 年南开大学真题考查本章几个知识点的比较，谈区别和联系，该题型也要注意。

答题内容上主要是：

名词解释题是每个知识点首段+后述的任意一个小知识点；

简答题是每个知识点首段+对应知识点的答语要点句+各自解释性话语；

论述题是每个知识点全部内容+适当举例。

二、简答题→论述题。

1. **传统理性模型/完全理性模型**（2019 年中国人民大学；2018 年吉林大学；2018 年华中农业大学；2017 年湖南师范大学；2013 年辽宁大学；2011 年华中农业大学；2005 年中国人民大学）

传统理性模型是以经济人的假设为前提的。传统的政策理论有着理性主义前期的深刻烙印，它认为任何决策都是目标性行为，达到目标有很多途径和手段，所谓理性的选择就是要做出最大价值的选择，即选择达到目标的最优方案。

（1）传统理性模型所要求的最优选择应具备的条件（2017 年中国人民大学简答题）

①把决策行为视为整体行为而非群体行为。因为是整体，才会有一致性的价值判断。如果是群体就必然会出现价值判断的差异，因而在目标选择和最优认定方面产生分歧。

②决策者具有绝对理性。决策者具有完备的知识和信息，能穷尽备选方案并预测所有结果。

③决策目标单一、明确和绝对。

④决策者在决策过程中具备一以贯之的价值偏好。

⑤决策过程中不考虑时间和其他政策资源的消耗。

（2）传统理性模型中最优选择的具体步骤

①确定决策目标；

②提出备选方案；

③对备选方案及其结果进行比较分析；

④通过排序选择出最优方案。

（3）传统理性模型的前提假设的缺陷（限制条件）【论述题主要论述点】

①决策目标不是单一、明确和绝对的，而是多元、模糊和相对的。

②人是感情动物，存在理性缺陷，其行为往往受到个人偏好、性格特征等非理性因素的影响。

③人处理信息的能力是有限的。主要表现在：人对信息的感知能力有限；人的记忆能力有限。

④决策所面临的情况往往是价值冲突而非价值一致。

⑤决策总要受制于时间、人力、物力、财力等资源条件的限制。

2. **有限理性模型**（2020 年中国人民大学；2019 年北京大学；2019 年中国人民大学；2018 年北京大学；2018 年吉林大学；2015 年清华大学；2015 年华中农业大学；2015 年南开大学；2015 年、2012 年南京师范大学；2014 年重庆大学；2012 年杭州师范大学）

【补充】2019 年北京大学简答题：理性决策模型、有限理性决策模型。说说这里的“理性”的含义，“有限理性”是“无理性”吗？

有限理性模型，又称满意模型或次优模型，是指用“社会人”取代“经济人”，它认为人的理性是处于完全理性和完全非理性之间的一种有限理性。

由于种种条件的限制，无论是个人决策还是群体决策，大多数都是发现和选择满意方案的过程，只有在非常例外的情况下，才是发现和选择最优方案的过程。

（1）有限理性的行为表现（2013 年中国人民大学简答题）

①在情报活动阶段

人的决策行为往往受到知觉选择性的支配，不同经验和背景的决策者对决策环境的认识会有不同的解释。

②在设计活动阶段

人们并不试图找出所有可行性方案，而是通过力所能及的求解活动，寻找尽可能多的决策方案。

③在抉择活动阶段

决策者的选择往往与备选方案的提出顺序有关，先提出的且能够令人满意的方案往往就会被确定下来，而不再考虑其他方案。

（2）次优决策涉及的基本问题（即满意决策或理性模型下的决策的基本问题）

①有限目标

决策并不能保证一开始就有十分明确的目标，环境又不允许我们等到目标完全明确之后再做选择。因此需要从主要的、紧迫的、明确的问题入手，边了解情况，边探索目标。

②期望水平

期望水平不是固定不变，而是随环境条件和个人体验的变化而变化的。

为决策目标确定一个恰如其分的期望水平，是决策成败的一个关键环节。应采取量化方法将期望水平明确地表达出来。

③搜索方法

搜索方法基于满意原则，搜索方法主要有以下几种：

试探方法：在没有满意方案的情况下，提出探索性方案，选择若干试点进行试验，看是否满足期望水平。由此总结经验和教训，再设计下一步的备选方案。

随机方法：没有满意方案的情况下，随机行动。

折中方法：在决策有风险、实际情况复杂，又必须提出方案时，对相互冲突的方案折中。

效益方法：在资源有限的条件下，选择能产生最大效益的备选方案。

（3）评价

有限理性模型对人们的实际决策行为做了比较真实的解释，为决策理论及其实践的开展开辟了新的方向。

3. **渐进决策模型**［2021 年中国矿业大学（北京）；2020 年中国社会科学院大学；2019 年中国人民大学；2019 年吉林大学；2019 年北京邮电大学；2017 年北京航空航天大学；2016 年、2015 年对外经济贸易大学；2016 年华中农业大学；2016 年中国人民大学；2015 年南开大学；2014 年中国矿业大学；2013 年湖南农业大学；2012 年湖南农业大学；2011 年厦门大学］

渐进模型是指政策制定的实际过程并不完全是一个理性过程，而是对以往政策行为不断补充和修正的过程。政策制定只能根据以往的经验，在现有政策基础上实现渐进变迁。

（1）渐进模型的特点（2012 年中国人民大学简答题）

①渐进模型要求决策者必须保留对以往政策的承诺。

政策制定要以现行政策为基础。

②渐进模型注重研究现行政策的缺陷。

并不强调有所创新，也不是无所作为，只是注重对现行政策的修改与补充，以弥补现行政策的缺陷。

③渐进模型强调目标与方案之间的相互调适。

不是金口玉言，一劳永逸，而是注意反馈调节，在试探和摸索中前进。

（2）渐进模型的优点

渐进的过程是一个不断学习和试验、不断反馈和调整的过程，有利于避免因决策严重失误所产生的持久性结果。

（3）渐进模型的缺点

渐进模型有很大的局限，带有明显的保守主义偏见，不符合社会变革的需要。

4. 小组意识（团体迷思）模型：源自凝聚力的群体狂想症（2019 年、2015 年、2005 年中国人民大学）

团体迷思是指在一个具有团队精神的团体里，其成员为维护团体凝聚力，追求团体的和谐与共识，会忽略最初的决策目标，因而不能有效进行方案评估的病态思考模式。

（1）诱发团体迷思的前置因素

①高度的团体凝聚力。

②团体与外界的隔绝。

③采用命令式的领导方式。

④缺乏有条理的决策方法与程序。

⑤团体成员背景和价值观的相似性。

⑥外部威胁及时间压力。

⑦对领导所提方案的依赖性。

⑧由新近失败导致的盲目悲观。

（2）团体迷思的表现形式

①无懈可击之错觉

团体过分自信和盲目乐观，忽视潜在的危险及警告，意识不到决策存在的危险性。

②集体合理化

团体一旦做出决策，就努力使其合理化，忽视环境变化，缺乏重新审视和评价。

③对团体固有道德深信不疑

团体成员相信团体的决策是正义的，不存在道德问题。

④刻板印象

对外界存有偏见，同时坚信自己团体的方案一定会成功。

⑤对持异议者施加压力

团体不欣赏不同的意见和看法，对持异议者施加压力。

⑥自我审查

团体成员有疑虑时总是习惯保持沉默，认为自己无权挑战团体智慧。

⑦全体一致的错觉

团体意见看起来总是一致的，有全体一致的错觉。

⑧自我指定的心理守卫

团体成员会隐瞒不利于团体一致性决策的信息和资料，来保护团体的统一性。

（3）团体迷思对团体决策及结果的影响

①不全面研究替代方案。

②不全面研究决策目标。

③不考虑既定选择的风险。

④信息搜集不足。

⑤信息处理过程带有偏见。

⑥不重新评估当初放弃的选择。

⑦未制定突发情况的备用方案。

（4）团体迷思的防范措施

【补充】2005年中国人民大学简答题：小组理论（群体狂想症）如何避免？

①让团体成员了解团体迷思现象，认识其原因、表现、影响和后果。

②团体领导应鼓励成员尽可能多地提出怀疑和反对意见。

③领导不要一开始就表明自己倾向于哪个方案，避免自己的主观好恶对成员造成心理影响。

④建立一些独立的政策计划和政策评估小组，为同一项政策服务，增强小组的开放性。

⑤把决策小组再分成若干小组，由不同的人主持小组讨论，然后把意见汇总。

⑥团体成员与组外人员交换意见，避免当局者迷的劣势，发挥旁观者清的优势。

⑦邀请专家参与讨论，提出意见。

⑧领导者安排“魔鬼”角色，故意与大家的意见相左，破除追求一致所带来的消极结果，克服群体压力所引起的从众效应。

⑨采用角色扮演的方法，从对方的观点去分析和思考问题，做到知己知彼。

⑩不轻易满足于简单的一致，在成员意见一致后，应该再开一次会，专门提出疑问，并加以认真研究。

5. 精英理论/精英模型（2019 年中国人民大学；2018 年中国海洋大学；2017 年对外经济贸易大学；2015 年对外经济贸易大学；2014 年杭州师范大学；2012 年杭州师范大学）

在政策制定过程中，公众完全是被动的，他们的要求及行动对公共政策不会产生决定作用。占统治地位的政治精英们把握政策制定的主动权，公共政策完全由他们来决定，然后由行政官员及其机构加以执行。

（1）精英理论的基本观点

①社会分化成掌权的少数人和无权的多数人，少数人掌握社会价值的分配权，多数人参与不了公共政策的制定。

②统治者并非是被统治者的代表。精英人物主要来自经济地位较高的社会阶层。

③从被统治的非精英阶层进入统治者的精英阶层是缓慢且持续的，且只有能够接受精英阶层共同观念的人才可能被允许进入统治精英的行列。

④在社会制度的基本价值观和维护这一社会制度的发展方面，精英阶层表现出看法的一致性。

⑤公共政策所反映的不是大众的要求，而是政治精英的主要价值观。公共政策的变化一定是渐进性的，而非革命性的。

⑥精英是活跃的，公众是麻木的，二者信息严重不对称。精英的影响力远大于公众的影响力。

（2）精英理论对政策分析的启示

①公共政策不反映公众的要求，而反映精英的兴趣和偏好。公共政策的变化必然是渐进性的。

②精英理论认为公众是被动、麻木和信息闭塞的，公众的情感往往被操纵在精英们的股掌之中，公众对精英价值观的影响微乎其微。

③精英集团对支撑社会制度的基础准则有一致的认识。

6. 制度理论：政策是组织的产物（2019 年中国人民大学；2015 年南开大学）

制度理论认为公共政策与政府制度之间的关系是紧密的，政府制度是公共政策的母体，它在公共政策的整个生命周期里都发挥着决定性的影响。也就是说，不同的政府制度会导致不同的政策输出，公共政策是政府制度的产物。

（1）政府制度赋予公共政策的明显特征

①公共政策的合法性

只有公共政策才表现为法律的规定。

②公共政策的普遍性

公共政策涉及社会的各个层面和社会中的每一个人。

③公共政策的强制性

政府以武力为后盾，独享社会的强制权，使得公共政策具有强制性。

（2）政府制度相对固化的行为模式对公共政策内容的影响

①它可能有利于某些政策的形成与实施，不利于另一些政策的形成与实施。

②它可能对社会上的某些利益需求提供便利，对另一些利益需求设置障碍。

③它可能为某些个人和团体提供接近政府权力的便利，为另一些个人和团体设置接近政府权力的障碍。

（3）评价

①现代组织理论的发展为制度分析提供了理论上的依据，制度模型逐渐成为政策分析的主要方法，代表了当前政策分析的最新动态和研究走向。

②制度分析不同于理性分析，不认为某种原因必导致某种行动，而认为具有某种制度特征的组织必会做出某种行为的选择。

7. 博弈理论：政策是竞争环境中进行的理性选择（2019 年中国人民大学）

博弈理论研究的是在特定情况下如何进行理性决策的问题。这种特定情况是指两个或两个以上的参与者，他们彼此存在相反的利害关系，其中每个人的选择都会对其他人的决定产生影响，最终的结果依赖于所有参与者的选择。每个参与者不仅要考虑自己的需要和能力，而且还要对他人的预期行为做出判断，然后调整自己的决定。博弈理论是解释理性的人在竞争状态下会怎样去考虑决策，更多适用于竞争环境。

博弈规则描述了适用于所有参与者的多种选择，这些选择通常用数学上的矩阵表述。最简单的形式被称为二阶矩阵，即只有两个参与者，而且每人仅有两种选择。这些结果代表不同的价值回报，往往通过赋值来加以表现。

8. **团体理论**（2019 年、2005 年中国人民大学简答题）

【补充】中国人民大学简答题：团体理论中政治系统的作用。

团体理论认为所有政治现象都可以归纳为团体现象。团体是个体的集合，是有着共同利益需要或理想追求的一些个人的正式或非正式的联合形式。不同的团体有着不同的要求，来自不同团体的不同要求都聚敛于政府，从而对其形成不同程度的压力。

利益团体是指社会中有着共同观点和看法并有权力对其他团体提出要求的社会团体。

政治体系最根本的使命就是通过以下途径调和团体之间的冲突。

（1）角色：建立团体斗争的游戏规则并充任裁判。

（2）目标：平衡各方利益，力求彼此妥协。

（3）途径：以公共政策的形式出台这种办法。

（4）方法：以各种手段推动政策的实施。

政治体系依赖以下几种重要力量的支撑。

（1）社会上存在一个非常庞大的、极为普遍的、潜在的社会团体，它拥护和支持国家的宪法体系和维护社会稳定的运行机制。

（2）团体间成员资格的相互重叠会使任何孤立的团体难以偏离社会的基础价值观，维系了平衡的稳定。

（3）团体间的竞争能使任何单个团体的实力得到有效控制，形成相互制约的局面，维护了社会稳定和体系平衡。

9. **系统理论：政策是政治系统的输出**（2019 年中国人民大学）

系统理论把公共政策视为政治系统对外界环境压力所做出的反应，公共政策的输出是政治系统与其外部环境互动的结果。要求与支持的输入是社会团体和个人试图影响公共政策的表现。政治系统与外部环境的互动是一个反复循环的过程。

政治系统可以通过以下途径保护自身利益，维持系统生存：（1）政策输出满足环境需求，符合公众利益。（2）加强系统自身建设，完善内部机制。（3）以武力为威慑或直接使用武力。

10. 政策的过程模型/政策过程（生命周期理论）/政策周期/政策生命周期：政策是一个动态过程（2019 年中国人民大学；2018 年、2016 年河北大学；2015 年南开大学；2014 年厦门大学；2012 年上海交通大学；2011 年厦门大学）

注意：生命周期理论提供了回答部分论述题的线索和思路，学会灵活运用。

公共政策的过程：

（1）社会问题的出现

社会问题是指社会关系失调，影响大部分人的生活，破坏社会正常秩序，妨碍社会协调发展的一些社会现象。

（2）社会问题的确认

社会问题的确认是指发现社会问题的内涵和界限，界定问题的性质、深度和广度、严重程度和关联性，寻找进入政府政策议程的途径，以及进行社会问题分析的过程。

（3）政策议程的建立

政策议程的建立是社会问题转化为政策问题的关键环节，社会问题只有进入政府政策议程时，才能转化为政策问题。

（4）政策规划

政策规划是指政策方案策划、设计、评估和选择方案的过程。

（5）政策方案的执行

政策方案的执行是指把政策方案的内容转化为客观现实的过程。

（6）执行效果评估

执行效果评估是信息反馈的过程，目的是确定政策价值和政策取向。

（7）政策调整与改变

通过执行效果的评估，对公共政策做出必要的调整与改变。

（8）政策的终结

政策应及时退出社会和历史舞台，从而推动政策过程进入新一轮循环。

11. 政策系统说（2021 年北京大学）

所谓系统，是指由若干个相互依赖和相互作用的组成部分构成的具有一定功能的有机整体。公共政策作为一种社会事物也常常被人们视为一个系统，它主要是由信息子系统、咨询子系统、决策子系统、执行子系统和监控子系统构成。

（1）信息子系统

信息子系统在政策制定过程中发挥着信息收集、整理、加工、存储和利用等功能。

（2）咨询子系统

咨询子系统又称参谋或智囊子系统，是由研究型组织和研究人员组成。其功能主要表现在政策问题咨询、社会问题分析、政策方案设计、政策方案评估、政策前景预测等方面。

（3）决策子系统

决策子系统往往被视为政策系统的中枢，是由享有拍板决策权的领导者组成的。

（4）执行子系统

执行子系统是政策贯彻落实的中坚，主要由政府机关和行政人员组成，负责政策的具体落实，涉及一系列的环节。

（5）监控子系统

监控子系统地位特殊，相对独立，在政策执行活动中主要负责权利的监督、程序的合法、执行的控制、信息的反馈等方面的工作。

第5章　公共政策分析的框架

育明教育名师解析

本章是对第4章的知识补充，结合了陈庆云《公共政策分析》教材中的内容，以适应报考不同院校的考生使用。在复习背记过程中，切记要有所区分。以此教材为考研专业课参考书目的考生，尤其要重视本章知识点的背记；若报考院校未划定固定参考书目，则以此为拓展内容掌握背记，丰富答题语言。

5.1　章节知识框架

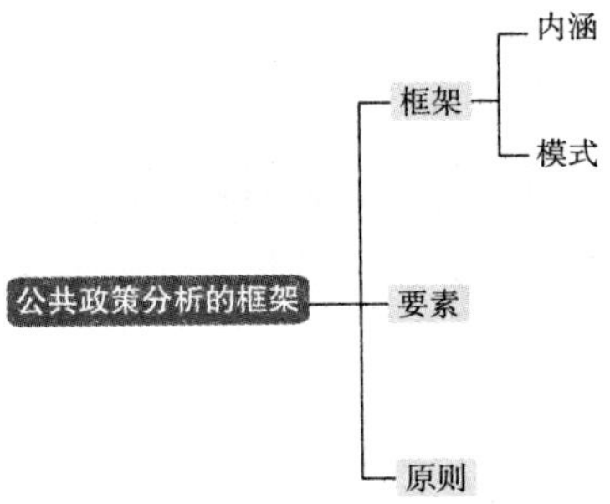

5.2 常考知识点梳理

【考点1】公共政策分析的框架——陈庆云《公共政策分析》

1. 公共政策分析的内涵

公共政策分析是对政府为解决各类公共政策问题所采取的对政策的本质、产生原因及实施效果的研究。

2. 公共政策分析的三种模式

（1）麦考尔—韦伯分析模式

①政策内容的规范性分析

主要涉及政策的本质而不是程序性。使用批判方式分析一个特定的公共政策；“未来分析”是分析目前政策的未来结果，或探讨各类适用于预测未来的政策。

②政策内容的描述性分析

把与政策内容相关的一个或多个属性看成政策过程的解释变量，继而研究它们对公共政策内容的影响。

③政策过程的规范性分析

主要是程序性的政策分析，其中包括对现行政策程序所提出的改进建议和一整套新程序。这类研究经常采用如系统分析、运筹学等多种理性模型。

④政策过程的描述性分析

经常针对政策周期的一个或几个阶段进行讨论。在政策周期所包含的如政策表述、决策、实施、效果评价和反馈等阶段中，研究最多的是政策表述和效果评价阶段。

（2）沃尔夫的分析模式

①认真收集和分析所研究的政策领域中各种数据资料。

②运用数据分析结果建立研究领域或系统内部的各种变量间的关系。

③建立分析模型，详细说明因变量与自变量之间的关系。

④提出多种可供选择的项目和政策，其中包括具有“基准性”的现有的项目或政策。

⑤检验所选择的方案模型，对所描述的目标完成结果进行比较，切实评价这些政策。

⑥对执行过程的分析。

（3）邓恩的分析模式

①政策分析的三种方法

第一，经验方法。主要是描述某一公共政策的因果关系，指出某事物是不是存在，因而提供的信息是描述性的。

第二，评价方法。主要是决定某项政策的价值，即是否值得这样做，与之相关的信息是评价性的。

第三，规范方法。对所解决的公共问题，提出一种引导性方向，即告诉人们应该做什么，与之相关的信息是指导性的。

②政策分析的内容

A. 构建问题；

B. 描述与现行政策问题相关的已有政策；

C. 预测为解决问题所提供的相关政策能够产生何种结果；

D. 评价已有和将产生的政策价值；

E. 提供将要实施的政策会产生哪些有价值的信息。

邓恩特别强调几点：

A. 问题将会影响其他环节的作用与评估，处于中心调节地位；

B. 分析程序经常表现为一种等级关系；

C. 政策提出不仅以事实，而且也以价值为基础；

D. 在整个分析中，要重视提供信息和信息转化的地位。

③政策分析的三种主要形式

A. 预测分析涉及政策行为启动和执行之前信息的产生与转变过程；

B. 回溯分析主要是限于政策实施后信息的获取和转换上；

C. 综合集成分析是一种全方位的分析形式。

3. 综合分析框架

公共政策分析的基本框架主要包括：

（1）公共政策问题的构建；

（2）公共政策方案的制定与通过；

（3）公共政策内容的实施；

（4）公共政策效果的评价。

【考点2】公共政策分析要素——陈庆云《公共政策分析》

1. 政策问题

某一公共政策能否顺利提出，在一定程度上取决于人们是否对政策问题取得共识。政策问题是从大量社会问题中筛选出来的，人们对它们所做出的判断是否准确，既取决于经验知识，还取决于伦理道德方面的价值观念等。

2. 政策目标

政策目标指政策所希望取得的结果或完成的任务。政策分析的中心任务，是要确定解决问题的目标，或者明确地说，确定目标是分析的前提。如果没有目标，政策方案是无法确定的。目标不明确，也同样会使政策出现偏差。确定目标是分析的前提。

3. 政策方案

为实现某一目标，可采用多种手段或措施，统称为备选方案。拟定可供选择的各种备选方案，也是政策分析的基础。需要拟定出一定数量的可行方案进行对比选择。体现政府行为的备选方案，集中了统治者的意志。

4. 政策模型

模型是对研究对象和过程某一方向的本质属性所进行的一种抽象描述。模型是由变量与关系组成的。变量反映随时间或其他条件变化的数值改变程度。明确变量及其相互关系是分析的主要任务。在分析的基础上，通过确定这些部分之间的关系而将其加以组合。它可以将复杂问题简化为易于处理的简单模式，不受现实中非本质因素的约束，易于理解、操作、模拟与优化。

5. 政策资源

在政策制定与实际执行中，都会消耗各种资源，尤其在执行中。政府的“作为”，以能提供多少资源为基础，这是政策分析的前提条件。

6. 政策评价标准

整个政策过程都有待于建立合适的评价标准。政策制定是政治过程，离不开政治上的评价及其标准。任何一种政策分析都必须是理性的，而且是以多元理性为基础的。多元理性的内容包括：技术理性、经济理性、法律理性、社会理性、实质理性。

7. 政策效果

效果是达到目的时所取得的成果。衡量政策效果的尺度往往用效益和有效性表示。效益大体有三个方面：社会效益、经济效益与生态效益。政策效果基本由两个因素决定：一是政策执行的成本；二是政策执行的结果。

8. **政策环境**

公共政策系统不仅包括政策主体和政策客体等多种要素，而且还包括外在环境因素。这些制约和影响公共政策的制定与实施结果的外在因素统称为环境因素。

9. **政策信息**

公共政策活动实际上是对政策信息进行搜集、传递、加工、使用、反馈的过程，即输入关于社会各方面要求与需要的信息，经过转换（领导层的决策），输出作为所制定的政策内容的信息，其中也包括政策实施情况的反馈信息。

【考点3】公共政策分析原则——陈庆云《公共政策分析》

1. **系统原则**

政策本身可看成一个系统，且它不可能孤立存在，总是与其他政策相联系，处于一个政策体系之中。

2. **预测原则**

制定政策是对未来行为所做的一种设想，是在事情发生之前的一种预先分析与选择，故具有明显的预测性。

3. **协调原则**

政策的利益综合性，实际上是不同对象间所表现出的相互排斥的利益经过“合理综合”的结果，政策系统整体性功能的大小，往往由所组成要素之间的协同作用的大小而定。

4. **分解综合原则**

分解是将具有比较密切结合关系的要素分组化。对政策系统来说，即要归纳出相对独立、层次不同的子系统。综合则是完成新系统的设计过程。这要求政策分析必须在对政策系统整体把握的前提下，实行科学的分解和总体的组织综合。

5. **民主原则**

民主的内涵与实质是人民的权力问题。坚持民主原则，不仅要求公共政策要保障人民在国家政治、经济、文化等各个生活领域中享有同等的权利与公平的利益分配，而且还包括广大人民群众能直接参政议政，充分发挥国家主人翁作用。

5.3 热门院校真题解析

一、名词解释题

1. 政策科学（2017年中国社会科学院）

政策科学是指对政府为解决各类公共政策问题所选择的政策的本质、产生原因及实施效果的研究。政策科学的创始人之一、著名学者叶海卡·德罗尔认为，政策科学应包括基本政策、元政策、政策分析、实现战略等内容。美国学者克朗根据德罗尔的构想，认为从方法论角度看，政策科学应包括五个基本范畴：政策战略、政策分析、政策制定系统的改进、政策评估、政策科学的进展。因此政策科学是一门学科，它超越了一切传统的科学观念，为人类面对未来的决策提供了崭新的工具和方法。

2. 政策分析（2010年湖南师范大学；2005年中国政法大学）

公共政策分析是指对政府为解决各类公共政策问题所采取的政策的本质、产生原因及实施效果的研究。

政策分析的内容包括：

（1）构建问题，即首先要明确政策问题是什么，以及如何解决。政策问题不可能在一开始全部明确，只有在不断的分析活动中才会逐步清楚。

（2）描述与现行政策问题相关的已有政策，分析其产生的原因、制定过程与实际结果。

（3）预测为解决问题所提供的相关政策能够产生何种结果。

（4）评价已有和将产生的政策价值。

（5）提供将要实施的政策会产生哪些有价值的信息。

3. 邓恩的政策分析方法（2014年湖南师范大学）

邓恩将政策分析的方法分为：

第一，经验方法。主要是描述某一公共政策的因果关系，指出某事物是不是存在，因而提供的信息是描述性的。

第二，评价方法。主要是决定某项政策的价值，即是否值得这样做，与之相关的信息是评价性的。

第三，规范方法。对所解决的公共问题，提出一种引导性方向，即告诉人们应该做什么，与之相关的信息是指导性的。

二、简答题→论述题

1. 公共政策分析的基本框架包括哪些内容（2017 年、2014 年杭州师范大学）

（1）公共政策分析的内涵

公共政策分析是对政府为解决各类公共政策问题所采取的对政策的本质、产生原因及实施效果的研究。

（2）公共政策分析的三种模式

①麦考尔—韦伯分析模式

A. 政策内容的规范性分析

主要涉及政策的本质而不是程序性。使用批判方式分析一个特定的公共政策；“未来分析”是分析目前政策的未来结果，或探讨各类适用于预测未来的政策。

B. 政策内容的描述性分析

把与政策内容相关的一个或多个属性看成政策过程的解释变量，继而研究它们对公共政策内容的影响。

C. 政策过程的规范性分析

主要是程序性的政策分析，其中包括对现行政策程序所提出的改进建议和一整套新程序。这类研究经常采用如系统分析、运筹学等多种理性模型。

D. 政策过程的描述性分析

经常针对政策周期的一个或几个阶段进行讨论。在政策周期所包含的如政策表述、决策、实施、效果评价和反馈等阶段中，研究最多的是政策表述和效果评价阶段。

②沃尔夫的分析模式

A. 认真收集和分析所研究的政策领域中各种数据资料。

B. 运用数据分析结果建立研究领域或系统内部的各种变量间的关系。

C. 建立分析模型，详细说明因变量与自变量之间的关系。

D. 提出多种可供选择的项目和政策，其中包括具有“基准性”的现有的项目或政策。

E. 检验所选择的方案模型，对所描述的目标完成结果进行比较，切实评价这些政策。

F. 对执行过程的分析。

③邓恩的分析模式

A. 政策分析的三种方法：

第一，经验方法。主要是描述某一公共政策的因果关系，指出某事物是不是存在，因而提供的信息是描述性的。

第二，评价方法。主要是决定某项政策的价值，即是否值得这样做，与之相关的信息是评价性的。

第三，规范方法。对所解决的公共问题，提出一种引导性方向，即告诉人们应该做什么，与之相关的信息是指导性的。

B. 政策分析的内容：

a. 构建问题；

b. 描述与现行政策问题相关的已有政策；

c. 预测为解决问题所提供的相关政策能够产生何种结果；

d. 评价已有和将产生的政策价值；

e. 提供将要实施的政策会产生哪些有价值的信息。

邓恩特别强调几点：

a. 问题将会影响其他环节的作用与评估，处于中心调节地位；

b. 分析程序经常表现为一种等级关系；

c. 政策提出不仅以事实，而且也以价值为基础；

d. 在整个分析中，要重视提供信息和信息转化的地位。

C. 政策分析的三种主要形式：

a. 预测分析涉及政策行为启动和执行之前信息的产生与转变过程；

b. 回溯分析主要是限于政策实施后信息的获取和转换上；

c. 综合集成分析是一种全方位的分析形式。

（3）综合分析框架

公共政策分析的基本框架主要包括：

①公共政策问题的构建；

②公共政策方案的制定与通过；

③公共政策内容的实施；

④公共政策效果的评价。

2. 对公共政策分析的基本要素进行简要分析（2007 年华北电力大学；2002 年北京大学）

公共政策分析是对政府为解决各类公共政策问题所选择的政策的本质、产生原因及实施效果的研究。

公共政策分析的基本要素有：

（1）政策问题

某一公共政策能否顺利完好地提出，在一定程度上取决于人们是否对政策问题取得共识。政策问题是从大量社会问题中筛选出来的。作为有选择的社会问题，不同于解决一般的技术问题。政策问题，作为分析中的独立基本要素十分复杂。问题的性质决定了相关政策形成过程的性质。

（2）政策目标

政策分析的中心任务，是要确定解决问题的目标，或者明确地说，确定目标是分析的前提。政策目标是政策所希望取得的结果或完成的任务。如果没有目标，政策方案是无法确定的。但目标不明确，也同样会使政策出现偏差。

（3）政策方案

为实现某一目标，可采用多种手段或措施，它们统称为备选方案。拟定可供选择的各种备选方案，也是政策分析的基础。由于好与坏，优与劣都是在对比中发现的，所以需要拟定出一定数量的可行方案进行对比选择。

（4）政策模型

按照系统分析的理解，模型是对研究对象和过程某一方面的本质属性所进行的一种抽象描述。它可以将复杂问题简化为易于处理的简单模式，不受现实中非本质因素的约束，易于理解、操作、模拟与优化。

（5）政策资源

在政策制定与实际执行中，都会消耗各种资源，尤其在执行中。政府的“作为”，以能提供多大的资源为基础，这是政策分析的前提条件。

（6）政策评价标准

整个政策过程，无论是系统评估、投资评估、推测评估、方案评估，还是执行评价或总评价等，都有待于建立合适的评价标准。政策制定是政治过程，离不开政治上的评价及其标准，显然不同统治阶级的政治评价标准是完全不同的。

（7）政策效果

效果是达到目的时所取得的成果。衡量政策效果的尺度往往用效益和有效性表示。效益大体有三个方面：社会效益、经济效益与生态效益。其中有些效益，可以用货币尺度来评价效果。有些效益，却无法用货币尺度衡量。从投入—产出模型分析，政策效果基本由两个因素所决定：一是政策执行的成本；二是政策执行的结果。当政策执行结果所产生的效益高于政策执行成本时，政策效果是有效的。二者之间的差越大则说明政策效果的有效性越高。反之，当政策执行结果所产生的效益低于政策执行成本时，至少说明政策效果是无效的。通常情况下，无效的政策结果都会产生负作用，在偏离政策目标的情况下，这种影响会更大。

（8）政策环境

公共政策系统不仅包括政策主体和政策客体在内的多种要素，而且还包括外在环境因素。这些制约和影响公共政策的制定与实施结果的外在因素统称为环境因素。其中包括：经济环境、政治环境、国际环境。由政治心理、政治思想所构成的政治文化，在社会变革时期，对政策的影响是难以估量的。

（9）政策信息

公共政策活动实际上是对政策信息进行搜集、传递、加工、使用、反馈的过程，即输入关于社会各方面要求与需要的信息，经过转换（领导层的决策），输出作为所制定的政策内容的信息，其中也包括政策实施情况的反馈信息。

第三篇 公共政策系统

育明教育名师解析

第三篇主要介绍公共政策系统的构成，在复习资料的编排上，以政策系统、政策主体、政策价值、政策工具、政策客体、政策环境六章进行拆分叙述。该篇同样重要，各大院校真题考查较多，涉及考题形式也十分灵活。这就要求考生在复习时要点面结合，在背记知识框架的基础上进一步深挖知识点。

第6章 政策系统

育明教育名师解析

本章是第三篇公共政策系统的开篇章，主要出自于陈振明的《公共政策分析》。本章知识点绝大部分与本篇的其他章节分述的内容有相似，其实也就是以下几章的整体串联，可缩成框架高效记忆。开设本章的目的是将政策系统单独拎出来讲解、分析，以便考生在宏观框架理解的基础上应对有关政策系统微观考查角度的相关考题。

6.1 章节知识框架

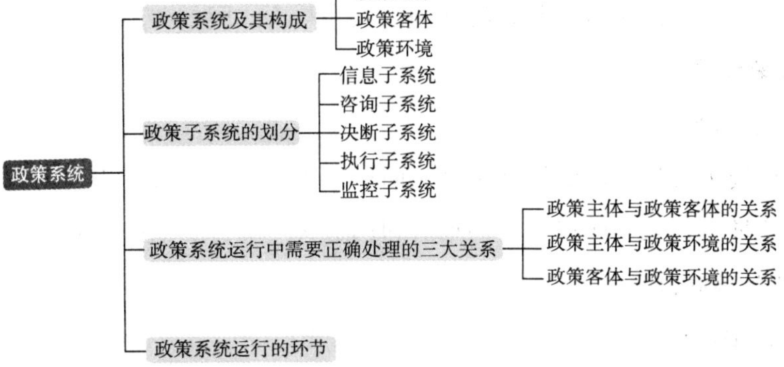

6.2 常考知识点梳理

【考点1】政策系统及其构成——陈振明《公共政策分析》

政策系统是指由政策主体、政策客体及其与政策环境相互作用而构成的社会政治系统。政策系统是公共政策运行的载体，是政策过程展开的基础。

1. 政策主体

政策主体（政策活动者）一般可以界定为直接或间接地参与政策制定、执行、评估和监控的个人、团体或组织。

2. 政策客体

政策客体指的是政策发生作用的对象，包括政策所要处理的社会问题（事）和所要发生作用的社会成员（人）两个方面。

政策最基本的特征就是充当人们处理社会问题，进行社会控制以及调整人们之间关系特别是利益关系的工具或手段。

（1）社会问题

从事的角度看，公共政策所要处理的是社会问题、公共问题或政策问题。

（2）目标团体

从人的角度看，政策所发生作用的对象是社会成员，这些受规范制约的社会成员称为目标团体。

政策所要调整或规范的是人的行为以及人与人之间的关系尤其是利益关系。

3. 政策环境

（1）自然环境

自然环境主要指一国的地理位置、面积大小、气候条件、山川河流、矿产资源等。自然环境是人类赖以生存的场所和创造文明的自然前提，对一国的内外政策具有影响或制约作用。

（2）社会环境

社会环境主要包括政治状况、经济状况、文化状况、教育状况、法律状况、人口状况、科技状况等，对公共政策有着更为直接而重要的影响。

①社会经济状况

社会经济状况或发展水平是一国或地区的公共决策的最重要的依据。

A. 社会经济状况

社会经济状况是一国或地区的政府制定政策的基本出发点。一个国家或地区的社会经济条件如何，处于何种发展阶段上，综合实力如何，是一国或地区政府的公共决策必须首先加以考虑的。正确的或合理的政策必须符合社会经济发展的实际。

B. 经济实力

经济实力是政策制定和实施的基本物质条件。国家或地区一定的经济实力是政策制定和实施的基本物质条件，它影响着国家的基本政策倾向和政策实施效率。因此，政策制定必须基于经济实力允许的范围。

C. 社会物质经济利益的分配调节

它是一定历史时期的政策体系，特别是大量经济社会政策得以确定的主要根据。

②制度或体制条件

A. 制度

制度是指一系列被制定出来的规则、守法程序和行为的道德伦理规范，旨在约束追求主体福利最大化或效用最大化的利益的个人行为。

B. 体制

体制是指国家机关、企事业单位的机构设置、隶属关系和权责划分等方面的体系和制度的总称。体制或制度为公共政策提供了外部组织环境。

C. 体制或制度条件

它对公共政策系统及其过程的影响：

a. 体制在政策制定过程中起着十分重要的作用；

b. 一项政策的决策，往往是在多个方案中选择的，选择的结果与体制密切相关，体制上容纳的可能性决定了政策选择的结果；

c. 体制的习惯势力的大小和所占优势的程度，影响着人们对各种社会利益和社会问题的认识和表达以及这些利益和问题得到正确解决的机会；

d. 体制制约着政策的执行。政策方案与执行机构的利益是否协调也在很大程度上影响政策的执行。同时旧体制还制约着新政策的执行。

③政治文化

政治文化是指人类政治生活中的主观意识范畴，是人们对有关政治方面的信仰、理论、感情、情绪、评价和态度等历史和现实的总和。政治文化主要包括三个层次：

A. 政治意识

政治意识有两种形态，一种是内在的心理形态，一种是外在的文化形态。政治意识的心理形态是其文化形态的基础和内化，政治意识的文化形态是对其心理形态的升华和外化。

B. 政治价值观

政治意识是政治意识形态的核心内容，是政治主体对客观存在的政治价值关系、政治价值创造活动等的反映。

C. 政治理想

政治理想是指政治主体对政治体系、政治活动和政治发展所寄予的希望和对未来的设计。政治理想在政治社会化的作用下转化为政治信仰，成为政治社会的定向因素和精神支柱，从而规定了政策的动机、基本目标、基本方向和指导原则。

④国际环境

A. 全球化

全球化是当代世界的一大趋势，是指世界各个分散的部分或因素形成紧密联系的世界性网络，是一种客观的历史进程。

B. 市场化

20 世纪末期世界出现的一个重大历史事件是占世界人口三分之一的计划经济国家向市场经济国家的转轨，这使得市场经济体制成为全球的压倒性经济体制。

C. 信息化

信息化是当代世界的第三个基本趋势。

【考点 2】政策子系统的划分——陈振明《公共政策分析》

1. 信息子系统

信息子系统由掌握信息技术的专门人才所组成，从事信息的收集、整理、贮存和传递等活动，为公共决策提供信息资料。信息子系统在政策过程中具有重要的地位和作用，是政策系统的神经系统，为政策制定、执行、评估和监控及时地提供各种准确、适用的信息。

信息子系统的作用：

（1）信息的收集

（2）信息的加工处理

①纯化

纯化是指通过整理加工，去粗存精，去伪存真，剔除错误的、多余的资料。

②归类

归类是指将最初收集的杂乱无章的原始资料，按照政策制定的需要，进行分筛或合并的处理。

③存贮

存贮是指把那些经过加工、整理的信息，按照一定的分类编序贮存起来，以备检索、使用。

（3）信息的传递

信息的传递有两个基本要求：要迅速、要准确。

2. 咨询子系统

咨询子系统又称参谋子系统或智囊子系统，是由现代政策研究组织（思想库）以及各种专家、学者组成的子系统。

咨询子系统的作用：

（1）政策问题分析

咨询子系统的成员运用现代科学知识、方法及技术，对政策的有关问题进行分析。

（2）政策未来预测

科学的预测是正确制定政策的基本前提之一，咨询子系统的成员具备这方面的专门知识和技术，能够对事物的未来发展状况做出比较准确的估计。

（3）方案设计及论证

政策方案设计论证是一项技术性很强的工作，通常要由咨询子系统来从事这项工作。

（4）其他政策相关问题的咨询

咨询是智囊团的主导功能，智囊团可以根据对有关政策问题的客观分析，主动向政策制定部门提出自己的意见，也可以应政策制定部门的请求，参加有关问题的“会诊”，提出意见和建议。

（5）参与政策评估并反馈信息

在政策过程中，咨询子系统参与政策评估，并起到信息反馈系统的作用。

3. 决断子系统

决断子系统又称中枢子系统，由拥有决策权力的高层领导者组成。决断子系统在整个公共决策系统中居于核心地位，是公共决策活动的组织者，又是政策的最终决定者，领导公共决策活动的全过程。

决断子系统的作用：

（1）提出有关的政策课题

决断子系统必须能够从纷繁复杂的社会问题中，分清轻重缓急，抓住需要及时解决的关键问题，以便制定解决问题的决策。

（2）考虑政策目标的确立

政策目标的正确与否直接关系到公共决策活动的成败，确定正确的政策目标是解决政策问题的重要一步。

（3）组织政策方案的设计

（4）负责政策的最终决定

这是决断子系统在公共决策活动中的最重要的职责。

4. 执行子系统

执行子系统是由政策执行组织及其人员特别是政府行政机关和行政人员所构成的，是政策系统的有机组成部分，其主要职责是将政策方案（理想）转变为政策效果（现实）。

执行子系统的作用：

（1）为政策方案或项目的执行做好准备

为保证方案的顺利实施，在具体实施前，执行子系统必须制定出周密、严谨的具体实施计划或行动细则。

（2）从事指挥、沟通、协调等方面的活动

（3）分析和总结执行情况

在完成执行任务之后，执行机关和人员必须把执行工作放在原政策方案的价值指标或标准上，进行全面、细致的衡量，进行实事求是的评定，总结经验和教训。

5. 监控子系统

监控子系统是整个政策系统的一个有机组成部分，是体制内和体制外的有关部门、单位和个人所组成的一个子系统。

监控子系统的作用：

（1）确立政策执行的准绳和规则，提供检查执行情况的依据。

（2）监控政策执行情况。

这是监控子系统最基本的职责之一。

（3）反馈政策执行情况。

必须及时将政策执行情况及环境条件变化的信息反馈给决断子系统，以便决断子系统根据新的情况，对政策进行修订、完善或终结。

【考点3】政策系统运行中需要正确处理的三大关系——陈振明《公共政策分析》

政策主体、客体与环境的相互关系：

（1）政策主体与政策客体的关系

当某一政策系统建立起来时，政策主体和政策客体就成为该系统两个相互依存、不可分离的组成部分。政策主体与政策客体相互依存，每一方的存在都以另一方的存在为前提，同时，政策主体与客体之间是相互影响、相互作用的。

（2）政策主体与政策环境的关系（2011年东北财经大学）

政策主体首先要实事求是地认识环境、把握环境，了解它的各种优势和弊端，并据此预测某项政策实施的可行性和政策运行过程中可能遇到的各种问题。这就要求政策主体在认识和把握政策环境的情况下，尊重和适应政策环境的实际状况。

（3）政策客体与政策环境的关系

政策客体与政策环境二者是高度融合在一起并相互转化的。政策客体受到来自政策主体及其制定的政策作用之后，显现取得的政策效果。另一方面，政策环境也在一定的条件下成为政策客体。

【考点4】政策系统运行的环节——陈振明《公共政策分析》

政策系统的运行实质上是指政策主体、客体与环境相互作用的过程，是由信息、咨询、决断、执行和监控等子系统所构成的一个有机大系统。其实际运行则表现为政策制定、执行、评估、监控和终结等环节所组成的活动过程。

政策系统运行的环节如下：

1. 政策制定

政策制定是指从发现问题到政策方案出台的一系列的功能活动过程，包括建立议程、界定问题、设计方案、预测结果、比较和抉择方案以及方案的合法化等环节。

2. 政策执行

政策执行是指政策方案付诸实践、解决实际政策问题的过程，也就是将政策理想变为政策现实的过程，包括组织和物质准备、政策分解、政策宣传、政策实施以及指挥、沟通、协调等的功能环节。

3. **政策评估**

政策评估是指依据一定的标准和程序，对政策的效果做出判断，确定某项政策的效果、效益以及优劣，并弄清该政策为什么能取得成功，或者为什么导致失败。

4. **政策监控**

政策监控是指为达到政策方案的预期目标，避免政策失误。对政策过程尤其是执行阶段的监控，以保证政策的权威性和严肃性，包括监督、控制和调整等功能活动环节。

5. **政策终结**

政策终结是指在政策实施并加以认真评估之后，发现该政策的使命已经完成，成为多余、不必要或不起作用，采用措施予以结束的过程或行为。

6.3　热门院校真题解析

一、名词解释题

1. **政策系统**（2021 年北京大学；2018 年、2016 年华中农业大学；2018 年、2014 年杭州师范大学；2015 年厦门大学；2015 年首都师范大学；2015 年湖南农业大学）

政策系统是公共政策运行的载体，是政策过程展开的基础。一般可以将政策系统界定为由政策主体、政策客体及其与政策环境相互作用而构成的社会政治系统。从系统发生论的途径看，政策系统是政策科学研究的一项重要内容，是研究政策过程的前提或出发点。政策系统内部各因素的联系是否得当，直接影响到政策的运行是否顺畅，并决定政策效果的好坏。

2. **信息子系统**（2019 年河北大学）

信息子系统由掌握信息技术的专门人才组成，从事信息的收集、整理、贮存和传递等活动，为公共决策提供信息资料。信息子系统在政策过程中具有重要的地位和作用，是政策系统的神经系统，为政策制定、执行、评估和监控及时地提供各种准确、适用的信息。

信息子系统的作用：（1）信息的收集；（2）信息的加工处理；（3）信息的传递。

3. **咨询子系统**（2021 年北京大学）

咨询子系统又称参谋子系统或智囊子系统，是由现代政策研究组织（思想库）以及各种专家、学者组成的子系统。

咨询子系统的作用：（1）政策问题分析；（2）政策未来预测；（3）方案设计及论证；（4）其他政策相关问题的咨询；（5）参与政策评估并反馈信息。

4. **决断子系统**（2016 年厦门大学；2016 年杭州师范大学；2015 年河北大学）

决断子系统又称中枢子系统，由拥有决策权力的高层领导者组成。决断子系统在整个公共决策系统中居于核心地位，是公共决策活动的组织者，又是政策的最终决定者，领导公共决策活动的全过程。

决断子系统的作用：（1）提出有关的政策课题；（2）考虑政策目标的确立；

（3）组织政策方案的设计；（4）负责政策的最终决定。

5. 执行子系统（2016 年东北财经大学）

执行子系统是由政策执行组织及其人员特别是政府行政机关和行政人员所构成的，是政策系统的有机组成部分，其主要职责是将政策方案（理想）转变为政策效果（现实）。

执行子系统的作用：（1）为政策方案或项目的执行做好准备；（2）从事指挥、沟通、协调等方面的活动；（3）分析和总结执行情况。

6. 监控子系统（2021 年中国政法大学）

监控子系统是整个政策系统的一个有机组成部分，是体制内和体制外的有关部门、单位和个人所组成的一个子系统。

监控子系统的作用：（1）确立政策执行的准绳和规则，提供检查执行情况的依据；（2）监控政策执行情况；（3）反馈政策执行情况。

二、简答题→论述题

1. 政策系统的构成（2017 年江西财经大学）

政策系统是指由政策主体、政策客体及其与政策环境相互作用而构成的社会政治系统。政策系统是公共政策运行的载体，是政策过程展开的基础。

政策系统的构成如下：

（1）政策主体

政策主体（政策活动者）一般可以界定为直接或间接地参与政策制定、执行、评估和监控的个人、团体或组织。

（2）政策客体

政策客体指的是政策所发生作用的对象，包括政策所要处理的社会问题（事）和所要发生作用的社会成员（人）两个方面。

政策最基本的特征就是充当人们处理社会问题，进行社会控制以及调整人们之间关系特别是利益关系的工具或手段。

①社会问题

从事的角度看，公共政策所要处理的是社会问题、公共问题或政策问题。

②目标团体

从人的角度看，政策所发生作用的对象是社会成员，这些受规范制约的社会成员称为目标团体。

政策所要调整或规范的是人的行为以及人与人之间的关系尤其是利益关系。

（3）政策环境

①自然环境

自然环境主要指一国的地理位置、面积大小、气候条件、山川河流、矿产资源等。自然环境是人类赖以生存的场所和创造文明的自然前提，对一国的内外政策具有影响或制约作用。

②社会环境

社会环境主要包括政治状况、经济状况、文化状况、教育状况、法律状况、人口状况、科技状况等，对公共政策有着更为直接而重要的影响。

2. **政策系统的子系统构成**（2018 年河北大学；2017 年厦门大学；2016 年华中农业大学；2014 年西北师范大学）

政策系统是公共政策运行的载体，是政策过程展开的基础。一般可以将政策系统界定为由政策主体、政策客体及其与政策环境相互作用而构成的社会政治系统。从系统发生论的途径看，政策系统是政策科学研究的一项重要内容，是研究政策过程的前提或出发点。政策系统内部各因素的联系是否得当，直接影响到政策的运行是否顺畅，并决定政策效果的好坏。

育明教育名师解析

若本题为简答题，各子系统的作用知识点可以不写。此外，2020 年中国政法大学考过“反馈在政策系统中的作用”。

政策系统包括五个子系统。

（1）信息子系统

信息子系统由掌握信息技术的专门人才所组成，从事信息的收集、整理、贮存和传递等活动，为公共决策提供信息资料。信息子系统在政策过程中具有重要的地位和作用，是政策系统的神经系统，为政策制定、执行、评估和监控及时地提供各种准确、适用的信息。

信息子系统的作用：①信息的收集；②信息的加工处理；③信息的传递。

（2）咨询子系统（2011 年东北财经大学）

咨询子系统又称参谋子系统或智囊子系统，是由现代政策研究组织（思想库）以及各种专家、学者组成的子系统。

咨询子系统的作用：①政策问题分析；②政策未来预测；③方案设计及论证；④其他政策相关问题的咨询；⑤参与政策评估并反馈信息。

（3）决断子系统

决断子系统又称中枢子系统，由拥有决策权力的高层领导者组成。决断子系统在整个公共决策系统中居于核心地位，是公共决策活动的组织者，又是政策的最终决定者，领导公共决策活动的全过程。

决断子系统的作用：①提出有关的政策课题；②考虑政策目标的确立；③组织政策方案的设计；④负责政策的最终决定。

（4）执行子系统

执行子系统是由政策执行组织及其人员特别是行政机关和行政人员所构成的，是政策系统的有机组成部分，其主要职责是将政策方案（理想）转变为政策效果（现实）。

执行子系统的作用：①为政策方案或项目的执行做好准备；②从事指挥、沟通、协调等方面的活动；③分析和总结执行情况。

（5）监控子系统

监控子系统是整个政策系统的一个有机组成部分，是体制内和体制外的有关部门、单位和个人所组成的一个子系统。

监控子系统的作用：①确立政策执行的准绳和规则，提供检查执行情况的依据；②监控政策执行情况；③反馈政策执行情况。

3. 政策系统运行的环节（2021 年山西师范大学）

政策系统的运行实质上是指政策主体、客体与环境相互作用的过程，是由信息、咨询、决断、执行和监控等子系统所构成的一个有机大系统。其实际运行则表现为政策制定、执行、评估、监控和终结等环节所组成的活动过程。

政策系统运行的环节如下：

（1）政策制定

政策制定是指从发现问题到政策方案出台的一系列的功能活动过程，包括建立议程、界定问题、设计方案、预测结果、比较和抉择方案以及方案的合法化等环节。

（2）政策执行

政策执行是指政策方案付诸实践、解决实际政策问题的过程，也就是将政策理想变为政策现实的过程，包括组织和物质准备、政策分解、政策宣传、政策实施以及指挥、沟通、协调等的功能环节。

（3）政策评估

政策评估是指依据一定的标准和程序，对政策的效果做出判断，确定某项政策的效果、效益以及优劣，并弄清该政策为什么能取得成功，或者为什么导致失败。

（4）政策监控

政策监控是指为达到政策方案的预期目标，避免政策失误。对政策过程尤其是执行阶段的监控，以保证政策的权威性和严肃性，包括监督、控制和调整等功能活动环节。

（5）政策终结

政策终结是指在政策实施并加以认真评估之后，发现该政策的使命已经完成，成为多余、不必要或不起作用，采用措施予以结束的过程或行为。

第7章　政策主体

育明教育名师解析

本章主要介绍政策主体（政策活动者）的相关概念，不难发现，“构成”是重点强调的字眼，因此要求考生对本章知识点进行串联，背记框架树状图和标题要点句，在反复阅读后给各标题要点句总结1—2句解释型语言。

7.1　章节知识框架

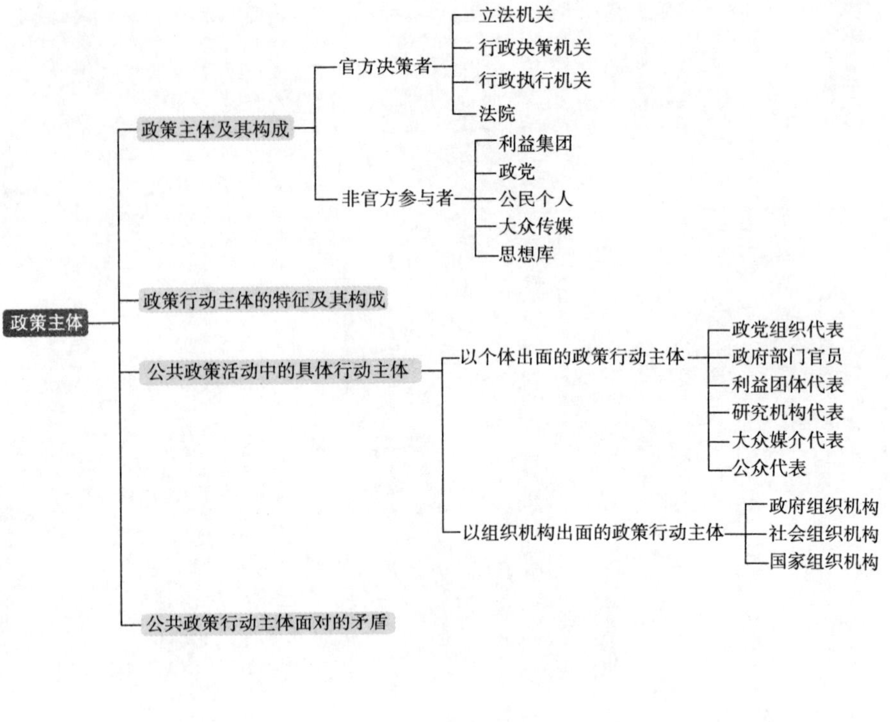

7.2 常考知识点梳理

【考点1】政策主体及其构成——谢明《公共政策概论》

政策主体是直接或间接地参与政策制定过程的个人、团体或组织，其构成因素主要包括立法机构、行政决策机构、行政执行机构、司法机构、利益集团、政治党派、公民个人、大众传媒和思想库等。

政策主体分类多以官方决策者和非官方参与者进行划分。

1. 官方决策者

官方决策者是指那些具有合法权威去制定公共政策的人。官方决策者包括：

（1）立法机关

立法机关是政策主体最重要的构成因素之一，其主要职责是立法，履行制定法律和政策的政治任务。一般而言，立法机关常常能够在独立决策意义上行使立法权。如在美国国会中，常设委员会对提交法案通常拥有“生杀大权”。

（2）行政决策机关

一些西方国家虽推行三权分立，但随着行政权力的不断扩张，行政机关在政策制定过程中的地位和作用越来越突出，“行政国家”已司空见惯。就美国而言，总统在进行立法领导方面的权威显然已经被确定，并作为必不可少的规定而被人们普遍接受。

（3）行政执行机关

政策制定与执行不可分割，行政执行部门对政策制定有很大影响。许多政策事务带有复杂性和技术性特征，因而需要对其连续控制，立法人员缺乏必要时间和充足信息，规制权被授予了行政执行机关。

（4）法院

所谓司法审查权是指法院有权审查立法和行政机关的活动是否违宪，如发现与宪法相冲突的情况，有权决定这些活动无效，政策制定深受其制约。法院还有权解释和决定只有抽象表述且容易引起歧义的法规的含义。

2. 非官方参与者

非官方参与者对政策制定过程的影响较为间接，但同样是政策制定过程中不可忽视的主体因素。非官方参与者有：

（1）利益集团

利益集团是由具有相同价值需求和利益倾向的个人所组成的团体或团体间的联盟。利益集团代表成员的利益，履行利益表达的功能。

（2）政党

政党作为利益集团的一种特殊类型，常以政治联盟的形式出现，关注的政策范围比一般的利益集团更广，对政策制定的影响比一般利益集团更大。政治统治通过政党政治途径加以实现，政党常履行“利益聚合”的功能，即政党努力将不同利益集团的特定需求转变为一般性可供选择的政策方案。

（3）公民个人

最健康的制度公共决策过程建立在最广泛的参与之上，最终要求把决策建立在民主的框架之中，建立在一人一票的游戏规则之上。现代社会，公民参与政策过程的主要途径包括：

①以主权者身份，通过直接投票的方式决定某些重大的政策问题，直接行使个人权力。

②通过代议形式，推选代表参与政策制定，间接行使个人权力。

③使用威胁手段，如参加请愿、示威、罢工等活动，反对某项政策的出台，迫使政府修改或废止这一政策。

④通过参加政治党派和利益集团，借助团体的力量影响公共政策的制定。

⑤通过制造社会舆论或进行多方游说等手段，提出政策诉求，影响政策导向。

⑥以个人的知识活动为政策制定提供实证依据或理论指导。

（4）大众传媒（重点掌握）

现代大众传媒主要是指广播、电视、报刊、书籍、电子信息网等人们借以表达思想和意愿、传播各种信息的舆论工具。它是现代社会最强有力、最直接、最方便的沟通手段，对政策制定过程有着非常重要的影响，被视为政策主体的一个重要组成部分，有“第四种权力”之称。

大众传媒具有覆盖率高、信息量大、影响面广、冲击力强等特点，其主要作用是传播信息、制造舆论、沟通思想、传播知识。

大众传媒之所以成为现代社会中政策主体的一个重要因素，有以下几方面原因。

①传媒是传播政府政策意图的有效工具。现代公共决策需要社会公众的广泛参与，因而需要政府把其政策意图及时、迅速、广泛、有效地告知公众，得到必

要的反馈。

②传媒是社会舆论的风向标。它能及时有效地向官方决策者反映社会所需和公众所求，为公共政策的制定提供客观依据，从而使政府出台的政策更符合公共实际需要。

③传媒是社会舆论的导向舵。它传达着一定的思想和情感，能在很大程度上引导公众的价值取向，产生一定宣传力量。借此官方决策者得以实现有效的社会控制，从而有助于政策系统的良性运行。

④传媒是社会信息分配的中枢。一方面，社会公众和各种利益实体需要借助传媒影响公共政策的制定；另一方面，传媒利用自己优先或抢先获得信息的优势，有效影响利益集团和普通公众掌握信息的数量与质量。

（5）思想库

思想库或脑库是现代政策研究组织的别称，是政策主体的独特而重要的构成因素，是由专业人员组成的跨学科、跨领域的综合性政策研究组织。如布鲁金斯学会、兰德公司等著名的思想库，在政府政策制定中发挥着重要作用。社会问题日益复杂、各类信息不断增多、科学技术迅速发展、决策任务明显增加，为思想库的发展提供了时代和社会背景。

【考点 2】政策行动主体的特性及其构成——严强《公共政策学》

育明教育名师解析

政策行动主体的定义和特性是各大院校真题中名词解释、简答题的常考点；而构成部分不设重点，详情可参考严强《公共政策学》40—45 页内容，注意考查冷门名词解释题，重视部分概念的理解背记。

公共政策活动中的行动主体是指参加到整个公共政策过程之中的，对政策的规划、决策、执行和评估起到实际作用的具体组织机构和代表组织机构的个体构成的能动体系。

（1）政策行动主体的特性

①公共政策行动主体具有具体性

为了避免从抽象意义上谈论可能的政策主体，我们特别强调的政策活动中的政策主体必须是现实的、具体的，在具体政策活动中展开有效行动的个体和组织机构。

②公共政策行动主体具有对应性

政策行动主体和政策活动中的客体相对应。

③公共政策行动主体具有代理性

公共政策活动中的行动主体，特别是在政策规划、决策中起作用的具体个体都是受托于一定的组织机构的代理人。

④公共政策行动主体具有能动性

公共政策行动主体的具体性和代理性中已经包含着能动性的因素。

⑤公共政策行动主体具有历史性

社会民主的发育程度、人们普遍接受教育的程度、供人们参与公共论辩的技术水平的高低都是相关因素。

（2）政策行动主体的构成

①个人与群体的关系角度：政策行动个体和行动群体。

②政治体制内外关系角度：政策制度内主体与制度外主体。

③公共政策运行阶段角度：政策制定主体、执行主体与评估主体。

④国家和社会的关系角度：政策的国家公共法权主体、社会政治法权主体和社会非法权主体。

国家公共法权政策主体。它指的是居于法律规定的法权地位、获得法律授权、享有公共权威以制定、执行和评估公共政策的机构与职位。

社会政治法权政策主体。它指的是经过法律认可和保护的，可参与公共政策的制定、执行、评估，但不拥有合法的权力去做出具有强制力的政策决定的社会行为主体。

社会非法权政策主体。社会非法权主体是指那些目的不在于参加公共政策的制定，但在需要的时候能够对政策的运行施加强有力影响的团体。社会非法权主体主要包括两类：一类是处于幕后的、不见诸公众的利益团体，另一类是大众传媒机构。

【考点3】公共政策活动中的具体行动主体——严强《公共政策学》

1. 以个体出面的政策行动主体

（1）政党组织代表

西方政党领袖全面领导本党议会成员的活动，对内政外交政策做出决定，有些国家的政党还设有向领袖负责的督导员一类职位，负责沟通本党在议会和政府中成员的关系，使党的意志能够得以实现。因此，在西方政党政治较为发达的国家中，政党及其领导人对公共政策的影响只是间接的。

在中国，执政的中国共产党的领导人和各级党组织的负责人是政策行动中最重要的因素。中国共产党作为最主要的政策行动主体的地位是由宪法予以确认和保障的。

（2）政府部门官员

在西方，文官制度把政府官员分为两类：一类是随政党上下台而来去的政务官，主要包括内阁成员、政府各部部长或主管人；另一类是不受选举影响，不介入党派之争的事务官即文官。

在中国，广义政府和政府部门负责人是通过政党组织部门考察、人民代表大会表决任命的。在具体的政策制定和执行中，行政部门负责人具有非常重要的作用。

（3）利益团体代表

在西方，利益集团是指那些具有共同目标、共同利益、愿望和要求的个人为影响公共政策进程而结成的集合体。由杜鲁门和达尔等人发展起来的多元理论认为，政府的政策是社会中为数众多的利益集团之间斗争的产物，是政府权衡各种利益集团的利益和要求的结果。

（4）研究机构代表

政策智囊团、思想库是指专门从事政策咨询的机构及其研究人员，已成为西方各国政府决策中的一个重要的政治景观。在欧美多数国家，智囊团、思想库一般指独立于政府和企业之外，从事公共政策研究的非营利性学术机构。而中国国家关系研究所是隶属于政府部门的研究机构。

（5）大众媒介代表

大众媒介是影响整个政策行为始终的因素。从媒介引发问题性舆论、提醒政府关注的政策问题确立环节开始，到媒介对政策实际执行、政策绩效评估与政策终止的环节，大众传媒作为政府完善其政策行为与过程的极为重要的机制而存在，发挥了政策主体的作用。

（6）公众代表

公民参与是健康公众生活的标志。最好的政策是民众最大限度参与的政策。一个合理公共政策的制定，应努力形成只有受益者没有受损者的“帕累托改进”，而不应以社会某群体或阶层利益的严重损坏为代价。在操作上，这就要求公共政策的制定过程中，公众有着充分的知情权和参与权。

2. 以组织机构出面的政策行动主体

（1）政府组织机构

在我国，中央人民政府不仅是最高国家权力机关的执行机关，而且是最高国家行政机关，享有广泛的行政权力。地方各级人民政府是地方各级权力机关的执行机关，它们有权根据国家的基本法和基本国策，制定具体的政策法规，并享有一定的行政裁量权。

衡量国家或政府机构实体对具体政策过程影响大小主要依据如下几点。

①政府自治程度。它是指政府在制定和执行政策时能够摆脱社会和利益集团压力、独立做出决断的程度。影响政府机构自治程度的因素有两个主要方面：一是国家结构形式，国家是采取单一制结构还是联邦制结构；二是国家权力配置的方式，实行权力分立还是权力集中。

中央政府在制定和实施公共政策过程中自治程度不强的国家被称为政策弱国，如美国。中央政府在政策过程中自治程度高的国家被称为政策强国，如日本、新加坡。

②政府机构的公信力。它指的是政府政策立足于责任和道德，能够获得社会支持和信任的程度。影响政府公信力的主要指标是：政府严格信守诺言的程度、政府严格保持清廉的程度、政府严格承担责任的程度。

③政府机构的执行力。它是指政府贯彻政策的坚定性和效率程度。它主要由下列指标来评估：政府政策执行的通畅度、政府政策执行的效率性、政府政策执行的满意度。

（2）社会组织机构

在中国，当前能对公共政策过程产生较大影响的社会组织主要有三大类。

①正在发展壮大的大量企业组织。

②统称为第三部门组织的行业组织、中介组织。

③处于社会基层的社区、村民委员会等自治组织。

社会组织对政策过程作用的大小与社会组织的两个因素有关：①社会组织内部的组织化程度；②社会组织之间的关系。

（3）国家组织机构

由于全球化、区域化、国际化和市场化趋势的不断加强，一国内部的公共政策过程日益受到国际社会组织机构的影响。对一国公共政策过程产生影响的国家组织机构主要有三大类：

①作为政府间组织的联合国及其所属的各种专门办事机构、世界贸易组织、世界金融组织。

②许多十分活跃的非政府国际和地区组织。

③大型跨国公司及其子公司。

【考点4】公共政策行动主体面对的矛盾——严强《公共政策学》

在政策行动主体系统中蕴藏着两对主要矛盾：

（1）包括组织机构及其代理人在内的政策行动主体内部所包含的矛盾。它表现为具体的执政党组织和政府部门的政策行动主体与社会的政策行动主体之间的矛盾。这种矛盾集中体现为执政党组织和政府、政府部门的利益追求及价值选择和社会政策行动主体的利益追求和价值选择上的差异、对立和冲突。

（2）与政策相关的组织机构和作为它们的代理人的政策行动主体与既定的社会具体制度、体制和机制之间的矛盾。它发生在政策行动主体和社会既定的制度安排之间，进入政策活动系统的社会制度是多层面的。

7.3 热门院校真题解析

一、名词解释题

1. **政策主体/政策活动主体**（2019 年中国人民大学；2018 年、2014 年湖南农业大学；2018 年、2017 年江苏大学；2017 年、2013 年华中农业大学；2015 年厦门大学；2014 年、2009 年南京大学；2012 年湖南师范大学）

育明教育名师解析

由于各大院校专业课参考书目不同，答案采分点也会相应不同，故而此处设置两个版本的答案，以供考生背记使用。

版本 1——谢明《公共政策概论》

政策主体是直接或间接地参与政策制定过程的个人、团体或组织，其构成因素主要包括立法机构、行政决策机构、行政执行机构、司法机构、利益集团、政治党派、公民个人、大众传媒和思想库等。

政策主体分类多以官方决策者和非官方参与者进行划分。

官方决策者是指那些具有合法权威去制定公共政策的人。官方决策者包括：（1）立法机关；（2）行政决策机关；（3）行政执行机关；（4）法院。

非官方参与者对政策制定过程的影响较为间接，但同样是政策制定过程中不可忽视的主体因素。非官方参与者有：（1）利益集团；（2）政党；（3）公民个人；（4）大众传媒；（5）思想库。（2012 年东北财经大学）

版本 2——严强《公共政策学》

公共政策活动中的行动主体是指参加到整个公共政策过程之中的，对政策的规划、决策、执行和评估起到实际作用的具体组织机构和代表组织机构的个体构成的能动体系。

政策行动主体的特性：（1）公共政策行动主体具有具体性；（2）公共政策行动主体具有对应性；（3）公共政策行动主体具有代理性；（4）公共政策行动主体具有能动性；（5）公共政策行动主体具有历史性。

2. **立法机关**（2018 年北京航空航天大学）

立法机关是官方决策者之一，在西方指国会、议会、代表会议一类的国家权力机构，在我国则是指全国人民代表大会及其常务委员会。

立法机关是政策主体最重要的构成因素之一，其主要职责是立法，履行制定法律和政策的政治任务。在西方，尤其是美国，立法机关通常能够在独立决策的意义上行使立法权；在我国，人民代表大会是权力机关和立法机关，是我国政策制定和立法的主要机关，也是政策执行和监控的制约机构。

3. **利益集团/压力集团**［2020 年、2017 年中国地质大学（武汉）；2019 年山东大学；2019 年中南大学；2017 年天津商业大学；2016 年首都经济贸易大学；2016 年东北财经大学；2015 年中央党校；2011 年厦门大学］

利益集团是指由于某种共同利益而组织在一起的人的集合体，是西方社会的一种组织形式。各利益集团之间具有不同的利益要求，在利益集团相互之间、利益集团与直接决策者之间形成了一种政治互动的局面。

压力集团是指通过经济等手段对政府施加压力，从而影响政府公共政策的利益集团。活动方式主要是控制院外活动集团、选举人团和舆论宣传机构。压力集团获得成功的条件是：其成员或领导人来自上层社会；集团的利益与占有较多的社会价值的人的利益一致；决策者认为集团合法。

4. **思想库/脑库/智库**（2018 年、2015 年浙江财经大学；2018 年河北大学；2015 年对外经济贸易大学；2015 年、2012 年杭州师范大学；2015 年、2014 年西北师范大学；2012 年、2009 年中国人民大学）

思想库或脑库是现代政策研究组织的别称，是政策主体的独特而重要的构成因素，是由专业人员组成的跨学科、跨领域的综合性政策研究组织。如布鲁金斯学会、兰德公司等著名的思想库，在政府政策制定中发挥着重要作用。社会问题日益复杂、各类信息不断增多、科学技术迅速发展、决策任务明显增加，为思想库的发展提供了时代和社会背景。

思想库是现代政策制定的关键一环，它多以公共政策为研究对象，以影响政策选择为目标，现实性是其重要特点。思想库的作用如下：（1）生产思想；（2）教育公众；（3）汇集人才。

另外，思想库的类型如下：（1）官方思想库；（2）半官方思想库；（3）民间思想库；（4）国际思想库。

5. **国家公共法权政策主体**（2015 年湖南师范大学）

国家公共法权政策主体是指居于法律规定的法权地位、获得法律授权、享有公共权威以制定、执行和评估公共政策的机构与职位。在中国，立法机构、行政机构、司法机构及其代表或负责人都是公共法权主体。由于中国宪法规定中国共产党在国家政治经济生活中处于领导地位，因此，中国共产党是正式的国家公共法权主体。同样，一些立法、行政、司法机关，包括中国共产党机关中的高级助手与秘书，在实际政策过程中都被视为是正式的国家公共法权主体。上述这些主体都属于体制内的政策行为主体。

6. 社会政治法权政策主体（2013 年辽宁大学）

社会政治法权政策主体是指经过法律认可和保护的，可参与公共政策的制定、执行、评估，但不拥有合法的权力去做出具有强制力的政策决定的社会行为主体。在政策过程中，这类主体的作用通常是巨大的，有时甚至处于主导地位，但由于不拥有合法的权力去做出带有强制性的政策决定，因此不能成为国家公共法权主体。这类政策主体往往通过合法的程序，获得社会法人资格，并由此得到法律的保护。社会政治法权主体主要有三类：一类是在野党、参政党，一类是见诸公众的利益集团，还有一类是作为个体的公民。

二、简答题→论述题

1. 公共政策的主体/安德森对政策主体的划分/比较分析官方决策者与非官方参与者的关系（2020 年中国人民大学；2017 年华东师范大学；2014 年大连理工大学；2014 年内蒙古大学；2013 年苏州大学；2013 年华北电力大学；2011 年华侨大学）

政策主体是直接或间接地参与政策制定过程的个人、团体或组织，其构成因素主要包括立法机构、行政决策机构、行政执行机构、司法机构、利益集团、政治党派、公民个人、大众传媒和思想库等。

政策主体分类多以官方决策者和非官方参与者进行划分。

（1）官方决策者

官方决策者是指那些具有合法权威去制定公共政策的人。官方决策者包括：

①立法机关

立法机关是政策主体最重要的构成因素之一，其主要职责是立法，履行制定法律和政策的政治任务。

②行政决策机关

一些西方国家虽推行三权分立，但随着行政权力的不断扩张，行政机关在政策制定过程中的地位和作用越来越突出，“行政国家”已司空见惯。

③行政执行机关

政策制定与执行不可分割，行政执行部门对政策制定有很大影响。许多政策事务带有复杂性和技术性特征，因而需要对其连续控制，立法人员缺乏必要时间和充足信息，规制权被授予了行政执行机关。

④法院

所谓司法审查权是指法院有权审查立法和行政机关的活动是否违宪，如发现与宪法相冲突的情况，有权决定这些活动无效，政策制定深受其制约。

（2）非官方参与者（2015年西北师范大学）

非官方参与者对政策制定过程的影响较为间接，但同样是政策制定过程中不可忽视的主体因素。非官方参与者有：

①利益集团

利益集团是由具有相同价值需求和利益倾向的个人所组成的团体或团体间的联盟。利益集团代表成员的利益，履行利益表达的功能。

②政党

政党作为利益集团的一种特殊类型，常以政治联盟的形式出现，关注的政策范围比一般的利益集团更广，对政策制定的影响比一般利益集团更大。政治统治通过政党政治途径加以实现，政党常履行“利益聚合”的功能，即政党努力将不同利益集团的特定需求转变为一般性可供选择的政策方案。

③公民个人

最健康的制度公共决策过程建立在最广泛的参与之上，最终要求把决策建立在民主的框架之中，建立在一人一票的游戏规则之上。

④大众传媒

现代大众传媒主要是指广播、电视、报刊、书籍、电子信息网等人们借以表达思想和意愿、传播各种信息的舆论工具。它是现代社会最强有力、最直接、最方便的沟通手段，对政策制定过程有着非常重要的影响，被视为政策主体的一个重要组成部分，有“第四种权力”之称。

⑤思想库

思想库或脑库是现代政策研究组织的别称，是政策主体的独特而重要的构成因素，是由专业人员组成的跨学科、跨领域的综合性政策研究组织。

2. **政策行动主体的主要构成**（2017年华东师范大学；2016年湖南师范大学；2013年暨南大学）

公共政策活动中的行动主体是指参加到整个公共政策过程之中的，对政策的规划、决策、执行和评估起到实际作用的具体组织机构和代表组织机构的个体构成的能动体系。

政策行动主体的主要构成：

（1）以个体出面的政策行动主体（2014年湖南师范大学）

①政党组织代表

西方政党领袖全面领导本党议会成员的活动，对内政外交政策做出决定，有些国家的政党还设有向领袖负责的督导员一类职位，负责沟通本党在议会和政府中成员的关系，使党的意志能够得以实现。因此，在西方政党政治较为发达的国家中，政党及其领导人对公共政策的影响只是间接的。

在中国，执政的中国共产党的领导人和各级党组织的负责人是政策行动中最重要的因素。中国共产党作为最主要的政策行动主体的地位是由宪法予以确认和保障的。

②政府部门官员

在西方，文官制度把政府官员分为两类：一类是随政党上下台而来去的政务官，主要包括内阁成员、政府各部部长或主管人；另一类是不受选举影响，不介入党派之争的事务官即文官。

在中国，广义政府和政府部门负责人是通过政党组织部门考察、人民代表大会表决任命的。在具体的政策制定和执行中，行政部门负责人具有非常重要的作用。

③利益团体代表

在西方，利益集团是指那些具有共同目标、共同利益、愿望和要求的个人为影响公共政策进程而结成的集合体。由杜鲁门和达尔等人发展起来的多元理论认为，政府的政策是社会中为数众多的利益集团之间斗争的产物，是政府权衡各种利益集团的利益和要求的结果。

④研究机构代表

政策智囊团、思想库是指专门从事政策咨询的机构及其研究人员，已成为西方各国政府决策中的一个重要的政治景观。在欧美多数国家，智囊团、思想库一般指独立于政府和企业之外、从事公共政策研究的非盈利性学术机构。而中国国家关系研究所隶属于政府部门的研究机构。

⑤大众媒介代表

大众媒介是影响整个政策行为始终的因素。从媒介引发问题性舆论、提醒政府关注的政策问题确立环节开始，到媒介对政策实际执行、政策绩效评估与政策终止的环节，大众传媒作为政府完善其政策行为与过程的极为重要的机制而存在，发挥了政策主体的作用。

⑥公众代表

公民参与是健康公众生活的标志。最好的政策是民众最大限度参与的政策。

一个合理公共政策的制定，应努力形成只有受益者没有受损者的“帕累托改进”，而不应以社会某群体或阶层利益的严重损坏为代价。在操作上，这就要求公共政策的制定过程中，公众有着充分的知情权和参与权。

（2）以组织机构出面的政策行动主体（2017年湖南师范大学）

①政府组织机构

在我国，中央人民政府不仅是最高国家权力机关的执行机关，而且是最高国家行政机关，享有广泛的行政权力。地方各级人民政府是地方各级权力机关的执行机关，它们有权根据国家的基本法和基本国策，制定具体的政策法规，并享有一定的行政裁量权。

衡量国家或政府机构实体对具体政策过程影响有如下指标。

第一，政府自治程度。它是指政府在制定和执行政策时能够摆脱社会和利益集团压力、独立做出决断的程度。影响政府机构自治程度的因素有两个主要方面：一是国家结构形式，国家是采取单一制结构还是联邦制结构；二是国家权力配置的方式，实行权力分立还是权力集中。

第二，政府机构的公信力。它指的是政府政策立足于责任和道德，能够获得社会支持和信任的程度。影响政府公信力的主要指标是：政府严格信守诺言的程度、政府严格保持清廉的程度、政府严格承担责任的程度。

第三，政府机构的执行力。它是指政府贯彻政策的坚定性和效率程度。它主要由下列指标来评估：政府政策执行的通畅度、政府政策执行的效率性、政府政策执行的满意度。

②社会组织机构

在中国，当前能对公共政策过程产生较大影响的社会组织主要是三大类：正在发展壮大的大量企业组织；统称为第三部门组织的行业组织、中介组织；处于社会基层的社区、村民委员会等自治组织。

③国家组织机构

由于全球化、区域化、国际化和市场化趋势的不断加强，一国内部的公共政策过程日益受到国际社会组织机构的影响。

3. **公民参与政策的途径**（2014年、2007年中国人民大学；2011年南开大学；2010年湖南师范大学）

在现代社会，公民作为非官方参与者之一，公民参与政策过程的主要途径包括：

①以主权者身份，通过直接投票的方式决定某些重大的政策问题，直接行使

个人权力。

②通过代议形式，推选代表参与政策制定，间接行使个人权力。

③使用威胁手段，如参加请愿、示威、罢工等活动，反对某项政策的出台，迫使政府修改或废止这一政策。

④通过参加政治党派和利益集团，借助团体的力量影响公共政策的制定。

⑤通过制造社会舆论或进行多方游说等手段，提出政策诉求，影响政策导向。

⑥以个人的知识活动为政策制定提供实证依据或理论指导。

4. 大众传媒在公共政策过程中的作用（2018年湖南农业大学；2016年中央党校；2016年杭州师范大学；2014年南开大学）

现代大众传媒主要是指广播、电视、报刊、书籍、电子信息网等人们借以表达思想和意愿、传播各种信息的舆论工具。它是现代社会最强有力、最直接、最方便的沟通手段，对政策制定过程有着非常重要的影响，被视为政策主体的一个重要组成部分，有“第四种权力”之称。

大众传媒具有覆盖率高、信息量大、影响面广、冲击力强等特点，其主要作用是传播信息、制造舆论、沟通思想、传播知识。

大众传媒之所以成为现代社会中政策主体的一个重要因素，有以下几方面原因。

（1）传媒是传播政府政策意图的有效工具。现代公共决策需要社会公众的广泛参与，因而需要政府把其政策意图及时、迅速、广泛、有效地告知公众，得到必要的反馈。

（2）传媒是社会舆论的风向标。它能及时有效地向官方决策者反映社会所需和公众所求，为公共政策的制定提供客观依据，从而使政府出台的政策更符合公共实际需要。

（3）传媒是社会舆论的导向舵。它传达着一定的思想和情感，能在很大程度上引导公众的价值取向，产生一定宣传力量。借此官方决策者得以实现有效的社会控制，从而有助于政策系统的良性运行。

（4）传媒是社会信息分配的中枢。一方面，社会公众和各种利益实体需要借助传媒影响公共政策的制定；另一方面，传媒利用自己优先或抢先获得信息的优势，有效影响利益集团和普通公众掌握信息的数量与质量。

5. 思想库的作用/思想库对于政策制定过程的影响（2018 年华中农业大学；2017 年浙江财经大学；2016 年南开大学；2016 年湖南农业大学；2011 年北京航空航天大学）→**论述：如何建设中国特色社会主义智库？**（2016 年湖南农业大学）

思想库或脑库是现代政策研究组织的别称，是政策主体的独特而重要的构成因素，是由专业人员组成的跨学科、跨领域的综合性政策研究组织。社会问题日益复杂、各类信息不断增多、科学技术迅速发展、决策任务明显增加，为思想库的发展提供了时代和社会背景。

思想库的作用：

（1）生产思想

通过研究和分析形成新的政策主张，并且力图使这些主张获得公众的支持和决策者的青睐。

（2）教育公众

教育公众的功能既是针对普通百姓的，也是面向决策者和社会精英的。

（3）汇集人才

汇集人才的功能包括三个层面：

①培养未来的研究人员和决策者。

②网罗社会各个阶层的精英，充当权势集团的“俱乐部”。

③为前政府官员提供容身之处，为新政府输送官员，充当人才“中转站”。

第8章 政策价值

育明教育名师解析

本章是严强《公共政策学》课本区别于其他教材的主要特色章节。公共政策活动中的价值取向是比政策问题、情境事实和分析技术更为重要的因素。政策活动是以价值选择为主导的，政策价值是由政策项目价值、政策社会价值和政策制定价值三个层次构成的。这就足以凸显本章的重要性，考生要反复背记，扎实掌握。其实，这也给考生答公共政策学科的论述题提供了一个新颖的角度，若真题未明确答题角度且当前答题篇幅差距较大，也可以从政策价值角度入手展开叙述，但记住这只是应急之法，绝非考场“万金油”。

8.1 章节知识框架

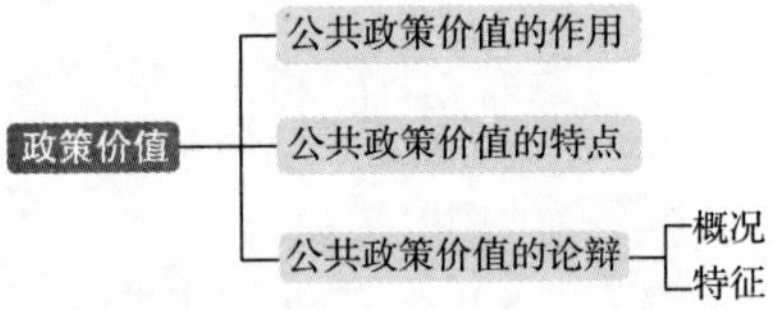

8.2 常考知识点梳理

【考点1】公共政策价值的作用——严强《公共政策学》

在公共政策的全部活动中，所有阶段和环节都是围绕着政策价值取向展开的。

（1）正是依据政策行动主体的主观价值判断才能确定和诊断公共政策问题。（依据）

社会生活中存在的现象、事件和过程，究竟哪些是正常的、合乎秩序的，哪些是不正常的、有问题的，人们必须借助于价值标准来衡量才能得出结论。另外，千万不要犯第三类错误，即政策分析人员找对了行动方案却解决了一个错误的问题。

（2）政策行动主体正是为了维护和实现自己的政策价值才参与政策辩论的。（目的）

（3）政府制定、实施政策是为实现整个社会和制度的价值。（目的）

（4）政策决策中执政党是以主流意识形态价值来评判政策方案的。

（5）政策的最终效果是以社会价值作为评估标准的。

【考点2】公共政策价值的特点——严强《公共政策学》

公共政策价值的特点：

1. 政策价值的层次性

在实践中，最有效的政策价值划分是以政策发挥效能的范围为标准的。

当政策发挥的效能仅仅局限在问题的情景范围之内，政策价值所覆盖的就是某个或某几个项目，这是政策的项目价值。

当政策发挥的效能扩展到整个社会，政策价值所覆盖的就是整个社会的运行和发展，这是政策的社会价值。

当政策发挥的效能继续扩大，并且深入社会根本制度和主流意识形态之中，政策价值所覆盖的是根本制度和维护这种根本制度的主流意识形态，这是政策的制度价值。

2. 政策价值的多样性

政策价值的多样性有两方面的含义：

（1）政策价值会在不同的社会生活领域体现出来。

（2）即使处在同一层次、同一领域中，人们对制定和实施的公共政策的价值选择仍然可能是不一样的。

3. 政策价值的变迁性

政策价值的变迁性有多种表现方式：

（1）不同层次的政策具有不同的价值定位；

（2）不同政策周期中政策价值的演变；

（3）不同政策周期中政策价值定位和指向的差异与社会发展中制度的创新联系在一起。

【考点3】公共政策价值的论辩——严强《公共政策学》

所谓政策价值论辩，是在公共政策过程中，多种政策行动主体依据一定的程序和规则，围绕具体的公共政策的价值取向展开相互辩驳的复杂过程。政策的价值论辩和整体公共政策论辩是有区别的。政策价值论辩只是整体政策论辩中的一个组成部分，但是起着主导作用的部分。

政策价值的论辩和辩论是有区别的。政策价值的论辩重点在“论”而不是“辩”。“论”是论述、阐述，就是政策代理人将自己对解决已经进入政策议程的社会公共问题即政策问题的价值选择加以表达、阐释。

与政策价值论辩密切相关的因素是社会的主流话语。话语是指由某个或某一组语言和文字所表达的、某一特定时期中社会治理和社会运行中起着主导作用的意识形态和思想观念。因此，某一时期社会中的主流话语会对人们的政策价值选择起指引和控制作用。当政策行动主体在政策价值论辩中选择的是与社会主流话语相一致的政策价值时，能得到多数人的理解，从而容易达成共识。

【考点4】公共政策价值论辩的特征——严强《公共政策学》

政策价值论辩的基本特征：

1. 论辩的公共性

政策价值论辩涉及的是公共事务的管理与公共政策问题处理和解决中的价值取向，论题的公共性使得其论辩必然具有公共性。

2. 话语的对抗性

政策价值论辩是观点不同的双方或各方，围绕着一个公共论题即具体政策应当确立的价值取向而展开的相互辩驳，这一相互辩驳的过程其实就是论辩主题彼此之间相互对话、交流或商谈的过程。

3. 逻辑的论证性

从逻辑角度看，论证一般有两方面的含义：证明及反驳。论辩主体在言语对话过程中，不仅要证明自己，而且要反驳对方。

4. 有力的说服性

说服是说服主体让说服对象同意主体自身价值选择，放弃对象自身价值的过程。说服是政策论辩的目标所在。

5. 持续的过程性

政策价值论辩是一个时间持续的过程。由于论辩各方有可能很难在政策价值取向上达成一致性看法，所以关于某项政策的论辩可能会持续很长时间。

6. 具体的场域性

任何政策论辩都在一定的场所中展开，都需要搭建合适的平台，构建合适的场域。

8.3 热门院校真题解析

一、名词解释题

1. **政策价值**（2019年中国社会科学院）

政策价值是一个十分复杂的体系。它具有层次性、多样性、变迁性的特点。以政策发挥效能的范围为标准的，可以将政策价值分为政策的项目价值、政策的社会价值和政策的制度价值。政策价值会在不同的社会生活领域体现出来，即使处在同一层次、同一领域中，人们对制定和实施的公共政策的价值选择仍然可能是不一样的。

2. **政策价值取向**（2014年湖南师范大学）

在公共政策的全部活动中，所有阶段和环节都是围绕着政策价值取向展开的，价值是问题能否解决的主要检验标准，主要涉及因为什么、为了谁、应优先考虑什么等问题。

3. **政策问题取向**（2013年湖南师范大学）

政策问题取向是指从公共政策的产生及其功能的角度来思考，认为在政策活动中解决社会公共问题是首要目的，政策问题处于整个政策活动的主导地位。人类研究和实施公共政策，就是为了实施集体行动来解决社会中存在的阻碍着社会运行和发展的公共问题。离开了对社会公共问题的认识和解决，人类没有必要去开展公共政策活动。

4. **政策价值论辩**（2016年湖南师范大学）

政策价值论辩，就是在公共政策过程中，多种政策行动主体依据一定的程序和规则，围绕具体的公共政策的价值取向展开相互辩驳的复杂过程。政策的价值论辩和整体公共政策论辩是有区别的。政策价值论辩只是整体政策论辩中一个组成部分，但是起着主导作用的部分。广义的、整体意义上的公共政策论辩可以发生在公共政策过程的各个阶段或环节上，围绕着公共政策的各个方面、各种要素都存在着激烈的相互辩驳。既可以在公共政策问题论证阶段中存在，也可以在公共政策方案制定过程中存在，更有可能在方案执行阶段及政策评估阶段中存在。

二、简答题→论述题

1. **公共政策价值的作用及特点**（2018年、2014年江苏大学）

政策价值是一个十分复杂的体系。它具有层次性、多样性、变迁性的特点。

以政策发挥效能的范围为标准的，可以将政策价值分为政策的项目价值、政策的社会价值和政策的制度价值。政策价值会在不同的社会生活领域体现出来，即使是处在同一层次、同一领域中，人们对制定和实施的公共政策的价值选择仍然可能是不一样的。

（1）公共政策价值的作用

在公共政策的全部活动中，所有阶段和环节都是围绕着政策价值取向展开的。

①正是依据政策行动主体的主观价值判断才能确定和诊断公共政策问题。

社会生活中存在的现象、事件和过程，究竟哪些是正常的、合乎秩序的，哪些是不正常的、有问题的，人们必须借助于价值标准来衡量才能得出结论。另外，千万不要犯第三类错误，即政策分析人员找对了行动方案却解决了一个错误的问题。

②政策行动主体正是为了维护和实现自己的政策价值才参与政策辩论的。

③政府制定、实施政策是为实现整个社会和制度的价值。

④政策决策中执政党是以主流意识形态价值来评判政策方案的。

⑤政策的最终效果是以社会价值作为评估标准的。

（2）公共政策价值的特点

①政策价值的层次性

在实践中，最有效的政策价值划分是以政策发挥效能的范围为标准的。

当政策发挥的效能仅仅局限在问题的情景范围之内，政策价值所覆盖的就是某个或某几个项目，这是政策的项目价值。

当政策发挥的效能扩展到整个社会，政策价值所覆盖的就是整个社会的运行和发展，这是政策的社会价值。

当政策发挥的效能继续扩大，并且深入社会根本制度和主流意识形态之中，政策价值所覆盖的是根本制度和维护这种根本制度的主流意识形态，这是政策的制度价值。

②政策价值的多样性

政策价值的多样性有两方面的含义：

A. 政策价值会在不同的社会生活领域体现出来。

B. 即使处在同一层次、同一领域中，人们对制定和实施的公共政策的价值选择仍然可能是不一样的。

③政策价值的变迁性

政策价值的变迁性有多种表现方式：

A. 不同层次的政策具有不同的价值定位；

B. 不同政策周期中政策价值的演变；

C. 不同政策周期中政策价值定位和指向的差异与社会发展中制度的创新联系在一起。

2. **价值取向在政策活动中的作用**（2015 年湖南师范大学）

正是依据政策行动主体的主观价值判断才能确定和诊断公共政策问题。社会生活中存在的现象、事件和过程，究竟哪些是正常的、合乎秩序的，哪些是不正常的、有问题的，人们必须借助于价值标准来衡量才能得出结论。

政策行动主体正是为了维护和实现自己的政策价值才参与政策辩论的。公共政策活动的最重要的属性是其民主性和科学性。只有具备民主性和科学性的政策活动才能收到成效。

政府制定、实施政策是为实现整个社会和制度的价值。公共政策是政府在社会治理中运用集体行动来解决社会公共问题的手段。

政策决策中执政党是以主流意识形态价值来评判政策方案的。在中国特色社会主义建设与发展中，执政的中国共产党是整个社会活动从而也是社会政策活动的领导力量。在具体的公共政策活动中，执政党组织及其政策代理人总是以主流意识形态和社会根本制度为价值标准来评判解决社会问题的政策方案的。

政策的最终效果是以社会价值作为评估标准的。政策价值的作用还体现在任何政策的制定和贯彻，其成功与否的最终评判标准依然是社会认可的价值体系。政策的规划、执行，都必须经过严格的民主程序和充分的科学论证。

3. **比较政策价值论辩和辩论的关系**（2021 年南京大学）

所谓政策价值论辩，是在公共政策过程中，多种政策行动主体依据一定的程序和规则，围绕具体的公共政策的价值取向展开相互辩驳的复杂过程。政策的价值论辩和整体公共政策论辩是有区别的。政策价值论辩只是整体政策论辩中的一个组成部分，但是起着主导作用的部分。

政策价值的论辩和辩论是有区别的。政策价值的论辩重点在“论”而不是“辩”。“论”是论述、阐述，就是政策代理人将自己对解决已经进入政策议程的社会公共问题即政策问题的价值选择加以表达、阐释。

与政策价值论辩密切相关的因素是社会的主流话语。话语是指由某个或某一组语言和文字所表达的、某一特定时期中社会治理和社会运行中起着主导作用的意识形态和思想观念。因此，某一时期社会中的主流话语会对人们的政策价值选择起指引和控制作用。当政策行动主体在政策价值论辩中选择的是与社会主流话语相一致的政策价值时，能得到多数人的理解，从而容易达成共识。

4. 政策价值论辩的特点（2010年暨南大学）

所谓政策价值论辩，是在公共政策过程中，多种政策行动主体依据一定的程序和规则，围绕具体的公共政策的价值取向展开相互辩驳的复杂过程。政策的价值论辩和整体公共政策论辩是有区别的。政策价值论辩只是整体政策论辩中的一个组成部分，但是起着主导作用的部分。

政策价值论辩的基本特征：

（1）论辩的公共性

政策价值论辩涉及的是公共事务的管理与公共政策问题处理和解决中的价值取向，论题的公共性使得其论辩必然具有公共性。

（2）话语的对抗性

政策价值论辩是观点不同的双方或各方，围绕着一个公共论题即具体政策应当确立的价值取向而展开的相互辩驳，这一相互辩驳的过程其实就是论辩主题彼此之间相互对话、交流或商谈的过程。

（3）逻辑的论证性

从逻辑角度看，论证一般有两方面的含义：证明及反驳。论辩主体在言语对话过程中，不仅要证明自己，而且要反驳对方。

（4）有力的说服性

说服是说服主体让说服对象同意主体自身价值选择，放弃对象自身价值的过程。说服是政策论辩的目标所在。

（5）持续的过程性

政策价值论辩是一个时间持续的过程。由于论辩各方有可能很难在政策价值取向上达成一致性看法，所以关于某项政策的论辩可能会持续很长时间。

（6）具体的场域性

任何政策论辩都在一定的场所中展开，都需要搭建合适的平台，构建合适的场域。

第9章　政策工具

育明教育名师解析

本章之所以是政策系统中的重点章节，是因为张成福、党秀云、严强、陈振明、谢明等专家学者都在各自的教材中有所体现，并各形成了一套框架清晰的研究思路。本章之所以这样排版，是为了给考生展现多样化、丰富化的知识点集合，注意对比学习。而且本章知识点分点明确，解释型语言充分，极易设置考题。这就要求考生在备考时重点背记，理解框架基础上重复多遍记忆。

9.1　章节知识框架

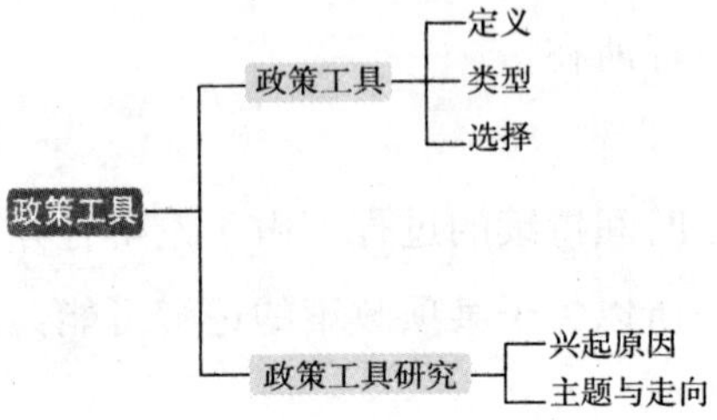

9.2 常考知识点梳理

【考点1】政策工具的定义

育明教育名师解析

本知识点是各大院校真题名词解释考查的重点，各院校的主要参考书目对其定义如下内容，可区别背记。若没有规定参考书目，则要结合不同教材的内容进行综合提炼。

政策工具，又称治理工具或政府工具，是指政府将其实质目标转化为具体行动的路途和机制，治理工具乃是政府治理的核心，没有治理工具，便无法实现政府的目标。

——张成福、党秀云《公共管理学》

政策工具是指人们为解决某一社会问题或达成一定的政策目标而采用的具体手段和方式。

(1) 政策工具存在的理由是为了实现政策目标，是作为目标和结果之间的桥梁而存在的；

(2) 政策工具仅仅是手段，而不是目的本身；

(3) 政策工具的主体不仅仅是政府，其他主体也可以拥有自己的政策工具。

——陈振明《公共政策分析》

政策工具是执政党和政府部门选择并确定的，运用来实施政策方案，解决社会公共问题，达到政策预期目的和目标的途径和手段。

首先，执政党组织和政府部门是政策工具的选择者和运用者；

其次，执政党和政府选择和运用政策工具是为了完善公共政策的规划、决策；

最后，执政党和政府选择和运用政策工具是为了实现政策目的和目标。

——严强《公共政策学》

政策工具是指被设定为旨在实现一定政策目标的各种措施、策略、方法、技术、机制、行动、作为以及配置的人力、资金、设备、资源等手段。这里的“被设定”，既包括在政策制定阶段决策者针对政策目标配置的政策手段，也包括在政策执行阶段执行者采取的超出政策方案的政策手段；它的基本含义是政策的制定者和执行者在主观上认定这些工具要起作用，而这些工具所起到的实际作用未必与主观认定相一致。

——宁骚《公共政策学》

【考点2】政策工具的类型/政府治理工具的类型（公共物品和服务的提供方式）

育明教育名师解析

张成福、党秀云《公共管理学》中有关政策工具的知识点内容不多，因此在答题时注意定义与类型的紧密结合。

1. 政府治理工具的类型

（1）政府部门直接提供财货与服务

由政府部门承担政策规划即执行责任，费用由政府税收支付或使用者付费。如政府提供军队、警察等。

（2）政府部门委托其他部门提供

政府部门负责提供财货与服务，但由政府机关间彼此签约并将其付诸执行。

（3）签约外包

政府雇用私部门（私人公司或非营利组织）提供公共服务，费用由政府编列预算支出。如政府委托私人公司代理清运垃圾。

（4）经营特许权

由政府核准私部门提供服务，但政府保留价格之核准权，费用由使用者付费。如高速公路出口的路线经营权。

（5）补助或补贴

政府通过免税、低息贷款、直接补助等诱因来提供公共服务，费用包括政府对失业者的补助和使用者付费。如政府的出口退税政策、为支持高新技术发展而采取的免税政策。

（6）抵用券

政府赋予符合资格的人民自由选择去消费某种货品的权利，由政府付费。如社会救济和医疗服务的提供。

（7）市场运作

政府对市场运作不加干预，完全由市场之供需自行调节，由消费者自行决定消费对象，政府仅维持市场秩序。

（8）志愿服务

由非营利组织义工提供服务，如慈善救助、志愿认领道路等。

（9）自我协助

由于政府提供的公共服务不符合或不满足民众的需求，人们自行寻求解决问题的方式，如社区内的守望相助。

（10）政府贩售

消费者向政府购买特定服务，民众成为需求者，政府成为提供者。

治理工具不同，政府的介入程度不同。

——张成福、党秀云《公共管理学》

2. 政策工具的分类

（1）市场化工具

市场化工具是指政府利用市场这一资源有效配置的机制，来达到提供公共物品和服务的目的的具体方式，民营化、用者付费、管制与放松管制、合同外包、内部市场等都可以用来帮助政府达成政策目标。

（2）工商管理技术

工商管理技术是指把企业的管理理念和方式借鉴到公共部门中来，汲取有效经验达成政府的政策目标，包括战略管理技术、绩效管理技术、顾客导向技术、目标管理技术、全面质量管理技术、标杆管理技术和企业流程再造技术等。

（3）社会化手段

社会化手段是指政府更多地利用社会资源，在一种互动的基础上来实现政策目标，如社区治理、个人与家庭、志愿者组织、公私伙伴关系等。

——陈振明《公共政策分析》

3. 政策工具的类型

（1）自愿性工具

自愿性工具是指在很少或几乎没有政府干预的情况下，以自愿为基础完成预定任务、实现政策目标的手段，主要包括：

①家庭与社区

A. 优点。通常不耗费政府的资金；与其他工具相比，家庭和社区更适用于一些服务领域；家庭与社区作为一种工具在大多数社会中易获得广泛的政治支持。

B. 缺点。通常无力解决复杂的经济问题；产生公平方面的问题，服务的需求者难以获取同等的资源、享受同等的服务。

②志愿者组织

志愿者组织的志愿活动是指不受国家强制力的约束，不以追求利润为目标的活动。

A. 优点。由志愿者组织提供的服务成本低；具有较高的灵活性和回应性；是社会公平机制有益的和必要的补充；能够促进社会团结，提高政治参与水平。

B. 缺点。志愿者组织不适用于解决复杂的经济与社会问题，其应用范围有限；在实践中，志愿组织可能蜕变为官僚组织。

③市场

A. 优点。通过消费者和生产商之间自愿的相互作用往往会产生令双方都满意的结果；市场在提供大部分私人物品上是更富有效率的手段和资源配置工具。

B. 缺点。市场是一个高度不公平的政策工具，仅仅满足那些有支付能力的人们的需求。

（2）强制性工具

强制性工具，又称指导性工具，是指借助政府的权威和强制力，对目标群体的行动进行控制和指导的实现政策目标的手段，具体形式有：

①管制

管制是指政府通过一系列行政管理过程对个人和机构的行为做出要求和规定的活动。对于这些规定，目标群体必须遵守和服从，反之将受到惩罚。从性质来看，管制可分为经济管制和社会管制两种类型。

A. 优点。建立管制所需要的信息相对较少；管制较容易实施；管制的不确定性较低；相对于其他工具来说，管制更适用于危机管理；管制比其他工具的成本更低；采取管制措施能够表现出政府部门的快速行动，对公众而言具有政治感染力。

B. 缺点。管制经常扭曲自愿性或私人性活动，从而导致经济上的无效率；管制可能会抑制创新和技术进步；管制缺乏灵活性，过于刻板；管制所引起的社会服从成本可能会比较高。

②公共企业

公共企业又称国有企业，它可以被看作管制的一个极端形式。

A. 优点。在因高资本投入或无利可图而私人企业不愿提供社会需要的物品和服务的条件下，公共企业是一项有效率的经济政策工具；在许多情况下，建立公共企业所要求的信息比利用自愿性工具或管制时所要求的信息少；公共企业的利润能积累公共资金以用于公共支出。

B. 缺点。政府难以有效地控制公共企业；公共企业缺乏有效的约束；在特定领域，许多公共企业处于垄断地位，运行无效率，并将成本负担转嫁到消费者身上。

③直接提供

由公共财政拨款并由政府及其雇员直接提供物品和服务，是一个基本的、最为常见的政策工具，大部分政府职能通过此政策工具来完成。

A. 优点。所需信息较少因而容易运用；能够获得高度工作绩效所必需的资源、技巧和信息；避免了间接提供所产生的一些问题；允许交易内部化从而降低成本。

B. 缺点。官僚机构直接提供的服务经常刻板僵化；对提供产品及服务的机构和官员的政治控制容易降低公共服务的质量；官僚机构没有足够的成本意识，造成浪费；政府机构之间和政府机构内部的冲突会损害物品和服务的直接提供。

（3）混合性工具

混合性工具是指允许政府对非政府行为主体的决策进行不同程度的干预，但最终仍由私人做出决策选择实现政策目标的手段。该工具结合了自愿性工具和强制性工具的特征，具体形式有：

①信息与规劝

信息传播是一种消极工具，政府向个人和公司提供信息并期待它们的行为发生预期的变化。规劝是政府试图说服人们去做或不做某事，力求改变人们的偏好和行动，而不是仅仅向人们提供信息并期待其行为发生预期变化。

A. 优点。该工具较适用于问题尚没有明确解决办法的时候；改变或放弃工具比较容易；工具容易实施，成本很低；与强调自由和个人责任的民主理念相一致。

B. 缺点。该工具虚弱无力，不具有权威性、强制力。

②补贴

补贴是指政府（或者通过其代理）给个人、公司和组织的各种形式的财政转移，补贴的形式包括拨款、税收减免、凭单、低息贷款等。

A. 优点。易于确立并加以实施，是一种灵活的政策工具；能够鼓励创新；管理和实施成本较低；具有较高的政治可行性。

B. 缺点。补贴需要增加的开支比较困难；收集关于补贴的相关信息的成本较高；这种工具发挥作用往往存在时滞，不适用于危机处理；补贴一旦建立起来，就难于取消。

③产权拍卖

政府通过产权拍卖，在不存在市场的公共物品和服务领域建立市场，其特点有：

A. 优点。该工具只需政府设定物品和服务的总量，规定上限，其余的事情则留给市场机制去解决，比较容易确立；该工具是一种灵活的政策工具，政府可以根据其需要来确定不同的上限，同时，即使在政府政策不变的情况下，目标群体也可以根据实际情况的变化来调整自身行为。

B. 缺点。可能会助长投机行为；那些不能购买产权的人常常因为别无选择而被迫采取不合法的行为；产权拍卖造成新的不公平，容易遭到支付能力不足而又确实需要的人们的强烈反对。

④税收与使用者付费

税收是一种法定的由个人或者公司向政府的强制性支付，使用者付费是税收作为一种政策工具的创新应用形式，是管制和市场两种政策工具的结合体，其特点有：

A. 优点。比较容易确立；是一种灵活的政策工具；可以提供持久的财政激励；使用者付费工具有助于创新；减少了官僚机构的执行任务。

B. 缺点。确定引发预期行为的税率和收费水平需要大量信息；不能满足危机时期快速反应的要求；比较繁杂，可能会提高管理成本。

——陈庆云《公共政策分析》、严强《公共政策学》

育明教育名师解析

宁骚《公共政策学》有关政策工具的类型知识点琐碎，但分类全面，更倾向于观点论战的全面整理，考查切入点不明确，考查难度大，适度理解即可。

【考点3】政策工具的选择

育明教育名师解析

张成福、党秀云《公共管理学》教材中提到的政策工具选择问题，是以要点形式展现出来的，但也是有框架可循的。

（一）政策工具的选择

政府可运用多元的治理工具以实现自己的治理目标。运用何种治理工具，政府干预市场到何程度，完全视问题情势、政府主观偏好、资源拥有程度、目标的正确性与选择性、对市场的依赖程度以及相对成本等综合因素而定。政府对治理工具的偏好正在发生转变，如更加强调公共服务的民营化和市场机制；强调非营利组织提供公共服务；强调放松管制等。

——张成福、党秀云《公共管理学》

（二）政策工具的选择相关知识点

1. 政策执行中工具选择的重要性

（1）政策工具是实现政策目标的基本途径

政策目标要变成现实，必须以各种政策工具作为媒介。所以说，选择有效的政策工具是实现政策目标的基本途径。

（2）政策执行本身就是政策工具选择的过程

政策执行是一个复杂的过程，它包含了一些基本环节或一系列的功能活动，而这些活动的完成必须依靠一些必要的执行手段（即政策工具）。所以，政策执行活动作为一个动态过程，就其本质而言就是一个针对具体情况对各种执行工具不断做出选择的过程。

（3）工具选择是政策成功与否的关键

政策是主体服务于特定目标而采取的一系列活动，在这一系列活动中，政策工具的选择是关键。工具为这些活动提供了路径，路径选择正确与否自然是政策成功与否的关键。

2. 影响政策工具选择的因素

（1）政策目标

政策目标是政策制定者希望通过政策实施所达到的效果。政策目标为政策工具规定了方向，为判断政策工具有效性提供了评判标准。在进行政策工具选择时，关于政策目标要考虑以下几点：

①如果目标是单一的，就要明确目标是什么；

②如果目标是多重的，就要明确目标构成；

③政策工具在执行一段时间后，要考虑政策目标是否已发生转变。

工具主义的研究途径致力于目标理性，认为手段是依据目标做出选择的，并主张目标和手段关系的最优化。事实上，目标只是影响工具选择的一个因素，此外还受其他因素影响。

（2）工具的特性

①每种工具有其自身优缺点。所以选择工具时要将其优缺点都考虑在内，以避免工具的滥用。

②不同工具有不同的适用范围，被用于解决不同的问题，运用于不同的组织环境。

（3）工具应用的背景

①执行组织。某个工具的实施会对执行组织产生正面的或负面的影响，在选择政策工具时，执行组织会考虑这些影响。

②目标团体。目标团体是政策直接作用、影响的对象，因此政策工具的实施对目标团体有直接影响，而不同的政策工具会对目标团体产生不同的影响。

③其他工具。工具并不是孤立地发挥作用的，不同工具间会相互关联，相互影响，甚至相互冲突。

④政策领域的其他因素。除了上述的环境因素外，政策领域的其他因素也会影响工具选择。

（4）以前的工具选择

工具被选择的内涵表现在：

①建构主义把过去也考虑进来，工具在运用一段时间后被内化于组织之中。

②建构主义认为，工具的选择代表一种递增的发展，涉入其中的个体行动者决定和控制它的能力很小。

③行动者在选择政策工具时不仅考虑其效果，而且受传统、路线、特定的思考和行动方式支配。

总的来说，政策工具的选择受到先前工具选择的限制，因此，工具选择依赖于一定路线：

①从纵向看，这种工具已内化为组织的执行路线，可选择的其他政策工具根本不被考虑。

②从横向看，它和其他工具或执行活动交织在一起。

（5）意识形态

意识形态是一个信仰的体系。不同的意识形态倾向于使用不同的政策工具。

——陈振明《公共政策分析》

（三）公共政策工具的选择

1. 政策工具选择的途径

（1）政策工具选择的传统途径

该途径从严格的“目标—手段”的理性角度来看待政策工具的选择。很显然，工具的传统选择途径将研究的焦点仅仅放在政策工具自身而忽略了环境背景。

(2) 政策工具选择的精制途径

工具选择的精制途径首先分析了那些普遍的价值、道德和伦理准则在工具选择中的作用，还重视对政策工具与政策目标的群体关系的研究。

(3) 政策工具选择的制度途径

制度途径主张，如同任何一个实际的人都只能在由现实制度所赋予的制度条件中活动一样，任何一项政策工具的选择也都无一例外地是在特定的制度框架下进行的。

(4) 政策工具选择的公共选择途径

公共选择途径认为，政策工具的选择及其主体都与理性经济人密切相关。在涉及公共利益的政策问题上，政策行动主体也是从"经济人"理性出发，做出对政策工具的个人选择的；政策工具的选择创造了一个政治"市场"，在其中形成了一种"铁三角"，即特殊利益集团、官僚和立法者的联盟。这三种人都遵循"经济人"理性模式，追求自身利益最大化。

(5) 政策工具选择的网络途径

政策网络途径认为，政策工具的选择是政策网络中利益相关者之间互动、反复博弈和平衡的结果。从政策网络途径来看，政策工具的选择植根于一定的环境，其中存在多种因素影响政策工具的选择。

2. 政策工具选择的影响因素

(1) 已确定的政策目标

政策目标是政策制定者希望通过政策实施所达到的效果。政策目标为政策工具规定了方向，为判断政策工具的有效性提供了评判标准。

(2) 政策工具自身的特征

每种政策工具都有自己的优缺点和适用范围。在工具主义看来，工具的属性本身就构造了政策过程，即工具的使用及其效果的好坏是由政策工具的特性预先决定了的。

(3) 政策工具应用的背景

政策工具应用的背景是指影响政策工具选择的环境因素，包括政策子系统、目标群体、其他工具以及政治、社会或经济环境。

(4) 先前的政策工具选择

建构主义认为，工具的意义和合法性被不断地加以建构和再建构。政策工具的选择会形成一种路径依赖，先前的政策工具会阻碍新的工具的选择。

（5）政策过程的非制度因素

非制度因素包括伦理规范、传统观念、风俗习惯、意识形态等，它主要调节人们的社会关系，各自在社会生活的不同范围、不同方面并以不同形式为人们指明其利益实现的方式。

（6）政策过程中的资源配置

政策工具的选择受经济资源和法律资源的限制。

——严强《公共政策学》

（四）如何选择公共政策工具

1. 经济学模型

（1）福利经济学主张运用强制性工具和混合性工具来纠正市场失灵；对国家干预更为宽容，对政策工具选择的分析也更为系统。

（2）新古典经济学认为只有在提供纯粹公共物品时，才能使用强制性工具和混合性工具，以任何其他理由使用强制性工具和混合性工具都将扭曲市场功能；通常运用公共选择理论来分析政策工具的选择问题。

（3）评价

①对政策工具选择的分析都过于依靠演绎推理，而缺乏对在现实中政府究竟如何选择的扎实经验研究。

②对政策工具选择的分析是建立在政府应该做什么的理论假设之上的，而不是建立在政府实际做什么的经验研究之上。

③经济学模型对理论简约性的追求，使其忽视了影响政策工具选择的诸多复杂因素。

2. 政治学模型

政治学模型认为政策工具的选择是多因素综合作用的结果，包括政策工具的特性、需解决的问题的性质、政府在过去处理类似问题的经验、决策者的主观偏好、受影响的社会群体的可能反应等方面，代表性的观点有以下几种：

（1）多恩等人认为政策工具选择的模式是，政府首先选择强制性较低的工具，比如规劝，而后逐步地提高政策工具的强制性，最后采用直接提供工具。

（2）胡德认为政策工具的选择并非是技术性的，而是关乎“信仰和政治”的问题。他认为影响政策工具的选择有四个方面的因素：资源约束、政治压力、法律约束、从以往政策工具选择失败中得到的教训。

（3）林德和彼得斯在前人的研究基础上，认为影响政策工具选择的关键因素有：①政策工具的特性；②该国的政策风格与政治文化，以及社会分化程度；

③有关机构的组织文化以及它们与顾客、其他机构的关系；④政策问题的环境、时间约束以及受影响者的范围。

3. **综合模型**

综合模型是由霍莱特和拉梅什提出，将经济学模型和政治学模型综合起来，以国家能力、政策子系统的复杂程度两个变量为基础形成一个政策工具选择的模型，具体内容如下：

（1）国家能力强，政策子系统高度复杂。当政府面对的社会行动者的类型和数量比较多且彼此间相互冲突时，政府难于分清优劣。如果政府对社会具有较强的管制能力，可以利用市场工具实现自由竞争，通过市场这种“看不见的手”来配置资源。

（2）国家能力强，政策子系统低度复杂。当政府对于社会行为者的管制能力较强，且面对的社会行为者的类型比较单一、数量不多时，决策者可以采用管制、公共企业、直接提供等强制性政策工具。

（3）国家能力弱，政策子系统高度复杂。在这种情形下，政府没有足够的能力进行管理，只能采用自愿性工具，如家庭与社区、志愿者组织，借助社会民间的力量来推行政策。

（4）国家能力弱，政策子系统低度复杂。在这种情形下，决策者可以根据实际情况选用混合性政策工具，比如信息和规劝、补贴、产权拍卖、税收和使用者付费等。

——陈庆云《公共政策分析》

（五）政策工具的选择与配置

1. **政策工具的选择**

（1）政策工具的选择主要发生在政策制定阶段

①政策工具的地位是被设定的，而设定的过程也就是选择的过程。

②对于政策规划者来说，拟制政策方案的基础性工作就是为既定政策目标选择适当的政策工具。

③在政策抉择的过程中，政策方案之间的竞争主要是经过选择而被设定的政策工具，对于实现政策目标的可行性和有效性的竞争。

（2）政策工具选择的意义和标准

政策工具对于政策目标的实现有着至关重要的意义。政策工具选择的根本标准有两种不同的取向。

①效用最大化。政策工具选择必须以政策工具的预期效用是否趋向最大作为

工具取舍的根本标准。

②掌握平衡点。政策规划者和直接决策者要在效用最大化与各种现实因素的影响之间求得和掌握其平衡点。

(3) 政策工具选择的路径和理论模型

①丘昌泰等学者把政策工具的选择路径总结为以下三种。

第一种是经济学路径。经济学者采取的研究方法，在形式逻辑上界于演绎法。

第二种是政治学路径。政治学路径在形式逻辑上属于归纳法。

第三种是综合路径。公共政策学者霍莱特和拉梅什的综合经济学和政治学两种路径，提出以国家能力和政策子系统的复杂程度两个指标来观察和选择政策工具。

②政策工具选择的理论模型。

公共政策学者较多论及两种模型：

第一种是胡德构建的政策工具选择模型。

第二种是霍莱特和拉梅什设定国家能力和政策子系统的复杂程度这两个变量，按照复杂程度的高低与国家能力的高低进行搭配，形成四种排列模型。

2. 影响政策工具选择的重要因素

(1) 政策主体

政策的直接主体，即政府机构或领导者个人的选择行为是受其自身的一系列主观和客观条件制约的，包括以下几点。

①主观偏好。主观偏好使选择者先验地认定某种类型的政策工具是实现政策目标的最适当、最有效的工具。

②政治体制。主要包括：是实行竞争性选举决定权力分配的体制还是不实行竞争性选举的体制；是实行权力分立制衡的体制还是实行民主集中制的体制；政党尤其是执政党的理念和运作方式。

③国家或政府能力。国家能力或政府能力指的是国家或政府影响社会行为者的能力、有效统辖和治理的能力、动员和配置社会资源的能力。

④工具选择的习惯性。在政府已经习惯选择某一类政策工具去解决政策问题时，就不会轻易选择其他类型的政策工具。

(2) 政策问题

选择政策工具的目的在于按照既定的目标解决政策问题。政策工具的适当性和有效性必须视政策问题而定。政策问题对政策工具选择的影响主要体现在：

①政策问题的性质。政策问题的性质限定了政策工具选择的基本范围，政策工具的选择必须把分析和判断问题的性质作为出发点。

②政策问题的严重性和复杂性。政府选择什么样的政策工具要依据政策问题的严重性和复杂性而定。

③政策问题的紧迫性。任何政策问题都有时间约束，在政策工具的选择上必须有不同的思路和安排。

（3）政策目标

政策目标指示了工具选择的目的和方向，规定了工具与目标之间服务与被服务、服从与被服从的关系，为评判政策工具的有效性提供了标准。因此，明确目标是政策工具选择的前提。

（4）目标人群

目标人群某些方面的情况与政策工具的选择存在着相关性。

①目标人群的类型。目标人群可被分为不同的类型，针对不同的类型应选择不同的政策工具。

②目标人群的社会分裂程度。依据目标人群因民族、语言、宗教、地域不同而造成的社会分裂程度选择合适的政策工具。

③目标人群的政策参与程度。

④政策工具的可接受性。目标人群对特定政策工具的可接受性，是衡量政策可行性的一个重要方面。

（5）政策工具的特性

①政策工具的基本属性：

A. 资源耗费。任何工具都必须有成本投入。

B. 服务于政策目标。没有目标的工具，也就不称为工具。

C. 政治风险。任何政策工具都隐含着政治风险。

D. 行动限制。任何政策工具都受到特定的政治、经济、法律、伦理等条件的约束。

②政策工具的具体属性：

A. 操作的复杂性。

B. 公众可见度。

C. 跨目标运用的适应性。

D. 干预的层次。

E. 相关成本。

F. 对市场的依存。

G. 失灵的可能性。

H. 对准目标的精确性。

3. 工具选择应考虑的环境因素

（1）社会经济的发展。

（2）文化、政治制度和法律体系的差异。

（3）利益集团、公民社会和政策社群发达的程度。

4. 政策工具的配置

政策工具的配置是指针对政策目标的实现所进行的政策工具的搭配、组合和功能设定。

（1）进行政策工具的配置，首先要认清有关政策工具独具的属性或特征，以及促使其功能发挥的基本条件。

（2）针对政策目标的实现所进行的政策工具的配置，有四种类型：①以单项工具与单一目标相配置；②以单项工具与多个目标相配置；③以多项工具与单一目标相配置；④以多项工具与多项目标相配置。

（3）政策工具需要在实施中进行调整，即从实际情况出发，重新选择和配置。

——宁骚《公共政策学》

【考点4】政策工具研究的兴起原因——陈振明《公共政策分析》

1. 理论与实践相结合的产物

大学学者与政策工具领域的实践者（实际操作者）保持密切的联系，推动了对政策工具的研究。

2. 政策执行的现实需要

政策工具研究致力于如何把一个简单但却难以回答的社会问题解决好，因此，根据政策目标和途径来进行思考，使政策工具研究为公共管理做出实际贡献。

3. 工具研究途径的倡导者长期以来得到政治和意识形态方面的支持

解决政策失败问题的关键在于建立和发展一门政策工具理论并将其付诸实践。

【考点5】政策工具研究的途径——陈振明《公共政策分析》

1. 工具主义

这种途径又称古典途径。政策工具研究应弄清工具的属性与特点，以便辨别、提炼少数具有普遍适用性的工具，扩大其应用范围。

工具主义认为工具的属性本身就构造了政策过程，即工具使用及其效果的好坏是由政策工具的特性预先决定了的，政策失败是由于所选择的政策工具存在着缺陷，这是一种工具至上主义。

2. **过程主义**

此种途径认为各种工具之间有着重要的差别，没有哪一种或哪一类的工具具有普遍的适用性；恰当的工具并不是抽象计算的产物，而仅仅是一种动态适应过程中的试探性解决办法；工具的恰当与否因具体情况而定。因此，过程主义者所强调的是工具发展的重复性过程，而不是工具的特性。

3. **权变主义**

这种途径又称政策工具的背景研究途径。它所持的是传统的社会计划观点，认为工具选择的根据是：工具的绩效特征是如何满足某种特殊问题背景的需要的。因此，工具的研究既要注意弄清解决问题的特定要求，又要注意选出最适合这种要求的工具。

这种途径与古典途径的区别在于它认为工具的使用过程及其效果不仅由工具的特性决定，而且由工具应用的环境或背景（包括执行组织、目标团体及其他利益相关组织和人员等）所决定。这种途径注意到工具使用过程中环境因素的作用。

4. **建构主义**

这种途径比权变主义前进了一步。它认为，要了解特定工具被采用的脉络背景的特殊性，就必须了解这些工具的主观意义。工具代表一种建构了的实践形式，其意义和合法性被不断地加以建构和再建构。

从第一个途径到第四个途径的演变，使得政策工具的“工具性”特征的重要性被降到如此低的程度。虽然实际情况没有这么严重，但是这种研究途径的变化却在一定程度上反映了政策工具的研究走向及其发展过程中面临的威胁。

【考点6】政策工具研究的主题与走向——陈振明《公共政策分析》

1. **政策工具研究的主题**

（1）政策工具的应用

评价工具的效力是古典研究途径中最重要的问题之一，但在今日，人们逐渐将注意力转移到政策工具的具体应用过程中。

（2）新工具

近年来，政策执行者呼吁采用新工具，对新工具的引进可以看作对社会经济发展的一种回应。

（3）偶发性事件

在政策执行过程中，人们往往会碰到一些非预期状况或突发性事件，这种偶然性因素是不可忽视的。

（4）政策网络

政策工具并非自行生效的，它要发挥作用必须借助组织的努力，而且不仅仅局限于政府组织的执行活动。

（5）工具的动态性

政策工具并非一经选定就永远不变，它必须不断地调整以满足社会经济发展的需要。

（6）工具的优化组合

工具的优化组合可以取长补短，避免单个工具应用的片面性。

2. 政策工具研究的走向

（1）转变。指工具适用的环境及其背景受到更多的关注。从古典途径向建构主义途径的转变，使得政策工具研究从微观层面上升到中观层面，即走向网络研究，并且其研究重点也发生了转移。

（2）扩展。指这个领域内出现了许多新的理论，如网络理论、执行理论和学习理论等。

3. 政策工具研究的成就与不足

（1）成就

①促使政策制定者们开始改变思考方式。

②促进了政策制定者之间以及制定者和分析家之间的相互交流。

③紧跟政策实践的发展，为实际操作提供方法论，成为政策执行实践与理论之间的桥梁。

（2）不足

①研究片面地集中于环境和经济政策领域。

②研究片面地关注于工具的运用，而实际上，工具选择的过程及历史同样有助于解释其功能。

③目前的理论对工具应用的环境的复杂性重视不够。

9.3 热门院校真题解析

一、名词解释题

1. **政策工具/政府工具/治理工具**［2019 年、2017 年、2009 年中国人民大学；2019 年、2012 年杭州师范大学；2018 年中央民族大学；2018 年天津商业大学；2018 年河北大学；2018 年北京大学；2016 年首都经济贸易大学；2015 年中国地质大学（武汉）；2014 年江苏大学；2014 年湖南农业大学；2013 年中央党校；2012 年武汉大学］

育明教育名师解析

答题内容参见 9.2 常考知识点梳理【考点 1】政策工具的定义。若教材定义性语言较少，则适当加入政策工具的类型知识点内容。

2. **工具主义**（2020 年中国社会科学院；2011 年厦门大学）

工具主义途径又称古典途径。政策工具研究应弄清工具的属性与特点，以便辨别、提炼少数具有普遍适用性的工具，扩大其应用范围。

工具主义认为工具的属性本身就构造了政策过程，即工具使用及其效果的好坏是由政策工具的特性预先决定了的，政策失败是由于所选择的政策工具存在着缺陷，这是一种工具至上主义。

3. **自愿性政策工具**（2014 年江苏大学）

自愿性政策工具指通过个人、家庭、社会组织或市场发挥作用，在自愿的基础上解决公共问题的手段、途径与方法。主要特征是，这类解决社会公共问题的手段不受或很少受到政府部门的影响，许多社会公共问题是在自愿的基础上解决的。

家庭、志愿性组织和市场之所以去处理某些本来属于公共服务方面的工作，更多的是出于自身的愿望，通过公共服务来求得道德或情感上的满足。政府有时也有意识地将一些社会公共问题交给社会和市场去自行处理，因为政府相信在某些领域和某些公共问题上，市场、家庭或志愿组织出面可能比政府出面能更有效地解决问题。自愿性政策工具主要包括家庭与社区、自愿性组织与私人市场等具体的工具形式。

4. **强制性政策工具**（2014年、2011年湖南师范大学）

强制性政策工具又称直接政策工具，指借助于国家或政府的权威及强制力，迫使目标群体及个人采取或不采取某种行为，以此来实施公共政策，解决社会公共问题。政府为实现其政策目的和目标，可以通过选择规制、公共企业或政府机构直接提供等手段或方式来履行其功能。政府可以命令某个公民从事特定的活动，可以组建政府控制的企业来履行政府必须承担的职能，或者直接通过政府机构提供物品和服务，来满足社会公众的需要。强制性政策工具体现了政府在处理社会公共问题、提供公共服务时具有较高的强制性，几乎不给政策标的个人、标的团体或标的组织留下自由裁量的余地。

5. **混合性政策工具**（2019年中国海洋大学；2013年暨南大学；2013年杭州师范大学）

混合性政策工具指强制性程度介于自愿性政策工具和强制性政策工具之间的一种政策工具，兼有自愿性工具和强制性工具的特征。混合性工具在允许政府将最终决定权留给私人部门的同时，还可以不同程度地介入非政府部门的决策过程。政府的介入，在最低程度上，可以发布导向信息；在最高程度上，可以对部分行为进行惩罚性课税；而在中间程度上，既可以对需要鼓励的行为采取补贴措施，也可以在一些领域建立价格机制。混合性政策工具有信息与规劝、补贴、产权拍卖、征税与用户收费等多种具体形式。

6. **民营化**（2020年中央民族大学；2019年、2015年中国政法大学；2018年中央党校；2016年首都经济贸易大学；2015年中国农业大学；2014年首都师范大学）

民营化是指由市场或民间部门参与公共服务的生产及输送的过程。即政府部门通过契约外包、业务分担、共同生产或解除管制等方式，将部分职能转由民间部门经营，政府须承担财政筹措、业务监督，以及绩效成败的责任。

民营化的类型有：①撤资，公营事业或资产移转至民间；②委托，政府部门委托私营部门进行部分或全部财货与服务的生产活动，但政府继续承担监督的责任；③替代，当大众认为政府所提供的生产或服务不能满足社会的需求，而民间私营部门则意识到此种需求时，私营部门就可替代政府提供某种生产或服务，以满足社会大众的需求。

优点：降低成本，提高效率，扩大资金，专注政策制定。

缺点：丧失直接控制，易产生公平问题，私人部门不易控制。

7. **用者付费**（2018年中国社会科学院；2016年中央党校）

用者付费是指政府对某种物品、服务或行为确定“价格”，由使用者或行为者支付这种费用，其主要目的是想通过付费把价格机制引入公共服务中来。用者付费经常被用于解决负的外部性，特别是控制污染的领域，也被用于城市交通控制。

优点：（1）克服免费提供公共服务导致的不合理配置和浪费；（2）克服无目的的补贴和资助，避免对社会公平造成损害；（3）价格可起到信号灯作用，从而使市场机制在公共服务领域得以良好利用；（4）增加财政收入。

缺点：收费水平难以确定；资源可能误置；不能作为处理危机工具；管理成本高且繁杂。

8. **管制与放松管制**（2019 年中国社会科学院；2018 年清华大学）

管制是由政府做出的，它们必须为目标团体及个人所遵守、服从，不遵守或不服从将受到惩罚。政府管制遍及社会生活的许多领域，尤其是物品和服务的价格和标准等方面。

放松管制就是在市场机制可以发挥作用的行业完全或部分取消对价格和市场进入的管制，使企业在制定价格和选择产品上有更多的自主权。

育明教育名师解析

与这一考点相关的是政府规制理论，政府规制理论是在公共管理中经常考查的一个知识点。“政府规制”又被称为政府管制、政府调节等，都是来源于英文的“government regulation”，由于 regulation 有规则、规章、法规、管理、控制、调节、调整等多重含义，学者们出于对 regulation 理解的不同，所以也被译为规制、管制、调节等。施蒂格勒指出：规制是国家强制权力的运用，是产业所需并主要为其利益所设计和操作的。

9. **合同外包**（2016 年北京航空航天大学；2015 年西北师范大学）

合同外包指的是政府确定某种公共服务项目的数量和质量标准，对外承包给私营企业或非营利机构，中标的承包商按照与政府签订的合同提供公共服务，政府用财政拨款购买承包商的公共产品和服务。双方的关系是平等的。

优点：是提高服务水平又缩小政府规模的重要途径，是降低成本、节约开支的有效手段。竞争，提高服务水平；可以把常常模糊不清的政府服务成本以承包价格的形式明确化，有助于强化管理。

缺点：可能存在腐败和寻租行为；可能形成对承包商的依赖，罢工、破产时会使公众利益受到损坏。

10. 分权与权力下放（2018年中国社会科学院；2016年清华大学）

实行分权与权力下放的主要目的是要通过公共组织决策和执行的分离来赋予执行者更大的自主权，使被授予权力的下级组织成为独立的单位，能够自己控制自己的预算，自由地与其他组织竞争，而政治家只确立目标并对绩效进行有效控制。

缺点：不能一味追求分权，分权与权力下放是有底线的，超过这个底线，侵权就会变成分裂，分权不当会导致权力分散，造成新的集权，从而造成腐败。侵权还必须考虑到下层组织的承受力。

11. 内部市场（2015年中央党校；2014年中国科学院）

它的最大特点是将提供公共物品和服务的政府部门人为地划分为生产者和购买者两方，这样在政府组织内部就产生了“生产者”和“消费者”两个角色。一个政府可以雇佣或付费给其他政府以要求提供公共服务。内部市场在英国行政改革中得到广泛应用，并成为英国行政改革的一大特点。

三个前提条件：

（1）明确划分生产者和消费者。

（2）内部市场主体在内部签订准合同和商业契约，并在此基础上运作。

（3）建立一定的付费制度和会计制度作为保障。但是，运作起来需要政府形成一种契约意识和平等的竞争环境、高素质的管理人员和完备的信息管理制度。

12. 产权交易（2019年暨南大学）

2019年暨南大学单选题：当代政府治理新工具中，产权交易属于（ A ）。

A. 市场化工具　　B. 社会化手段

C. 工商管理技术　　D. 全面质量管理方法

育明教育名师解析

本选择题为考生们提醒，复习备考时要充分理解后再背诵，对号入座。

产权交易基于这样的假定：市场通常是最有效的配置工具，政府通过产权拍卖，在没有市场的公共物品和服务领域建立起市场。政府通过一定数量的为消费者指定的资源和可转移的产权而建立起市场，这可以创造人为的稀缺，并让价格机制起作用。

产权交易的最大优点是创造了市场，将竞争机制引入公共物品和服务的提供，并且，它是一种具有灵活性的工具。其最大的缺点是鼓励投机行为甚至引起欺诈行为，同时，它也是一种不公平的工具。

二、简答题→论述题

1. 政策工具的类型/政府治理工具的类型（2020 年中国政法大学；2019 年大连理工大学；2018 年华侨大学；2015 年首都师范大学；2013 年中央党校；2013 年、2010 年、2008 年中国人民大学；2012 年南开大学；2012 年对外经济贸易大学；2012 年西南交通大学）

【补充】创新问法　2010 年北京航空航天大学：社会化手段类型的政策工具主要有哪些？

育明教育名师解析

答题内容参见 9.2 常考知识点梳理【考点 2】内容，不同教材对应不同答题语言。

2. 政策执行市场化的主要工具的类型［2017 年中国地质大学（武汉）；2016 年中央民族大学；2013 年安徽大学］

市场化工具是指政府利用市场这一资源有效配置的机制，来达到提供公共物品和服务的目的的具体方式，民营化、用者付费、管制与放松管制、合同外包、内部市场等都可以用来帮助政府达成政策目标。

政策执行市场化的主要工具：

（1）民营化

民营化的实质就是通过市场机制合理配置资源，使资源能够流向使用效率更高的部门。民营化并非为了弥补政府的预算缺口，而是要实现对公共部门资源的再分配。

（2）用者付费

用者付费是指政府对某种物品、服务或行为确定“价格”，由使用者或行为者支付这种费用，其主要目的是想通过付费把价格机制引入公共服务中来。用者付费经常被用于解决负的外部性，特别是控制污染的领域，它也被用于城市交通控制。

（3）管制与放松管制

管制是由政府做出的，它们必须为目标团体及个人所遵守、服从，不遵守或不服从将受到惩罚。政府管制遍及社会生活的许多领域，尤其是物品和服务的价格和标准等方面。

放松管制就是在市场机制可以发挥作用的行业完全或部分取消对价格和市场进入的管制，使企业在制定价格和选择产品上有更多的自主权。

（4）合同外包

合同外包指的是政府确定某种公共服务项目的数量和质量标准，对外承包给私营企业或非营利机构，中标的承包商按照与政府签订的合同提供公共服务，政府用财政拨款购买承包商的公共产品和劳务。双方的关系是平等的。

（5）分权与权力下放

实行分权与权力下放的主要目的是要通过公共组织决策和执行的分离来赋予执行者更大的自主权，使被授予权力的下级组织成为独立的单位，能够自己控制自己的预算，自由地与其他组织进行竞争，而政治家只是确立目标并对绩效进行有效控制。

（6）内部市场

它的最大特点是将提供公共物品和服务的政府部门人为地划分为生产者和购买者两方，这样在政府组织内部就产生了“生产者”和“消费者”两个角色。一个政府可以雇佣或付费给其他政府以要求提供公共服务。内部市场在英国行政改革中得到广泛应用，并成为英国行政改革的一大特点。

（7）产权交易

产权交易基于这样的假定：市场通常是最有效的配置工具，政府通过产权拍卖，在没有市场的公共物品和服务领域建立起市场。政府通过一定数量的为消费者指定的资源和可转移的产权而建立起市场，这可以创造人为的稀缺，并让价格机制起作用。

产权交易的最大优点是创造了市场，将竞争机制引入公共物品和服务的提供，并且，它是一种具有灵活性的工具。其最大的缺点是鼓励投机行为甚至引起欺诈行为，同时，它也是一种不公平的工具。

3. 影响政策工具选择的因素/政策工具评价的标准（2018 年、2012 年、2011 年北京航空航天大学；2018 年华侨大学；2018 年华中农业大学；2016 年中国政法大学；2011 年湖南师范大学）

育明教育名师解析

答题内容参见 9.2 常考知识点梳理【考点 3】，不同院校使用不同教材，分别对应不同的答题内容。

影响政策工具选择的因素有以下几方面：

（1）政策目标

政策目标是政策制定者希望通过政策实施所达到的效果。政策目标为政策工具规定了方向，为判断政策工具有效性提供了评判标准。

工具主义的研究途径致力于目标理性，认为手段是依据目标做出选择的，并主张目标和手段关系的最优化。事实上，目标只是影响工具选择的一个因素，此外还受其他因素影响。

（2）工具的特性

①每种工具有其自身优缺点。所以选择工具时要将其优缺点都考虑在内，以避免工具的滥用。

②不同工具有不同的适用范围，被用于解决不同的问题，运用于不同的组织环境。

（3）工具应用的背景

①执行组织。某个工具的实施会对执行组织产生正面的或负面的影响，在选择政策工具时，执行组织会考虑这些影响。

②目标团体。目标团体是政策直接作用、影响的对象，因此政策工具的实施对目标团体有直接影响，而不同的政策工具会对目标团体产生不同的影响。

③其他工具。工具并不是孤立地发挥作用的，不同工具间会相互关联，相互影响，甚至相互冲突。

④政策领域的其他因素。除了上述的环境因素外，政策领域的其他因素也会影响工具选择。

（4）以前的工具选择

工具被选择的内涵表现在：

①建构主义把过去也考虑进来，工具在运用一段时间后被内化于组织之中。

②建构主义认为，工具的选择代表一种递增的发展，涉入其中的个体行动者决定和控制它的能力很小。

③行动者在选择政策工具时不仅考虑其效果，而且受传统、路线和特定的思考和行动方式支配。

总的来说，政策工具的选择受到先前工具选择的限制，因此，工具选择依赖于一定路线。

①从纵向看，这种工具已内化为组织的执行路线，可选择的其他政策工具根本不被考虑。

②从横向看，它和其他工具或执行活动交织在一起。

（5）意识形态

意识形态是一个信仰的体系。不同的意识形态倾向于使用不同的政策工具。

4. 简析公共政策工具选择的综合模型（2014 年杭州师范大学）

综合模型是由霍莱特和拉梅什提出，将经济学模型和政治学模型综合起来，以国家能力、政策子系统的复杂程度两个变量为基础形成一个政策工具选择的模型，具体内容包括以下几点。

（1）国家能力强，政策子系统高度复杂。当政府面对的社会行动者的类型和数量比较多且彼此间相互冲突时，政府难于分清优劣。如果政府对社会具有较强的管制能力，可以利用市场工具实现自由竞争，通过市场这种“看不见的手”来配置资源。

（2）国家能力强，政策子系统低度复杂。当政府对于社会行为者的管制能力较强，且面对的社会行为者的类型比较单一、数量不多时，决策者可以采用管制、公共企业、直接提供等强制性政策工具。

（3）国家能力弱，政策子系统高度复杂。在这种情形下，政府没有足够的能力进行管理，只能采用自愿性工具，如家庭与社区、志愿者组织，借助社会民间的力量来推行政策。

（4）国家能力弱，政策子系统低度复杂。在这种情形下，决策者可以根据实际情况选用混合性政策工具，比如信息和规劝、补贴、产权拍卖、税收和使用者付费等。

5. 政策工具研究兴起的原因（2019 年河北大学）

政策工具研究兴起的原因有如下几点。

（1）理论与实践相结合的产物

大学学者与政策工具领域的实践者（实际操作者）保持密切的联系，推动了对政策工具的研究。

（2）政策执行的现实需要

政策工具研究致力于如何把一个简单但却难以回答的社会问题解决好，因此，根据政策目标和途径来进行思考，使政策工具研究为公共管理做出了实际贡献。

（3）工具研究途径的倡导者长期以来得到政治和意识形态方面的支持

解决政策失败问题的关键在于建立和发展一门政策工具理论并将其付诸实践。

第10章 政策客体

育明教育名师解析

本章与第7章有所对应，先谈主体再谈客体，政策客体包括社会问题和目标群体。本章呈现出的特点是框架清晰，真题侧重考查的题型明确（以简答题、论述题为主），这极大方便了考生的背记复习。

10.1 章节知识框架

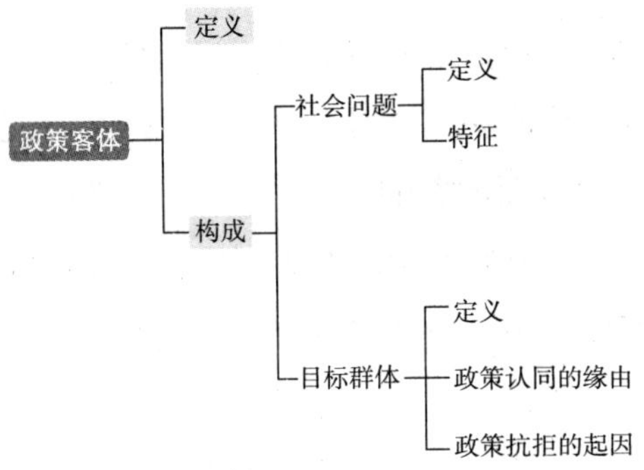

10.2　常考知识点梳理

【考点1】政策客体的定义——谢明《公共政策导论》

政策客体研究的是公共政策的作用对象及其影响范围，即所要处理的社会问题和公共政策的目标群体。

【考点2】社会问题的特征——谢明《公共政策导论》

社会问题是指实际条件与应有条件之间的偏差，或实际状态与期望状态之间的差距。

社会问题的特征：

（1）社会问题是一种客观条件

客观条件是指一种可以通过实证加以认识的情况，如国防状况、失业问题等。客观条件是社会问题存在的必要前提，但不是充分条件，即没有客观条件无法形成社会问题，但仅仅有客观条件还不足以构成社会问题。

（2）社会问题是一种主观定义

主观定义是指人们对客观情况的察觉和认识，即人们明显感觉到客观条件已经危及自己所珍视的社会价值观，是对自己所信奉的社会规范的背离。

（3）社会问题受价值判断的影响

研究社会问题不仅要研究其产生的客观条件，还要研究身处其中的人们的价值判断。社会问题之所以能够出现并得以持续，主要是由于人们具有不同的价值选择和目标取向。

（4）社会问题是一个关系到大多数人的问题

政府是国民的代表，应该重视关系到多数人利益的社会问题。

（5）社会问题的形成往往具有一个发展的过程

社会问题往往不是突然发生的，而是逐渐形成的，它有一个从小到大、从一般到突出、从潜在到显现的变化过程。

（6）社会问题往往是系统性问题

任何社会问题都不是孤立存在的，它往往是社会问题系统中的一个有机组成部分。

【考点3】目标群体及出现两种对立态度的原因——谢明《公共政策导论》

政策对象或目标群体是指受到政策影响和制约的社会成员。政策目标群体具有重要作用。政策能否落实、目标能否实现与政策目标群体的态度有直接的联系。目标群体理解、接受、遵从政策的程度是衡量政策有效性的关键性要素。目标群体可能接受政策，也可能不接受政策。

1. 政策认同的缘由

（1）政治社会化的倾向

政治社会化是指人们在社会化的过程中，政治观念的树立和政治行为模式的的形成。政治社会化的过程的成功，能够使社会成员树立起支持社会制度的观念，能够体谅公共政策中的一些无奈之举。

（2）传统思想观念和行为习惯的制约

时间的塑造和历史的熏陶固化了人们的思想和行为，要改变这些固化的思想和行为极其困难。在政策制定中必须考虑习惯的因素，掌握改变的幅度，最好采用渐进的方式进行。

（3）对公平过程的看法

当人们确认程序的公正性后，他们便更易于接受政策。

（4）对成本收益的权衡

目标群体对某项政策的态度在很大程度上取决于对其利益得失的判断。目标群体的利益得失是制度激励的关键。

（5）对大局或整体的考虑

人是社会人，会从整体和大局角度进行判断，人们认为某项政策合理时，便会顾全大局，从长远利益考虑，接受和服从该政策。

（6）避免受到惩罚

公共政策具有强制性，人们会因为避免受到惩罚而遵从政策。

（7）环境条件的变化

随着时间的推移和客观条件的改变，人们的主观认识会产生变化，一项最初不受欢迎的政策可能逐渐被人们接受。

2. 政策抗拒的起因

（1）合法性危机

合法性危机已经成为发展中国家所面临的普遍的问题。合法性危机的典型表现是统治者视为合法的事务反被被统治者视为非法。造成政府合法性危机的原因有：传统价值观受到冲击、物质文化需求的攀升、政府的许诺不能实现等。

（2）缺乏对政府官员的信任

目标群体对政策执行者的不信任会通过态度泛化机制向其传递的政策信息投射。任何一个社会中，倘若人们缺乏必要的信任，社会运行成本会大大增加。

（3）社会心理负担过大

社会心理承受力表现为社会成员对社会变革和公共政策的心理适应能力和心理反应程度，即对心理压力的承受能力。其形成因素有：理解能力、应急能力、耐压能力、平衡能力。政策变革如果超出了人们的心理承受力，政策抗拒就会产生。

（4）政策自身缺陷

政策本身存在多种缺陷，从而使政策的客观性和公正性受到公众的质疑，如中考、高考加分政策。

10.3 热门院校真题解析

一、名词解释题

1. **政策客体**（2017年厦门大学；2017年、2011年华中农业大学；2016年杭州师范大学）

政策客体研究的是公共政策的作用对象及其影响范围，即所要处理的社会问题和公共政策的目标群体。政策客体是政策系统的重要组成部分，是政策过程中的重要一环。

2. **社会问题**

社会问题是指实际条件与应有条件之间的偏差，或实际状态与期望状态之间的差距。

社会问题的特征有：（1）社会问题是一种客观条件；（2）社会问题是一种主观定义；（3）社会问题受价值判断的影响；（4）社会问题是一个关系到大多数人的问题；（5）社会问题的形成往往具有一个发展的过程；（6）社会问题往往是系统性问题。

3. **目标群体**（2018年中国海洋大学；2013年杭州师范大学；2012年、2005年中国人民大学）

政策对象或目标群体是指受到政策影响和制约的社会成员。政策目标群体具有重要作用。政策能否落实、目标能否实现与政策目标群体的态度有直接的联系。目标群体理解、接受、遵从政策的程度是衡量政策有效性的关键性要素。目标群体可能接受政策，也可能不接受政策。

政策认同的缘由有：（1）政治社会化的倾向；（2）传统思想观念和行为习惯的制约；（3）对公平过程的看法；（4）对成本收益的权衡；（5）对大局或整体的考虑；（6）避免受到惩罚；（7）环境条件的变化。

政策抗拒的起因有：（1）合法性危机；（2）缺乏对政府官员的信任；（3）社会心理负担过大；（4）政策自身缺陷。

二、简答题→论述题

1. **论述政策客体**（2016 年中国政法大学）

育明教育名师解析

该考点实际上是整个第 10 章考点的综合，答题时将下文真题 2、真题 3 整合到一起构成较为完整的知识体系。如是论述题，则还需要结合实际进行思考、润色。

2. **社会问题的特征**（2017 年中国人民大学）

社会问题是指实际条件与应有条件之间的偏差，或实际状态与期望状态之间的差距。

社会问题的特征：

（1）社会问题是一种客观条件

客观条件是指一种可以通过实证加以认识的情况，如国防状况、失业问题等。客观条件是社会问题存在的必要前提，但不是充分条件，即没有客观条件无法形成社会问题，但仅仅有客观条件还不足以构成社会问题。

（2）社会问题是一种主观定义

主观定义是指人们对客观情况的察觉和认识，即人们明显感觉到客观条件已经危及自己所珍视的社会价值观，是对自己所信奉的社会规范的背离。

（3）社会问题受价值判断的影响

研究社会问题不仅要研究其产生的客观条件，还要研究身处其中的人们的价值判断。社会问题之所以能够出现并得以持续，主要是由于人们具有不同的价值选择和目标取向。

（4）社会问题是一个关系到大多数人的问题

政府是国民的代表，应该重视关系到多数人利益的社会问题。

（5）社会问题的形成往往具有一个发展的过程

社会问题往往不是突然发生的，而是逐渐形成的，它有一个从小到大、从一般到突出、从潜在到显现的变化的过程。

（6）社会问题往往是系统性问题

任何社会问题都不是孤立存在的，它往往是社会问题系统中的一个有机组成部分。

3. 目标群体政策认同的缘由及政策抗拒的起因（2015 年中国人民大学；2015 年中央党校；2013 年北京航空航天大学）

政策对象或目标群体是指受到政策影响和制约的社会成员。政策目标群体具有重要作用。政策能否落实、目标能否实现与政策目标群体的态度有直接的联系。目标群体理解、接受、遵从政策的程度是衡量政策有效性的关键性要素。目标群体可能接受政策，也可能不接受政策。

（1）政策认同的缘由

①政治社会化的倾向

政治社会化是指人们在社会化的过程中，政治观念的树立和政治行为模式的的形成。政治社会化的过程的成功，能够使社会成员树立起支持社会制度的观念，能够体谅公共政策中的一些无奈之举。

②传统思想观念和行为习惯的制约

时间的塑造和历史的熏陶固化了人们的思想和行为，要改变这些固化的思想和行为极其困难。在政策制定中必须考虑习惯的因素，掌握改变的幅度，最好采用渐进的方式进行。

③对公平过程的看法

当人们确认程序的公正性后，他们便更易于接受政策。

④对成本收益的权衡

目标群体对某项政策的态度在很大程度上取决于对其利益得失的判断。目标群体的利益得失是制度激励的关键。

⑤对大局或整体的考虑

人是社会人，会从整体和大局角度进行判断，人们认为某项政策合理时，便会顾全大局，从长远利益考虑，接受和服从该政策。

⑥避免受到惩罚

公共政策具有强制性，人们会因为避免受到惩罚而遵从政策。

⑦环境条件的变化

随着时间的推移和客观条件的改变，人们的主观认识会产生变化，一项最初不受欢迎的政策可能逐渐被人们接受。

（2）政策抗拒的起因

①合法性危机

合法性危机已经成为发展中国家所面临的普遍的问题。合法性危机的典型表现是统治者视为合法的事务反被被统治者视为非法。造成政府合法性危机的原因有：传统价值观受到冲击、物质文化需求的攀升、政府的许诺不能实现等。

②缺乏对政府官员的信任

目标群体对政策执行者的不信任会通过态度泛化机制向其传递的政策信息投射。任何一个社会中，倘若人们缺乏必要的信任，社会运行成本会大大增加。

③社会心理负担过大

社会心理承受力表现为社会成员对社会变革和公共政策的心理适应能力和心理反应程度，即对心理压力的承受能力。其形成因素有：理解能力、应急能力、耐压能力、平衡能力。政策变革如果超出了人们的心理承受力，政策抗拒就会产生。

④政策自身缺陷

政策本身存在多种缺陷，从而使政策的客观性和公正性受到公众的质疑，如中考、高考加分政策。

第11章　政策环境

育明教育名师解析

政策环境是整个政策系统的最后一部分，也只有谢明《公共政策概论》教材中有所体现。本章的复习，记住大块知识和要点句即可，解释性语言可自行组织。

11.1　章节知识框架

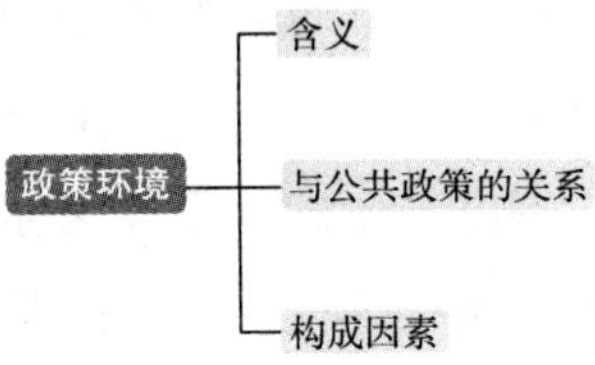

11.2 常考知识点梳理

【考点1】政策环境的含义——谢明《公共政策概论》

政策环境是指作用和影响公共政策的外部条件的总和。它涉及诸多因素，从人到物、从自然到社会、从历史到文化都有涉及。研究政策就要研究环境，借助行政生态学的研究方法和理论成果，把政策与环境的互动视为一个生态系统。

【考点2】公共政策与政策环境的关系——谢明《公共政策概论》

公共政策是政策环境的产物，二者存在辩证统一关系，相互联系、相互依存、相互影响、相互作用。就其关系而言，环境决定和制约政策，起主导作用；政策则改善和塑造环境，具有反作用。

首先，公共政策是随着社会的发展和环境的需要而产生的。经济基础决定上层建筑。

其次，公共政策必须适应政策环境，因环境制宜施策。比如，我国政府在借鉴别国政策经验时，融入“中国特色”概念。

再次，政策环境的发展变化必然导致公共政策的变化。随着历史的演进、社会的发展，政策环境经历着不断的变化，这是不以人的意志为转移的客观规律。以我国为例，改革开放以来，高度集中的计划经济体制向社会主义市场经济体制过渡，公共政策也随之进行了一系列改变，其目的是适应环境需要。

最后，公共政策对政策环境具有一定能动作用。正确认识和合理发挥能动作用，是政策实施的重要目标，也是研究政策环境的重要原因。

【考点3】政策环境的构成因素——谢明《公共政策概论》

政策环境的构成因素：

1. 地理环境

地理环境是指一个国家所处的地理位置和自然状况，包括地形、地貌、气候、土壤、水系、矿藏等自然构成。地理环境是人类生存的摇篮，与社会发展和公共政策有着极为密切的关系，对政策系统存在着直接或间接的影响。

2. 经济环境

所谓经济环境是指对政策系统有重要影响的各种经济要素的总和，主要由社会生产力和生产关系的发展状况构成，包括生产力结构、性质和生产资料的所有制形式。社会经济环境对公共政策制定具有决定性影响。一方面，经济环境是人类社会生活中最基本的环境；另一方面，政策系统对经济环境的反作用主要表现在它可以促进或延缓生产力和科学技术的发展、生产关系的健全和完善。

3. **政治文化**

政治文化通过社会化过程代代相传，个人获取的政治文化变成心理要素的组成部分，逐渐固化并体现在其行为中。政治文化是影响公共政策的重要环境因素之一，不同国家中公共政策及其制定过程的差异可以用政治文化的不同来解释。政治文化是政治心理和主观活动的集中表现形式。

4. **社会变迁**

社会制度、社会结构、社会组织、社会人口、社会规范、哲学宗教、文学艺术、风俗习惯等一切社会现象的突发的、急剧的变化或演进的、缓慢的变化都叫作社会变迁。

5. **国际环境**

国际环境是指一个国家同世界各国和各地区之间的政治、经济、文化、地理等方面的关系及其他国家之间的相互关系。一个国家所处的国际局势及所拥有的国际地位都是制定和调整内政外交政策的主要依据。

11.3 热门院校真题解析

一、名词解释题

政策环境（2018 年江苏大学；2015 年北京邮电大学；2014 年中国政法大学；2012 年厦门大学；2012 年华中农业大学）

政策环境是指作用和影响公共政策的外部条件的总和。它涉及诸多因素，从人到物、从自然到社会、从历史到文化都有涉及。研究政策就要研究环境，借助行政生态学的研究方法和理论成果，把政策与环境的互动视为一个生态系统。

政策环境的构成因素有：（1）地理环境；（2）经济环境；（3）政治传统与政治文化；（4）社会变迁；（5）国际环境。

二、简答题→论述题

公共政策与政策环境的关系（2019 年中国政法大学）

公共政策是政策环境的产物，二者存在辩证统一关系，相互联系、相互依存、相互影响、相互作用。就其关系而言，环境决定和制约政策，起主导作用；政策则改善和塑造环境，具有反作用。

首先，公共政策是随着社会的发展和环境的需要而产生的。经济基础决定上层建筑。

其次，公共政策必须适应政策环境，因环境制宜施策。比如，我国政府在借鉴别国政策经验时，融入“中国特色”概念。

再次，政策环境的发展变化必然导致公共政策的变化。随着历史的演进、社会的发展，政策环境经历着不断的变化，这是不以人的意志为转移的客观规律。以我国为例，改革开放以来，高度集中的计划经济体制向社会主义市场经济体制过渡，公共政策也随之进行了一系列改变，其目的是适应环境需要。

最后，公共政策对政策环境具有一定能动作用。正确认识和合理发挥能动作用，是政策实施的重要目标，也是研究政策环境的重要原因。

第四篇　公共政策过程

育明教育名师解析

本篇以政策的生命周期为线索对整个政策过程展开叙述，使考生在备考时就明确政策产生的完整过程，也给考生提个醒，在面对考查范围模糊的论述题、案例分析题时，可适度结合本篇中的线索进行论述，政策过程中的每一步都要详细分析。

第12章　社会问题与政策议程

育明教育名师解析

社会问题与政策议程是政策过程初始阶段的关键环节，谢明、宁骚、严强等专家学者对该领域研究颇丰，知识点也在其教材中有所体现。这也是多年来各大院校考查的高频点，要求考生掌握框架后理解记忆。

12.1　章节知识框架

- 社会问题与政策议程
  - 社会问题
    - 概念
    - 类型
      - 过失性社会问题
      - 结构性社会问题
    - 特征
    - 理论
      - 社会冲突论
      - 社会越轨论
      - 社会解组论
      - 社会标签理论
      - 手段—目标论
      - 社会分层理论
    - 比喻
  - 政策问题
    - 私人问题、公共问题与政策问题
    - 基本属性
    - 分类
    - 确认
  - 政策议程
    - 定义
    - 作用
    - 类型
    - 建立
    - 激发机制
    - 与突发事件
    - 主要途径
    - 障碍

12.2 常考知识点梳理

【考点1】社会问题的概念——谢明《公共政策概论》

任何社会在其运行过程中都会产生这样或那样的社会关系失调，并由此带来不同类型的社会问题。只有当社会的大部分成员和一部分有影响的人物认为某种社会情况是社会问题时，它才是社会问题，其中权力因素起着非常关键的作用。

【考点2】社会问题的类型——谢明《公共政策概论》

社会问题可简单分为两类：一是过失性社会问题，二是结构性社会问题。

1. 过失性社会问题

这类社会问题产生于偏离社会正常生活和规范的一些过失行为，如青少年失足和社会犯罪等。需要注意的是：一是一些社会规范允许一定程度的行为偏差，即一些社会规范的边界有一定伸缩余地；二是“偏差”具有相对性，在某种情形下行为被认定是偏离社会规范的过失行为，而在另一种情形下则可能被认为是可以接受的行为。汽车司机遇红灯应该把车停在停车线后面，可有时也会因刹车不及时越过停车线，但对交叉路上其他通行车辆远构不成威胁，此时警察不予处罚。

2. 结构性社会问题

所谓结构性社会问题是指由社会自身结构不合理所导致的一些社会现象。结构性社会问题涉及社会生活的许多方面，其中最为突出的是各种各样的不平等现象。如由经济不平等所带来的贫富两极分化，两极分化的直接结果是贫困，而贫困问题有时并不为人们所注意。除了贫困问题，还有由民族歧视和种族偏见所引发的民族矛盾、由政治不平等所产生的政府权力滥用、由教育不平等所导致的社会不满、由价值观变化所引发的家庭问题等，这些都属于结构性社会问题。

【考点3】社会问题的特征——谢明《公共政策概论》

社会问题具有如下特征：

1. 社会问题是一种客观条件

所谓客观条件是指一种可以通过实证加以认识的情况，如国防情况、出生率倾向和失业问题。客观条件是社会问题存在的必要前提，没有客观条件就不可能形成社会问题。比如，离婚在一些地区是一个社会问题，而在另一些地区则不是。

2. 社会问题是一种主观定义

所谓主观定义是指人们对上述客观情况的察觉和认识，即人们明显感到目前的客观条件已经危及自己所珍视的社会价值观，是对自己所信奉的社会规范的一种背离。社会问题主要还是由人来加以定义的。

3. 社会问题受价值判断的影响

社会问题之所以能够出现并得以持续，主要是由于人们具有不同的价值选择和目标取向，社会问题会涉及价值观的双重冲突。

4. 社会问题是关系到大多数人的问题

政府是人民的代表，应更重视关系到多数人利益的社会问题。如果问题只涉及个别人利益，往往不能形成社会焦点，难以引起人们普遍重视。

5. 社会问题的形成具有阶段性特征

社会问题是逐渐形成的，有从小到大、从潜在到显现、从一般到突出的变化过程。比如我国人口老龄化问题。

6. 社会问题多带有系统性特征

任何社会问题都不是孤立存在的，往往是整个社会问题系统中的有机组成部分。不同范围、领域、层次的社会问题存在着相互联系、相互制约的辩证统一关系。社会问题系统性特征要求处理问题从整体出发，提倡搞综合治理。

【考点4】社会问题理论——谢明《公共政策概论》

1. 社会冲突论

社会冲突理论以科塞和达伦多夫为代表，重点研究社会冲突的起因、形式、制约因素及影响。科塞认为，冲突是价值观、信仰及对于稀缺地位、权利和资源的分配上的争斗。冲突具有正功能和负功能，只要不直接涉及基本价值观或公共观念，其性质是积极性的，即冲突表现出的正面功能。

冲突的五项正功能为：

（1）冲突对社会与群体具有内部整合的功能。

（2）冲突对社会与群体具有稳定的功能。

（3）冲突对新社会与群体具有内部整合的功能。

（4）冲突对新规范和制度的建立具有激发功能。

（5）冲突是一个社会中重要的平衡机制。

弹性比较大、比较灵活的社会结构容易出现冲突，但对社会没有根本性的破坏作用，因为这种冲突可导致群体与群体间接触面的扩大，也可导致决策过程中集中与民主的结合及社会控制的增强，它对社会的整合和稳定起着积极的作用。

达伦多夫则认为，社会现实有两张面孔，一张是稳定、和谐与共识，另一张是变迁、冲突和强制，社会学需要和谐、冲突的社会模型。社会组织内部的各种不同位置具有不同量的权威和权力，社会结构中固有的不平等权威分布，使社会分化为统治和被统治两大彼此对立的准群体。

2. 社会越轨论

所谓越轨，包括社会成员违反法律、规章制度、道德规范和社会习俗的所有行为。从狭义角度看，“社会越轨”现在主要是指社会上的违法违规事件，实际上是负面行为。任何一个社会都会有一些制度规范作为人们的行为准则，一般按照制度规范去做事就被认为按照轨道走，而违反制度规范就成了“社会越轨”。

越轨行为不完全等同于社会问题，只有当某种越轨行为频繁发生且对社会造成危害，使相当数量的人受到威胁时，才会转化为社会问题。

越轨的行为表现为：

（1）不适当行为，指违反特定场合的特定管理规则，但对社会并无重要损害的行为。此种行为虽会引起众人的不满，但通常不会受到正式惩罚。

（2）异常行为，多指因精神疾病、心理变态导致的违反社会规范的行为。

（3）自毁行为，即违反社会规范的自我毁坏或自我毁灭的行为，诸如吸毒、酗酒、自杀等。

（4）不道德行为，指违反人们共同生活及其行为准则的行为，此种行为通常会受到舆论的谴责。

（5）反社会行为，指对他人与社会造成损害以致造成严重破坏的行为。

（6）犯罪行为，指违反刑事法规而应受刑事处罚的行为，它与反社会行为同属最严重的越轨行为，但并不是所有的反社会行为都构成犯罪行为，只有那些触犯刑法的反社会行为才是犯罪。

育明教育名师解析

越轨研究的理论视角知识点，理解即可，掌握要点句后自行解释。

越轨研究的理论视角：

（1）生物学：把人类生物、生理方面的因素作为社会越轨的原因。

（2）心理学：个人行为是个人需求与自我控制力相互作用的结果。

（3）社会学：从外在和稳定性的因素中去研究越轨理论。

3. 社会解组论

社会解组是指社会规范和制度对社会成员的约束力减弱，社会凝聚力降低的一种社会状态。强调当社会系统的平衡机制在社会变迁过程中受到干扰时，容易发生冲突与解组。

社会学对于社会解组的研究有以下三种观点。

（1）文化堕距观点

在文化变迁中，构成文化的各部分变化速度不一致，造成了相互间的差距和错位，导致社会解组。

（2）异化观点

在传统社会向现代社会过渡的过程中，出现了个人在精神上与其周围世界相分离或相对立的现象，这也是引起社会解组的重要原因。

（3）社会机会结构与社会目标结构失调的观点

社会解组是在个人或群体目标无法充分实现的条件下发生的社会问题。

4. 社会标签理论

标签理论是解释社会问题的产生原因及发展过程的理论，人类的行为并不取决于行为的内在性质，而取决于社会对其采取的态度，取决于社会的揭示和认定。

标签是指某些人给另一些人所施加的符号或固定性看法，在标签理论中主要是对被施加者施加的不利符号或污名。这种理论认为，一些群体的偏差行为是由于强势群体的妄加标签而产生的。

标签理论注重对异常行为过程的研究，基本观点为：

（1）在人们变成异常行为者的过程中，社会给贴上异常行为者的标签是一个关键因素。

（2）当社会通过创造新的准则而把异常行为的标签加在初发性异常行为者身上后，这个人就可能成为复发性异常行为者。

5. 手段—目标论

美国社会学家默顿在杜尔凯姆社会失范论的基础上提出了手段—目标理论。社会为人们提出的目标与达成目标的合法手段不配套、不统一时，就引发了社会越轨行为。因此，部分成员就可能会去寻求非正常或非法的途径来实现自己理想的目标，社会推崇的目标和社会所认可的手段之间出现脱节与冲突，有悖社会的价值标准的越轨行为就出现了。默顿列举了如下四种越轨行为的类型。

（1）创新型。虽接受社会目标，但拒斥合法的手段。寻求用新的、不合法的手段达成目标，经济犯罪多属此类。

（2）形式型。虽拒绝社会目标，但屈从社会现实，被动地使用社会所认可的方法，表现出应付状态。

（3）退缩型。同时拒绝社会目标与合法手段，往往以退缩方式解决问题，如街头流浪汉的表现等。

（4）叛逆型。不但拒绝社会目标与合法手段，而且试图用新的目标和手段予以替代，如采取起义、革命的形式等。

6. 社会分层理论

社会学家借用分层概念来分析社会的纵向结构，提出了社会阶层的概念，用以指称由于经济、政治、社会等多种原因而形成的，在社会层次结构中处于不同地位的社会群体。阶层是因为社会的等级分化而形成的具有连续性的等级序列。

西方社会学中，对社会分层研究影响最大的一个理论源头是马克斯·韦伯的“三位一体”分层理论。韦伯认为，对社会成员进行阶层划分有三重标准，即经济标准（财富）、政治标准（权力）和社会标准（声望）。不同的身份群体在社会生活中具有不同的声望，也具有不同的社会地位。上述三个分层标准有时是相互联系、相互转化的，但三标准是相互独立的，每个标准都可以单独作为社会分层的标准。

韦伯在强调三标准的独立性的同时，又提出了分层中轴原理。在不同的历史时期，三标准的重要程度会发生变化，应该根据不同历史条件确定优先的分层标准。社会生活中的某一领域发生了重大变化，这一领域分层标准的重要性上升，成为社会分层的主要标准，即分层中轴。

【考点 5】社会问题的比喻——谢明《公共政策概论》

冰山理论：原出现在 1932 年海明威《午后之死》中，后来人们在研究社会问题时借用冰山的比喻，强调水面上的 1/8 只是现象，水下的 7/8 才是根源，只消灭现象无法解决问题。正确的态度是视 7/8 重于 1/8，因为这一部分才是冰山的实际基础。

社会问题的比喻：

1. 急性病：疾病对人体发动短期的、急剧的进攻，如果不及时治疗就可能产生严重后果。比如社会中出现的突发事件。

2. 慢性病：持续性疾病，只能对其加以控制，很难最终治愈。一些问题持续很久，“治疗”很久，但收效甚微，比如贫困问题。

3. 自愈性疾病：人类遇到的绝大多数疾病都是自愈性的。这类疾病不会致死，但会使病人经历痛苦，如果病人基本健康，通过辅助性治疗且主要依赖自身的抵抗能力就会逐渐摆脱病痛的折磨。

4. 晚期疾病：很难治愈的严重疾病。此种社会问题需通过实质性变革改变现状。

5. 先天性疾病：与生俱来且难以有效治疗的疾病。比如部分组织机构从诞生之日起，就已被深深打上问题烙印。

6. 传染性疾病：一些疾病涉及细菌的传染，其蔓延速度快、影响范围广。传染病的治疗首先需要进行隔离，其次要搞清楚传染的渠道，最后要发现病菌的抗体。

7. 不治之症：由于受到人的认知和科技发展水平的限制，有些疾病还没发现有效治疗途径。

8. 医源性疾病：人们在求医治病的过程中，由于某种因素又得了新的疾病。社会问题有时也会带有医源性疾病的特征，治疗某种社会疾病的“良药”，可能正是导致其他社会疾病的原因。

9. 食源性疾病：是指通过摄食而进入人体的有毒有害物质等致病因子造成的疾病。加强食品卫生监督管理、倡导合理营养、控制食品污染、提高食品卫生质量，即控制源头、预防优先。

【考点6】政策问题的概念、属性与分类——宁骚《公共政策学》

1. 私人问题、公共问题与政策问题

（1）私人问题

私人问题是指某类问题仅仅涉及某一个人的期望与实际状态之间的差距，具有明确的个人属性，这类问题发生后，只影响某个人或少数个人，而不属于政府机关要管辖和解决的范围，应当由当事人自己解决。

（2）公共问题

公共问题，是指一定数量的社会成员感知其期望的目标、价值或境况，与现实获得的价值、利益或境况存在显著差距，因而通过各种方式将其缩小差距的要求公之于众，以争取社会同情与支持，并谋求引起政府关注和予以解决的一种情境。

（3）政策问题

政策问题是指统治集团或社会大多数人感觉到现实中出现的某种情况与他们的利益、期望、价值和规范有相当严重的矛盾和冲突，进而通过团体或组织活动要求有关社会公共组织和政府采取行动加以解决，并被后者列入政策议程的社会问题或公共问题。

2. 政策问题的基本属性

（1）关联性与公共性

①关联性

任何一个政策问题都不是孤立的，而是整个政策问题体系的一个组成部分，会与其他领域、地区或部门的政策问题有不同程度的相关性，彼此相互作用、相互影响。在分析和解决公共政策问题时，要从政策问题系统和社会系统的高度去把握。

②公共性

政策问题的公共性表现在政策问题是发生在社会公共领域的，影响到国家或某一地区的大多数人，并且它必须通过公共权力机构来加以解决。公共权力机构对政策问题的解决，表现为法律、法规、行政命令或指示等形式的公共政策，对其针对的所有人员都具有权威性和普遍的效力。

（2）客观性与主观性

公共政策问题基于一定客观社会现实而得以成立。同时它们又都是基于人们的主观价值判断、切身感受以及分析研究和其他主动行为才得以上升到政策问题的高度，因而更具有主观性。

（3）历史性与动态性

①历史性

历史性是指公共政策问题从它的成因来看都不是突发的，而是要经过一个逐步发展的过程才会达到普遍化和严重化的程度，新的公共政策问题很可能是已有政策遗留的，也可能是环境与事态的新变化所导致的。

②动态性

动态性是指一定的政策问题的性质及其严重程度，是随着成因的变化而变化的。政策问题的动态性不但可以从纵向历史发展方面去看，而且可以从横向状态上来观察。

3. 政策问题的分类

（1）邓恩从政策问题的结构角度，把政策问题划分为结构优良、结构适度和结构不良三种类型。如表 12-1 所示。

表 12-1　政策问题的结构类型

要素	问题的结构		
	结构优良	结构适度	结构不良
决策者	一人或少数人	一人或少数人	许多
备选方案	有限	有限	无限
效用（价值）	一致	一致	冲突
结果	确定性或风险	不确定	未知
概率	可计算	不可计算	不可计算

①结构优良

A. 决策者人数较少，只有一个人或少数几个人，对于问题的解决方案也仅有几个。

B. 决策者在政策方案的效用或价值方面，能够达成一致，这也反映了他们对于政策目标的追求具有一致性。

C. 决策者也能够确定每一种备选方案所能够产生的结果，若存在风险，也可以通过计算确定其可能的存在范围。

D. 这一类问题通常发生在公共权力机构的较低层次。

②结构适度

A. 结构适度指一位或数位决策者在相对有限的备选方案中进行选择。

B. 方案的效用一致能够反映目标的一致性，但结果是不确定的，也无法加以计算，从而无法估计误差的概率。

C. 在此模型中，由于结果的不确定，可能使决策者难以抉择，理性的选择可能带来严重的后果。

③结构不良

A. 通常涉及不同的决策者，其效用无法达成一致，目标之间相互冲突；

B. 备选方案及其结果可能是未知的，也不能够确定其风险。政府面临的很多政策问题都是结构不良问题，这是因为政策问题大多涉及许多的利益相关者，他们之间由于利益上的相互冲突，很难在价值方面达成一致。

（2）从政策问题发生的领域，可将政策问题划分为政治问题、经济问题、文化问题、外交问题、民族问题等。

①政治政策问题主要涉及国家权力的分配、组织和运行，公民权利的维护等。在解决政治问题时，首要遵循的是合法性原则。

②经济政策问题涉及经济制度和结构、经济运行与发展等，与其他问题相比，它更加注重效益的原则。

③国际关系领域的政策问题强调的是维护国家的利益和主权原则。

但这种划分不是绝对的，政治政策问题和经济政策问题等密切相连，有些政治政策问题在一定的角度看来，也是经济政策问题。

（3）从作用范围看，公共政策问题可以分为国际问题、全国性问题、区域性问题和地方性问题。国家既存在统一性的全国政策问题，又存在具有差异性的区域性和地方性的政策问题，它们构成了整个国家的政策问题体系。

【考点7】政策问题的确认——谢明《公共政策概论》

政策问题的确认指对于政策问题的察觉、界定和描述的过程。问题确认是问题求解过程中最为关键的一环，对问题进行明确和系统的阐释是探求问题解决方案的有效途径。

政策问题的确认分为如下三个步骤：

1. 问题察觉

问题察觉是指某一社会现象被人们发现并扩散，逐渐引起社会公众和政府有关部门关注的过程。问题察觉的实现，不仅取决于客观条件，而且取决于相关人员的主观条件，如政治立场、思想意识等。

2. 问题界定

问题界定是指对问题进行特定分析和解释的过程。

（1）需要通过一定的方法对问题进行必要的归类。

（2）需要对问题进行必要的诊断（找问题原因）。

（3）需要把问题情境转变为实质问题（从具体到抽象、从个别到一般）。

3. 问题描述

问题描述是指运用可操作性语言对问题进行明确表述的过程，对问题所做的描述将作为政策制定的直接“原料”输入决策系统。

在一般决策系统中，政策问题的确认与政策方案的选择之间往往存在着一定的距离。察觉、界定和描述问题的人并不直接参与政策的决定，决策者更多依赖于问题的描述而不直接参与问题的确认。

政策问题的确认是通过自下而上的报告体系完成的。由于传统的、文化的、体制的和环境的种种原因，常出现沟通障碍和信息失真，从而导致政策失误。因此，问题确认过程中就应尽量缩短报告链条，减少报告层次。

另外，由于政策滞后性，许多政府不能及时确定和认清所有重大政策问题，更不能及时运用政策手段加以解决或缓和。

【考点 8】政策议程的定义——严强《公共政策学》

公共政策议程是由一系列程序构成的过程，指的是社会公共问题进入由政策行动主体构成的政策子系统的范围并成为政府特别关注的、在深思熟虑后下决心要加以解决的公共政策问题的过程。

【考点 9】政策议程的作用——严强《公共政策学》

政策议程之所以成为公共政策过程中的焦点，究其原因，主要有两个方面：

一方面，政策议程是政策过程的首要环节。政策过程不论是从一个新的问题开始的，还是由一个旧的问题引发的，只有当它们进入政策议程才是具有实质意义的事件。

另一方面，政策议程是政府对社会价值进行权威性配置的基础。要分配社会价值，要让这种分配具有合法性，就必须首先确定这种分配的内容与对象，即解决分配什么与向谁分配的问题。

政策议程是公共政策过程中的一个重要阶段，是整个政策运行无法绕过的关键环节。某个公共问题在政策议程中被提出来，并最终被确定为政府行动的候选对象，必然要经过复杂的程序，它是社会因素、经济因素、技术因素、政治因素、社会传统、意识形态等方面相互影响、相互作用的结果。正因为如此，政策议程将会对全部政策的程序、运行和政策的结果产生决定性的影响。

【考点 10】政策议程的类型——谢明《公共政策概论》

1. 按政策议程阶段划分：公众议程与政府议程

政策议程的建立是社会问题转化为政策问题的关键一步。公众议程（系统化议程）和政府议程（制度性议程）是政策议程的不同阶段。

（1）公众议程是指某个社会问题已引起社会公众和社会团体的普遍关注，他们向政府部门提出政策诉求，要求政府部门采取措施加以解决这样一种政策议程。从本质上讲，公众议程是一个众人参与的讨论过程，是一个问题从与其具有特殊联系的群体逐渐扩展到社会普通公众的变化过程。在此过程中，非正式群体的情绪领袖和大众传播媒介起着十分重要的作用。

（2）政府议程是指某些社会问题已引起决策者的深切关注，他们感到有必要对之采取一定的行动，并把这些社会问题列入政策范围这样一种政策议程。从本质上讲，政府议程是政府部门按特定程序行动的过程，政府的制度性因素在其中有着十分重要的影响。

公共议程和政府议程作为政策议程的两个阶段，既有联系也有区别。

公共议程往往出现在政府议程之前，是由一些片段的、零散的、不系统的议论所组成的，人们对于问题的实质及社会影响认识还不够具体，其主要目标是使公众诉求能够在政府议程中获取一席之地。公共议程所形成的强大推动力对政府议程的建立具有决定性影响。

政府议程往往是由一些意义非常明确的项目所组成，具有制度化的操作程序运行方法，其主要目标是对与问题有关的客观事实做出主观认定。

2. 按政策诉求的主体划分：外在创始型、内在创始型和政治动员型（美国，科布）

（1）外在创始型

政策诉求是由政府系统以外的个人或社会团体提出的，经阐释和扩散进入公共议程，然后通过对政府施压的手段使之进入政府议程。

（2）内在创始型

政策诉求源于政府机构内部的人员或部门，其扩散的对象仅限于体制内的相关团体和个人，客观上不涉及社会一般公众，扩散是为了形成足够的压力以使决策者将问题列入政府过程。“体制内运作”是内在创始型的主要特征，政策诉求的主体并不希望建立相应的公众议程。

（3）政治动员型

具有权威作用的政治领袖主动提出其政策意向，并使其进入政府议程。这样做是为了寻求社会公众的理解和支持，以便更好地贯彻和实施这项政策。政治动员型以政府议程为基点、以公众议程为对象，其目标在于政策方案的执行。

3. 按议题的复杂性和对社会不同领域的不平衡影响程度划分：实质性议程与象征性议程（美国，拉雷·N. 格斯顿）

（1）实质性议程

实质性议程往往涉及一些社会影响非常广泛、最具潜在和爆发性特征的公共政策问题。这些议题的重要性和复杂性使其不可避免地带有分裂的特征。它们通常在公众中、决策者中以及二者之间引起争议，从而存在导致重大冲突的可能性。

一个政策问题进入实质性议程必须具备三个条件：一是公共资源的分配涉及重大的利害关系，二是议题引起公民和决策者的密切关注，三是议题包含了发生重大变化的可能性。

（2）象征性议程

在政策议程中，不仅存在占主导地位的实质性问题，而且存在大量需要解决的象征性问题，它们同样分享了政治的聚光灯。象征性议题注重的是价值而不是资源。尽管大量政策资源的倾斜都不以象征性问题为重，但象征性问题解决不好同样会给社会带来许多麻烦。这类具有象征意义的议题也会牵动人们的共同意识。比如，美国政府之所以会对焚烧美国国旗的举动做出迅速反应，多半不是考虑到公众的不安情绪及社会的治安需要，而是考虑到价值观的损害和爱国主义的需要。

象征性议程与实质性议程在政策过程中形成了某种互补关系。

【补充】什么情况下，人们常常发现政策行动主体会对实质性问题采取象征性的回应？（严强《公共政策学》）

①这些事务并不是全社会都共有，或者有些特定事务的强度虽然很大，但范围却很窄时，公共政策制定者就会用象征性的回应来承认问题的重要性。

②被提上公共议程的问题十分复杂，使得政策制定者会在政治、经济或强势群体的压力下，无法以有意义的方式去解决。

③象征性议程具有“安全阀”的功能，为希望有点变化的人们提供了一种表面的补偿。

【考点11】政策议程的建立——谢明《公共政策概论》

1. 政策议程建立的条件

（1）私人诉求

从某种意义上讲，很多具有公共性质的问题都是由私人问题引发的。私人问题引发的行动很可能导致反对意见的出现，从而形成讨论的局面，许多人直接或间接地卷入到这一事务之中。非正式关系在政策议程建立过程中所起的作用同样不容忽视。非正式关系是指超出法定组织制度和工作程序的人际关系，如老乡、亲属、同学、朋友等。

（2）团体推动

任何利益集团都有自己的利益需求，在社会中它们寻求着某种合理的平衡状态。如果出现的某种情况威胁到这种平衡状态的存在，那么它们就肯定会做出必要的反应。此外，某个利益集团从政府得到一定的特惠政策时，其他利益集团也有可能做出相应的反应。

(3) 领袖因素

在任何国家和地区，政治领袖都是决定政策议程的一个极为重要的因素，而且经常是起关键性和决定性作用的因素。政治领袖作为决策系统的核心，其对政策议程的影响力往往来自制度的授权，常扮演政策议程主要决定者的角色，其政策建议几乎可以自动提上政府议程。

(4) 体制功能

一定的政府体制从制度上规定了信息的沟通渠道和利益的表达方式，从而形成了协调各种利益关系的组织机制。政府体制涉及组织结构、工作程序、代表制度、选举制度等多种因素。政策议程的建立取决于政府体制的开放程度。

(5) 传媒作用

大众传媒在推动政策议程建立的过程中起着非常关键的作用。首先，因为它能把少数人发现的问题广泛传播，以争取多数人的理解与支持，从而为建立公众议程创造了条件。其次，因为它能制造强大的舆论压力，促使政府决策系统接受来自公众的愿望和要求。再次，因为它是连接公众与政府决策系统的桥梁，使公众参与成为可能，从而扩大了政策问题的来源。最后，因为它能发挥政府决策系统外脑的作用，是政府决策系统了解和掌握社会信息的重要工具。

(6) 问题本身

社会问题的明朗化程度是问题严重与否的一个重要标志，是促成政策议程的建立的基础条件。明朗化的社会问题最容易引起社会公众的普遍关注和政府决策系统的政策反应。

2. 政策议程的触发机制

在公共政策制定的早期阶段，触发机制有助于识别和澄清面临的问题。但难以预测涉及处罚机制的活动，因为其具有一定的隐形特征，很难直接被观察到。

(1) 触发机制的影响因素

触发机制作为公共政策的催化剂，其作用的发挥源于三个影响因素的互动：范围、强度和时间。

①范围

范围指的是受触发机制影响的人员数量和地区规模。如果一个事件对社会中多数人或地区构成影响，那么其具有普遍的社会意义，从而使采取相关行动的要求具有广泛的社会基础。

②强度

强度是指公众的态度反映。如果发生了某种意外，但得到了公众的宽容与接受，那么随后出现的平和态度就不会引发相关的政策议程。

③时间

时间是指触发机制产生的时间。瞬间机制指很快就能广为人知的事件，如1976年唐山大地震；持续机制指需要经历一段酝酿过程的持续性事件，如艾滋病问题。

（2）触发机制的类型

触发机制作为公共政策的潜在先导，产生于内部（国内）和外部（国外）两种不同的环境，因此可以区分为内在触发机制和外在触发机制两种类型。

①内在触发机制

A. 自然灾害

自然灾害的发生不受个人或政府从事活动的影响，自然事件及其结果却可以极大地影响政治，如政治价值观的改变等。

B. 经济灾难

经济事件并非只会对经济领域产生影响，它的发生同样会给社会生活和政治生活带来影响。

C. 技术突破

技术创新为社会带来了源源不断的发展动力，它可以实实在在地改变人们的日常生活和社会关系。

D. 生态变迁

人类生存最为必要的资源多是不可再生资源，生态问题一旦形成就可能造成极大震惊，引发公众的迅速反应，产生过去从未考虑过的政策问题。

E. 社会变迁

随着社会中的大多数人对社会价值、行为规范、政治理念和政府责任等方面态度的转变，社会的方方面面都会随之产生很大的变化。

②外在触发机制

A. 战争行动

受到他国武力侵犯是外在触发机制最为典型的例子。即使本国并没有直接卷入冲突，但也会受到冲突的间接影响，可能会成为与冲突有关的活动参与者。

B. 地区与国际冲突

在全世界多个地方都有小规模冲突出现，冲突同样会对政策议程的建立产生重要的影响。

C. 经济对抗

各国间在经济领域存在博弈，一国的收益可能造成他国的损失。

D. 新式武器与力量失衡

新型武器的出现不仅对国家间的关系具有显著影响，而且对整个国际政治体系也会带来冲击。

【考点12】公共政策议程设立的激发机制——严强《公共政策学》

1. 政策议程激发机制类型

（1）理性模式的激发机制

依据此框架，政策制定者能够清楚地定义他们的目标，确立令自己满意的目标，也能够以一种理想的状态揭示许多实现目标的方案，并能够对所有这些方案进行系统的比较，然后从中挑选一种能够以最小的成本达成目标的方案。

（2）政治模式的激发机制

林恩和德利翁等其他学者提出应该以一种比主流框架灵活的方式看待政策过程。

公共政策是一个过程，政治方面的考虑高于所有其他方面。在这样的政策过程框架之下，政策议程设立的激发机制只是一种政治事件，是一系列施加影响与权力竞争的活动。

（3）多源流模式的激发机制

多源流理论是美国著名政策学家金顿构建的，他的理论核心是试图解释为什么某些议程受到决策者的注意，而另外一些却被忽略了。

在政策议程中存在三种源流：问题源流、政策源流与政治源流。

①问题源流

为什么政策制定者对一些问题给予关注，却对其他问题视而不见呢？这主要取决于官员了解实际情况的方法，更重要的是，取决于这些实际情况是如何定义为问题的。

了解实际情况有三种方法：

A. 一种情况存在与否及重要程度可以用一系列指数来反映；

B. 一些重大事件或危机事件经常能够导致对于某个问题的关注；

C. 从现行项目中所获得的反馈，可以推动对问题的关注。

②政策源流

在“原始的政策鲜汤”周围“漂浮”着多种意见主张，意见主张由政策共同体中的专家们提出。尽管意见主张很多，但仅有少数能引起高度重视。其中的选择标准包括技术的可靠性与价值观念的可接受性。

③政治源流

包括三个因素：国民情绪、压力集团的争夺行动、行政或立法上的换届。

育明教育名师解析

政策之窗、政策企业家是重要的名词解释。

当在一个关键的时间点上，上述三大源流汇合到一起时，问题就会被提上议事日程。在多源流理论中，这样的时间点被称为政策之窗。其定义为“提案支持者们推广其解决方法或吸引别人重视他们的特殊问题的机会”。它是由紧迫的问题或是政治源流中的重大事件打开的，持续时间较短，一些可以预测，一些则无法预测。

政策企业家（政策经营者）是指在政策问题进入议程过程中具有重要影响的人，他们愿意利用自身的资源提出政策问题以及解决方案，负责促使重要人物关注该问题，并负责使问题及其解决办法相结合。

2. 政策议程激发机制的建构

（1）政策议程激发机制建构的行为基础

理解政策议程设立的激发机制本质的基础在于正确地理解和确立导致人的行为的前提，即人的本质或人性。要弄清楚政策议程设立的激发机制，就必须要有更科学的人性假设作为基础。

马克思对于人性、人的本质，曾有如下概括：人在其现实性上，是一切社会关系的总和。

（2）政策议程激发机制建构的影响因素

①需要或利益。人的行为都是在内在的需要驱使下开展的，这种需要的外化是社会生活中具体的利益。

②认识或文化。政策议程的发展，必然既是受政策行动主体的认识所引导，又受到社会文化、传统和习俗的影响。

③规则或制度。人在社会中要求生活得稳定、有秩序，就需要组织起来，各种组织都要设立成员的行为规则，这些各种各样的成文的或正式的规则，与不成文的、以风俗习惯的方式存在的非正式的规则一道，形成社会制度。

④影响力或权力。在一个分化的社会里，人们之间的地位并不是平等的，人们占有的资源也有多寡之分，因而解决问题的能力也有大小。

⑤情境或环境。人作为一种社会动物，作为实践者、关系人，既有内在的需要与利益诉求，有认识与文化的引导，也有外在的社会制度与社会关系等作为背景。

(3) 政策议程激发机制建构的重大事件

作为公共政策设立的催化剂，重大事件成为触发机制的条件来自于三个因素的相互作用和相互激荡。这三个因素是范围、强度和时间。

①重大事件的范围，它是指受到事件影响的公众的数量。

②重大事件的强度，它是指公众感觉的事件发生的力度。

③重大事件的时间，它是指某一事件爆发的速率和重大事件发生的频率。

【考点13】政策议程与突发事件——谢明《公共政策概论》

1. 某种危机或惊人事件

人们可能已对某些问题有所察觉，并提出了政策诉求，希望能够对之采取必要的行动。但它没能引起普遍性的重视，政府也处于左右为难之中。在这种情况下，的确需要有某种突发事件的发生将问题推上政策议程。突发性重大事件往往会使形势发生戏剧性变化，从而成为社会各界关注的焦点，引起政府的重视。

2. 抗议活动（包括使用暴力手段）

这是使问题引起决策系统关注并进入政策议程的另一种途径。抗议活动是一种激烈的利益表达形式，多以极端方式向政府施压，它是建立政策议程的有效方法，但不是最佳途径。其表现形式有示威游行、静坐斗争、绝食抗议、暴力冲突、武装对抗等。社会中出现大规模抗议活动说明社会问题已不可调和，只有做出新政策才能平息。

【考点14】公共政策议程设立的主要途径——严强《公共政策学》

1. 政策议程设立的影响因素

(1) 政策行动主体的特性影响议程设立

①政党是重要的政策行动主体，但其作用在西方国家与社会主义国家有所不同。

②政府官员无论是行政机构的成员还是立法机构的成员，他们都是法定的负责政策过程的人员，也是政策议程建立的最后决定者。

③利益集团是政策议程建立的一个重要参与者，因为它们拥有大量的知识、组织与政治等资源。

④大学、研究机构或官方的、民间的思想库中的研究人员，在政策议程建立

中的作用主要是对整个政策过程进行质疑，并从事政策问题构建、政策前景预测、政策行为建议，另外还提供政策议程建立的伦理标准和价值标准。

⑤日益活跃的大众媒体能够强烈影响政府和社会在公共问题及其解决方案方面的偏好。

⑥在西方国家，大众是投票人，他们可能通过选票来选择官员与影响官员的政策态度，也可以在特定时刻直接决定重大政策议程的建立。

（2）政策行动主体的态度影响议程设立

政策行动主体对政策议程建立的态度可以分为三种基本倾向：①积极参与；②被动参与；③冷漠。

2. 西方政策议程设立的主要途径

（1）政策议程设立的外部推动模式

这是自由主义的多元化社会中政策议程的建立模式。在这种模式中，问题由非政府组织提出，接着充分扩展，首先成为公众性议程或系统性议程，最终进入制度性议程。该模式中发挥关键作用的是社会团体。当某个团体明确表达不满并向政府提出解决问题的要求时，议案就首先确立了。有共同意愿的团体会力求为他们的要求寻求更广泛的支持，在这个过程中，这些不满可能在更大的团体内或在不同的团体之间扩散。

（2）政策议程设立的社会动员模式

这是决策者努力将某个议案从正式议程提升到公共议程的模式。在社会动员模式中，政府直接将议案置于正式议程中，不必经由公众普遍意识到不满然后再逐步扩展的过程。关于议案本身在政府内不可能会有激烈的争论，公众一直都被蒙在鼓里。不过，为新的政策赢得广泛支持是很重要的，因为政策的成功贯彻有赖于公众的积极配合。

（3）政策议程设立的内部推动模式

科布的这种模式适合于存在着较为成熟社团的政体。在这一模式中，有影响力的团体拥有影响决策的专门通道，政策不需要在公众中寻求支持，也无须顾及其他议案的竞争。在这种模式下，公共问题的提出和陈述与团体对社会治理表示的不满以及提出可能的解决办法是同步进行的。

（4）政策议程设立的联盟替代模式

作为对西方传统的政策议程建立途径的替代，萨巴蒂尔等人提出了支持联盟的框架模式。这一模式认为，政策议程设立的途径主要是协调各个支持联盟的策略。在任何特定时期，每个政策联盟都会采用一个或多个策略，他们会运用各种手段来改变政府当局的行为，以努力实现他们所期望和坚持的政策目标。来自不同联盟的冲突性策略能够被第三方行动者协调，这种第三方行动者被称为政策掮客，他主要关心的是找到一些能够减少冲突紧张程度的合理的折中办法，最终建立一个或多个政府政策项目，这些项目再产生出政策操作层面上的政策产出。

【考点15】政策议程建立的障碍——谢明《公共政策概论》

议程障碍主要表现在以下几个方面：

1. 政治原则的偏离

任何国家都有其视为立国之本的基本政治原则，坚持这些原则是政府义不容辞的职责。

2. 价值体系的排斥

价值体系涉及社会的基本观念及信仰倾向，是人们思考的依据和行为的准则。任何社会都有其占主导地位的价值体系，它排斥特定的社会问题和政策选择方案进入政策议程。

3. 政府体系的封闭

如果政府保守、决策过程封闭、民选代表不能代表选举人的利益，那么公众与政府联系的渠道就会出现障碍，公众的呼声和愿望很难为决策者所知，人们不仅无法与决策者进行必要的沟通，而且不能通过问题讨论等形式参与政策的制定过程。

4. 承受能力的超重

任何一种政策问题的提出，如果超出了决策者的承受能力，就会受到他们的排斥或回避。即使这种问题的提出对社会有利，符合时代潮流，往往也难以进入政策议程。

5. 表达方式的失当

表达方式失当使本该列入政策议程的问题没有被列入，使本该受到重视的问题不能被及时应对。

12.3 热门院校真题解析

一、名词解释题

1. 社会问题（2017年中国社会科学院）

任何社会在其运行过程中都会产生这样或那样的社会关系失调，并由此带来不同类型的社会问题。只有当社会的大部分成员和一部分有影响的人物认为某种社会情况是社会问题时，它才是社会问题，其中权力因素起着非常关键的作用。

社会问题具有如下特征：（1）社会问题是一种客观条件；（2）社会问题是一种主观定义；（3）社会问题受价值判断的影响；（4）社会问题是关系到大多数人的问题；（5）社会问题的形成具有阶段性特征；（6）社会问题多带有系统性特征。

2. 过失性社会问题（2019年中国社会科学院）

这类社会问题产生于偏离社会正常生活和规范的一些过失行为，如青少年失足和社会犯罪等。需要注意的是：一是一些社会规范允许一定程度的行为偏差，即一些社会规范的边界有一定伸缩余地；二是“偏差”具有相对性，在某种情形下行为被认定是偏离社会规范的过失行为，而在另一种情形下则可能被认为是可以接受的行为。汽车司机遇红灯应该把车停在停车线后面，可有时也会因刹车不及时越过停车线，但对交叉路上其他通行车辆远构不成威胁，此时警察往往会不予处罚。

3. 结构性社会问题（2015年中国人民大学）

所谓结构性社会问题是指由社会自身结构不合理所导致的一些社会现象。结构性社会问题涉及社会生活的许多方面，其中最为突出的是各种各样的不平等现象。如由经济不平等所带来的贫富两极分化，两极分化的直接结果是贫困，而贫困问题有时并不为人们所注意。除了贫困问题，还有由民族歧视和种族偏见所引发的民族矛盾、由政治不平等所产生的政府权力滥用、由教育不平等所导致的社会不满、由价值观变化所引发的家庭问题等，这些都属于结构性社会问题。

4. 社会冲突论（2019年中国社会科学院）

社会冲突理论以科塞和达伦多夫为代表，重点研究社会冲突的起因、形式、制约因素及影响。科塞认为，冲突是价值观、信仰及对于稀缺地位、权利和资源的分配上的争斗。冲突具有正功能和负功能，只要不直接涉及基本价值观或公共观念，其性质是积极性的，即冲突表现出的正面功能。

冲突的五项正功能为：（1）冲突对社会与群体具有内部整合的功能；（2）冲突对社会与群体具有稳定的功能；（3）冲突对新社会与群体具有内部整合的功能；（4）冲突对新规范和制度的建立具有激发功能；（5）冲突是一个社会中重要的平衡机制。

5. 社会越轨论（2020年云南大学）

所谓越轨，包括社会成员违反法律、规章制度、道德规范和社会习俗的所有行为。从狭义角度看，“社会越轨”现在主要是指社会上的违法违规事件，实际上是负面行为。任何一个社会都会有一些制度规范作为人们的行为准则，一般按照制度规范去做事就被认为按照轨道走，而违反制度规范就成了“社会越轨”。

越轨行为不完全等同于社会问题，只有当某种越轨行为频繁发生且对社会造成危害，使相当数量的人受到威胁时，才会转化为社会问题。越轨的行为表现为：不适当行为、异常行为、自毁行为、不道德行为、反社会行为、犯罪行为。

6. 社会解组论（2020年重庆大学）

社会解组是指社会规范和制度对社会成员的约束力减弱，社会凝聚力降低的一种社会状态。强调当社会系统的平衡机制在社会变迁过程中受到干扰时，容易发生冲突与解组。

社会学对于社会解组的研究的三种观点：（1）文化堕距观点。在文化变迁中，构成文化的各部分变化速度不一致，造成了相互间的差距和错位，导致社会解组。（2）异化观点。在传统社会向现代社会的过渡的过程中，出现了个人在精神上与其周围世界相分离或相对立的现象，这也是引起社会解组的重要原因。（3）社会机会结构与社会目标结构失调的观点。社会解组是在个人或群体目标无法充分实现的条件下发生的社会问题。

7. 社会标签理论（2018年中国人民大学）

标签理论是解释社会的问题的产生原因及发展过程的理论，人类的行为并不取决于行为的内在性质，而取决于社会对其采取的态度，取决于社会的揭示和认定。

标签是指某些人给另一些人所施加的符号或固定性看法，在标签理论中主要是对被施加者施加的不利符号或污名。这种理论认为，一些群体的偏差行为是由于强势群体的妄加标签而产生的。

标签理论注重对异常行为过程的研究，基本观点为：（1）在人们变成异常行为者的过程中，社会给贴上异常行为者的标签是一个关键因素；（2）当社会通过创造新的准则而把异常行为的标签加在初发性异常行为者身上后，这个人就可能成为复发性异常行为者。

8. **手段—目标论**（2020 年北京邮电大学）

美国社会学家默顿在杜尔凯姆社会失范论的基础上提出了手段—目标理论，社会为人们提出的目标与达成目标的合法手段不配套、不统一时，就引发了社会越轨行为。因此，部分成员就可能会去寻求非正常或非法的途径来实现自己理想的目标，社会推崇的目标和社会所认可的手段之间出现脱节与冲突，有悖社会的价值标准的越轨行为就出现了。

默顿列举了四种越轨行为：（1）创新型。虽接受社会目标，但拒斥合法的手段。寻求用新的、不合法的手段达成目标，经济犯罪多属此类。（2）形式型。虽拒绝社会目标，但屈从社会现实，被动地使用社会所认可的方法，表现出应付状态。（3）退缩型。同时拒绝社会目标与合法手段，往往以退缩方式解决问题。（4）叛逆型。不但拒绝社会目标与合法手段，而且试图用新的目标和手段予以替代。

9. **社会分层理论**（2020 年中国人民大学）

社会学家借用分层概念来分析社会的纵向结构，提出了社会阶层的概念，用以指称由于经济、政治、社会等多种原因而形成的，在社会层次结构中处于不同地位的社会群体。阶层是因为社会的等级分化而形成的具有连续性的等级序列。

西方社会学中，对社会分层研究影响最大的一个理论源头是马克斯·韦伯的“三位一体”分层理论。韦伯认为，对社会成员进行阶层划分有三重标准，即经济标准（财富）、政治标准（权力）和社会标准（声望）。不同的身份群体在社会生活中具有不同的声望，也具有不同的社会地位。上述三个分层标准有时是相互联系、相互转化的，但三标准是相互独立的，每个标准都可以单独作为社会分层的标准。

10. **政策问题**（2018 年、2016 年华中农业大学；2016 年湖南农业大学；2015 年杭州师范大学；2012 年西南大学；2008 年中国人民大学）

政策问题是指统治集团或社会大多数人感觉到现实中出现的某种情况与他们的利益、期望、价值和规范有相当严重的矛盾和冲突，进而通过团体或组织活动要求有关社会公共组织和政府采取行动加以解决，并被后者列入政策议程的社会问题或公共问题。

政策问题主要包括：（1）客观的事实或问题情境；（2）问题的察觉；

(3) 现实与利益期望等的冲突性；(4) 团体或组织活动；(5) 政府或社会公共组织的必要政策行动。

11. **政策议程**［2021 年中国矿业大学（北京）；2020 年中国人民大学；2019 年、2018 年、2015 年杭州师范大学；2019 年浙江财经大学；2018 年中国海洋大学；2018 年、2014 年湖南农业大学；2017 年对外经济贸易大学；2017 年天津商业大学；2016 年、2010 年北京航空航天大学；2015 年西北师范大学；2014 年江苏大学］

公共政策议程是由一系列程序构成的过程，指的是社会公共问题进入由政策行动主体构成的政策子系统的范围并成为政府特别关注的、在深思熟虑后下决心要加以解决的公共政策问题的过程。

政策议程之所以成为公共政策过程中的焦点，究其原因，主要有两个方面：一方面，政策议程是政策过程的首要环节；另一方面，政策议程是政府对社会价值进行权威性配置的基础。

政策议程是公共政策过程中的一个重要阶段，是整个政策运行无法绕过的关键环节。正因为如此，政策议程将会对全部政策的程序、运行和政策的结果产生决定性的影响。

12. **公众议程和政府议程/系统化议程和制度性议程**（2020 年中国政法大学；2020 年北京大学；2015 年华中农业大学）

政策议程的建立是社会问题转化为政策问题的关键一步。公众议程（系统化议程）和政府议程（制度性议程）是政策议程的不同阶段。

公众议程是指某个社会问题已引起社会公众和社会团体的普遍关注，他们向政府部门提出政策诉求，要求政府部门采取措施加以解决这样一种政策议程。从本质上讲，公众议程是一个众人参与的讨论过程，是一个问题从与其具有特殊联系的群体逐渐扩展到社会普通公众的变化过程。在此过程中，非正式群体的情绪领袖和大众传播媒介起着十分重要的作用。

政府议程是指某些社会问题已引起决策者的深切关注，他们感到有必要对之采取一定的行动，并把这些社会问题列入政策范围这样一种政策议程。从本质上讲，政府议程是政府部门按特定程序行动的过程，政府的制度性因素在其中有着十分重要的影响。

13. **外在创始型、内在创始型和政治动员型**（2021 年中国社会科学院）

美国科布等人提出，按政策诉求的主体将政策议程类型划分为外在创始型、内在创始型和政治动员型三种。

（1）外在创始型

政策诉求是由政府系统以外的个人或社会团体提出的，经阐释和扩散进入公共议程，然后通过对政府施压的手段使之进入政府议程。

（2）内在创始型

政策诉求源于政府机构内部的人员或部门，其扩散的对象仅限于体制内的相关团体和个人，客观上不涉及社会一般公众，扩散是为了形成足够的压力以使决策者将问题列入政府过程。“体制内运作”是内在创始型的主要特征，政策诉求的主体并不希望建立相应的公众议程。

（3）政治动员型

具有权威作用的政治领袖主动提出其政策意向，并使其进入政府议程。这样做是为了寻求社会公众的理解和支持，以便更好地贯彻和实施这项政策。政治动员型以政府议程为基点、以公众议程为对象，其目标在于政策方案的执行。

14. **实质性议程与象征性议程**（2021 年中国政法大学）

美国学者拉雷·N. 格斯顿提出，按议题的复杂性和对社会不同领域的不平衡影响程度划分为实质性议程与象征性议程。

（1）实质性议程（2016 年湖南师范大学）

实质性议程往往涉及一些社会影响非常广泛、最具潜在和爆发性特征的公共政策问题。这些议题的重要性和复杂性使其不可避免地带有分裂的特征。它们通常在公众中、决策者中以及二者之间引起争议，从而存在导致重大冲突的可能性。

一个政策问题进入实质性议程必须具备三个条件：一是公共资源的分配涉及重大的利害关系，二是议题引起公民和决策者的密切关注，三是议题包含了发生重大变化的可能性。

（2）象征性议程

在政策议程中，不仅存在占主导地位的实质性问题，而且存在大量需要解决的象征性问题，它们同样分享了政治的聚光灯。象征性议题注重的是价值而不是资源。这类具有象征意义的议题也会牵动人们的共同意识。

15. **多源流模型/多源流理论**（2019 年北京大学；2015 年中国政法大学；2011 年北京航空航天大学）

多源流理论是美国著名政策学家金顿构建的，他的理论核心是试图解释为什么某些议程受到决策者的注意，而另外一些却被忽略了。

在政策议程中存在三种源流：（1）问题源流。政策制定者对一些问题给予关注，却对其他问题视而不见，其原因是这主要取决于官员了解实际情况的方法，更重要的是，取决于这些实际情况是如何定义为问题的。（2）政策源流。在“原始的政策鲜汤”周围“漂浮”着多种意见主张，意见主张由政策共同体中的专家们提出。尽管意见主张很多，但仅有少数能引起高度重视。其中的选择标准包括技术的可靠性与价值观念的可接受性。（3）政治源流。包括三个因素：国民情绪、压力集团的争夺行动、行政或立法上的换届。

16. **政策之窗**（2020 年、2016 年、2012 年对外经济贸易大学；2015 年浙江财经大学；2012 年北京航空航天大学）

当在一个关键的时间点上，上述三大源流汇合到一起时，问题就会被提上议事日程。在多源流理论中，这样的时间点被称为政策之窗。其定义为“提案支持者们推广其解决方法或吸引别人重视他们的特殊问题的机会”。它是由紧迫的问题或是政治源流中的重大事件打开的，持续时间较短，一些可以预测，一些则无法预测。

二、简答题→论述题

1. **社会问题的特征**（2017 年中国人民大学）

任何社会在其运行过程中都会产生这样或那样的社会关系失调，并由此带来不同类型的社会问题。只有当社会的大部分成员和一部分有影响的人物认为某种社会情况是社会问题时，它才是社会问题，其中权力因素起着非常关键的作用。

社会问题具有如下特征：

（1）社会问题是一种客观条件

所谓客观条件是指一种可以通过实证加以认识的情况，如国防情况、出生率倾向和失业问题。客观条件是社会问题存在的必要前提，没有客观条件就不可能形成社会问题。比如，离婚在一些地区是一个社会问题，而在另一些地区则不是。

（2）社会问题是一种主观定义

所谓主观定义是指人们对上述客观情况的察觉和认识，即人们明显感到目前的客观条件已经危及自己所珍视的社会价值观，是对自己所信奉的社会规范的一种背离。社会问题主要还是由人来加以定义的。

（3）社会问题受价值判断的影响

社会问题之所以能够出现并得以持续，主要是由于人们具有不同的价值选择和目标取向，社会问题会涉及价值观的双重冲突。

（4）社会问题是关系到大多数人的问题

政府是人民的代表，应更重视关系到多数人利益的社会问题。如果问题只涉及个别人利益，往往不能形成社会焦点，难以引起人们的普遍重视。

（5）社会问题的形成具有阶段性特征

社会问题是逐渐形成的，有从小到大、从潜在到显现、从一般到突出的变化过程。比如我国人口老龄化问题。

（6）社会问题多带有系统性特征

任何社会问题都不是孤立存在的，往往是整个社会问题系统中的有机组成部分。不同范围、领域、层次的社会问题存在着相互联系、相互制约的辩证统一关系。社会问题系统性特征要求处理问题从整体出发，提倡搞综合治理。

2. **社会问题理论**（2021年首都经济贸易大学）

育明教育名师解析

参考12.2常考知识点梳理【考点4】社会问题理论中的内容，该部分也可以在前面的名词解释题语言基础上加以拓展。

3. **比较私人问题、公共问题与政策问题**（2014年暨南大学；2014年华中农业大学）

私人问题是指某类问题仅仅涉及某一个人的期望与实际状态之间的差距，具有明确的个人属性，这类问题发生后，只影响某个人或少数个人，而不属于政府机关要管辖和解决的范围，应当由当事人自己解决。

公共问题，是指一定数量的社会成员感知其期望的目标、价值或境况，与现实获得的价值、利益或境况存在显著差距，因而通过各种方式将其缩小差距的要求公之于众，以争取社会同情与支持，并谋求引起政府关注和予以解决的一种情境。

【补充】2014年暨南大学；2014年华中农业大学：政策问题的构成要素。

政策问题是指统治集团或社会大多数人感觉到现实中出现的某种情况与他们的利益、期望、价值和规范有相当严重的矛盾和冲突，进而通过团体或组织活动要求有关社会公共组织和政府采取行动加以解决，并被后者列入政策议程的社会问题或公共问题。

主要包括以下方面：

（1）客观的事实或问题情境

政策问题来源于一些可以观察到的、能够表述出来的客观事实和问题情境，这些事实或问题情境是客观存在的，不以人的意志为转移。

(2) 问题的察觉

这种客观的事实或情境已为社会大多数人或统治集团及其少数权威统治者所察觉，从各自的角度感觉到问题的存在。

(3) 现实与利益期望等的冲突性

社会所存在的客观现实状况与统治者或社会大多数人的利益、期望、价值和规范等有相当严重的冲突，有必要采取行动改变这种状况。

(4) 团体或组织活动

社会问题、公共问题演变为公共政策问题不单纯是少数个人行动所致，在现代社会里，人们只有采取一定的团体或组织行动才有可能影响有关的公共组织和政府。即便是少数权威统治人物也必须通过一定的组织行为才能将察觉到的公共问题变成公共政策问题。

(5) 政府或社会公共组织的必要政策行动

公共政策问题要求人们所察觉的问题必须在政府的职权范围之内，通常都不可能仅靠少数人或一些私人部门的努力来解决，而必须由有关政府组织或社会公共组织纳入政策议程并依法采取相应的政策行动来加以解决。

4. 政策问题的基本属性/特征/性质（2019 年广州大学；2012 年湖南农业大学；2011 年华中农业大学）

政策问题是指统治集团或社会大多数人感觉到现实中出现的某种情况与他们的利益、期望、价值和规范有相当严重的矛盾和冲突，进而通过团体或组织活动要求有关社会公共组织和政府采取行动加以解决，并被后者列入政策议程的社会问题或公共问题。

(1) 关联性与公共性

①关联性

任何一个政策问题都不是孤立的，而是整个政策问题体系的一个组成部分，会与其他领域、地区或部门的政策问题有不同程度的相关性，彼此相互作用、相互影响。在分析和解决公共政策问题时，要从政策问题系统和社会系统的高度去把握。

②公共性

政策问题的公共性表现在政策问题是发生在社会公共领域的，影响到国家或某一地区的大多数人，并且它必须通过公共权力机构来加以解决。公共权力机构对政策问题的解决，表现为法律、法规、行政命令或指示等形式的公共政策，对其针对的所有人员都具有权威性和普遍的效力。

（2）客观性与主观性

公共政策问题基于一定客观社会现实而得以成立。同时它们又都是基于人们的主观价值判断、切身感受以及分析研究和其他主动行为才得以上升到政策问题的高度，因而更具有主观性。

（3）历史性与动态性

①历史性

历史性是指公共政策问题从它的成因来看都不是突发的，而是要经过一个逐步发展的过程才会达到普遍化和严重化的程度，新的公共政策问题很可能是已有政策遗留的，也可能是环境与事态的新变化所导致的。

②动态性

动态性是指一定的政策问题的性质及其严重程度，是随着成因的变化而变化的。政策问题的动态性不但可以从纵向历史发展方面去看，而且可以从横向状态上来观察。

5. 政策问题的分类（2018 年北京航空航天大学）

政策问题是指统治集团或社会大多数人感觉到现实中出现的某种情况与他们的利益、期望、价值和规范有相当严重的矛盾和冲突，进而通过团体或组织活动要求有关社会公共组织和政府采取行动加以解决，并被后者列入政策议程的社会问题或公共问题。

（1）邓恩从政策问题的结构角度，把政策问题划分为结构优良、结构适度和结构不良三种类型。如下表所示。

政策问题的结构类型

要素	问题的结构		
	结构优良	结构适度	结构不良
决策者	一人或少数人	一人或少数人	许多
备选方案	有限	有限	无限
效用（价值）	一致	一致	冲突
结果	确定性或风险	不确定	未知
概率	可计算	不可计算	不可计算

①结构优良

A. 决策者人数较少，只有一个人或少数几个人，对于问题的解决方案也仅有几个。

B. 决策者在政策方案的效用或价值方面，能够达成一致，这也反映了他们对于政策目标的追求具有一致性。

C. 决策者也能够确定每一种备选方案所能够产生的结果，若存在风险，也可以通过计算确定其可能的存在范围。

D. 这一类问题通常发生在公共权力机构的较低层次。

②结构适度

A. 结构适度指一位或数位决策者在相对有限的备选方案中进行选择。

B. 方案的效用一致能够反映目标的一致性，但结果是不确定的，也无法加以计算，从而无法估计误差的概率。

C. 在此模型中，由于结果的不确定，可能使决策者难以抉择，对理性的选择可能带来严重的后果。

③结构不良

A. 通常涉及不同的决策者，其效用无法达成一致，目标之间相互冲突；

B. 备选方案及其结果可能是未知的，也不能够确定其风险。政府面临的很多政策问题都是结构不良问题，这是因为政策问题大多涉及许多的利益相关者，他们之间由于利益上的相互冲突，很难在价值方面达成一致。

（2）从政策问题发生的领域，可将政策问题划分为政治问题、经济问题、文化问题、外交问题、民族问题等。

①政治政策问题主要涉及国家权力的分配、组织和运行，公民权利的维护等。在解决政治问题时，首要遵循的是合法性原则。

②经济政策问题涉及经济制度和结构、经济运行与发展等，与其他问题相比，它更加注重效益的原则。

③国际关系领域的政策问题强调的是维护国家的利益和主权原则。

但这种划分不是绝对的，政治政策问题和经济政策问题等密切相连，有些政治政策问题在一定的角度看来，也是经济政策问题。

（3）从作用范围看，公共政策问题可以分为国际问题、全国性问题、区域性问题和地方性问题。国家既存在统一性的全国政策问题，又存在具有差异性的区域性和地方性的政策问题，它们构成了整个国家的政策问题体系。

6. 政策问题的确认步骤（2018 年杭州师范大学；2008 年中国人民大学）

政策问题的确认指对于政策问题的察觉、界定和描述的过程。问题确认是问题求解过程中最为关键的一环，对问题进行明确和系统的阐释是探求问题解决方案的有效途径。

政策问题的确认分为如下三个步骤：

（1）问题察觉

问题察觉是指某一社会现象被人们发现并扩散，逐渐引起社会公众和政府有关部门关注的过程。问题察觉的实现，不仅取决于客观条件，而且取决于相关人员的主观条件，如政治立场、思想意识等。

（2）问题界定

问题界定是指对问题进行特定分析和解释的过程。

①需要通过一定的方法对问题进行必要的归类。

②需要对问题进行必要的诊断（找问题原因）。

③需要把问题情境转变为实质问题。

（3）问题描述

问题描述是指运用可操作性语言对问题进行明确表述的过程，对问题所做的描述将作为政策制定的直接“原料”输入决策系统。

在一般决策系统中，政策问题的确认与政策方案的选择之间往往存在着一定的距离。察觉、界定和描述问题的人并不直接参与政策的决定，决策者更多依赖于问题的描述而不直接参与问题的确认。

政策问题的确认是通过自下而上的报告体系完成的。由于传统的、文化的、体制的和环境的种种原因，常出现沟通障碍和信息失真，从而导致政策失误。因此，问题确认过程中就应尽量缩短报告链条，减少报告层次。

另外，由于政策滞后性，许多政府不能及时确定和认清所有重大政策问题，更不能及时运用政策手段加以解决或缓和。

7. 公共政策议程的含义及作用/意义（2015 年湖南师范大学；2012 年南开大学）

公共政策议程是由一系列程序构成的过程，指的是社会公共问题进入由政策行动主体构成的政策子系统的范围并成为政府特别关注的、在深思熟虑后下决心要加以解决的公共政策问题的过程。

政策议程的作用表现为以下两方面：

（1）政策议程是政策过程的首要环节

政策过程不论是从一个新的问题开始的，还是由一个旧的问题引发的，只有当它们进入政策议程才是具有实质意义的事件。

（2）政策议程是政府对社会价值进行权威性配置的基础

要分配社会价值，要让这种分配具有合法性，就必须首先确定这种分配的内容与对象，即解决分配什么与向谁分配的问题。

政策议程是公共政策过程中的一个重要阶段，是整个政策运行无法绕过的关键环节。某个公共问题在政策议程中被提出来，并最终被确定为政府行动的候选对象，必然要经过复杂的程序，它是社会因素、经济因素、技术因素、政治因素、社会传统、意识形态等方面相互影响、相互作用的结果。正因为如此，政策议程将会对全部政策的程序、运行和政策的结果产生决定性的影响。

8. 政策议程的类型（2012 年、2010 年中国人民大学）

育明教育名师解析

详情参考 12.2 常考知识点梳理【考点 10】。

9. 社会/公共问题→政策议程建立的条件及障碍（2017 年杭州师范大学；2015 年湖南农业大学；2014 年西北师范大学；2013 年北京航空航天大学）

公共政策议程是由一系列程序构成的过程，指的是社会公共问题进入由政策行动主体构成的政策子系统的范围并成为政府特别关注的、在深思熟虑后下决心要加以解决的公共政策问题的过程。

公共问题→政策议程建立的条件：

（1）私人诉求

从某种意义上讲，很多具有公共性质的问题都是由私人问题引发的。私人问题引发的行动很可能导致反对意见的出现，从而形成讨论的局面，许多人直接或间接地卷入到这一事务之中。非正式关系在政策议程建立过程中所起的作用同样不容忽视。非正式关系是指超出法定组织制度和工作程序的人际关系，如老乡、亲属、同学、朋友等。

（2）团体推动

任何利益集团都有自己的利益需求，在社会中它们寻求着某种合理的平衡状态。如果出现的某种情况威胁到这种平衡状态的存在，那么它们就肯定会做出必要的反应。此外，某个利益集团从政府得到一定的特惠政策时，其他利益集团也有可能做出相应的反应。

（3）领袖因素

在任何国家和地区，政治领袖都是决定政策议程的一个极为重要的因素，而且经常是起关键性和决定性作用的因素。政治领袖作为决策系统的核心，其对政策议程的影响力往往来自制度的授权，常扮演政策议程主要决定者的角色，其政策建议几乎可以自动提上政府议程。

（4）体制功能

一定的政府体制从制度上规定了信息的沟通渠道和利益的表达方式，从而形成协调各种利益关系的组织机制。政府体制涉及组织结构、工作程序、代表制度、选举制度等多种因素。政策议程的建立取决于政府体制的开放程度。

（5）传媒作用

大众传媒在推动政策议程建立的过程中起着非常关键的作用。首先，因为它能把少数人发现的问题广泛传播，以争取多数人的理解与支持，从而为建立公众议程创造了条件。其次，因为它能制造强大的舆论压力，促使政府决策系统接受来自公众的愿望和要求。再次，因为它是连接公众与政府决策系统的桥梁，使公众参与成为可能，从而扩大了政策问题的来源。最后，因为它能发挥政府决策系统外脑的作用，是政府决策系统了解和掌握社会信息的重要工具。

（6）问题本身

社会问题的明朗化程度是问题严重与否的一个重要标志，是促成政策议程的建立的基础条件。明朗化的社会问题最容易引起社会公众的普遍关注和政府决策系统的政策反应。

从公共问题到政策议程建立存在的障碍有以下几点：

（1）政治原则的偏离

任何国家都有其视为立国之本的基本政治原则，坚持这些原则是政府义不容辞的职责。

（2）价值体系的排斥

价值体系涉及社会的基本观念及信仰倾向，是人们思考的依据和行为的准则。任何社会都有其占主导地位的价值体系，它排斥特定的社会问题和政策选择方案进入政策议程。

（3）政府体系的封闭

如果政府保守、决策过程封闭、民选代表不能代表选举人的利益，那么公众与政府联系的渠道就会出现障碍，公众的呼声和愿望很难为决策者所知，人们不仅无法与决策者进行必要的沟通，而且不能通过问题讨论等形式参与政策的制定过程。

（4）承受能力的超重

任何一种政策问题的提出，如果超出了决策者的承受能力，就会受到他们的排斥或回避。即使这种问题的提出对社会有利，符合时代潮流，往往也难以进入政策议程。

（5）表达方式的失当

表达方式失当使本该列入政策议程的问题没有被列入，使本该受到重视的问题不能被及时应对。

10. **政策议程的触发机制**（2019年、2017年杭州师范大学）

公共政策议程是由一系列程序构成的过程，指的是社会公共问题进入由政策行动主体构成的政策子系统的范围并成为政府特别关注的、在深思熟虑后下决心要加以解决的公共政策问题的过程。

（1）触发机制的影响因素

触发机制作为公共政策的催化剂，其作用的发挥源于三个影响因素的互动：范围、强度和时间。

①范围

范围指的是受触发机制影响的人员数量和地区规模。如果一个事件对社会中多数人或地区构成影响，那么其具有普遍的社会意义，从而使采取相关行动的要求具有广泛的社会基础。

②强度

强度是指公众的态度反映。如果发生了某种意外，但得到了公众的宽容与接受，那么随后出现的平和态度就不会引发相关的政策议程。

③时间

时间是指触发机制产生的时间。瞬间机制指很快就能广为人知的事件，如1976年唐山大地震；持续机制指需要经历一段酝酿过程的持续性事件，如艾滋病问题。

（2）触发机制的类型

触发机制作为公共政策的潜在先导，产生于内部（国内）和外部（国外）两种不同的环境，因此可以区分为内在触发机制和外在触发机制两种类型。

①内在触发机制（2014年中国人民大学）

A. 自然灾害

自然灾害的发生不受个人或政府从事活动的影响，自然事件及其结果却可以极大地影响政治，如政治价值观的改变等。

B. 经济灾难

经济事件并非只会对经济领域产生影响，它的发生同样会给社会生活和政治生活带来影响。

C. 技术突破

技术创新为社会带来了源源不断的发展动力，它可以实实在在地改变人们的日常生活和社会关系。

D. 生态变迁

人类生存最为必要的资源多是不可再生资源，生态问题一旦形成就可能造成极大震惊，引发公众的迅速反应，产生过去从未考虑过的政策问题。

E. 社会变迁

随着社会中的大多数人对社会价值、行为规范、政治理念和政府责任等方面态度的转变，社会的方方面面都会随之产生很大的变化。

②外在触发机制

A. 战争行动

受到他国武力侵犯是外在触发机制最为典型的例子。即使本国并没有直接卷入冲突，但也会受到冲突的间接影响，可能会成为与冲突有关的活动参与者。

B. 地区与国际冲突

在全世界多个地方都有小规模冲突出现，冲突同样会对政策议程的建立产生重要的影响。

C. 经济对抗

各国间在经济领域存在博弈，一国的收益可能造成他国的损失。

D. 新式武器与力量失衡

新型武器的出现不仅对国家间的关系具有显著影响，而且对整个国际政治体系也会带来冲击。

11. **西方政策议程设立的主要途径**（2017 年北京航空航天大学；2012 年湖南师范大学）

西方政策议程设立的主要途径有：

（1）政策议程设立的外部推动模式

这是自由主义的多元化社会中政策议程的建立模式。在这种模式中，问题由非政府组织提出，接着充分扩展，首先成为公众性议程或系统性议程，最终进入制度性议程。该模式中发挥关键作用的是社会团体。当某个团体明确表达不满并向政府提出解决问题的要求时，议案就首先确立了。有共同意愿的团体会力求为他们的要求寻求更广泛的支持，在这个过程中，这些不满可能在更大的团体内或在不同的团体之间扩散。

（2）政策议程设立的社会动员模式

这是决策者努力将某个议案从正式议程提升到公共议程的模式。在社会动员模式中，政府直接将议案置于正式议程中，不必经由公众普遍意识到不满然后再逐步扩展的过程。关于议案本身在政府内不可能会有激烈的争论，公众一直都被蒙在鼓里。不过，为新的政策赢得广泛支持是很重要的，因为政策的成功贯彻有赖于公众的积极配合。

（3）政策议程设立的内部推动模式

科布的这种模式适合于存在着较为成熟社团的政体。在这一模式中，有影响力的团体拥有影响决策的专门通道，政策不需要在公众中寻求支持，也无须顾及其他议案的竞争。在这种模式下，公共问题的提出和陈述与团体对社会治理表示的不满以及提出可能的解决办法是同步进行的。

（4）政策议程设立的联盟替代模式

作为对西方传统的政策议程建立途径的替代，萨巴蒂尔等人提出了支持联盟的框架模式。这一模式认为，政策议程设立的途径主要是协调各个支持联盟的策略。在任何特定时期，每个政策联盟都会采用一个或多个策略，他们会运用各种手段来改变政府当局的行为，以努力实现他们所期望和坚持的政策目标。来自不同联盟的冲突性策略能够被第三方行动者协调，这种第三方行动者被称为政策掮客，他主要关心的是找到一些能够减少冲突紧张程度的合理的折中办法，最终建立一个或多个政府政策项目，这些项目再产生出政策操作层面上的政策产出。

12. **中国政策议程设立的多种途径**（2020 年对外经济贸易大学；2019 年广州大学；2017 年江苏大学；2016 年中央党校；2016 年湖南师范大学）

结合中国社会制度、文化传统和特殊国情，依据议程提出者的身份与民众参与的程度提出了六种建立政策议程的途径或模式。

（1）政策议程设立的关门模式

这是最为传统的议程设立模式。在这种模式中，没有公众议程的位置，议程的提出者是决策者自身，他们在决定议事日程时没有或者认为没必要争取大众的支持。

（2）政策议程设立的动员模式

与关门模式一样，动员模式里的议程也是由决策者提出的。与关门模式不同的是，在动员模式里，确定一项议程后，决策者会千方百计引起民众对该议程的兴趣、争取他们对该议程的支持，是先有政策议程，后有公众议程。

（3）政策议程设立的内参模式

在内参模式里，议程不是由决策者提出的，而是由接近权力核心的政府智囊们提出的。各种各样的智囊会通过各种渠道向决策者提出建议，并希望自己的建议能被列入决策议程。他们往往不会努力争取民众的支持，而更看重决策者的赏识，他们有时甚至不希望所讨论的问题变成公众议程，因为担心自己的议案可能招致民众的反对，最终导致决策者的否决。在这个模式中没有民众与决策者的互动，只有智囊们与决策者的互动。

（4）政策议程设立的借力模式

在内参模式中，政府智囊们只关心自己的建议是否会得到决策者的重视。借力模式的不同之处在于，政府智囊们决定将自己的建议公之于众，希望借助舆论的压力，扫除决策者接受自己建议的障碍。

（5）政策议程设立的上书模式

上书是指给决策者写信，提出政策建议，不包括为个人或小群体做利益申述之类的行为。上书模式与内参模式十分相似，都是有人向决策者提出建言，不同之处在于建言人的身份。

（6）政策议程设立的外压模式

在外压模式里，议程的提出者虽然不排除摆事实、讲道理的方式，但他们更注重诉诸舆论、争取民意支持，目的是对决策者形成足够的压力，迫使他们改变旧议程、接受新议程。

外压模式的特点：

①只有在初始阶段，外压模式里的议案倡导者才是可以确定的。

②外压模式产生作用的前提是少数人关心的议题变为相当多人关切的公众议程，否则压力便无从产生，而这个过程需要时间。

③由于以上两个特点的存在，研究者很难准确断定外力通过何种方式最终影响议程的设置。

13. **公共政策决定的多源流理论框架**（2015 年北京师范大学）

多源流理论是美国著名政策学家金顿构建的，他的理论核心是试图解释为什么某些议程受到决策者的注意，而另外一些却被忽略了。

在政策议程中存在三种源流：问题源流、政策源流与政治源流。

（1）问题源流

为什么政策制定者对一些问题给予关注，却对其他问题视而不见呢？这主要取决于官员了解实际情况的方法，更重要的是，取决于这些实际情况是如何定义为问题的。

（2）政策源流

在“原始的政策鲜汤”周围“漂浮”着多种意见主张，意见主张由政策共同体中的专家们提出。尽管意见主张很多，但仅有少数能引起高度重视。其中的选择标准包括技术可靠性与价值观念的可接受性。

（3）政治源流

包括三个因素：国民情绪、压力集团的争夺行动、行政或立法上的换届。

当在一个关键的时间点上，上述三大源流汇合到一起时，问题就会被提上议事日程。在多源流理论中，这样的时间点被称为政策之窗。其定义为“提案支持者们推广其解决方法或吸引别人重视他们的特殊问题的机会”。它是由紧迫的问题或是政治源流中的重大事件打开的，持续时间较短，一些可以预测，一些则无法预测。

14. 谈谈民意调查对议程设置的功能分析（2017年南开大学）

政策议程的建立是社会问题转化为政策问题的关键一步。在任何政治系统中都存有若干政策议程，其中公众议程和政府议程是两种最基本的形式，同时也是政策议程的两个不同的阶段。公众议程是指某个社会问题已引起社会公众和社会团体的普遍关注，他们向政府部门提出政策诉求，要求采取措施加以解决这样一种政策议程。

民意调查在推动政策议程建立的过程中起着非常关键的作用，主要体现在以下三个方面：

（1）通过民意调查能把社会热点和民众关注点集中起来，以争取多数人对政策的理解与支持，从而为建立公众议程创造条件。

（2）通过民意调查制造强大舆论压力，促使政府决策系统接受来自公众的愿望和要求。

（3）民意调查还是连接公众与政府决策系统的桥梁，能发挥政府决策系统外脑的作用，扩大政策问题的来源，是政府决策系统了解和掌握社会信息的重要工具。

第13章 政策规划

育明教育名师解析

政策规划是整个政策过程的最初阶段要做的事，关乎政策的成败。本章围绕着政策规划这一核心词分别介绍其定义、取向、分类、原则、思维方法和程序等知识点，每个知识点都是以清晰的要点的形式展现出来，考生背记时更方便。各大院校常将本章知识点设为冷门考点。

13.1 章节知识框架

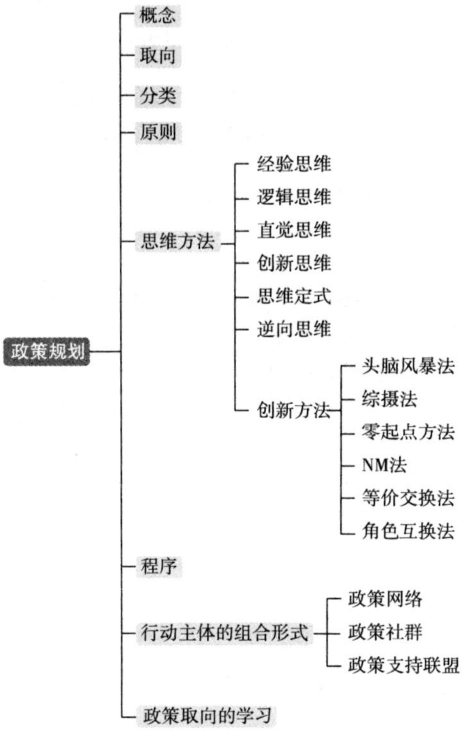

13.2 常考知识点梳理

【考点1】政策规划的概念

政策规划是指在既定原则指导下寻求方案优化的一系列分析和抉择活动，需要决策者的积极参与和政策分析人员的密切配合。核心原则是增强决策的透明度，推进决策的民主化，具体要求是在讨论和研究政策方案时必须经过合法程序，听取专业人士的相关意见，进行必要的政策辩论，提供有效的证据，考虑多方的利益，以保证政策规划的公平、公正、科学与民主。

——谢明《公共政策概论》

公共政策规划是政策行动主体在对政策问题进行分析、研究的基础上，经过民主的程序和方式，运用专业知识和技术，提出相应的解决政策问题的办法或文案，为政策决策提供必要前提的过程。政策规划既是一种运用技术手段对解决政策问题的途径进行精心设计的活动，又是政策行动主体之间为实现公共利益而展开的竞争和合作的活动。其特点是：（1）多种主体参与的民主过程；（2）多个环节衔接的动态过程；（3）推动问题解决的能动过程。

——严强《公共政策学》

【考点2】政策规划的取向——严强《公共政策学》

根据公共政策专家罗伯特·梅叶的观点，公共政策规划主要有下列五个方面的取向。

1. 目标取向

政策规划是人们要从不满意的或不够满意的现实状态出发，通过行动，努力去达成未来的理想状态。

2. 变革取向

从存在问题的现状出发，只有逐步改变这种现状，才有可能最终达成未来的理想状态。

3. 选择取向

政策规划在于“选择与设计”行动方案，它包含着一系列大大小小的精心设计和艰难选择。

4. 理性取向

政策规划的基本要求就在于运用人类的理性，对未来做出符合规律的、有创造性的安排。

5. 集体取向

在现代社会多元治理的背景和观念下，政策规划的有效性、科学性有赖于行动主体间的协商合作。

【考点3】政策规划的分类——严强《公共政策学》

1. 根据政策规划的方式可以将政策规划分为常规式政策规划和类比式政策规划

（1）常规式政策规划

是对已列入政府工作议程的需要定期加以处理的政策问题重复进行的一种例行公事式的政策规划。它的对象和解决问题的工具是既定的，将要实施的政策方案一般也是为政府部门和公众所熟知的。这种规划方式常用于处理那些带有周期性、普遍性，且有先例可以遵循的政策问题。

（2）类比式政策规划

与常规式政策规划不同的是，类比式政策规划要处理的政策问题是新问题。政策行动主体可以参照以往对类似的政策问题处理的方法和经验，依据新问题与老问题差异的程度，做出相应的调整。

采用类比式政策规划的关键有两点：

①要系统地总结以往政策规划的经验和教训，作为对新问题规划的基础。

②要着力于发现新问题与旧问题的异同点，以便针对新的问题，做出必要的调整。

2. 根据政策方案本身性质的不同，将政策规划区分为渐进式政策规划、延伸式政策规划和创新式政策规划

（1）渐进式政策规划

这是对已确定下来的政策问题进行分步骤的、连续的、调整性的规划。

优点：①能适应多方面的需要；②政策方案的基本精神不变，所做的调整幅度较小，不会给公众造成大的震动。

缺点：①最主要的是不能满足激进革新者的利益要求；②从旧的状态走向全新状态需要花费较长的时间；③遇到社会突发事件时，渐进式政策规划或者会错失时机，延误决策，或者会缺乏敏感，故步自封。

（2）延伸式政策规划

这种政策规划要处理的是延续下来的政策问题，是一种通过对已有政策的内涵或外延予以扩展和顺延而进行的规划。

延伸式政策规划有两种情况：①母政策与子政策的关系；②传统方案与革新方案的关系。

（3）创新式政策规划

这是一种为解决全新的政策问题而做的带有突破性、原创性的政策规划。

创新式政策规划有三个特点：

①各种知识在新条件下的重新组合，不同于专门知识领域中的新发现。

②体现了政策价值和政策思维的改变，不同于一般的技术改进。

③具有激进的特点，它敢于突破惯例，偏离传统，常运用非传统或独创的方法来设计政策方案。

3. 根据政策规划主体层级的不同，将政策规划区分为中央的政策规划、地方的政策规划和部门的政策规划

（1）中央的政策规划

这是由中央有关部门开展的规划。在我国，党中央和国务院是制定政策的主要决策机关。

（2）地方的政策规划

这是由地方有关部门负责制定的政策规划。

（3）部门的政策规划

这是中央或地方职能部门根据自己所管辖的领域而进行的专业性规划。

【考点4】政策规划的原则

（一）政策规划的原则

1. 信息原则

信息是政策规划的基础材料，政策规划的过程是信息的收集、整理、加工和利用的过程，政策规划的成效依赖于信息的全面、具体、准确、及时。

2. 系统原则

系统性是社会问题的重要特征之一。在社会大系统内，不同范围、领域、层次的社会问题存在着相互联系、相互制约的辩证统一关系，要求政策规划工作者树立系统观念，从整体出发。

3. 预测原则

政策规划是对未来事务所做的行为设计和方案抉择，是一种面向未来的活动。科学预测是保证政策规划成功的必要前提。

4. 客观原则

实事求是，尊重客观规律，把握政策对象及环境的主要特征，一切从实际出发，克服政策规划过程中的主观随意性。

5. 智囊原则

借助外脑，发挥智囊团的作用，让专家参与，形成智力共振，这是政策规划不可缺少的外部条件。所谓智囊团又称思想库，是指专门从事开发性研究的政策咨询研究机构。

6. 优化原则

比较和选择是政策规划最突出的特征，追求优化是政策规划的目标。

7. 务实原则

所谓务实是讲究实际，不求浮华。求真务实是我们党一以贯之的优良传统和作风，是领导各项事业不断取得新胜利的根本保证。

8. 兼听原则

为了使政策更完善，在政策方案的论证过程中应注意听取不同的意见。

9. 时效原则

客观情况的变化会创造某种机会，由于机会短暂的时间差，所以决策不可优柔寡断，错失良机。要敢于承担风险，把握决策时机。

——谢明《公共政策概论》

（二）政策规划的主要原则

1. 政策规划的针对性原则

政策规划是有目的的活动。政策规划要针对实际问题，切中政策问题的要害。

2. 政策规划的可行性原则

既要高于现实水平，又必须是在现有条件下通过一定的努力可以实现的，具有可行性。

3. 政策规划的系统性原则

公共政策的制定和实施所要解决的常常是比较复杂的大问题，因而在政策规划中要选择和确立的政策目标是多目标的有机结合，与此相对应，政策方案的设计就要将多个目标整合起来。

4. 政策规划的规范性原则

政策规划必须符合一定的规范。

5. 政策规划的具体性原则

政策规划所设计的种种政策方案必须是具体明确的。

——严强《公共政策学》

【考点5】政策规划的思维方法——谢明《公共政策概论》

政策规划是一种高强度、高难度的思维活动，所谓思维能力和水平主要表现在对思维方式的具体掌握和灵活运用方面。

1. 经验思维

在处理问题时，人们会自觉不自觉地首选经验思维。经验思维方式简单实用，但适用范围有限，局限于重复的和可类比的事物。

2. 逻辑思维

逻辑思维是通过逻辑推理进行思考。逻辑思维又称抽象思维，以抽象为特征，通过对感性材料的分析思考，撇开事物的具体形象和个别属性，揭示出事物的本质特征，形成概念并运用概念进行判断和推理，从而概括地、间接地反映现实的本质特征。

3. 直觉思维

直觉具有整体性、直接性、跳跃性、随机性和突发性等特点，造成人们对直觉的评价出现很大分歧。

4. 创新思维

创新思维是人类社会前进的主要动力。它基于现实而又超越现实，从揭示事物的本质出发，克服思维定式的束缚，能提供新颖的具有社会价值的思维成果。

5. 思维定式

所谓思维定式，是按照积累的思维活动、经验教训和已有的思维规律，在反复使用中所形成的比较稳定的、定型化了的思维路线、方式、程序、模式。

6. 逆向思维

逆向思维也叫求异思维，是创新思维的重要补充形式。逆向思维是对司空见惯的似乎已成定论的事物或观点反过来思考的一种思维方式。

7. 创新方法

（1）头脑风暴法（重点名词解释题）

奥斯本为头脑风暴法提供了必须遵循的原则：排除批评（阻止对新观点的不利评价）、欢迎畅所欲言、观点多多益善、合并与改进。

注意事项：①以较大团体为宜（6—12人），团体太小，效果不好。

②做好观点意见的笔录，即使是看似毫无价值的观点。

③特定时段集中关注特定问题，以便有更好的思维共振效果。

④遵循判断置后原则，对观点的评估要在产生理念阶段之后进行，因为观点提供者会将此视为批评。

（2）综摄法

美国教授威廉·戈登于 1952 年提出综摄法，或称提喻法、分合法、集思法、举隅法、群辩法。

原理与特点：

①人类的创造过程是可知的，是能够进行描述和总结的。

②创造作为文化现象在艺术和科学中是相似的，而且经历同样的基本心理过程。情绪因素比理智因素更重要。

③在创造活动中，人的创造性主要来自潜意识，而且创造性能力多处于潜在状态，但它是可被开发的。

基本原则：①异质同化，即变陌生为熟悉；②同质异化，即变熟悉为陌生。

【补充】：垃圾箱理论（重点名词解释题）

垃圾箱理论认为，知识在人脑中有两种存在状态：规则排列状态和不规则排列状态。前者可按排列顺序去查找，即合乎逻辑的推理过程；后者无法按一定排列顺序整理，像个大垃圾箱。要想在垃圾箱里找东西，无规律可循，只能靠瞎翻乱找，即心理活动中的非理性因素。但这种靠非理性因素组合或综摄起来的知识，其中往往存在独特、新奇、具有创造性的知识产品。因此，应力求收集那些看似不合理、带有更多感情色彩的想法，并把它们与理性看法相结合，通过比较鉴别，实现创新突破。

（3）零起点方法

这是 20 世纪六七十年代首先在美英流行的一种创新方法，源于行政领域的零基预算法，强调要抛开过去所有的框框，“破”字当头，突破思维定式，一切从零开始。

（4）NM 法

点、线记忆结合的 NM 法出自日本学者中山正的《构思的理想》，根据人的高级神经活动理论，把人的记忆分为点性记忆和线性记忆。点性记忆是指在断断续续中联想出一些意想不到的结果，线性记忆是指以理论为契机产生的关系性联想，即把看似无关的结果串联起来。

（5）等价交换法

等价变换理论强调：任何新事物都是从原事物中产生的，不是对原事物的彻底否定，而是舍弃过时的、消极的东西，保留积极的、合理的内容，并将保留的内容赋予新的关系。

（6）角色互换法

所谓角色互换是换位思考，即站在对方的立场上考虑问题，主要适用于“做还是不做”这类决策问题。建立在调查基础上展开讨论，讨论过后双方互换位置和任务，继续进行调查工作。

【考点6】政策规划的程序——谢明《公共政策概论》

育明教育名师解析

该知识点内容篇幅较多，设有两种不同的考查方向。从宏观角度考查论述题，要求作答标题要点清晰，并附有1—2句解释性语言；从微观角度对某一环节考查简答题，要求在背记框架的基础上细致作答。另外，严强《公共政策学》156—163页也有论述，表述不同，本质相似，也可参考记忆。

政策规划程序主要涉及四个环节，即政策目标的确定、政策方案的设计、预测性分析以及政策方案的选择。

1. 政策目标的确定

（1）确定政策目标的原则

确定目标是政策规划的首要任务。政策目标不仅是方案设计和择优的基础依据，同时也是政策执行的指导方针，并且为政策评估提供了参照标准。

政策目标具有如下特征：层次性、多样性、系统性。

为了防止“制定了正确的方案，解决了错误的问题”，保证政策目标的正确性，政策目标的确定必须要遵循一定的原则。

①针对性，即目标必须针对现实问题，有的放矢，切中要害，并选择好突破口。

②可行性，即目标必须是在现有条件下通过一定努力可以实现的。

③系统性，即从整体着眼，对目标进行层层分解，并将其系统地归并和综合为一个有机的目标体系。

④规范性，即目标必须要符合一定社会的法律、政治和道德规范，符合人们的价值观和信仰。

⑤具体性，即目标的表达要准确清楚，含义单一，有明确的时限、范围、约

束条件及具体指标。

（2）区分价值前提与事实前提（简答）

①价值前提

根据西蒙等人的看法，目标选择是根据前提引申出结论，这类前提主要涉及两个方面的内容。

价值因素：是指决策活动中所依据的客观事实，比如一个人在决定上班带不带伞时要考虑天气情况。

事实因素：是指决策者的个人好恶，在进行决策时依据同样的客观情况会做出完全不同的选择，进行价值判断。

价值判断是决策的首要前提。决策的价值前提是由诸多因素构成的价值系统决定的。人的行动都是有目的性的，支配低层次行动的目标总含有实施更高层次行动的内容。越是低层次的、技术性较强的决策，事实因素所占的比重越大；越是高层次的、战略性的决策，价值因素所占的比重越大。

②事实前提

特点：客观性、可检验性、变动性。

事实前提依赖于决策者的认知，也是对客观对象的具体认知，其内容具有客观性。事实前提是决策的客观依据，决策的选择性特点必然会导致事实前提的变动性。

③事实前提与价值前提的联系与区别

第一，提出问题的角度不同。价值前提是从需不需要和值不值得做出决策的角度提出问题，主要侧重于决策主体的要求；事实前提是从能不能和可不可以的角度提出问题，主要侧重于客观实际的条件。

第二，认识形式的表现不同。事实前提的判断依赖于明显的客观标准，价值前提的判断依赖于人们的价值体系。

第三，影响决策的作用不同。价值前提对决策的影响主要表现在决策目标的确定上，事实前提对决策的作用主要体现在行动方案的选择上。

2. 政策方案的设计

政策方案指一个或一组为解决问题、实现目标所设计的行动准则和内容，它具体规定实现目标的步骤、途径和方法。政策方案的设计是在明确政策目标的基础上，经过调查研究，运用适当的技术与方法，设计或者规划诸种实现政策目标的行动方案的过程。

（1）战略与战术（了解）

方案设计既要考虑战略问题也要考虑战术问题。所谓战略问题是指那些具有宏观性、全局性、方向性和原则性特征的一类问题，其意义重大，影响深远；所谓战术问题是指那些具有微观性、局部性、区域性和阶段性特征的一类问题，其目标具体，内容单一。战术是战略的延续和细化，战术目标应力求服务于战略目标，以战术胜利为战略成功奠定基础。例如诸葛亮三分天下是战略；田忌赛马是战术。

（2）方案设计的步骤

政策方案的设计一般可分为轮廓设想和细部设计两个具体步骤。

①轮廓设想，即从不同角度、多种途径出发，尽量大胆地提出多种多样的方案设想。其主要内容有两方面：一是为实现既定政策目标，大致可提出备选方案；二是将各种备选方案的轮廓大致勾画出来。

②细部设计，即对轮廓设想阶段所产生的备选方案进行初步筛选，淘汰那些明显不可行的方案，留下一些较为可行的方案，并对其进行精心的细节设计。细节设计要对每一可行方案进行方案扩大，将决策方案根据决策对象的性质分解为一些较为具体的规定。

（3）方案设计的内容及要点

政策方案是行动之前对行动的内容、程序、方式、方法等进行的初步设想。按照事前设定的方案行动，以改变外部世界达到自己的目的。

方案设计具有如下要点：

①成本（cost）：方案需要考虑的成本和效率问题。

②稳定性（stability）：方案的抗干扰性及目标的可持续性。

③可靠性（reliability）：在既定时间段实施方案的可能性。

④牢固性（invulnerability）：如果执行中方案部分失灵或受损，持续该方案的可能性。

⑤灵活性（flexibility）：方案的伸缩余地，目标和手段改变的可能性。

⑥风险性（riskiness）：方案失败的可能性。

⑦传播性（communicability）：方案被理解的难易程度，沟通的困难程度。

⑧功效性（merit）：方案的价值表现及伦理特征，解决问题的是非界限。

⑨简单性（simplicity）：方案操作和执行的难易程度。

⑩相容性（compatibility）：方案与现行相关政策及其目标、手段衔接或相容的程度。

⑪可逆性（reversibility）：方案执行中阶段性目标和程序的相互替代性。

⑫强韧性（robustness）：方案对不同环境和条件的适应性。

（4）备选方案的来源

一般来说，分析人员多以“与现状相符且尚未实施过的方案”为起点，然后参考他人的经验、案例的调查、类似问题的推理、专家学者的意见、权威人物的要求、参与者的想法、法律条文的规定、技术条件的提供等相关内容，逐渐形成自己的方案框架。

（5）寻求备选方案的方法

①消极等待法（passive approach）：像新闻热线等待有人提供新闻线索那样，等待一些人以毛遂自荐的方式提供问题的解决方案。

②主动寻求法（search-generation approach）：不仅要让其他人了解我们所要寻求的方案，而且应主动提供方案的政策目标和分析的基本思路。

③触类旁通法（neighborhood approach）：寻求在解决类似问题时前人的一些通常做法，在差异比较的基础上，类推新的解决方案。

（6）方案开发的理性基础

方案开发依赖于多元理性，需要具备多种理性基础。

①技术理性。技术理性即工具理性，是目的理性的工具系统。工具的活动按照技术规则来进行，而技术规则以经验知识为基础。

②经济理性。经济理性的突出特征在于其强调经济行为的个人性和自利性。

③法律理性。法律理性的实质是通过确立基本的法律原则，实现正当程序的理性化。

④社会理性。社会理性涉及我们与社会及社会问题之间是何关系的问题。

⑤实质理性。实质理性要求根据不同事件做出不同的分析考量，虽然过程是理性的，但缺乏统一的决策标准。实质理性包括多种理性形式的综合与比较，目的是在特定情况下做出最合适的考量。

3. 预测性分析

预测性分析主要针对的是政策备选方案的分析，决策者需要利用掌握的信息，对每种方案的收益、成本和可能遇到的问题进行预测，对方案实施的可靠性和可行性进行分析，并且说明每种方案的优缺点。

（1）预测的形式：推断、预言和猜测

①推断是基于目前和历史趋势向未来进行外推的一种预测形式。

②预言是以明确的理论假设为基础的一种预测形式。

③猜测是根据专家对未来社会状态的判断进行的预测形式。

（2）预测的局限（了解）

由于现代科学技术手段等的局限，对未来的预测不够准确，而且有些事情不可预测。

（3）预测的方法

①专家会议法

专家会议法是指以专家为索取信息的对象，通过会议讨论的形式，对决策对象未来的发展趋势和状况进行分析与判断的预测方法。适用于项目规模宏大且环境条件复杂的预测情境。专家小组规模以 10—15 人为宜，会议时间一般以 20—60 分钟效果最佳。

优点：集思广益，信息放大；思维共振，有利创新；优势互补，智能叠加；知识共享，互相启发。

局限：A. 参加会议的人数有限，代表性不充分，意见表达受限，看问题不全面。

B. 权威人物影响较大，容易出现“乐队效应”，即某些人的意见严重影响集体的看法。

C. 忽视少数人的意见，表现出从众倾向。

D. 专家之间的意见交流会受到心理因素的干扰。

E. 专家的语言表达能力和信息接受能力对会议中的意见交流也会构成很大影响。

②德尔菲法（Delphi）

德尔菲法采用匿名通信和反复征求意见的形式，使专家们在互不知晓、彼此隔离的情况下交换意见，这些意见经过技术处理后会得出预测的结果。

首先需要设计意见征询表。具体要求有：

第一，问题含义要明确，以免应答者对问题产生不同的的理解，出现答非所问的情况。

第二，问题要具有独立性，对一个问题的回答不应以对另一个问题的回答为条件。

第三，回答问题的方法要统一，否则就难以对预测的结果做出比较。

使用德尔菲法要经过几轮调查：

第一轮：把意见征询表寄给专家小组成员，请他们填写意见。预测工作小组收回调查表后，进行初步的统计和计算，发现具有共识性的意见和看法。

第二轮：将第一轮得到的相对比较集中的意见再反馈给每位专家，要求他们以此为参考。如果某一专家做出的第二轮预测仍与多数人的意见不符，则要求他陈述理由。预测工作小组收到调查表后，就要根据新的数据重新进行统计和计算。

第三轮：将第二轮统计结果及某些专家的陈述理由告知每位专家，请他们在这个基础上进行新的预测。

一般来讲，经过三轮或四轮调查后，专家意见将会比较集中，这时可以把最后一轮调查所得到的结果视作专家小组的意见。

③投入—产出分析法

基本做法是对政策方案的各种投入与产出之间的相互关系进行定性和定量的分析与对比。

④时间序列法

基于"预测对象的变化仅与时间有关"的基本假定，把环境因素的复杂作用加以简化，根据预测对象的变化特征，以惯性推理的方式进行预测研究。

⑤回归分析法

所谓回归分析是根据相关因素的大量实测数据来近似地确定变量间函数关系的分析方法。

⑥趋势外推法

趋势外推法是指根据事物历史和现实的资料，探索事物发展和变化的规律，从而推测出事物未来发展状况的一种预测方法。

⑦马尔科夫模型

对事物未来的发展趋势进行预测，只需要分析近期的相关数据，不需要分析海量的历史数据。

（4）可行性分析

可行性分析主要涉及的是方案实施在主客观条件和政策预期效果的可行性问题。评估应围绕政策目标进行，运用定性和定量的分析方法，系统研究政策方案的实施条件，以确保政策方案的顺利实施。

可行性分析一般包括以下内容：

①政治可行性，即政策方案获取政治资源支持的程度和对政治价值观的影响。

②经济可行性，即政策执行中获取政策资源的可能性。

③行政可行性，即政府行政部门在执行能力和工作效率方面的支持程度。

④法律可行性，即政策方案是否符合国家宪法和法律的有关原则与条款。

⑤技术可行性，即在现有技术条件下实施政策目标的可能性。

⑥社会可行性，即社会对政策方案的认同和支持的可能性。其中传统文化、道德观念、社会环境和意识形态都是重要的影响因素。

4. 政策方案的选择

（1）方案选择的主要环节

①确定标准

确定标准即确定一套对方案进行优选的价值准则，比如符合国家和社会的总体战略、最大限度地实现公平目标、尽可能少地消耗政策资源、尽可能地降低实现政策目标的风险、尽量减轻方案实施所产生的副作用。由于政策对象和内容本身的复杂多变，实践中常采用的方式是关注重要目标，提出满意标准，遵循有限理性的原则，选择次优方案。

②比较性分析

所谓选择，是在对备选方案进行分析的基础上择优，选择总会面临困惑，择优是要在困惑中进行决断，以一个较好的政策方案为蓝本，汲取其他一些方案的长处，创新出一个更为满意的政策方案。

【补充】名词解释：布里丹毛驴效应

人们习惯于把决策过程中犹豫不定、迟疑不决的现象称为“布里丹毛驴效应”。法国哲学家布里丹曾养过一头小毛驴，他每天都向附近的农民买一堆草料来喂小毛驴，某天送草的农民出于对哲学家的景仰，额外多送一堆草料放在旁边，毛驴在两堆数量、质量和距离完全相等的干草间，犹豫、无所适从，活活饿死了。

（2）达成共识的途径

在方案优选的最后一步，决策者还面临着对方案的最终抉择达成共识的工作。方案优选过程中决策者达成共识的途径通常有三种：交换、说服和强制。

①交换。以利益差别为基础，是一种利益上的交易。交换表现为决策中两个或两个以上的决策者彼此调整立场和态度，以适应对方的某种利益需要，从而达成使各方都获益的协议行为。

②说服。说服是指某一决策主体以另一决策主体为对象，试图证明自己在选择某一决策方案上所采取的立场、态度的正确性与合理性，从而要求对方给予理解和支持的行为。

③强制。强制是某些决策者利用手中控制的权力、物质及其他优势，在优选

政策方案时迫使与自己利益不一致的决策者放弃原先所持的价值、立场、态度的行为。

（3）分析麻痹（analysis paralysis）：选择不是越多越好

从决策角度而言，有选择比没选择好，选择多比选择少好，但实际情况并非如此，选项愈多反而更可能造成负面结果。

例如：在故事《猫与狐狸》中，猎人捕猎傲慢的狐狸，而没有捕到谦逊的猫。因为狐狸受“分析麻痹”所累，在逃跑时犹豫不决，而猫快速反应，走仅有的一条路逃生了。

（4）非确定性决策的原则性方法（了解）

①乐观原则（大中取大原则）：决策者对未来持乐观态度，认为未来会出现最佳的自然状态，无论采用何种方案均可能取得该方案的最好结果。

②悲观原则（小中取大原则）：决策者对未来持悲观态度，认为未来会出现最差的自然状态，无论采用何种方案均可能取得该方案的最小收益值。

③乐观系数原则（赫威茨法则）：在一般性决策中，最好的和最差的自然状态都有可能出现，决策者对未来事物应有一种折中的考虑，不可盲目乐观，也不能盲目悲观。

④等可能性原则（Leplace 法则）：当决策者不能确定哪一种自然状态的发生概率更大时，他可以先假定每种自然状态的发生概率都相等，并据此计算各种方案的期望收益值，然后在比较的基础上进行决策。

⑤后悔值原则（萨维奇法则）：减少决策者后悔程度的有效策略。

【考点7】政策规划行动主体的组合形式——严强《公共政策学》

政策规划行动主体的组合形式有：政策网络、政策社群、支持联盟等。

1. 政策网络

政策网络是指在政策预案提议的最初阶段，解决政策问题的各种方案还刚开始酝酿，没有形成界限分明的政策主张的时候出现的一种政策规划主体的组合。由于此时的各种政策主张还远未定型，人们只是凭一些模糊的见解对某些可能的解决途径感兴趣。参与规划的行动主体并没有组成一个稳固的组合来专门应对某个或某些备选方案。参与者不断地进入，又不断地退出。这种政策行动主体构成的组合是政策网络。

2. 政策社群

政策社群是指在政策中以共同的信息、价值、利益为基础，联系在一起的政策行动主体组合。政策网络成员之间不仅有共同的价值因素，而且有共同的特殊利益作为支撑。这时在政策网络形式下规划主体随意进出的现象就减少了，一些对某个政策方案持有较坚定立场的主体会相互鼓励，他们充分利用每一次集中论辩的机会，不断补充信息、完善方案中的措施，并且努力收集其他政策预案的政策措施以及政策工具的设计、安排，以便与自己坚持的预案进行比较。

3. 政策支持联盟

在政策规划阶段上，政策社群中会形成最为紧密的政策行动主体间的组合形式即政策支持联盟。政策支持联盟是指在政策规划环节中维护、坚持和追求不同利益的政策代理人、组织机构汇集到一起，形成各种各样的基于利益和政策价值选择的稳固的同盟。

政策支持联盟与政策社群相比，不仅紧密程度更强，而且有两个突出的特点。

（1）加入支持联盟的主体通常是不同层次的。

（2）进入支持联盟的人员不仅有相同的政策信仰和主张，还拥有一定的政策资源。

【考点 8】政策取向的学习——严强《公共政策学》

政策取向的学习是指那些相对持久的思想改变或者那些源自于经验或新信息，以及关注政策目标的实现或者修改的行为意图。不同联盟中的成员为了推动他们的政策目标的实现而去更好地理解这个世界。联盟成员将抵制那些暗示他们的深层核心或者政策核心信仰有可能是无价值的或者不可能实现的信息，并且他们将使用正规的政策分析去支持或者阐述他们的信仰。政策取向的学习往往会改变政策核心信仰的变化，是影响政策变迁的力量之一。

13.3 热门院校真题解析

一、名词解释题

1. **政策规划**（2019年中国海洋大学；2018年天津商业大学；2017年湖南农业大学；2013年北京航空航天大学；2013年东北财经大学；2012年湖南师范大学）

育明教育名师解析

参考13.2常考知识点梳理【考点1】政策规划的概念，其中包含两个版本的答题语言。

2. **常规式政策规划**（2016年湖南师范大学）

常规式政策规划是对已列入政府工作议程的需要定期加以处理的政策问题重复进行的一种例行公事式的政策规划。它的对象和解决问题的工具是既定的，将要实施的政策方案一般也是为政府部门和公众所熟知的。这种规划方式常用于处理那些带有周期性、普遍性，且有先例可以遵循的政策问题。

3. **类比式政策规划**

与常规式政策规划不同的是，类比式政策规划要处理的政策问题是新问题。政策行动主体可以参照以往对类似的政策问题处理的方法和经验，依据新问题与老问题差异的程度，做出相应的调整。

采用类比式政策规划的关键有两点：

（1）要系统地总结以往政策规划的经验和教训，作为对新问题规划的基础。

（2）要着力于发现新问题与旧问题的异同点，以便针对新的问题，做出必要的调整。

4. **渐进式政策规划**

渐进式政策规划是对已确定下来的政策问题进行分步骤的、连续的、调整性的规划。其优点：（1）能适应多方面的需要；（2）政策方案的基本精神不变，所做的调整幅度较小，不会给公众造成大的震动。

其缺点：（1）最主要的是不能满足激进革新者的利益要求；（2）从旧的状态要走向全新状态需要花费较长的时间；（3）遇到社会突发事件时，渐进式政策规划或者会错失时机，延误决策，或者会缺乏敏感，故步自封。

5. 延伸式政策规划（2014年江苏大学；2013年湖南师范大学）

延伸式政策规划要处理的是延续下来的政策问题，是一种通过对已有政策的内涵或外延予以扩展和顺延而进行的规划。

延伸式政策规划有两种情况：（1）母政策与子政策的关系；（2）传统方案与革新方案的关系。

6. 创新式政策规划（2020年西藏大学；2019年宁夏大学）

创新式政策规划是一种为解决全新的政策问题而做的带有突破性、原创性的政策规划。

创新式政策规划的特点：（1）各种知识在新条件下的重新组合，不同于专门知识领域中的新发现；（2）体现了政策价值和政策思维的改变，不同于一般的技术改进；（3）具有激进的特点，它敢于突破惯例，偏离传统，常运用非传统或独创的方法来设计政策方案。

7. 政策目标（2015年华中农业大学；2013年湖南农业大学；2010年厦门大学）

政策目标是指决策者凭借决策手段所要取得的东西，是政策的出发点和归宿，制约着公共决策及政策分析的全过程。

目标涉及“是什么”和“应该是什么”的问题，对不同政策目标的澄清和认定是分析者所要解决的中心问题。基本的政策目标包括增长、效率、稳定和公平。政策分析的中心任务是要确定解决问题的目标。界定了政策问题，并不等于确定了目标，因为问题中确认的东西还太抽象，往往抓不住要害。所以必须要求目标明确，具体落实。围绕问题，开始设定的目标往往笼统，有待进一步具体化。

其方法有两种：一是把总目标分解成更低层次的子目标；二是量化，给目标定出必须实现的数量界限。这样使整体目标与局部目标、长远目标与近期目标、单目标与多目标等，可以分析得较为清楚。

8. 头脑风暴法（2017年中南大学；2017年江苏大学；2016年、2009年中国人民大学；2016年厦门大学；2016年西安交通大学；2014年河海大学；2014年安徽大学；2014年福建师范大学；2012年东北财经大学）

奥斯本为头脑风暴法提供了必须遵循的原则：排除批评（阻止对新观点的不利评价）、欢迎畅所欲言、观点多多益善、合并与改进。

其注意事项是：①以较大团体为宜（6—12人），团体太小，效果不好；

②做好观点意见的笔录，即使是看似毫无价值的观点；

③特定时段集中关注特定问题，以便有更好的思维共振的效果；

④遵循判断置后原则，对观点的评估要在产生理念阶段之后进行，因为观点提供者会将此视为批评。

9. 综摄法/提喻法/分合法/集思法（2018年北京航空航天大学；2012年福建师范大学）

美国教授威廉·戈登于1952年提出综摄法，或称提喻法、分合法、集思法、举隅法、群辩法。其原理与特点是：（1）人类的创造过程是可知的，是能够进行描述和总结的。（2）创造作为文化现象在艺术和科学中是相似的，而且经历同样的基本心理过程。情绪因素比理智因素更重要。（3）在创造活动中，人的创造性主要来自潜意识，而且创造性能力多处于潜在状态，但它是可被开发的。

基本原则：（1）异质同化，即变陌生为熟悉；（2）同质异化，即变熟悉为陌生。

10. 垃圾箱理论（2018年中国海洋大学；2010年北京航空航天大学）

垃圾箱理论认为，知识在人脑中有两种存在状态：规则排列状态和不规则排列状态。前者可按排列顺序去查找，即合乎逻辑的推理过程；后者无法按一定排列顺序整理，像个大垃圾箱。要想在垃圾箱里找东西，无规律可循，只能靠瞎翻乱找，即心理活动中的非理性因素。但这种靠非理性因素组合或综摄起来的知识，其中往往存在独特、新奇、具有创造性的知识产品。因此，应力求收集那些看似不合理、带有更多感情色彩的想法，并把它们与理性看法相结合，通过比较鉴别，实现创新突破。

11. 专家会议法（2020年新疆大学）

专家会议法是指以专家为索取信息的对象，通过会议讨论的形式，对决策对象未来的发展趋势和状况进行分析与判断的预测方法。适用于项目规模宏大且环境条件复杂的预测情境。专家小组规模以10—15人为宜，会议时间一般以20—60分钟效果最佳。

其优点是：集思广益，信息放大；思维共振，有利创新；优势互补，智能叠加；知识共享，互相启发。

其局限是：（1）参加会议的人数有限，代表性不充分，意见表达受限，看问题不全面；（2）权威人物影响较大，容易出现“乐队效应”，即某些人的意见严重影响集体的看法；（3）忽视少数人的意见，表现出从众倾向；（4）专家之间的意见交流会受到心理因素的干扰；（5）专家的语言表达能力和信息接受能力对会议中的意见交流也会构成很大影响。

12. **德尔菲法**（2019 年中央民族大学；2017 年湖南师范大学；2017 年杭州师范大学；2015 年山东大学；2014 年安徽大学；2012 年对外经济贸易大学；2010 年华中农业大学）

育明教育名师解析

本考点与第 22 章政策规划中热门院校真题解析名词解释题第 15 题有关联，考生可结合记忆。

德尔菲法采用匿名通信和反复征求意见的形式，使专家们在互不知晓、彼此隔离的情况下交换意见，这些意见经过技术处理后会得出预测的结果。

首先需要设计意见征询表。具体要求有：（1）问题含义要明确；（2）问题要具有独立性；（3）回答问题的方法要统一。

使用德尔菲法要经过几轮调查：

第一轮：把意见征询表寄给专家小组成员，请他们填写意见。预测工作小组收回调查表后，进行初步的统计和计算，发现具有共识性的意见和看法。

第二轮：将第一轮得到的相对比较集中的意见再反馈给每位专家，要求他们以此为参考。如果某一专家做出的第二轮预测仍与多数人的意见不符，则要求他陈述理由。预测工作小组收到调查表后，就要根据新的数据重新进行统计和计算。

第三轮：将第二轮统计结果及某些专家的陈述理由告知每位专家，请他们在这个基础上进行新的预测。

一般来讲，经过三轮或四轮调查后，专家意见将会比较集中，这时可以把最后一轮调查所得到的结果视作专家小组的意见。

13. **政策网络**（2017 年广州大学；2017 年江苏大学；2017 年浙江财经大学；2017 年湖南农业大学；2017 年天津商业大学；2011 年北京航空航天大学）

政策网络是指在政策预案提议的最初阶段，解决政策问题的各种方案还刚开始酝酿，没有形成界限分明的政策主张的时候出现的一种政策规划主体的组合。由于此时的各种政策主张还远未定型，人们只是凭一些模糊的见解对某些可能的解决途径感兴趣。参与规划的行动主体并没有组成一个稳固的组合来专门应对某个或某些备选方案。参与者不断地进入，又不断地退出。这种政策行动主体构成的组合是政策网络。

14. 政策社群（2020 年中央党校；2019 年福州大学；2018 年首都经济贸易大学；2012 年北京航空航天大学）

政策社群是指在政策中以共同的信息、价值、利益为基础联系在一起的政策行动主体组合。政策网络成员之间不仅有共同的价值因素，而且有共同的特殊利益作为支撑。这时在政策网络形式下规划主体随意进出的现象就减少了，一些对某个政策方案持有较坚定立场的主体会相互鼓励，他们充分利用每一次集中论辩的机会，不断补充信息、完善方案中的措施，并且努力收集其他政策预案的政策措施以及政策工具的设计、安排，以便与自己坚持的预案进行比较。

15. 政策支持联盟（2020 年对外经济贸易大学；2013 年北京航空航天大学）

在政策规划阶段上，政策社群中会形成最为紧密的政策行动主体间的组合形式即政策支持联盟。政策支持联盟是指在政策规划环节中维护、坚持和追求不同利益的政策代理人、组织机构汇集到一起，形成各种各样的基于利益和政策价值选择的稳固的同盟。

政策支持联盟与政策社群相比，不仅紧密程度更强，而且有两个突出的特点：（1）加入支持联盟的主体通常是不同层次的；（2）进入支持联盟的人员不仅有相同的政策信仰和主张，还拥有一定的政策资源。

16. 政策取向的学习

政策取向的学习是指那些相对持久的思想改变或者那些源自于经验或新信息，以及关注政策目标的实现或者修改的行为意图。不同联盟中的成员为了推动他们的政策目标的实现而去更好地理解这个世界。联盟成员将抵制那些暗示他们的深层核心或者政策核心信仰有可能是无价值的或者不可能实现的信息，并且他们将使用正规的政策分析去支持或者阐述他们的信仰。政策取向的学习往往会改变政策核心信仰的变化，是影响政策变迁的力量之一。

17. 政策预测分析的推断形式（2015 年湖南师范大学）

政策预测分析是政策规划的第三步，推断是其形式之一。

推断是基于目前和历史趋势向未来进行外推的一种预测形式。推断根据来自方法与相似情况的论证提出指示性主张，这些论证假设某些分析方法有效或某些情况之间有相似之处，以此来确立其预测的说服力。还可以用权威意见和理由来对推断方法进行补充。

18. 政策预测分析的预言形式（2020 年中国社会科学院）

政策预测分析是政策规划的第三步，预言是其形式之一。

预言是以明确的理论假设为基础的一种预测形式。这些假设可以采用理论法则、理论主张或者类比的形式。预言的关键特征在于它明确了原因和结果或相似过程或关系。还可以用权威意见和方法来对预言加以补充。

19. 政策预测分析的猜测形式（2011 年湖南师范大学）

政策预测分析是政策规划的第三步，猜测是其形式之一。

猜测是根据专家对未来社会状态的判断进行的预测形式。这些判断可采用直觉论证的形式，在这种论证中，用利益相关者的洞察力、创造性或灵感等来支持关于未来的指示性主张。这些判断也可采用动机论证的形式，通过现在或未来的目的、价值观和意向来确立主张的合理性，并可以用来自权威、方法和因果论证对猜测进行补充。

二、简答题→论述题

1. 政策规划的取向（2021 年内蒙古大学）

公共政策规划是政策行动主体在对政策问题进行分析、研究的基础上，经过民主的程序和方式，运用专业知识和技术，提出相应的解决政策问题的办法或文案，为政策决策提供必要前提的过程。

根据公共政策专家罗伯特·梅叶的观点，公共政策规划主要有下列五个方面的取向。

（1）目标取向

政策规划是人们要从不满意的或不够满意的现实状态出发，通过行动，努力去达成未来的理想状态。

（2）变革取向

从存在问题的现状出发，只有逐步改变这种现状，才有可能最终达成未来的理想状态。

（3）选择取向

政策规划在于“选择与设计”行动方案，它包含着一系列大大小小的精心设计和艰难选择。

（4）理性取向

政策规划的基本要求就在于运用人类的理性，对未来做出符合规律的、有创造性的安排。

（5）集体取向

在现代社会多元治理的背景和观念下，政策规划的有效性、科学性有赖于行动主体间的协商合作。

2. 政策规划的特性（2018 年河北大学；2015 年北京邮电大学；2015 年湖南师范大学）

公共政策规划是政策行动主体在对政策问题进行分析、研究的基础上，经过民主的程序和方式，运用专业知识和技术，提出相应的解决政策问题的办法或文案，为政策决策提供必要前提的过程。政策规划既是一种运用技术手段对解决政策问题的途径进行精心设计的活动，又是政策行动主体之间为实现公共利益而展开的竞争和合作的活动。

政策规划的特性有如下几点。

（1）多种主体参与的民主过程

政策规划是由多种行动主体参与其中，并且相互间发生各种互动关系的活动过程。

（2）多个环节衔接的动态过程

政策规划过程是由多个环节紧紧相连、循环往复构成的动态整体。

（3）推动问题解决的能动过程

在政策规划中，政策行动主体的活动都指向一个现实方向，即又好又快地解决已经存在的并且被认定为是必须解决的社会公共问题。

3. 政策规划的程序/政策方案规划的步骤（2015 年西北师范大学；2014 年江苏大学；2013 年杭州师范大学；2006 年中国人民大学）

育明教育名师解析

答题语言结合具体题型做适当调整，但要注意分点规范书写。详情参考 13.2 常考知识点梳理【考点 6】。

4. 确定政策目标的原则（2018 年湖南农业大学；2017 年天津商业大学）

确定目标是政策规划的首要任务。政策目标不仅是方案设计和择优的基础依据，同时也是政策执行的指导方针，并且为政策评估提供了参照标准。

政策目标的特征有：层次性、多样性、系统性。

为了防止“制定了正确的方案，解决了错误的问题”，保证政策目标的正确性，政策目标的确定必须要遵循一定的原则。

（1）针对性，即目标必须针对现实问题，有的放矢，切中要害，并选择好突破口。

（2）可行性，即目标必须是在现有条件下通过一定努力可以实现的。

（3）系统性，即从整体着眼，对目标进行层层分解，并将其系统地归并和综合为一个有机的目标体系。

（4）规范性，即目标必须要符合一定社会的法律、政治和道德规范，符合人们的价值观和信仰。

（5）具体性，即目标的表达要准确清楚，含义单一，有明确的时限、范围、约束条件及具体指标。

5. 政策方案设计的原则/要点（2018 年天津商业大学；2017 年湖南农业大学；2015 年电子科技大学；2009 年中国人民大学）

政策方案是行动之前对行动的内容、程序、方式、方法等进行的初步设想。按照事前设定的方案行动，以改变外部世界达到自己的目的。

方案设计具有如下原则：

（1）成本（cost）：方案需要考虑的成本和效率问题。

（2）稳定性（stability）：方案的抗干扰性及目标的可持续性。

（3）可靠性（reliability）：在既定时间段实施方案的可能性。

（4）牢固性（invulnerability）：如果执行中方案部分失灵或受损，持续该方案的可能性。

（5）灵活性（flexibility）：方案的伸缩余地，目标和手段改变的可能性。

（6）风险性（riskiness）：方案失败的可能性。

（7）传播性（communicability）：方案被理解的难易程度，沟通的困难程度。

（8）功效性（merit）：方案的价值表现及伦理特征，解决问题的是非界限。

（9）简单性（simplicity）：方案操作和执行的难易程度。

（10）相容性（compatibility）：方案与现行相关政策及其目标、手段衔接或相容的程度。

（11）可逆性（reversibility）：方案执行中阶段性目标和程序的相互替代性。

（12）强韧性（robustness）：方案对不同环境和条件的适应性。

6. 政策备选方案的主要来源/搜寻与发现备选方案的方法（2018 年、2014 年华中农业大学）

政策方案指一个或一组为解决问题、实现目标所设计的行动准则和内容，它具体规定实现目标的步骤、途径和方法。政策方案的设计是在明确政策目标的基础上，经过调查研究，运用适当的技术与方法，设计或者规划多种实现政策目标的行动方案的过程。

备选方案的来源：一般来说，分析人员多以“与现状相符且尚未实施过的方案”为起点，然后参考他人的经验、案例的调查、类似问题的推理、学者专家的意见、权威人物的要求、参与者的想法、法律条文的规定、技术条件的提供等相关内容，逐渐形成自己的方案框架。

备选方案的寻求方法：

（1）消极等待法（passive approach）：像新闻热线等待有人提供新闻线索那样，等待一些人以毛遂自荐的方式提供问题的解决方案。

（2）主动寻求法（search-generation approach）：不仅要让其他人了解我们所要寻求的方案，而且应主动提供方案的政策目标和分析的基本思路。

（3）触类旁通法（neighborhood approach）：寻求在解决类似问题时前人的一些通常做法，在差异比较的基础上，类推新的解决方案。

7. 政策方案可行性分析的内容（2015 年中国人民大学；2012 年北京航空航天大学）

【补充】变题 2012 年厦门大学：政策方案比较中的经济可行性与政治可行性。

育明教育名师解析

变题这样的题目考查较细致，遇到这样的题目需要在框架基础上有所拓展，可适当举例。

可行性分析主要涉及的是方案实施在主客观条件和政策预期效果的可行性问题。评估应围绕政策目标进行，运用定性和定量的分析方法，系统研究政策方案的实施条件，以确保政策方案的顺利实施。

可行性分析一般包括：

（1）政治可行性，即政策方案获取政治资源支持的程度和对政治价值观的影响。

（2）经济可行性，即政策执行中获取政策资源的可能性。

（3）行政可行性，即政府行政部门在执行能力和工作效率方面的支持程度。

（4）法律可行性，即政策方案是否符合国家宪法和法律的有关原则与条款。

（5）技术可行性，即在现有技术条件下实施政策目标的可能性。

（6）社会可行性，即社会对政策方案的认同和支持的可能性。其中传统文化、道德观念、社会环境和意识形态都是重要的影响因素。

8. 德尔菲法的基本原则（2012 年华中农业大学）

德尔菲法采用匿名通信和反复征求意见的形式，使专家们在互不知晓、彼此隔离的情况下交换意见，这些意见经过技术处理后会得出预测的结果。

首先需要设计意见征询表。具体要求是：（1）问题含义要明确；（2）问题要具有独立性；（3）回答问题的方法要统一。

使用德尔菲法要经过几轮调查：

第一轮：把意见征询表寄给专家小组成员，请他们填写意见。预测工作小组收回调查表后，进行初步的统计和计算，发现具有共识性的意见和看法。

第二轮：将第一轮得到的相对比较集中的意见再反馈给每位专家，要求他们以此为参考。如果某一专家做出的第二轮预测仍与多数人的意见不符，则要求他陈述理由。预测工作小组收到调查表后，就要根据新的数据重新进行统计和计算。

第三轮：将第二轮统计结果及某些专家的陈述理由告知每位专家，请他们在这个基础上进行新的预测。

一般来讲，经过三轮或四轮调查后，专家意见将会比较集中，这时可以把最后一轮调查所得到的结果视作专家小组的意见。

第14章 政策决策

育明教育名师解析

本章知识点出自严强的《公共政策学》，也是该教材区别于其他教材的特色章节。严格划分，政策决策是政策生命周期中的关键部分，本章从政策决策的定义、实质、作用、主要规则、政策合法化等角度进行系统介绍。但在资料编辑时省掉了教材第7章第2节公共政策决策的主要模型这一部分的知识，这样处理是因为本资料第4章有相关叙述且更加全面。以严强的《公共政策学》为考研专业课参考书目的考生要重点掌握本章内容，其他考生则要求记忆标题要点句，做到会写会答即可。

14.1 章节知识框架

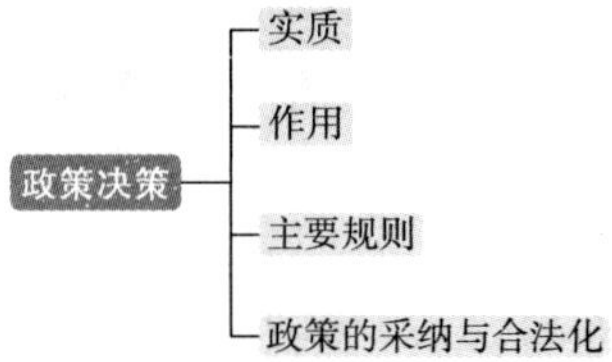

14.2 常考知识点梳理

【考点1】公共政策决策的实质——严强《公共政策学》

公共政策决策是政策行动主体围绕一定的价值和目标取向，通过一定的程序进行竞争、协商、合作，确定政策行动最终方案的过程。

实质：政策决策是为解决公共政策问题，调节利益关系，确立主导性意志和利益，形成公共行为准则或规范的一系列政治行为的总和。政策决策是联结政策规划与政策执行、评估的纽带。

【考点2】公共政策决策的作用——严强《公共政策学》

公共政策决策是政策运行中非常重要的环节，在保证政策的科学性和有效性上发挥着关键作用。

（1）固化利益表达的结果。公共政策决策的一个作用是对各种已经表达的利益做出选择。

（2）提供政策执行的基础。公共政策决策的另一个作用是为政策实施做准备。

（3）产生权威性政策产品。政策决策还有一个最为显著的作用是，它是建构政治产品的基础。

【考点3】公共政策决策的主要规则——严强《公共政策学》

1. 政策决策的一致同意规则

该项规则要求决策方案的通过需要参与政策决策的全体投票者都对某项决策方案投赞成票，一致同意。

全体一致同意规则包含着两条原则：无例外原则、“帕累托最优”原则。

全体一致同意规则具有明显的局限性：①决策成本过高；②引发决策者博弈。

2. 政策决策的多数同意规则

多数同意规则是指获得投票人支持最多的决策方案获胜的一种决策方式。在这种规则下，代表多数人利益或反映多数人偏好的决策方案会获胜通过。

3. 政策决策的过半数同意规则

过半数同意规则是多数票制的一种，是现代社会中应用最广泛的一种决策规则。区别于简单多数制，过半数同意规则要求有1/2以上的投票人支持的决策方案才算通过。

特征：①具有更高的决策效率；②少数服从多数；③更能节省决策成本；④利益保护面较广。

缺陷：①主要是对于过半数无法准确计算；②决策中的“多数剥削少数”；③过半数同意规则所认可的决策结果未必是正确的；④过半数规则还面临“投票悖论”的问题。

【考点4】公共政策的采纳与合法化——严强《公共政策学》

1. 政策的采纳

公共政策采纳是指政策制定机构和决策者决定采取某项政策方案的过程与行动。政策采纳阶段是政策制定中最重要也是关键性的阶段。

2. 政策的合法化

所谓公共政策合法化，是指法定主体为使选定的政策获得合法地位而依据法定的权限与程序对政策进行审查、通过、批准、签署和颁布的过程。政策合法化的主体是具有法定地位的国家机关。

作为国家行政机关，其政策合法化通常要经过下列程序：

（1）要有法制工作机构的审查。

（2）通过领导决策会议决定。

（3）由行政首长签署发布政策。

14.3 热门院校真题解析

一、名词解释题

1. 公共政策决策（2020 年新疆大学）

公共政策决策是政策行动主体围绕一定的价值和目标取向，通过一定的程序进行竞争、协商、合作，确定政策行动最终方案的过程。

它的实质是：政策决策是为解决公共政策问题，调节利益关系，确立主导性意志和利益，形成公共行为准则或规范的一系列政治行为的总和。政策决策是联结政策规划与政策执行、评估的纽带。

2. 政策决策的一致同意规则（2020 年中国社会科学院）

该项规则要求决策方案的通过需要参与政策决策的全体投票者都对某项决策方案投赞成票，一致同意。

全体一致同意规则包含着两条原则：无例外原则、“帕累托最优”原则。

全体一致同意规则具有明显的局限性：（1）决策成本过高；（2）引发决策者博弈。

3. 政策决策的多数同意规则（2019 年浙江财经大学；2015 年湖南师范大学）

多数同意规则是指获得投票人支持最多的决策方案获胜的一种决策方式。在这种规则下，代表多数人利益或反映多数人偏好的决策方案会获胜通过。

多数同意规则的优点是，与一致同意相比决策成本相对小，容易做出决策。

但它也存在很多不足，主要表现在：（1）存在多数人强制现象（多数人暴政）。这就是所说的外部成本。（2）与一致同意规则相比，单个参与者的选择行为不再具有决定性，影响个人参与投票的积极性，最终影响真实的偏好显示。（3）存在多种结果的可能。“投票悖论”，即无法得出明确的均衡结果，而与投票次序有关。（4）无法表达偏好强度。个人只能排列出对不同议案的偏好顺序，但无法反映出偏好的强度。这可能在总体上产生无效率的结果，并同时可能产生投票交易行为。

4. 政策决策的过半数同意规则（2020 年中国政法大学）

过半数同意规则是多数票制的一种，是现代社会中应用最广泛的一种决策规则。区别于简单多数制，过半数同意规则要求有 1/2 以上的投票人支持的决策方案才算通过。

特征：(1) 具有更高的决策效率；(2) 少数服从多数；(3) 更能节省决策成本；(4) 利益保护面较广。

缺陷：(1) 主要是对于过半数无法准确计算；(2) 决策中的“多数剥削少数”；(3) 过半数同意规则所认可的决策结果未必是正确的；(4) 过半数规则还面临“投票悖论”的问题。

5. **政策合法化**（2019 年北京大学；2018 年天津商业大学；2017 年、2009 年北京航空航天大学；2015 年湖南农业大学；2014 年杭州师范大学；2014 年西北师范大学）

政策的合法化，是指法定主体为使选定的政策方案获得合法地位而依据法定的权限与程序对政策进行审查、通过、批准、签署和颁布的过程。所有的政策，包括中央制定的政策和地方、基层制定的政策，都必须经过合法化过程。政策的合法化是有目的的能动活动，它使政策方案的可选择性转化为合法性、权威性。政策合法化的主体是具有法定地位的国家机关，具有法律上明确规定的相应权限。

6. **政策合法性**（2019 年北京大学；2012 年北京航空航天大学）

从广义而言，主要偏重从正当角度去解释合法性这一概念。合法性的政策就是能够被公众认可、接受、遵从和推行的政策，而使政策能够逐渐被公众认可、接受、遵从和推行的过程就是政策的合法化过程。政策合法性的核心存在于人们内心对政策道义性、正当性和合理性的认可。从狭义来讲，主要偏重于从法律角度去解释合法性这一概念。政策合法性包括：合法的决策主体、合法的政策程序、合法的政策内容。

7. **投票悖论/孔多塞悖论**（2016 年华中农业大学；2014 年厦门大学；2013 年、2009 年北京航空航天大学；2011 年东北财经大学）

投票悖论又称“孔多塞悖论”，是指在通过“多数原则”实现个人选择到集体选择的转换过程中所遇到的障碍或非传递性，这是阿罗不可能定理衍生出的难题。

投票悖论由 18 世纪的法国思想家孔多塞提出。他假定有三个投票者（甲、乙、丙）在三种备选方案（A、B、C）中进行选择。三人对方案的偏好如下：甲：A>B>C；乙：B>C>A；丙：C>A>B（符号“>”表示“偏好大于”）。由于甲、乙都认为 B 好于 C，根据少数服从多数原则，社会也应认为 B 好于 C；同样乙、丙都认为 C 好于 A，社会也应认为 C 好于 A。所以社会认为 B 好于 A。但是，甲、丙都认为A好于B，所以出现矛盾。

投票悖论反映了直观上良好的民主机制潜在的不协调。公共选择理论对投票行为的研究假设投票是那些福利受到投票结果影响的人们进行的，投票行为的作用是将个人偏好转化为社会偏好。在多数投票原则下，可能没有稳定一致的结果。

【补充】2014年厦门大学：孔多塞标准

孔多塞标准（Condorcet criterion）是一种多数决定的方法，常被称为“两两对比法”或“成对表决法”。它是由法国数学家孔多塞首先提出的。指对所有的备选方案都进行两两比较，即先表决两个方案，获得群体成员过半数赞成票的方案再同余下的方案进行成对比较，依次表决直至得出最终结果。例如，有A、B、C三个备选方案，由甲、乙、丙三人组成的决策群体对之进行成对表决，如果甲和丙认为B优于A，那么A就会被放弃，留下B与C进行比较，如果甲和乙认为B优于C，那么B就获得最终通过。

二、简答题→论述题

1. 公共政策决策的主要规则（2017年江苏大学；2012年湖南师范大学；2010年暨南大学）

公共政策决策是政策行动主体围绕一定的价值和目标取向，通过一定的程序进行竞争、协商、合作，确定政策行动最终方案的过程。

公共政策决策的主要规则：

（1）政策决策的一致同意规则

该项规则要求决策方案的通过需要参与政策决策的全体投票者都对某项决策方案投赞成票，一致同意。

全体一致同意规则包含着两条原则：无例外原则、“帕累托最优”原则。

全体一致同意规则具有明显的局限性：①决策成本过高；②引发决策者博弈。

（2）政策决策的多数同意规则

多数同意规则是指获得投票人支持最多的决策方案获胜的一种决策方式。在这种规则下，代表多数人利益或反映多数人偏好的决策方案会获胜通过。

（3）政策决策的过半数同意规则（2011年暨南大学）

过半数同意规则是多数票制的一种，是现代社会中应用最广泛的一种决策规则。区别于简单多数制，过半数同意规则要求至少有1/2以上的投票人支持的决策方案才算通过。

特征：①具有更高的决策效率；②少数服从多数；③更能节省决策成本；④利益保护面较广。

缺陷：①主要是对于过半数无法准确计算；②决策中的“多数剥削少数”；③过半数同意规则所认可的决策结果未必是正确的；④过半数规则还面临“投票悖论”的问题。

2. **政策合法化的途径有哪些**（2019 年北京大学；2015 年北京航空航天大学；2015 年中央党校；2015 年华中农业大学；2014 年华南理工大学）

政策的合法化，是指法定主体为使选定的政策方案获得合法地位而依据法定的权限与程序对政策进行审查、通过、批准、签署和颁布的过程。政策合法化的主体是具有法定地位的国家机关，具有法律上明确规定的相应权限。

（1）国家行政机关政策合法化途径

作为国家行政机关，其政策合法化通常要经过下列程序。

①要有法制工作机构的审查

法制工作机构对政策方案进行审查具有重要意义，它可以保证政策符合法律要求，不会与现行法律发生冲突。但法制工作机构的审查只是辅助性的、咨询性的。

②通过领导决策会议决定

对一般性政策方案由主管的行政领导拍板后颁布；对重大政策的方案则可召开领导常务会议、全体会议、行政首长办公会议讨论，由行政首长行使最后决定权。

③由行政首长签署发布政策

由于在实行行政首长负责制的地方，行政首长处于核心位置，拥有领导权与最高决策权，政策必须由行政首长签署发布。

（2）立法机关或权力机关政策合法化途径

立法机关或权力机关的政策合法化程序，基本上包括：提出议案、审议议案、表决和通过议案、公布政策。

①提出议案

议案是各种议事提案的总称，包括立法议案、预算案、质询案、罢免案等。政策合法化是将已经过政策规划而获得的政策方案提交审议批准，因此，提出议案的同时也就提出了相应的政策方案。

②审议议案

即由审议权机关对议案运用审议权，决定其是否列入议事日程，是否需要修改以及对其加以修改的专门活动。

③表决和通过议案

经过表决，政策方案如果获得法定数目以上人员的赞成、肯定、同意，即为通过。

④公布政策

政策方案经表决获通过后，有的又经过其他机关或其他形式的批准、认可后，即成为正式的政策。

第15章　政策执行

育明教育名师解析

政策执行是整个政策周期的关键环节。本章知识点在各专家学者编纂教材中都有体现，是不可忽略的一章，也是各大院校真题的高频考查知识，因此考生在掌握框架的基础上要准确把握、背记本章的知识点。

15.1　章节知识框架

- 政策执行
  - 定义
  - 特征
  - 功能/作用
  - 过程
  - 研究的忽视与兴起
  - 研究途径
  - 相关理论
  - 原则
  - 影响因素
  - 十项必备条件
  - 工具选择
  - 策略
  - 政策执行者与政策执行力
  - 政策变通
  - 基于中国经验的政策执行“上下来去”模型
  - 基于西方经验的政策执行理论模型
  - “上有政策，下有对策”现象剖析

15.2 常考知识点梳理

【考点1】政策执行的定义

政策执行是指政策方案被采纳以后，政策执行者通过一定的组织形式，运用各种政策资源，经解释、实施、服务和宣传等行动方式将政策观念形态的内容转化为现实效果，从而使既定的政策目标得以实现的过程。

——谢明《公共政策概论》

政策执行是指政策执行者通过建立组织机构，运用各种政策资源，采取解释、宣传、实验、实施、协调与监控等各种行动，将政策观念形态的内容转化为实际效果，从而实现既定政策目标的活动过程。

——陈振明《公共政策分析》

公共政策执行是指政策操作者通过建立组织机构，运用各种政策资源，选择相应的政策工具，采取宣传、试验、实施、协调与监控等各种行动，将已合法化的公共政策付诸实践，从而实现政策既定目标的动态过程。

——严强《公共政策学》

公共政策执行是指政策执行主体为了实现公共政策目标，通过各种措施和手段作用于公共政策对象，使公共政策内容变为现实的行动过程。公共政策执行的本质是遵循政策指令所进行的变革，是将一种政策付诸实施的所有行动的总和。

——宁骚《公共政策学》

【考点2】政策执行的特征

1. 对象的适用性

对象的适用性是指一定的政策只适用于一定的对象。任何政策都必须明确其适用范围。狭义的政策对象只指政策直接作用和影响的对象。广义的政策对象除了直接政策对象外，还包括与政策执行效果有关联的间接政策对象。

2. 执行的灵活性

在政策执行过程中，各地方和各部门应结合本地区、本部门的特点，制定切实可行的政策方案，采取多样的执行途径，切忌僵化教条、生搬硬套。

3. 执行的有序性

执行的有序性是指政策执行应保持一定的阶段性顺序和过程的连续性。政策执行的有序性要求政策执行程序的每个环节具有时间上的前后次序。

4. 程序的动态性

政策执行过程要根据具体情况和变化了的条件以及反馈的信息，不断地改变、修正和调整原定的执行策略、计划和程序，政策执行过程始终处于动态的变化之中。

5. 执行的协调性

政策执行是各种政策要素在空间上的分配、重组、展开和运动的过程，其中任一要素的发展变化以及各要素的分配方式、比例、组合结构等变化都会直接影响到整个政策执行进程，反映了政策执行在空间上所具有的协调性。

6. 执行的时限性

政策执行的时限性指政策执行的每一个环节都有时间上的要求，还指政策执行进程要及时完成，同时要求政策执行不能急速地进行或过于缓慢地进行。

——谢明《公共政策概论》

公共政策执行是公共政策的具体实践过程，具有如下特点。

1. 目标的导向性

公共政策是以公共政策目标为行动方向的，政策目标是政策执行的出发点和归宿点。

2. 内容的务实性

公共政策执行要面对具体的公共问题，因此其计划、步骤、措施、手段等必须务实，必须具有可操作性和实践性。

3. 行为的能动性

执行者必须在全面领会政策内容的前提下，面对外部环境的复杂情况，能动地执行公共政策。

4. 手段的权威性

公共政策不同于一般的道德规范，其执行具有强制性。

——宁骚《公共政策学》

【考点3】政策执行的功能/作用——谢明《公共政策概论》

1. 确保政策目标的实现

政策执行的首要功能就是将政策转换成可操作的具体活动，按照政策所确定的目标而进行各种努力，确保政策目标的实现。

2. 检验政策成效

政策执行过程是政策结果产生的过程。只有通过政策执行，才能取得政策结果，才能对其进行分析和评价，检验政策成效。

3. 为后续政策制定提供依据

为后续政策制定提供依据也称为政策执行的反馈功能。政策执行活动及其效果可以为后续政策的制定提供重要的参考依据。

【考点4】政策执行过程——谢明《公共政策概论》

1. 政策宣传

政策宣传就是要使政策对象知晓政策、理解政策，从而自觉地接受和服从政策。政策宣传对政策执行具有重要的意义。政策宣传要注重实效，不搞形式主义。

2. 政策细化

政策细化就是要分解政策目标，做到行动有计划。因此，要在基本原则指导之下，对总体目标进行分解，编制出政策执行的具体计划。

3. 物质与组织准备

物质准备主要是指必要的财力和物力的准备。

组织准备要解决组织形式问题，建立组织机构，配备领导和下属人员，制定必要的规章制度。

4. 组织协调

组织协调就是使不同的执行机构、分散的执行人员形成有机整体，保证政策执行活动有条不紊地开展，为实现政策目标共同努力。

5. 政策试点

政策试点可以验证政策，又可以从中取得带有普遍指导意义的东西，为政策的全面实施做好准备。特别是涉及全局性的、非常规性的、带有风险性的、受多重因素影响的、难以进行定量分析的、结果不确定的政策，都应选择试点，进行小范围实施。

6. 政策推广

政策推广是指在取得政策试点经验的基础上，在更大范围内实施政策。政策推广要求严格遵循政策执行的基本原则，充分发挥政策执行的功能要素，以保证执行任务的圆满完成和政策目标的真正实现。

7. 政策监督

在政策执行中需要建立政策监督机制，以抑制政策失真现象的蔓延。从我国目前的情况来看，政策监督主要包括执行机构的内部监督、党组织的监督、人大的监督和社会舆论的监督。

育明教育名师解析

政策失真现象是潜在的名词解释题，注意背记整理，答题体现如下内容即可。

政策失真现象是指政策执行及其结果与政策目标、政策内容不相符合的问题。

政策失真的四种表现形式：

（1）政策表面化：是指在政策执行中做表面文章，政策内容难以真正落实。

（2）政策扩大化：是指突破政策界限，扩大执行范围，歪曲政策目标。

（3）政策缺损：是指一个完整的政策在执行时，只有部分落实，其余被遗弃。

（4）政策曲解：是指政策在执行过程中被换入表面上与原政策一致，而事实上背离了原政策精神的内容。

【考点5】政策执行研究的忽视与兴起——陈振明《公共政策分析》

1. 政策执行研究被忽视的原因

米德和霍恩将政策执行研究被忽视的原因归结为四个方面：

（1）一个天真的假定。执行过程是简单且人所共知的，并没有什么值得学者关注的大问题。

（2）以计划—项目—预算（PPB）为焦点。强调权威决策者的作用而排除了“低层次”官员对执行过程的负责。

（3）任务的困难。从方法论上看，执行过程涉及严重的边界问题，往往难以界定相关的行动者。

（4）时间和资源的巨大消耗。

2. 政策执行研究的兴起

（1）从理论上看，在美国，20 世纪 60 年代末 70 年代初政策科学取得突飞猛进的发展，政策科学研究视野的拓宽，要求对政策系统和政策过程的各种因素和环节做全面深入的研究。

（2）从政策实践上看，20 世纪 60 年代由约翰逊政府发起的“伟大社会”改革的许多政策项目并没有取得预期的效果，这在客观上向人们提出这样一个问题，即为什么好的或比较理想的政策方案及项目也不能取得预期的结果？这促使人们去评估政策，并寻找政策执行方面的原因。

【考点6】政策执行的研究途径——谢明《公共政策概论》

育明教育名师解析

不同院校对本考点的掌握要求不同，考生需要结合报考院校真题情况酌情复习。本考点文字量大，逻辑线条清晰，适用于简答题、论述题题型。

（一）第一代政策执行研究：自上而下的模式

自上而下的模式主要是基于决策出自中央政府这一前提假设，强调政策制定者的超凡地位，要求政策执行者必须秉承上级的旨意，忠诚地贯彻政策制定者的意图，努力实现既定的政策目标。

基本命题：

（1）政策制定与执行是分离的、有界限的。

（2）政策制定者设定目标，政策执行者达成目标。

（3）政策制定与政策执行之间的任务界限，决定了执行过程必然发生在制定过程之后。

（4）涉及政策执行的决定本质上是技术性的而非政治性的。

（5）执行者的责任是中立的、客观的，表现为理性的与科学的形式。

评价：研究关注的焦点只是公共政策制定者将政策执行者视为机器，忽略了其动机、意愿和态度对执行效率的影响。

1. 米特—霍恩的政策执行过程模型

认为政策执行能否获得成功或者获得多大程度的成功主要取决于条件变化的程度和目标共识的大小。政策执行是一个由最初的政策决定到最后的政策绩效的过程。这一过程中，政策绩效由六个变量决定。

（1）政策标准和目标。

（2）资源。

（3）组织间的沟通和实施行为。

（4）社会、经济和政治环境。

（5）执行部门的特征。

（6）政策执行的部署。

2. 萨巴蒂尔—马兹曼尼安的政策执行综合模型

政策执行综合模型分析自变量对因变量的影响程度。

在政策执行过程中起较大作用的主要变量（自变量）分为三类。

（1）政策问题的可处理程度。指政策问题本身是否具有可处置性。

（2）政策本身的规制能力。指有效规范政策执行的能力。

（3）政策以外的因素。指政策以外，足以影响政策执行的因素。

因变量为政策执行过程的阶段：

（1）执行机构的政策产出。

（2）目标团体对政策产出的服从。

（3）政策产出的实际影响。

（4）政策产出的认知影响。

（5）政策的调整与修正。

在以上分析的基础上，提出了保证公共政策有效执行的六个条件。

（二）第二代政策执行研究：自下而上的模式

是在对第一代政策执行研究进行批评和发展的基础上建立起来的，把注意力集中于执行阶层，强调政策制定与政策执行的功能互动性和二者之间平行互动的合作关系。主张应给予基层官员或地方执行机构必要的自由裁量权。上层政策制定者的核心任务不是设定政策执行的框架，而是提供一个充分的自主空间。

基本命题：

（1）政策执行能否有效完全要看最基层的执行机构中到底有哪些多元组织涉入其中。

（2）政策执行是上级与下级达成共识的过程。

（3）有效的政策执行取决于执行机关间的过程与产出，是多元行动者的复杂互动结果。

（4）有效的政策执行取决于基层官员或地方执行机构的裁量权。

（5）有效的政策执行必然涉及妥协、交易或联盟活动，互惠性远比监督性功能更为重要。

评价：纠正了自上而下模式的焦点偏差，开始重视对政策过程中利害关系人的研究。但过分重视边陲而忽略中心；过于肯定基层官员所扮演的角色，强调他们在政策执行过程中所发挥的影响作用；过分强调或高估地方和基层的目标、策略与行动能力，忽略了民主政治系统中的政策指导与政治责任的归属问题。

1. 迈克尔·利普斯基的基层官僚理论

认为基层官僚在执行政策的过程中有着广泛的“自由裁量权”，是决定政策执行的关键要素。

2. 麦克拉夫林的互动理论模型

认为政策执行过程是执行组织和受影响者之间就目标与手段做相互调适的互

动过程，政策执行的有效与否取决于二者之间相互调适的程度。

主要内容：

（1）政策执行者与受影响者之间的利益需要和想法并不一致，基于双方在政策上的利益彼此必须放弃或修正自身的立场，在妥协中寻求一个双方皆可接受的政策执行方式。

（2）政策执行者的目标与手段富有弹性，可根据环境因素或受影响者的需求和想法的改变而变化。

（3）这一互动的过程是彼此处于平等地位的双向沟通过程，并非传统理论者所说的“上令下行”的单向流程。

（4）受影响者的利益和价值观将反馈到政策上，进而影响政策执行者的利益和价值观。

（三）第三代政策执行研究：整合途径

将关注对象扩展到府际关系层面，变纵向研究为横向研究。

戈金“府际间政策执行沟通模式”

主张建立动态的执行图景，用混合方法建立执行模型来研究复杂的、多层次的、多变量的执行问题，特别是府际关系问题。更为关注政策执行动态层面的理论探讨，强调多种因素的系统分析。分析重点在于府际关系对政策执行的影响。充分体现了政策执行研究的整合特征。

建立在三点假设之上：联邦政府和州政府之间具有冲突与合作关系，州政府具有政策裁量权，不同时间和不同管辖权下具有不同的执行形态变量。

（四）研究政策执行的其他理论和模型

育明教育名师解析

公共选择理论是重要的名词解释题，要准确把握；另外，该部分提及的过程模型与第4章中提到的第10种政策分析模型——政策生命周期（过程）模型是不同的，不能同一而论。

1. 公共选择理论

以经济学的分析方法研究政治问题，从经济人的假设出发，认为政治活动中的每一个参与主体都是基于自身利益最大化而采取相应行动的。

公共选择理论的三大要素：

（1）个人主义。公共选择理论注重于分析个人行为以及个人行为如何通过政治过程发生影响。

（2）经济理性。强调人在政治领域也是利己的，追求个人利益和效益最大化。

（3）交易政治。认为政治应被视为一个在解决利益冲突时进行各种交换从而达成协议的过程，含有讨价还价和市场交易的性质。

公共选择理论对政策执行研究具有重要启示。

2. 博弈理论

政策执行的博弈模型强调政策执行是一个各方进行博弈的过程，政策执行的有效与否，取决于各方参与者的策略选择。政策执行中经常会发生“议价”“劝服”“策划”三种不稳定的状态，如何把控博弈双方的行为是执行成败的关键。

3. 循环理论

政策执行是介于政策意向与政策行动之间的一个动态变化过程。包括三个阶段：拟定纲领、分配资源、监督执行。每一个阶段都必须遵循三项基本原则：合法原则、理性原则、共识原则。政策执行的三个阶段是相互循环的，循环过程会受到环境条件的冲击与影响。

4. 过程模型

它是分析政策执行因素及其生态的政策执行过程模型，人称“史密斯模型”。认为政策执行所涉及的因素众多，以下四类为主要变量。

（1）理想化的政策。即合法、合理、可行的政策方案。

（2）执行机关。指政府中具体负责政策执行的机构。

（3）目标群体。即政策对象，泛指由于特定的决策决定而必须调整其行为的群体。

（4）环境因素。即那些与政策生存空间相关联的因素。是政策执行的路径依赖。

史密斯模型描述了四个变量及其互动对政策执行效果的影响过程。如有问题，进行反馈；没有问题，完成建制。

【考点7】政策执行的相关理论——陈振明《公共政策分析》

1. 行动理论

政策执行被视为对某项公共政策所要采取的广泛行动。

2. 组织理论

强调组织在政策执行中的地位，认为只有了解组织是怎样工作的，才能理解所要执行的政策以及它在执行中是如何被调整和塑造的。

3. **因果理论**

将政策看作一种假设，将政策执行看作引导人们完成目标的地图，关心政策过程中的因果关系。

4. **管理理论**

强调政策执行是一个管理过程。

5. **交易理论**

认为政策执行是一个政治上讨价还价的过程。

6. **系统理论**

将政策执行理解为政策行动者与环境的相互作用。

7. **演化理论**

主张在政策执行中重新设计目标和修改方案，政策的制定与执行是一个演化的过程。

【考点8】政策执行的原则

(一) 政策执行的原则

1. **权变原则**

权变原则是指在政策执行过程中不能只是机械地落实，而要灵活地处置。政策执行要依据主客观条件的变化随机应变，不可僵化处理，要正确处理好原则性与灵活性的关系。

2. **创新原则**

创新原则是指政策执行必须面向未来，超越和突破旧的思想观念和行为模式。执行政策时要提倡开拓创新，利用现实条件发挥主观能动性，创造性地解决社会公共问题，促进公共政策有效、顺利地执行。

3. **法治原则**

法治原则是指在政策执行时要做到“有法可依、有法必依、执法必严、违法必究”。

4. **效率原则**

效率原则是指最有效地使用社会资源以满足政策目标的需要。效率原则要求：(1) 区分任务类型；(2) 罗列执行清单；(3) 细分任务；(4) 简化任务；(5) 发现任务瓶颈；(6) 借鉴经验；(7) 把握时效。

5. **人本原则**

人本原则的基点是维护人的尊严。人本原则聚焦于人所固有的不可剥夺的权利及其概念的延伸和扩展。

——谢明《公共政策概论》

（二）在政策执行过程中应该遵循的原则

1. 执行目标与政策目标统一原则

执行目标与政策目标统一原则要求政策执行者要认清政策总体目标，把思想认识和行动统一到政策总体目标上来，防止和避免执行目标即政策的分目标取代、干扰甚至破坏政策总体目标的实现。

2. 原则性和灵活性结合原则

政策执行中的原则性和灵活性是辩证统一的。没有原则性就无所谓政策；缺乏灵活性，政策的具体作用就难以实现。原则性是灵活性的基础，灵活性是原则性的要求。

3. 刚性制约与柔性协调互补原则

刚性制约固然在一定程度上起到保障政策执行的作用，但这种制约是严格依照组织职权划分来进行的，容易忽视诸如组织机构内部的复杂状况、组织外部环境的变化、组织中人员的心理反应等因素。这就需要由柔性协调来配合。

4. 时效性与稳妥性兼顾原则

政策执行也不能一味地盲目求快。过快了就可能不好。操之过急，反而会欲速则不达。这就需要在注重速度的同时兼顾稳妥。

5. 对上负责与对下负责统一原则

政策执行过程中的对上负责，就要坚决执行上级政令，支持和配合上级的工作，这是民主集中制中“下级服从上级”的具体表现。

6. 信息传递与信息反馈并举原则

坚持信息反馈的目的主要在于：

（1）为了及时发现执行过程中偏离政策价值、政策目标的行为，以便采取有针对性的措施，确保政策价值和目标的实现。

（2）通过实践对政策的检验，为政策的完善和追踪决策提供客观依据。

7. 民主与集中相结合的原则

政策执行过程中贯彻民主集中制原则，是我国政策执行的一大特点和优势。要求民主与集中相结合，实行民主基础上的集中和集中指导下的民主。

——严强《公共政策学》

【考点9】政策执行的影响因素

(一) 政策执行的影响因素

1. **政策资源**

政策执行所需要的资源条件主要涉及：

(1) 经费资源

经费是政策执行的基础性物质资源。政策执行需要有经费方面的保证。

(2) 人力资源

政策执行是靠人来进行的，人员保证是政策执行的必要前提。

(3) 信息资源

政策执行人员要具备获取信息和处理信息的能力。

(4) 权威资源

权威是执行工作任务的权力来源，对政策执行具有重要作用。

2. **目标群体**

受到政策影响和制约的社会成员被称为政策对象或目标群体。政策目标群体具有重要作用，政策能否落实，目标能否实现与政策目标群体的态度有直接的联系。目标群体理解、接受、遵从政策的程度是衡量政策有效性的关键性要素。目标群体可能接受政策，也可能不接受政策。

(1) 政策认同的缘由

①政治社会化的倾向

政治社会化是指人们在社会化的过程中，政治观念的树立和政治行为模式的的形成。政治社会化的过程的成功，能够使社会成员树立起支持社会制度的观念，能够体谅公共政策中的一些无奈之举。

②传统思想观念和行为习惯的制约

时间的塑造和历史的熏陶固化了人们的思想和行为，要改变这些固化的思想和行为极其困难。在政策制定中必须考虑习惯的因素，把握好改变的幅度，最好采用渐进的方式进行。

③对公平过程的看法

当人们确认程序的公正性后，他们便更易于接受政策。

④对成本收益的权衡

目标群体对某项政策的态度在很大程度上取决于对其利益得失的判断。目标群体的利益得失是制度激励的关键。

⑤对大局或整体的考虑

人是社会人，会从整体和大局角度进行判断，人们认为某项政策大体上是合理的，他们便会顾全大局，从长远利益考虑，接受和服从该政策。

⑥避免受到惩罚

公共政策具有强制性，人们会因为避免受到惩罚而遵从政策。

⑦环境条件的变化

随着时间的推移和客观条件的改变，人们的主观认识会产生变化，一项最初不受欢迎的政策可能逐渐被人们接受。

（2）政策抗拒的起因

①合法性危机

合法性危机已经成为各国特别是发展中国家所面临的普遍的问题。合法性危机的典型表现是被统治者视为合法的事务反被被统治者视为非法。造成政府合法性危机的原因有：传统价值观受到冲击、物质文化需求的攀升、政府的许诺不能实现等。

②缺乏对政府官员的信任

目标群体对政策执行者的不信任会通过态度泛化机制向其传递的政策信息投射。任何一个社会中，倘若人们缺乏必要的信任，社会运行成本会大大增加。

③社会心理负担过大

社会心理承受力表现为社会成员对社会变革和公共政策的心理适应能力和心理反应程度，即对心理压力的承受能力。其形成因素有：理解能力、应激能力、耐压能力、平衡能力。政策变革如果超出了人们的心理承受力，政策抗拒就会产生，即所谓不能承受之重。

④政策执行存在偏差

政策执行不利，偏离政策本意，会导致政策目标群体的心理抗拒。

⑤政策自身缺陷

政策本身存在这样那样的缺陷，从而使政策的客观性和公正性受到公众的质疑。如中考、高考加分政策。

⑥政策评估存在问题

政策评估是指对政策结果的评估，主要看公共政策的存在是否起到了一定的作用。如果政策评估存在问题，就会引起政策服从的障碍，造成目标群体对政策的抗拒。

3. 执行手段

公共政策执行手段是指政策执行机构及其执行者为完成一定的政策任务，达到一定的政策目标，而采取的各种措施和办法。

（1）行政手段：“以力服人”

行政手段是指通过各级政府的行政部门，依靠政府权威，采用行政管理的惯用方式，按照系统、层次、区划来实施政策的方法。

特点是强制性、垂直性、无偿性和稳定性。

优点是部署统一、资源集中、协调一致、实施迅速、便捷高效。

缺点是容易产生与“人治”相关的一些弊病，影响横向联系及下级的积极性、创造性。

（2）法律手段：“以律服人”

法律手段是指通过各种法律形式来调整政策执行活动中各种关系、贯彻落实政策的方法。适用于常规型政策领域。

特点是严肃性、权威性、规范性和稳定性。

（3）经济手段：“以利服人”

经济手段是指根据客观经济规律和物质利益原则，利用各种经济杠杆，调节政策执行过程中的各种不同利益之间的关系，以促进政策顺利实施的方法。

特点是非政治性和间接性。

（4）教育手段：“以理服人”

教育手段是一种人本主义的管理方法。主要是通过非强制性的手段，运用思想诱导方法协调各方关系，使政策目标群体能够自愿接受政策内容，不从事与政策相违背的活动。

4. 执行队伍（执行主体）

执行主体的基本素质要求包括：（1）政治素质；（2）品德素质；（3）知识素质；（4）能力素质；（5）心理素质；（6）身体素质。

5. 信息沟通

政策执行中的信息沟通是指执行机构之间、执行机构与有关部门之间、上下级之间、执行人员之间、执行人员与目标群体之间为实现政策目标所进行的信息交换。

信息沟通的渠道有正式和非正式两种。

（1）沟通媒介

①直面沟通；②电话沟通；③会议沟通；④email 或书面沟通。

（2）沟通障碍

①语言障碍；②观念障碍；③角色障碍；④时空和习俗障碍；⑤心理障碍。

（3）非正式信息

非正式信息是指通过非正式渠道获取的信息，特点如下。

①在危机状态下易于泛滥。

②某个人的地位和角色表现超群或变化突然时，传言和议论会骤然增加。

③非正式群体在非正式信息传播中起关键作用。

④传播速度极快，胜于正式信息的传播。

⑤在一定的制度环境里，往往比正式信息更可信。

⑥往往与人们的切身利益直接相关，内容多涉及即时性社会焦点问题。

⑦内容在传播中不断变化，带有主观性和夸张性。

（4）非正式沟通的基本功能

①缓解社会焦虑和心理矛盾。

②满足社会好奇和个人躁动心理。

③扩大利益相关者范围，提升问题利害程度。

④整合零散信息，形成框架印象。

（5）如何克服非正式信息的不良影响

①建立预测和反馈机制。

②正确处理疏与堵的关系。不违反法律、没触及原则问题，就应顺其自然。

③提高正式信息的诚信度。

④选择沟通媒介，完善沟通环节。

⑤加强政策的透明度。

⑥缓解心理压力，避免矛盾激化。

——谢明《公共政策概论》

（二）公共政策执行的影响因素

1. 政策方案的影响

政策方案的制定与政策执行前后相继，相辅相成，相互制约。

政策执行必须受到政策方案中的多方面因素的影响。

（1）政策问题的性质。

（2）政策方案目标的性质。

（3）政策方案内容的性质。

（4）政策方案的科学性。

（5）政策方案的稳定性。

（6）政策方案的综合配套性。

2. 政策执行机构的影响

合理的组织结构是政策执行的组织保证，精简高效的执行机构可以节约政策执行成本，正确的组织目标能够保证政策执行的方向。

政策执行机构的下列因素对政策执行具有较大的影响。

（1）组织机构的层次和幅度。

（2）组织内部的权力结构和体制。

（3）组织内部的凝聚力。

3. 政策执行人员的影响

任何一项政策最终是由一定的执行人员去贯彻实施的。执行者对政策的认同、创新精神、高度责任感、较高的政策水平和管理水平是政策得以有效执行的重要条件。

政策执行人员对政策执行形成影响的因素大体有以下几个方面：

（1）执行者的政策水平。

（2）执行者的政治觉悟与职业道德。

（3）执行者的意向、责任感、工作作风。

（4）执行者的知识结构和组织管理能力。

4. 政策对象的影响

政策执行是为了影响或改变政策对象即目标群体。

政策对象对政策执行的影响与下列方面有关。

（1）政策对象的利益取向。

（2）政策对象的受教育程度。

（3）政策对象的群体力量。

5. 政策资源的影响

政策执行中需要多方面的资源，其中重要的是以下几方面：

（1）物力和财力资源是最基本的政策资源。

（2）人力资源。

（3）信息资源。

（4）权威资源。

（5）制度资源。

——严强《公共政策学》

【考点10】政策执行的十项必备条件——谢明《公共政策概论》

（1）没有无法克服的外在限制。

（2）充分的时间与足够的资源。

（3）有效整合所有必要的资源。

（4）政策需要有效的理论支撑。

（5）直接而清晰的因果关系。

（6）最低限度的依赖关系。

（7）对政策目标具有充分共识和正确理解。

（8）任务的清晰陈述及正确的行动序列。

（9）有效沟通与协调。

（10）权力与服从。

【考点11】政策执行的工具选择——严强《公共政策学》

1. 工具选择的经济学模式

在西方国家，福利经济学家在更大程度上认可国家对市场的干预功能。在此基础上，他们倾向于把政策工具选择视为一种严格的技术层面上的操作。

新古典主义经济学家通常运用公共选择理论来解释特定政策工具使用的模式。在一个较为民主的国家里，选民、政治家和官僚都是理性经济人。

经济学模式更多的是倾向理论层面研究。它们对政策工具选择的分析是基于政府做什么以及应该做什么这样一种理论假设，而不是基于政府实际在做什么的经验调查。

2. 工具选择的政治学模式

多尔恩等人在所有政策工具技术上都可替代的假设基础上提出有关政策工具选择的第一种政治学模式。他们认为在一个自由民主的社会里，政府倾向于采用强制性较低的可用工具。

政治学模式存在较大缺陷：

（1）工具可替代性假设存在不合理性。

（2）工具选择随着时间推移强制程度会逐步“升级”，与现实不完全相符。

胡德发展出工具选择的政治学的第二种模式。他认为工具选择并不是一种技术层面的操作，而是关乎“信仰和政治”的问题。他认为，选择的形成取决于资源约束、政治压力、法律约束以及从过去的工具的失败中得到的教训四个因素。

林德和彼得斯在别人的基础上，整合经济学和政治学模式中的很多概念，从而提出了第三套政治学模式。他们认为下列因素在工具选择中起决定性作用。

一是政策工具的特征。

二是该国的政策风格和政治文化以及社会分裂程度。

三是所关心的机构的组织文化以及它们与其顾客和其他机构的关系。

四是政策问题所处的环境、时机约束以及行动主体的范围。

五是决策者的专业背景、制度关系、认知程度等决策者个人偏好因素。

【考点12】政策执行的策略——谢明《公共政策概论》

政策执行是指政策方案被采纳以后，政策执行者通过一定的组织形式，运用各种政策资源，经解释、实施、服务和宣传等行动方式将政策观念形态的内容转化为现实效果，从而使既定的政策目标得以实现的过程。

政策执行的策略有：

（1）目标控制

执行是一种目的性很强的行为选择，明确既定目标，做到有的放矢，是政策执行的最基本要求。

（2）权力制衡

在政策执行环节，必须强调以权力制约权力，加强政策监督。否则权力将会异化，腐败不可避免。

（3）政策整合

一项政策的执行或政策问题的解决，可能同时涉及别的政策，若彼此相互不一致，就会促成不同的执行行为。政策执行要坚持系统原则，处理好整合问题，发挥好政策体系的综合效能。

（4）反馈调节

政府执行是一个动态过程，必须重视反馈控制，保持应变能力。政策执行过程中会出现许多新的问题和情况，应根据反馈的情况，不断调整原来所选择的战略，逐步达到或接近既定的目标。

（5）程序优先

在现代法治社会中，行政机关的执法行为应该在法治的框架中进行。法治的原则是程序优先。

公正首先体现为程序公正，任何对实体公正的寻求都不得有违程序公正，即程序公正具有优先性。

（6）法益均衡

比例原则是指行政主体实施行政行为应兼顾行政目标的实现和保护相对人的利益，如果行政目标的实现可能对相对人的权益造成不利影响，行政权力的行使除了有法律依据这一前提外，行政主体还必须选择对公民侵害最小的方式进行，即把这种不利影响限制在尽可能小的范围和限度之内，二者要保持适当的比例。

比例原则着眼于法益的均衡，以维护和发展公民权为最终归宿，对我国法治建设具有很强的借鉴意义。

（7）重视逆反

逆反心理是指受信者的态度变化与说服方向完全相反，他们对说服性信息进行积极的心理反抗。政策执行成本的高低与社会逆反心理的强弱有直接的关系，尤其是对管制性政策而言。为了提高政策效率，减少执行成本，必须认真研究逆反心理，搞好政策宣传，提高政策的服从性。

（8）去“积”之弊

问题开始时没有得到应有的重视，等到问题堆积成“大事”再集中力量解决，使原本可以解决的问题演变成制度失效或缺失的问题。许多时候不是没有政策，而是有了政策不能及时执行。

（9）重视民意

现代社会中，公共政策须以民意为依归。可以通过选举、写文章、游说、请愿等方式表达民意。在政策执行中准确判断是否符合民意越发重要，对民意清楚研究，重视民意，社会就能够在察觉问题与共同行动方面变得更加公正和有效。

（10）上下台阶

“阶梯效应”是指要让他人接受一个很大的，甚至是很难的要求时，最好先让他接受一个小要求，一旦他接受了这个小要求，他就比较容易接受更高的要求。

“下台阶效应”是指人们拒绝了一个较大的要求后，对较小的要求接受性增加的现象。

这是两种重要的执行策略。

（11）修补破窗

“破窗理论”是指如果有人打坏了一个建筑物窗户的玻璃，而这扇窗户又未得到及时的维修，别人就可能受到暗示性的纵容去打烂更多窗户的玻璃。在这种无序的氛围中，公众会变得麻木不仁，社会不良现象就会滋生、蔓延。破窗理论告诉我们：环境具有强烈的暗示性和诱导性。必须努力修好“第一扇被打碎玻璃的窗户”。

与犯罪现象做斗争的时候，“破窗理论”被引申为逮捕更多有较轻违法行为的人。

(12) 欲擒故纵

人们大都喜欢那些对自己表示赞赏的态度或行为不断增加的人或事，而反感上述态度或行为不断减少的人或事。“阿伦森”效应对政策执行具有很好的启发作用。

(13) 以人为本

以人为本的基点是维护人的尊严。尊严表明人固有的价值属性和拥有受到他人尊重的权利。政策执行应尊重人权和人的尊严。

(14) 诚信至上

对政府来说，诚信是一种理念，更是一种责任。

【考点13】政策执行者与政策执行力——宁骚《公共政策学》

政策执行者是政策执行主体，是负责政策执行的组织和人员的统称，不仅包括行政机关、司法机关、被赋予执行权的其他公共权力机关以及供职于这些机关的公职人员，也包括负责公共政策执行的非官方政治团体、社会中介机构和个人。在当代中国，还包括执政党的各级领导机构、领导者和其他享有执行权的党的干部。对政策执行者及其政策执行力进行研究有重要意义。

1. 政策执行机关

政策执行机关是政策执行者的主要组成部分，它主要包括行政机关、党政机关、立法与司法机关、事业机关、国有企业以及社会第三方组织等。

政策执行机关的特性有：

(1) 执行性

执行性是政策执行机关最主要的、最核心的特性。相对决策机关的决策功能而言，政策执行机关的主要职能是负责执行决策机关做出的决策方案，实现政策目标，具有很强的执行性。

(2) 服务性

公共政策是为了满足社会公众的利益需求而采取的措施和行动，任何公共政策说到底都是为了实现社会公众的利益。

(3) 权威性

政策执行机关必须具有权威性，否则政策将无法执行，政策目标更得不到实现。

（4）法治性

政策执行机关自身建设具有法治性，其机构的建立、人员的编制、职能的确定、权利的划分等都必须符合宪法、法律和行政法规的有关规定，并按法定程序经过有关机构的严格审批。

2. 下级行政人员的执行行为

下级行政人员的执行行为是指行政机关中除行政领导者之外的其他行政人员为贯彻落实上级决定和政策，完成上级下达的指标任务而采取的一系列活动的总和。下级行政人员的执行行为贯穿于整个政策执行过程，是政策执行过程中最活跃、最有生命力的要素之一，在正常执行过程中有着重要的地位和作用。

（1）下级行政人员的执行行为是政策执行的主体行为

下级行政人员通常是完成政策执行活动的主体力量，缺少了下级行政人员的执行行为，政策目标最终将难以实现。

（2）下级行政人员的执行行为是实现政策目标的重要保证

任何政策目标的实现最终都需要依靠政策执行人员来进行和完成。上级的命令、决策只是执行活动的开始，更重要的是下级行政人员的政策执行。下级行政人员的执行行为是实现政策目标的重要保证。

（3）下级行政人员的执行行为是塑造政府形象的重要途径

政策执行过程就是行政机关及其工作人员与公民、法人及其他社会组织发生对象性关系的过程。作为行政执行主要主体的下级行政人员，其在行政执行中的职业道德、工作作风、服务态度更关系到政府形象的塑造。

3. 政策执行力

（1）政策执行力概念辨析

①公共政策执行力的概念

公共政策执行力是政策执行者通过对政策目标及其方向的把握，设计执行方案，调度和配置相关资源，运用政策工具，从而实现政策目标、最终解决社会问题的能力和成效，即公共政策有效执行的程度。

②高效的政策执行力应具备的要素

A. 必须具备较高的政策执行能力，对政策内容和精神能够准确地把握，并且能有效调度、使用和配置政策执行相关资源，行动迅速有力。

B. 必须具备较好的成效，政策执行必须产生较好的效果。

（2）政策执行力的影响因素

①执行者因素

任何政策归根结底都要依靠政策执行者才能完成，因此执行者是政策执行活动的主体和执行力的核心要素。

②资源因素

政策执行资源是政策执行过程所必须具备的各类资源条件，这些资源主要可以分为：人力资源、财物资源、信息资源和权威资源等。

A. 人力资源是执行活动中最活跃的因素，高效的政策执行力要求高素质人力资源的保障。

B. 财物资源是其他资源的基础，没有财力和物质的保障，任何政策执行也难以开展。

C. 信息资源是执行者减少政策执行不确定性的重要条件。

D. 权威资源是执行者选择和配置政策工具、有效采取行动、提升执行力的权力基础。

③工具因素

执行工具是公共政策执行成功的重要手段。执行工具运用得恰当与否直接关系到政策执行目标能否实现，关系到执行者的政策执行力的大小。常见的政策执行工具有行政工具、法律工具、经济工具、思想政治工具以及技术工具等。

④环境因素

公共政策执行总是处于一定的自然环境和社会环境当中，并受到自然环境和社会环境的制约，影响着政策目标的实现和政策执行的整个过程。

（3）政策执行力提升的机制创新

①优化公共决策机制

A. 完善政策评估；B. 推广决策听证。

②创新政策执行的动力机制

创新政策执行的动力机制，必须激发公众的参与热情，形成政府、市场和公民社会三者良性互动。

A. 优化公民参与机制

第一，实行广泛的公众参与，让市民充分参与政策的制定，让政策最大限度地体现各种利益群体的利益诉求，这样将有利于提高政策执行力，促进政策的顺利实施。

第二，优化公众参与机制，鼓励其他治理主体广泛参与政策执行，能够提供更多有效的政策执行工具。

B. 构建创新激励机制

第一，引入竞争机制，不仅要在政府内部实行竞争，还要实行政府和其他社会治理主体间的有序竞争。

第二，引入绩效制，使政策执行人员的薪酬与个人的绩效相符合。

第三，引入功绩制，承认和尊重政策执行人员的工作业绩，激发其工作的积极性和创造性。

第四，创新职务晋升制，使执行人员的晋升与政策执行的效果相关联。

③构建政策执行的功能共享机制

共建共享机制意味着公共治理的和谐，标志着政府、市场、第三部门三者之间的协调和配合。构建政策执行的三者功能共享机制主要包括：

A. 构建良好的信息沟通机制。

B. 强化责任追究机制，明确规定执行主体对执行过程及其结果应承担的责任。

C. 完善执行监督机制，建立和健全相对独立的监督体系，保证监督的客观性和公正性，进一步发挥社会监督作用，强化国家权力机关的监督职能。

④构建政策执行的利益均衡机制

A. 要建立健全利益表达机制；B. 要建立利益引导机制；C. 要建立利益约束机制；D. 建立利益调节机制；E. 建立利益补偿机制。

【考点 14】政策变通——陈振明《公共政策分析》

政策变通是政策执行活动中的必然现象，是政策灵活性的一种表现形式。

1. 政策变通的含义

政策变通是因人、因时、因事、因地制宜地执行政策的方法，是政策的原则性与灵活性关系在政策执行过程中的具体体现。这种灵活变通也被称为“行政自由裁量”，是一种不变之中求变的艺术，西方学者称之为“行政权的核心”。

2. 政策变通的形式

（1）“求神似，去形似”

其是一种正确的变通形式，做到了原则性与灵活性的辩证统一，抓住政策的精神实质，遵循政策要求，结合实际，创造性地加以贯彻落实。

（2）“不求神似，只求形似”

其是一种不正确的变通形式，把政策理解成照搬、照抄和照转，缺乏灵活变通性，盲目、机械地执行政策。

（3）“既不求神似，也不求形似”

其也是一种错误的变通形式，夸大政策的灵活性，否定政策的原则性，随意变通政策。

3. 如何做到政策变通

（1）了解上情

加强政策学习，领会精神实质，这是合理变通的前提条件。政策的基本精神是衡量政策变通合理与否的标准和尺度，一切符合政策精神的变通是正确的，反之，都是不正确的。

（2）摸清下情

要深入调查研究，明了实际情况，这是合理政策变通的实践基础。政策变通的要点在于从实际出发，离开对实际情况的深入了解，就可能产生偏离实际的盲目变通，达不到政策的预期目的。

（3）上下情有机结合

坚持政策的原则性和灵活性相结合的原则，把政策的基本精神和实际情况相结合，这是政策变通的关键。要实现政策和实际相结合，必须做政策的具体化工作。

具体包括：

①对于中央和上级已经明确做出决定的政策，地方和下级就应该把着眼点放在研究本地实际情况和特点、制定具体的实施细则上，大力组织落实，不能随意更改，更不能拒不执行，要保证上级精神能扎扎实实地落到实处。

②对中央和上级只提供政策思路和一般原则的，地方和下级既要注意研究大气候、大环境，吃透上情，把握上级政策的精神实质，又要注意加强对本单位新情况、新问题的研究。

③对中央和上级规定的不符合地方和基层实际情况的政策，地方和基层应及时主动地向上级反映情况，经上级同意后，可以根据当地的实际情况，合理地变通政策。

（4）在执行政策过程中，还要注意两点

①要充分考虑政策的社会承受能力，根据时间、地点、条件的不同，在贯彻执行的方法、步骤和程度上要有所区别。

②要勇于创造性地解决执行政策中遇到的新情况、新问题，敢于制定过去没有而又符合实际的新政策。

【考点15】基于中国经验的政策执行“上下来去”模型——宁骚《公共政策学》

基于中国经验的政策执行“上下来去”模型，是在结合中国实际情况的基础上构建的政策执行研究路径。这一路径认为，在当代中国的政策实践中，成功的政策执行取决于政策执行主体在政策执行的过程中坚持实事求是、一切从实际出发的原则，坚持从群众中来，到群众中去的工作路线，并采用先做政策试点，即将政策进行局部试验，然后再全面推广并进行“执行—总结”的政策试验方式。由于在政策执行过程中政策主体与政策客体、政策环境的关系体现为上下互动的过程，因此将这一研究路径称为“上下来去”政策执行模型。具有三个方面的内涵。

1. 政策执行是一个“从群众中来，到群众中去”的过程

（1）要求政策主体大力进行政策宣传，以获得广大群众的理解和支持，形成有利于政策执行的社会舆论环境，最终使政策得以贯彻执行。

（2）政策主体必须注重政策执行后的情况报告和意见反馈。

（3）政策主体必须以“广大人民群众的根本利益”作为政策执行的价值取向，在政策执行过程中监测执行结果是否符合广大人民群众的根本利益，做到“一切为了群众，一切依靠群众”。

2. 政策执行是一个“试验—推广”的过程

政策试验是“上下来去”模型的又一重要内涵。在全面推行一项新的政策，特别是那些具有重大影响的公共政策之前，都要预先选择几个地区、部门或单位进行试点，取得具体的工作经验，并以此为依据对政策进行调整和完善，然后再普遍实施。这样就有利于降低政策执行的成本和风险。

3. 政策执行是一个“执行—总结”的过程

政策执行总结，是指执行机关和执行人员在政策得到具体的贯彻落实后，依照国家现行政策和行政管理规律，对政策执行过程和结果加以全面、系统的衡量、评价、反思和检讨。在政策执行中群众创造了许多成功的经验，经过系统的总结，成为执行者以后行动的借鉴。“执行—总结”的过程不仅是对政策执行进行的全面检查，也是下一轮政策过程的起点，为下一轮政策的有效制定提供基础。

【考点16】基于西方经验的政策执行理论模型——宁骚《公共政策学》

育明教育名师解析

过程模型在本章之前的考点中出现过，此处又重复出现，切记与政策的过程模型（生命周期模型）不能同一而论。另外，本部分内容与前面重复很多，要求考生将二者结合后记忆最佳答案，部分图解答题时不需要画，但要熟悉思路。

1. 过程模型

美国学者史密斯首次提出了一个分析政策执行因素及其生态关系的理论模型，因而又称为“史密斯模型”。史密斯认为政策执行所涉及的因素很多，但有四个主要变量。

（1）理想化的政策

理想化的政策即合法、合理、可行的政策方案，包括政策的形式、类型、渊源、范围以及社会对政策的认识。

（2）执行机关

执行机关指政府中具体负责政策执行的机构，包括执行机构的权力结构、人事配备及其工作态度、领导模式和技巧以及执行人员的情况等。

（3）目标群体

目标群体即政策对象，泛指由于特定的政策决定而必须调整其行为的群体，包括他们的组织或制度化程度、对领导的认知程度以及先前的政策经验。

（4）环境因素

环境因素即与政策生存空间相关联的因素，包括政治环境、经济环境、文化环境、历史环境等。它是政策执行的路径依赖和影响因素。

图 15-1 描述了在政策执行过程中这四个主要变量及其相互关联对政策执行效果的影响过程。史密斯用“处理”一词来表示对政策执行中各组成要素内部及彼此间的紧张、压力和冲突等关系的反应。

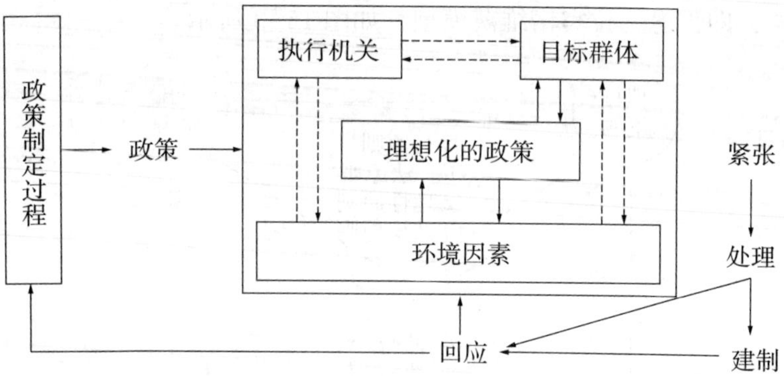

图15-1　史密斯政策执行过程模型

2. 互适模型

美国学者麦克拉夫林认为，政策执行是执行者与受影响者之间就目标或手段相互调适的一个过程，这是一个动态平衡的过程，政策执行是否有效取决于二者互适的程度。如图 15-2 所示。

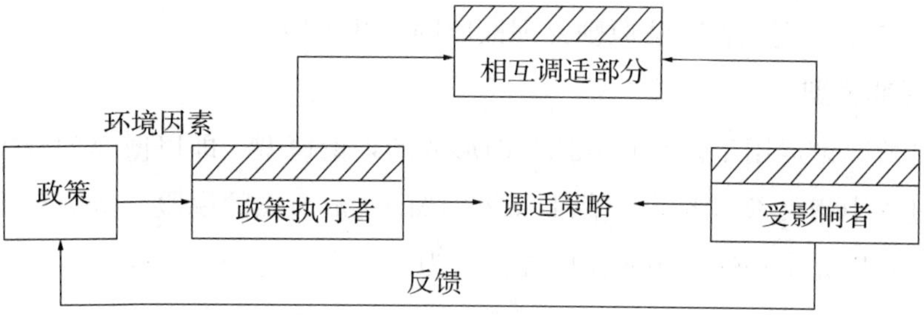

图15-2　政策执行互适过程模型

麦克拉夫林的相互调适模型，至少包含以下四项逻辑认定。

（1）政策执行者与受影响者之间的需求和观点并不完全一致，基于双方在政策上的共同利益，彼此必须经过说明、协商、妥协等确定一个双方都可以接受的政策执行方式。

（2）相互调适的过程是处于平等地位的双方彼此进行双向交流的过程，而不是传统的“上令下行”这种单向流程。

（3）政策执行者的目标和手段可随着环境因素、受影响者的需求和观点的改变而改变。

（4）受影响者的利益和价值取向将反馈到政策上，从而影响政策执行者的利益和价值取向。

3. 循环模型

当代美国公共政策学者雷恩和拉宾诺维茨构建了一个以循环为特色的政策执

行分析框架，即雷恩—拉宾诺维茨模型，如图 15-3 所示。

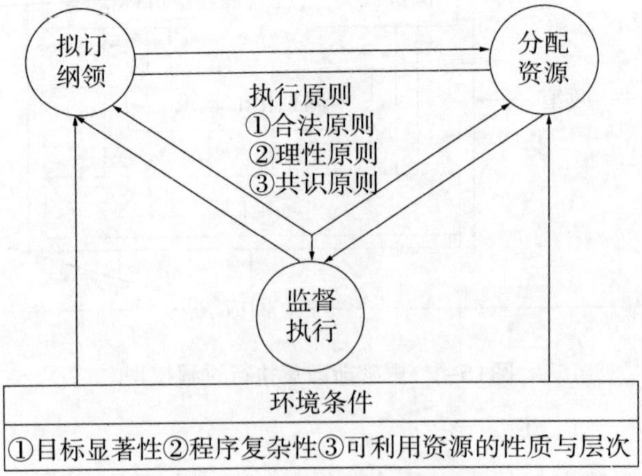

图15-3　雷恩—拉宾诺维茨模型

该模型认为在环境条件的影响下，政策执行经历了三个阶段，遵循三个原则。

（1）三个阶段是：拟定纲领阶段；分配资源阶段；监督执行阶段。

（2）三个原则是：合法原则；理性原则；共识原则。

4. 博弈模型

这是博弈论运用于公共政策执行而形成的理论模型，即以博弈理论观察、分析执行过程中相关参与者就政策目标或手段的达成所做的说服、协商与妥协等互动情形。它以完全理性人为假设前提，认为在冲突和竞争的情况下每一个参加者的选择都遵循最大收益—最小损失原则。

5. 系统模型

美国学者霍恩和米特尔提出了系统模型。认为在政策决定与政策效果这一转变过程之间存在许多影响二者的量，既有系统本身，也有系统环境的因素。一个合理有效的政策执行模型必须重视对如下五个重要变量的把握。

（1）政策的价值诉示，即政策目标与标准。

（2）政策资源，即系统本身实现价值的条件。

（3）执行者属性，包括执行人员的价值取向、行为能力、精神面貌以及执行机关的特征及其整合程度。

（4）执行方式，指的是执行者之间、执行者与目标群体之间采取的互动方式，主要包括沟通、协调与强制。

（5）系统环境，主要包括政治环境、经济环境、文化环境、社会条件等。

这五个变量相互之间的联系及其与政策内容、政策效果的影响关系，如图 15-4 所示。

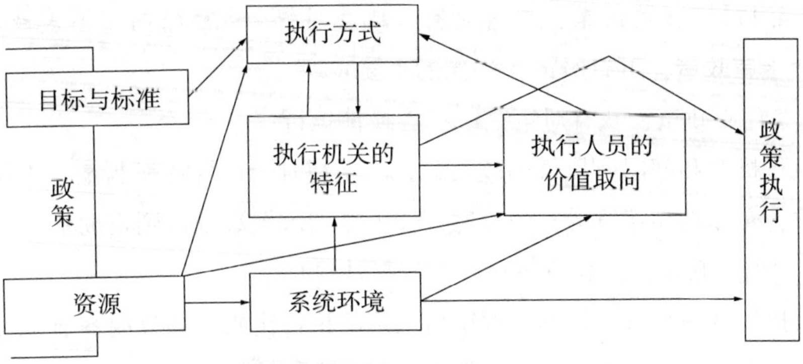

图15-4 政策执行系统模型

6. **综合模型**

美国学者梅兹曼尼安和萨巴蒂尔提出了综合模型，又被称作梅兹曼尼安—萨巴蒂尔模型。政策执行是一个受多种变量影响的相当复杂、多视角的动态过程。他们列举、分析了许多属于政策问题的影响政策执行的主要因素，并把这些因素归为三大类，如图 15-5 所示。

这一模型从多个视角大量地考察了影响政策执行的各种主要变量，为分析、指导政策执行提供了一个较完备的思考与实践框架。

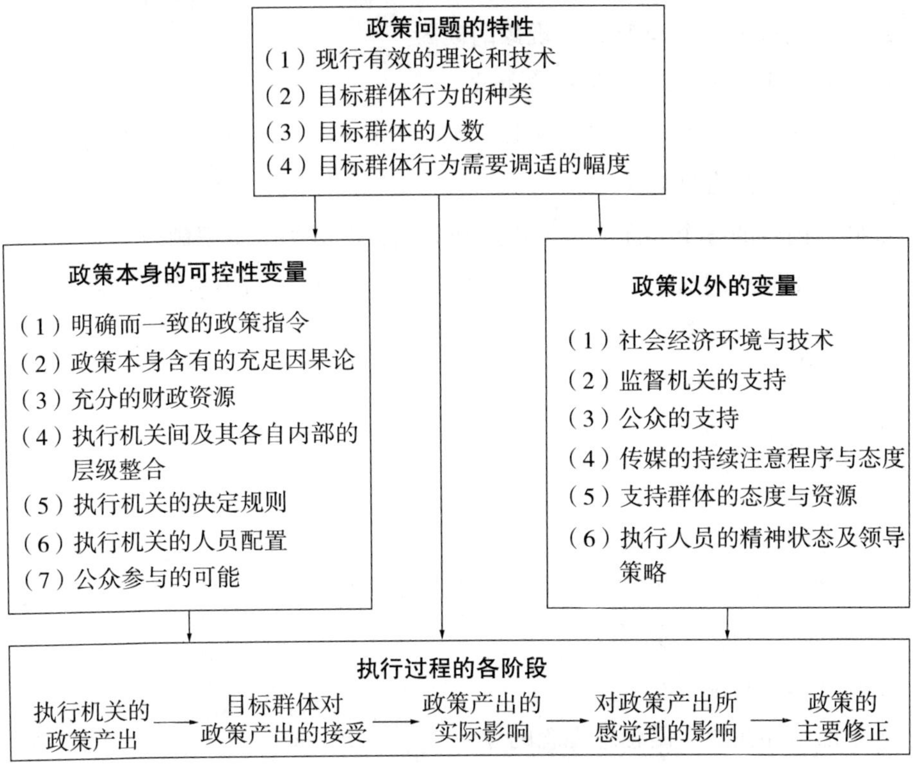

图15-5 政策执行过程的综合模型

【考点17】“上有政策，下有对策”现象剖析——陈振明《公共政策分析》

1. “上有政策，下有对策”现象的主要表现

（1）“你有政策，我有对策”——替换性执行

当执行机关和部门所执行的政策对自己不利时，执行者就制定与上级政策表面上一致，实际却相违背的实施方案，使上级的政策难以得到贯彻落实。

（2）“曲解政策，为我所用”——选择性执行

政策执行者在执行政策的过程中对政策的精神实质或部分内容有意曲解，导致政策无法真正得到贯彻落实，甚至出现与初衷相悖的结果。

（3）“软拖硬抗，拒不执行”——象征性执行

政策执行的最高准则在于维护政策的权威性和严肃性。对于共产党员来说，执行政策是党的纪律；对于普通公民来说，执行政策是必须履行的社会职责。

（4）“搞土政策”——附加性执行

附加性执行指的是在政策执行过程中，执行者常附加一些原政策目标所没有的内容，把本不可行的事情变为可行之事，影响了目标的实现。所谓“土政策”，就是打着贯彻上级政策要结合实际的旗号，自立一套，自行其是，牟取私利。

2. “上有政策，下有对策”现象的成因

（1）中央利益与地方利益间的矛盾

①国家在某一方面对地方的权限、利益做了界定，但没有同时对与之密切相关的其他方面做配套性界定。

②同一内容的各个方面，有的被严格界定，有的则界定模糊。

③中央不同部门对同一规定有不同的界定。这样一方面使地方无所适从，另一方面又使地方有机会灵活变通，应对中央政策。

（2）政策本身的缺陷

①有些政策缺乏科学性，不完整，不配套。

②政策多变。

③政出多门，莫衷一是。

（3）政策执行主体的本位主义和地方利益的驱使

①干部阶层利益诱发。

②地方部门利益驱使。

③干部中存在的错误思想观念的导向。

(4) 政策执行的监控不力

政策执行监控不力表现在政策执行过程中缺乏政策的监督，政策执行效果缺乏明确的考核以及政策执行结果缺乏必要的赏罚措施。

3. “上有政策，下有对策”现象的危害

(1)“上有政策，下有对策”是政策变通的一种表现形式。

①如果地方政府能够抓住中央政策的精神实质，遵循政策的要求，结合当地实际，制定切实可行的实施对策，这样的“对策”是合理的、合法的，它有助于用足、用活中央政策，有助于完善政策，使中央政策发挥更大的效益。

②如果地方政府夸大政策的灵活性，否定政策的原则性，以地方利益为标准，符合本地利益的政策就“用足用活”，反之就随之“变通”政策，肢解、曲解、抵制中央政策，制定“土政策”，实行地方保护主义，执行的结果出现了与既定政策相悖的情况。这样的“对策”是不合理的，更是不合法的，其危害极大。当前，这种“上有政策，下有对策”的现象更普遍。

(2) 作为相对独立的地方利益，采取“上有政策，下有对策”的办法，有助于调动地方的积极性和创造性，使各地经济一浪高过一浪地向前发展，地方经济增长迅速，财政收入逐年增加，甚至超过中央政府的财政增长率。然而，与此同时，政策执行中的地方主义、本位主义开始抬头。

“上有政策，下有对策”更严重的后果是中央政策权威性、严肃性正在受到来自国家机器内部的更具自我利益、自我意识、自治权力的地方政府及其领导者的挑战，长期下去，就有可能危及国家和民族的稳定和统一。

4. 对“上有政策，下有对策”现象的治理

(1) 从制度上解决合理划分中央和地方事权的问题

在决策问题上，应明确宏观决策中央独统，微观决策地方自主。宏观决策的内容、实施时机与步骤，由中央政府做出。

(2) 加强政策研究，建立科学合理的政策体系

应该对现存的所有法律、法规和政策进行一次全面清理，凡是政策规定之间出现相互矛盾、扯皮现象的都必须及时纠正；所有部门或地方的政策规定都必须严格与党中央、国务院的政策规定相一致。

(3) 摆正局部和全局的关系，树立“全国一盘棋”思想

“上有政策，下有对策”实质上颠倒了局部与全局的关系，缺乏“一盘棋”的思想。

(4) 加强监督，从严治政

①必须进一步加强监察监督工作。除了政党的监督、国家权力机关的监督、政策执行机关内部的监督外，还要让各阶层公民、社会团体、大众传播媒介等社会力量都来参与监督活动，形成强大的社会舆论，发挥重要的监督作用。

②必须建立和健全相对独立的监督体系。在监督体系中，党的监督是保障，群众的监督是基础，专门机构的监督是关键。

③必须实行有法必依，执法必严，违法必究的监督原则。

【考点18】政策执行偏差

1. 政策执行偏差的表现形式

所谓政策执行偏差是指执行者在实施政策的过程中，由于受主客观因素的制约，其行为效果偏离政策目标并产生了不良后果的政策现象。

政策目标的偏离和不良后果的出现是统一不可分的。政策是否偏离了政策目标，是根据政策执行当中出现的不良后果来确定的。也就是说，政策目标的偏离是执行偏差的本质属性，不良后果是执行偏差的表象特征。

表现形式主要有下列几种：

(1) 象征式政策执行

主要指在实施政策过程中，执行主体仅做表面文章，或只做政策宣传而不务实际，或“阳奉阴违”，或前紧后松，或敷衍塞责。其总的特点是政策最终成了一纸空文，根本谈不上解决什么具体的政策问题。

(2) 附加式政策执行

主要是指政策在执行过程中被附加了不恰当的内容，使政策的调整对象、范围、力度、目标超越了政策原定的要求，特别是执行者在现行政策的目标的基础上再自行增添了若干个新目标。“土政策”往往是附加式政策执行的一种典型表现形式。“土政策”是指打着贯彻上级政策要结合实际的旗号而自行附加额外目标的政策，它另搞一套，使政策执行复杂化，影响政策目标的实现。

(3) 残缺式政策执行

主要是指一项完整的政策在执行中只有部分被贯彻落实，其余则被弃置不顾，使政策内容残损不全，不能有效地、完全地实现既定的政策目标。其典型表现就是“断章取义，为我所用”。

(4) 替代式政策执行

主要是指在政策执行过程中被换上与现行政策表面上一致而事实上背离的内容。这是一种极为严重的执行偏差，其政策内容、目标、性质已发生了根本的改变。它的特点是执行者在政策实施过程中“挂羊头，卖狗肉”。这种情况往往发生在政策与执行主体之间出现极为激烈的利益差异和冲突的时候。“上有政策，下有对策”就是一种典型的替代式政策执行。“有利的就执行，不利的就变形”。这就严重地损害了政策的严肃性、权威性和公共利益。

（5）观望式政策执行

主要是指在政策实施过程中，执行主体总是被动观望：观上面的招数，等新政策出台；观上面的态度，看是否来硬的；观左右行动，看是否动真的。它的特点是执行者采取一种“软拖”的手法，能拖的就拖，实在不能拖的只得勉强执行。

（6）照搬式政策执行

主要是指在政策实施过程中，执行主体机械地照搬照抄，“原原本本传达，不折不扣落实”。这样呆板地执行政策往往不能真正地解决问题、实现政策目标。它的特点是执行者把政策的原则性和灵活性严重地分离。

2. 政策执行偏差的产生原因

所谓政策执行偏差是指执行者在实施政策的过程中，由于受主客观因素的制约，其行为效果偏离政策目标并产生了不良后果的政策现象。

政策目标的偏离和不良后果的出现是统一不可分的。政策是否偏离了政策目标，是根据政策执行当中出现的不良后果来确定的。也就是说，政策目标的偏离是执行偏差的本质属性，不良后果是执行偏差的表象特征。

政策执行偏差的产生原因有以下几方面：

（1）政策问题本身的复杂性

政策实施的成功与失败，与政策所要解决的问题的复杂程度密切相关。就一般的情况来看，敏感的政治性政策、直接涉及人们利益分配和调整的经济政策、竞争性和敌对性的外交政策及军事政策、涉及领域众多的综合性政策（如环境保护政策）、创新性较强的政策等，大部分都属于比较复杂的政策。如果执行者对相关政策问题的复杂性没有充分认识，对相关政策的执行难度缺乏足够的思想准备，有可能产生各种形式的政策偏差。

（2）政策质量低劣

主要包括以下几种情况。

①政策目标错误或者模糊不清

政策目标的正确与否是衡量政策实施好坏的标准，进而成为政策实施效率的标准。政策目标错误，实施效率越高则失误越大。政策目标模糊不清是指：目标不切实际，难以达到；目标难以比较和衡量；目标没有所期望的明确结果；目标的完成超出政策执行者的职权范围；目标没有规定完成的期限。在这种情况下，执行者在实施政策的过程中往往会显得无所适从。

②政策内容混乱

无论是对于同一项政策的目标还是多项政策的目标，如目标之间不一致，相互之间发生冲突，那就意味着政策的内容也是相互矛盾的。在执行这样的政策时，执行者要么犹豫不定、裹足不前，要么自相冲突、产生内耗，影响政策效果，发生执行偏差。

③政策标准不合理

决策者在制定政策时，须注意政策标准要切合实际，要指出政策标准的未来可能变化，以便为实施活动的发展提供遵循的方向。否则，政策执行就可能发生偏差。

（3）多政策环境的变化

政策环境具有复杂性、多样性、变异性等特点，这些特点给政策执行增加复杂性和困难；在执行政策时，政策环境会出现这样或那样的新情况、新变化、新问题，从而对政策的顺利执行形成挑战。如果执行者对这种挑战应对措施不当，政策执行偏差就有发生的可能。

（4）利益集团的压力

任何政策，势必涉及利益的调整，因而各利益集团必然千方百计地影响公共政策，这不但表现在公共政策制定的时候，而且也表现在公共政策执行的时候。利益集团对公共政策的影响在西方资本主义国家表现得尤为突出。现阶段我国也存在着国家利益、集体利益、个人利益三者之间的矛盾，也还存在着各地区、各行业、各部门之间进行利益分配的问题，因此也存在着“利益集团”对公共政策的影响。许多政策执行偏差往往是由于执行者受到利益集闭的压力而扭曲或擅自改变政策内容造成的。

（5）政策资源的不足

缺乏必要的政策资源，那么执行的过程肯定是不会顺利的，执行的结果也难以达到预期的目标，甚至会出现偏离政策目标的情况。

（6）缺乏健全的监督机制

监督体制和方法的不当，监督机构的权力过小或过大，监督制度的不健全，都会对政策执行形成挑战。

3. 政策执行偏差的矫正

所谓政策执行偏差是指执行者在实施政策的过程中，由于受主客观因素的制约，其行为效果偏离政策目标并产生了不良后果的政策现象。

政策目标的偏离和不良后果的出现是统一不可分的。政策是否偏离了政策目标，是根据政策执行当中出现的不良后果来确定的。也就是说，政策目标的偏离是执行偏差的本质属性，不良后果是执行偏差的表象特征。

政策执行偏差的矫正是指政策主体采取一定的纠正措施，使政策执行回到正确的方向并且消除不良后果的过程。

（1）矫正的对象

①政策本身。包括政策的内容、目标、范围、执行方式、程序等的调整。

②政策执行组织。包括执行组织的结构、领导者、领导方式、思想与工作作风、规模及管理方式等的调整。

③政策目标群体。包括政策目标群体的范围、具体对象、强度的调整。

（2）矫正的途径

以既定的政策为参考对象，执行偏差矫正的途径主要有以下三种。

①政策修正。指对既定政策的具体内容、适用范围、有关限定等具体规定做某些改正、整治，使之趋向正确、完善、符合实际。

②政策增删。指在政策对象不变的情况下，对现行政策的具体条文做某些必要的补充和删减，或者扩大其内容、适用范围和延长其适用期限；或者缩小其内容、适用范围和缩短其适用期限等。

③政策更新。指在现行政策基础上做出的革新、除旧布新。它是政策在不改变控制对象的基础上，对现行规范的整体性进行调整。

（3）矫正的方法

对政策执行偏差的矫正，应采取综合治理的系统方法。

①完善管理体制。

②提高执行人员素质。

③科学诊断问题。

④及时跟踪评估。

⑤强化监督控制。

⑥加强舆论宣传。

⑦采取相应强制措施。

⑧采取防范和矫正相结合的方法。

15.3　热门院校真题解析

一、名词解释题

1. **政策执行**（2020年、2019年、2011年中国人民大学；2018年江苏大学；2017年对外经济贸易大学；2016年湖南农业大学；2014年西北师范大学；2013年杭州师范大学）

育明教育名师解析

详情参考15.2常考知识点梳理【考点1】政策执行的定义的内容。不同院校规定的参考书目不同，对应的知识点也有不同，考点1中已分别列明以示区别。

2. **政策执行者**（2018年、2014年湖南农业大学）

政策执行者是政策执行主体，是负责政策执行的组织和人员的统称，不仅包括行政机关、司法机关、被赋予执行权的其他公共权力机关以及供职于这些机关的公职人员，也包括负责公共政策执行的非官方政治团体、社会中介机构和个人。在当代中国，还包括执政党的各级领导机构、领导者和其他享有执行权的党的干部。对政策执行者及其政策执行力进行研究有重要意义。

3. **政策执行偏差**（2017年天津商业大学）

所谓政策执行偏差是指执行者在实施政策的过程中，由于受主客观因素的制约，其行为效果偏离政策目标并产生了不良后果的政策现象。

政策目标的偏离和不良后果的出现是统一不可分的。政策是否偏离了政策目标，是根据政策执行当中出现的不良后果来确定的。也就是说，政策目标的偏离是执行偏差的本质属性，不良后果是执行偏差的表象特征。

4. **政策失真现象**（2020年西藏大学）

政策失真现象是指政策执行及其结果与政策目标、政策内容不相符合的问题。政策失真的四种表现形式：（1）政策表面化：是指在政策执行中做表面文章，政策内容难以真正落实。（2）政策扩大化：是指突破政策界限，扩大执行范围，歪曲政策目标。（3）政策缺损：是指一个完整的政策在执行时，只有部分落实，其余被遗弃。（4）政策曲解：是指政策在执行过程中被换入表面上与原政策一致，而事实上背离原政策精神的内容。

5. **政策变通**（2016年中央党校；2015年西北师范大学；2013年东北财经大学）

政策变通是因人、因时、因事、因地制宜地执行政策的方法，是政策的原则性与灵活性关系在政策执行过程中的具体体现。这种灵活变通也被称为“行政自由裁量”，是一种不变之中求变的艺术，西方学者称之为“行政权的核心”。

政策变通包括三种形式：（1）“求神似，去形似”。是一种正确的变通形式，做到了原则性与灵活性的辩证统一，抓住政策的精神实质，遵循政策要求，结合实际，创造性地加以贯彻落实。（2）“不求神似，只求形似”。是一种不正确的变通形式，把政策理解成照搬、照抄和照转，缺乏灵活变通性，盲目、机械地执行政策。（3）“既不求神似，也不求形似”。也是一种错误的变通形式，夸大政策的灵活性，否定政策的原则性，随意变通政策。

做好政策变通要遵循以下条件：（1）了解上情。加强政策学习，领会精神实质，这是合理变通的前提条件。（2）摸清下情。要深入调查研究，明了实际情况，这是合理政策变通的实践基础。（3）上下情有机结合。坚持政策的原则性和灵活性相结合的原则，把政策的基本精神和实际情况相结合，这是政策变通的关键。

6. **互动理论模式**（2017年厦门大学）

互动理论模式的提倡者是麦克拉夫林，其主要代表作是《互相调适的政策实施》。麦克拉夫林认为，政策执行过程是执行组织和受影响者之间就目标手段做出的相互调适的互动过程，政策执行的有效与否取决于二者相互调适的程度。

麦克拉夫林的这一理论模式主要包含：（1）政策执行者与受影响者之间彼此的需要和观点并不一致，基于双方在政策上的利益，彼此必须放弃或修正其立场，在妥协中寻求一个双方皆可接受的政策执行方式。（2）政策执行者的目标与手段富有弹性，可根据环境因素或受影响者需求和想法的改变而变化。（3）这一互动的过程是彼此处于平等地位的双向交流过程，并非传统理论者所说的“上令下行”的单向流程。（4）受影响者的利益价值与价值观将反馈到政策上，进而影响政策执行者的利益和价值观。

7. **公共选择理论**（2018年中央民族大学；2015年山东师范大学；2014年复旦大学；2013年东北财经大学；2011年华中农业大学；2010年华东政法大学；2010年湖南师范大学）

以经济学的分析方法研究政治问题，从经济人的假设出发，认为政治活动中的每一个参与主体都是基于自身利益最大化而采取相应行动的。其对政策执行研究具有重要启示。

公共选择理论的三大要素：（1）个人主义。公共选择理论注重于分析个人行为以及个人行为如何通过政治过程发生影响。（2）经济理性。强调人在政治领域也是利己的，追求个人利益和效益最大化。（3）交易政治。认为政治应被视为一个在解决利益冲突时进行各种交换从而达成协议的过程，含有讨价还价和市场交易的性质。

二、简答题→论述题

1. 政策执行的特征（2012 年西南大学）

育明教育名师解析

详情参考 15.2 常考知识点梳理【考点 2】。不同院校有不同的参考书目，对应不同的知识点。

2. 政策执行的影响因素/政策执行有效性的影响因素（2020 年华中科技大学；2019 年、2018 年中山大学；2018 年中央民族大学；2018 年江苏大学；2016 年安徽师范大学；2015 年华南理工大学；2014 年北京航空航天大学；2014 年福建师范大学；2013 年湖南师范大学；2011 年厦门大学）

育明教育名师解析

详情参考 15.2 常考知识点梳理【考点 9】。不同院校有不同的参考书目，对应不同的知识点。

3. 政策执行过程（2013 年杭州师范大学）

政策执行是指政策方案被采纳以后，政策执行者通过一定的组织形式，运用各种政策资源，经解释、实施、服务和宣传等行动方式将政策观念形态的内容转化为现实效果，从而使既定的政策目标得以实现的过程。

政策执行过程如下：

（1）政策宣传

政策宣传就是要使政策对象知晓政策、理解政策，从而自觉地接受和服从政策。政策宣传对政策执行具有重要的意义。政策宣传要注重实效，不搞形式主义。

（2）政策细化

政策细化就是要分解政策目标，做到行动有计划。因此，要在基本原则指导之下，对总体目标进行分解，编制出政策执行的具体计划。

（3）物质与组织准备

物质准备主要是指必要的财力和物力的准备。

组织准备要解决组织形式问题，建立组织机构，配备领导和下属人员，制定必要的规章制度。

（4）组织协调

组织协调就是使得不同的执行机构、分散的执行人员形成有机整体，保证政策执行活动有条不紊地开展，为实现政策目标共同努力。

（5）政策试点

政策试点可以验证政策，又可以从中取得带有普遍指导意义的东西，为政策的全面实施做好准备。特别是涉及全局性的、非常规性的、带有风险性的、受多重因素影响的、难以进行定量分析的、结果不确定的政策，都应选择试点，进行小范围实施。

（6）政策推广

政策推广是指在取得政策试点经验的基础上，在更大范围内实施政策。政策推广要求严格遵循政策执行的基本原则，充分发挥政策执行的功能要素，以保证执行任务的圆满完成和政策目标的真正实现。

（7）政策监督

在政策执行中需要建立政策监督机制，以抑制政策失真现象的蔓延。从我国目前的情况来看，政策监督主要包括执行机构的内部监督、党组织的监督、人大的监督和社会舆论的监督。

4. 政策执行的原则（2014 年江苏大学）

育明教育名师解析

详情参考 15.2 常考知识点梳理【考点 8】。不同院校有不同的参考书目，对应不同的知识点。

5. 政策执行的手段（2018 年中国人民大学；2014 年杭州师范大学；2014 年西北师范大学；2012 年华侨大学；2012 年湖南农业大学）

政策执行是指政策方案被采纳以后，政策执行者通过一定的组织形式，运用各种政策资源，经解释、实施、服务和宣传等行动方式将政策观念形态的内容转化为现实效果，从而使既定的政策目标得以实现的过程。

公共政策执行手段是指政策执行机构及其执行者为完成一定的政策任务，达到一定的政策目标，而采取的各种措施和办法。

（1）行政手段："以力服人"

行政手段是指通过各级政府的行政部门，依靠政府权威，采用行政管理的惯用方式，按照系统、层次、区划来实施政策的方法。

特点是强制性、垂直性、无偿性和稳定性。

优点是部署统一、资源集中、协调一致、实施迅速、便捷高效。

缺点是容易产生与"人治"相关的一些弊病，影响横向联系及下级的积极性、创造性。

（2）法律手段："以律服人"

法律手段是指通过各种法律形式来调整政策执行活动中的各种关系、贯彻落实政策的方法。适用于常规型政策领域。

特点是严肃性、权威性、规范性和稳定性。

（3）经济手段："以利服人"

经济手段是指根据客观经济规律和物质利益原则，利用各种经济杠杆，调节政策执行过程中的各种不同利益之间的关系，以促进政策顺利实施的方法。

特点是非政治性和间接性。

（4）教育手段："以理服人"

教育手段是一种人本主义的管理方法。主要是通过非强制性的手段，运用思想诱导方法协调各方关系，使政策目标群体能够自愿接受政策内容，不从事与政策相违背的活动。

6. 政策执行的十项必备条件（2010 年中国人民大学）

政策执行是指政策方案被采纳以后，政策执行者通过一定的组织形式，运用各种政策资源，经解释、实施、服务和宣传等行动方式将政策观念形态的内容转化为现实效果，从而使既定的政策目标得以实现的过程。

政策执行的十项必备条件：

（1）没有无法克服的外在限制。

（2）充分的时间与足够的资源。

（3）有效整合所有必要的资源。

（4）政策需要有效的理论支撑。

（5）直接而清晰的因果关系。

（6）最低限度的依赖关系。

（7）对政策目标具有充分共识和正确理解。

（8）任务的清晰陈述及正确的行动序列。

（9）有效沟通与协调。

（10）权力与服从。

7. **政策执行的策略**（2018年中国社会科学院）

政策执行是指政策方案被采纳以后，政策执行者通过一定的组织形式，运用各种政策资源，经解释、实施、服务和宣传等行动方式将政策观念形态的内容转化为现实效果，从而使既定的政策目标得以实现的过程。

政策执行的策略有：

（1）目标控制

执行是一种目的性很强的行为选择，明确既定目标，做到有的放矢，是政策执行的最基本要求。

（2）权力制衡

在政策执行环节，必须强调以权力制约权力，加强政策监督。否则权力将会异化，腐败不可避免。

（3）政策整合

一项政策的执行或政策问题的解决，可能同时涉及别的政策，若彼此相互不一致，就会促成不同的执行行为。政策执行要坚持系统原则，处理好整合问题，发挥好政策体系的综合效能。

（4）反馈调节

政府执行是一个动态过程，必须重视反馈控制，保持应变能力。政策执行过程中会出现许多新的问题和情况，应根据反馈的情况，不断调整原来所选择的战略，逐步达到或接近既定的目标。

（5）程序优先

在现代法治社会中，行政机关的执法行为应该在法治的框架中进行。法治的原则是程序优先。

公正首先体现为程序公正，任何对实体公正的寻求都不得有违程序公正，即程序公正具有优先性。

（6）法益均衡

比例原则是指行政主体实施行政行为应兼顾行政目标的实现和保护相对人的利益，如果行政目标的实现可能对相对人的权益造成不利影响，行政权力的行使除了有法律依据这一前提外，行政主体还必须选择对公民侵害最小的方式进行，即把这种不利影响限制在尽可能小的范围和限度之内，二者要保持适当的比例。

比例原则着眼于法益的均衡，以维护和发展公民权为最终归宿，对我国法治建设具有很强的借鉴意义。

（7）重视逆反

逆反心理是指受信者的态度变化与说服方向完全相反，他们对说服性信息进行积极的心理反抗。政策执行成本的高低与社会逆反心理的强弱有直接的关系，尤其是对管制性政策而言。为了提高政策效率，减少执行成本，必须认真研究逆反心理，搞好政策宣传，提高政策的服从性。

（8）去“积”之弊

问题开始时没有得到应有的重视，等到问题堆积成“大事”再集中力量解决，使原本可以解决的问题演变成制度失效或缺失的问题。许多时候不是没有政策，而是有了政策不能及时执行。

（9）重视民意

现代社会中，公共政策须以民意为依归。可以通过选举、写文章、游说、请愿等方式表达民意。在政策执行中准确判断是否符合民意越发重要，对民意清楚研究，重视民意，社会就能够在察觉问题与共同行动方面变得更加公正和有效。

（10）上下台阶

“阶梯效应”是指要让他人接受一个很大的，甚至是很难的要求时，最好先让他接受一个小要求，一旦他接受了这个小要求，他就比较容易接受更高的要求。

“下台阶效应”是指人们拒绝了一个较大的要求后，对较小的要求接受性增加的现象。

这是两种重要的执行策略。

（11）修补破窗

“破窗理论”是指如果有人打坏了一个建筑物窗户的玻璃，而这扇窗户又未得到及时的维修，别人就可能受到暗示性的纵容去打烂更多窗户的玻璃。在这种无序的氛围中，公众会变得麻木不仁，社会不良现象就会滋生、蔓延。破窗理论告诉我们：环境具有强烈的暗示性和诱导性。必须努力修好“第一扇被打碎玻璃的窗户”。

与犯罪现象做斗争的时候，“破窗理论”被引申为逮捕更多有较轻违法行为的人。

（12）欲擒故纵

人们大都喜欢那些对自己表示赞赏的态度或行为不断增加的人或事，而反感上述态度或行为不断减少的人或事。“阿伦森”效应对政策执行具有很好的启发作用。

(13) 以人为本

以人为本的基点是维护人的尊严。尊严表明人固有的价值属性和拥有受到他人尊重的权利。政策执行应尊重人权和人的尊严。

(14) 诚信至上

对政府来说，诚信是一种理念，更是一种责任。

8. 政策执行力的影响因素（2018 年天津商业大学）

公共政策执行力是政策执行者通过对政策目标及其方向的把握，设计执行方案，调度和配置相关资源，运用政策工具，从而实现政策目标、最终解决社会问题的能力和成效，即公共政策有效执行的程度。

政策执行力的影响因素有如下几个方面：

(1) 执行者因素

任何政策归根结底都要依靠政策执行者才能完成，因此执行者是政策执行活动的主体和执行力的核心要素。

(2) 资源因素

政策执行资源是政策执行过程所必须具备的各类资源条件，这些资源主要可以分为：人力资源、财物资源、信息资源和权威资源等。

①人力资源是执行活动中最活跃的因素，高效的政策执行力要求高素质人力资源的保障。

②财物资源是其他资源的基础，没有财力和物质的保障，任何政策执行也难以开展。

③信息资源是执行者减少政策执行不确定性的重要条件。

④权威资源是执行者选择和配置政策工具、有效地采取行动、提升执行力的权力基础。

(3) 工具因素

执行工具是公共政策执行成功的重要手段。执行工具运用得恰当与否直接关系到政策执行目标能否实现，关系到执行者的政策执行力的大小。常见的政策执行工具有行政工具、法律工具、经济工具、思想政治工具以及技术工具等。

(4) 环境因素

公共政策执行总是处于一定的自然环境和社会环境当中，并受到自然环境和社会环境的制约，影响着政策目标的实现和政策执行的整个过程。

9. 布坎南对政策科学的贡献/公共选择理论的核心内涵（2020 年北京大学；2019 年深圳大学；2019 年湘潭大学；2018 年北京航空航天大学；2016 年首都经济贸易大学；2014 年华中师范大学；2013 年辽宁大学；2012 年湖南大学；2012 年南京师范大学）

【补充】2020 年北京大学：预算最大化模型、财政幻觉。

美国著名经济学家詹姆斯·布坎南是公共选择理论的领袖人物。

公共选择理论又称新政治经济学或政治学的经济学，是一门介于经济学和政治学之间的新的交叉学科。它是以经济学的分析方法研究政治问题，从经济人的假设出发，认为政治活动中的每一个参与主体都是基于自身利益最大化而采取相应行动的。

公共选择理论的三大要素：

（1）个人主义。公共选择理论注重于分析个人行为以及个人行为如何通过政治过程发生影响。

（2）经济理性。强调人在政治领域也是利己的，追求个人利益和效益最大化。

（3）交易政治。认为政治应被视为一个在解决利益冲突时进行各种交换，从而达成协议的过程，含有讨价还价和市场交易的性质。

公共选择理论对政策执行研究具有重要启示。

10. 基于中国经验的政策执行“上下来去”模型（2018 年湖南农业大学；2017 年天津商业大学；2016 年、2012 年华中农业大学；2012 年东北财经大学）

基于中国经验的政策执行“上下来去”模型，是在结合中国实际情况的基础上构建的政策执行研究路径。这一路径认为，在当代中国的政策实践中，成功的政策执行取决于政策执行主体在政策执行的过程中坚持实事求是、一切从实际出发的原则，坚持从群众中来、到群众中去的工作路线，并采用先做政策试点，即将政策进行局部试验，然后再全面推广并进行“执行—总结”的政策试验方式。由于在政策执行过程中政策主体与政策客体、政策环境的关系体现为上下互动的过程，因此将这一研究路径称为“上下来去”政策执行模型，具体有三个方面的内涵。

（1）政策执行是一个“从群众中来，到群众中去”的过程

①政策主体应大力进行政策宣传，以获得广大群众的理解和支持，形成有利于政策执行的社会舆论环境，最终使政策得以贯彻执行。

②政策主体必须注重政策执行后的情况报告和意见反馈。

③政策主体必须以“广大人民群众的根本利益”作为政策执行的价值取向，在政策执行过程中监测执行结果是否符合广大人民群众的根本利益，做到“一切为了群众，一切依靠群众”。

（2）政策执行是一个“试验—推广”的过程

政策试验是“上下来去”模型的又一重要内涵。在全面推行一项新的政策，特别是那些具有重大影响的公共政策之前，都要预先选择几个地区、部门和单位进行试点，取得具体的工作经验，并以此为依据对政策进行调整和完善，然后再普遍实施。这样就有利于降低政策执行的成本和风险。

（3）政策执行是一个“执行—总结”的过程

政策执行总结，是指执行机关和执行人员在政策得到具体的贯彻落实后，依照国家现行政策和行政管理规律，对政策执行过程和结果加以全面、系统的衡量、评价、反思和检讨。在政策执行中群众创造的许多成功的经验，经过系统的总结，成为执行者以后行动的借鉴。“执行—总结”的过程不仅是对政策执行进行的全面检查，也是下一轮政策过程的起点，为下一轮政策的有效制定提供基础。

11. 中国公共政策过程的框架（2015年南开大学）

育明教育名师解析

本题是上一题的变形题，要结合“上下来去”进行思考论述。

中国公共政策模型是具有中国特色的“上下来去”政策过程模型。模型的原型是当代中国领导层特别是中央领导制定与执行公共政策的思维与实践方式。由于以当代中国公共决策实践为原型的政策过程理论模型中政策制定和政策执行过程在认识论上是一个从“形而下”到“形而上”的过程，所以就从整体上把政策运作过程描述为“上下来去”的过程，此政策过程的框架如下。

（1）哲学基础

“上下来去”模型的哲学基础在历史理论方面是历史唯物论。政策主体在制定和执行公共政策的过程中，要坚持以人为本；尊重人民主体地位，尊重人民首创精神；从人民的实践中汲取智慧，从人民的发展要求中获得动力；把最广大人民的根本利益作为公共决策的出发点与归宿，在制定和执行政策的过程中切实做到集思广益、凝聚共识，充分体现人民群众的共同意愿。

（2）政策的社会认识过程与政策的社会操作过程及其相互关系

政策的社会认识过程和社会操作过程在逻辑上分为政策制定阶段和政策执行

阶段，前一阶段为后一阶段提供观念上的指导，而后一阶段则把抽象的认识和理论转换成具体的政策并将政策转化为社会现实；同时，政策的社会操作过程反过来又影响政策的社会认识过程。

（3）“上来下去”

模型中的“上”，指的是主观、精神、认识、理论以及居于上位或核心地位的政策行为者；“下”，指的是客观、物质、实践、行动以及居于下位或外围地位的政策行为者。“上”与“下”是互动的，互动的路线和方向在政策的社会认识的过程中是客观—主观—客观（或物质—精神—物质）、实践—认识—实践、个别——般—个别；在社会操作的过程中是从群众中来，到群众中去，其具体操作性程序是群众—领导—群众、民主—集中—民主、点—面—点。这两个过程中的上下互动都不是一次完成的，而是要经过无数次的循环往复。

（4）组成部分

“上下来去”模型含四个子模型：政策认识的实事求是模型，政策操作的群众—领导模型，政策操作的民主—集中模型，政策操作的试验模型。

12. **“上有政策，下有对策”现象剖析（论述题）**（2015 年天津师范大学；2014 年西北师范大学；2013 年东北财经大学）

（1）“上有政策，下有对策”现象的主要表现

①“你有政策，我有对策”——替换性执行

当执行机关和部门所执行的政策对自己不利时，执行者就制定与上级政策表面上一致，实际却相违背的实施方案，使上级的政策难以得到贯彻落实。

②“曲解政策，为我所用”——选择性执行

政策执行者在执行政策的过程中对政策的精神实质或部分内容有意曲解，导致政策无法真正得到贯彻落实，甚至出现与初衷相悖的结果。

③“软拖硬抗，拒不执行”——象征性执行

政策执行的最高准则在于维护政策的权威性和严肃性。对于共产党员来说，执行政策是党的纪律；对于普通公民来说，执行政策是必须履行的社会职责。

④“搞土政策”——附加性执行

附加性执行指的是在政策执行过程中，执行者常附加一些原政策目标所没有的内容，把本不可行的事情变为可行之事，影响了目标的实现。所谓“土政策”，就是打着贯彻上级政策要结合实际的旗号，自立一套，自行其是，牟取私利。

（2）“上有政策，下有对策”现象的成因

①中央利益与地方利益间的矛盾

A. 国家在某一方面对地方的权限、利益做了界定，但没有同时对与之密切相关的其他方面做配套性界定。

B. 同一内容的各个方面，有的被严格界定，有的则界定模糊。

C. 中央不同部门对同一规定有不同的界定。这样一方面使地方无所适从，另一方面又使地方有机会灵活变通，应对中央政策。

②政策本身的缺陷

A. 有些政策缺乏科学性，不完整，不配套。

B. 政策多变。

C. 政出多门，莫衷一是。

③政策执行主体的本位主义和地方利益的驱使

A. 干部阶层利益诱发。

B. 地方部门利益驱使。

C. 干部中存在的错误思想观念的导向。

④政策执行的监控不力

（3）“上有政策，下有对策”现象的危害

①“上有政策，下有对策”是政策变通的一种表现形式。

A. 如果地方政府能够抓住中央政策的精神实质，遵循政策的要求，结合当地实际，制定切实可行的实施对策，这样的“对策”是合理的、合法的，它有助于用足、用活中央政策，有助于完善政策，使中央政策发挥更大的效益。

B. 如果地方政府夸大政策的灵活性，否定政策的原则性，以地方利益为标准，符合本地利益的政策就“用足用活”，反之就随之“变通”政策，肢解、曲解、抵制中央政策，制定“土政策”，实行地方保护主义，执行的结果出现了与既定政策相悖的情况。这样的“对策”是不合理的，更是不合法的，其危害极大。当前，这种“上有政策，下有对策”的现象更普遍。

②作为相对独立的地方利益，采取“上有政策，下有对策”的办法，有助于调动地方的积极性和创造性，使各地经济一浪高过一浪地向前发展，地方经济增长迅速，财政收入逐年增加，甚至超过中央政府的财政增长率。然而，与此同时，政策执行中的地方主义、本位主义开始抬头。

“上有政策，下有对策”更严重的后果是中央政策权威性、严肃性正在受到来自国家机器内部的更具自我利益、自我意识、自治权力日益增大的地方政府及其领导者的挑战，长期下去，就有可能危及国家和民族的稳定和统一。

（4）对“上有政策，下有对策”现象的治理

①从制度上解决合理划分中央和地方事权的问题

在决策问题上，应明确宏观决策中央独统，微观决策地方自主。宏观决策的内容、实施时机与步骤，由中央政府做出。

②加强政策研究，建立科学合理的政策体系

应该对现存的所有法律、法规和政策进行一次全面清理，凡是政策规定之间出现相互矛盾、扯皮现象的都必须及时纠正；所有部门或地方的政策规定都必须严格与党中央、国务院的政策规定相一致。

③摆正局部和全局的关系，树立“全国一盘棋”思想

“上有政策，下有对策”实质上颠倒了局部与全局的关系，缺乏“一盘棋”的思想。

④加强监督，从严治政

A. 必须进一步加强监察监督工作。除了政党的监督、国家权力机关的监督、政策执行机关内部的监督外，还要让各阶层公民、社会团体、大众传播媒介等社会力量都来参与监督活动，形成强大的社会舆论，发挥重要的监督作用。

B. 必须建立和健全相对独立的监督体系。在监督体系中，党的监督是保障，群众的监督是基础，专门机构的监督是关键。

C. 必须实行有法必依，执法必严，违法必究的监督原则。

13. **政策执行偏差的表现形式**（2018 年中国海洋大学；2015 年华中农业大学）

所谓政策执行偏差是指执行者在实施政策的过程中，由于受主客观因素的制约，其行为效果偏离政策目标并产生了不良后果的政策现象。

政策目标的偏离和不良后果的出现是统一不可分的。政策是否偏离了政策目标，是根据政策执行当中出现的不良后果来确定的。也就是说，政策目标的偏离是执行偏差的本质属性，不良后果是执行偏差的表象特征。

表现形式主要有下列几种：

（1）象征式政策执行

主要指在实施政策过程中，执行主体仅做表面文章，或只做政策宣传而不务实际，或“阳奉阴违”，或前紧后松，或敷衍塞责。其总的特点是政策最终成了一纸空文，根本谈不上解决什么具体的政策问题。

（2）附加式政策执行

主要是指政策在执行过程中被附加了不恰当的内容，使政策的调整对象、范

围、力度、目标超越了政策原定的要求，特别是执行者在现行政策的目标的基础上再自行增添了若干个新目标。“土政策”往往是附加式政策执行的一种典型表现形式。“土政策”是指打着贯彻上级政策要结合实际的旗号而自行附加额外目标的政策，它另搞一套，使政策执行复杂化，影响政策目标的实现。

（3）残缺式政策执行

主要是指一项完整的政策在执行中只有部分被贯彻落实，其余则被弃置不顾，使政策内容残损不全，不能有效地、完全地实现既定的政策目标。其典型表现就是“断章取义，为我所用”。

（4）替代式政策执行

主要是指在政策执行过程中被换上与现行政策表面上一致而事实上背离的内容。这是一种极为严重的执行偏差，其政策内容、目标、性质已发生了根本的改变。它的特点是执行者在政策实施过程中“挂羊头，卖狗肉”。这种情况往往发生在政策与执行主体之间出现极为激烈的利益差异和冲突的时候。“上有政策，下有对策”就是一种典型的替代式政策执行。“有利的就执行，不利的就变形”。这就严重地损害了政策的严肃性、权威性和公共利益。

（5）观望式政策执行

主要是指在政策实施过程中，执行主体总是被动观望：观上面的招数，等新政策出台；观上面的态度，看是否来硬的；观左右行动，看是否动真的。它的特点是执行者采取一种“软拖”的手法，能拖的就拖，实在不能拖的只得勉强执行。

（6）照搬式政策执行

主要是指在政策实施过程中，执行主体机械地照搬照抄，“原原本本传达，不折不扣落实”。这样呆板地执行政策往往不能真正地解决问题、实现政策目标。它的特点是执行者把政策的原则性和灵活性严重地分离。

14. 政策执行偏差的产生原因（2018 年中国海洋大学；2015 年华中农业大学；2014 年湖南农业大学；2010 年山西财经大学）

所谓政策执行偏差是指执行者在实施政策的过程中，由于受主客观因素的制约，其行为效果偏离政策目标并产生了不良后果的政策现象。

政策目标的偏离和不良后果的出现是统一不可分的。政策是否偏离了政策目标，是根据政策执行当中出现的不良后果来确定的。也就是说，政策目标的偏离是执行偏差的本质属性，不良后果是执行偏差的表象特征。

政策执行偏差的产生原因有以下几方面：

（1）政策问题本身的复杂性

政策实施的成功与失败，与政策所要解决的问题的复杂程度密切相关。就一般的情况来看，敏感的政治性政策、直接涉及人们利益分配和调整的经济政策、竞争性和敌对性的外交政策及军事政策、涉及领域众多的综合性政策（如环境保护政策）、创新性较强的政策等，大部分都属于比较复杂的政策。如果执行者对相关政策问题的复杂性没有充分认识，对相关政策的执行难度缺乏足够的思想准备，有可能产生各种形式的政策偏差。

（2）政策质量低劣

主要包括以下几种情况。

①政策目标错误或者模糊不清

政策目标的正确与否是衡量政策实施好坏的标准，进而成为政策实施效率的标准。政策目标错误，实施效率越高则失误越大。政策目标模糊不清是指：目标不切实际，难以达到；目标难以比较和衡量；目标没有所期望的明确结果；目标的完成超出政策执行者的职权范围；目标没有规定完成的期限。在这种情况下，执行者在实施政策的过程中往往会显得无所适从。

②政策内容混乱

无论是对于同一项政策的目标还是多项政策的目标，如目标之间不一致，相互之间发生冲突，那就意味着政策的内容也是相互矛盾的。在执行这样的政策时，执行者要么犹豫不定、裹足不前，要么自相冲突、产生内耗，影响政策效果，发生执行偏差。

③政策标准不合理

决策者在制定政策时，须注意政策标准要切合实际，要指出政策标准的未来可能变化，以便为实施活动的发展提供遵循的方向。否则，政策执行就可能发生偏差。

（3）多政策环境的变化

政策环境具有复杂性、多样性、变异性等特点，这些特点给政策执行增加复杂性和困难；在执行政策时，政策环境会出现这样或那样的新情况、新变化、新问题，从而对政策的顺利执行形成挑战。如果执行者对这种挑战应对措施不当，政策执行偏差就有发生的可能。

（4）利益集团的压力

任何政策，势必涉及利益的调整，因而各利益集团必然千方百计地影响公共政策，这不但表现在公共政策制定的时候，而且也表现在公共政策执行的时候。

利益集团对公共政策的影响在西方资本主义国家表现得尤为突出。现阶段我国也存在着国家利益、集体利益、个人利益三者之间的矛盾，也还存在着各地区、各行业、各部门之间进行利益分配的问题，因此也存在着“利益集团”对公共政策的影响。许多政策执行偏差往往是由于执行者受到利益集闭的压力而扭曲或擅自改变政策内容造成的。

（5）政策资源的不足

缺乏必要的政策资源，那么执行的过程肯定是不会顺利的，执行的结果也难以达到预期的目标，甚至会出现偏离政策目标的情况。

（6）缺乏健全的监督机制

监督体制和方法的不当，监督机构的权力过小或过大，监督制度的不健全，都会对政策执行形成挑战。

15. **政策执行偏差的矫正**（2018年、2013年湖南农业大学）

所谓政策执行偏差是指执行者在实施政策的过程中，由于受主客观因素的制约，其行为效果偏离政策目标并产生了不良后果的政策现象。

政策目标的偏离和不良后果的出现是统一不可分的。政策是否偏离了政策目标，是根据政策执行当中出现的不良后果来确定的。也就是说，政策目标的偏离是执行偏差的本质属性，不良后果是执行偏差的表象特征。

政策执行偏差的矫正是指政策主体采取一定的纠正措施，使政策执行回到正确的方向并且消除不良后果的过程。

（1）矫正的对象

①政策本身。包括政策的内容、目标、范围、执行方式、程序等的调整。

②政策执行组织。包括执行组织的结构、领导者、领导方式、思想与工作作风、规模及管理方式等的调整。

③政策目标群体。包括政策目标群体的范围、具体对象、强度的调整。

（2）矫正的途径

以既定的政策为参考对象，执行偏差矫正的途径主要有以下三种。

①政策修正。指对既定政策的具体内容、适用范围、有关限定等具体规定做某些改正、整治，使之趋向正确、完善、符合实际。

②政策增删。指在政策对象不变的情况下，对现行政策的具体条文做某些必要的补充和删减，或者扩大其内容、适用范围和延长其适用期限；或者缩小其内容、适用范围和缩短其适用期限等。

③政策更新。指在现行政策基础上做出的革新、除旧布新。它是政策在不改

变控制对象的基础上，对现行规范的整体性进行调整。

（3）矫正的方法

对政策执行偏差的矫正，应采取综合治理的系统方法。

①完善管理体制。

②提高执行人员素质。

③科学诊断问题。

④及时跟踪评估。

⑤强化监督控制。

⑥加强舆论宣传。

⑦采取相应强制措施。

⑧采取防范和矫正相结合的方法

16. 政策扩散、政策学习、政策转移概念比较（2019年中国海洋大学；2017年南开大学）

【补充】2019年中国海洋大学名词解释题：政策学习；简答题：政策扩散的基本模式。

（1）政策扩散、政策学习和政策转移的概念

①政策扩散是某一政府的政策选择受到其他政府政策选择的影响，扩散描述的是一种实践或政策被多个地域的政府连续不断地采纳的现象。

②政策转移是不同政策机构之间发生的政策或政策某些方面的传播，所采纳机构至少已经了解到其他机构已经存在这一政策事实，才会出现这样的结果。

③政策学习是指那些相对持久的思想改变或者那些源自于经验或新信息，以及关注政策目标的实现或者修改的行为意图。

（2）三者之间的联系

①政策扩散和政策转移都包含着政策学习的过程，它们都是用来解释一段时间内不同国家政策的选择，都是指存在于某一时间与空间的政策、行政安排和制度的相关内容被用于另一时间与空间的政策、行政安排和制度设计的过程。

②三者的出现多数是由于政府间互相交流学习的结果，最后了解或熟知其他国家政策选择的信息是出现这三种情况的共同前提。

第16章 政策评估

育明教育名师解析

本章知识点框架清晰，分点明确，背记难度不大，但政策评估方法部分有一些示意图，考生在背记过程中切忌畏难情绪，耐下性子仔细看，能够体会出其中的规律和政策含义，不需要死记硬背，而是在充分理解含义的基础上灵活背记。

16.1 章节知识框架

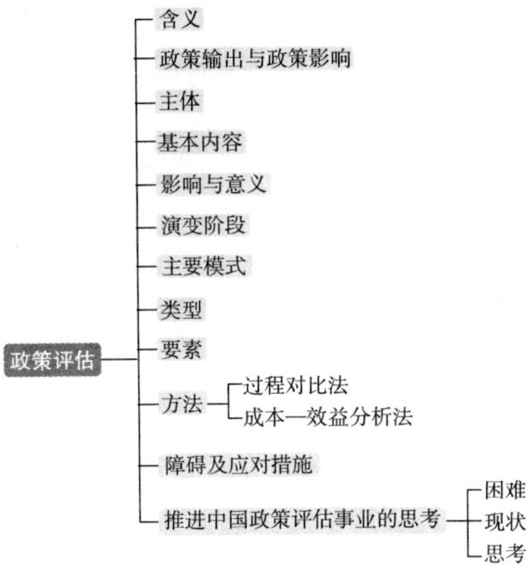

16.2 常考知识点梳理

【考点1】政策评估的含义

所谓政策评估，就是依据一定的价值标准和事实标准，通过一定的程序和步骤，对政策实施中的价值因素和事实因素进行分析，目的在于利用这些政策相关信息，对政策结果和政策未来走向做出基本的判断。政策评估是决定政策变化、政策终结的基础依据。政策评估是把政策视为自变量，而把政策对社会产生的政治、经济、文化影响视为因变量。

——谢明《公共政策概论》

公共政策评估是人们依据一定的标准和方法，对公共政策方案规划、执行情况和政策效果及价值进行估计和评价的活动。在一项政策付诸实施之后，通常人们都需要对这项政策的执行情况和效果进行评估，以判断该项政策是应该继续执行还是需要调整，还是应该终结，政策评估将决定政策执行之后的基本走向。

——严强《公共政策学》

政策评估是指依据一定的标准和程序，对政策的效益、效率及价值进行判断的一种政治行为，目的在于取得有关这些方面的信息，作为决定政策变化、政策改进和制定新政策的依据。

——陈振明《公共政策分析》

公共政策评估是指评估主体依据一定的评价标准，通过相关的评估程序，考察公共政策过程的各个阶段、各个环节，对政策产出和政策影响进行检测和评价，以判断政策结果实现政策目标的程度的活动。

——宁骚《公共政策学》

【考点2】政策输出与政策影响——谢明《公共政策概论》

政策输出关注的是物质层面的内容，比如税收总量、建设高速公路的长度等。政策输出是政府部门追求政策决定与政策声明而实际做的事情，是工作总结需要关注的内容。政策输出比较容易计算、加总与统计分析，在立法者、利益集团要求结果的压力下，政府部门往往会聚焦政策输出。

政策评估关注的是公共政策的所有后果，即政策影响。评估政策影响时不能仅仅满足于衡量政府的行为，而是应该综合全面评估。因此，政策评估的焦点应主要集中在政策影响上。

【考点3】政策评估主体——宁骚《公共政策学》

在政策评估活动中，除立法机关、政党组织、司法机关、社会组织和公民外，比较重要的主体是政策制定者和执行者、专业机构和人员、大众传播媒体。

1. **政策制定者和执行者**

政策制定者和执行者做的政策评估主要包括以下几方面的工作。

（1）政策调查报告

政策制定者和政策执行者为了了解政策实施的状况，都需要借助于政策调查报告，从报告中发现问题，寻找解决问题的对策。

（2）政府工作报告

每一财政年度，政府都要向立法机关提交自己的工作报告，汇报一年的各项管理和服务状况，其中就涉及政府自己对政府政策制定和执行活动的评估。

（3）公民意见和投诉

政策制定者和执行者从公民意见和投诉这一渠道直接了解公民对政策问题的态度，有助于较快地进行政策评估，及时调整相关政策措施。

（4）政策听证

为了尽量使政府制定的政策得到公众的支持，降低公众的不满情绪，政府部门举行政策听证会，听取利益相关者的意见。

（5）政府效能考评或绩效考评

为了直接推动政府对效能或绩效的管理，地方政府设置专门效能办公室或考评办公室从事政府效能或绩效的评估工作，对包括政策在内的所有施政行为加以评估。

2. **专业机构和人员**

专业机构状况不同，其政策评估的效果会有差异。

（1）政府系统内部的专业机构

其评估条件包括人员、财力和物力等均由政府提供，评估对象也由政府指定，所以其评估结论往往会引起政府的重视，在管理活动中得到使用；不足的是这种评估活动容易受到政府的左右，使政策评估质量受到影响。

（2）政府系统外的专业机构

这类政策评估机构从事评估活动，其所需的人员、财力和物力由自己提供，评估对象也由自身选定，因而有较大的选择性，可以较客观地对政策进行评估；但其不足是获取评估所需的各种信息较困难，对受托评估的政策个中细微差别不敏感，评估结论不易引起政府的重视。

3. 大众传播媒体

大众传播媒体在评估政府的政策活动中，能利用其特殊的信息网较快地获取各种信息，传播事件的真相和内幕，交流思想，通过自身的直接评估间接影响政府或公民对政策的总体性或局部性认识，蕴含着政策评估的内容，扮演着一定的政策评估主体的角色。

【考点4】政策影响评估的基本内容

（一）评估政策影响需要重点关注的内容

1. 对目标群体产生的影响

所谓目标群体是指政策试图影响的那部分人，政策评估需要考虑的问题是：政策对目标群体产生的预期影响。

2. 对目标群体以外的群体产生的影响

一项政策不仅会对目标群体产生影响，而且还能够对一些非目标群体产生影响。这种影响被称为第三方效应或溢出效应。因为它通常会增加第三方的收益或成本。比如，廉租房等公共住宅项目不仅惠及低收入阶层，而且会给建筑企业带来收益。

3. 对近期以及未来产生的影响

一些新的或带有创新性的政策通常会产生短期的正面效果，但当方案新颖性消失，人们热情退却后，正面效果不见；与之相反，有些政策起初举步维艰，遇到很大困难，但坚持下来就产生意想不到的正面效果，比如医疗保险制度的建立等。

4. 直接成本

所谓直接成本是指方案实施过程中直接消耗的资源，包括人、财、物等方面。相对来说，成本比较容易计算，预算文件可以提供准确的数据，直接成本是政策评估首先需要考虑的问题。

5. 间接成本

政策除了直接成本还有间接成本，间接成本常常涉及社会和心理方面，无形的事物测算难度大。

6. 机会成本

机会成本是指用于某一项目的资源不能用于另一项目。机会成本所关注的问题是资源被用于某一目的而非其他目的时，人们不得不放弃的东西。比如，有一大片空地可卖可租，如果把它租出去，在租用期就不能再卖，那卖地的钱就是租地的机会成本。

7. 物质性影响与符号性影响

政策影响可能是物质的（有形的），看得见、摸得着，实实在在；也可能是符号的，看不见、摸不着，朦朦胧胧。政策的符号性影响主要包括领导人物对社会价值的肯定等，其作用在于激发大众的信念、态度和激情。

政策评估把注意力更多集中在一些物质性影响方面，关注政府实际所采取的行动，采取行动的理由和行动产生的实际结果。尽管政策影响在符号性方面显得模糊和不可捉摸，但绝不可因此忽视对它的评估。

——谢明《公共政策概论》

（二）政策评估的内容

1. 政策成本评估

政策成本评估就是评估政策投入与产出之间的比例关系。经过评估，与结果相比成本高的政策可能被终止，相对成本低的政策就可能会继续得以执行。

2. 政策需求评估

政策需求评估是政策运作所需的社会条件及满足社会问题的程度等问题，政策需求评估是构建政策议程、制定政策的前提和基础。

3. 政策效益评估

政策效益评估就是评估政策目标得以实现的程度。一项政策的实施效果离预期目标越近，效益越好；相反，离预期目标越远，其效益就越差。

4. 政策过程评估

过程评估是对政策运行各个环节进行的评估，它涉及政策制定过程、执行过程、调整过程的操作状况。通过评估政策实际的运行状况，考察政策过程的各个环节，对发现问题、有效改进工作有现实意义。

5. 政策影响评估

政策影响评估主要涉及如下几个问题。

（1）是否获得了预期的政策结果。

（2）政策对社会环境的干预是否已经发生了作用。

（3）政策影响中是否包含着意想不到的效果。

6. 政策价值评估

通过某种方式对政策在价值上所具有的意义进行评估，就是政策价值评估。

——宁骚《公共政策学》

【考点5】政策评估的影响与意义

（一）政策评估的影响

1. 政策评估的积极影响

（1）政策评估是检验政策效果的基本途径

为了避免政策实施的盲目性，就有必要及时对政策效果进行分析和判断，看一项政策在执行后取得怎样的效果。

（2）政策评估是决定政策未来走向的重要依据

政策走向一般分为三种：延续、调整、终结。决定走向依赖于对政策执行效果进行全面、系统的分析和科学、合理的评估。

（3）政策评估是合理配置政策资源的基础工作

由于存在政策资源的有限性，所以必须明确各项政策要素的价值，确定资源投入的优先顺序和比例，以寻求有效的资源配置。

（4）政策评估有利于促进政策的科学化进程

建立科学的政策模式就必须大力加强制度建设，完善政策程序，做好政策评估，提高政策质量。

（5）政策评估是缓解社会矛盾的有效途径

有效的政策评估能决定政策的正确走向，对缓和社会矛盾具有重要意义。

2. 政策评估的消极影响

（1）以“实际情况复杂，有待分析评估”为借口，推迟做出相关决定或采取任何行动。

（2）通过评估搜寻有利于自身的证据，以便推卸工作责任，为决策失误找借口。

（3）利用评估炫耀政绩。

（4）试图通过评估达到追加预算、增拨经费的目的。

（5）以主观选择替代客观标准，以局部的亮点掩盖全局的不足。

（6）抓住一点，攻击全盘，以个别环节和枝节层面的不足对政策内容做出整体的否定。

——谢明《公共政策概论》

（二）政策评估的意义

1. 政策评估是检验政策的效果、效益和效率的基本途径

2. 政策评估是决定政策去向的重要依据

政策的走向一般分为三种情况。

（1）政策继续

政策继续是指通过科学的评估，发现该政策所指向的问题还未得到解决，其政策环境也没有发生大的变化。

（2）政策调整

政策调整，又称政策革新。如果一项政策在执行过程中，遇到了新情况、新变化，原来的政策已明显不适应，那我们必须对原有政策进行调整或者革新，以适应新变化，更好地实现政策目标。

（3）政策终结

政策终结是指完全终止原来的政策。政策终结分为以下两种情况。

①政策目标已经实现，原有政策的存在已经没有意义，完成了一个政策周期，自然终结。

②政策环境或问题本身发生了非常大的变化，原有政策已明显不能解决问题，甚至会使问题变得更为严重而且通过调整已无济于事，这时就需要终结旧政策，代之以新的、更为有效的政策。

3. 政策评估是合理配置资源的有效手段

通过政策评估，确认每项政策的价值，并决定投入各项政策的资源的优先顺序和比例，以寻求最佳的整体效果，有效推动政府各个方面的活动。

4. 政策评估是公共决策科学化、民主化的必由之路

——陈振明《公共政策分析》

【考点6】政策评估的演变阶段——严强《公共政策学》

公共政策评估模式有一个不断演变的过程。美国学者古巴和林肯把政策评估模式的演变划分为以下四个阶段。

1. 第一阶段：从1910年到第二次世界大战期间

第一代评估模式

特点：强调“测量”，认为“政策评估即实验室实验”评估工作偏重于技术性测量工具的应用，以实验室中的实验为主。

作用：政策评估者在评估中主要起着技术员的作用。

评价：第一代评估的不足之处是过分重视测量和实验结果，没有认真思考实验室评估的结论是否和现实相吻合。

2. 第二阶段：从第二次世界大战到1963年

第二代评估模式

特点：强调“描述”，主张“政策评估即实验”，重视到现实中进行实地调查。

作用：政策评估逐渐变成了描述者。

评价：以客观事物为取向的描述，其缺陷是过分强调价值中立。事实是政策评估活动本身就已隐含了评估主体的价值偏好，纯粹的价值中立是不可能做到的。

3. 第三阶段：1963到1975年

第三代评估模式

特点：强调“判断”，认为“政策评估即社会实验”。

评价：强调了评估中价值判断的功能，将评估的重点放在社会公平性议题上，强调政策评估者不仅要把科学的实验方法与实地调查相结合，而且还要体现出个人对政策目标价值结构的判断，认为评估者本身也是价值的判断者。

4. 第四阶段：1975年至今

第四代评估模式

特点：强调“回应”，主张“政策评估即政策回应”。

作用：政策评估者应该扮演起问题建构者的角色。

评价：此政策评估模式更注重辩论和研究分析上的批判的、诠释的方法，主张更多地运用社会科学研究中常见的质化方法来测评政策的产出与影响。

古巴和林肯所说的前两代政策评估模式比较倾向于方法论上的实证论，偏重定量化研究，可归为实证主义政策评估阶段。第三代、第四代政策评估模式开始修正以往过分重视实证评估的缺陷，从以前强调数理方法和模型的实证本位转换到重视价值分析的规范本位，再到强调事实与价值相结合的系统架构，属于后实证主义政策评估阶段。

【考点7】政策评估的主要模式

（一）政策评估的主要模式

在政策评估四个阶段的演变过程中先后出现了多种具体的评估模式。

1. 测量取向模式

特点：评估者扮演着技术性的角色，主要测量各种需要调查的变项。评估者必须熟悉和运用各种测量工具。

2. 目标导向模式

该模式认为评估是检测目标与行为表现之间一致性的过程。

3. 决策导向模式

该模式认为政策评估是对决策的评估，因此评估者在规划评估时必须了解决策的需求，预想各决策点所需的信息，设计搜集包括决策性质、参与人员、备选方案、决策时点与判别标准等在内的多方面信息的方法。

4. 实验模式（影响评估）

主要是评估者在政策评估中，借用实验科学中的控制实验方法，通过实验设计观察政策方案与执行结果之间的因果关系，以统计方式测量两者之间的相关性或政策方案的“净效果”，以此来确定执行结果与政策方案之间是否有高度的因果联系。

5. 执行评估模式

该模式认为政策评估应集中于政策执行过程中的内部动态，了解政策之间如何配合，来达成预期的政策目标。

6. 目标中立评估模式

该模式是对目标导向评估模式进行修正的模式。政策评估不应该局限于政策目标，必须避免预设立场和先入为主的偏见，从实际层面去观察政策究竟产生哪些效益。

7. 回应性评估模式

该模式认为政策评估应该以政策运作，而非以政策目标为导向，同时必须回应民众广泛的需求，从不同价值观点来判断政策成败。

8. 授权评估模式

这种模式源于授权理论，强调对被评估者评估能力的培养，利用评估的概念、技术与发现，使被评估者能够产生不断改善与自觉的效果，在方法上可以兼具定性与定量两种形式，适用范围可以从个人、组织、社区到社会等各方面，但主要还是应用在政策方案上。

9. 焦点效用评估模式

这是一种相当个人化与情境化的评估模式。这种评估没有固定的方式、程序，评估者针对使用者的需求，找出适当的内容、理论、模式与研究方法，产生评估的效果。

10. 新现实主义评估模式

这种模式承认评估过程中存在着价值观上的差异，评估是一个追求符合情境的过程。评估中最重要的是了解人类的行为。这种评估模式非常重视环境背景对于评估研究的影响。新现实主义评估模式包括三个基本要素：环境背景、机制与造成的结果。

人种志方法是新现实主义评估模式经常使用的方法，属于非实验性研究的一种方法。该方法强调评估者需要花较长一段时间，通过田野观察、访问以及记录现场发生的事情，来获取第一手资料。其最大的特点是保持政策场景的自然性，“研究者走向自然环境中的参与者”。

——严强《公共政策学》

（二）政策评估的八种模式

1. 目标达成模式

（1）内容

①目标达成评价。关注的是结果与政策目标是否一致。

②影响评价。

（2）三个步骤

①明确政策（项目）目标及它们的真正含义，并将它们按重要程度加以排序，再把它们转变成可以测量的客体。

②测定这些预定目标实际上可在多大程度上实现。

③弄清楚政策（项目）促使或阻碍目标实现的程度。

（3）推动目标达成评估的三个主要理由

①体现了民主。目标达成模式是以预定的政府政策目标作为评估的组织者，政府预定的政策目标是公开而法定地被人民代表在代表大会上采纳，体现了政治过程中的民主。

②提供客观的评估标准。目标达成模式是以既定的政策（目标）作为组织者，以项目目标来判断项目结果，所以可以避免评估者在评估项目的价值问题上持个人的主观标准。

③具有简单性。这个模式只包含两个主要的问题，即结果是否与目标一致，结果是否由政策（项目）所引趋。

（4）缺陷

①忽略了成本。完全忽略了政策过程中需要投入大量的人力、财力、物力和时间等各种资源。

②在目标不清的情况下难以运用。

③不考虑意料之外的结果。

④忽视了公共政策制定中的隐秘议程的作用。目标达成评估将官方宣布的、表面的预定目标作为评估的“组织者”，而忽视政治游戏现实中的一些重要东西。

⑤忽视实施过程。目标达成模式只关心项目结果，而实施过程则被看作一个黑箱。

2. 附带效果模式

（1）反常效果和零效果的区别

①反常效果是指产生与预期目标完全相反的结果。

②零效果是指政策在目标范围内没有产生任何影响。

③反常效果和零效果都是产生在目标范围之内，而附带效果则是产生在目标范围之外。

（2）附带效果评议

附带效果似乎带有贬义，但它并非总是有害的，也可能是有利的。附带效果可以是预期的，也可能是非预期的。

3. 无目标模式

无目标模式最初是由米歇尔·斯克里文设计的，他猛烈抨击评估者沉迷于预定的干预目标，被牵着鼻子走。

无目标模式与政策效果模式的主要区别是：

（1）附带效果模式仍然是“基于目标”之上的，同时辅之于对各种附带效果的考察评估。

（2）无目标模式则完全抛开政策的预定目标和其他事前标准，只分析研究结果，单纯判断结果的价值。

4. 综合模式

综合模式的评估范围比目标达成模式广泛得多。综合模式与目标达成模式的主要区别在于目标达成模式关心的是预定的和实际的结果是否相符，而综合模式除了关心结果，也包括判断政府干预的计划、决策和执行阶段。

5. 顾客导向模式

（1）顾客导向模式将政策干预对象的目标、期望、关心甚至需要作为评估的组织原则和价值准则。顾客导向评估的核心是项目是否使顾客的关心、需要和期望得到满足。

（2）顾客导向模式的最大优点在于体现了民主和参与。

6. 利益相关者模式

利益相关者是指所有对政策（项目）的目标和执行感兴趣并对其具有影响

的团体和个人。

（1）重要的利益相关者

①目标群体。从计划（项目）的结果中最终受益的那部分目标人群。

②直接受益者。一般是指在承担由特定目标群体所指导的开发任务的同时，可加强其能力的、直接的受益人群。

③直接管理者。指那些负责保证按计划产生结果的计划管理者及政府职员或联合国执行机构的雇员。

④资源提供者。负责向计划（项目）提供资源的国家政策制定者及预算部门、UNDP、投资人以及其他开发合作伙伴。

⑤外部咨询顾问、供应商以及其他对计划（项目）提供支持的人或机构。

⑥在本计划（项目）环境中可能受到计划（项目）结果影响或对其感兴趣的其他机构（私实体机构、社会组织）。

（2）利益相关者模式的优点

①知识性。利益相关者养成对附带效果和执行障碍的看法为评估者提供进一步研究的知识。

②应用性。利益相关者模式提高了被关心团体的真正利益被评价的机会，使信息更符合不同利益相关者的真正需要，提高了评估结果应用于实践的可能性。

③目标管理性。利益相关者模式为没有目标或目标不清楚的政策评估提供了解决问题的策略。

7. 经济模式

同效果评估模式相反，经济模式最典型的特征是关注成本。经济模式可以分为生产率模式和效率模式。

（1）生产率模式。生产率，简单地讲就是产出与投入的比率。

（2）效率模式。效率通常被当作公共行政的价值。效率可以从两个方面来测量：成本—利益分析和成本—效能分析。在成本—利益分析中，项目的投入与产出都用货币单位测量；而在成本—效能分析中，投入用货币单位，而产出则根据真实效果计算。

8. 职业化模式

职业化模式指职业人员根据他自己的价值准则和执行的质量标准来评估其他人员的执行情况，主要是同行评议。

——陈振明《公共政策分析》

【考点8】政策评估的类型——谢明《公共政策概论》

1. 以组织的活动形式划分：正式评估与非正式评估

（1）正式评估

正式评估是指事先制定完整的评估方案，由专门的机构与人员按严格的程序和规范所进行的政策评估。这种评估由于评估机构与人员具备专门的知识和素养，评估的资料详尽真实，评估的方法手段先进，因而评估的结果比较客观可信，是政策评估中最主要的形式。

（2）非正式评估

非正式评估是指那种对评估者、评估程序、评估方法、评估资料都未做严格要求而进行的局部的、分散的政策评估。非正式评估虽然结论不一定非常完整、可靠，但其形式灵活，简单易行，有广泛的适用性。

以上两种评估方式可以有机结合运用，以正式评估为主，将非正式评估作为正式评估的事先准备和必要的补充。

2. 以不同的评估者划分：对象评估、社会评估（外部评估）、自我评估

（1）对象评估

对象评估是指由政策目标群体成员进行的评估。

优点：可获得第一手资料，可对政策的成效进行真实的估计，其结论具体、真切。

缺点：目标群体成员只是社会成员的一部分，提供的资料虽然真实，但有较大的局限性。

（2）社会评估

社会评估是指在政策系统之外进行的评估，通常有两类：一类是政府等公共部门委托专业部门进行的评估，一类是社会成员自行组织的评估。

优点：评估者在一定程度上能置身于政策系统之外，从而使评估具有较大的客观性；实施评估的机构与人员一般都具有专门的评估理论与知识、掌握政策评估的方法与手段、具有一定的评估实践与经验，从而使评估具有较高的可靠性。

缺点：评估机构与人员容易受委托者在经费和资料两方面的限制，从而有可能削弱评估的客观性与公正性。

（3）自我评估

自我评估是由政策系统内部进行的评估。

优点：评估者中有政策的制定者与执行者，对整个政策过程有全面了解，掌

握大量的第一手资料，从而评估结论较为可靠；从评估的实用性看，政策系统内部评估的结论可直接被用于政策调整，容易产生效用。

缺点：由于评估者是政策的制定者与执行者，可能会因为顾及政绩而夸大成绩、回避失误，导致盲目性，可能会从部门的局部利益考虑而产生片面性，可能会受到机构内部利益和人际关系的影响而失去公正性。

3. 以评估实施的阶段划分：方案评估、执行评估、终结评估

（1）方案评估

方案评估是在政策实施前进行的评估，因此又称预评估。由于政策还未执行，评估是预测性的。

优点：评估的结果可以直接用来指导政策的实施，特别是可以采取措施，将可能出现的政策负面效应减少到最低限度。

缺点：评估是预测性的，不是现实的结论。

（2）执行评估

执行评估是在政策实施过程中进行的评估。虽然这时政策执行还未结束，但政策推行的效果、效率、效益已经部分表现出来，特别是政策方案中存在的缺陷、政策资源配置中的问题等都会有所表现。

优点：评估中所获取的资料都是即时的、具体的，结论是真实的、可靠的；评估的结果也能立即、直接产生作用，用来对正在执行中的政策进行调整。

缺点：执行中的评估只是对政策执行进行中的一定过程所做的评价，由于过程尚未结束，所以这种评价往往带有过渡性和暂时性特征。

（3）终结评估

终结评估是指政策执行完成后的评估，这是对一项政策的最终评估。由于政策已经执行完毕，政策的最终效果、效率、效益已经成为既定事实，评估的结论是对政策整个过程的最终总结。这种评估要求对政策全过程有充分认识，对政策实施后的结果有全面的把握，对以往的方案评估、执行评估有详尽的了解。

总之，政策方案的评估主要为政策执行提供指导，政策执行评估主要用于对政策运行加以控制，政策终结的评估主要对政策制定提供指导。这三种评估居于政策过程的不同阶段，并贯穿于政策的全过程。评估方法应根据具体问题进行有机结合。

【考点9】政策评估的要素——谢明《公共政策概论》

评估要素包括评估主体、评估对象、评估目标、评估标准。

1. **评估主体**

评估主体即政策评估者的主体构成，包括决策者和执行者、专业学术团体和研究机构，以及政策目标群体等。

（1）决策者和执行者

体制内运作模式，即政府官员与组织以多种方式进行政策评估。

优点：政府官员担任着政策活动的关键角色，能比较全面、直接地掌握政策活动的第一手资料，获取政策实施效果的有关信息。

缺点：作为局中人，受到各种因素的牵扯，如固有观念、思维方式等，从而影响评估的质量；评估对评估者掌握的相关理论方法要求很高，政府官员往往缺乏这方面的专业训练。

（2）专业学术团体和研究机构

“政策评估产业”主要由大学、研究机构和媒体组成，比如美国兰德公司等。

优点：活动更具独立性，对政府部门的活动及政策更具批判性；在评估经费、信息获取等评估条件方面具有一定优势。

缺点：由于存在来自政府部门的牵扯，研究机构容易接受某种暗示，存在一些心理障碍，从而影响政策评估的质量。

（3）政策目标群体

政策目标群体是政策评估重要的信息来源，往往被视为准政策评估主体。

优点：政策目标群体的成员往往能够通过自己的亲身感受和彼此间的信息沟通，对政策执行效果做出具有针对性的评价；政策目标群体与政策成败具有直接利害关系，能根据自身和他人的体会，积极参与政策评估活动，对政策做出比较客观的评价。

缺点：从自身角度对政策进行价值判断，可能会设法掩盖政策缺陷，设法夸大政策执行的阴暗面。

2. **评估对象**

评估对象是指所要评估的具体政策。评估应以有效性（有没有实际价值）、时间性（时机合适不合适）、必要性（有没有现实需要）和可行性（具不具备评估条件）为前提，具体问题具体分析。

政策评估主要侧重政策效果的分析。所谓政策效果是指在一定成本投入基础上的执行结果。由于政策资源存在有限性，所以政策实施必须考虑成本问题；由于政策内容与环境因素具有很强的互动性，所以评估政策也要考虑环境条件的发展变化。

3. 评估目标

评估目标即评估工作的出发点，设法回答“为什么要进行评估”这一问题并做出必要的解释。一般来说，评估目标能够决定政策评估的发展方向、基本内容和评价标准。评估目标主要涉及以下五个方面的内容：

（1）政治方面

评估政策的执行是否会影响现有分配状态，是否有利于社会的团结与稳定，是否会破坏原有的政治格局，是否有利于政权的巩固与发展，是否取得了合法性地位，是否得到了舆论界和社会公众的认可与支持等。

（2）法律方面

从狭义合法性角度进行评估，重点关注政策执行机构是否合法，执行人员是否具备资格，执行程序是否符合规定，具体要求是否存在问题等。

（3）行政方面

评估某个或某些政府机构能否在政策执行中发挥其作用，是否具备这方面的能力，能否通过政策执行获得这样或那样的利益，能否有效克服组织管理方面存在的问题等。

（4）经济方面

政策的投入与产出是否合乎预期的要求，是否存在不必要或意想不到的损耗，是否存在消费者剩余，是否具有政策效率等。

（5）方案方面

评估政策方案的应用价值，是否达到了预期目标，是完全达到还是部分达到，政策的实施是否对政策环境构成预期影响，是不及还是超出等。

4. 评估标准

（1）效益（effectiveness）

效益针对目标和结果，主要是指某一政策能否实现预期目标和结果。效益常常按提供公共产品和公共服务的数量及货币价值进行说明。

（2）效率（efficiency）

效率通常是指以尽可能少的投入获得尽可能多的产出。它主要涉及结果与努力之间的关系，同样需要用货币成本计量。

效率与效益不同，效率通常指的是正确地做事，强调的是方式和手段，而效益通常是指做正确的事情，强调的是目标和效果。

（3）充分性（adequacy）

充分性是指特定效益水平满足政策目标的程度，用来表明对政策与其特有结果之间关系强度的价值期望，即在多大程度上解决了目标问题。

（4）公平性（equity）

公平性的评估多涉及收入分配、教育机会和公共服务方面的政策。某一项政策或许完全符合效益、效率、充分性的评估标准，但或因其不公平的成本或因收益分配，它可能也会被认为是一个失败的政策。公共政策的目标是要使社会福利最大化。通过以下方法才能实现社会福利最大化。

①个人福利最大化

如果要使每个人的福利都达到最大化，就需要在每个人的价值基础上进行单一的偏好排序，并使之具有传递性。阿罗不可能定理告诉我们，即使是在只有两个人和三种选择的情况下也不可能做到。

②保障最低福利

依据帕累托最优标准，在增加某些人福利的同时，应该设法保障境况变糟的那些人。政策在带给一部分人利益的同时虽然避免不了使另一些人利益受损，但使他们尽可能少受损是可以做到的。

③净福利最大化

依据卡尔多-希克斯标准，试图用最终的收益补偿受损者，从而使社会净福利得到增加。

④再分配福利最大化

根据罗尔斯提出的再分配原则，试图使社会中特定群体实现再分配收益最大化。所谓特定群体是指残疾人群体、贫困群体、受种族歧视群体等社会底层群体。

（5）回应性（responsiveness）

回应性是指政策满足特定群体的需要、偏好或价值的程度。回应性标准对政策评估十分重要，因为某一项政策也许符合其他所有的标准，但因未能很好回应受此政策影响的目标群体的需求，故仍可被认为是一项失败的政策。

（6）适合性（appropriateness）

适合性不与单一评估标准的分析相关，而是与多项标准的组合分析相关。

【考点10】政策评估的方法

育明教育名师解析

本知识点涉及的图多，要求理解记忆示意图，做到都会画、会答即可。另外，几本教材的方法示意图有相似之处，感兴趣的可以详细对比研究。

（一）政策评估方法

随着政策科学的发展和人们政策评估实践活动的日益增多，政策评估的方法也在不断创新和完善。政策评估的主要方法包括以下几种：

1. 成本—效益评估法

这种方法是把在整个政策运行过程中所投入的成本和所取得的收益进行对比分析的一种方法。利用成本—效益评估法对政策效果进行评价时，可借助成本效用曲线。以成本为自变量，用C表示；以效益为因变量，用E表示，即以成本为横轴，效益为纵轴，如图16-1所示。

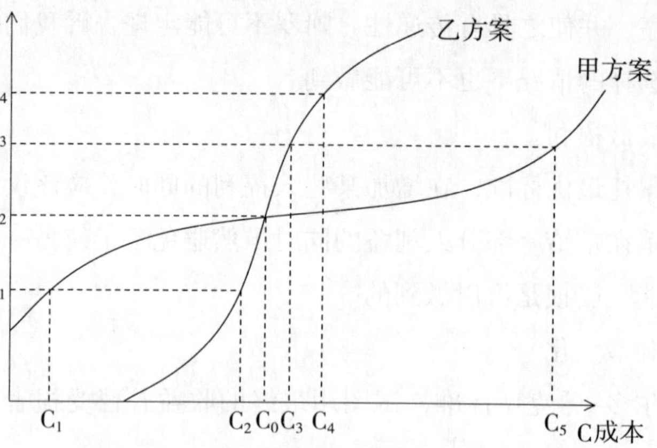

图16-1 成本—效益评估方法（1）

通常使用的评估准则有三条：

（1）效益相等时，成本越小的方案越优。

（2）成本相等时，效益越大的方案越优。

（3）效益与成本的比率越大越好，如图16-2所示。

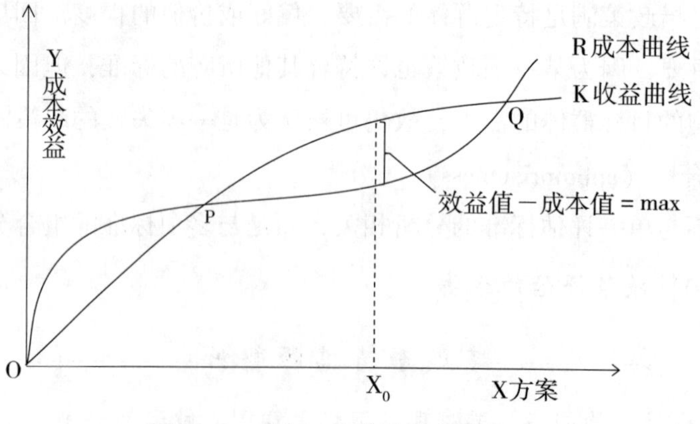

图16-2 成本一效益评估方法（2）

2. 前后对比法

（1）简单“前—后”对比评估，如图16-3所示。

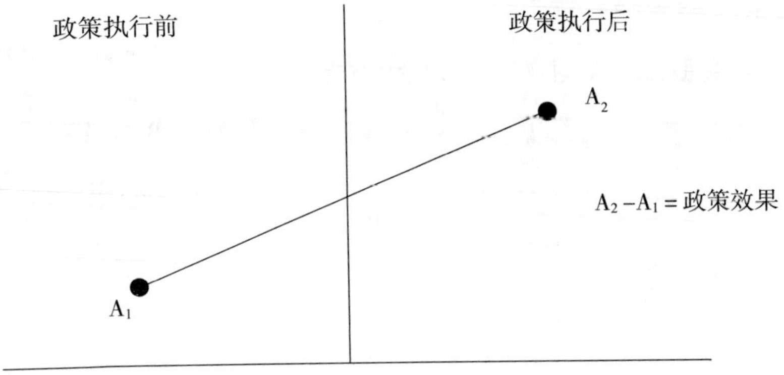

图16-3　“前—后”对比评估

这种方式是将政策对象在政策执行前和政策执行后的两种情况进行对比，以政策执行后的值减去政策执行前的值，如图中 A_2-A_1 是政策的效果。

这种方式简便明了，但缺点是无法明确这些效果是由政策本身引起的，还是由外在因素引起的。

（2）“投射—实施后”对比评估，如图 16-4 所示。

根据政策执行前的情况建立起趋向线 O_1O_2，然后将趋向线 O_1O_2 投射到政策执行后的某一个时点 A_1 上，即 A_1 表示假设没有实施该政策将会发生的情况，而 A_2 是政策执行后的实际情况。将 A_1 与 A_2 对比，以确定政策的效果 A_2-A_1。

这种方式考虑了非政策因素的影响，比前一种方式更加准确。但困难在于如

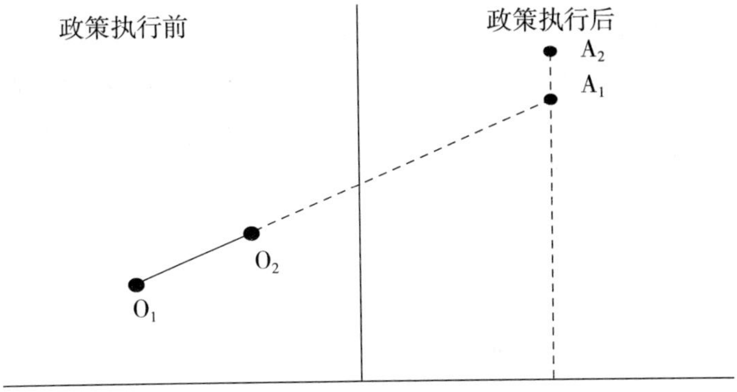

图16-4　“投射—实施后”对比评估

何详尽地收集政策执行前的相关资料、数据，以建立起政策执行前的趋向线。

（3）“有—无”对比评估，如图 16-5 所示。

“有—无”政策对比分析是在政策执行前和政策执行后这两个时间点上，分别就有政策和无政策两种情况进行前后对比，然后再比较两次对比的结果，以确

定政策效果。

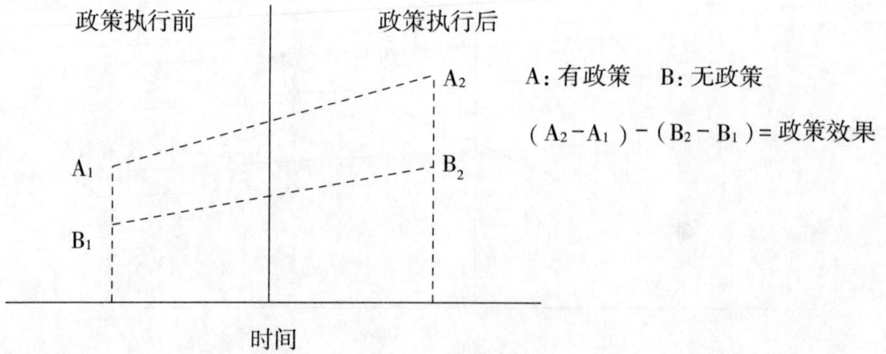

图16-5 "有—无"对比评估

图中，A_1和B_1分别表示执行前有政策和无政策两种情况，A_2和B_2分别表示政策执行后有政策和无政策两种情况。A_2-A_1为有政策条件下的变化结果，B_2-B_1为无政策条件下的变化结果，则［$(A_2-A_1)-(B_2-B_1)$］是政策的实际效果。这种方法的优点是可以基本排除非政策因素的作用，较精确地测量出一项政策的效果。

（4）"控制对象—实验对象"对比评估，如图16-6所示。

在政策执行前评估者将评估对象分为两组，一组为实验组，一组为控制组，前者被施加政策影响，对后者不施加政策影响。然后比较这两组在政策执行之后的情况，以确定政策的效果。

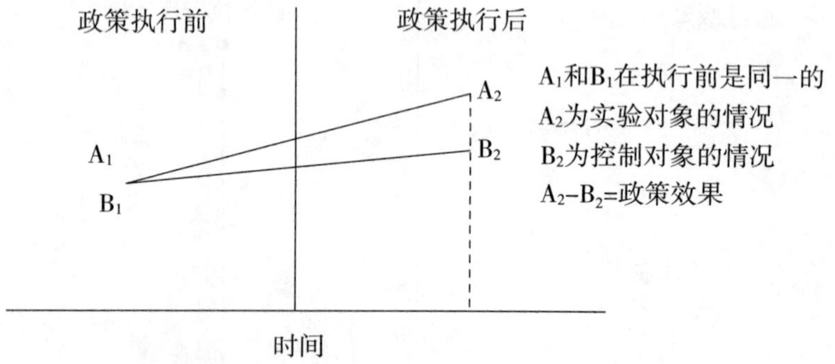

图16-6 "控制对象—实验对象"对比评估

图中，A_1和B_1分别为政策执行前实验组和控制组的情况，A_2和B_2分别为政策执行后两组的情况，A_2-B_2是政策的效果。这种方式是社会实验法在政策评估中的具体运用，但要求政策执行部门的大力支持和配合。

3. 统计抽样评估法

抽样是指选择调查对象总体的一部分，并基于对这一部分的观察，对总体进行推断的一种非全面的调查方法。统计抽样法是根据抽样调查的资料进行统计推断的一种科学方法。

4. 专家判断评估法

组织有关方面的专家审定各项关于政策的记录，实地考察政策的执行情况，对政策对象、政策参与者及执行人员进行调查，交换意见，最后撰写评估报告，鉴定政策的成效。

5. 执行群体自我评估法

由政策执行人员自己对政策的影响及预定政策目标的实现程度进行评估。因为政策执行人员参与政策实施的整个过程，对政策内容、政策环境和政策对象比较了解，掌握比较多的第一手资料，在政策评估活动中最有发言权。

6. 目标群体自我评估法

指由政策目标群体通过亲身感受和了解对政策及其效果给予评定的方法。

——严强《公共政策学》

（二）政策评估的方法

1. 过程对比法

（1）“前—后”对比分析

是指政策实施前后的比较，即比较两个时间点上同一情况的不同结果：一种结果是实施方案前的，一种结果是实施方案后的。通常只针对目标群体进行检验。

优点：简单、方便、明了。

缺点：不够精确和全面，无法将公共政策执行所产生的效果和其他因素所产生的效果加以明确区分。

（2）“投射—实施”对比分析

是将政策执行前的趋向线投射到政策执行后的某一点上，代表若无该政策的实施此点会发生的情况，然后将所得到的投影与政策执行后的实际情况进行对比，以确定政策的效果。

优点：这种方法考虑到非公共政策因素的影响，会使评估结果更加精确。

缺点：在于如何建立起政策执行前的趋向线。政策实施前预测的趋势与实施后的实际数据之间的差异，可以被视为政策本身作用的结果。

（3）“有—无”对比分析

“有—无”政策对比分析是在政策执行前和政策执行后这两个时间点上，分别就有政策和无政策两种情况进行前后对比，然后再比较两次对比的结果，以确定政策效果。

假定 A_1 和 B_1 分别表示执行前有政策和无政策两种情况，A_2 和 B_2 分别表示政策执行后有政策和无政策两种情况。A_2-A_1 为有政策条件下的变化结果，B_2-B_1 为无政策条件下的变化结果，则 $[(A_2-A_1)-(B_2-B_1)]$ 是政策的实际效果。这种方法的优点是可以基本排除非政策因素的作用，较精确地测量出一项政策的效果。

（4）实验性对比分析

是一种评估政策或计划的传统方式。从目标人群中随机抽取两个可比较的群体，一个实验群体与一个控制群体，实验群体通过政策或计划得到一定处理，控制群体则不然。通过对两个群体预先与后置的测评以确定两个群体是否发生变化。如果实验群体的绩效明显优于控制群体，那么就说明政策或计划是有效的。

优点：这种方法提供了估测由社会其他因素影响而产生变化的最好机会。

2. 成本—收益分析

是一种量化的评估工具，要求确定某一政策的成本与收益，并将其转化为货币形式以便进行比较。

主要步骤：

（1）确定某一政策的影响或结果，并针对不同群体将这些影响或结果分为成本或收益。

（2）赋予不同成本与收益以货币上的价值。

（3）应用折现率平衡当前所具有的未来影响的价值。

（4）比较政策的直接与间接、现在与未来的成本。

存在的障碍：

（1）关于某一政策成本与收益的准确数据常常难以得到。

（2）确定适当的折现率不是一件容易的事情。

（3）把效率视作政策主要需要实现的价值，很少关注其他的选择性或竞争性价值。

（4）会出现对个人生命赋值的问题。有些人认为生命是无价的。但是客观地考虑生命的价值是必要的。为成本—收益分析设计的个人生命价值评估方法有：

个人资本途径：也叫贴现未来收入，即他或她在工作生涯内能够在市场中收入多少，不带有伦理色彩。

个人支付意愿：对比危险职业的工资与相对安全职业的工资来计算。

法庭判例：在赔偿数量上有很大差异。

个人评价：调查个人为了避免死亡愿意支付的价钱。能否产生可用信息受到多方质疑。

（5）强调对社会的整体性影响，政策的总成本是否超过总收益，而人们更加关注谁从相关政策中获益。

——谢明《公共政策概论》

【考点 11】政策评估的障碍及应对措施——谢明《公共政策概论》

1. 政策目标的不确定性

政策制定是一项面向未来的活动，政策目标的确定不可避免地会带有一定的预测性。政策目标是多个的、分散的和有一定冲突的，政策评估又必须以政策目标为基础依据和必要前提，因此有时就面临很大的困惑。

做法：政策制定前要明确政策目标，做好科学合理的预案。

2. 政策影响的广泛性

一项政策的影响往往涉及社会生活的多个层面，其中有诸多的影响，不仅有些因素难以测定，而且难以用同一计量标准衡量，因此，在带给政策评估一定障碍的同时，也使一些人容易为自己的评估失误找到一些冠冕堂皇的理由。

做法：明确评估标准，设置评估考核机制。

3. 政策资源的混合和相关政策的重叠

政策资源的混合指的是投入不同政策的资源，彼此交织在一起，很难分清某项资源的支出或每项政策的总投入。政策资源的混合使政策成本难以核定，而要测定某项政策的效益就更无从下手了。

政策的重叠指的是针对相同或相似的政策问题和政策目标群体，不同的机构或部门分别制定并执行各自的政策。不同政策之间缺乏协调，相互干扰，使得区分政策效果的工作难以进行。

做法：妥善安排政策资源的投入，政策制定者注重政策间统筹协调。

4. 政策问题的复杂性

政策一般都是针对解决政策问题发布和实施的，而政策问题往往牵涉非常复杂的因素，带有很大的不确定性。

做法：分析政策问题的不同情境，具体问题具体分析。

5. 政策主体及相关人员的抵制

政策评估必然涉及政策主体的行为评判，所以会受到政策主体的一定干扰。一些人会寻找各种借口，通过多种渠道力图影响政策评估的结果。当政策评估的结果可能会出现对其不利的影响时，来自政策主体的反对声可能就会非常激烈。

做法：给予部分利益受损者一定的经济补偿。

【考点12】推进中国政策评估事业的思考——陈振明《公共政策分析》

育明教育名师解析

由于我国国情的特殊性，政策评估自然有其特性，所以在备考时考生尤其要加强对本知识点的背记。真题考查方式往往比较喜欢结合时政热点或具体案例进行综合分析，在答题时考生要注意把自己背记的知识灵活运用，切忌东拉西扯，要言之有物。

1. 政策评估面临的困难

（1）政策评估的不确定性

①许多政策目标不可能量化，比如一些政治类和文化类的政策。

②多数政策都具有多重目标，有些目标之间还存在着矛盾。

③在政策执行过程中，政策目标还可能发生变更而被修正。

④有时，决策者还有意用含糊的、不太确定的形式来表达政策目标，以此增加某种应变的能力。

所有这些情况将可能导致政策评估主要价值标准的选择和价值标准序列的排列出现混乱，从而给政策评估造成很大的困难。

（2）政策效果的不确定性

由于政策活动涉及面广、参与者多，政策执行后产生的影响往往涉及社会生活的方方面面。此外，政策效果的不确定性还使某些反对评估的人有了借口，也为某些不科学的评估的出现创造了条件。

（3）政策资源的混合和政策行为的重叠

政策资源的混合指的是投入不同政策的资源彼此纠缠在一起。

（4）政策行动与环境改变之间的因果关系不易确定

除了政策行动的影响外，实际社会情况的改变还会受到政策行动以外其他因素的影响。

（5）评估信息和评估经费缺乏

获取真实而全面的第一手资料和各种数据，是进行政策评估的基础和前提。

（6）有关机构和人员的抵制

政策评估实质上是对有关人员行为的一种价值判断，政策评估本身就具有批判性，是借助批判手段实现建设性目的的活动。

抵触主要来自三方面原因：

①担心评估会得出不利于他们的结论。

②对政策过程的独占心理驱使他们反对他人进入，以免影响他们的行动计划。

③人的本能的支配心理，有关人员的抵触主要表现为拒绝提供评估经费和资料，藐视、贬低和否定评估结论等。

2. 我国政策评估的现状

（1）评估者缺乏对政策评估的科学认识和认真态度

有意识歪曲评估的行为称为政策评估的“主观误区”，这种“主观误区”在我国政策评估过程中主要表现为五种形式。

①以研究取代服务。这在实践中表现为评估者借科学评估之名，故意拖延时间，使政策决定或政策终结迟迟不能完成。

②以个人好恶取代科学。这种政策评估的目的不在于政策，而在于政策背后的利益。

③以评估为沽名钓誉的手段。有些政策评估的目的在于证明政策的正面效果，对政策的负效应则避而不谈。

④以形式取代研究。有些时候，政策决定实际上早已做出，或者对某项政策的实践效果已经形成定见，却要借政策评估的形式肯定其合法性。

⑤以获取资源取代政策目的。这在评估实践中表现为有些政策主体借政策评估来证明政策的重要性，同时证明客观资源不足是影响政策的主要原因，从而要求更多地获取政策资源。

（2）评估标准以价值判断、定性分析为主

评估标准是衡量政策质量高低的尺度，是政策评估的“准参照物”。科学的评估源于正确、合理的标准，评估标准的确定本身就是政策评估的一大难题。

（3）缺乏独立的政策评估组织

政策评估组织一般包括官方政策评估组织和非官方政策评估组织，我国政策过程的显著特征是“行政的双轨结构功能系统”，即从中央到地方的各级党委与各级人民政府两个系统。

（4）评估对象以政策输出为主，忽视对政策影响的评估

当前我国政策评估在很大程度上停留在对政府行为的检测，或者对政策实现预定目标的程度的检测，而对于更深层面的政策影响的评估却很少涉及或根本不涉及。

（5）资料和评估经费欠缺

充足的、准确的资料和信息是进行政策评估的基础，这有赖于完备的信息管理系统的建立。

（6）公众未能广泛参与政策评估

3. 发展我国政策评估事业的思考

（1）提高对政策评估工作重要性的认识。

①要让全社会，尤其是政策部门充分认识到政策评估的意义。

②必须端正政策评估的指导思想，改变视“评估”为“评优”、为“歌功颂德”的错误观念，正视评估的“批判性”功能。

③要认识到评估工作的改进与发展是一个循序渐进的探索过程，推进我国政策评估事业的发展既不能裹足不前，也不能鲁莽激进。

（2）建立独立的政策评估组织。

①规范、健全官方的政策评估组织。目前我国党政部门已存在不少的政策研究组织，必须强化这些机构的政策评估职能。

②大力发展民间的政策评估组织，并使之逐渐成为政策评估的重点。

③加强专业评估人员队伍建设。

（3）使政策评估制度化。

①实现政策评估的程序化。把评估列入政策过程之中，通过制度规定除象征性或符号性的公共政策外，每项政策最终都要进行程度不一的评估。

②建立政策评估基金，解决评估经费来源问题。

③重视评估信息的反馈和评估结论的消化、吸收。政策评估的结论必须与相关人员的奖惩直接联系起来，真正实现政策过程中的责、权、利相统一。

（4）明确政策目标、精选评估对象。

选择评估对象一般要遵循两个原则：

①可行性。即选择那些条件比较成熟，比较容易进行评估的政策进行评估，包括政策目标比较明确、评估资源较充足的政策；优点和局限性已经显露的政策；效果显而易见、比较容易测定的政策；等等。

②有效性。即选择那些较具效益和价值的政策进行评估。

（5）建立健全政策评估的信息系统。

政策信息系统的核心任务是系统地记录有关政策问题、政策投入、产出和外部环境变化等方面的信息资料。必须建立覆盖全社会的、快速的信息反馈网络。

（6）引入科学的评估理论、方法和技术。

16.3 热门院校真题解析

一、名词解释题

1. **政策评估**（2020 年中国政法大学；2019 年、2006 年中国人民大学；2019 年杭州师范大学；2016 年华中农业大学；2015 年北京邮电大学；2015 年湖南农业大学；2014 年西北师范大学；2012 年湖南师范大学）

育明教育名师解析

详情参考 16.2 常考知识点梳理【考点 1】。不同院校有不同的参考书目，不同教材对应不同的知识点，答题时依据所报考院校对应知识点作答。

2. **政策输出**（2016 年对外经济贸易大学；2014 年中国人民大学；2012 年东北财经大学）

政策输出关注的是物质层面的内容，比如税收总量、建设高速公路的长度等。政策输出是政府部门追求政策决定与政策声明而实际做的事情，是工作总结需要关注的内容。政策输出比较容易计算、加总与统计分析，在立法者、利益集团要求结果的压力下，政府部门往往会聚焦政策输出。

政策评估关注的是公共政策的所有后果，即政策影响。评估政策影响时不能仅仅满足于衡量政府的行为，而是应该综合全面评估。因此，政策评估的焦点应主要集中在政策影响上。

3. **政策评估的决策导向模式**（2016 年、2011 年湖南师范大学）

该模式认为政策评估是对决策的评估，因此评估者在规划评估时必须了解决策的需求，预想各决策点所需的信息，设计搜集包括决策性质、参与人员、备选方案、决策时点与判别标准等在内的多方面信息的方法。同时，评估者还要把政策的生命周期纳入评估过程，考虑在不同的政策阶段上，政策方案可能会因为外在变项的干扰而导致预期结果的变更。

4. **政策评估的目标中立评估模式**（2021 年西南大学）

该模式是对目标导向评估模式进行修正的模式。政策评估不应该局限于政策目标，必须避免预设立场和先入为主的偏见，从实际层面去观察政策究竟产生哪些效益。目标中立评估的优点在于它是直接搜集现场所发生的一切现象与事物，避免预设立场和先入为主。

5. 政策评估的回应性评估模式（2021年云南师范大学）

该模式认为政策评估应该以政策运作，而非以政策目标为导向，同时必须回应民众广泛的需求，从不同价值观点来判断政策成败。回应性评估认为政策面对的问题不存在唯一的答案，只有汇集政策利益相关人的多元观点，政策评估才有实际意义。回应性政策评估的主旨在于为特定利益相关人提供服务可以牺牲某种程度上测量的精确性，来换取政策方案利益相关者效用的提升。

6. 政策评估的授权评估模式（2020年宁夏大学；2020年东北大学）

这种模式源于授权理论，强调对被评估者评估能力的培养，利用评估的概念、技术与发现，使被评估者能够产生不断改善与自觉的效果，在方法上可以兼具定性与定量两种形式，适用范围可以从个人、组织、社区到社会等各方面，但主要还是应用在政策方案上。授权评估模式有明晰的价值取向，寻找可以使人们自我协助与改善的政策。政策方案的参与者可以发展出适合本身的评估理论，并且成为方案的促进者，外在的评估人员是咨询性质的，扮演另一种促进者的角色。

7. 政策评估的焦点效用评估模式（2020年新疆大学）

这是一种相当个人化与情境化的评估模式。这种评估没有固定的方式、程序，评估者针对使用者的需求，找出适当的内容、理论、模式与研究方法，产生评估的效果。焦点效用评估是采用实用主义的观点，认为只要能符合使用者的需求，任何的研究方法都应该使用，赞成这一评估模式的人既不反对定量方法，也不反对定性方法。这种模式经常采用的典型方法是焦点团体访谈法和深度访谈法。

8. 政策评估的新现实主义评估模式（2020年黑龙江大学）

这种模式承认评估过程中存在着价值观上的差异，评估是一个追求符合情境的过程。评估中最重要的是了解人类的行为。这种评估模式非常重视环境背景对于评估研究的影响。新现实主义评估模式包括三个基本要素：环境背景、机制与造成的结果。

人种志方法是新现实主义评估模式经常使用的方法，属于非实验性研究的一种方法。该方法强调评估者需要花一段较长的时间，通过田野观察、访问以及记录现场发生的事情，来获取第一手资料。其最大的特点是保持政策场景的自然性，"研究者走向自然环境中的参与者"。

9. 政策评估的顾客导向模式（2017 年华中农业大学）

顾客导向模式将政策干预对象的目标、期望、关心甚至需要作为评估的组织原则和价值准则。顾客导向评估的核心是项目是否使顾客的关心、需要和期望得到满足。顾客导向模式的最大优点在于体现了民主和参与。

10. 政策评估主体（2020 年中国社会科学院）

在政策评估活动中，除立法机关、政党组织、司法机关、社会组织和公民外，比较重要的主体是政策制定者和执行者、专业机构和人员、大众传播媒体。

（1）政策制定者和执行者。政策制定者和执行者做的政策评估主要包括以下工作：①政策调查报告；②政府工作报告；③公民意见和投诉；④政策听证；⑤政府效能考评或绩效考评。（2）专业机构和人员，主要指：①政府系统内部的专业机构；②政府系统外的专业机构；③大众传播媒体。

11. 政策评估标准（2020 年中国人民大学；2020 年中国政法大学；2018 年华中农业大学）

政策评估的标准有：（1）效益（effectiveness）。效益针对目标和结果，主要是指某一政策能否实现预期目标和结果。效益常常按提供公共产品和公共服务的数量及货币价值进行说明。（2）效率（efficiency）。效率通常是指以尽可能少的投入获得尽可能多的产出。它主要涉及结果与努力之间的关系，同样需要用货币成本计量。（3）充分性（adequacy）。充分性是指特定效益水平满足政策目标的程度，用来表明对政策与其特有结果之间关系强度的价值期望，即在多大程度上解决了目标问题。（4）公平性（equity）。公平性的评估多涉及收入分配、教育机会和公共服务方面的政策。（5）回应性（responsiveness）。回应性是指政策满足特定群体的需要、偏好或价值的程度。（6）适合性（appropriateness）。适合性不与单一评估标准的分析相关，而是与多项标准的组合分析相关。

12. 阿罗不可能定理/阿罗悖论（2020 年北京大学；2018 年、2010 年北京航空航天大学；2017 年厦门大学；2017 年、2016 年北京师范大学；2017 年华中农业大学；2015 年、2013 年杭州师范大学）

不可能理论认为在民主社会中，决策者不可能完全满足完全理性理论的条件，并且在运用民主决策程序的时候，比如多数原则，不能产生集体理性，从而产生一个对所有派别都是最佳的方案。不可能以个人的选择集合为基础来形成一个包括传递性偏好的集体决定，这种不可能性称为投票人悖论。

阿罗悖论是指不可能存在一种社会选择机制，使个人偏好通过多数票规则转换为社会偏好。阿罗认为，个人偏好顺序和群体偏好顺序都应符合两个公理和五个条件。这两个公理是：(1) 完备性公理。对任意两个决策方案 X 和 Y，要么对 X 的偏好甚于或无差异于 Y，要么对 Y 的偏好甚于或无差异于 X。(2) 传递性公理。对任意三个方案 X、Y 和 Z，若对 X 的偏好甚于或无差异于 Y，而对 Y 的偏好甚于或无差异于 Z，则对 X 的偏好甚于或无差异于 Z。

五个条件是：(1) 选择的非限制性。指在进行集体选择时，所有可能的个人偏好的组合都应被考虑进去。(2) 集体选择的非反常性。指集体选择应一致地、不偏不倚地反映个人选择。(3) 方案的独立性。指选择应限制在独立于其他方案的某一套方案中。(4) 公民的至上性。指集体决策不能局限于精英选择。(5) 非强制性。指个人和团体都不能将偏好强加于其他人，从而决定集体决策的结果。

13. **帕累托最优/帕累托效率**（2016 年东北财经大学；2015 年北京航空航天大学；2014 年安徽师范大学；2013 年华中农业大学）

1897 年，意大利经济学家帕累托在研究资源配置时，提出最优状态标准，人们称之为“帕累托最优（效率）”。主要内容包括：在某种能够既定的资源配置状态下，任何改变都不可能使至少一个人的状况变好，而又不使任何人的状况变坏。否则，就不是帕累托最优，而是帕累托改进。所谓帕累托改进是指一种制度的改变中没有输家，而至少有一部分人是赢家。

14. **卡尔多-希克斯标准**（2013 年大连理工大学）

如果一种变革使受益者所得足以补偿受损者的所失，这种变革就叫卡尔多-希克斯改进。如果一种状态下，已没有改进的余地，这种状态就达到了卡尔多-希克斯效率。如果在效益上有净收益，并且获益者能够补偿受损者，那么这种社会状态就优于另一种状态。

卡尔多-希克斯标准的条件更宽，如果能使整个社会的收益增大，变革也可以进行，无非是如何确定补偿方案的问题。所以，卡尔多-希克斯标准实际上是总财富最大化标准。

15. **罗尔斯的差别原则**（2019 年中国社会科学院）

一个社会的公平状况主要取决于这个社会中生活处境最差的那一部分人。社会和经济的不平等可以存在，但必须基于这样一个前提，即最大限度地使先天有利条件最少的那部分人受益。如果一个社会能够使处于最不利地位的人得到最大可能的利益，那么这种社会状态优于另一种状态。

16. 成本—效益评估法（2016 年华中农业大学；2012 年杭州师范大学）

版本 1——严强《公共政策学》

这种方法是把在整个政策运行过程中所投入的成本和所取得的收益进行对比分析的一种方法。利用成本—效益分析法对政策效果进行评价时，可借助成本效用曲线。以成本为自变量，用 C 表示；以效益为因变量，用 E 表示，即以成本为横轴，效益为纵轴。

通常使用的评估准则有三条：（1）效益相等时，成本越小的方案越优；（2）成本相等时，效益越大的方案越优；（3）效益与成本的比率越大越好。

版本 2——谢明《公共政策概论》

成本—收益分析是一种量化的评估工具，要求确定某一政策的成本与收益，并将其转化为货币形式以便进行比较。主要步骤：（1）确定某一政策的影响或结果，并针对不同群体将这些影响或结果分为成本或收益。（2）赋予不同成本与收益以货币上的价值。（3）应用折现率平衡当前所具有的未来影响的价值。（4）比较政策的直接与间接、现在与未来的成本。

存在的障碍：（1）关于某一政策成本与收益的准确数据常常难以得到。（2）确定适当的折现率不是一件容易的事情。（3）把效率视作政策主要需要实现的价值，很少关注其他的选择性或竞争性价值。（4）会出现对个人生命赋值的问题。有些人认为生命是无价的。但是客观地考虑生命的价值是必要的。（5）强调对社会的整体性影响，政策的总成本是否超过总收益，而人们更加关注谁从相关政策中获益。

17. “有—无”对比分析（2013 年中国人民大学）

是指对有参与方案的客体与没有参与方案的客体进行比较。有时候只在实施方案后的时间段里进行这种比较。但是由于个体或考察客体之间存在着很多差异，以至于很难将差别全部归因于政策方案。

二、简答题→论述题

1. 政策评估的功能/意义（2018 年江苏大学；2012 年华中农业大学）

育明教育名师解析

详情参考 16.2 常考知识点梳理【考点 5】。不同院校参考不同教材，不同教材对应不同的答题语言。

2. 影响政策评估的因素（2018 年、2016 年、2014 年湖南农业大学；2018 年华中农业大学；2016 年北京大学；2010 年湖南师范大学）

育明教育名师解析

详情参考 16.2 常考知识点梳理【考点 9】。不同院校参考不同教材，不同教材对应不同的答题语言。

【补充】2016 年北京大学案例题：某市社会保障部门五年前推出一个社会保障项目，对全市 80 岁以上，或者 60 岁以上丧失行动能力的的老人给予补贴，补贴每月 800 元，现在拟对这项五年前实施的政策的实施效果进行评价。

（1）评价主要会涉及哪些内容，用你的观点阐述。该涉及哪些指标来评价这项公共政策？说明理由。

（2）设计一个评价方案，要求写出框架即可，并阐述评价活动进行过程中应注意的问题和事项。

3. 政策评估的标准（2017 年浙江财经大学；2017 年江苏大学；2016 年杭州师范大学；2015 年武汉大学；2014 年安徽师范大学；2012 年湖南农业大学）

所谓政策评估，就是依据一定的价值标准和事实标准，通过一定的程序和步骤，对政策实施中的价值因素和事实因素进行分析，目的在于利用这些政策相关信息，对政策结果和政策未来走向做出基本的判断。政策评估是决定政策变化、政策终结的基础依据。政策评估是把政策视为自变量，而把政策对社会产生的政治、经济、文化影响视为因变量。政策评估的标准有以下方面：

（1）效益（effectiveness）

效益针对目标和结果，主要是指某一政策能否实现预期目标和结果。效益常常按提供公共产品和公共服务的数量及货币价值进行说明。

（2）效率（efficiency）

效率通常是指以尽可能少的投入获得尽可能多的产出。它主要涉及结果与努力之间的关系，同样需要用货币成本计量。

（3）充分性（adequacy）

充分性是指特定效益水平满足政策目标的程度，用来表明对政策与其特有结果之间关系强度的价值期望，即在多大程度上解决了目标问题。

（4）公平性（equity）

公平性的评估多涉及收入分配、教育机会和公共服务方面的政策。

（5）回应性（responsiveness）

回应性是指政策满足特定群体的需要、偏好或价值的程度。

（6）适合性（appropriateness）

适合性不与单一评估标准的分析相关，而是与多项标准的组合分析相关。

4. **政策评估的内容**（2017 年天津商业大学）

育明教育名师解析

详情参考 16.2 常考知识点梳理【考点 4】。不同院校参考不同教材，不同教材对应不同的答题语言。

5. **政策评估的方法/类型**（2019 年中国人民大学；2018 年河北大学；2015 年南开大学；2015 年西北师范大学；2014 年江苏大学；2011 年中国人民大学）

【补充】2015 年南开大学简答题：政策效果评估及其局限性；2011 年中国人民大学论理题：结合实际，说明政策评价中前后对比法的应用。

育明教育名师解析

详情参考 16.2 常考知识点梳理【考点 10】。不同院校参考不同教材，不同教材对应不同的答题语言。另外，不仅要背诵方法，更要积累方法的优缺点。

6. **政策评估的障碍及应对措施**（2019 年北京邮电大学；2018 年、2012 年华中农业大学）

所谓政策评估，就是依据一定的价值标准和事实标准，通过一定的程序和步骤，对政策实施中的价值因素和事实因素进行分析，目的在于利用这些政策的相关信息，对政策结果和政策未来走向做出基本的判断。政策评估是决定政策变化、政策终结的基础依据。政策评估是把政策视为自变量，而把政策对社会产生的政治、经济、文化影响视为因变量。

政策评估的障碍及应对措施：

（1）政策目标的不确定性

政策制定是一项面向未来的活动，政策目标的确定不可避免地会带有一定的预测性。政策目标是多个的、分散的和有一定冲突的，政策评估又必须以政策目标为基础依据和必要前提，因此有时就面临很大的困惑。

做法：政策制定前要明确政策目标，做好科学合理预案。

（2）政策影响的广泛性

一项政策的影响往往涉及社会生活的多个层面，其中有诸多的影响，不仅有些因素难以测定，而且难以用同一计量标准衡量，因此，在带给政策评估一定障碍的同时，也使一些人容易为自己的评估失误找到冠冕堂皇的理由。

做法：明确评估标准，设置评估考核机制。

（3）政策资源的混合和相关政策的重叠

政策资源的混合指的是投入不同政策的资源，彼此交织在一起，很难分清某项资源的支出或每项政策的总投入。政策资源的混合使政策成本难以核定，而要测定某项政策的效益就更无从下手了。

政策的重叠指的是针对相同或相似的政策问题和政策目标群体，不同的机构或部门分别制定并执行各自的政策。不同政策之间缺乏协调，相互干扰，使得区分政策效果的工作难以进行。

做法：妥善安排政策资源的投入，政策制定者注重政策间统筹协调。

（4）政策问题的复杂性

政策一般都是针对解决政策问题发布和实施的，而政策问题往往牵涉非常复杂的因素，带有很大的不确定性。

做法：分析政策问题的不同情境，具体问题具体分析。

（5）政策主体及相关人员的抵制

政策评估必然涉及政策主体的行为评判，所以会受到政策主体的一定干扰。一些人会寻找各种借口，通过多种渠道试图影响政策评估的结果。当政策评估的结果可能会出现对其不利的影响时，来自政策主体的反对声可能就会非常激烈。

做法：给予部分利益受损者一定的经济补偿。

7. 政策失败的一般原因［2020 年中国地质大学（武汉）；2019 年暨南大学；2012 年东北财经大学；2010 年华中农业大学］

政策失败的一般原因如下。

（1）政策投入不够

投入不够首先表现为资金短缺，其次表现为执行不力。

（2）目标团体不配合

（3）政策本身的问题

①政策在目标、内容和管理上彼此冲突。

②有些问题纷繁复杂，解决难度大。

③政策超前。有些政策虽然反映了人们良好的愿望，但在实际执行过程中也惨遭失败。因为该项政策不符合现实的基本情况，更多的是基于某种观念而制定的，而这种观念在目前还不能被广大群众所接受。

④还有一些政策的失败是因其滞后性。

（4）解决某些问题的代价大于利益

（5）外在因素的干扰

随着经济生活的快速发展，新问题会越来越多地出现。其中一些又是非常紧急的。这时，政府的注意力不得不转向新问题，从而冲淡了对原有问题的关注程度。

8. 政策评估模式的演变阶段及其主要特征（2012 年北京航空航天大学；2011 年暨南大学）

公共政策评估模式有一个不断演变的过程。美国学者古巴和林肯把政策评估模式的演变划分为四个阶段。

（1）第一阶段：1910 年—第二次世界大战期间

第一代评估模式

特点：强调“测量”，认为“政策评估即实验室实验”。评估工作偏重于技术性测量工具的应用，以实验室中的实验为主。

作用：政策评估者在评估中主要起着技术员的作用。

评价：第一代评估的不足之处是过分重视测量和实验结果，没有认真思考实验室评估的结论是否和现实相吻合。

（2）第二阶段：第二次世界大战到 1963 年

第二代评估模式

特点：强调“描述”，主张“政策评估即实验”，重视到现实中进行实地调查。

作用：政策评估逐渐变成了描述者。

评价：以客观事物为取向的描述，其缺陷是过分强调价值中立。事实是政策评估活动本身就已隐含了评估主体的价值偏好，纯粹的价值中立是不可能做到的。

（3）第三阶段：1963 到 1975 年

第三代评估模式

特点：强调“判断”，认为“政策评估即社会实验”。

评价：强调了评估中价值判断的功能，将评估的重点放在社会公平性议题上，强调政策评估者不仅要把科学的实验方法与实地调查相结合，而且还要体现出个人对政策目标价值结构的判断，认为评估者本身也是价值的判断者。

（4）第四阶段：1975 年至今

第四代评估模式

特点：强调“回应”，主张“政策评估即政策回应”。

作用：政策评估者应该扮演起问题建构者的角色。

评价：此政策评估模式更注重辩论和研究分析上的批判的、诠释的方法，主张更多地运用社会科学研究中常见的质化方法来测评政策的产出与影响。

古巴和林肯所说的前两代政策评估模式比较倾向于方法论上的实证论，偏重定量化研究，可归为实证主义政策评估阶段。第三代、第四代政策评估模式开始修正以往过分重视实证评估的缺陷，从以前强调数理方法和模型的实证本位转换到重视价值分析的规范本位，再到强调事实与价值相结合的系统架构，属于后实证主义政策评估阶段。

9. **谈谈政策评估中的分析论证与政策民主化**（2014年南开大学）

（1）政策评估中的分析论证

分析论证是指根据资料对政策的各方面进行检验衡量。在评估结果的论证中，缺乏的信息资料要进一步搜集和补充，冲突的认识或多种角度的观点也需要多次的沟通论证，才能实现一种整合与共识。从最主要的方面来说，分析论证将围绕以下几个方面进行。

①政策目标的公正性与适当性分析

政策目标的公正性与适当性分析包括：原初设计的政策目标是否正确；是否符合社会发展和社会管理的要求；是否兼顾到社会多方面的利益，尤其是贫穷阶层的利益；目标实现的具体要求是适当、过度还是不足；原初设计的目标是否引起了社会价值冲突；是否与国家基本政策和其他政策构成了协调的政策体系等。在政策目标的公正性与适当性分析中，最大的难点就是经济效率与分配公平的问题。

②政策的效能与效率分析

效能是指在一定成本投入的情况下政策目标实现的程度；效率指成本投入是否发挥出最大的作用。效能与效率评估是政策评估不可缺少的内容。政策的效能与效率都要联系成本投入进行分析。

③执行过程评估

政策的效果与政策执行过程有着紧密的联系，因而执行过程也就成为政策评估的一项重要内容。通过执行过程的评估，可以判别出由于执行过程所导致政策成功或失误的原因以及改进的途径。

④综合影响评估

综合影响评估是政策执行时，在调试目标范围内外所产生的预期与非预期影响的综合。一项政策推行时在调试目标范围内产生影响，并引起有关的社会个人、团体和环境的变化是必然的。这种调试目标范围外的影响也是一种政策效果。因此，政策评估不仅要衡量调试目标范围内的影响，同时也要衡量调试目标范围外的影响，以此评判政策的综合影响。政策综合影响的评估对于全面衡量政策、提出政策建议以及总结政策经验教训，都具有重要的意义。

在分析论证中，不可避免地要涉及各种相互冲突的认识和观点。对此，应该采取多次沟通、反复论证的方法来达到一种相对的共识。对于不同角度的认识和观点应该加以系统化的整合，以形成完整的评估结果。

（2）公共政策的民主化

公共政策民主化，主要是指必须保障广大公众和各种社会团体以及政策研究组织，能够充分参与公共决策的整个过程，从而在公共政策中反映广大公众的根本利益和要求，并在决策系统及其运行中逐步形成深入了解民情、充分反映民意、广泛集中民智的决策机制，营造一个良好的民主参与的程序和社会环境。

政策制定者通过群策群力的方式，听取社会各阶层的建议，以体现广大公众所具有的国家主人公的社会地位和参加公共管理的民主权利，为决策者提供更多的政策备选方案，从而确保民主决策的可控性与透明性，实现既定的公共政策目标。在当代社会，每个国家的宪法都充分赋予了广大公众权利去管理国家的一切公共事务，使得公共决策具有广泛而坚实的社会基础，以保障广大公众的根本利益。因此，加强公共政策制定、执行、分析与评估过程中的公开建设，完全符合广大公众的根本利益，是政府公共管理机构的职责，有利于重大决策的优化。

公共政策民主化的措施包括：

①把民主机制引入决策系统，营造良好的决策氛围。决策活动并不是单纯的抉择行为，而是由信息情报活动、决策方案设计活动和抉择活动等多个相互关联的环节所构成的完整过程。因此，必须营造一个宽松的环境，形成平等、民主、协商的气氛，鼓励人人畅所欲言。

②重视发挥参谋咨询人员在决策中的作用。加强专家学者在决策中的地位和作用，这既是在更高层次上民主化的体现，也是实现决策科学化的重要保证。

③提高政治生活透明度，实现决策目标的民主化。政治生活透明就是政务公开、政治民主。各级党政要广泛开展决策民主教育，不断提高社会公众的政治觉悟、科学技术和文化知识水平，提高公众对决策民主化的重大意义和实现途径的认识，引导公众参加公共管理活动的积极性，提高决策的民主化程度。

第 17 章　政策监控

育明教育名师解析

政策监控是陈振明《公共政策分析》的特色章节，以陈振明老师这本教材为考研专业课参考书目的考生则要重点把握本章的知识点，其他考生理解后会答题即可。

17.1　章节知识框架

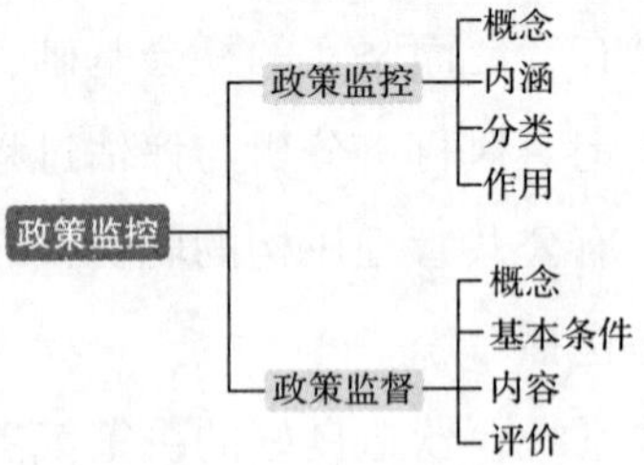

17.2 常考知识点梳理

【考点1】政策监控的概念——陈振明《公共政策分析》

政策监控是政策监督与政策控制的合称，是为了实现政策的合法化与保证政策的贯彻实施而对政策的制定、执行、评估和终结等活动进行监督与控制的过程，其目的在于保证政策系统的顺利运行，提高政策制定与执行的质量，促进既定政策目标的实现和提高政策效率。

【考点2】政策监控的内涵——陈振明《公共政策分析》

1. 政策监控具有特定的主体，即从事监控活动的个人、团体和组织，它是一般政策主体的有机组成部分，由立法机关、行政机关、司法机关、政党系统、利益集团、大众传媒以及人民群众等组成。然而，政策监控主体有其特殊性。

（1）层次性：不同层次的政策由不同层次的机关及其组成人员负责制定、执行、评估及调整，政策监控的主体也随之有所不同。

（2）多样性：政策监控在政策过程的不同环节之中由不同的机关及其组成人员负责实施。

2. 政策监控具有特定的客体，即政策系统及其运行。

政策过程的各个环节包括政策的制定、执行、评估、终结以及承担这些功能活动的个人、团体和组织都属于监控的对象。

政策监控的主体与客体的划分具有相对性，它们之间并不是简单的监控与被监控的一一对应关系，而是互相交叉、重合，呈现为复杂的网络状的结构。

3. 政策监控表现为一个活动过程，而不是一个孤立的活动环节，它是由监督、控制和调整等功能活动组成的动态过程。

政策监控具有目标指向，即保证政策系统的顺利运行，提高公共政策的制定和执行质量，促进现实政策目标的实现，提高政策效率。

【考点3】政策监控的分类——陈振明《公共政策分析》

1. 根据政策过程的不同阶段分类，政策监控可以分为：

（1）政策制定监控。

（2）政策执行监控。

（3）政策评估监控。

（4）政策终结监控。

2. 根据政策监控的不同时态分类，政策监控可以分为：

（1）事前监控

事前监控是指在政策实施之前，为保证既定的政策目标的实现，事先预测未来的政策活动中可能发生的与预定政策目标不一致的各种问题，并采取预防措施加以监督和控制。

（2）事中监控

事中监控是指在政策运行过程中，实施同步监控，即一旦发现与原定的政策目标不一致的地方就立即采取纠偏措施，提出调整意见，促使政策得到真正的落实。

（3）事后监控

事后监控是指在一种政策行为之后或一项政策活动过程结束之后，把政策活动产生的实际效果与既定的目标、要求和原则等做比较，找出并纠正偏差和失误，避免再犯同样的错误。

3. 根据政策监控的不同层次分类，政策监控可以分为：

（1）自我监控

自我监控是指政策制定和执行主体根据政策的目标要求，在政策过程中进行自我检查、自我分析，及时发现、纠正偏差。

（2）逐级监控

逐级监控是指上下级的政策主体之间按照授权关系，自上而下逐级对政策进行监控。

（3）越级监控

越级监控是指越过中间层级，上层政策主体对下层政策主体直接进行监控，或者下层政策主体对上层政策主体进行监控。

4. 根据政策监控的不同内容分类，政策监控可以分为：

（1）目标监控

目标监控是指以政策目标的实现与否作为监控的核心，通过把握政策运行过程中目标的状态，最终实现目标与结果相一致。

（2）关键点监控

关键点监控是指以政策的重点作为监控的核心。

5. 根据政策监控的主体分类，政策监控可以分为立法机关的政策监控、行政机关的政策监控、司法机关的政策监控、政党系统的政策监控、利益集团的政策监控、公众和大众传媒的政策监控等。

【考点4】政策监控的作用——陈振明《公共政策分析》

1. 保证政策的合法化

政策的合法化是指对政策制定活动进行监控以使政策的制定严格遵守法定的程序和原则，并且审查所制定的政策是否符合宪法和有关法律规定。通过政策监控实现政策合法化包括两个方面的内容，即实现政策的形式合法化与内容合法化。

（1）实现形式合法化就是使政策的制定活动严格遵守法定的程序与规则。

（2）实现内容合法化就是使政策的目标、方案等不违背宪法和有关法律规定，有些国家还不违背执政党的纲领和章程。

2. 保证政策的贯彻实施

根据一定的标准对政策的执行活动进行检查、监督，以保证政策达到预期目标，或者发现预期目标与实现效果之间的反差，并找出其中的原因。

3. 实现政策的调整与完善

敏锐地捕捉外部世界的发展、认识的深化和政策之间的差距，以便帮助及时做出调整，使之臻于完善。

4. 促使政策终结

政策监控的作用不在于具体实施政策的终结，而是通过本身的工作发现那些错误的、多余的或无效的政策，及时向有关方面提出报告或提交合理建议，促使政策终结的实现。

【考点5】政策监督——陈振明《公共政策分析》

1. 概念

政策监督是指政策监控的主体从一定制度、法规的依据出发，对政策系统的运行包括政策的制定、执行、评估及终结活动进行监视和督促的行为。

2. 基本条件

（1）建立必要的制度、法规，明确职责，这是形成政策监控的依据问题。

（2）政策监督者与政策监督对象之间应保持时时沟通，掌握政策问题和政策目标，使监督有明确的标准。

（3）在机构设置上保持监督机构的独立性。

（4）对监督对象有影响权，影响权包括对违反制度、法规和政策者加以处罚和责令其纠正政策过程中的各种错误和偏差的权力。

3. 内容

（1）对政策制定活动的监督。

（2）对政策执行活动的监督。

（3）对政策评估活动的监督。

（4）对政策终结的监督。

4. 评价

政策监督的对象是整个政策系统的运行，政策监督活动是政策主体对各政策环节运行情况的信息反馈，它的作用贯穿于政策全过程，各项监督活动是互相联系、不可分割的，它们共同为提高政策制定和执行的质量以及提高政策绩效提供有力的保障。

17.3 热门院校真题解析

一、名词解释题

1. **政策监控**（2018年华中农业大学；2016年湖南农业大学；2012年西南大学）

政策监控是政策监督与政策控制的合称，是为了实现政策的合法化与保证政策的贯彻实施而对政策的制定、执行、评估和终结等活动进行监督与控制的过程，其目的在于保证政策系统的顺利运行，提高政策制定与执行的质量，促进既定政策目标的实现和提高政策效率。

其内涵为：

（1）政策监控具有特定的主体，即从事监控活动的个人、团体和组织，它是一般政策主体的有机组成部分。

（2）政策监控具有特定的客体，即政策系统及其运行。

（3）政策监控表现为一个活动过程，而不是一个孤立的活动环节，它是由监督、控制和调整等功能活动组成的动态过程。

育明教育名师解析

2—4题注意适度扩充答案，可举一些例子。

2. **事前监控**（2019年西藏大学；2018年中国社会科学院）

事前监控是指在政策实施之前，为保证既定的政策目标的实现，事先预测未来的政策活动中可能发生的与预定政策目标不一致的各种问题，并采取预防措施加以监督和控制。

3. **事中监控**（2013年华中农业大学）

事中监控是指在政策运行过程中，实施同步监控，即一旦发现与原定的政策目标不一致的地方就立即采取纠偏措施，提出调整意见，促使政策得到真正的落实。

4. **事后监控**（2020年中国政法大学）

事后监控是指在一种政策行为之后或一项政策活动过程结束之后，把政策活动产生的实际效果与既定的目标、要求和原则等做比较，找出并纠正偏差和失误，避免再犯同样的错误。

5. **政策监督**（2020 年北京化工大学）

政策监督是指政策监控的主体从一定制度、法律的依据出发，对政策系统的运行包括政策的制定、执行、评估及终结活动进行监视和督促的行为。

基本条件：

（1）建立必要的制度、法规，明确职责，这是形成政策监控的依据问题。

（2）政策监督者与政策监督对象之间应保持时时沟通，掌握政策问题和政策目标，使监督有明确的标准。

（3）在机构设置上保持监督机构的独立性。

（4）对监督对象有影响权，影响权包括对违反制度、法规和政策者加以处罚和责令其纠正政策过程中的各种错误和偏差的权力。

二、简答题→论述题

1. **政策监控的作用**（2017 年华中农业大学）

政策监控是政策监督与政策控制的合称，是为了实现政策的合法化与保证政策的贯彻实施而对政策的制定、执行、评估和终结等活动进行监督与控制的过程，其目的在于保证政策系统的顺利运行，提高政策制定与执行的质量，促进既定政策目标的实现和提高政策效率。

政策监控的作用：

（1）保证政策的合法化

政策的合法化是指对政策制定活动进行监控以使政策的制定严格遵守法定的程序和原则，并且审查所制定的政策是否符合宪法和有关法律规定。通过政策监控实现政策合法化包括两个方面的内容，即实现政策的形式合法化与内容合法化。

①实现形式合法化就是使政策的制定活动严格遵守法定的程序与规则。

②实现内容合法化就是使政策的目标、方案等不违背宪法和有关法律规定，有些国家还不违背执政党的纲领和章程。

（2）保证政策的贯彻实施

根据一定的标准对政策的执行活动进行检查、监督，以保证政策达到预期目标，或者发现预期目标与实现效果之间的反差，并找出其中的原因。

（3）实现政策的调整与完善

敏锐地捕捉外部世界的发展、认识的深化和政策之间的差距，以便帮助及时做出调整，使之臻于完善。

（4）促使政策终结

政策监控的作用不在于具体实施政策的终结，而是通过本身的工作发现那些错误的、多余的或无效的政策，及时向有关方面提出报告或提交合理建议，促使政策终结的实现。

2. 政策监控的三个功能活动环节（2021 年厦门大学）

政策监控是政策监督与政策控制的合称，是为了实现政策的合法化与保证政策的贯彻实施而对政策的制定、执行、评估和终结等活动进行监督与控制的过程，其目的在于保证政策系统的顺利运行，提高政策制定与执行的质量，促进既定政策目标的实现和提高政策效率。

政策监控的三个功能活动环节包括：

（1）政策监督

政策监督指的是政策监控的主体从一定制度、法律的依据出发，对政策系统的运行包括政策的制定、执行、评估及终结活动进行监视和督促的行为。

①基本条件

A. 建立必要的制度、法规，明确职责，这是形成政策监控的依据问题。

B. 政策监督者与政策监督对象之间应保持时时沟通，掌握政策问题和政策目标，使监督有明确的标准。

C. 在机构设置上保持监督机构的独立性。

D. 对监督对象有影响权，影响权包括对违反制度、法规和政策者加以处罚和责令其纠正政策过程中的各种错误和偏差的权力。

②内容

A. 对政策制定活动的监督。

B. 对政策执行活动的监督。

C. 对政策评估活动的监督。

D. 对政策终结的监督。

（2）政策控制

政策控制是指政策监控主体在政策过程尤其是政策执行中，为了保证政策的权威性、合法性和政策的有效执行，为达成特定的政策目标而对政策过程尤其是执行过程的偏差的发现与纠正的行为。控制的实质是对实际活动的反馈所做出的反应。政策控制的程序或过程是由三个基本环节构成的，即确立标准、衡量绩效和纠正偏差。

（3）政策调整

政策调整是指在政策监督和控制所获得的有关政策系统运行（尤其是政策执行的效果）的反馈信息的基础上，对政策方案、方案与目标之间的关系等进行不断的修正、补充和发展，以便达成预期政策效果的一种政策行为。在某种意义上说，政策调整是政策方案的重新制定和执行的过程，或更准确地说，是政策方案的局部修正、调整和完善的过程。

①内容

A. 问题的重新界定。

B. 政策目标的校正、修订或再确立。

C. 对政策方案加以修正、补充和完善，甚至重新制定。

D. 对政策效力的调整。

E. 对政策主体、客体的调整。

②功能活动

A. 获取反馈信息。即掌握由监控机构在政策监督和控制中所获得的关于政策系统运行尤其是政策执行结果方面的信息。

B. 确定调整方案。

C. 实施调整。

3. 政策监控机制由哪些基本因素构成（2018年北京航空航天大学）

政策监控是政策监督与政策控制的合称，是为了实现政策的合法化与保证政策的贯彻实施而对政策的制定、执行、评估和终结等活动进行监督与控制的过程，其目的在于保证政策系统的顺利运行，提高政策制定与执行的质量，促进既定政策目标的实现和提高政策效率。

政策监控机制的基本构成因素包括：

（1）立法机关对政策的监控

立法机关是最重要的政策监控主体之一。立法机关政策监控的活动内容及其方式主要表现为：

①依靠法律监控公共政策。

②听取和审议预算、决策、立项等，对公共政策的内容、规模、方向等加以监控。

③对政府的人事任免权、不信任投票来控制公共政策。

④以质询和诘问等方式对公共政策加以监控。质询即由议员或代表在立法机关中就与公共政策的实施有关的事件向政府有关机关及主要有关负责人发问并要

求予以作答的方法。

⑤通过视察、检查和组成针对特定问题的调查委员会而对政府各部门的政策及其执行情况进行监督。

⑥在两院制国家中，两院之间对公共政策相互进行监控。

（2）司法机关对政策的监控

司法机关的职责与使命在于通过严格执法以维护法律的尊严。西方的司法机关主要是指法院，而我国不仅包括法院，还有检察院。法院和检察院通过审查、提起公诉、审判等行为，对严重违反国家政策的人员实施法律制裁，对政策的执行起着强制性的制约作用，从而达到政策监控的目的。

司法机关对公共政策的监控主要表现在：

①裁定公共政策的制定程序与原则是否合法。

②依法裁定公共政策的内容是否合法。

③依法监督政策的执行是否合法。

（3）行政机关对政策的监控

由行政机关实施的政策监控是一种纵向的监控，主要是上级主管机关对下级执行机关工作的指示、检查、布置、督促等。由行政机关所实施的政策监控主要采取以下两种形式。

①行政管理机关的监控，或称一般行政监控。它是由上级政府部门对下级政府部门及其所属机关的一种监督和控制。

这种监督又可以进一步细分为以下几种情况。

A. 中央政府对所属部门与地方政府及其人员的监督和控制。

B. 综合部门的政策监控。

C. 主管部门对下级业务部门所属单位的执行情况所进行的监控。

②专门行政监督机关的监控，即行政监察。这种监控是由专门的监督机关对行政机关内部的工作人员所实施的监控，其内容侧重于对违法违纪现象的查处。

（4）政党系统对政策的监控

政党系统可以简明地划分为执政党（也可以包括参政党、多党联合执政等形式）和在野党两大部分，其中起主要作用的是执政党，在野党对公共政策也有一定的影响。

一般来说，执政党的政策监控大都采用以下几种方式。

①将自己的成员选入立法机关，通过影响立法来影响并监控公共政策的制定。

②通过将自己的成员列入各级政府机关及政府各部门中以影响政策的实施。

③动用从党纪到国法的各种形式对政策的制定者和执行者进行检查、监督、奖惩、任免或绳之以法等。

④常以其所影响的社会团体、社会组织以及它所掌握的大众传播媒介等制造各种舆论，从而对公共政策的各个环节进行有力的控制与监督。

在野党监控的主要方式有：

①由于在野党可以在立法机关、行政机关占有一定的席位，因此能够根据法律赋予的权力对政策过程施加一定的影响，并加以制约。

②可以动用其所影响的社会力量如社团组织、新闻媒体等对国家各级机关及其工作人员进行各种形式的监督。

（5）利益集团对政策的监控

利益集团是以特定的利益为背景而进行经常性活动的组织，如工会、各种行业协会等。

它在政策过程中的主要作用在于：

①以各种方式将社会的变化及该集团的要求表述出来，以期影响公共政策的制定、采纳与实施。

②将国家的意志和信息传达给社会并对其加以管理，构成一个中介体。

（6）公众和大众传媒的政策监控

公众对政策的监控主要是通过社会舆论的形式来实现的。社会舆论是公共意志的集中反映，即它体现和表达了公众的利益、愿望与要求。

社会舆论对政策监控要真正发挥舆论监督的作用，除了保证它的相对独立性外，还要有其他监控主体如行政机关、司法机关等的密切配合。

第18章　政策终结

育明教育名师解析

政策终结是整个政策过程的最后一步，谢明的《公共政策概论》系统地介绍了政策终结的知识。而宁骚的《公共政策学》在此基础上为考生们完善了政策评估后相关工作的知识点，考生们要注意两大部分知识点的融会贯通，还要重点在理解框架的基础上进行内容背记。

18.1　章节知识框架

- 政策终结
  - 政策终结
    - 定义
    - 对象
    - 特征
    - 作用
    - 类型
    - 形式
    - 障碍
    - 措施
  - 政策稳定
    - 内涵
    - 积极意义及消极影响
    - 动力因素
  - 政策维持
    - 定义
    - 系统分析
  - 政策变动
    - 含义
    - 原因
    - 类型
    - 模型
  - 政策创新
    - 内涵
    - 动力
  - 政策调整
    - 含义和内容
    - 形式、程序和原则
    - 原因和作用
  - 政策接续
    - 内涵
    - 意义

18.2 常考知识点梳理

【考点1】政策终结的定义

政策终结是指政策制定者经政策评估后，发现一些政策已经过时、多余、失效，或引发了重大的不良后果，采取必要措施予以终止的行为。

——谢明《公共政策概论》

公共政策终结是指公共政策的决策者通过对政策进行审慎的评估后，采取必要的措施，以终止那些错误的、过时的、多余的或无效的政策、政策功能、政策工具或政策组织的一种行为。

从性质上看，政策终结可以区分为：

完全政策终结，是政策间联系性的中断，是指在政策问题已经解决和政策目标完全实现时的一种政策终止或废除；

部分政策终结，是指在政策问题没有完全解决和政策目标没有完全实现时，对政策本身、政策功能、政策工具或政策组织等方面的变革或更新。

——宁骚《公共政策学》

【考点2】政策终结的对象

（一）公共政策终结的对象

1. 功能

功能是政府为了满足民众的需要而提供的能够产生一定作用的服务，它代表着政府活动的基本方向，政策的效果就是通过具体的功能来体现的。功能的终结，就是终止由政策执行而带来的某种或某些服务。

在政策终结的所有对象中，以功能的终结最难。这是因为：

（1）功能的履行或承担，是政府满足一定人群需要的结果，若予以取消势必引起抵制。

（2）某项功能往往不是由某项政策单独承担的，而是由许多不同的政策和机构共同承担的，要予以终止往往需要做大量的组织准备工作和协调工作。

2. 组织

任何一项政策活动都是通过组织来推动的，因此，政策的终结通常也伴随着组织的缩减或撤销，这就是组织的终结。组织的终结通常比较难，因为它影响到组织中人员的切身利益，在实施时有可能遭到他们的抵制。

3. 政策

是指政策本身的终结，即承担政策活动的机构依然存在，而政策所担负的功能则由新的政策来担负。

政策本身的终结所遇到的阻力较小，这是因为：

（1）就某项具体政策而言，其目标一般比较单纯，容易进行评估并决定取舍。

（2）政策更改的代价比起功能转变、组织调整来要小得多，因而容易得到相关部门的认可。

（3）政策的可选择性较大，政策本身的终结在操作上比较容易实现，不像组织终结那样受到多方面的牵制和约束，实行起来步履维艰。

4. 工具

工具的终结是指执行政策的具体措施和手段的终结。

工具的终结最常见也最容易达成，这是因为：

（1）执行政策的措施和手段一方面与实际问题最为接近，成败与否大家有目共睹，容易达成共识。

（2）这些措施和手段的影响面比较有限，它们的终结不会引起太大的震动。

——宁骚《公共政策学》

（二）政策终结的对象

1. 权力责任

权力责任是指政策执行中履行的权力和承担的责任。政策终结预示着相应权力的丧失和相关责任的放弃。

2. 政策功能

政策功能主要表现为政策执行机构所提供的服务或管制。政策终结则预示着相应服务的停止或相关管制的撤销。

政策功能可能超过组织和政策，所以政策终结需要付出巨大的政治努力。

3. 组织机构

组织机构是承担政策执行活动的组织机构。政策终结通常会伴随相关组织的缩减或撤销。

4. 政策自身

政策的终结比组织的终结更加容易，组织更加倾向于终结其政策和项目，而非组织本身。

5. 政策项目

政策项目一般是指为执行政策而采取的措施。项目终结相对来说比较容易进行。

总之，政策终结往往会导致一些现状的改变，涉及利益的重新分配，不可避免地会遇到方方面面的阻碍。

——谢明《公共政策概论》

【考点3】政策终结的特征——陈振明《公共政策分析》

政策终结有三个特征：

1. 强制性

一项政策的终结总是会损害一些相关的人、团体和机构的利益，遇到强烈的反抗，因此，往往靠强制力来进行。

2. 更替性

政策终结意味着新旧政策的更替，是政策连续性的特殊表现。

3. 灵活性

政策终结是一个复杂而又困难的工作，必须采取审慎而又灵活的态度，处理好各种动因和关系。

【考点4】政策终结的作用——谢明《公共政策概论》

1. 有利于节省政策资源

政策资源是有限的。执行一项本不该继续执行下去的政策会浪费政策资源。政策终结有利于节省有限的政策资源。

2. 有利于提高政策效率

过多的政策会导致政策冲突和政策效率低下。政策终结有利于减少冲突，提高政策效率。

3. 有利于政策过程的优化和政策质量的提高

政策评估和政策终结有利于及时地发现问题、纠正错误、总结经验、吸取教训，优化政策过程，提高政策质量。

【考点5】政策终结的类型——谢明《公共政策概论》

育明教育名师解析

微观角度考查的类型题了解即可，答题时举例即可。

1. 突然暴发型：孙某某事件与遣送收容办法的废除。

2. 逐渐衰退型：投机倒把罪退出历史舞台。

3. 力量博弈型：取消一般公务用车的破冰之举。

【考点6】政策终结的形式——谢明《公共政策概论》

1. 政策废止

政策废止就是彻底结束旧的政策，完全取消其相关功能，即完全终结。

2. 政策替代

政策替代就是用新政策替代旧政策，但所面对的政策问题和政策目标基本没有改变。新的政策往往是在方式方法和操作程序方面做了较大变动，其目的是为了更好地解决旧的政策没有解决好或根本解决不了的问题，以满足目标群体的政策需求，实现原定的政策目标。

3. 政策合并

政策合并是指旧的政策虽被终止，但其要实现的功能并没有被取消，而是被合并到其他的政策内容中去。政策合并一般分为两种情况：一是将终止的政策内容合并到一项现有的政策当中，作为现有政策的一部分；二是把两项或两项以上被终止的政策合并为一项新的政策。

4. 政策分解

政策分解就是将旧政策的内容按照一定的规则分解成几部分，每一部分独自形成一项新的政策。

5. 政策缩减

政策缩减就是采用渐进的方式，一步步对政策进行终结，其目的是有效缓解因政策终结所带来的巨大冲击，逐步协调好各方面的关系，稳妥地实施终结，减少不必要的损失。

6. 政策的法律化/政策立法

育明教育名师解析

政策的法律化是重要的名词解释，需注意背记知识点中的详细内容。

政策的法律化指的是国家有关机构把一些经过长期实行的、确实有显著效果的、比较成熟和稳定的、能够在较长时间内发挥作用的政策性内容上升为国家的法律、法规，赋予这些政策相应的法律效力，并得到国家强制力的保障。

政策法律化的基本条件：

(1) 对全局有重大影响的政策可以上升为法律。将之纳入法制轨道，以便更好地保障其作用的实现。

（2）具有长期稳定性的政策可以上升为法律。法律是稳定、严肃、具有权威性的，不能朝令夕改。

（3）只有比较成功的政策才能上升为法律。政策在被修正和完善并被实践证明行之有效时才能上升为法律。

【考点7】政策终结的障碍——谢明《公共政策概论》

1. 心理上的抵触

政策制定者、政策执行者和政策受益者往往对政策终结存在心理上的抵触，成为政策终结的首要障碍。

2. 机构的持续性

机构的持续性一般表现在两个方面：一是机构的惯性，二是机构的生命力。当政策终结危及组织机构的生存时，它会或改变策略，或调整结构，想方设法地延续政策终结的进程，给政策的及时终结带来阻碍。

3. 机构的动态适应性

机构对环境具有动态适应性，可以随环境和需要的变化而产生变动，甚至能针对政策终结的各种措施来调整自己的方向，使终结计划夭折或破产。这会给政策终结带来障碍。

4. 反终结的联盟

因执行某项政策而收获既得利益的行政机关，往往会在政策面临终结时结成联盟，共同反对政策终结，成为政策终结的巨大障碍。

5. 法律程序上的障碍

政策终结要通过法定程序，程序上的复杂性往往影响政策终结的及时进行。许多政策终结行为受阻于法律的滞后性。

6. 高昂的终结成本

政策终结的成本有两种：一是终结行为本身要付出的成本，二是现有政策的沉没成本。高昂的终结成本给政策终结带来了巨大障碍。

【补充】名词解释：沉没成本——谢明《公共政策概论》

沉没成本是指由于过去的决策已经发生了的，而不能由现在或将来的任何决策改变的成本。包括已经发生不可收回的支出，如时间、金钱、精力等。沉没成本常用来和可变成本做比较，可变成本可以被改变，沉没成本不可被改变。政策执行实际上就是一个成本沉没的过程，沉没的包括金钱和利益。政策终结会使一些人挣扎于既有利害关系的旋涡中，他们在心理上产生的不安与骚动被称为政策终结的心理效应。在政策终结过程中，由沉没成本导致的心理效应表现得尤为明显。

【考点8】政策终结的措施——谢明《公共政策概论》

1. 加强宣传教育，消除抵触情绪

宣传工作非常重要，它通过摆事实、讲道理，能使人们提高认识，消除不满。说服教育工作同样重要，这是我们开展各项工作的一个法宝。以此来消除对政策终结的抵触情绪。

2. 树立新的观念，营造改革气氛

政策终结应把握时机，因势利导，创新观念，改变认识，营造良好的改革气氛。

3. 公开评估结果，争取更多支持

评估结果公开化有助于为政策终结争取到更多的社会力量的声援和支持。揭露政策弊端，指明政策危害，政府会赢得更多的信任，政策终结会得到更大的拥护。

4. 废旧立新并举，缓解终结压力

为缓解政策终结的压力，采取新政策出台和旧政策终结并举的方法，及时用新政策替代旧政策，使人们在失去对旧政策期望的同时，得到一些新的期望。

5. 做出必要妥协，降低终结成本

当政策终结的阻力很大且一时难以改变这种状况时，政府可以做出一定的妥协，放弃较高的目标期望值，以有条件退让的方式，换取有限目标的实现，即缩小政策终结的范围。

6. 提供利益补偿，消除抵触情绪

利益补偿是对因政策终结造成损失的个人或团体的一种救助渠道，也是完善政策终结的利益协调、促进政策终结顺利完成的重要基石。

7. 选择有利时机，把握政策焦点

吸引舆论的聚光灯，为政策终结迎来契机。

8. 设置有效期限，提高终结效率

为政府规章设定“保质期”，其期限不宜过长，应适时检视，并予以修订或废止。

【考点9】政策稳定——宁骚《公共政策学》

1. 政策稳定的内涵

一项政策的稳定，要求构成该政策系统的各个政策因素和政策关系保持不变，业已形成的政策安排和政策结构也不做大的调整和变动。

政策的稳定是相对的，这种相对性表现在两个方面：

（1）从时间上看，政策的稳定是阶段性与连续性的统一

①公共政策的阶段性

即某些政策是根据某个社会发展阶段的性质和任务的要求而制定的，在这个阶段内，这些政策要保持相对的稳定性，不要轻易改变，更不要跨越阶段把适用于未来社会的政策用于当前的社会生活。

②公共政策的连续性

即不同阶段的政策在目标、手段和效果等方面保持某种继承性和一致性。

（2）从空间上看，政策的稳定是局部性与全局性的统一

政府在不同领域或不同区域当中所实施的政策往往有所不同，这些政策是针对某些部门和领域制定的，或是在一定区域内实施的，它们在本领域或本地区内具有一定的稳定性，但要换个领域或地区则不再适用，或者需要做出重大的调整和变更。

2. 政策稳定的积极意义及消极影响

（1）政策稳定的积极意义

①政策稳定有利于国家与社会的稳定。

②政策稳定有利于贯彻落实执政者或决策者的意志和决定，进而取得预期的成效。

③政策稳定有利于提高政策的可预见性。

④政策稳定有利于降低社会管理成本。

（2）政策稳定的消极影响

政策稳定是一柄双刃剑，过分注重稳定的政策可能使其趋于保守，甚至导致政策僵化。政策僵化是指一项长期存在、没有及时予以终结的政策，在发展变化了的环境中，继续得以执行，不仅不能解决问题，反而会成为解决问题的阻力和障碍。政策僵化将带来严重的不良后果。

3. 政策稳定的动力因素

政策能够保持稳定的原因是多方面的，它既可能是人们主观愿望使然，也可能是客观力量对比的结果。

除了政策稳定的积极效果以外，就政策系统本身来说，促成政策稳定的因素有：

（1）从公共政策的主体来看，决策主体和决策网络的相对稳定性有助于保

持政策的稳定。

（2）从公共政策的客体来看，政策问题的解决需要一个过程。

（3）就公共政策本身而言，政策的特征决定了其稳定性。

①政策目标的长期性。有些政策所要达到的目标比较远大，实现目标的时间也较长，需要长期坚持才能有明显的效果。

②政策的有效性。能否有效地解决问题、满足人民群众的需要是政策能否持续下去的关键。

③政策的合法性。政策的合法性是指政策获得相关的社会主体认可和接受的程度，这是政策能够发挥作用、产生效力的基础。政策的合法性来自程序的合理性和结果的有效性。

④修改的复杂性。有些政策，如宪法和基本法律等要进行修改需要经过一系列复杂的程序。

⑤接续政策的失败。第一，政策接续是渐进式的政策变动，是具有相同政策问题和政策目标的新旧政策的交替；第二，政策接续是政策适应环境变化而发生的量变或形式的变化，并以新政策取代旧政策的过程；第三，政策接续是政策的积极变动或调整，有利于政策目标的实现和政策绩效的提高。

⑥政策终结的失败。政策终结是政策废除或终止的过程或行为。

（4）政策环境的稳定性保持了政策的稳定。政策过程就是政策与环境的相互作用，进行物质、能量和信息交流的过程。

【考点10】政策维持——宁骚《公共政策学》

1. 政策维持的定义

政策维持就是通过分析政策稳定的积极因素使之转化为政策稳定的动力，以保持政策稳定的行为和过程。政策维持通常表现为现有政策、政策过程或政策系统的继续。

政策维持以政策目标或政策问题为中心，体现了政策稳定性与政策变动性的相互统一，即稳定是相对于政策目标或政策问题而言的，变动是相对于政策系统和过程而言的。

根据政策维持对策的性质和特点，政策维持可以分为消极的政策维持和积极的政策维持。

2. 政策维持的系统分析

从政策系统分析的角度，可以从政策主体、政策客体、政策环境和政策本身等方面探寻维持政策稳定的对策。

（1）政策主体的政策维持

①保持政策主体的稳定

保持政策的稳定，首先要保持政策主体的稳定，包括政策制定主体、政策执行主体、政策监控和评估主体的稳定，使其在一个政策问题解决之前保持相对的稳定。

②保持政策主体对政策目标一贯的认同

政策认同、政策信心和政策稳定是相辅相成的，对政策的一贯认同会提高对政策执行的信心，对政策的一贯认同和坚定的政策信心，就能保持政策的稳定。

③保持政策主体间的沟通与合作

政策制定、执行和监控等环节及其主体间是相互影响、相互制约的，政策绩效的高低很大程度上取决于政策过程各环节及其主体间的协调与合作。

④建立完善的政策体制和机制

完善的政策体制和机制，就是要建立政策主体间关于权力划分、职能行使、责任界定和利益分享的规范和制度，使各政策主体各守其位、各司其职，有益共享、有难同当。

（2）政策客体的政策维持

①明确具体地界定政策问题。这是政策决策和政策实施的前提和基础。

②扩大政策受益群体或政策认同群体的范围。

③积极推动政策观望群体的转化。

④减少政策受损群体或抵触群体的数量。

（3）政策环境的维持与改善

政策环境的变化是政策发生变动的主要原因，其他政策变动的因素也大多是政策环境变化的结果。在政策环境变化不大或有所改善的情况下，政策主体可以通过积极主动的对策来维持政策的稳定。

（4）提高政策绩效

只有有效的政策或绩效高的政策，才能获得社会的认同和支持，从而保持该政策的稳定。提高政策绩效，要从政策主体、客体、环境和政策资源、政策组织等角度寻找途径和对策。

（5）政策的法律化

政策付诸实践并被证明是有效的政策，保持其稳定的最好方式是使政策法律化。

政策法律化须具备两个条件：

①该政策涉及面广、具有重大的社会影响；

②该政策是经过长期实践，已经成为一项获得社会广泛认同的成熟而又稳定的政策。

【考点11】政策变动——宁骚《公共政策学》

1. 政策变动的含义

政策稳定只是一种动态的平衡，当现行政策网络中的力量对比发生变化，或者受到外界的压力时，都有可能产生政策创新的要求，并在一定条件下导致某个政策甚至一系列政策的变动。政策变动是政策系统的一种常态表现，是政策系统对内部因素和外部环境的变化所做出的一种适应性变革。

安德森认为政策变动有三种形式：（1）现行政策的渐进变化；（2）在特定领域中创立新的法规；（3）新一轮大选后在公共政策方面的大调整。

2. 政策变动的原因

（1）决策者的变动

决策者的更换常常是某些政策发生变动的直接原因。

（2）政策环境的变化

政策既受政策环境影响又反作用于政策环境，这种相互作用的关系决定了彼此之间的相互适应性。

（3）政策资源的限制

公共政策的运行过程需要投入一定数量的人、财、物资源，在政策实际执行过程中，由于预先估计不足或监控不严造成浪费或决策者发生价值转向，这些都会使得现有资源难以再为政策实施提供基本保证。

（4）政策的失效或低效

（5）政策的合法性受到质疑

如果一项政策不是通过合法的程序制定出来的，而是领导者个人或少数几个人暗箱操作的产物，就很难得到社会的认同。

3. 政策变动的类型

（1）按照变动的强度可以分为断裂型和渐变型。

①断裂型政策变动，即政策终结，意味着原政策的中断或终止，它可能被废止，也可能通过创新，使原政策的原则和精神在新政策中得到体现。

②渐变型政策变动，即政策调整，是根据政策评估的结果对实施中的政策采

取渐进的方式，进行补充、删减和修正。

（2）按照变动的程度可以分为部分变动、重大变动和完全变动。

（3）按照变动的内容可以分为目标变动、计划或项目变动、工具配置变动、机构或人员变动、政策本身的变动等。

（4）按照变动的形式可以分为替代、合并、分解、废止和创新。

（5）按照变动的规律性可以分为周期性变动和不规则变动等。

（6）按照变动的动力来源可以分为主动变动和被动变动。

4. 政策变动的模型

（1）周期型

这是由美国学者亚瑟·施莱辛格提出来的。他认为国家事务存在着一种在公共目的和私人利益之间的持续变动，美国政治一直遵循一个相当有规律的周期在运行，即国家的态度总是在自由主义和保守主义之间来回摆动。公共政策正是在自由主义和保守主义的交替登台中循环往复的。

（2）Z字型

埃德文·阿曼达和特达·斯考克坡就认为在美国的公共政策历史上存在着一个反复无常的模式，它的一大特征是刺激和反应的交替作用或者叫作“Z形效应”。在他们两位看来，与其说政策是在自由和保守之间变换，不如说政策是在从有利于一个群体转变为有利于另一个群体，两者之间是一种反作用的关系。

（3）学习型

“政策学习”模型是由萨巴提尔等人提出来的，该模型一方面来自政治学研究中的集团理论，另一方面来自赫克罗在20世纪70年代对政策学习的研究。

【考点12】政策创新——宁骚《公共政策学》

1. 政策创新的内涵

政策变动和政策创新都是政策系统对政策内部要素和外部环境变化所做的适应性调整，积极有效的政策变动主要体现为政策创新。政策创新是公共政策主体根据政策环境变化的需求，主动改变现存政策要素的组合形态或功能，创造新政策的行为和过程，是政策主体适应政策环境变化和需要的一种积极的政策变迁。

（1）政策创新与政策变动的区别

政策变动，既可以是积极的、正向的政策演变，又可以是消极的、负向的政策演变。而政策创新意味着一种更有价值的、能更好满足政策环境新变化和新需求的政策要素组合代替了原有的政策安排。

（2）政策创新与政策终结的区别

政策创新的过程并不是原有政策消灭的过程，大多数时候是与原有政策同时并存、同时运行，即使二者之间有冲突或矛盾。

（3）政策创新与政策接续的区别。

政策创新形成的政策并不是原有政策问题或目标的继承和发展，而是一种全新的开始。

（4）政策创新，既可能发生在政策过程的所有环节，又可能仅发生在某一个环节中。

（5）公共政策创新是政策方案或政策行动与政策环境新均衡的过程，这种新均衡与原有均衡相比是更为理想的状态。

（6）政策创新的类型划分。

第一，根据政策创新过程中政府与民众的关系，政策创新可以分为：

①政府强制型创新，是指政府主动设定公共政策创新最终要达到的目标，强制性地制定和推行新的公共政策。

②政府被动型创新，是指地方政府制定新政策、寻找解决问题新方式的动因在于某种危机的发生或民众的强烈要求。

③回应型创新，在政府和民众之间形成了良性互动关系，政府能够积极地对社会民众的需求做出回应，并采取积极的措施，公正、有效率地实现公众的需求和利益。

第二，根据政策创新效果，公共政策创新可以分为：

①加强型创新是指使政府服务赢得民众更高评价的创新。

②破坏型创新则相反，政府服务受到民众更低的评价。

2. 政策创新的动力

政策创新的动力，既有来自政策系统内部的动力，即内部动力，也有来自外部环境挑战的动力，即外部动力。

（1）从内部动力来看，政策创新的动力主要有：第一，政策主体的变革愿望；第二，政策本身的要求。

（2）从外部动力来看，政策创新的动力主要有：第一，经济制度和体制变革是政策创新的直接动力；第二，民众诉求是政策创新的根本动力；第三，地区之间竞争压力的需要；第四，参与世界竞争的需要。

【考点 13】政策调整——宁骚《公共政策学》

1. 政策调整的含义和内容

（1）政策调整的含义

政策调整是指在公共政策实施的过程中，根据政策评估和监控所反馈的信息对原有政策中不适应政策对象和政策环境变化的部分，采取渐进的方式，进行增删、修正和更新。

政策调整的特点：

①渐进性

政策调整是随着政策的实施而不断进行的，它是对原有政策的修正和发展，其目的是为了保证政策的稳定和延续。

②局部性

政策调整的内容一般是政策系统当中的某个部分，可以是目标，也可以是方案；可以是主体，也可以是客体。

③动态性

政策调整是政策系统对内外部环境的变化所做出的主动或被动的适应，而这种对环境的认知是通过评估和监控环节实现的。

（2）政策调整的内容

公共政策调整是对政策系统本身的调整，内容涉及公共政策的各个要素、各个环节、各个方面，主要包括：

①政策目标调整

有些公共政策在经过一段时间的实施之后，会发现其原定目标偏离了客观实际，就应当及时对原定目标进行校正、修订或者重新确立。

②政策方案调整

方案是实现目标的具体安排，对目标的调整通常也会连带着对方案进行调整，但更多的是在目标明确的情况下，认识到原定方案存在这样或那样的不足，而对其进行必要的调整。

③政策措施调整

政策措施是指实施政策方案的具体步骤、手段和方法。政策措施的调整是政策调整当中最常见也最容易实现的一种。

④政策关系调整

对政策关系的调整，就是要理顺那些在实际中存在摩擦和冲突的各个部门、各项政策、各个环节之间的关系，明确各自的职责范围，协调各方发挥作用的时机，避免相互干扰和资源的重复浪费。

⑤政策主客体调整

在公共政策的实施过程中，政策的主体和客体会发生变化。

2. 政策调整的形式、程序和原则

（1）公共政策调整的形式

①政策的增删

这是指在保持现行政策基本框架不变的前提下，对其具体内容和目标、适用范围和时间等进行增补和删减。

②政策的修正

这是指在保持现行政策基本框架不变的前提下，对其具体内容和目标、适用范围和时间所做的修改和订正。

③政策的更新

这是指在政策的实施过程中，为了适应形势的变化，在遵循政策目标的前提下突破原有的政策框架，或者撤旧换新，或者从无到有，对现行政策的局部内容进行调整。

（2）公共政策调整的程序

①重新界定问题

政策制定者根据评估和监控反馈回来的信息，同时根据客观环境的变化，对政策问题进行重新界定。

②提出调整方案

政策制定者根据新的认识制定出若干可供选择的方案，尤其是要明确应该调整的部分以及要采取的形式，然后对其可行性加以论证。

③选择调整方案

这是对若干调整方案进行比较分析后选出一个最佳的方案来加以执行。

④执行调整决定

调整方案选定之后，经过合法化的程序就成为原有政策的一部分，重新进入实施阶段。

（3）公共政策调整的原则

①实事求是原则

实事求是是我国各级党政部门开展工作的基本原则，也是公共政策调整过程所必须遵循的原则。

②渐进调适原则

政策调整的对象是已经实施了一定时期的公共政策。政策调整的幅度和范围要考虑到社会承受的程度。这就要求政策调整一般要循序渐进，逐步剔除新形势下不适用的部分，保留仍然可行的部分，同时对更新部分加大宣传力度，给政府官员和普通百姓一个缓冲期来提高认识，加深理解，以利于调整的顺利完成。

③追踪反馈原则

政策调整是动态发展的，它需要不断收集反馈信息，然后提供给决策者，以判断政策对象和政策环境是否发生了变化以及发生了什么样的变化，并最终决定是否要对政策进行调整以及进行什么样的调整。

3. 政策调整的原因和作用

（1）公共政策调整的原因

①利益刚性的限制

重大的政策变动和做出引起极大损益的政策决定，往往容易导致严重的社会紧张状态，并在统治阶级内部引起分裂乃至造成冲突。而那些只是部分增减政策工具的配置，或修正现行政策部分条款的项目，则容易在决策层达成协议。

②现行政策的制约

现行政策本身是公共决策的环境条件，是未来政策必须适应的重要环境或背景，公共决策很难不受到它的限制和约束。

③公共意志的趋中

民意也是一种正态分布，总是中间大、两头小。中间的主体部分也就是所谓的公共利益，它的变化通常不会太大。

④变革成本的约束

现行政策可能已投入巨额的资源，重大政策变动所引起的资源重新配置，往往需要付出极高的成本。

⑤人类理性的局限

全面的政策变革是对决策的理性能力的严峻挑战，公共决策者并没有时间、资金和智慧，用以调整所有的政策方案。

⑥社会稳定的需要

政府为维护社会稳定，获取社会支持，通常希望保持现行的计划，而不愿意从事全面性的政策变革。而不断的渐进调整式的政策变动，应该是人类解决社会公共问题、寻求社会合作和社会完善的更加成熟的理性表现。

（2）公共政策调整的作用

政策调整的根本目的在于确保公共政策沿着正确的轨道实施下去，最终达到预期的目标。

①政策调整的积极作用

A. 及时纠偏、预防失误

公共政策在执行过程中往往容易出现偏差。要避免因政策失误造成的损失，就要求政策的制定者和执行者在政策出台以后，必须密切注意和及时了解政策实施的后果，加强评估和监控，随时随地收集政策的反馈信息；一旦发现政策出现偏差和失误，就应当立即予以调整。

B. 协调关系、有序运行

政策问题的复杂性使得政策系统内部的关系也错综复杂。各级政府部门要加强协调与配合，通过对出现矛盾和纠纷的政策内容和政策关系进行及时有效的调整，使各方面的政策互相衔接、协调一致地发挥整体功能。

C. 发展完善、保持稳定

公共政策是动态发展的，这种发展表现在两个方面：第一，客观环境和条件是不断发展变化的；第二，人们的认识也是随着实践的发展而不断深化的。

②政策调整的消极影响

政策调整同样存在着负面的影响，不当的调整可能引发适得其反的效果，甚至导致政策提前终结；而即使是适当的调整，也可能因为利益分配等原因带来一系列消极的影响。

A. 政策的调整会使一部分已经投入的政策资源产生不同程度的浪费。

B. 政策的调整会损害一部分既得利益人群的权益，挫伤他们的积极性。

C. 过于频繁的政策调整会让公众感到无所适从，对政策和公共机构产生怀疑和不信任感，从而损害公共机构和公共政策的形象。

【考点 14】政策接续——宁骚《公共政策学》

政策接续探讨调整后的新政策与原政策的延续性关系，是一种渐进性和连续性的政策变动。

1. 政策接续的内涵

政策接续是指以政策问题为中心，努力保持政策目标稳定和连续的行为和过程，其形式通常表现为旧的政策、政策执行程序或执行组织被新的政策、政策执行程序或执行组织所替代。政策接续是政策稳定性、连续性与政策调整、创新的统一，即在政策变动或调整中保持政策的接续，在接续中进行政策的变动或调整。

2. 政策接续的意义

（1）政策接续有利于保持政策的稳定。政策接续在保持政策目标稳定的同时，有利于保持政策体系和结果的稳定。

（2）政策接续有利于政策变动的实现。保持政策的稳定性、连续性和统一性，并不是反对政策的变动或调整，而是强调政策的变动或调整要在政策接续的前提下进行。

（3）政策接续有利于获得社会对政策的认同，提高政策绩效。

18.3 热门院校真题解析

一、名词解释题

1. **政策终结**（2019 年、2011 年中国人民大学；2018 年、2015 年杭州师范大学；2017 年中国政法大学；2017 年华中农业大学；2013 年厦门大学；2012 年中央党校）

政策终结是指政策制定者经政策评估后，发现一些政策已经过时、多余、失效，或引发了重大的不良后果，采取必要措施予以终止的行为。

从性质上看，政策终结可以区分为：

完全政策终结，是政策间联系性的中断，是指在政策问题已经解决和政策目标完全实现时的一种政策终止或废除；

部分政策终结，是指在政策问题没有完全解决和政策目标没有完全实现时，对政策本身、政策功能、政策工具或政策组织等方面的变革或更新。

2. **政策分解**（2013 年湖南农业大学）

政策分解指的是将旧政策的内容按照一定的规则分解出几个部分，每个部分独自形成一项新政策。当原有政策由于内容繁杂、目标众多而影响到政策绩效时，运用分解的方法往往能收到良好的效果。

比如我国传统的社会保障是一种“就业保障”和“单位保障”模式，通过单位“办社会”来实现职工的社会保险和福利。这种计划经济下的产物无法适应改革后的新情况。为此，国家按照保障内容的不同，将原有的政策按类分解，形成了养老保险、医疗保险、失业保险、工伤保险、生育保险以及城市居民最低生活保障等政策，从而能够较好地实现保障人民生活的政策目标。

3. **政策替代**（2020 年黑龙江大学）

政策替代就是用新政策替代旧政策，但所面对的政策问题和政策目标基本没有改变。新的政策往往是在方式方法和操作程序方面做了较大变动，其目的是为了更好地解决旧的政策没有解决好或根本解决不了的问题，以满足目标群体的政策需求，实现原定的政策目标。

4. **政策合并**（2020 年宁夏大学）

政策合并是指旧的政策虽被终止，但其要实现的功能并没有被取消，而是被合并到其他的政策内容中去。政策合并一般分为两种情况：一是将终止的政策内容合并到一项现有的政策当中，作为现有政策的一部分；二是把两项或两项以上被终止的政策合并为一项新的政策。

5. 政策法律化（2014 年中国人民大学；2014 年华中农业大学；2011 年东北财经大学）

政策的法律化指的是国家有关机构把一些经过长期实行的、确实有显著效果的、比较成熟和稳定的、能够在较长时间内发挥作用的政策性内容上升为国家的法律、法规，赋予这些政策相应的法律效力，并得到国家强制力的保障。

政策法律化的基本条件：（1）对全局有重大影响的政策可以上升为法律。将之纳入法制轨道，以便更好地保障其作用的实现。

（2）具有长期稳定性的政策可以上升为法律。法律是稳定、严肃、具有权威性的，不能朝令夕改。

（3）只有比较成功的政策才能上升为法律。政策在被修正和完善并被实践证明行之有效时才能上升为法律。

6. 政策沉没成本（2012 年湖南农业大学）

政策沉没成本是指由于过去的决策已经发生了的，而不能由现在或将来的任何决策改变的成本。包括已经发生不可收回的支出，如时间、金钱、精力等。沉没成本常用来和可变成本做比较，可变成本可以被改变，沉没成本不可被改变。政策执行实际上就是一个成本沉没的过程，沉没的包括金钱和利益。政策终结会使一些人挣扎于既有利害关系的漩涡中，他们在心理上产生的不安与骚动被称为政策终结的心理效应。在政策终结过程中，由沉没成本导致的心理效应表现得尤为明显。

7. 政策维持（2020 年内蒙古大学）

政策维持就是通过分析政策稳定的积极因素使之转化为政策稳定的动力，以保持政策稳定的行为和过程。政策维持通常表现为现有政策、政策过程或政策系统的继续。

政策维持以政策目标或政策问题为中心，体现了政策稳定性与政策变动性的相互统一，即稳定是相对于政策目标或政策问题而言的，变动是相对于政策系统和过程而言的。

根据政策维持对策的性质和特点，政策维持可以分为消极的政策维持和积极的政策维持。

从政策系统分析的角度，可以从政策主体、政策客体、政策环境和政策本身等方面探寻维持政策稳定的对策。

8. **政策调整**（2016年华中农业大学；2014年厦门大学）

政策调整是指在公共政策实施的过程中，根据政策评估和监控所反馈的信息对原有政策中不适应政策对象和政策环境变化的部分，采取渐进的方式，进行增删、修正和更新。政策调整具有以下三个特点：（1）渐进性。政策调整是随着政策的实施而不断进行的，它是对原有政策的修正和发展。（2）局部性。政策调整的内容一般是政策系统当中的某个部分。（3）动态性。政策调整是政策系统对内外部环境的变化所做出的主动或被动的适应。

9. **政策接续**（2019年内蒙古大学）

政策接续是指以政策问题为中心，努力保持政策目标稳定和连续的行为和过程，其形式通常表现为旧的政策、政策执行程序或执行组织被新的政策、政策执行程序或执行组织所替代。政策接续是政策稳定性、连续性与政策调整、创新的统一，即在政策变动或调整中保持政策的接续，在接续中进行政策的变动或调整。

10. **政策创新**（2015年湖南农业大学；2013年天津商业大学）

政策创新是公共政策主体根据政策环境变化的需求，主动改变现存政策要素的组合形态或功能，创造新政策的行为和过程，是政策主体适应政策环境变化和需要的一种积极的政策变迁。政策创新意味着一种更有价值的、能更好满足政策环境新变化和新需求的政策要素组合代替了原有的政策安排。政策创新的过程并不是原有政策消灭的过程，大多数时候是与原有政策同时并存、同时运行，即使二者之间有冲突或矛盾，它所形成的政策并不是原有政策问题或目标的继承和发展，而是一种全新的开始。

二、简答题→论述题

1. **政策终结的对象及表现形式**（2014年中国人民大学；2013年北京航空航天大学；2013年中国矿业大学；2010年湖南师范大学）

政策终结是指政策制定者经政策评估后，发现一些政策已经过时、多余、失效，或引发了重大的不良后果，采取必要措施予以终止的行为。

（1）政策终结的对象

①权力责任

权力责任是指政策执行中履行的权力和承担的责任。政策终结预示着相应权力的丧失和相关责任的放弃。

②政策功能

政策功能主要表现为政策执行机构所提供的服务或管制。政策终结则预示着相应服务的停止或相关管制的撤销。

政策功能可能超过组织和政策，所以政策终结需要付出巨大的政治努力。

③组织机构

组织机构是承担政策执行活动的组织机构。政策终结通常会伴随相关组织的缩减或撤销。

④政策自身

政策的终结比组织的终结更加容易，组织更加倾向于终结其政策和项目，而非组织本身。

⑤政策项目

政策项目一般是指为执行政策而采取的措施。项目终结相对来说比较容易进行。

总之，政策终结往往会导致一些现状的改变，涉及利益的重新分配，不可避免地会遇到方方面面的阻碍。

（2）政策终结的形式

①政策废止

政策废止就是彻底结束旧的政策，完全取消其相关功能，即完全终结。

②政策替代

政策替代就是用新政策替代旧政策，但所面对的政策问题和政策目标基本没有改变。新的政策往往是在方式方法和操作程序方面做了较大变动，其目的是为了更好地解决旧的政策没有解决好或根本解决不了的问题，以满足目标群体的政策需求，实现原定的政策目标。

③政策合并

政策合并是指旧的政策虽被终止，但其要实现的功能并没有被取消，而是被合并到其他的政策内容中去。政策合并一般分为两种情况：一是将终止的政策内容合并到一项现有的政策当中，作为现有政策的一部分；二是把两项或两项以上被终止的政策合并为一项新的政策。

④政策分解

政策分解就是将旧政策的内容按照一定的规则分解成几部分，每一部分独自形成一项新的政策。

⑤政策缩减

政策缩减就是采用渐进的方式，一步步对政策进行终结，其目的是有效缓解因政策终结所带来的巨大冲击，逐步协调好各方面的关系，稳妥地实施终结，减少不必要的损失。

⑥政策的法律化

政策的法律化指的是国家有关机构把一些经过长期实行的、确实有显著效果的、比较成熟和稳定的、能够在较长时间内发挥作用的政策性内容上升为国家的法律、法规，赋予这些政策相应的法律效力，并得到国家强制力的保障。

政策法律化的基本条件：①对全局有重大影响的政策可以上升为法律。将之纳入法制轨道，以便更好地保障其作用的实现。②具有长期稳定性的政策可以上升为法律。法律是稳定、严肃、具有权威性的，不能朝令夕改。③只有比较成功的政策才能上升为法律。政策在被修正和完善并被实践证明行之有效时才能上升为法律。

2. **政策终结的障碍**（2018 年湖南农业大学；2016 年厦门大学；2016 年中央党校；2016 年东北财经大学；2016 年华中农业大学；2010 年北京航空航天大学；2010 年湖南师范大学）

政策终结是指政策制定者经政策评估后，发现一些政策已经过时、多余、失效，或引发了重大的不良后果，采取必要措施予以终止的行为。

政策终结的障碍如下：

（1）心理上的抵触

政策制定者、政策执行者和政策受益者往往对政策终结存在心理上的抵触，成为政策终结的首要障碍。

（2）机构的持续性

机构的持续性一般表现在两个方面：一是机构的惯性，二是机构的生命力。当政策终结危及组织机构的生存时，它会或改变策略，或调整结构，想方设法地延续政策终结的进程，给政策的及时终结带来阻碍。

（3）机构的动态适应性

机构对环境具有动态适应性，可以随环境和需要的变化而产生变动，甚至能针对政策终结的各种措施来调整自己的方向，使终结计划夭折或破产。这会给政策终结带来障碍。

（4）反终结的联盟

因执行某项政策而收获既得利益的行政机关，往往会在政策面临终结时结成联盟，共同反对政策终结，成为政策终结的巨大障碍。

（5）法律程序上的障碍

政策终结要通过法定程序，程序上的复杂性往往影响政策终结的及时进行。

许多政策终结行为受阻于法律的滞后性。

（6）高昂的终结成本

政策终结的成本有两种：一是终结行为本身要付出的成本，二是现有政策的沉没成本。高昂的终结成本给政策终结带来了巨大障碍。

3. **政策终结的措施**（2018 年江苏大学；2018 年河北大学；2017 年浙江财经大学；2016 年中央党校；2016 年华中农业大学）

政策终结是指政策制定者经政策评估后，发现一些政策已经过时、多余、失效，或引发了重大的不良后果，采取必要措施予以终止的行为。

政策终结的措施如下：

（1）加强宣传教育，消除抵触情绪

宣传工作非常重要，它通过摆事实、讲道理，能使人们提高认识，消除不满。说服教育工作同样重要，这是我们开展各项工作的一个法宝。以此来消除对政策终结的抵触情绪。

（2）树立新的观念，营造改革气氛

政策终结应把握时机，因势利导，创新观念，改变认识，营造良好的改革气氛。

（3）公开评估结果，争取更多支持

评估结果公开化有助于为政策终结争取到更多的社会力量的声援和支持。揭露政策弊端，指明政策危害，政府会赢得更多的信任，政策终结会得到更大的拥护。

（4）废旧立新并举，缓解终结压力

为缓解政策终结的压力，采取新政策出台和旧政策终结并举的方法，及时用新政策替代旧政策，使人们在失去对旧政策期望的同时，得到一些新的期望。

（5）做出必要妥协，降低终结成本

当政策终结的阻力很大且一时难以改变这种状况时，政府可以做出一定的妥协，放弃较高的目标期望值，以有条件退让的方式，换取有限目标的实现，即缩小政策终结的范围。

（6）提供利益补偿，消除抵触情绪

利益补偿是对因政策终结造成损失的个人或团体的一种救助渠道，也是完善政策终结的利益协调、促进政策终结顺利完成的重要基石。

（7）选择有利时机，把握政策焦点

吸引舆论的聚光灯，为政策终结迎来契机。

（8）设置有效期限，提高终结效率

为政府规章设定“保质期”，其期限不宜过长，应适时检视，并予以修订或废止。

4. 政策终结的作用（2016年湖南农业大学；2014年华中农业大学）

政策终结是指政策制定者经政策评估后，发现一些政策已经过时、多余、失效，或引发了重大的不良后果，采取必要措施予以终止的行为。

政策终结的作用如下：

（1）有利于节省政策资源

政策资源是有限的。执行一项本不该继续执行下去的政策会浪费政策资源。政策终结有利于节省有限的政策资源。

（2）有利于提高政策效率

过多的政策会导致政策冲突和政策效率低下。政策终结有利于减少冲突，提高政策效率。

（3）有利于政策过程的优化和政策质量的提高

政策评估和政策终结有利于及时地发现问题、纠正错误、总结经验、吸取教训，优化政策过程，提高政策质量。

5. 政策终结的原因（2013年华中农业大学）

政策终结是指政策制定者经政策评估后，发现一些政策已经过时、多余、失效，或引发了重大的不良后果，采取必要措施予以终止的行为。

政策终结的原因如下：

（1）财政困难。因财政赤字、税收减少等导致政策或项目的终结。

（2）政府的低效率。即政府机构的效率太低、成本太高而导致政策或项目的终结。

（3）政治意识形态的变化。意识形态以及价值观念的改变或冲突导致政策或项目的终结。

（4）行为理论的变化。即关于人性、行政管理和社会服务应如何提供等理论的变化导致政策或项目的终结。

（5）学习。采用“试错法”方式，在政策实践中学习，随时终结那些错误的政策或项目。

（6）政策系统是一个不断进行新陈代谢的系统，必须随着社会经济的发展以及国际形势的变化制定新的政策，政策终结包括了这种推陈出新的过程。

（7）政策系统也有一个个不断与周围环境互动、修正自身的过程。

6. **政策变动的基本模式**（2016 年厦门大学）

政策稳定只是一种动态的平衡，当现行政策网络中的力量对比发生变化，或者受到外界的压力时，都有可能产生政策创新的要求，并在一定条件下导致某个政策甚至一系列政策的变动。政策变动是政策系统的一种常态表现，是政策系统对内部因素和外部环境的变化所做出的一种适应性变革。

安德森认为政策变动有三种形式：

（1）现行政策的渐进变化。

（2）在特定领域中创立新的法规。

（3）新一轮大选后在公共政策方面的大调整。

7. **政策变动的原因**（2018 年天津商业大学；2011 年华中农业大学）

政策变动是政策系统的一种常态表现，是政策系统对内部因素和外部环境的变化所做出的一种适应性变革。

政策变动的原因：

（1）决策者的变动

决策者的更换常常是某些政策发生变动的直接原因。

（2）政策环境的变化

政策既受政策环境影响又反作用于政策环境，这种相互作用的关系决定了彼此之间的相互适应性。

（3）政策资源的限制

公共政策的运行过程需要投入一定数量的人、财、物资源，在政策实际执行过程中，由于预先估计不足或监控不严造成浪费或决策者发生价值转向，这些都会使得现有资源难以再为政策实施提供基本保证。

（4）政策的失效或低效

（5）政策的合法性受到质疑

如果一项政策不是通过合法的程序制定出来的，而是领导者个人或少数几个人暗箱操作的产物，就很难得到社会的认同。

8. **政策创新的类型**（2011 年湖南师范大学）

政策变动和政策创新都是政策系统对政策内部要素和外部环境变化所做的适应性调整，积极有效的政策变动主要体现为政策创新。

政策创新的类型如下：

第一，根据政策创新过程中政府与民众的关系，政策创新可以分为：

（1）政府强制型创新，是指政府主动设定公共政策创新最终要达到的目标，强制性地制定和推行新的公共政策。

（2）政府被动型创新，是指地方政府制定新政策、寻找解决问题新方式的动因在于某种危机的发生或民众的强烈要求。

（3）回应型创新，在政府和民众之间形成了良性互动关系，政府能够积极地对社会民众的需求做出回应，并采取积极的措施，公正、有效率地实现公众的需求和利益。

第二，根据政策创新效果，公共政策创新可以分为：

（1）加强型创新是指使政府服务赢得民众更高评价的创新。

（2）破坏型创新则相反，政府服务受到民众更低的评价。

9. 政策创新的主要影响因素（2016 年湖南师范大学）

政策变动和政策创新都是政策系统对政策内部要素和外部环境变化所做的适应性调整，积极有效的政策变动主要体现为政策创新。

政策创新的动力，既有来自政策系统内部的动力，即内部动力，也有来自外部环境挑战的动力，即外部动力。

从内部动力来看，政策创新的动力主要有：

（1）政策主体的变革愿望。

（2）政策本身的要求。

从外部动力来看，政策创新的动力主要有：

（1）经济制度和体制变革是政策创新的直接动力。

（2）民众诉求是政策创新的根本动力。

（3）地区之间竞争压力的需要。

（4）参与世界竞争的需要。

10. 结合政策调整的内容、原因和程序等方面的原理，分析某问题（2018 年华中农业大学；2014 年厦门大学）

育明教育名师解析

本题题目的形式属于案例分析题，往往会给考生一段主要介绍某问题的长篇材料，处理这种题的答题思路就是：首先要泛读材料，抽取核心语句，掌握材料内容；接下来要写出教材中主要的知识点内容（采分点），再充分结合材料，给出结论。此处仅提供了知识点整合。

政策调整是指在公共政策实施的过程中，根据政策评估和监控所反馈的信息对原有政策中不适应政策对象和政策环境变化的部分，采取渐进的方式，进行增删、修正和更新。

（1）政策调整的内容

公共政策调整是对政策系统本身的调整，内容涉及公共政策的各个要素、各个环节、各个方面。

①政策目标调整

有些公共政策在经过一段时间的实施之后，会发现其原定目标偏离了客观实际，就应当及时对原定目标进行校正、修订或者重新确立。

②政策方案调整

方案是实现目标的具体安排，对目标的调整通常也会连带着对方案进行调整，但更多的是在目标明确的情况下，认识到原定方案存在这样或那样的不足，而对其进行必要的调整。

③政策措施调整

政策措施是指实施政策方案的具体步骤、手段和方法。政策措施的调整是政策调整当中最常见也最容易实现的一种。

④政策关系调整

对政策关系的调整，就是要理顺那些在实际中存在摩擦和冲突的各个部门、各项政策、各个环节之间的关系，明确各自的职责范围，协调各方发挥作用的时机，避免相互干扰和资源的重复浪费。

⑤政策主客体调整

在公共政策的实施过程中，政策的主体和客体会发生变化。

（2）政策调整的程序

公共政策调整的程序有以下几步：

①重新界定问题

政策制定者根据评估和监控反馈回来的信息，同时根据客观环境的变化，对政策问题进行重新界定。

②提出调整方案

政策制定者根据新的认识制定出若干可供选择的方案，尤其是要明确应该调整的部分以及要采取的形式，然后对其可行性加以论证。

③选择调整方案

这是对若干调整方案进行比较分析后选出一个最佳的方案来加以执行。

④执行调整决定

调整方案选定之后，经过合法化的程序就成为原有政策的一部分，重新进入实施阶段。

（3）政策调整的原因

公共政策调整的原因有以下几方面：

①利益刚性的限制

重大的政策变动和做出引起极大损益的政策决定，往往容易导致严重的社会紧张状态，并在统治阶级内部引起分裂乃至造成冲突。而那些只是部分增减政策工具的配置，或修正现行政策部分条款的项目，则容易在决策层达成协议。

②现行政策的制约

现行政策本身是公共决策的环境条件，是未来政策必须适应的重要环境或背景，公共决策很难不受到它的限制和约束。

③公共意志的趋中

民意也是一种正态分布，总是中间大、两头小。中间的主体部分也就是所谓的公共利益，它的变化通常不会太大。

④变革成本的约束

现行政策可能已投入巨额的资源，重大政策变动所引起的资源重新配置，往往需要付出极高的成本。

⑤人类理性的局限

全面的政策变革是对决策的理性能力的严峻挑战，公共决策者并没有时间、资金和智慧，用以调整所有的政策方案。

⑥社会稳定的需要

政府为维护社会稳定，获取社会支持，通常希望保持现行的计划，而不愿意从事全面性的政策变革。而不断的渐进调整式的政策变动，应该是人类解决社会公共问题、寻求社会合作和社会完善的更加成熟的理性表现。

11. **政策接续的内涵及意义**（2017年天津商业大学）

政策接续是指以政策问题为中心，努力保持政策目标稳定和连续的行为和过程，其形式通常表现为旧的政策、政策执行程序或执行组织被新的政策、政策执行程序或执行组织所替代。政策接续是政策稳定性、连续性与政策调整、创新的统一，即在政策变动或调整中保持政策的接续，在接续中进行政策的变动或调整。

政策接续的意义：

（1）政策接续有利于保持政策的稳定。政策接续在保持政策目标稳定的同时，有利于保持政策体系和结果的稳定。

（2）政策接续有利于政策变动的实现。保持政策的稳定性、连续性、统一性，并不是反对政策的变动或调整，而是强调政策的变动或调整要在政策接续的前提下进行。

（3）政策接续有利于获得社会对政策的认同，提高政策绩效。

12. **公共政策法律化的内涵**（2018 年杭州师范大学）

政策的法律化指的是国家有关机构把一些经过长期实行的、确实有显著效果的、比较成熟和稳定的、能够在较长时间内发挥作用的政策性内容上升为国家的法律、法规，赋予这些政策相应的法律效力，并得到国家强制力的保障。

政策法律化的基本条件：

（1）对全局有重大影响的政策可以上升为法律

将之纳入法制轨道，以便更好地保障其作用的实现。

（2）具有长期稳定性的政策可以上升为法律

法律是稳定、严肃、具有权威性的，不能朝令夕改。

（3）只有比较成功的政策才能上升为法律

政策在被修正和完善并被实践证明行之有效时才能上升为法律。

第五篇　公共政策分析

育明教育名师解析

专家学者和教材多以公共政策分析为题，在此内容涉及较大篇幅，因此本书单独设一篇来介绍公共政策分析。本篇介绍了多角度的分析，涉及方方面面。

第19章　政策分析

育明教育名师解析

作为第五篇公共政策分析的开篇一章，首先围绕政策分析这一核心词展开介绍，给考生一个明确的概念解释。政策分析也是政策生命周期中的一环，单独将其拎出来介绍是为了更加凸显政策分析的重要性。考生务必要对其有所重视，学有所思。

19.1　章节知识框架

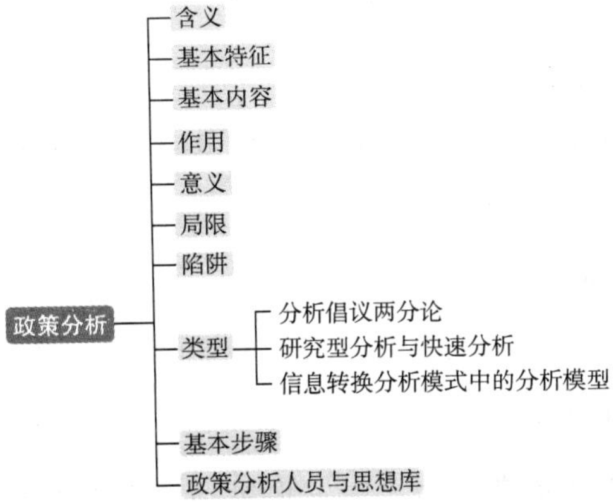

19.2 常考知识点梳理

【考点1】政策分析的含义——谢明《公共政策概论》

政策分析是依据一定的政策理论、知识，运用各种分析方法和技术，帮助决策者制定和优化具体政策的过程。

政策分析必须以一定的政策理论和知识为基础。政策理论包括两个层次：一是有关政策的本质、结构、类型、功能、过程等方面的理论；二是用于政策分析的认识理论、因果理论、系统理论。

政策分析也必须以一定的知识为前提，主要包括必要的常识与专业知识、有关的自然科学知识与社会科学知识，以及各种经验知识。

【考点2】政策分析的基本特征——谢明《公共政策概论》

作为一门应用学科，政策分析是一个由多种学科背景、多种技术方法和多种理论模型组成的综合研究领域，其特色主要表现在如下几方面：

1. 最突出特征：理论与实践的结合

进行政策分析主要出于科学和专业上的考虑，前者探求理论知识，后者运用理论知识去解决实际问题。

2. 复杂的学科背景

政策分析具有跨学科的特点，涉及多学科。

3. 多架构的研究方法

政策分析的目的是结合各种具体情境运用不同分析模型，强调的是针对性和适用性，要博采各种研究方法和学科之长。

4. 广阔的研究领域

公共政策无处不在，渗透到方方面面。一般而言，政府和公众所关心的问题是政策分析所涉及的研究领域。

【考点3】政策分析的基本内容——谢明《公共政策概论》

政策分析是依据一定的政策理论、知识，运用各种分析方法和技术，帮助决策者制定和优化具体政策的过程。主要包括以下五方面的内容。

1. **政策问题**

需要明确的问题有政策问题是什么、具有哪些性质和特征、应该如何解决。政策问题分析是政策分析内容中最为重要的方面，对其他方面的分析产生决定性影响。

2. **政策内容**

已有的一些政策会与将要制定的政策具有一定的相关性，需要对政策有所了解并进行分析，搞清已有政策制定的原因、制定的过程、具体的内容、实施的效果等。

3. **政策结果**

对解决政策问题所提供的相关政策方案可能产生的执行结果进行预测。通过预测指明未来可能发生的情况，预想可能出现的限制因素，寻求可能的应对措施。

4. **政策价值**

对已有的相关政策与即将产生的政策从价值角度进行评价。价值分析对政策目标的确定具有更为重要的影响。

5. **政策结构**

政策是影响政策功能的系统，其结构是指构成要素的组合形式和排列顺序。政策结构类型有：塔式、链式、环式、网式、矩阵式和群落式。

【考点4】政策分析的作用——谢明《公共政策概论》

政策分析是依据一定的政策理论、知识，运用各种分析方法和技术，帮助决策者制定和优化具体政策的过程。作用有：

1. **政策问题认定**

政策分析的起点是对政策问题进行调查、论证和确认，并区分政策问题的结构类型。从专业角度而言，政策分析人员参与政策问题制定，对优化政策过程，提高政策效率具有非常重要的作用。

2. **政策目标确定**

在选择和确定政策目标时，政策制定主体由不同的利益集团和不同的公共部门构成，基于本身利益的考虑而产生意见分歧。政策分析人员能够站在客观公正的立场上，从有利于解决政策问题的目的出发，对政策目标的正确选择及论证提出合理化建议。

3. **政策方案选择**

在政策制定的过程中围绕政策目标提出各种可供选择的方案，政策分析人员具有专业优势，借助专业知识，运用各种评估的技术与方法，尽可能准确地评判各种可选方案的优劣，从而帮助决策者做出正确的判断和选择。

4. 政策资源配置

政策有效执行必须考虑资源配置问题，进行成本—收益的分析。政策分析人员从专业角度出发，再对政策实施的总资源量做出预测的基础上，依据一定的规则编制政策执行的总成本，并对资源配置做出论证。

5. 执行计划拟定

政策实施计划的制订是连接政策制定与执行的重要环节。它通过对政策目标、政策资源加以分解或组合，借助专业技术和方法，确定不同阶段需要完成的基本任务及其相关的资源条件。

【考点5】政策分析的意义——谢明《公共政策概论》

政策分析是依据一定的政策理论、知识，运用各种分析方法和技术，帮助决策者制定和优化具体政策的过程。其意义在于：

1. 避免或减少政策失误

在实际政策制定和实施过程中，出现政策失误的情况一般分为以下三种。

（1）由于决策所需信息不完整，内部矛盾没有充分暴露，环境条件中存在的不确定因素过多，从而造成政策失误。

（2）虽然信息完整，但决策方法出现问题或程序出错、思考有误而导致政策失误。

（3）虽然政策方案选择正确，但由于实施时计划不妥、资源缺乏、人员配备失当等原因而导致政策失误。

一般而言，第一种情况主要是客观因素造成的，政策失误很难避免；第二、三种情况主要源于主观原因，能够通过工作努力加以避免。如果要减少政策失误，不仅需要提高决策者素质和严格决策程序，还要进一步加强政策分析工作。

2. 提高决策效率

公共机构决策存在低效的问题，往往是由三方面原因导致的。

（1）政策制定主体系统中不同的决策者或个人、团体，利益矛盾较大，意见分歧较多，议而不决，从而贻误决策时机，造成决策低效。

（2）某些公共机构决策方法、技术落后，决策过程费时费力，资源浪费现象严重，造成决策低效。

（3）参与决策的人员素质较低，既缺乏必要的政策常识，又不熟悉政策制定的技术、方法、步骤和程序，从而导致决策低效。

政策分析人员的加入，提供专业的知识，优化决策的过程，使用高效的决策技术和方法，避开利益集团间、政府部门间的矛盾，提供较为客观、公正的政策建议，不仅使决策节省时间、节约经费，还能把握时机、确保高效。

3. 疏通建议渠道

客户要基于分析的资料和结果做出选择，当分析做得好，方案展示有效时，建议渠道才能畅通，决策者才能有效权衡因素及后果。

【考点6】政策分析的局限——谢明《公共政策概论》

具体来说，政策分析的局限主要体现在以下几方面：

1. 政府权力的限制

政府受到许多社会力量的限制，如社会习俗等，这些力量均不易受到政府权力的左右。即使政府有心介入，也很难实施有效控制。

2. 问题认识上的分歧

在政策讨论中经常会有冲突发生，价值判断方面缺少共识，政策分析无法对政策制定做出太多贡献。

3. 人文研究的设计限制

对人类社会进行某种受控制的试验似乎不太可能。例如，研究人员不可能只为观察教学条件对学习成绩的影响而命令孩子们进入一所他们不喜欢的“劣等学校”学习数年。

4. 人类心理和行为的复杂性

正是因为政策分析人员缺少对个人和群体行为的足够了解，以至于他们没能力为政策制定者提供可信的建议。管理学领域著名的“霍桑实验”前期失败的原因在于忽视了人类心理和行为的复杂性，后期则告诉我们：当人意识到自己正在被研究和观察时，往往会改变自己的行为。

5. 社会问题的多样性、社会环境的复杂性和科学知识的有限性

也许造成我们对政策分析持保留态度的最重要原因是社会问题的复杂与人类知识的有限。绝大多数的社会问题都会涉及多变量，受多因素影响。政策分析人员往往难以对政策方案进行精确预测与明确解释。

【考点7】政策分析的陷阱——谢明《公共政策概论》

阿诺德·梅尔茨纳总结了政策分析人员易犯的七种过错。

1. 墨守成规

主要表现：过分依赖惯例、依据理想状态，以老套方式行事，从而使思路受到禁锢。

主要原因：分析人员或委托人忽略环境条件的变化和其中存在的限制性因素，比如官僚机构的办事规则或其他制度性因素、人们对改革存在的心理焦虑等。

2. 生搬硬套

主要表现：不认真考虑和分析客观条件的不同，忽视实地调查研究的作用，把对待一般情况的解决办法应用于特殊情况，比如适用于A地的办法不一定适用于B地。

3. 贻误时机

政策分析步骤规定了到哪一步该做什么，对参与者提出了苛刻的要求，政策分析人员必须守时。迟到不仅带来资源浪费，还会导致决策效率低下。准时有时会与“精益求精”冲突，平衡的必要手段是要清楚地了解委托人的实际处境，避免发生“抢座位游戏”的局面。

4. 一知半解

主要表现：政策分析过于迅速，缺乏必要的准备，从而导致问题的产生。

政策分析人员需要三思而后行，不能被肤浅的解决办法蒙蔽双眼。明确的问题诊断和艰苦的努力恰恰是明智的分析所必备的条件。

5. 手忙脚乱

在应对某种自然或人为危机等突发情况时，容易导致分析人员“消防队心理”——先把火扑灭再说，因而匆匆忙忙提出建议，难免出现“生搬硬套”“一知半解”等。

主要麻烦：官员们忙于处理当前的问题，只关注表面，忽视实质，重视那些带有紧迫性的建议，而将那些不是很紧迫的但很有价值的建议排挤在外。

6. 反复无常

为了变化而变化，没搞清楚我们所做的和所期待看到的之间的关系。就政策制定而言，出现反复无常是因为缺少明确动机，伴有顺其自然的心理。

以学校为例，人们批评学校，给学校提出“反复无常”的建议，学校却不得不屈从于各种各样的教育奇想和方法变革。

7. 脱离政治

脱离政治是指政治上政策建议与实质性政策建议缺乏适当的关联和整合。政策分析人员从专业角度出发，总是坚持认为事情存在正确的答案，而政治作为非理性的产品，属于政策分析领域之外的东西。但对分析人员来说，保持政治上的洞察力必不可少。

总之，政策分析要与时俱进、灵活运用、把握时机、融会贯通、有条不紊、按部就班、兼顾政治。

【考点8】政策分析的类型——谢明《公共政策概论》

1. 分析倡议两分论

托马斯·戴伊提出分析倡议两分论，认为政策分析与政策倡议有区别，不能把二者混淆。

政策倡议需要修辞、说服、组织和实践的技巧，而政策分析却鼓励研究人员运用调查工具去评判重大的政策议题，尝试发现那些构建公共政策的基本因素，以及公共政策所带来的相关影响。

政策分析活动产生的知识是政策倡议和政策实践的先决条件。具体而言，政策分析表现出如下特征：解释而非描述公共政策、探究公共政策的原因和结果、尝试发现适用于各种政策领域的一般性理论。

2. 研究型分析与快速分析

根据卡尔·帕顿和大卫·沙维奇的观点，按照政策分析的项目要求不同，把政策分析分为研究型分析与快速分析。

要素	研究型分析（政策研究）	快速分析（基础分析）
涉及内容	主要面向一些大型或长期性的项目，分析人员努力寻求问题背后的真相，对分析的复杂性和精确性有较高的要求	多涉及社会生活中一些具体事项，目标比研究型分析更为实在，旨在向决策者提供简明的建议
定义	研究机构学者和思想库的顾问多受雇对一些公共政策问题进行专门研究	对政策问题做出及时反应，在时间资源稀有的条件下快速提出有效的政策建议
特点	研究周期长、投入成本高、占有资料多、效果显示慢、社会现实问题回应力弱。 相对固定程式，存在常规性步骤及为人们所接受的科学标准	1. 简便、快捷的分析过程； 2. 分析结果的及时提供； 3. 引起决策者广泛关注，受政策分析人员青睐； 4. 与现实因素的密切互动； 5. 不得不面对时间、“顾客”、环境的压力

【补充】快速分析的基本步骤：（1）确认政策问题；（2）建立评估标准；（3）提出备选方案；（4）评估备选方案；（5）展示备选方案；（6）监测政策

执行。

3. 信息转换分析模式中的分析模型

威廉·邓恩着重强调信息与知识的作用，明确指出分析程序的变化会使政策信息处于动态的转换当中。政策分析需要关注信息的相互转化关系，及由此产生的一些分析类型。

（1）前瞻性分析与回溯性分析

要素	前瞻性分析	回溯性分析
内容	主要涉及政策行为启动和实施之前信息的提供与转换	主要涉及政策落实后相关信息的获取与转换
用途	主要用于对即将采用的特定方案可能导致的后果进行预测，从而为政策方案的选择提供依据	针对以往政策的历史分析 针对执行中政策的跟踪分析 针对实施后政策的事后分析
类型	1. 预期式分析 目的：通过政策分析，对政策方案实施后会产生的结果加以推测。 2. 指示式分析 目的：通过政策分析，对政策执行者的行动提出具体建议	1. 以学科研究为目的的分析 很少提供与实际问题解决有关的信息。 2. 以研究实际问题为目的的分析 描述政策实施中的因果关系，离实际运用有一定距离。 3. 以实用为目的的分析 倾向理论方法的具体运用，主要针对实际问题解决

（2）规范性分析与描述性分析

要素	规范性分析	描述性分析
定义	用以评价行动的、具有逻辑一致性的命题和主张	用以描述行动的、具有逻辑一致性的命题和主张
目的	告诉人们应当如何推理、判断和进行决策	描述人们在决策过程中是如何思考的各种描述性决策理论，如卡尼曼和特韦尔斯基提出的预期理论
前提假设	基于“无限理性”，认为决策者能做出符合理性的决策期望价值理论	强调决策者的有限理性和环境对效用的影响及承认效用

（3）问题发现与问题解决

①问题发现是指为发现和界定问题所做的分析。问题发现表现出概念性

特征。

要回答的问题有：对问题的理解程度如何？利益相关者是谁？影响程度如何？是否确定正确目标？目标如何分解？不确定因素及其影响是什么？是否在解决“正确”问题？

②问题解决是指为解决和消除问题所做的分析，主要目的是为了提供解决问题的方案。问题解决表现出技术性特征，技术包括成本—收益分析、决策分析、执行分析及有助于解释政策制定原因等的最优化方法。

要回答的问题有：政策结果有多少变量？变量间有何关系？如何进行解释？不同政策的净收益？期望效用回报？

（4）综合分析与分段分析

前三种分类都是分段分析。所谓综合分析，是要把这几部分有机地联系起来，形成一个连续的过程，从而在整体上分析。政策分析人员要把握好政策分析的跨学科特征，使知识有机结合。

【考点9】政策分析的基本步骤——谢明《公共政策概论》

1. 定义问题

（1）重要步骤：做症状分析，即在问题筛选的基础上对问题产生的时间、地点、环境和条件，问题的性质、类型、范围和程度，问题的结构、作用等进行多维分析，从而形成对问题本身的全面认识，评估其作用和影响。

（2）主要方法：类别分析法、类比分析法和假设分析法等。

2. 收集证据

（1）定义：利用多种途径收集问题信息，为支持问题存在提供有价值的证据。

（2）首要工具：互联网→关于目标问题的统计数据、专家观点、理论剖析、案例研究。

3. 分析原因

（1）定义：依据已有的经验和认识，运用科学的方法和手段对问题产生的原因进行分析。

（2）主要方式

纵向分析：从表面入手，由表及里、由浅入深，层层剖析，找出根源。

横向分析：对同一层次的各种原因及其相互关系进行分析、比较、综合和确认，找出主要原因。

层次分析（常用）：主要用于帮助认定问题的三种原因，即可能的原因、合理的原因、可行的原因。

（3）症状：因疾病或问题所导致的异常状态，多元性。

症结（重点）：疾病或问题的根源或本质，单元性。

4. 评估政策

对现行政策的利弊进行分析，目的是发现现行政策需要持续和加强的部分，及需要修补和改进的地方。

5. 开发方案（中心环节）

步骤：

（1）轮廓设想：设计各种方案的基本框架，将行动原则、指导方针、发展阶段、大体规模等大致勾画出来。此阶段主要要求是方案要尽可能多样化并具备整体上的完备性。

（2）细部设计：对轮廓设想阶段所产生的备选方案进行初步筛选，淘汰不可行方案，留下可行方案，并对其进行精心的细节设计。细节设计需要对每一可选方案进行方案扩大，将可选方案根据目标群体性质分解为具体规定。

6. 结果预测

（1）定义：立足过去和现在，预料和推测政策的实施效果。科学预测要以科学理论为指导，以知识和经验为依据，运用各种预测方法和技术，分析和判断所掌握的多种信息，对事物未来发展的可能状态做出合理的估计和推断。

（2）步骤：收集资料、确定方法、计算和分析、评估结果。

7. 择优选择

（1）定义

择优要在多个可选方案中选出自认为好的方案。

（2）标准

可行性：政策落实的可能性，可能会受到多因素影响，如社会文化的接受程度、利益比较重的期望值等。

有效性：政策在减少或减轻社会问题方面产生积极效果的可能性，为达到预期，提高结果的有效性，必须在政策分析定义问题上下功夫，使问题具体化。

【补充】名词解释：鱼骨图——谢明《公共政策概论》

鱼骨图是一种发现问题“根本原因”的方法，最先由日本企业管理权威石川馨提出，其特点是层次分明、条理清楚、简洁实用、形象直观。

【补充】名词解释：幸存者偏差（Survivorship Bias）——谢明《公共政策概论》

幸存者偏差是统计学概念，当获取统计数据时，渠道单一，仅取自“幸存者”，忽略“死亡者”，此数据可能会存在与实际情况不同的偏差。当分析问题所依据信息全部或大部分来自“显著的信息”，较少利用“不显著的信息”，甚至彻底忽略“沉默的信息”时，得到的结论与事实情况就可能存在巨大偏差。如“飞机防护”案例：多数回航战斗机机腹、机翼弹痕较多，沃德教授重视机尾防护。

【考点10】政策分析人员与思想库——谢明《公共政策概论》

1. 政策分析人员

政策分析人员是社会中从事政策分析工作的人员。他们共同的和相互重叠的关注内容有：

（1）关注社会问题及其与公共政策间的关系；

（2）关注公共政策的具体内容；

（3）关注决策者或政策制定者做了些什么和没有做什么，即对一项公共政策的输入及其过程感兴趣；

（4）关注公共政策形成的社会影响，即对一项公共政策的输出及其结果感兴趣。

2. 政策分析人员的来源

（1）大学：对政策与问题领域及政策过程感兴趣的大学教师。

（2）独立的研究机构和思想库：从事专业性研究工作的专职合同制雇员。

（3）部内制政策部门：政府、政府代理机构和公共团体内部负责研究工作和情报工作的分析人员。

（4）压力集团和院外活动团体：利益集团中的政策分析人员通过对政策实施监控和提出各种政策主张及建议寻求对政策制定施加影响。

（5）党内制政策部门：为支持政党政治活动、维护政党利益而从事政策研究和开发的机构、部门或团体。

（6）自由职业的政策咨询人员：根据签订的合同和所付的酬劳从事政策研究的社会人员。

3. 思想库

（1）定义

思想库多以公共政策为研究对象，以影响政策选择为目标，现实性是其重要特点。

（2）作用

①生产思想：通过研究和分析形成新的政策主张，并且力图使这些主张获得公众的支持和决策者的青睐。

②教育公众：既针对普通百姓也面向决策者和社会精英。思想库采取如下途径：首先，出版书刊，如《兰德评论》；其次，在主流媒体上接受采访、发表评论，举办媒体吹风会；再次，举办各种讲座、报告会、培训班，提供各种长期或短期的访问学者资助；最后，出席国会听证会、参与政府政策咨询。

③汇集人才：一是培养未来的研究人员和决策者；二是网罗社会各阶层精英，充当权势集团的“俱乐部”；三是为前政府官员提供容身之处，为新政府输送官员，充当人才“中转站”。

（3）特征

从发展角度来看，知识界影响政府政策的传统在政治中由来已久。思想库的兴起和繁荣却是20世纪70年代后。以美国为例，伴随着美国外交“民主化”程度的扩大，知识界在外交决策过程中的影响力日益扩大，几乎垄断了美国外交思想的“话语权”。一些人以专家、学者的身份出现，凭借自己拥有的知识资源，成为剖析时政、为政府指点迷津的重要力量。这些人大都在思想库中。

（4）类型

①官方思想库：隶属政府及其职能部门，或作为最高行政长官的智囊团，或隶属于不同职能部门，或具有相对独立建制。

②半官方思想库：一是政府出资支持重点研究课题，把研究工作纳入为政府服务的轨道；二是政府通过与政策研究机构签订合同，从而建立相互依存的关系；三是与政府有关机构有对口挂靠关系的思想库，直接为对口单位提供政策咨询服务。

③民间思想库：由民间发起，得到基金会或公司企业赞助的社会性政策研究机构，具有选题自由、研究范围广、社会联系多、不受政治局限、独立性强、灵活性大等特点。

④国际思想库：由不同国家学者和官员组成的、以国际问题为研究对象的国际性政策研究组织。研究范围涉及人类共同关心的问题，如环境保护等。

19.3 热门院校真题解析

一、名词解释题

1. **政策分析**（2018 年大连理工大学；2018 年、2012 年杭州师范大学；2017 年、2014 年江苏大学；2013 年辽宁大学）

政策分析是依据一定的政策理论、知识，运用各种分析方法和技术，帮助决策者制定和优化具体政策的过程。

政策分析必须以一定的政策理论和知识为基础。政策理论包括两个层次：一是有关政策的本质、结构、类型、功能、过程等方面的理论；二是用于政策分析的认识理论、因果理论、系统理论。政策分析也必须以一定的知识为前提，主要包括必要的常识与专业知识、有关的自然科学知识与社会科学知识，以及各种经验知识。

2. **分析倡议两分论**（2019 年中国海洋大学；2018 年中国人民大学）

托马斯·戴伊提出分析倡议两分论，认为政策分析与政策倡议有区别，不能把二者混淆。

政策倡议需要修辞、说服、组织和实践的技巧，而政策分析却鼓励研究人员运用调查工具去评判重大的政策议题，尝试发现那些构建公共政策的基本因素，以及公共政策所带来的相关影响。

政策分析活动产生的知识是政策倡议和政策实践的先决条件。具体而言，政策分析表现出如下特征：解释而非描述公共政策、探究公共政策的原因和结果、尝试发现适用于各种政策领域的一般性理论。

3. **研究型分析和快速分析**（2020 年厦门大学）

育明教育名师解析

参见 19.2 常考知识点梳理【考点 8】的相关笔记。

二、简答题→论述题

1. **政策分析的基本特征**（2016 年中国人民大学；2016 年、2012 年湖南师范大学）

政策分析是依据一定的政策理论、知识，运用各种分析方法和技术，帮助决策者制定和优化具体政策的过程。

作为一门应用学科，政策分析是一个由多种学科背景、多种技术方法和多种理论模型组成的综合研究领域，其特色主要表现在如下几方面：

（1）最突出特征：理论与实践的结合

进行政策分析主要出于科学和专业上的考虑，前者探求理论知识，后者运用理论知识去解决实际问题。

（2）复杂的学科背景

政策分析具有跨学科的特点，涉及多学科。

（3）多架构的研究方法

政策分析的目的是结合各种具体情境运用不同分析模型，强调的是针对性和适用性，要博采各种研究方法和学科之长。

（4）广阔的研究领域

公共政策无处不在，渗透到方方面面。一般而言，政府和公众所关心的问题是政策分析所要涉及的研究领域。

2. 政策分析的基本内容（2018 年中国人民大学；2014 年、2012 年厦门大学）

育明教育名师解析

注意本题这种灵活的问题考查法，这就要求考生掌握每个知识点的出处。

【补充】2018 年中国人民大学：根据托马斯 · 戴伊的观点，政策分析需要回答哪些问题？

政策分析是依据一定的政策理论、知识，运用各种分析方法和技术，帮助决策者制定和优化具体政策的过程。主要包括以下五方面的内容：

（1）政策问题

需要明确的问题有政策问题是什么、具有哪些性质和特征、应该如何解决。政策问题分析是政策分析内容中最为重要的方面，对其他方面的分析产生决定性影响。

（2）政策内容

已有的一些政策会与将要制定的政策具有一定的相关性，需要对政策有所了解并进行分析，搞清已有政策制定的原因、制定的过程、具体的内容、实施的效果等。

（3）政策结果

对解决政策问题所提供的相关政策方案可能产生的执行结果进行预测。通过预测指明未来可能发生的情况，预想可能出现的限制因素，寻求可能的应对措施。

（4）政策价值

对已有的相关政策与即将产生的政策从价值角度进行评价。价值分析对政策目标的确定具有更为重要的影响。

（5）政策结构

政策结构是指构成要素的组合形式和排列顺序。政策结构类型有：塔式、链式、环式、网式、矩阵式和群落式。

3. 政策分析的作用（2020 年广西大学）

政策分析是依据一定的政策理论、知识，运用各种分析方法和技术，帮助决策者制定和优化具体政策的过程。其作用有：

（1）政策问题认定

政策分析的起点是对政策问题进行调查、论证和确认，并区分政策问题的结构类型。从专业角度而言，政策分析人员参与政策问题制定，对优化政策过程，提高政策效率具有非常重要的作用。

（2）政策目标确定

在选择和确定政策目标时，政策制定主体由不同的利益集团和不同的公共部门构成，基于本身利益的考虑而产生意见分歧。政策分析人员能够站在客观公正的立场上，从有利于解决政策问题的目的出发，对政策目标的正确选择及论证提出合理化建议。

（3）政策方案选择

在政策制定的过程中围绕政策目标提出各种可供选择的方案，政策分析人员具有专业优势，借助专业知识，运用各种评估的技术与方法，尽可能准确地评判各种可选方案的优劣，从而帮助决策者做出正确的判断和选择。

（4）政策资源配置

政策有效执行必须考虑资源配置问题，进行成本—收益的分析。政策分析人员从专业角度出发，再对政策实施的总资源量做出预测的基础上，依据一定的规则编制政策执行的总成本，并对资源配置做出论证。

（5）执行计划拟定

政策实施计划的制订是连接政策制定与执行的重要环节。它通过对政策目标、政策资源加以分解或组合，借助专业技术和方法，确定不同阶段需要完成的基本任务及其相关的资源条件。

4. **政策分析的局限**（2012年中国人民大学）

政策分析是依据一定的政策理论、知识，运用各种分析方法和技术，帮助决策者制定和优化具体政策的过程。

具体来说，政策分析的局限主要体现在以下几方面：

（1）政府权力的限制

政府受到许多社会力量的限制，如社会习俗等，这些力量均不易受到政府权力的左右。即使政府有心介入，也很难实施有效控制。

（2）问题认识上的分歧

在政策讨论中经常会有冲突发生，价值判断方面缺少共识，政策分析无法对政策制定做出太多贡献。

（3）人文研究的设计限制

对人类社会进行某种受控制的试验似乎不太可能。例如，研究人员不可能只为观察教学条件对学习成绩的影响而命令孩子们进入一所他们不喜欢的“劣等学校”学习数年。

（4）人类心理和行为的复杂性

正是因为政策分析人员缺少对个人和群体行为的足够了解，以至于他们没能力为政策制定者提供可信的建议。管理学领域著名的“霍桑实验”前期失败的原因在于忽视了人类心理和行为的复杂性，后期则告诉我们：当人意识到自己正在被研究和观察时，往往会改变自己的行为。

（5）社会问题的多样性、社会环境的复杂性和科学知识的有限性

也许造成我们对政策分析持保留态度的最重要原因是社会问题的复杂与人类知识的有限。绝大多数的社会问题都会涉及多变量，受多因素影响。政策分析人员往往难以对政策方案进行精确预测与明确解释。

5. **政策分析的基本步骤**（2018年、2010年华中农业大学；2013年中国人民大学；2012年东北财经大学；2011年暨南大学）

政策分析是依据一定的政策理论、知识，运用各种分析方法和技术，帮助决策者制定和优化具体政策的过程。

政策分析的基本步骤如下：

（1）定义问题

①重要步骤：做症状分析，即在问题筛选的基础上对问题产生的时间、地点、环境和条件，问题的性质、类型、范围和程度，问题的结构、作用等进行多维分析，从而形成对问题本身的全面认识，评估其作用和影响。

②主要方法：类别分析法、类比分析法和假设分析法等。

（2）收集证据

①定义：利用多种途径收集问题信息，为支持问题存在提供有价值的证据。

②首要工具：互联网→关于目标问题的统计数据、专家观点、理论剖析、案例研究。

（3）分析原因

①分析原因是指依据已有的经验和认识，运用科学的方法和手段对问题产生的原因进行分析。

②主要方式

纵向分析：从表面入手，由表及里、由浅入深，层层剖析，找出根源。

横向分析：对同一层次的各种原因及其相互关系进行分析、比较、综合和确认，找出主要原因。

层次分析（常用）：主要用于帮助认定问题的三种原因，即可能的原因、合理的原因、可行的原因。

③症状：因疾病或问题所导致的异常状态，多元性。

症结：疾病或问题的根源或本质，单元性。

（4）评估政策

对现行政策的利弊进行分析，目的是发现现行政策需要持续和加强的部分，及需要修补和改进的地方。

（5）开发方案（中心环节）

步骤：

①轮廓设想：设计各种方案的基本框架，将行动原则、指导方针、发展阶段、大体规模等大致勾画出来。此阶段主要要求是方案要尽可能多样化并具备整体上的完备性。

②细部设计：对轮廓设想阶段所产生的备选方案进行初步筛选，淘汰不可行方案，留下可行方案，并对其进行精心的细节设计。细节设计需要对每一可选方案进行方案扩大，将可选方案根据目标群体性质分解为具体规定。

（6）结果预测

①结果预测是指立足过去和现在，预料和推测政策的实施效果。科学预测要以科学理论为指导，以知识和经验为依据，运用各种预测方法和技术，分析和判断所掌握的多种信息，对事物未来发展的可能状态做出合理的估计和推断。

②步骤：收集资料、确定方法、计算和分析、评估结果。

（7）择优选择

①择优要在多个可选方案中选出自认为好的方案。

②择优选择具有两个标准。

可行性：政策落实的可能性，可能会受到多种因素影响，如社会文化的接受程度、利益比较重的期望值等。

有效性：政策在减少或减轻社会问题方面产生积极效果的可能性，为达到预期，提高结果的有效性，必须在政策分析定义问题上下功夫，使问题具体化。

6. 政策分析的类型（2017 年中国科学院）

育明教育名师解析

答题语言参见 19.2 常考知识点梳理【考点 8】内容。

第20章　政策分析的框架和任务

育明教育名师解析

本章与上一章的知识点大同小异，也与第4章有很多结合，在教材设置上有异曲同工之妙。熟悉政策分析的基础知识，对于考生很有必要。

20.1　章节知识框架

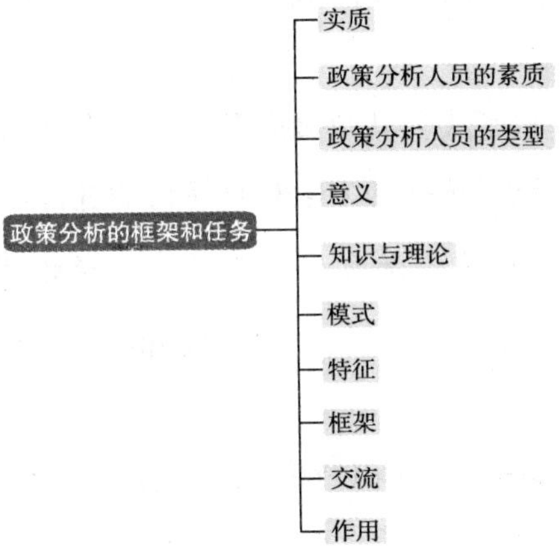

20.2　常考知识点梳理

【考点1】政策分析的实质——严强《公共政策学》

政策分析是指一种对公共政策过程的主要环节进行审查、研究并对相关机构提出政策前景预测和行动建议的活动。

政策分析是在一定理论和方法的指导下，政策分析人员所展开的智力活动。为了进行科学而有效的公共政策分析，政策分析人员就必须掌握政策分析的一些基础理论和知识，了解政策分析的实质、特征、框架、交流及利用等基本情况。

一定意义上的政策分析主要包含以下四方面含义。

1. 政策分析主要提供政策规划的必要知识、理论和模型。

2. 政策分析可以提供政策过程的必要信息，对各种已有的信息加以综合，从而协调多方面的立场。

3. 政策分析可以提出解决公共政策问题的某些合理的建议。

4. 政策分析能够对已经选择的方案和具体行动进行可行性论证。

【考点2】政策分析人员的素质——严强《公共政策学》

从现代公共政策分析的需要来看，一位合格的公共政策分析人员应该具备如下知识：

1. 选择标准的知识：面对分析对象，懂得选择次要标准做出评价。

2. 选择分析工具的知识：知道选择与创造定性与定量分析工具。

3. 明确分析工作边界的知识：知道如何科学地对待分析工作的约束条件。

4. 使用直觉思维的知识：善于掌握分析对象内部的隐含知识。

5. 理论联系实际的知识：善于理解理论与实践的区别与统一。

6. 政治知识：了解政策分析与政治过程的关系。

7. 新分析工具的知识：善于不断地检验和改进政策分析的工具。

8. 目标与结果关系的知识：善于运用一种或多种途径取得特定结果。

9. 价值知识：善于了解自己的价值观、社会主流价值观。

当然只有理想型的政策分析人员，才可能完全具备上述各种知识要求。

【考点3】政策分析人员的类型——严强《公共政策学》

1. 行政型政策分析人员

这一类型的政策分析人员长期在行政部门工作，一般能说会写，既具备较强的文字能力，又具有特殊的语言表达能力。

行政型的政策分析人员在进行政策分析时，总是将政治可行性置于首位。他们在工作中不过分讲究技术和方法，比较喜欢在分析人员之间，在决策者之间做协调与沟通工作。在分析与协调的比例上，他们倾向于综合、协调，不倾向于创新，注重的是政策的短期效果。

2. 技术型政策分析人员

这一类型的政策分析人员具有学术研究的气质和习惯。他们的主要动力是想从中获得进行公共政策学术研究的机会，关心的是政策分析中技术和方法发挥作用的程度，以及如何创造出新的技术和方法来优化政策制定系统。

技术型政策分析人员在对具体政策做分析时，往往注重细节，讲究专业知识，喜欢构建各种政策模型，着眼于政策的未来和长远影响。

但他们过分相信技术和方法的功效，一般具有较强的分析能力，缺乏政治与行政上的主动性。

3. 职业型政策分析人员

职业型政策分析人员兼有行政型和技术型政策分析人员的特点，动力既来源于他们对政策分析职业的爱好，也来源于一种公共精神，即摆脱私利为社会进步、为公众利益服务的精神。职业型政策分析人员既具有行政的经验，也具有学术研究的才能，他们试图将两者在工作中结合起来。

职业型政策分析人员关心政治形势的变化，也关心行政体制的变革，重视政策分析中技术和方法的作用。职业型政策分析人员所关心的是如何将政治因素与技术因素合理地统一起来。

表20-1 不同类型的政策分析人员

标准	类型		
	技术型	行政型	职业型
中心动机	争取以政策为取向的研究机会	争取个人地位和个人影响	追求实现个人政策偏好的机会
成功标准	强调工作品质以满足自我	注意有利于自己的政治同盟者	接受能实施的政策有利于受益人

续表

标准	类型		
	技术型	行政型	职业型
主要技术	讲究细节与知识	讲究沟通与协调技术	讲究知识、沟通与协调的技术
影响时间的长度	长期的效果	短期的效果	长期与短期的平衡
对政策分析的态度	采取客观的、非政治的立场	带有强烈的主观性，有较强的政治倾向	政治与分析结合，将分析作为主要手段

【考点4】政策分析的意义——严强《公共政策学》

政策分析的功能和意义主要集中在以下三个方面：

1. 政策分析可以减少政策的失误。

2. 政策分析可以提高决策的效率。

3. 政策分析能给决策者提供好的建议。

【考点5】政策分析的知识与理论——严强《公共政策学》

1. 公共政策分析中的知识

公共政策分析需要多方面知识的支撑，大致有如下几种类型。

（1）常识和相关专业知识

公共政策要解决的是与人们的日常生活密切相关的社会公共问题，因此分析人员必须掌握一定的与政策问题相关的社会常识。

但是，政策分析作为一种艺术和职业，又要求分析人员必须具备专门的知识。这些专门的知识主要包括三大类。

①关于公共政策的性质、结构、功能、环境以及运行过程的知识；

②关于对政策反感进行分析的方法与技术的知识；

③关于对政策的制定、执行、评估构建各类模型的知识。

（2）自然科学知识与社会科学知识

公共政策所要解决的政策问题涉及社会公共生活的方方面面，是与自然、社会联系在一起的行为规范。

（3）经验知识和规范知识

政策分析知识中包含的经验成分可称作经验知识；其中所包含的规范成分可称作规范知识。

（4）显性知识和隐性知识

在政策分析中，人们运用的知识可分为两类：一类是显性知识，也可称为明确表达的知识；另一类是隐性知识，也称为不能明确表达的知识。

2. 公共政策分析中的理论

在公共政策分析中，政策分析人员必须有坚实的理论基础。

政策分析中通常使用的理论有三类，即认识理论、因果理论和系统理论。

（1）认识理论

认识理论主要解决人类认识的来源、认识的结构、认识的影响因素、认识的形式、认识的检验标准等问题。

（2）因果理论

因果理论是对客观世界中所存在的因果关系的理性概括和逻辑总结。

（3）系统理论

系统理论是与信息、控制联系在一起的关于事物发展中的要素和整体关系的宏观理论。

【考点6】政策分析的模式——严强《公共政策学》

1. 传统政策分析模式

传统的公共政策制定模式产生并制约着传统的公共政策分析模式。传统的公共政策制定模式和观念将政策制定看作“理性”决策者在具有充分信息保障的前提下，有针对性地寻求最优经济效益、最大政治权力和最强组织效能，以解决社会公共问题的过程。

在传统的政策制定模式和观念下，公共政策分析是针对简单问题的、简化的、经验实证的、技术至上的、价值中立的理性分析。

2. 现代政策分析模式

现代政策制定的模式和观念发生了较大的改变。人们普遍认为，公共政策是为了解决社会公共问题而创造出来的与人类的生存、社会系统的持续发展、人们的道德价值选择相联系的知识体系。

现代政策分析的是多重利益的政策相关者、多重问题的政策环境、多重领域的公共政策之间的复杂互动。

【考点7】政策分析的特征——严强《公共政策学》

政策分析是指依据一定的政策理论、知识，运用各种分析方法和技术，帮助决策者制定和优化具体政策的过程。现代公共政策分析面对的是一个有组织的无序过程。政策分析对象的多重性、互动性、复杂性，决定了政策分析的特征也是极其复杂和多样的。

（1）政策分析是描述的、阐释的、批评—反思的复合。政策分析具有描述性。

①只有对实际发生的事实或现象之间的因果关系有了正确的认识和准确的描述，政策分析才具备进入下一步的基础。政策分析者在客观反映和准确描述的基础上，才能进行相应的意义与价值分析。

②政策分析具有阐释性。阐释是进一步的描述，是用特定社会意义框架所做的描述，具有丰富、具体的社会内涵。

③政策分析也具有批判性或反思性。政策分析的批判性或反思性是指政策分析对多种价值进行肯定或否定的评判和选择特征。

（2）政策分析是描述性和规范性的复合

现代政策分析则认为，在政策分析中，不可能回避事实和价值的关系，事实和价值是相互关联的，政策分析应该是描述性分析与规范性分析相结合的过程，是描述性和规范性的复合。

（3）政策分析是前瞻性和回溯性的复合

①在政策执行之前展开的政策分析，指预测既定政策可能产生的后果，或者预测若干种备选方案可能产生的不同后果，以便决策者从中有所选择。这种对可能的政策执行后果进行预测或前瞻的分析称作前瞻性分析。

②在政策执行之后展开的政策分析，指对以往政策所做的历史回溯。这种对以往政策进行描述和评价的分析称作回溯性分析。回溯性分析又称描述性分析，目标主要包括：对以往政策的描述和解释，即要弄清楚到底发生了什么，寻找政策过程中存在的因果联系；对政策执行中所采用的方法、手段是否有效，政策后果是否实现政策目标进行评价，从中寻找政策过程中所采用的有效方法和手段，试图发现解决同类问题的一般性方法。

（4）政策分析是验证性、确认性和选择性的复合

①技术手段是指从技术分析的视角验证政策目标与政策结果之间是否存在一致性。

②实证手段是指从技术分析的视角确认政策方案与特定政策问题情景是否相关的情况。

③价值选择是指从社会选择的视角，在政策分析中选择特定的社会价值。

【考点8】政策分析的框架——严强《公共政策学》

政策分析是创造、批判性评估、交流与运用政策制定过程相关知识的过程。它从逻辑上表现为连续的五个工作环节：问题构建、未来预测、行动建议、实施监控、执行评价。政策分析内容构成的逻辑框架图见图20-1。

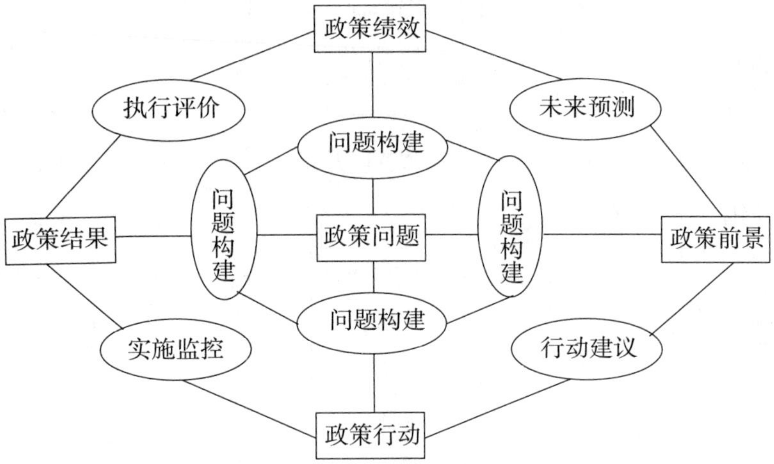

图20-1 公共政策分析的框架

1. 问题构建分析

对应政策制定过程中的议程设定。

2. 未来预测分析

对应政策制定过程中的政策形成。

3. 行动建议分析

对应政策制定过程中的政策采纳。

4. 实施监控分析

对应政策制定过程中的政策执行。

5. 执行评价分析

对应政策制定过程中的政策评估。

【考点9】政策分析交流——严强《公共政策学》

1. **政策文件**

政策文件是政策分析成果的知识表达，它承载了政策分析结果的基本内容。政策分析内容既包含着相关的政策信息和基本理论知识，也包含着根据这些信息和知识所做的创新性推论。前者被称为政策资料，后者可称为政策结论，两者综合起来为政策知识。政策知识的书面表达形式可以形成政策文件。

政策文件既具有资料性特征，又具有创新性特征。它是政策分析人员根据特

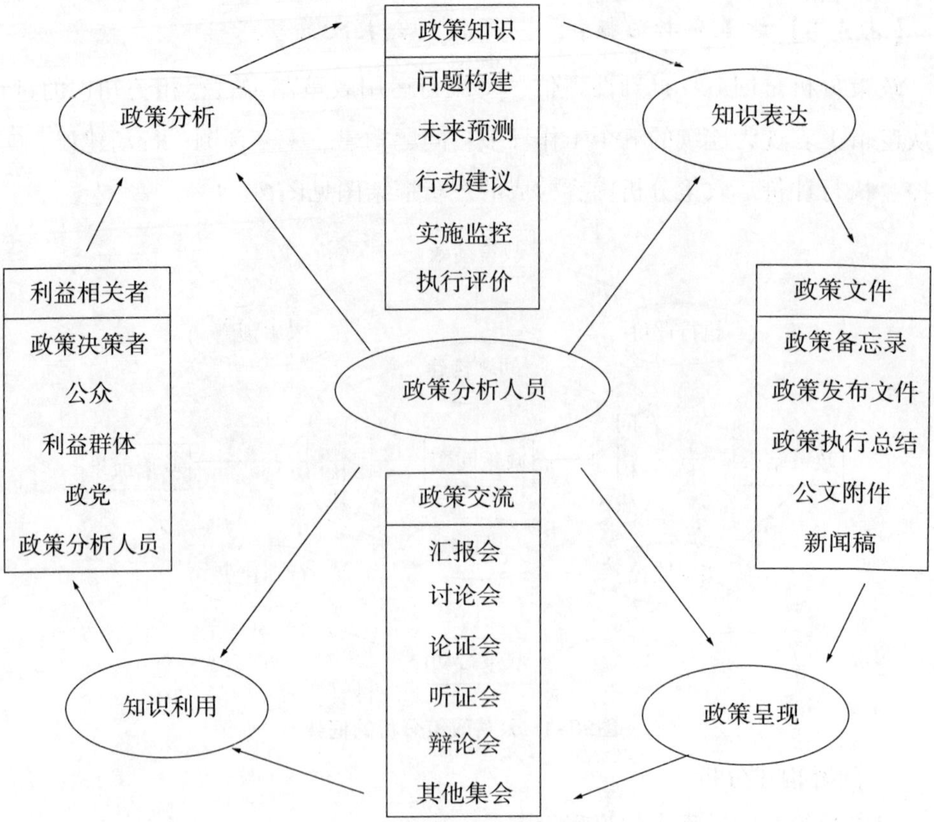

图20-2　公共政策分析的交流与利用

定政策专题收集整理、加工创造所制作的文本样式，具有多种类型。政策文件的类型大致有以下几种（见图 20-2）：

（1）政策备忘录。政策备忘录是一种内容比较简要的政策文件，是政策分析人员根据多种来源的资料整理出来的、比较简洁明快的政策信息提示或政策摘要。

（2）政策发布文件。政策发布文件是一种内容比较详细易懂的政策文件，是针对政策问题相关背景及诊断、政策问题求解方案选择、政策执行监控和评估等内容所做的详细说明和解释。

（3）政策执行总结。政策执行总结是对政策方案贯彻落实情况进行总结的一种政策文件，可以从不同角度进行总结分析。

（4）公文附件。公文附件一般是指附属在正式公文之后，对政策制定有关问题比较详尽的说明。

（5）新闻稿。新闻稿是提供给媒体的特有政策文件，概括性较强，通常只提政策发布文件中的主要结论和建议。

2. 政策呈现

将各种书面的政策文件在各种政策集会上呈现出来，即政策呈现。

【考点10】政策分析的作用——严强《公共政策学》

政策分析的目的是通过创新、批判性评价和政策相关知识的表达、呈现和交流，让政策利益相关者和决策者知悉、利用，从而改善政策的制定和执行过程。政策分析知识成果的利用是政策分析的最终目的，也是政策分析发挥效用的关键环节。

公共政策分析中创造的相关知识的利用与下面三个因素有关。

1. 知识利用者的构成

知识利用者可以是个人，也可以是集体。

2. 知识利用的形式和效果

政策分析知识的利用有三种形式和效果：

（1）概念性运用，即运用政策分析知识来研究和解决问题。

（2）象征性利用，将政策分析知识看作专家权威的认识，通过行使专家权威的方式使得提出问题和解决方案的形式合法化。

（3）工具性利用，运用政策分析知识来直接进行政策制定或政策执行。

3. 知识利用的范围

政策分析中创造出来的相关知识按其中所包含的内容，产生不同的利用范围。

20.3 热门院校真题解析

一、名词解释题

1. **政策分析**（2018年大连理工大学；2017年、2014年江苏大学；2013年辽宁大学）

政策分析是指依据一定的政策理论、知识，运用各种分析方法和技术，帮助决策者制定和优化具体政策的过程。主要包含四方面含义：（1）政策分析主要提供政策规划的必要知识、理论和模型；（2）政策分析可以提供政策过程的必要信息，对各种已有的信息加以综合，从而协调多方面的立场；（3）政策分析可以提出解决公共政策问题的某些合理的建议；（4）政策分析能够对已经选择的方案和具体行动进行可行性论证。

2. **政策分析人员**

政策分析人员或政策分析家这一称呼是20世纪60年代后期由著名公共政策学家德罗尔创造出来的。将政治能力分成高、低两类，将分析能力也分成高、低两类，两者结合，形成三类政策分析家，即职业型的政策分析家、行政型的政策分析家、技术型的政策分析家。

3. **描述性政策分析**（2020年广西师范大学）

描述性政策分析可分为政策内容的描述性分析和政策过程的描述性分析。

（1）公共政策内容的描述性分析是指将政策内容中的一个或多个属性作为与政策过程相关的解释变量，研究它们对整个政策内容的影响。这类政策内容属性主要有：政策领域、制度价值、政府层次、支持程度、公众实际满足程度与象征性满足程度，等等。

（2）公共政策过程的描述性分析主要是对政策周期中的一个或几个阶段进行研究。政策周期包括政策表述、政策决策、政策实施、政策效果评价、政策反馈等环节和阶段。研究者也不是对所有的环节都感兴趣，其中研究的比较多的是政策表述与政策效果评价两个环节。

前者的研究重点是分析政策问题的性质、政策的范围；后者研究的重点是对政策的效果、效能及成本效益进行分析。

4. 批评—反思性政策分析（2020年北京市委党校）

政策分析具有批判性或反思性。政策分析的批判性或反思性是指政策分析对多种价值进行肯定或否定的评判和选择特征。在政策分析过程中，面对多种竞争性价值（如健康、财富、安全、和平、公正、平等、自由），政策分析人员总会进行选择和排序，不但在质上明确肯定与否定，而且在量上体现肯定和否定的程度高低，从而表明了政策分析者特定的价值立场和价值取向。

5. 规范性政策分析（2020年南京财经大学）

规范性政策分析分为政策内容的规范性分析和政策过程的规范性分析。

（1）公共政策内容的规范性分析主要涉及公共政策的本质

这类分析包括两方面内容：①使用批判的方式分析一个特定的公共政策，其目的或是对现行的政策提出改进意见，或是建议制定不同的新政策，从而使政策制定者确立较高的政策价值目标。②未来分析，包括两个方面：一方面对当前政策的未来结果进行分析；另一方面探讨各种适合于预测未来社会发展变化的政策。

（2）公共政策过程的规范性分析主要是对政策运行的程序性加以分析

这类分析或者是对现行的政策程序提出改进意见，或者重新设计出一套新的程序。在进行这种分析时，构建程序模型是主要的分析手段。

6. 前瞻性政策分析［2020年中国矿业大学（徐州）］

前瞻性分析是指在政策执行之前展开的政策分析，即预测既定政策可能产生的后果，或者预测若干种备选方案可能产生的不同后果，以便决策者从中有所选择。这种对可能的政策执行后果进行预测或前瞻的分析称作前瞻性分析。

前瞻性分析又称预测性分析，这类分析的基本任务是确认和鉴定复杂的政策问题，对种种备选方案进行定量和定性的比较。政策分析者将分析中所获得的各种信息汇总起来，可以对政策方案的修改完善提出意见、建议，可以对政策执行的方法途径提出意见、建议，从而对政策过程产生积极的效果。因此，预测性政策分析是对即将要实施的政策方案所进行的技术上的、政治上的、经济上的、伦理上的可行性论证。

7. 回溯性政策分析（2013年湖南师范大学）

回溯性政策分析是指在政策执行之后展开的政策分析，是对以往政策所做的历史回溯。这种对以往政策进行描述和评价的分析称作回溯性分析。

回溯性分析又称描述性分析，目标主要包括：对以往政策的描述和解释，即要弄清楚到底发生了什么，寻找政策过程中存在的因果联系；对政策执行中所采用的方法、手段是否有效，政策后果是否实现政策目标进行评价，从中寻找政策过程中所采用的有效方法和手段，试图发现解决同类问题的一般性方法。

8. **政策分析框架**（2020 年甘肃政法大学）

公共政策分析框架主要是研究政策分析中所涉及的内容构成，即要回答在政策分析中人们究竟要分析什么，政策分析是创造、批判性评估、交流与运用政策制定过程相关知识的过程。从逻辑上表现为连续的五个工作环节：问题构建、未来预测、行动建议、实时监控、执行评价。

（1）问题构建分析。政策分析者的工作从问题感知开始到问题搜索，再到问题界定，最后到问题详述。为政策决策者提供关于政策问题的真实的、确切的知识。

（2）未来预测分析。在政策预测中，应当指明在实现政策目标的过程中可能出现何种限制因素，不同政策选择方案在政治上、经济上、技术上有多大的可行性。

（3）行动建议分析。政策分析人员应当向政策决策者提供可选政策方案实施的风险与不确定性，外部性与溢出量，政策方案选择的标准，政策实施的行政责任。

（4）实施监控分析。政策分析人员应当向政策决策者提供关于政策执行的顺从程度，出现未能预知的结果，政策执行的障碍，产生政策偏离的责任归属等方面的知识。

（5）执行评价分析。政策分析人员向政策决策者提供关于政策预期结果和实际执行之间的差异，以及产生差异原因的知识。这些知识将帮助政策决策者调整政策执行计划，再造政策实施过程甚至重新构建政策问题。

9. **政策分析交流**（2021 年中国传媒大学）

政策分析交流是指将政策分析的成果即政策分析人员创造的关于政策过程的相关知识，通过多种知识形式首先表达为各种政策文件，然后将这些相关政策文件在各种汇报会、讨论会、论证会、听证会、辩论会等面对面互动交流的场合中呈现出来，实现政策分析知识的相互交流和沟通，政策利益相关者通过交流获得有关政策分析知识并加以利用，可以为进一步政策分析和政策过程创造条件。

10. **政策文件**（2020 年北京体育大学）

政策文件是政策分析成果的知识表达，承载政策分析结果的基本内容。政策分析内容既包含着相关的政策信息和基本理论知识，也包含着根据这些信息和知识所做的创新性推论。前者可称为政策资料，后者可称为政策结论，两者综合起来为政策知识。政策知识的书面表达形式可以形成政策文件。

11. **政策呈现**（2021年首都师范大学）

政策呈现是指将各种书面的政策文件在各种政策集会上呈现出来。政策集会可以是政策汇报会、政策讨论会、政策论证会、政策听证会、政策辩论会等形式，通过这些政策集会形式，让承载着各种政策相关知识的政策文件充分地呈现出来，多重利益的政策相关者可以通过这些政策文件了解政策分析的知识成果，相互交流彼此对政策文件的理解和立场。政策呈现有助于公众和决策者知晓并相互协商政策分析的知识成果，从而实现有效的政策分析的交流。政策呈现要优于文件邮寄等政策知识传播方式，邮寄的文件既得不到收件者的重视，也很难实现面对面的交流和协商，从而使观点的聚合和转换无法实现。

二、简答题→论述题

政策分析有哪些特征（2021年南京师范大学）

政策分析是指依据一定的政策理论、知识，运用各种分析方法和技术，帮助决策者制定和优化具体政策的过程。现代公共政策分析面对的是一个有组织的无序过程。政策分析对象的多重性、互动性、复杂性，决定了政策分析的特征也是极其复杂和多样的。

（1）政策分析是描述的、阐释的、批评—反思的复合。政策分析具有描述性。

①只有对实际发生的事实或现象之间的因果关系有了正确的认识和准确的描述，政策分析才具备进入下一步的基础。政策分析者在客观反映和准确描述的基础上，才能进行相应的意义与价值分析。

②政策分析具有阐释性。阐释是进一步的描述，是用特定社会意义框架所做的描述，具有丰富、具体的社会内涵。

③政策分析也具有批判性或反思性。政策分析的批判性或反思性是指政策分析对多种价值进行肯定或否定的评判和选择特征。

（2）政策分析是描述性和规范性的复合

现代政策分析则认为，在政策分析中，不可能回避事实和价值的关系，事实和价值是相互关联的，政策分析应该是描述性分析与规范性分析相结合的过程，是描述性和规范性的复合。

（3）政策分析是前瞻性和回溯性的复合

①在政策执行之前展开的政策分析，指预测既定政策可能产生的后果，或者预测若干种备选方案可能产生的不同后果，以便决策者从中有所选择。这种对可

能的政策执行后果进行预测或前瞻的分析称作前瞻性分析。

②在政策执行之后展开的政策分析，指对以往政策所做的历史回溯。这种对以往政策进行描述和评价的分析称作回溯性分析。回溯性分析又称描述性分析，目标主要包括：对以往政策的描述和解释，即要弄清楚到底发生了什么，寻找政策过程中存在的因果联系；对政策执行中所采用的方法、手段是否有效，政策后果是否实现政策目标进行评价，从中寻找政策过程中所采用的有效方法和手段，试图发现解决同类问题的一般性方法。

（4）政策分析是验证性、确认性和选择性的复合

①技术手段是指从技术分析的视角验证政策目标与政策结果之间是否存在一致性。

②实证手段是指从技术分析的视角确认政策方案与特定政策问题情景是否相关的情况。

③价值选择是指从社会选择的视角，在政策分析中选择特定的社会价值。

第21章　公共政策的问题建构分析

育明教育名师解析

知识点梳理过程中，注意将本章与第12章相结合，因为部分知识点存在一定的关联性。考生要在理解熟悉框架的基础上进行科学背记。

21.1　章节知识框架

- 公共政策的问题建构分析
  - 政策问题建构
  - 研究政策问题的意义
  - 政策问题的特征
  - 政策问题的结构类型
    - 结构优良的政策问题
    - 结构适度的政策问题
    - 结构不良的政策问题
  - 政策问题满足的条件
  - 政策问题构建分析的模型
  - 政策问题建构分析模型的主要方法和技术

21.2 常考知识点梳理

【考点1】政策问题建构——严强《公共政策学》

1. 政策问题的定义

政策问题是指一种由相当数量的社会成员感觉到的与人的利益、价值和要求相联系的，并由团体活动所界定的，以及为政府所认可，认为必须加以解决的社会问题。它不仅是一种客观存在的“事实”或状况，而且也是一种主观感知及集体行动的产物。政策问题是思想作用于环境的产物，它们是通过分析从问题情势中抽取出来的要素。因此，我们体验到的是问题的情势而非问题本身，问题就像原子或细胞一样是概念的产物。

构建政策问题是政策分析人员在不同的利益相关者所持有的相互分歧的意见中连续地、反复地探究问题的阶段。对问题的构建是一个居于整个政策分析中心的指导系统或者定向机制，在这一阶段上政策分析人员工作的好坏直接影响到后续的政策分析阶段能否成功。

（1）问题构建和感知问题

问题构建可以提供与政策相关的知识，这些知识对支撑问题定义的基本假设提出质疑，而正是基于这些假设，政策问题进入了政策议程并运行于政策制定过程。

（2）问题构建与解决问题

政策分析是一个多层次的过程，既包括高层次的构建问题的方法，也包括低层次的解决问题的方法。这些高层次的方法被称为元方法——它们“高于”或“先于”低层次的解决问题的方法。

（3）问题构建与政策分析

为解决一些结构不良的政策问题，要求政策分析人员将他们自己完全置于问题情势中，积极参与到对问题本身性质的确定之中，充分运用创造性的判断力和洞察力，专注于问题的构建和问题的解决。

2. 对问题的构建是否具有创造性取决于它是否满足以下条件

（1）政策分析结果足够新颖，大多数人不能或不愿意得出同样的结论。

（2）分析过程不局限于常规，修正甚至抛弃以前惯性的想法。

（3）分析过程中要激情饱满，坚持不懈，这样才能使分析处于高强度状态，并持续很长时间。

（4）分析结果能为问题提供适当的解决方案，从而在分析人员、政策制定者和其他利益相关人看来是有价值的。

（5）最初的问题呈现出含混模糊的状态，界定也不清楚，因此，部分的分析活动就是要阐明问题本身。

【考点2】研究政策问题的意义——严强《公共政策学》

1. 政策问题的研究决定着政策过程的意义。

2. 政策问题的研究有利于真正问题的解决。

3. 政策问题的研究还可以大大减少政策资源的耗费。

【考点3】政策问题的特征——严强《公共政策学》

政策问题是通过公共活动能得以实现但未实现的需要、价值或改进的机会。它具有如下几个最重要的特征。

1. 政策问题的主观性

政策问题是思想作用于环境的产物；它们是通过分析从问题情势中抽取出的要素。因此，我们所体验到的是问题情势而非问题本身。

2. 政策问题的人为性

只有当人类对改变某些问题情势怀有希望并做出判断时，才可能产生政策问题。

3. 政策问题的动态性

对一个特定问题有多少种定义，就有多少种解决方法。

4. 政策问题的系统性

政策问题的相互依存，某一领域的政策问题经常影响到其他领域的问题，政策问题都是被称为“混沌”的整个问题系统的组成部分。

【考点4】政策问题的结构类型——严强《公共政策学》

政策问题分为三类：结构优良的政策问题、结构适度的政策问题、结构不良的政策问题。

表21-1 政策问题的三种结构性质

要素	问题的结构		
	结构优良	结构适度	结构不良
决策者	一位或数位	一位或数位	许多

续表

要素	问题的结构		
	结构优良	结构适度	结构不良
备选方案	有限	有限	无限
效用（价值）	一致	一致	冲突
结果	确定性或风险	不确定	未知
概率	可计算	不可计算	不可计算

1. 结构优良的政策问题

这种政策问题涉及一位或数位决策人员和在少数几个方案中进行政策选择。效用（价值）反映目标的一致性，这些目标是按决策者的喜好顺序进行排列的。每种选择的结构要么具有完全的确定性，要么在可接受的错误范围内。这类问题的原型是完全可以由计算机处理的决策问题，所有政策备选方案的结果都可预先加以规划。在公共机构中存在的相对低层次的操作性问题中有一些例子是结构优良问题。

2. 结构适度的政策问题

这种政策问题是那些涉及一位或数位决策者和数量上相对有限的备选方案的问题。其效用（价值）同样能反映目标的明确排序和一致性，然而，备选方案的结果既不确定也无法在可接受的误差范围内加以计算（风险）。它们是不确定的，也就是说误差的概率无法估计。

3. 结构不良的政策问题

这种政策问题通常涉及许多不同的决策者，其效用（价值）既不可知，也不可能用统一的形式加以排序。结构优良和结构适度的问题表现出目标的一致性，而结构不良的问题则表现出有争议的目标之间相互冲突的特征。此时，政策备选方案及其结果也可能是未知的，不可能对风险和不确定性加以估计。这样，做出选择要明确问题的本质。

【考点5】政策问题满足的条件——严强《公共政策学》

对公共政策分析而言，一项政策问题应当满足以下条件：

1. 存在一种可以确认的客观情势。

2. 出现了强烈的公众诉求。

3. 形成明显的政策需要。

【考点6】政策问题建构分析的模型——严强《公共政策学》

政策问题建构分析模型是对政策问题情势的选定方面的简化表达，这一问题情势是为特定的目的而构建的。政策模型是对议题领域的现实的人为构建，是人类的精神产物。这些问题领域包括能源、环境、贫困、福利和犯罪等各个方面：

1. **按目的区分**

从政策问题构建分析模型的目的来区分，有两种主要的模型：描述性模型和规范性模型。

（1）描述性模型的目的在于解释或预测政策选择的原因和结果。

（2）规范性模型的目的不仅在于解释和预测，也在于为取得最佳效用（价值）而提供规则和建议。

2. **按表达方式区分**

从政策问题建构分析模型的表达方式来加以区分，主要有口头模型、符号模型和程序模型。

（1）口头模型。口头模型用日常语言，而非逻辑符号或数学语言来表达。在使用口头模型时，分析人员通常依赖推理判断来进行预测并提供建议。

（2）符号模型。符号模型使用数字符号来描述被认为代表了一个问题的特征的关键变量间的关系。

（3）程序模型。程序模型表示代表政策问题基本特征的变量之间的动态关系。

【考点7】政策问题建构分析模型的主要方法和技术——严强《公共政策学》

问题的建构是形成问题情势的不同概念并加以测试的过程。

表21-2 政策问题建构分析方法

方法	目标	程序	知识来源	评价标准
边界分析	估计元问题的边界	饱和抽样、启发问题、累积	知识系统	限定范围内的正确性
类别分析	澄清概念	概念的逻辑划分与归类	个别分析人员	逻辑一致性
层级分析	明确可能的、可行的及合理的理由	原因的逻辑划分与分类	个别分析人员	逻辑一致性
类比分析	确认问题间的相似点	建立个人的、直接的、象征性的、幻想的类比	个别分析人员或集体	比较的合理性

续表

方法	目标	程序	知识来源	评价标准
假设分析	冲突性假设的创造合成	确定相关人员，假设呈现，假设论证，假设汇集，假设合成	集体	冲突
头脑风暴	产生想法、目标、战略	产生想法和评价	集体	一致性
多角度分析	产生洞察力	综合运用技术、组织和个人的观点	集体	洞察力的改进
论证图形化	假设评估	合理性和重要性的评估排序并制图	集体	最佳的合理和重要性

1. 边界分析

要对决策问题具体研究，必须首先划定研究对象的边界。然而确定研究对象的边界实际上是一个非常复杂、困难的问题。因为任何事物之间都具有广泛的联系，要清楚地划出它们的边界，或者说研究对象的边界，必须认清事物某一层次上的本质，把握这一本质与外界环境条件的必然联系。

为实现边界分析，划定研究对象的边界，找出与其他事物严格区别的本质及其属性，使之与外界相对隔离，在边界内组成一个统一整体，往往需要通过三个步骤实现。

（1）饱和抽样。这可以通过多个阶段的采集利益相关人的饱和样本而获得。这一工作过程可以从一组或者一群对政策持有不同意见的人开始。

（2）启发问题。即诱导问题的陈述，可以用多种形式，诱导性地提出各种供思索的问题，让人们讨论回答，并以此为基础用各自的想法、范例或程序来解释问题系统，通过对问题系统的解释，我们才能赋予事件以意义。

（3）累积。即边界估计，分析中可以制作一个积累频率分布图。

2. 类别分析

政策问题的类别分析是指对政策问题情势加以界定和区分。这是一种用以澄清、界定和区分问题情势的方法。在对不同问题情势的感知中，不同的人会依据自己的经验，对所要解决的对象进行分类，即使是最简单地对问题进行情境描述，也是依据经验进行的。

政策问题的类别分析分为逻辑划分与逻辑归类两个过程。在逻辑划分过程中，政策分析人员将政策问题分解成若干组成部分；在逻辑归类过程中，政策分析人员则将性质类似的事物、人群、情景结合为一大类别。

在对政策问题情势进行分类分析时，为了保证实现逻辑上的一致性，必须遵循一定的原则：（1）实质相关原则；（2）类目穷尽原则；（3）类目排斥原则；（4）单一分类原则；（5）等级可辨原则。

3. 层级分析

层级分析法也是确定政策问题产生原因的一种方法。层级分析法把原因大致划分为三种：可能原因、合理原因与可控原因。可能原因是指事件或行为，即使远离问题形势，都会对给定的问题形势发生作用。合理原因是指基于科学研究和直接经验，对问题形势的出现可能会产生重要影响的原因。可控原因是指可以受到政策制定者的控制和操纵的原因。

层级分析的规则与类别分析的规则是相似的，即实质相关性、穷尽性、排他性、一致性和层次性。类别分析与层级分析的差异在于：前者包含了对一般概念的划分和归类，而后者建立起可能的、似真的和活动原因的特殊概念。层级分析法也适用于分析结构不良的政策问题。

4. 类比分析

类比是根据两个或两类事物之间某些方面的相似或相同，而推出它们在其他方面也可能相似或相同的一种逻辑方法。它以不同事物之间的比较为基础。类比分析是把这种相似性研究创造性地应用于决策问题构建中，寻求决策问题的原因、性质及类别的方法。

在构建政策问题时，有四种不同的类比形式可以运用：（1）个人类比；（2）直接类比；（3）象征类比；（4）幻想类比。

5. 假设分析

这是一种目的在于将相互冲突的决策问题的立论假设创造性地综合于一体的技术。它是所有构建决策问题方法中最具有综合性的方法之一，不但包含了政策分析多种方法中所运用的程序，而且还具备假设辩证功能。它能用于政策分析人员、政策制定者和其他利益相关者对其阐述不能达成一致的问题。

假设分析最重要的特征是能够更有效地处理结构不良问题。它具有如下特征：

（1）假设分析法是从问题可能的解决方案，而不是从问题的基本假设开始的。

（2）假设分析法在整个运用过程中，始终尽可能要以同一组资料与政策相关的信息为中心。

（3）假设分析法系统地解决了政策分析的一个重大难题，以创造性的方式应用一套程序去解决冲突的问题。

运用假设分析大致有以下五个步骤：（1）确定相关人员；（2）假设呈现；（3）假设论证；（4）假设汇集；（5）假设合成。

6. 头脑风暴

头脑风暴是一个产生意见、目标和战略的方法，以帮助对问题情势加以明确和形成概念。它通过召集一定数量的专家（通常在10—15人）一起开会研究，共同对某一问题做出集体的判断。

优点：

（1）它能发挥一组专家的共同智慧，产生专家智能互补效应。

（2）使专家交流信息，相互启发，产生“思维共振”，迸发出更多的创造性思维。

（3）专家团体拥有并提供的知识和信息量比单个专家所拥有的知识和信息量大很多。

（4）专家会议所考虑的问题的方面以及所提供的备选方案，比单个成员单独思考及提供的备选方案更多、更全面和更合理。

缺点：

（1）与会专家人数有限，代表性是否充分成问题。

（2）与会者易受权威及潮流的影响。

（3）出于自尊心等因素，有的专家易于固执己见等。

7. 多角度分析

多角度分析通过系统地运用个人、组织及技术三方面的知识来取得对问题及其潜在方案的更深认识。它被认为是与完全强调理性的技术方法相反的一种方法。它专门解决结构不良问题。多角度分析包括技术、组织、个人角度。

8. 论证图形化

图尔敏注重于论证结构与论证模型的研究，这对于邓恩研究“政策论证”产生了极为深远的影响。他在1958年所著的《论证的使用》中指出传统的逻辑不是充分理性的工具，进而提出了自己的论证模式。图尔敏的论证结构包含六个要素：

（1）主张，立论者意图要诉求的目的或是企图合理化的论证结论，要回答类似“我们将向何处去”的问题。

（2）论据资料，即任何研究或推断由之开始的材料或信息，要回答类似“我们拥有哪些证据”的问题。

（3）正当理由，它是连接根据与结论的桥梁，要回答类似“从起点到目的应该采取怎样的路径”的问题，以保证主张的合理化。

（4）支持依据，对“正当理由”提出额外的支持，要回答类似“为什么此种路径是安全的”的问题，以增强“正当理由”的信度。

（5）合格者，它是从依据和正当理由到结论的跳板，要回答“结论是肯定的得出，还是可能的得出”的问题。

（6）反驳，指出无法从依据得出主张的因素，要回答类似“在什么样的情境下，我们应该放弃该路径”的问题。

作为一种政策分析工具，它的目的是引发辩论并形成一种开放式的交流，邓恩的政策论证模型也正是基于此种意义而告知人们如何使用有效的数据、主张、正当的理由和背量来构造和解析复杂的政策论题。

21.3 热门院校真题解析

一、名词解释题

1. 政策问题（2018 年、2016 年、2008 年华中农业大学；2016 年湖南农业大学）

政策问题是指一种由相当数量的社会成员感觉到的与人的利益、价值和要求相联系的，并由团体活动所界定的，以及为政府所认可，认为必须加以解决的社会问题。它不仅是一种客观存在的“事实”或状况，而且也是一种主观感知及集体行动的产物。政策问题具有主观性、人为性、动态性和系统性四个基本特征。

2. 结构优良的政策问题（2020 年中国政法大学）

这种政策问题涉及一位或数位决策人员和在少数几个方案中进行政策选择。效用（价值）反映目标的一致性，这些目标是按决策者的喜好顺序进行排列的。每种选择的结构要么具有完全的确定性，要么在可接受的错误范围内。这类问题的原型是完全可以由计算机处理的决策问题，所有政策备选方案的结果都可预先加以规划。在公共机构中存在的相对低层次的操作性问题中有一些例子是结构优良问题。

3. 结构适度的政策问题（2020 年西南财经大学）

这种政策问题是那些涉及一位或数位决策者和数量上相对有限的备选方案的问题。其效用（价值）同样能反映目标的明确排序和一致性，然而，备选方案的结果既不确定也无法在可接受的误差范围内加以计算（风险）。它们是不确定的，也就是说误差的概率无法估计。

4. 结构不良的政策问题（2016 年北京大学）

这种政策问题通常涉及许多不同的决策者，其效用（价值）既不可知，也不可能用统一的形式加以排序。结构优良和结构适度的问题表现出目标的一致性，而结构不良的问题则表现出有争议的目标之间相互冲突的特征。此时，政策备选方案及其结果也可能是未知的，不可能对风险和不确定性加以估计。这样，做出选择要明确问题的本质。

5. **边界分析**（2017 年湖南师范大学；2016 年、2011 年厦门大学）

要对决策问题具体研究，必须首先划定研究对象的边界。然而确定研究对象的边界实际上是一个非常复杂、困难的问题。因为任何事物之间都具有广泛的联系，要清楚地划出它们的边界，或者说研究对象的边界，必须认清事物某一层次上的本质，把握这一本质与外界环境条件的必然联系。

为实现边界分析，划定研究对象的边界，找出与其他事物严格区别的本质及其属性，使之与外界相对隔离，在边界内组成一个统一整体，往往需要通过三个步骤实现。

（1）饱和抽样。这可以通过多个阶段的采集利益相关人的饱和样本而获得。这一工作过程可以从一组或者一群对政策持有不同意见的人开始。

（2）启发问题。即诱导问题的陈述，可以用多种形式，诱导性地提出各种供思索的问题，让人们讨论回答，并以此为基础用各自的想法、范例或程序来解释问题系统，通过对问题系统的解释，我们才能赋予事件以意义。

（3）累积。即边界估计，分析中可以制作一个积累频率分布图。

6. **类别分析**（2020 年内蒙古大学）

政策问题的类别分析是指对政策问题情势加以界定和区分。这是一种用以澄清、界定和区分问题情势的方法。在对不同问题情势的感知中，不同的人会依据自己的经验，对所要解决的对象进行分类，即使是最简单地对问题进行情境描述，也是依据经验进行的。

政策问题的类别分析分为逻辑划分与逻辑归类两个过程。在逻辑划分过程中，政策分析人员将政策问题分解成若干组成部分；在逻辑归类过程中，政策分析人员则将性质类似的事物、人群、情景结合为一大类别。

在对政策问题情势进行分类分析时，为了保证实现逻辑上的一致性，必须遵循一定的原则：（1）实质相关原则；（2）类目穷尽原则；（3）类目排斥原则；（4）单一分类原则；（5）等级可辨原则。

7. **类比分析**（2015 年杭州师范大学；2012 年湖南师范大学）

类比是根据两个或两类事物之间某些方面的相似或相同，而推出它们在其他方面也可能相似或相同的一种逻辑方法。它以不同事物之间的比较为基础。类比分析是把这种相似性研究创造性地应用于决策问题构建中，寻求决策问题的原因、性质及类别的方法。

在构建政策问题时，有四种不同的类比形式可以运用：（1）个人类比；（2）直接类比；（3）符号类比；（4）想象类比。

8. **假设分析**（2010年湖南师范大学）

假设分析是一种目的在于将相互冲突的决策问题的立论假设创造性地综合于一体的技术。它是所有构建决策问题方法中最具有综合性的方法之一，不但包含了政策分析多种方法中所运用的程序，而且还具备假设辩证功能。它能用于政策分析人员、政策制定者和其他利益相关者对其阐述不能达成一致的问题。

假设分析最重要的特征是能够更有效地处理结构不良问题。它具有如下特征：（1）假设分析法是从问题可能的解决方案，而不是从问题的基本假设开始的；（2）假设分析法在整个运用过程中，始终尽可能要以同一组资料与政策相关的信息为中心；（3）假设分析法系统地解决了政策分析的一个重大难题，以创造性的方式应用一套程序去解决冲突的问题。

9. **多角度分析**

多角度分析通过系统地运用个人、组织及技术三方面的知识来取得对问题及其潜在方案的更深认识。它被认为是与完全强调理性的技术方法相反的一种方法。它专门解决结构不良问题。多角度分析包括技术、组织、个人角度。

二、简答题→论述题

1. **政策问题的特征**（2016年湖南师范大学）

政策问题是指一种由相当数量的社会成员感觉到的与人的利益、价值和要求相联系的，并由团体活动所界定的，以及为政府所认可，认为必须加以解决的社会问题。它不仅是一种客观存在的“事实”或状况，而且也是一种主观感知及集体行动的产物。

政策问题具有如下几个最重要的特征：

（1）政策问题的主观性

政策问题是思想作用于环境的产物；它们是通过分析从问题情势中抽取出的要素。因此，我们所体验到的是问题情势而非问题本身。

（2）政策问题的人为性

只有当人类对改变某些问题情势怀有希望并做出判断时，才可能产生政策问题。

（3）政策问题的动态性

对一个特定问题有多少种定义，就有多少种解决方法。

（4）政策问题的系统性

政策问题的相互依存，某一领域的政策问题经常影响到其他领域的问题，政策问题都是被称为“混沌”的整个问题系统的组成部分。

2. **公共政策问题的结构类型**（2017 年中国政法大学；2006 年中国地质大学）

政策问题是指一种相当数量的社会成员感觉到的与人的利益、价值和要求相联系的，并由团体活动所界定的，以及为政府所认可，认为必须加以解决的社会问题。它不仅是一种客观存在的“事实”或状况，而且也是一种主观感知及集体行动的产物。

邓恩根据米特洛夫和萨迦斯蒂的观点将政策问题分成三类，即结构良好的问题、结构适度的问题和结构不良的问题。这三类问题的构造由其相对的复杂性来决定，即由该问题实际上处于问题的相互依赖系统所决定。如下表所示，这三类问题的区别可由其共同因素的变化来加以说明。

要素	问题的结构		
	结构良好	结构适度	结构不良
决策者	一位或数位	一位或数位	许多
备选方案	有限	有限	无限
效应（价值）	一致	一致	冲突
结果	确定性或风险	不确定	未知
概率	可计算	不可计算	不可计算

3. **元问题及边界界定**（2014 年南开大学）

元问题是能引起问题的问题。元问题是一个问题的问题，它可以被定义为由所有一级问题构成的二级问题，它是结构不良的。由于各个利益相关人对问题的陈述差异很大，所以中心任务是要对元问题进行界定。

对元问题进行边界界定即要对问题的实质进行界定和规范性陈述。在从元问题向实质问题转化的过程中，分析人员要从最基本或最一般的方面确定问题。一旦界定了实质问题，就可以进一步确立更详细、更具体的规范问题，从实质问题到规范问题这个过程称为问题的详述，即对实质问题形成一个规范的数学表达式（模型）。对于结构不良的问题来说，主要任务在于界定问题本身的性质。问题构建的一个关键问题在于，实质及规范问题在多大程度上与原先的问题情势相符合。对政策分析来说，最重要的是要形成对问题的实质的界定和规范性陈述，以充分地表现这种复杂性。

4. **政策问题构建的步骤**（2012 年北京航空航天大学）

政策问题是指一种由相当数量的社会成员感觉到的与人的利益、价值和要求相联系的，并由团体活动所界定的，以及为政府所认可，认为必须加以解决的社会问题。它不仅是一种客观存在的“事实”或状况，而且也是一种主观感知及集体行动的产物。

构建政策问题是政策分析人员在不同的利益相关者所持有的相互分歧的意见中连续地、反复地探究问题的阶段。对问题的构建是一个居于整个政策分析中心的指导系统或者定向机制，在这一阶段上政策分析人员工作的好坏直接影响到后续的政策分析阶段能否成功。

（1）问题构建和感知问题

问题构建可以提供与政策相关的知识，这些知识对支撑问题定义的基本假设提出质疑，而正是基于这些假设，政策问题进入了政策议程并运行于政策制定过程。

（2）问题构建与解决问题

政策分析是一个多层次的过程，既包括高层次的构建问题的方法，也包括低层次的解决问题的方法。这些高层次的方法被称为元方法——即它们“高于”或“先于”低层次的解决问题的方法。

（3）问题构建与政策分析

为解决一些结构不良的政策问题，要求政策分析人员将他们自己完全置于问题情势中，积极参与到对问题本身性质的确定之中，充分运用创造性的判断力和洞察力，专注于问题的构建和问题的解决。

第22章　公共政策的前景预测分析

育明教育名师解析

本章对政策生命周期早期阶段的工作进行分析，部分内容与之前章节有所重复，考生要注意在熟悉框架的基础上有重点地背记。

22.1　章节知识框架

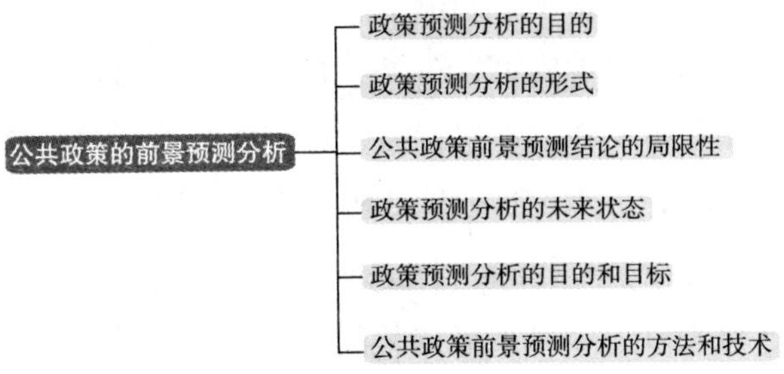

22.2 常考知识点梳理

【考点1】政策预测分析的目的——严强《公共政策学》

政策分析中的预测是指一种程序或方法，它依据先前政策分析的各阶段所掌握的关于政策问题、目标和方案的信息或知识，对政策（方案）的未来前景做出估计、推测或判断。

公共政策前景预测分析的思维是按逆时针方向进行的，政策问题构建分析的思维是按顺时针方向进行的。公共政策预测分析是政策评估、比较与抉择的基础。对政策的未来或结果的预测能力及水平的高低直接影响政策分析能否取得预期效果。通过预测，我们可以获得有关政策方案的前景及结果的信息，加深对政策、目标和方案的认识，从而使我们具备前瞻性，拓展我们了解、控制和指导社会的能力。

公共政策前景预测分析是基于归纳、演绎或逆向逻辑，依据过去趋势、理论假设、专家判断，对未来政策内容、结果及利益相关者的行为变化做出预言、推断或猜想。这种预测分析是在政策执行前、在行动的进行及结果发生前进行的。

公共政策前景预测分析不仅是政策分析的后来阶段的前提，而且是政策手段更好地实现指导和控制社会过程的一个前提条件。其目的是：

（1）获取未来社会状态及其发展趋势的信息。

（2）制定政策以控制和规范社会的未来发展。

（3）从未来提供的可能性中选择最佳行动方案。

【考点2】政策预测分析的形式——严强《公共政策学》

1. 推断形式

基于历史和目前的趋势向未来进行外推的一种预测形式，它根据来自于方法和类似情况的论证而得出明确的结论，如估计能源消耗和人口增长。这种形式以时间序列分析方法的有效性或者过去和未来政策之间有相似性来支撑预测论证的说服力。借助于权威的意见和某些理论来补充论证的说服力。

优点：应用简单，费用低，比一些高级复杂的方法更加精确。

基础假设：过去存在的模式将在未来继续，而且那些模式是规则的并能够进行测量的。

2. 预言形式

基于明确的理论假设进行逻辑演绎的一种预测形式，如以经济模型为基础进行的年度经济预测。这种形式以公认的理论法则、具有认同性的理论主张以及类比方式来支撑预测论证的说服力，借助于权威的意见和模型方法补充论证的说服力。

理论假设：采用理论法则、理论命题或类比等形式。

3. 猜测形式

基于专家和实践家对未来社会状态的判断进行直观论证的一种预测形式，大多数技术性预测属于猜测。这种形式以利益相关者的洞察力、创造性和灵感来支撑预测论证的说服力，借用权威的意见、模型方法和因果关系来补充论证的说服力。

【考点3】公共政策前景预测结论的局限性——严强《公共政策学》

1. 预测准确程度的有限性

所有政策预测的准确程度是有限的。这是因为预测的准确性受到许多因素的制约，如问题的性质、资料或数据的充分性和可靠性，预测的时限、脉络背景、体制，预测的方法、技术、模型及其包含的假定，等等。

2. 预测形式和方法的相对性

不同的政策预测形式和方法的效果是相对的。

3. 预测过程受背景因素的制约性

任何政策预测分析都会受到背景因素的制约。在预测中人们不可避免地会遇到三个背景因素：机构的因素、时间的因素、历史的因素。

【考点4】政策预测分析的未来状态——严强《公共政策学》

1. 政策预测分析的对象

政策预测分析的对象是推断、预言或猜测的参照点。政策预测分析有四个对象：(1) 现行政策效果；(2) 新政策内容；(3) 新政策结果；(4) 政策利益相关者的行为。

2. 政策预测分析的方法论基础

预测方法论的主要基础是：趋势外推、理论假设和有见地的判断。

(1) 趋势外推

趋势外推把观察到的过去事物趋势扩展到未来。它假定过去发生的事情在未来也会发生，只要没有新的政策或出乎意料的事件干预而改变了事件的进程。

（2）理论假设

理论假设是系统地建构了经验上可以检验的系列定律和命题——它们基于另一个事件而做出一个事件出现的预测。

（3）有见地的判断

有见地的判断是指以经验和洞察力为基础的，而非以演绎或归纳推理为基础的知识。这些判断通常由专家或有识之士来表述，在理论或政府数据缺乏或不充分的情况下使用。

3. 未来状态的三种类型

（1）可能的未来

它是将来可能发生的社会状态，如以太阳能为基础的社会。

（2）合理的未来

它是以对自然和社会的因果假设为基础的，在政策制定者不干预事件发展方向的条件下，被认为有可能发生的社会状态。

（3）规范的未来

它是那些与政策分析人员对未来的需要、价值观和机会的构想相一致的潜在的合理的未来，如充分就业、裁军、人口零增长。

【考点5】政策预测分析的目的和目标——严强《公共政策学》

1. 未来目的和目标的对比

特征	未来目的	未来目标
具体性	宽泛的陈述	具体的陈述
规范性	规范界定	可操作界定
量化程度	非量化	基本量化
标的群体	宽泛规定	具体限定

2. 未来目的和目标的来源

规范的未来的目的、目标和方案的来源主要包括以下八个方面：

（1）权威。在寻求方案以解决问题时，政策分析人员可以咨询在本领域有权威的专家。

（2）洞察力。政策分析人员可以向对某一问题有特别认识的人进行咨询。

（3）方法。对政策方案的寻求也可以从政策分析的创新方法中获益。

（4）科学理论。自然科学和社会科学做出的解释也可以是政策方案、目的和目标的重要来源。

（5）动机。信仰、价值观及相关人士的需要也可以作为政策方案的来源。

（6）类似事件。其他国家和地方政府的经验是政策方案的一个重要来源。

（7）类推。不同问题中的相似之处是政策方案的又一个来源。

（8）伦理体系。政策方案的另一个重要来源是伦理系统。

【考点6】公共政策前景预测分析的方法和技术——严强《公共政策学》

1. 趋势外推法

趋势外推法强调用观察到的过去事物的变化趋势来推测未来状态。这种方法的依据是过去的变化模式会在将来重复出现，将来的变化与过去已经被观察到的变化相同或相类似。

在进行推断时，趋势外推法依赖于下面三个基本假定：（1）持续性；（2）规律性；（3）数据的可靠性和有效性。

趋势外推法具体包括以下四种技术：

（1）传统的时间序列分析

传统的时间序列分析是按照时间的顺序将预测目标的历史数据排列成时间序列，然后分析它随时间变化的趋势，外推预测目标的未来值。

（2）线性趋势估计

线性趋势估计是趋势外推法的一个标准技术，它以时间序列里的观察值为基础，利用回归分析来取得对未来社会的精确的数学估计。线性回归法以持续性、规律性和数据的可靠性为基础。

（3）非线性序列

在未来趋势呈线性变化的情况下，采用线性分析方法非常直观方便。但是在现实过程中，各种变量之间的关系非常复杂，呈现非线性关系。

（4）剧变法

剧变法是拓扑学的特殊分支，它主要涉及对不连续过程的系统研究和数学表达，专门被设计来预测一个变量的小变动引起另一个变量的大变动的趋势。剧变法是一种研究自然和社会不连续的基本类型的方法。

2. 理论假设法（理论预测法）

理论假设法强调理论假设是大前提，通过演绎逻辑，将预测的现象和过程作为小前提，并得出结论。这种方法的依据是理论假设的大前提与所要预测的现象之间是因果联系。

理论假设法的基础是演绎逻辑，即从一般的陈述推出特殊的陈述。理论假设法得到的政策预测的结果的形式是推断。

(1) 理论图形化

理论图形化是一种帮助政策分析人员把一项理论或因果推论的关键假设明确并排列的技术。它可以有助于揭示下列四种因果推论：收敛的、发散的、系列的和循环的推论。

(2) 因果模型

理论模型化是用一系列技术和假设来简化的理论表达形式（模型）。制作模型是理论预测中一个关键的部分，因为政策分析人员很少能直接用理论来进行预测。

优点在于，它促使政策分析者将因果假定加以明确化；局限性在于政策分析者往往倾向于将统计分析所发现的共同变化与因果推理混为一谈。

(3) 回归分析

作为一种一般性的统计程序，回归分析不仅用于趋势估计，而且也用于理论预测。在理论预测中，回归分析能对某一因变量和一个或多个自变量的关系模式做准确估计。当回归分析只考虑单个自变量时，称为简单回归分析，而它同时考虑两个或两个以上自变量时，称为多重回归分析。

其优势在于，为自变量和因变量之间的关系模式提供了总体衡量。迫使政策分析人员决定两个或两个以上变量中哪一个是原因，哪一个是结果，即弄清楚谁是自变量，谁是因变量。

3. 判断预测方法（有见地的判断方法）

这种方法一般在政府缺乏经验和缺少理论假设的情况下使用，强调对未来的预测依赖于专家和有识之士的判断。这种方法的依据是现实中存在着支撑未来结果的信息和假设。判断预测法的基础是逆向逻辑，即分析者从一个猜测的事态出发，然后寻找支持这一猜测的数据和假定。

(1) 德尔菲法

德尔菲法是一种获得、交换和发展关于未来事件的灵通信息的直觉预测程序，其过程是利用一系列简明扼要的问卷和对所获得意见的有控制的反馈，从而取得一组专家最可靠的统一意见。

德尔菲法的应用强调如下五个基本原则：

①匿名性；②循环反复；③有控制的反馈；④统计学意义的小组反馈；⑤专家共识。

政策德尔菲法是对常规德尔菲法的局限性的创造性反应，它试图创造新的程序来解决复杂的政策问题。在常规德尔菲法循环反复和有控制的反馈这两个原则的基础之上，发展了新的原则：①选择性匿名；②有见地的多种倡议；③两极分化；④构建冲突；⑤使用计算机召集会议。

政策德尔菲法一般由下面一系列相互关联的步骤构成。

①明确问题。政策分析人员首先要决定什么样的具体问题应该由有见地的参与者提出。

②选择参与人。在这里应该把主要的利益相关者选择出来。

③问卷设计。由于政策德尔菲法需要进行若干轮，所以政策分析人员必须决定在第一轮和后几轮中所用问卷的具体项目。

④分析第一轮结果。第一轮问卷收回后，政策分析人员应试着对预测、问题、目标和选择提出初步的看法。

⑤设计出后续问卷。必须为第二、第三、第四或第五轮设计问卷。前一轮的结果用作后一轮的基础。

⑥召开小组会议。召集参与人面对面地展开讨论。

⑦准备最终报告。政策德尔菲法不能保证最终会达成一致意见，但一般都能取得创造性意见。

应用德尔菲法应注意如下事项：

①必须根据应答者所提出的建议，随时灵活地设计问卷，整理汇总工作应当程序化。

②提出的问题必须清楚明确，不能有歧义或多种理解，不要使用模糊词汇，措词在整个问讯过程中不要随意改变。

③问题应有内在联系，构成整体，不要分散，数量也不能过多，另外一般应给应答者付报酬。

④在征询之前，应向专家说明预测过程的安排和要求，说明他们相信这一过程的意见。

⑤每一轮的征询都应留出空间让应答者提出个人意见、理由、建议、疑问。

⑥除了书面问卷外，可以辅以直接接触的方式，如开小型座谈会、会见等。

德尔菲法在应用中经常出现的问题有：

①成见或条条框框的束缚，即把某种成见、条条框框或管理小组自己的观点强加于应答者，不让专家有自由发挥的余地。

②滥用，即对德尔菲法缺乏理解，不看是否合适而滥用该方法。

③缺乏汇总与反馈技巧，所提问题让应答者无法了解，导致信息失真。

④忽视分歧意见，不加以进一步讨论，使持不同看法者失望而退出。

⑤低估这一程序的作用及困难，没有给应答者付费。

（2）交叉影响分析

交叉影响分析或称交叉影响矩阵法，是又一种被广泛应用的判断预测技术。它通过考虑事件的相互作用来预测事件的发生概率；或者说，它根据相关事件出现或不出现来做出未来事件出现概率的直觉判断。交叉影响分析的目的是查明那些将促成或制约其他相关事件出现的事件，它所依据的是条件概率原则。

交叉影响分析主要分析未来事件三个方面的联系：①联系的模式（方向）；②联系的强度；③联系的时间间隔。

优势在于，它使分析人员注意到在其他情况下会被忽略的事件之间的相互关联。它也使分析人员根据新的假设或证据对以前的概率进行连续修正。

局限性：

①分析人员不能保证在分析中将所有潜在的相互关联的事件都包括进去，这就再一次让我们注意到问题建构法的重要性。

②即便动用计算机软件包和先进的计算机技术技能，建立并运行矩阵也是相当耗时耗力的。

③尽管已经解决了许多困难，矩阵计算中仍然存在一些技术困难。

④现有交叉影响分析的应用有着常规德尔菲法同样的弱点，即不现实地强调专家意见的一致性；最适合于运用交叉影响分析的，是那些冲突而非一致性较为分散的问题。这样，就需要用问题建构法来发现并讨论支持主观条件概率的那些不同的假设和意见。

（3）可行性评价

可行性评价是为了对利益相关者未来行为提出构想而专门设计的，它可以帮助分析人员预测利益相关者在支持/反对不同政策方案的采纳或执行时的可能影响。

它主要评价政治和组织的三个方面：①问题的位置；②可利用资源；③相对资源排序。

可行性评价的优势主要体现在：

①它迫使分析人员做出明确的主观判断。

②可以使分析人员系统地评价政策立场和现有资源对政策方案变动的敏感性。

局限性：

①它并不能系统地发现支持主观判断的那些假设和意见。也许，解决这个困难的最佳办法就是采用政策德尔菲法或假设分析法。

②它假设利益相关者的立场是独立的，并且它们都发生在同一时点。

③像其他判断预测法一样，它在使用常规理论或经验数据无法解决复杂问题的条件下，是最有效的。

22.3　热门院校真题解析

一、名词解释题

1. 政策前景预测分析（2020年山东师范大学）

政策分析中的预测是指一种程序或方法，它依据先前政策分析的各阶段所掌握的关于政策问题、目标和方案的信息或知识，对政策（方案）的未来前景做出估计、推测或判断。

公共政策前景预测分析的思维是按逆时针方向进行的，政策问题构建分析的思维是按顺时针方向进行的。公共政策预测分析是政策评估、比较与抉择的基础。对政策的未来或结果的预测能力及水平的高低直接影响政策分析能否取得预期效果。通过预测，我们可以获得有关政策方案的前景及结果的信息，加深对政策、目标和方案的认识，从而使我们具备前瞻性，拓展我们了解、控制和指导社会的能力。

公共政策前景预测分析是基于归纳、演绎或逆向逻辑，依据过去趋势、理论假设、专家判断，对未来政策内容、结果及利益相关者的行为变化做出预言、推断或猜想。这种预测分析是在政策执行前、在行动的进行及结果发生前进行的。

2. 推断形式（2015年湖南师范大学）

基于历史和目前的趋势向未来进行外推的一种预测形式，它根据来自于方法和类似情况的论证而得出明确的结论，如估计能源消耗和人口增长。这种形式以时间序列分析方法的有效性或者过去和未来政策之间有相似性来支撑预测论证的说服力。借助于权威的意见和某些理论来补充论证的说服力。

优点：应用简单，费用低，比一些高级复杂的方法更加精确。

基础假设：过去存在的模式将在未来继续，而且那些模式是规则的并能够进行测量的。

3. 预言形式（2021年江西师范大学）

基于明确的理论假设进行逻辑演绎的一种预测形式，如以经济模型为基础进行的年度经济预测。这种形式以公认的理论法则、具有认同性的理论主张以及类比方式来支撑预测论证的说服力，借助于权威的意见和模型方法补充论证的说服力。

理论假设：采用理论法则、理论命题或类比等形式。

4. 猜测形式（2011年湖南师范大学）

基于专家和实践家对未来社会状态的判断进行直观论证的一种预测形式，大多数技术性预测属于猜测。这种形式以利益相关者的洞察力、创造性和灵感来支撑预测论证的说服力，借用权威的意见、模型方法和因果关系来补充论证的说服力。

5. 趋势外推法（2017年北京航空航天大学）

趋势外推法是预测的方法论基础的一种，强调用观察到的过去事物的变化趋势来推测未来状态。它假定过去发生的事情在未来也将会发生，只要没有新的政策或出乎意料的时间的干预而改变了事件的进程。趋势外推的根据是归纳推理，即一种从特殊的观察陈述到一般结论的推理过程。

在进行推断时，趋势外推法依赖于下面三个基本假定：持续性、规律性、数据的可靠性和有效性。

6. 传统的时间序列分析（2018年华中农业大学）

传统的时间序列分析是按照时间的顺序将预测目标的历史数据排列成时间序列，然后分析它随时间变化的趋势，外推预测目标的未来值。

7. 线性趋势估计（2021年江西理工大学）

线性趋势估计是趋势外推法的一个标准技术，它以时间序列里的观察值为基础，利用回归分析来取得对未来社会的精确的数学估计。线性回归法以持续性、规律性和数据的可靠性为基础。

8. 非线性序列（2021年南昌大学）

在未来趋势呈线性变化的情况下，采用线性分析方法非常直观方便。但是在现实过程中，各种变量之间的关系非常复杂，呈现非线性关系。

9. 剧变法（2021年中国科学院大学）

剧变法是拓扑学的特殊分支，它主要涉及对不连续过程的系统研究和数学表达，专门被设计来预测一个变量的小变动引起另一个变量的大变动的趋势。剧变法是一种研究自然和社会不连续的基本类型的方法。

10. 理论假设法/理论预测法（2021年中国社会科学院大学）

理论假设法强调理论假设是大前提，通过演绎逻辑，将预测的现象和过程作为小前提，并得出结论。这种方法的依据是理论假设的大前提与所要预测的现象之间是因果联系。

理论假设法的基础是演绎逻辑，即从一般的陈述推出特殊的陈述。理论假设法得到的政策预测的结果的形式是推断。

11. **理论图形化**（2021年哈尔滨工业大学）

理论图形化是一种帮助政策分析人员把一项理论或因果推论的关键假设明确并排列的技术。它可以有助于揭示下列四种因果推论：收敛的、发散的、系列的和循环的推论。

12. **因果模型**（2021年东北大学）

理论模型化是用一系列技术和假设来简化的理论表达形式（模型）。制作模型是理论预测中一个关键的部分，因为政策分析人员很少能直接用理论来进行预测。

优点在于，它促使政策分析者将因果假定加以明确化。局限性在于政策分析者往往倾向于将统计分析所发现的共同变化与因果推理混为一谈。

13. **回归分析**（2016年、2015年杭州师范大学）

作为一种一般性的统计程序，回归分析不仅用于趋势估计，而且也用于理论预测。在理论预测中，回归分析能对某一因变量和一个或多个自变量的关系模式做准确估计。当回归分析只考虑单个自变量时，称为简单回归分析，而它同时考虑两个或两个以上自变量时，称为多重回归分析。

其优势在于，为自变量和因变量之间的关系模式提供了总体衡量。迫使政策分析人员决定两个或两个以上变量中哪一个是原因，哪一个是结果，即弄清楚谁是自变量，谁是因变量。

14. **判断预测方法（有见地的判断方法）**（2021年大连理工大学）

这种方法一般在政府缺乏经验和缺少理论假设的情况下使用，强调对未来的预测依赖于专家和有识之士的判断。这种方法的依据是现实中存在着支撑未来结果的信息和假设。判断预测法的基础是逆向逻辑，即分析者从一个猜测的事态出发，然后寻找支持这一猜测的数据和假定。

15. **德尔菲法**（2019年中央民族大学；2017年湖南师范大学；2017年杭州师范大学；2015年山东大学；2014年安徽大学；2012年对外经济贸易大学；2010年华中农业大学）

育明教育名师解析

本考点与第13章政策规划中热门院校真题解析名词解释题第12题有融合，考生可结合记忆。

德尔菲法是一种获得、交换和发展关于未来事件的灵通信息的直觉预测程序，其过程是利用一系列简明扼要的问卷和对所获得意见的有控制的反馈，从而取得一组专家最可靠的统一意见。

德尔菲法的应用强调如下五个基本原则：匿名性、循环反复、有控制的反馈、统计学意义的小组反馈、专家共识。

政策德尔菲法一般由下面一系列相互关联的步骤构成。

①明确问题。政策分析人员首先要决定什么样的具体问题应该由有见地的参与者提出。

②选择参与人。在这里应该把主要的利益相关者选择出来。

③问卷设计。由于政策德尔菲法需要进行若干轮，所以政策分析人员必须决定在第一轮和后几轮中所用问卷的具体项目。

④分析第一轮结果。第一轮问卷收回后，政策分析人员应试着对预测、问题、目标和选择提出初步的看法。

⑤设计出后续问卷。必须为第二、第三、第四或第五轮设计问卷。前一轮的结果用作后一轮的基础。

⑥召开小组会议。召集参与人面对面地展开讨论。

⑦准备最终报告。政策德尔菲法不能保证最终会达成一致意见，但一般都能取得创造性意见。

16. **交叉影响分析**（2011 年湖南师范大学）

交叉影响分析或称交叉影响矩阵法，是又一种被广泛应用的判断预测技术。它通过考虑事件的相互作用来预测事件的发生概率；或者说，它根据相关事件出现或不出现来做出未来事件出现概率的直觉判断。交叉影响分析的目的是查明那些将促成或制约其他相关事件出现的事件，它所依据的是条件概率原则。

交叉影响分析主要分析未来事件三个方面的联系：（1）联系的模式（方向）；（2）联系的强度；（3）联系的时间间隔。

优势在于，它使分析人员注意到在其他情况下会被忽略的事件之间的相互关联。它也使分析人员根据新的假设或证据对以前的概率进行连续修正。

局限性：

（1）分析人员不能保证在分析中将所有潜在的相互关联的事件都包括进去，这就再一次让我们注意到问题建构法的重要性。

（2）即便动用计算机软件包和先进的计算机技术技能，建立并运行矩阵也是相当耗时耗力的。

（3）尽管已经解决了许多困难，矩阵计算中仍然存在一些技术困难。

（4）现有交叉影响分析的应用有着常规德尔菲法同样的弱点，即不现实地强调专家意见的一致性；最适合于运用交叉影响分析的，是那些冲突而非一致性较为分散的问题。这样，就需要用问题建构法来发现并讨论支持主观条件概率的那些不同的假设和意见。

17. **可行性评价**（2021 年湘潭大学）

可行性评价是为了对利益相关者未来行为提出构想而专门设计的，它可以帮助分析人员预测利益相关者在支持/反对不同政策方案的采纳或执行时的可能影响。

可行性评价的优势主要体现在两个方面：（1）它迫使分析人员做出明确的主观判断。（2）可以使分析人员系统地评价政策立场和现有资源对政策方案变动的敏感性。

局限性：（1）它并不能系统地发现支持主观判断的那些假设和意见。也许，解决这个困难的最佳办法就是采用政策德尔菲法或假设分析法。（2）它假设利益相关者的立场是独立的，并且它们都发生在同一时点。（3）像其他判断预测法一样，它在使用常规理论或经验数据无法解决复杂问题的条件下，是最有效的。

18. **情景描述法**（2008 年华中农业大学）

情景描述法又称脚本写作法，这种方法被广泛地应用于政策未来的预测之中。它把研究对象分为主题和环境，通过对环境的研究，识别影响主题发展的外部因素，模拟外部因素可能发生的各种交叉情景，以预测主题发展的各种可能前景。情景描述表现为着重研究偶发事情及决策要点的一系列假设事件。

情景描述预测的过程包括如下几个基本步骤：（1）确定预测主题；（2）根据预测主题，寻找资料；（3）寻找影响主题的环境因素；（4）分析在不同影响领域主题实现的可能性以及突发事件的影响；（5）对各种可能出现的主题状态进行预测。

二、简答题→论述题

1. **政策预测分析的目的**（2017 年、2014 年湖南师范大学）

公共政策前景预测分析的思维是按逆时针方向进行的，政策问题构建分析的思维是按顺时针方向进行的。公共政策预测分析是政策评估、比较与抉择的基础。对政策的未来或结果的预测能力及水平的高低直接影响政策分析能否取得预期效果。通过预测，我们可以获得有关政策方案的前景及结果的信息，加深对政策、目标和方案的认识，从而使我们具备前瞻性，拓展我们了解、控制和指导社会的能力。

公共政策前景预测分析是基于归纳、演绎或逆向逻辑，依据过去趋势、理论假设、专家判断，对未来政策内容、结果及利益相关者的行为变化做出预言、推断或猜想。这种预测分析是在政策执行前、在行动的进行及结果发生前进行的。

公共政策前景预测分析不仅是政策分析的后来阶段的前提，而且是政策手段更好地实现指导和控制社会过程的一个前提条件。其目的是：

（1）获取未来社会状态及其发展趋势的信息。

（2）制定政策以控制和规范社会的未来发展。

（3）从未来提供的可能性中选择最佳行动方案。

2. 预测的过程及程序

公共政策前景预测分析是基于归纳、演绎或逆向逻辑，依据过去趋势、理论假设、专家判断，对未来政策内容、结果及利益相关者的行为变化做出预言、推断或猜想。这种预测分析是在政策执行前、在行动的进行及结果发生前进行的。

预测的过程或程序如下：

（1）预测目标，分析其所处的环境。

（2）搜集与整理数据，编制假想脚本。

（3）选择预测方法，建构预测模型。

（4）总结预测结果，编写预测报告。

3. 政策前景预测分析结论的局限性（2014 年湖南师范大学；2011 年暨南大学）

公共政策前景预测分析是基于归纳、演绎或逆向逻辑，依据过去趋势、理论假设、专家判断，对未来政策内容、结果及利益相关者的行为变化做出预言、推断或猜想。这种预测分析是在政策执行前、在行动的进行及结果发生前进行的。

政策前景预测分析结论的局限性主要表现在如下三个方面：

（1）预测准确程度的有限性

所有政策预测的准确程度是有限的。这是因为预测的准确性受到许多因素的制约，如问题的性质、资料或数据的充分性和可靠性，预测的时限、脉络背景、体制，预测的方法、技术、模型及其包含的假定，等等。

（2）预测形式和方法的相对性

不同的政策预测形式和方法的效果是相对的。

（3）预测过程受背景因素的制约性

任何政策预测分析都会受到背景因素的制约。在预测中人们不可避免地会遇到三个背景因素：机构的因素、时间的因素、历史的因素。

4. 简述政策德尔菲法的主要步骤（2009年对外经济贸易大学）

德尔菲法，又名专家意见法，是依据系统的程序，采用匿名发表意见的方式，即团队成员之间不得互相讨论，不发生横向联系，只能与调查人员产生关系，通过反复填写问卷，以集结问卷填写人的共识及搜集各方意见，可用来构造团队沟通流程，应对复杂任务难题的管理技术。德尔菲法在20世纪40年代由赫尔默和戈登首创。1946年，美国兰德公司为避免集体讨论存在的屈从于权威或盲目服从多数的缺陷，首次用这种方法进行定性预测，后来该方法被迅速广泛采用。

政策德菲尔法主要有以下步骤。

（1）向团队成员发出第一份初始调查表，收集参与者对于某一话题的观点。（注：德尔菲法中的调查表与通常的调查表有所不同，通常的调查表只向被调查者提出问题，要求回答，而德尔菲法的调查表不仅提出问题，还兼有向被调查者提供信息的责任，它是团队成员交流思想的工具。）

（2）向团队成员发出第二份调查表（列有其他人意见），要求其根据几个具体标准对其他人的观点进行评估。

（3）向团队成员发出第三份调查表（列有第二份调查表提供的评价结果、平均评价、所有共识），要求其修改自己原先的观点或评价。

（4）总结出第四份调查表（包括所有评价、共识和遗留问题），由组织者对其综合处理。

使用德尔菲法进行团队沟通可以避免群体决策的一些可能缺点，声音最大或地位最高的人没有机会控制群体意志，因为每个人的观点都会被收集。另外，管理者可以保证在征集意见以便做出决策时，没有忽视重要观点。

第23章　公共政策的行动建议分析

育明教育名师解析

本章知识点内容出自严强《公共政策学》的政策分析部分，从政策行动建议角度入手展开论述，框架清晰，知识点解释充分。考生依旧遵循以前推荐的高效复习方法，在掌握大框架的基础上再多轮深化记忆。

23.1　章节知识框架

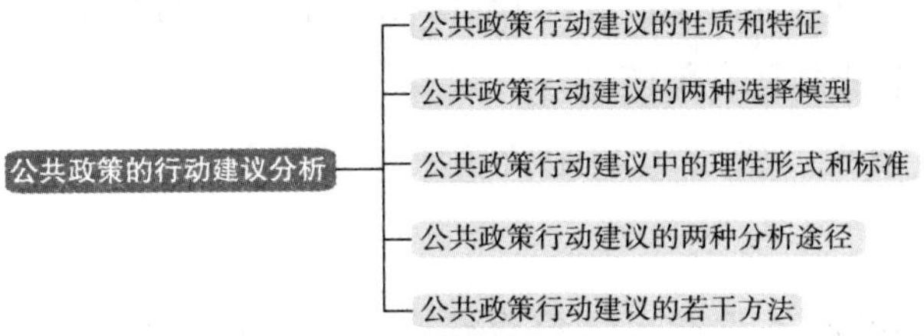

23.2 常考知识点梳理

【考点1】公共政策行动建议的性质和特征——严强《公共政策学》

1. 政策行动建议的性质

政策行动建议是将有关政策前景预测的信息转换为能够产生有价值结果的行动信息的过程，它是一种从政策预测到政策行动的中介。政策分析人员不仅要分析政策活动未来的可能状况，更重要的是要提供对个人、社会产生有价值结果的有关政策行动的信息。

2. 政策行动建议的特征

（1）可行动性。指不局限于事实和价值问题，还要对能满足需要、价值和机会的改进行动进行论证。

（2）前瞻性。指是在采取行动前提出来的。

（3）价值依赖性。指预期的行动不仅能产生预测的结果，而且这种结果对个人、群体和整个社会是有价值的。

（4）道德复杂性。指某一特定价值，既可以被看作目的，也可以被看作手段。

【考点2】公共政策行动建议的两种选择模型——严强《公共政策学》

1. 政策行动建议的简单选择模型

（1）简单选择模型的基本要素

①事实前提。指以实践知识为根据，从实践上讲可以表现为好或坏的假设，是决策活动中所依据的客观事实。

②价值前提。指以某种价值观或道德体系为基础可表现好或坏的假设。

（2）事实前提与价值前提的区别（西蒙）

①提出问题的角度不同。事实前提是从能不能和可不可以的角度提出问题，主要侧重于客观实际条件。价值前提是从需要不需要和值不值得做出决策的角度提出问题，主要侧重于决策主体的要求。

②认识形式的表现不同。事实前提的判断依赖于明显的客观标准，往往容易达成共识。价值前提的判断则更多地依赖于人们的价值体系，经常引起冲突和

矛盾。

③影响决策的作用不同。价值前提对决策的影响主要表现在决策目标的确定上，事实前提对决策的作用主要体现在行动方案的选择上。

（3）简单选择模型的基本假设

①单个决策者。指选择必须局限于个人。

②产生的结果是确定的。指必须确切地知道选择的结果，然而在现实中却极少如此。

③结果只在一个时点上马上表现出来。指行动的结果应马上表现出来。

2. 政策行动建议的复杂选择模型

（1）具有多个利益相关者、多个决策者，其中的每一方，都会给政策选择带来不同的事实前提和价值前提。指可能存在相当大的冲突。

（2）方案的结果具有不确定性，具有风险性。指许多因素都会对方案的结果产生影响。

（3）结果受时间影响，有随意性。指方案的结果要在相当长的时间后才能表现出来，这意味着其中的价值会发生改变。

【考点3】公共政策行动建议中的理性形式和标准——严强《公共政策学》

1. 政策行动建议中的理性形式

（1）技术理性。指从解决公共问题的有效性或技术的合理性上加以比较。

（2）经济理性。指从方案解决公共问题的效率、效益上加以比较。

（3）法律理性。指从方案与现存的法规和先例的一致性程度上加以比较。

（4）社会理性。指从解决公共问题对维护公认的社会制度、促进制度化能力上加以比较。

（5）实质理性。指在对多种理性选择形式包括技术的、经济的、法律的、社会的进行比较后，做出切合实际情况的选择。

2. 政策行动建议中的理性理论

（1）完全理性理论

①个人或集体决策者必须选择一个所有的利益相关人都确认的政策问题。

②个人或集体决策者必须在能够解决问题的所有目标、目的上达成一致。这些目的、目标的取得意味着问题的解决。

③个人或集体决策者必须了解有助于问题解决的所有方案，并了解所有方案导致的结果。

④个人或集体决策者都依据目标和目的选择方案并努力选择最大限度实现目标的方案。

（2）不连续渐进理论

①认为实际的政策选择很少能和完全理性理论的要求相吻合。

②在政策选择时，个人或集体决策者往往只考虑与现状稍微有差别的目标。

③限制每种方案预测结果的数量。

④在目标、目的和方案间调整。

⑤在获取新信息时不断重新构建问题以及相应的目的、目标和方案。

⑥在行动中不断随时修正选择。

⑦不断地治理现存社会问题，而不是在一个时点上完全解决问题。

⑧与社会各种团体分担分析、评价责任，以便政策选择能分开和间断。

（3）不可能理论

阿罗明确了民主决策的五个条件：

①选择的非限制性。指在进行集体选择时，所有可能的个人偏好的组合都应被考虑进去。

②集体选择的非反常性。指集体选择应一致地、不偏不倚地反映个人选择。

③方案的独立性。指选择应限制在独立于其他方案的某一套方案中。

④公民的至上性。指集体决策不能局限于精英选择。

⑤非强制性。指个人和团体都不能将偏好强加于其他人，从而决定集体决策的结果。

（4）有限理性理论

指认为虽然选择应该是理性的，但选择却要受进行选择的实际环境的限制。认为单一的、独立的个人行为想实现高度的理性是不可能的。

（5）混合扫描理论

指针对决策者面临问题的性质进行选择理性调整，把战略选择的要求和操作性决策的要求做了区分。

3. 政策行动建议中的选择标准

（1）效益标准。指某一特定方案能否实现或达到预期的行动结果，即目标。

（2）效率标准。指为生产特定水平的效益所需要付出的努力的数量，是效益与努力之间的关系。通常用单位产品和服务的成本，或用单位成本提供的产品与服务的数量来表示。

（3）充分性标准。指对效益与成本之间关系强度的期望。

（4）公平标准。指效益（服务的数量或货币化的收益）与努力（货币成本）被公平或公正地分配。

（5）回应性标准。指政策满足特定群体的需要、偏好和价值的程度。

（6）适当性标准。指一项政策目标与支持这一目标的前提能否站住脚。

【考点4】公共政策行动建议的两种分析途径——严强《公共政策学》

1. 公共选择的特点

（1）有多个合法的利益相关者。指涉及多个合法的利益相关者。这些利益相关者拥有的权益受到法律的保护，但很难知道谁的利益应该最大化，谁应支付公共投资的成本。

（2）公共与准公共物品。

（3）收入计量的有限可比性。指绝大多数公共、准公共物品之间不可比。

（4）对社会成本和社会收益的公共责任。指公共政策带来的公共项目，其成本和收益是社会化的，是社会成本和社会收益，虽然很难计量，但都需要承担责任。

2. 公共政策行动建议的成本收益分析

（1）成本收益分析的特点

①尽量用货币的量来计算政策运行的成本和收益，包括可能对社会产生作用的有形的和无形的所有成本和收益。

②传统的成本收益分析方法以私人市场作为政策行动建议的出发点，集中体现经济理性。现代的成本收益分析方法关注社会公平，与社会理性相一致，着重进行社会成本与社会收益比较分析。

（2）优势

①成本收益分析都以货币为计算单位，分析人员可以从收益中减去成本。

②成本收益分析可以超越单一政策的局限，将收益同社会整体收入结合起来。

③成本收益分析能对许多不同领域（如健康和交通）的政策加以广泛的比较，因为收益是用货币来表示的。

（3）局限

①绝对地强调经济效益就会忽略收益分配上的公平问题。

②以货币作为价值衡量标准，很难对回应性做出评估。

③当物品不存在市场价值时（如空气），分析人员常常主观估计公众愿意支

付的价格即影子价格，带有主观任意性。

（4）成本收益分析的种类

①内部和外部的成本与收益。指内部和外部的成本与收益是针对特定目标群体或区域而言的。内部与外部是相对的。

②可直接计算的和要间接计算的成本与收益。可计算的（有形的）成本与收益是指成本和收益可以用已知的市场价格来计算。要间接计算的（无形的）成本与收益是指成本和收益要间接地使用估计的市场价格来计算。

③首要的和次要的成本与收益。首要的成本与收益是指同政策项目最重要的目标相关的成本与收益，有时也称为直接成本与收益。次要的成本与收益是指与政策项目次要的目标相关的成本与收益，有时也称为间接成本与收益。

④效率净值和再分配收益。效率净值是指真正的净收入增加，即总收益减去总成本结果大于零。再分配收益是指以一个群体的牺牲为代价向另外一个群体"货币性"地转移收入。

（5）成本收益分析的任务

①明确目标群体和受益人。指对政策利益相关者做出分析。

②对信息的收集、分析和解释。指为了预测备选方案的结果，收集、分析和解释与之相关的信息。

③估计成本和收益。指要求对目标群体和受益人可能经历的所有成本和收益做出货币化估计，并且应当按成本和收益的各种类型做估计。

④将成本和收益以货币计量。指成本通常是以政府的预算即实际拨出的经费来计量的。

⑤将成本收益折旧和折现。

⑥估计风险和不确定性。指运用敏感性分析来预测未来要发生的收益和成本的概率。

⑦选择决策标准。即六个标准：效率、效益、充分性、公平、回应性、适宜性。

⑧提出建议。指在两个或两个以上的备选方案中选择一个作为行动建议。

3. 公共政策行动建议的风险收益分析

（1）风险分析。指被用于分析由有害的技术和对健康有害的威胁带来的风险。

（2）成本收益分析。指把有害行动产生的效益和带来的风险进行明确的对比。

4. 公共政策行动建议的成本效益分析

（1）特征

①由于只有成本需要以货币计算，效益则不需要，所以计量变得比成本收益分析更容易。

②在决定政策方案效用的时候，不再把政策结果与经济效益和社会福利相结合，集中体现了技术理性。

③不需要再以私人市场和私人投资利润最大化来衡量政策的有效性，而是注意公平。

④特别适合解决政策中外部性和无形成本或收益问题，因为这些影响都难以用货币来衡量。

⑤成本收益分析适合解决变动成本与变动效益（Ⅲ类）问题，而成本效益分析则适合解决固定成本与变动效益（Ⅰ类）问题和固定效益与变动成本（Ⅱ类）问题。

（2）优点

容易应用，适合衡量很难用市场价格来计算的政策问题，而且适于分析外部性和无形成本问题。

（3）局限性

①不能显示让政策利益相关者满意的净收益。

②不能同社会总体福利问题相联系，主要局限于对特定的项目、区域或目标群体的衡量。

【考点5】公共政策行动建议的若干方法——严强《公共政策学》

1. 目标图形化方法

可先从已经确定的若干目标入手，构建目标树；接着运用层级、类别分析、头脑风暴法等几个构建政策问题的技术，在原先的图形上补充，形成一整套目标。最上部的目标是最宽泛的，而下面的则代表目的、目标和分目标。目标图形化技术既有助于把政策实施的复杂性图形化，也有助于澄清行动的目的。

2. 价值澄清方法

（1）将政策或项目的所有相关目标用目标树列出。

（2）明确所有影响政策目标的和受政策目标影响的利益相关者，包括政策分析人员；列出政策利益相关者赞成的价值前提。

（3）将所有价值前提分为个人的价值表达、特定群体的价值陈述和判明普遍好坏的价值判断。

（4）将价值前提进一步分为为解释目标提供基础的前提和为目标的合理性提供理由的前提。

3. **价值评价方法**

（1）确定一个或多个政策倡议性主张，作为政策行动建议的基础。

（2）列出所有影响政策行动建议或被政策行动建议影响的相关人。

（3）描述每位政策利益相关人对政策行动建议的支持或反对意见。

（4）明确辩论的每一个要素：信息（I）、主张（C）、修饰词（Q）、理由（W）、支持（B）、反驳（R）。

（5）评价每一个意见的道德说服力，决定是否保留、改变或者拒绝。

4. **成本要素构建方法**

成本要素构建就是对建立和实施一个政策或项目所需要的成本加以分类和描述。成本要素结构是需要耗费资源的功能、设备和供应的一个列表。

5. **敏感性分析方法**

敏感性分析是用来测试成本收益或成本效益分析中出现不同假设时分析结果变化程度的方法。由于政策方案在未来实施时具有风险性和不确定性，会出现不同情况。政策分析人员可以对未来成本进行高、中、低三种假设，并单独计算在每种假设下的不同比率，以观察这些比率对不同的假设有多敏感。

6. **合理性分析方法**

（1）物质的制约。指从物质以及技术手段的角度衡量政策是否能够达到预期的目标。

（2）法律的制约。指现行的法律、规则和章程会对政策行动建议产生重要影响。

（3）组织的制约。指涉及组织系统能否将一个政策行动建议具体化，执行者有多大的授权及控制力，目标群体的配合程度如何，有没有足够的人力、物力以保证政策的执行，有没有备选的执行方法。

（4）政治的制约。指政策分析中的一个特色部分，贯穿于整个政策分析过程。

（5）分配的限制。指分配是否公正在一定程度上是通过推测成本与收益如何对相关的亚群体产生影响来评价的。

（6）预算的限制。

①该政策行动建议占有和使用经济资源的可能性，进而实现政策目标的可能性。

②实施该政策行动建议所花费的成本和取得的收益。

23.3 热门院校真题解析

一、名词解释题

1. **政策行动建议**（2019年福州大学）

政策行动建议是将有关政策前景预测的信息转换为能够产生有价值结果的行动信息的过程，它是一种从政策预测到政策行动的中介。政策分析人员不仅要分析政策活动未来的可能状况，更重要的是要提供对个人、社会产生有价值结果的有关政策行动的信息。要对特定的政策行动做出建议，首先需要分析各种方案选择会产生何种结果，其次还需要分析哪种能产生结果的方案是最有价值的，采取哪种行动的理由是什么。政策行动建议一般具有可行动性、前瞻性、价值依赖性、道德复杂性。

2. **敏感性分析**（2016年北京航空航天大学）

敏感性分析是用来测试成本收益或成本效益分析中出现不同假设时分析结果变化程度的方法。由于政策方案在未来实施时具有风险性和不确定性，会出现不同情况。政策分析人员可以对未来成本进行高、中、低三种假设，并单独计算在每种假设下的不同比率，以观察这些比率对不同的假设有多敏感。

二、简答题→论述题

1. **政策行动建议的特征**（2018年云南师范大学）

政策行动建议是将有关政策前景预测的信息转换为能够产生有价值结果的行动信息的过程，它是一种从政策预测到政策行动的中介。

好的、有效的政策行动建议一般具有如下特点。

（1）可行动性。指不局限于事实和价值问题，还要对能满足需要、价值和机会的改进行动进行论证。

（2）前瞻性。指是在采取行动前提出来的。

（3）价值依赖性。指预期的行动不仅能产生预测的结果，而且这种结果对个人、群体和整个社会是有价值的。

（4）道德复杂性。指某一特定价值，既可以被看作目的，也可以被看作手段。

2. 政策行动建议的简单选择模型（2018年清华大学）

政策行动建议是将有关政策前景预测的信息转换为能够产生有价值结果的行动信息的过程，它是一种从政策预测到政策行动的中介。

（1）简单选择模型的基本要素

①事实前提。指以实践知识为根据，从实践上讲可以表现为好或坏的假设，是决策活动中所依据的客观事实。

②价值前提。指以某种价值观或道德体系为基础可表现好或坏的假设。

（2）事实前提与价值前提的区别

①提出问题的角度不同。事实前提是从能不能和可不可以的角度提出问题，主要侧重于客观实际条件。价值前提是从需要不需要和值不值得做出决策的角度提出问题，主要侧重于决策主体的要求。

②认识形式的表现不同。事实前提的判断依赖于明显的客观标准，往往容易达成共识。价值前提的判断则更多地依赖于人们的价值体系，经常引起冲突和矛盾。

③影响决策的作用不同。价值前提对决策的影响主要表现在决策目标的确定上，事实前提对决策的作用主要体现在行动方案的选择上。

（3）简单选择模型的基本假设

①单个决策者。指选择必须局限于个人。

②产生的结果是确定的。指必须确切地知道选择的结果，然而在现实中却极少如此。

③结果只在一个时点上马上表现出来。指行动的结果应马上表现出来。

3. 政策行动建议中的理性形式（2019年清华大学）

政策行动建议是将有关政策前景预测的信息转换为能够产生有价值结果的行动信息的过程，它是一种从政策预测到政策行动的中介。

政策行动建议中的理性形式有冲突选择和多种理性形式，具体内容如下。

在提出政策行动建议的过程中，必然涉及两个或多个政策建议之间的选择；由于大多数的情形涉及多个利益相关者、不确定性以及随时间而改变的结果，所以在实际进行选择时，难免会发生价值判断相互冲突的情况。冲突和分歧是多数政策行动建议的重要特征。

行动建议选择时可依据的理性是多样的。这种多元理性基本包括如下内容：

（1）技术理性。指从解决公共问题的有效性或技术的合理性上加以比较。

（2）经济理性。指从方案解决公共问题的效率、效益上加以比较。

（3）法律理性。指从方案与现存的法规和先例的一致性程度上加以比较。

（4）社会理性。指从解决公共问题对维护公认的社会制度、促进制度化能力上加以比较。

（5）实质理性。指在对多种理性选择形式包括技术的、经济的、法律的、社会的进行比较后，做出切合实际情况的选择。

4. 公共政策行动建议的方法（2012年湖南师范大学）

政策行动建议是将有关政策前景预测的信息转换为能够产生有价值结果的行动信息的过程，它是一种从政策预测到政策行动的中介。

公共政策行动建议的方法如下。

（1）目标图形化方法

可先从已经确定的若干目标入手，构建目标树；接着运用层级、类别分析、头脑风暴法等几个构建政策问题的技术，在原先的图形上补充，形成一整套目标。最上部的目标是最宽泛的，而下面的则代表目的、目标和分目标。目标图形化技术既有助于把政策实施的复杂性图形化，也有助于澄清行动的目的。

（2）价值澄清方法

①将政策或项目的所有相关目标用目标树列出。

②明确所有影响政策目标的和受政策目标影响的利益相关者，包括政策分析人员；列出政策利益相关者赞成的价值前提。

③将所有价值前提分为个人的价值表达、特定群体的价值陈述和判明普遍好坏的价值判断。

④将价值前提进一步分为为解释目标提供基础的前提和为目标的合理性提供理由的前提。

（3）价值评价方法

①确定一个或多个政策倡议性主张，作为政策行动建议的基础。

②列出所有影响政策行动建议或被政策行动建议影响的相关人。

③描述每位政策利益相关人对政策行动建议的支持或反对意见。

④明确辩论的每一个要素：信息（I）、主张（C）、修饰词（Q）、理由（W）、支持（B）、反驳（R）。

⑤评价每一个意见的道德说服力，决定是否保留、改变或者拒绝。

（4）成本要素构建方法

成本要素构建就是对建立和实施一个政策或项目所需要的成本加以分类和描述。成本要素结构是需要耗费资源的功能、设备和供应的一个列表。

（5）敏感性分析方法

敏感性分析是用来测试成本收益或成本效益分析中出现不同假设时分析结果变化程度的方法。由于政策方案在未来实施时具有风险性和不确定性，会出现不同情况。政策分析人员可以对未来成本进行高、中、低三种假设，并单独计算在每种假设下的不同比率，以观察这些比率对不同的假设有多敏感。

（6）合理性分析方法

①物质的制约。指从物质以及技术手段的角度衡量政策是否能够达到预期的目标。

②法律的制约。指现行的法律、规则和章程会对政策行动建议产生重要影响。

③组织的制约。指涉及组织系统能否将一个政策行动建议具体化，执行者有多大的授权及控制力，目标群体的配合程度如何，有没有足够的人力、物力以保证政策的执行，有没有备选的执行方法。

④政治的制约。指政策分析中的一个特色部分，贯穿于整个政策分析过程。

⑤分配的限制。指分配是否公正在一定程度上是通过推测成本与收益如何对相关的亚群体产生影响来评价的。

⑥预算的限制。A. 该政策行动建议占有和使用经济资源的可能性，进而实现政策目标的可能性。B. 实施该政策行动建议所花费的成本和取得的收益。

5. 政策行动建议中的选择标准（2011 年暨南大学；2010 年北京大学）

政策行动建议是将有关政策前景预测的信息转换为能够产生有价值结果的行动信息的过程，它是一种从政策预测到政策行动的中介。政策行动建议中的选择标准如下。

（1）效益标准。指某一特定方案能否实现或达到预期的行动结果，即目标。

（2）效率标准。指为生产特定水平的效益所需要付出的努力的数量，是效益与努力之间的关系。通常用单位产品和服务的成本，或用单位成本提供的产品与服务的数量来表示。

（3）充分性标准。指对效益与成本之间关系强度的期望。

（4）公平标准。指效益（服务的数量或货币化的收益）与努力（货币成本）被公平或公正地分配。

（5）回应性标准。指政策满足特定群体的需要、偏好和价值的程度。

（6）适当性标准。指一项政策目标与支持这一目标的前提能否站住脚。

第24章　公共政策分析方法论

育明教育名师解析

本章主要介绍公共政策分析中用到的一些具体方法，其中包括数学中的回归分析等内容，专业性较强，但与出题老师考查的重点相违背。因此，有些方法考生了解即可，不需要强行背记，应将时间和精力花在更应该熟练背记的内容上。

24.1　章节知识框架

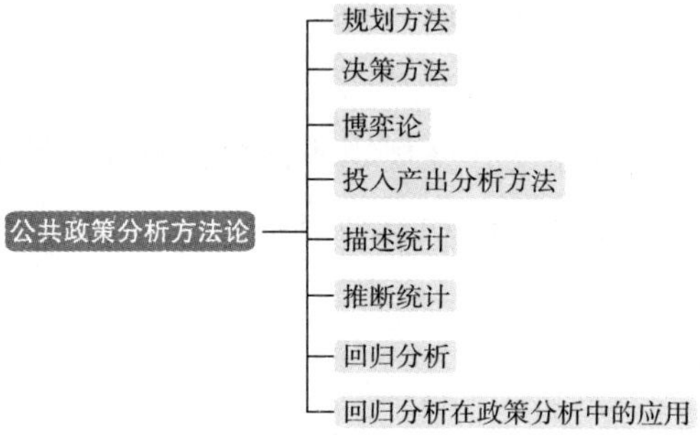

24.2 常考知识点梳理

【考点1】规划方法——陈庆云《公共政策分析》

规划方法是运筹学的重要组成内容，包括线性规划、非线性规划、整数规划、目标规划、动态规划、随机规划等。其中，线性规划是目前应用最为广泛、最为成功的运筹学模型，是现代科学管理的重要手段之一，是帮助管理者进行决策的有效方法。

1. 线性规划

（1）线性规划的建模与计算。

（2）线性规划模型的标准形式。

（3）线性规划的应用：①投资问题；②物资调配问题。

2. 整数规划

（1）整数规划简介

在线性规划问题中，得出的最优解可能是整数，也可能是非整数。但在某些实际问题中，要求的答案必须是整数。解决这个问题，可以用线性规划中另一重要的方法——整数规划来解决。

整数规划不能采用将求得的线性规划非整数解舍入化整的方法求解。传统的求解整数规划的方法有分支定界法和割平面法。Excel 软件和 LINDO 软件都可以求解整数规划。

（2）“0-1”规划问题

“0-1”规划是整数规划中的特殊问题，变量的取值仅限于 0、1 这两个整数。在公共政策分析中，常用到“0-1”规划的有选址问题、指派问题、固定成本问题、投资问题、政策实施问题等。这些问题可以加以扩展，用在公共管理的许多领域。

3. 动态规划

在公共政策分析中，还会遇到这样一类问题：它把整个决策过程划分为若干互相联系的阶段。在每一个阶段都需要做出决策，并且在一个阶段的决策确定后，会影响下一阶段的决策，以至于影响到整个活动过程。如果每一个阶段选择了最恰当的决策，这样可期望获得整体上的最优化。正由于每个阶段是以时段表示的，各阶段所采取的不同决策都随时间而变化，这类规划又称动态规划。

动态规划可用于解决最短路程问题。在解决这类问题时，可以分阶段解决，递推求出每个阶段到始点的最短距离，最后求出终点到始点的最短距离。动态规划还可用于解决装载问题、资源分配问题、背包问题、生产与存储问题等。

【考点2】决策方法——陈庆云《公共政策分析》

1. 西蒙对决策的定义

决策是指为了达到一定的目标，从两个或多个可行方案中选择一个合理方案的分析和判断过程。

在决策方法中，把所面临的几种不以人们意志为转移的自然情况，称为自然状态或客观条件，简称状态（或条件），这是一些不可控因素。把那些为实现目标的各种方案，称为行动方案，简称方案（或策略）。

2. 决策的分类

决策有多种分类方法，根据决策所面临问题的特点可以分为以下五种：

（1）长期决策与短期决策。

（2）战略决策、战术决策与业务决策。

（3）初始决策与追踪决策。

（4）程序化决策与非程序化决策。

（5）确定型决策、不确定型决策与风险型决策。

3. 确定型决策

（1）定义

确定型决策是指决策者对决策目标的未来发展有十分清楚的了解，其有关条件都能准确地列举，每种决策只可能有一种后果。也就是说，确定型决策是指决策环境完全确定，决策的结果也是确定的决策。

（2）特点

由于确定型决策的决策结果只有一个，相关的条件也都是确定的，其决策过程与不确定型决策相比要简单一些，只需从备选的决策方案中，挑选出最优的即可进行决策。当然，在现实中，完全确定不变的情形很少见。但在很多情况下，变化倒也不大。而对于变化不大的情形，确定型决策通常不会导致较大的偏差，并且具有决策过程简便的优势，因此通常也还是适用的。

(3) 两种常见的确定型决策方法

①盈亏平衡分析决策方法

A. 盈亏平衡分析的目的是考察盈亏平衡的相关经济变量的取值情况。

B. 盈亏平衡是指总收益等于总成本的情形。对于私营企业部门来说，不亏本是其经营的最低要求，如果达不到这一要求，不如放弃该项经营活动。

C. 对于公共管理部门来说，虽然不以营利为目的，但盈亏平衡对于公共产品的定价也具有重要的参考价值。

②净现值决策方法

在对公共管理项目进行论证时，对比不同的备选方案，可能会发现其现金流量存在两种性质的差异。

A. 现金流量大小的差异，即投入及产出数量上的差异。

B. 现金流量时间分布上的差异，即投入及产出发生在不同的时点。因此，为了保证决策的科学性，必须运用资金时间价值的理论，将不同时点的现金流折算成相同时点的有可比价值的现值（或终值），才能科学地判断方案的优劣。

4. 不确定型决策

(1) 定义

不确定型决策是指在决策变量中存在着不可控因素，可能遇到各种自然状态，从而引起不同的结果。决策者对各种自然状态出现的概率无法估计，但知道几种行动方案在各种不同的自然状态下所获得的相应的收益值，这类决策问题被称为不确定型决策。

(2) 不确定型决策的决策准则

①悲观主义准则

在悲观主义准则下，决策者从最不利的角度考虑问题，在最差的需求状况中，选出收益最好或者是损失最小的方案。

②乐观主义准则

在乐观主义准则下，决策者从最有利的结果考虑问题，从最好的需求状况中，选出收益最大的方案。

③等可能性准则

由于对未来事件发生的概率无法确定，在此准则下，决策者可以将各自然状态发生的可能性看成是相等的，即认为事件 N_i（$i=1, 2, \cdots, n$）发生的概率为 $\frac{1}{n}$。然后根据此概率，计算各行动方案的期望收益值，从中选择期望收益值最大的行动方案作为决策的最优方案。

④最小机会损失准则

最小机会损失准则，又称最小遗憾准则或后悔值准则，是指某一事件发生后，由于决策者没有选择收益最大的方案而形成的损失值。决策时，决策者将比较各决策方案在各种自然状态下的最大损失值，从中选择损失值最小的决策方案作为最优方案。

5. 风险型决策

（1）如果决策者在决策时面临一些随机因素，尽管这些因素不是确定的，但决策者可以估计出这些随机因素的概率分布，同时还可以估计出各个不同的决策方案在各种不同的随机因素下的收益值，这类决策被称为风险型决策。

（2）决策方法包括：①最大期望收益准则；②最大可能收益准则；③最大期望效用准则；④序列决策问题。

【考点3】博弈论——陈庆云《公共政策分析》

1. 现代博弈论

（1）概念

竞争性质的活动是公共政策分析中常见的现象。在竞争过程中各方为了达到自己的利益，必须考虑对手各种可能的行动方案，并力图选取对自己最为有利的或最为合理的方案，即要研究采取对抗其他竞争者的策略，这就是对策问题，又称博弈问题。对策或博弈是指决策者在竞争场合下做出的决策。研究对策或博弈的理论与方法，称为策论或博弈论。它是现代数学的一个新分支，也是管理运筹学的一个重要学科。

（2）基本要素

任何一个博弈现象，实际上都包含着以下四点基本要素。

①局中人。有权决定自己选用何种策略的参加者。

②策略及策略集。供自己选择的实际可行的完整的行动方案，一种方案称为一个策略，策略的全体就构成策略集。策略集中的策略可以是有限的，也可以是无限的。若所有局中人的策略集均为有限集时，则称此博弈为有限博弈；否则，为无限博弈。

③局势与支付函数。局中人在各自策略集中各取一个策略所构成的策略组合称作“局势”。于是，一局的赢得就是局势的函数。这个函数就是支付函数（或称赢得函数），简称支付（或赢得）。显然，每个局中人在一局博弈结束后的得

失，不仅与自己选取的策略有关，而且与对方选取的策略也有密切的关系。

④除了上述三个基本要素之外，现代博弈论还有一个非常重要的前提条件，即假定每一个局中人都知道他自己和别人的策略与赢得。而且，每一个局中人也知道其他局中人也掌握这些知识。

2. 纳什均衡

假设有 n 个人参与博弈，给定其他人策略的条件下，每个人选择自己的最优策略（个人最优策略可能依赖于也可能不依赖于其他人的策略）。纳什均衡是指这样一种策略组合或局势，这种策略组合由所有参与人的最优策略组成，也就是说，给定别人策略的情况下，没有任何单个参与人有积极性选择其他策略，从而没有任何人有积极性打破这种均衡。

【考点4】投入产出分析方法——陈庆云《公共政策分析》

1. 投入产出分析方法简介

（1）投入产出分析的应用

①投入产出分析法最重要的应用是制定中长期的经济发展计划。通过投入产出表，可以分析报告期国民经济中的各种重要比例关系。

②利用投入产出分析法进行经济预测，是投入产出分析应用最为广泛的一个方面。通过对若干份、若干期投入产出表进行动态分析，可以找出各种经济数据的变化规律，从而对整个国民经济或地区、企业未来的发展趋势做出预测。

③投入产出分析法还可以用来研究一些专门的社会问题，如：污染问题、人口问题、就业问题、军备开支、投资分配、能耗平衡等。

④在公共政策分析中，由于各部门之间存在着各种各样的经济联系，一项新的经济政策出台、实施，往往会引起连锁反应。投入产出分析法可用于政策模拟，通过投入产出模型估计这个复杂系统的相互影响，来分析重大政策对国民经济的影响。

（2）投入产出模型的分类

①动态模型和静态模型。

②价值型模型和实物型模型。

③世界性模型、全国性模型、地区间模型、地区模型、部门模型、企业模型。

④产品模型、固定资产模型、生产能力模型、劳动模型、价格模型、财务模型和环境保护模型。

2. 投入产出表与投入产出基本模型

（1）投入产出表的结构；（2）投入产出基本模型；（3）投入产出案例分析。

【考点5】描述统计——陈庆云《公共政策分析》

1. 描述统计的概念

描述统计是指用归纳性的数值来概括一组数据的空间分布和相互之间的关系。在公共管理领域，描述统计是大量存在的。

2. 描述统计的基本方法

（1）最大值和最小值

最大值和最小值即一组数据中的最大数和最小数。

（2）频数分布及频数分布表

在一组数据中，将具有某种特征的数据出现的次数按某种顺序排列。

（3）绘制频数分布图

管理者通常希望用更加直观的图形方式，比如直方图、折线图、饼图等来描述数据特征。Excel 是绘制频数分布图的常用工具。

（4）百分数分布

百分数分布反映了具有某种特征的数据的出现次数在全体数据中所占的百分比。

（5）累积频数分布

累积频数是频数的逐级累加值。百分数分布表和累积频数分布表都可以利用 Excel 绘制成图形。

（6）集中趋势和离散趋势

集中趋势测度和离散趋势测度是描述统计的两类基本描述方法。集中趋势测度描述了统计数据分布的定位情况；离散趋势测度则描述了统计数据在均值附近分布的聚集或离散程度。

（7）均值

均值即数据的算术平均数。

（8）中位数

中位数是指一组数据按照数值大小顺序排列后，恰好处于中心位置的那个数。如果数据量为偶数，即中心处有两个数据，则取两个数的均值作为中位数。

（9）标准差

标准差是最常用的离散趋势测度方法。其计算公式为：$\sigma=\sqrt{\frac{\sum_{i=1}^{n}(x_i-\bar{x})}{n}}$

其中，n 为统计数据的个数，x_i（$i=1, 2, \cdots, n$）为统计数据的值。标准差的平方，即σ^2称作方差。

【考点6】推断统计——陈庆云《公共政策分析》

1. 推断统计的概念

在公共管理活动中，统计对象往往相当复杂，数据量较大，因此一般是从总体中抽取出有代表性的样本，然后通过样本来推断总体的特征。在推断统计的基础上，管理者将做出解释、预测或估价。推断统计是指通过对样本的统计，来推断或估计总体的分布特性。

2. 推断统计的方法

（1）参数与统计量

用来概括数据总体特征的测度值称为参数，用来概括样本特征的测度值称为统计量，样本的均值、标准差、中位数等都是统计量。

（2）抽样分布

只要样本容量n小于总体容量N，总体中样本就不止一个。不同的样本就会有不同的统计量。其中任意两个样本的统计量相等的概率几乎为0。因此这些统计量也有相应的概率分布，称为抽样分布。

（3）抽样误差与无偏估计

样本统计量和相应的总体参数之间会存在一定的数值差异，称为抽样误差。统计量随样本变化而变化，抽样误差也随着统计量变化而变化，如果这些误差值的均值为0，则称该统计量是对总体参数的无偏估计。

（4）均值标准误

均值抽样分布的标准差被称为均值标准误（差），均值标准误越小，表示这个抽样分布越集中，在这种情况下，无论选用哪一个样本代表总体的可靠性都比较高；反之，均值标准误越大，抽样分布就越分散。其计算公式为：

$$\sigma_{\bar{x}} = \frac{s}{\sqrt{n}}$$

其中，s为样本标准差，n为样本容量。

（5）置信区间

抽样误差越小越好，但误差总是存在的，因此某个样本统计量能否用来估计总体参数，取决于公共管理者对抽样误差的精度要求。公共管理者可以根据样本给出一个随机范围，这个范围以某种可以接受的概率保证对参数估计的正确性，即总体参数以某种概率包含在这个范围内。这个范围被称为置信区间，可以接受的概率被称为置信度或置信水平，通常记为$1-\alpha$（α为一个较小数）。

当样本容量足够大时，如果已知总体标准差σ，则总体均值的置信区间为：

$$[\bar{X}-Z_{\frac{\alpha}{2}}\times\sigma_{\bar{x}},\bar{X}+Z_{\frac{\alpha}{2}}\times\sigma_{\bar{x}}]$$

其中，$\bar{X}$是样本均值，$Z_{\frac{\alpha}{2}}$是正态分布函数在$\frac{\alpha}{2}$上的分位值，$\sigma_{\bar{x}}$是均值标准误。

$\bar{X}-Z_{\frac{\alpha}{2}}\times\sigma_{\bar{x}}$被称为置信区间下限，$\bar{X}+Z_{\frac{\alpha}{2}}\times\sigma_{\bar{x}}$被称为置信区间上限。

（6）样本规模

一般而言，在样本容量不变的前提下，置信区间越大，置信度就越高，但是估计的精确度就越低；相反，置信区间越小，置信度就越低，但精确度却越高。

（7）假设检验

假设检验是分析者事先对总体的某个统计特征做出某种假设，然后通过抽样来分析该假设存在的可能性，从而判断假设是否能够成立。

（8）接受域与拒绝域

无论假设成立与否，样本统计量很难与总体参数相等，不能因此简单地判断假设是否成立。可以仿照置信区间的做法，围绕假设的总体参数设置一个范围，使得随机抽取的样本统计量以1-α（α是很小的数）的概率包含在这个范围内，也就是说随机样本统计量出现在这个范围之外是一个小概率（α）事件。在假设检验中，上述的这个范围被称为接受域，范围之外被称为拒绝域。

（9）单侧检验和双侧检验

①如果拒绝域仅仅分布在坐标轴的一边，这种检验称为单侧检验。

②双侧检验，就是指当统计分析的目的是要检验样本平均数和总体平均数，或样本成数或总体成数有没有显著差异，而不问差异的方向是正差还是负差时，所采用的一种统计检验方法。

（10）假设检验的步骤

①根据要求确定原假设H_0和备择假设H_1，并确定显著水平α。

②根据总体分布的特征，构建一个检验统计量T。

③根据是双侧检验还是单侧检验，决定取α还是α/2。

④计算接受域和拒绝域。

⑤根据显著性水平，将统计量T与相应的分位数比较，判断是接受还是拒绝原假设H_0。

(11) 两类错误

由于对上述假设的判断是基于“拒绝小概率事件”，并不能保证做出完全正确的判断。一方面，有可能会“以真当假”，即原假设是真实的，却做出拒绝的判断（称之为第Ⅰ类错误）；另一方面，也有可能“以假当真”，即原假设是错误的，却得出了接受的结果（称之为第Ⅱ类错误）。

第Ⅰ类错误和显著性水平α相关，提高α，相应的拒绝域也就增大，犯第Ⅰ类错误的可能性也就增大。因此，显著性水平α也可以看成是第Ⅰ类错误的概率临界值，即把犯第Ⅰ类错误的概率控制在α以内。

通常用β表示第Ⅱ类错误的概率。显然，当α减小时，判断假设成真的条件变得相对宽松，从而β就会增大，犯第Ⅱ类错误的可能性就增加。所以，同时减小第Ⅰ类错误和第Ⅱ类错误是比较困难的。避免犯错误的方法是，选用经验积累的结果做原假设，一旦原假设被拒绝，可以及时采取调换样本再检验；也可以采用不同的显著性水平做检验，当结果不同时，增加样本容量再检验。

【考点7】回归分析——陈庆云《公共政策分析》

1. 回归分析的概念

回归分析法是在掌握大量观察数据的基础上，利用数理统计方法建立因变量与自变量之间的回归关系函数表达式。这是一种从事物因果关系出发进行预测的方法。在操作中，根据统计资料求得因果关系的相关系数，相关系数越大，因果关系越密切。通过相关系数就可确定回归方程，预测今后事物发展的趋势。

2. 变量与坐标图

回归分析是研究对象之间是否存在依赖关系的技术之一。在回归分析中，某个变量（称之为因变量，用Y表示）依赖其他变量（称之为自变量，用X表示）的变化而变化。如果自变量只有一个，则称这种回归为一元回归，否则，称为多元回归。

3. 线性回归

用坐标图来反映变量之间的关系具有直观的优点，但是当数据量较大时，目测出来的关系是不准确的。因此可以利用数学函数来表示变量间的关系，这种函数称为回归函数。

对于线性回归函数$y=a+bx$，其回归系数为：

$$a=\frac{n\sum_{i=1}^{n}x_i y_i-\sum_{i=1}^{n}x_i\sum_{i=1}^{n}y_i}{n\sum_{i=1}^{n}x_i^{\ 2}-(\sum_{i=1}^{n}x_i)^2},\quad b=\frac{\sum_{i=1}^{n}y_i-a\sum_{i=1}^{n}x_i}{n}$$

4. 拟合优度

任何两个变量都可以通过线性回归来概括它们之间的关系。但在得到一个线性回归结果后，自然要提出一个问题，即这条直线对数据分布的模拟程度究竟如何。通常用拟合优度来描述这种模拟程度。最常用的拟合优度测度方法是计算判定系数 γ^2，其中 γ 称为相关系数。γ^2 等于可解释的离差（即估计值与均值的离差）与不可解释的离差（真实值 y_i 与均值的离差）之间的比率，即 $\gamma^2 = \frac{\sum(\hat{y}_i - \bar{Y})}{\sum(y_i - \bar{Y})^2}$。其直观的解释是：Y 的变化中可以由 X 来说明或解释的百分比。

5. 标准误差

拟合优度的第二种常用方法是计算标准误差。回归计算的标准误差公式为：

$$S_{xy} = \sqrt{\frac{\sum_{i=1}^{n}(y_i - \hat{y})^2}{n-2}}$$

标准误差越小，说明拟合度越好，即有越强的线性关系，回归方程对因变量的估计就越准确。

6. 斜率的标准误差

第三种拟合优度方法是计算斜率的标准误差。如果是从总体中抽取样本进行回归分析，那么由多个样本分别所得到的斜率估计值就会有差异，这些斜率估计值所对应的概率分布称为斜率的抽样分布，斜率抽样分布的标准差被称为斜率的标准误差，记作 Se_a，其计算公式为：

$$Se_a = \frac{S_{xy}}{\sqrt{\sum(x_i - \bar{X})^2}}$$

7. t 检验

先假设斜率的均值，然后对统计量进行假设检验。如果解释变量 X 服从正态分布，则统计量服从 t 分布，因此可以根据自由度和 t 值，计算对应的接受域。如果某个样本斜率被认为是小概率事件，则拒绝原假设。这种检验称为 t 检验。

8. 在 Excel 中回归一元线性方程

在“数据分析”对话框中选择“回归”，点击“确定”。将光标放在“Y 值输入区域”后面的空格中，然后用鼠标在 Excel 表格中选择因变量所对应的一列。同样，在“X 值输入区域”中输入自变量所对应的一列。选择“标志”“置信度”等选项，然后点击“确定”。这样在回归分析结果中就有两行为回归系数的值，从而可得到回归方程。

9. **多元线性回归**

多元线性回归方程是 $=\beta_1x_1+\beta_2x_2+\cdots+\beta_nx_n+\alpha$。其中，$\beta_1$、$\beta_2$、…、$\beta_n$、$\alpha$ 称作偏回归系数。β_i 又称直线方程的偏斜率，它的含义是如果其他变量不变，β_i 所对应的变量每变化一个单位而导致的因变量变化的幅度。α 在方程中是常数，称为截距。

R^2 称为复判定系数，反映了因变量 y 的变化中能够由自变量 x_1，x_2，…，x_n 解释的百分比。

回归平方和 ss_{reg} 是估计值的方差，它表示回归方程所解释的 y 的变化；残差平方和 ss_{resid} 表示未能被回归方程解释的 y 的变化；总平方和 $ss_{total}=ss_{reg}+ss_{resid}$，即 y 的实际值的方差。

利用回归平方和、残差平方和以及自由度可以计算 F 检验值。其计算公式为：

$$F=\frac{SS_{reg}/(k-1)}{SS_{resid}/(n-k)}$$

注意：t 检验只能检验单个偏回归系数是否为 0，而 F 检验则可以用来判断全部偏回归系数是否都为 0，即 $\beta_1=\beta_2=\cdots=\beta_n=0$ 的假设。

10. **多重共线性**

如果回归方程中的若干自变量之间完全或高度相关，则说明该回归方程存在多重共线性。判断是否存在多重共线性的一个方法是：考察自变量之间的相关系数 r，如果 $|r|$ 很大，比如超过 0.8，则说明存在较为严重的多重共线性。处理多重共线性的方法有两种，一是合并变量，把不同的变量组合成为单一的变量；二是丢弃一些与其他变量之间存在高度相关关系的变量。

11. **非线性回归**

在实际问题中，自变量与因变量之间的依赖关系往往并不是线性形式的，而是某种曲线，这时就需要建立曲线方程来拟合该曲线，这被称为非线性回归或曲线回归。非线性回归建立在线性回归的基础上。通常首先将其转换为线性方程，然后再做回归。

12. **预测和时间序列分析**

（1）回归分析的一个重要应用是能够对观察对象的未来发展做出预测。自变量的新值代入回归方程后，可以计算出所对应的因变量的值及其置信区间，从而可以估计出因变量的未来发展水平，这对政策分析有极大的帮助。

（2）在政策分析中，经常会有某个观察变量随着时间发生变化。为了对今后的具体目标或者发展趋势做出预测，可以将该变量以往的观察值和时间进行回归，得到该变量随时间变化的方程式。然后将今后的时间数值代入方程式，就能够估计出该变量在以后的可能发展水平。

【考点8】回归分析在政策分析中的应用——陈庆云《公共政策分析》

1. 短期影响

短期影响是指在政策影响下，观察变量有一个短期变动，但其随时间变化的基本趋势保持不变。

2. 长期影响

在大多数情况下，政策并不能在瞬时产生一个巨大的影响。相反，当实施一项政策后，通常会经历一段较长的时间，政策才逐步带来效率的改进。

3. 混合影响分析和脉冲效应分析

如果分析者并不清楚究竟是产生了长期影响还是短期影响，就可以采用长短期混合影响分析方法，其中设置两个政策变量，一个反映短期影响，一个反映长期影响。脉冲效应是指某项政策只产生短期的暂时效应。在分析是否存在脉冲效应时，可设置一个脉冲变量，可能产生脉冲的时间设为1，其他设为0。

24.3 热门院校真题解析

一、名词解释题

1. 西蒙对决策的定义［2021 年中国矿业大学（北京）］

决策是指为了达到一定的目标，从两个或多个可行方案中选择一个合理方案的分析和判断过程。

在决策方法中，把所面临的几种不以人们意志为转移的自然情况，称为自然状态或客观条件，简称状态（或条件），这是一些不可控因素。把那些为实现目标的各种方案，称为行动方案，简称方案（或策略）。

2. 非程序化决策（2015 年河海大学；2013 年东南大学）

非程序化决策又称一次性决策，是指具有极大的偶然性和随机性、很少重复发生、结构不清、无先例可循，并且具有大量不确定因素的决策。例如新产品的开发、工厂的扩建、经营多角化等。这种决策不是经常发生的，缺乏准确可靠的统计数据和资料，而且解决这类问题的经验也不足。这种决策在很大程度上依赖于决策者的知识、经验、洞察力和逻辑思维能力。

3. 确定型决策（2021 年陕西师范大学）

确定型决策是指决策者对决策目标的未来发展有十分清楚的了解，其有关条件都能准确地列举，每种决策只可能有一种后果。也就是说，确定型决策是指决策环境完全确定，决策的结果也是确定的决策。

特点：由于确定型决策的决策结果只有一个，相关的条件也都是确定的，其决策过程与不确定型决策相比要简单一些，只需从备选的决策方案中，挑选出最优的即可进行决策。当然，在现实中，完全确定不变的情形很少见。对于变化不大的情形，确定型决策通常不会导致较大的偏差，并且具有决策过程简便的优势。

4. 不确定型决策（2019 年中央民族大学）

不确定型决策是指在决策变量中存在着不可控因素，可能遇到各种自然状态，从而引起不同的结果。决策者对各种自然状态出现的概率无法估计，但知道几种行动方案在各种不同的自然状态下所获得的相应的收益值，这类决策问题被称为不确定型决策。

不确定型决策的决策准则：（1）悲观主义准则；（2）乐观主义准则；（3）等可能性准则；（4）最小机会损失准则。

5. 风险型决策（2019 年中央民族大学；2018 年、2017 年杭州师范大学；2015 年河海大学；2014 年杭州师范大学）

如果决策者在决策时面临一些随机因素，尽管这些因素不是确定的，但决策者可以估计出这些随机因素的概率分布，同时还可以估计出各个不同的决策方案在各种不同的随机因素下的收益值，这类决策被称为风险型决策。

决策方法包括：最大期望收益准则；最大可能收益准则；最大期望效用准则；序列决策问题。

6. 事实分析（2006 年中国政法大学）

在政策分析中，事实是指对客观存在的事物、事件与过程的描述与判断。事实分析是指要对社会的事物、事件、关系及其相互作用进行描述、观察、计数、度量与推理。事实分析中最重要的是要尊重客观实际，排除一切主观干扰。其基本方法之一是进行观察，同时为保证所收集的事实材料真实可靠，必须坚持观察的客观性。

从政策分析的研究角度来看，事实与价值的关系必须搞清楚。客观存在的事实，是客观独立存在于人的意识之外的。但在描述事实时，都离不开价值趋向的引导。同样一个客观事实，人们在观察上明显地表现出主体的价值观。呈现在人们面前的事实，是具有价值的事实。对政府政策而言，问题更在于事实的选择性。因此，政策分析的一个基本点是选择特定价值的事实。

7. 可行性分析（2021 年兰州大学）

可行性分析，是对规范研究中所提出的方案进行考证，论述在客观现实的基础上是否具备了条件与能力。

在政策分析中，可行性分析的重要方面表现在政治、经济及技术的可行性上。

（1）政治上的可行性。政府的政策，从最终的实际执行结果来看，是整个统治阶级的意志，它反映整个统治阶级的根本利益。与此同时，作为指导社会成员行为准则的政策，必须反映和代表那些具有共同经济地位的人们的共同要求和愿望。在我国，强调政策的实施结果，首先要有利于政治稳定，这是政治可行性考虑的出发点。

（2）经济上的可行性。其基本目的是全面研究政策实施的经济效益。在制定政策与实施政策的过程中，都需要消耗资源，即消耗人力、物力与财力等各种资源。考虑经济效益，既要重视投入项，更要重视产出项。

（3）技术上的可行性。其主要表现在实现目标的科技手段上。政治、经济及技术的可行性分析是相互联系、相互影响的，成功的政策，往往要全面地考虑到各方面的可行性，并选出一个最佳结合点。

8. **灵敏度分析**（2020 年江苏师范大学）

灵敏度分析是指在政策分析中，当人们已经对政策问题制定出政策方案后，与政策问题相关的某些因素，或者所构造模型中的系数或参数发生了变化，需要确定其中最敏感的某些因素，获得可能出现的偏差及结论的可信度等的一种分析方法。在风险型决策中，实际所使用的概率基本都是估计的。灵敏度分析是在主观概率可能的估计误差范围内，选取许多不同主观概率值进行试算，看哪些因素变动不影响最优策略的选取；反之，哪些因素稍加变动，最优策略就会变化，即从一个策略变为另一个策略。在这种情况下，所提供的数据称为灵敏性数据。凡是面对灵敏性数据，必须重新审查原来估计的主观概率是否正确。

9. **相互影响矩阵**（2021 年南京航空航天大学）

相互影响矩阵是指为克服特尔菲法的缺陷，充分描述或说明被预测的各个项目之间的支持和排斥作用，从而实现对某一事件发生概率的估计的一种方法。条件概率的计算在相互影响矩阵法中起着极为重要的作用。因条件概率考虑到当一给定事件发生时，另一事件发生的概率，这反映了两事件间的某种关系。事件之间的相关性通过矩阵表来实现。虽然在预测中，会涉及若干个变量与关系，计算也极其复杂，但借助于相互影响矩阵，可以求得它们之间的影响，进一步修正各事件发生的概率。相互影响矩阵法可用于确定一系列事件（A1，A2，…An）及其发生概率（P1，P2，…Pn）之间的变化关系。若需要评定有关某一事件的各种预测方案时，可以用相互影响矩阵法调整它的概率。

10. **时间序列分析**（2018 年华中农业大学；2015 年杭州师范大学）

时间序列分析是指基于时间序列（指随时间顺序而变化的观察值的集合）之上的一种统计分析方法。其用于预测时，逻辑本质是把过去和现在的时间相关的趋势向未来时间方向外推。也就是说，它本质上是归纳法的运用。它的基本假设是：观察资料是可信和有效的；变化趋向和形式是可以外推的。由于过程的内在发展有齐一性，所以预测中对不规则的统计项向规则方向变换是允许的。

11. **成本效益分析**（2017 年华中农业大学；2017 年湖南师范大学；2011 年北京航空航天大学）

成本效益分析法，又称费用效果分析法，是规划与采购工程系统或设备的一种方法。它起源于二次大战后的美国，20 世纪 60 年代后，这种方法广泛流行于各工业部门。在政策的整个运行过程中，所消耗的费用被称为“政策运行成本”，它既包括直接的实际耗费，也包含间接的财富损失。利用成本效益分析法进行政策评价时，可借助于成本效用曲线，以成本为自变量，用 x 表示，以效益为因变量，用 y 表示，即横轴表示成本，纵轴表示效益。

12. **系统方法**（2021 年西北大学）

系统方法是指把对象放在系统的形式中加以考察的一种方法。具体来说，就是从系统的观点出发，始终着重从整体与部分、要素之间，整体与外部环境的相互联系、相互作用、相互制约的关系中综合地、精确地考察对象，以达到“最佳地”处理问题的一种方法。它是一种立足整体、统筹全局，使整体与部分统一起来的科学方法。它将分析与综合有机地结合，并努力运用最新的科学技术，特别是运用数学工具，定量、精确地描述对象的运动状态与规律，为解决如政策系统这一类复杂系统问题，提供研究的新途径。美国学者克朗认为，在政策分析中，若明智地运用系统方法，将会改善所制定的政策质量；若完全缺乏系统分析，将会使复杂系统中的情况恶化。系统方法的显著特点是整体性、综合性和最优化。

13. **方差分析**（2016 年北京航空航天大学）

方差分析，又称“变异性分析”或“F 检验”，是用于两个及两个以上样本均数差别的显著性检验。方差分析的基本思想是通过分析研究不同来源的变异对总变异的贡献大小，从而确定可控因素对研究结果影响力的大小。方差分析的目的是通过数据分析找出对该事物有显著影响的因素、各因素之间的交互作用以及显著影响因素的最佳水平等。

二、简答题→论述题

1. **公共政策分析要回答哪些基本问题**（2004 年首都经济贸易大学）

公共政策分析是对政府为解决各类公共政策问题所选择的政策的本质、产生原因及实施效果的研究。

公共政策分析的基本问题简述如下。

（1）事实分析

是什么？在什么时间与地点？程度是什么？事实的产生可能会改变问题所要达到的价值。事实分析要对社会的事物、事件、关系及其相互作用进行描述、观察、计数、度量与推理。在公共政策分析中，无论是定性还是定量的，人们往往按照经验的方法，对客观现实进行一定因果关系的描述性研究，比如人们可能真实地描述公共费用的多少以及使用情况等。由此提供给政策分析的信息，往往是描述性信息。所以事实分析中最重要的是尊重客观实际，排除一切主观干扰。

（2）价值分析

因为什么？为了谁？应优先考虑什么？价值是问题能否解决的主要检验标准。公共政策中的价值分析，主要是决定某项政策的价值，提供的信息是评价性的。政府所做的事业是社会的公共事业，基本目标是最大程度地满足社会广大人民群众的物质与文化需要。公共政策的倡导、评价功能，决定了价值研究在公共政策分析中的突出地位。

马克思主义的理论指出，人的全部活动都是在追求着某种价值目标，价值目标越大，越是同活动主体的需要相一致，人们所激发的潜能越大。政府所制定的政策价值取向，为社会的不同群体的实践活动提供行动导向。离开了导向，就失去了政策存在的意义。

（3）规范分析

应该是什么？应该怎样做？政策执行的结果是要达到所谋求的价值与利益。规范一般是指规则、标准或尺度。社会规范或行为规范，是指人们为实现其理想，根据特定的观念制定的供一个社会群体诸成员共同遵守的行为规则和标准，它限定人们在一定环境中应该如何行动。人们的行为是多种多样的，规范研究的形式也是多种多样的，如科学规范、道德规范、审美规范、宗教规范、法律规范等。很显然，这些规范形式及内容，均在政策的制定与政策内容中，从不同方面表现出来。比如，法律是一个用来实现某些价值的规范体系。它用一种强制性命令对逆向行为进行制裁，从而达到有效地限定人们行为的目的。政策虽不是法律，但与法律一样，具有很强的规范性。与一般的道德规范不同，政策更多的是通过国家的强制力量来监督执行。

（4）可行性分析

是否行得通？公众是否允许这样做？需要确定客观现实中的能力与可能。可行性分析，是对规范研究中所提出的方案进行考证，论述客观现实的基础是否具备了条件与能力。在政策分析中，可行性分析的重要的方面，表现在政治、技术及经济的可行性上。

（5）利益分析

利益如何分配？利益究竟分给谁？这是政策分析的归宿。人民群众的利益高于一切，是一切政策的出发点。满足人民群众的利益，保护人民群众的利益，发展人民群众的利益，是公共政策的最基本原则，否则会失去政策存在的必要性。这五类分析是相互关联，相互影响的。

2. 简述确定型决策、不确定型决策和风险型决策的差异（2012 年北京科技大学）

确定型决策、不确定型决策和风险型决策是决策的三种类型。

（1）确定型决策是指决策者对决策目标的未来发展有十分清楚的了解，其有关条件都能准确地列举，每种决策只可能有一种后果。也就是说，确定型决策是指决策环境完全确定，决策的结果也是确定的决策。

特点：由于确定型决策的决策结果只有一个，相关的条件也都是确定的，其决策过程与不确定型决策相比要简单一些，只需从备选的决策方案中，挑选出最优的即可进行决策。当然，在现实中，完全确定不变的情形很少见。对于变化不大的情形，确定型决策通常不会导致较大的偏差，并且具有决策过程简便的优势。

（2）不确定型决策是指在决策变量中存在着不可控因素，可能遇到各种自然状态，从而引起不同的结果。决策者对各种自然状态出现的概率无法估计，但知道几种行动方案在各种不同的自然状态下所获得的相应的收益值，这类决策问题被称为不确定型决策。

不确定型决策的决策准则：①悲观主义准则；②乐观主义准则；③等可能性准则；④最小机会损失准则。

（3）风险型决策：如果决策者在决策时面临一些随机因素，尽管这些因素不是确定的，但决策者可以估计出这些随机因素的概率分布，同时还可以估计出各个不同的决策方案在各种不同的随机因素下的收益值，这类决策被称为风险型决策。

决策方法包括：最大期望收益准则；最大可能收益准则；最大期望效用准则；序列决策问题。

第六篇 公共政策管理

育明教育名师解析

本篇是独具特色的一篇，作为本书知识点部分的收官之篇，借鉴严强《公共政策学》，从公共政策管理的角度入手展开论述，包括公共政策结构管理、创新型政策管理和应急型政策管理三个部分。这有效地填补了政策管理方面的知识空白，为考生建构了一套完整的公共政策学科知识体系，考生在复习时要有所思考，遇到相关论述题或案例题要明白答哪些部分的内容，合理安排答题的篇幅。

第25章 公共政策结构管理

育明教育名师解析

本章主要介绍了公共政策的各种结构问题，论述全面，框架清晰。考生在复习时要兼顾框架和解释性语言的背记，一定要记住死记硬背是最无效的。

25.1 章节知识框架

- 公共政策结构管理
  - 政策结构
    - 功能
    - 原则
    - 类型
  - 政策的领域结构管理
    - 政治领域政策群落
    - 经济领域政策群落
    - 文化领域政策群落
    - 社会领域政策群落
  - 政策的形式结构管理
    - 政策的塔式结构模式
    - 政策的树状结构模式
    - 政策的链状结构模式
    - 政策的圈层结构模式
    - 政策的网络结构模式
  - 政策的周期结构管理
    - 单项政策运行的周期
    - 政策集群运行的周期
    - 公共政策运行周期的转换

25.2 常考知识点梳理

【考点1】政策结构功能、原则与类型——严强《公共政策学》

1. 政策结构的功能

（1）能使不同领域、不同次序的政策有机结合起来。

（2）政策的结构化能让政策执行的计划变得更为合理。指立足于政策结构的政策计划就会更为切合实际和合理有序。

（3）政策的结构化能让政策资源的配置变得更为有效。指每项政策在群落体系中都有一定的地位和次序，按照这些进行政策资源的配置，就能保证有限的资源投入收到良好的效果。

（4）政策的结构化能让政策评估的结论变得更为可靠。指将政策合理地结构化，有可能为政策绩效特别是政策效率方面的评估提供方便。

2. 政策结构的原则

（1）服从总体目标的原则。指在特定的时间和空间里，政策主体需要从社会、经济、政治、文化发展的全局出发，制定出一个总体政策目标。

（2）减少内在冲突的原则。指在政策实施前，政策管理者仔细考虑即将付诸实施的政策间的关系，在形成政策群落结构时，注意避免政策打架的情况。

（3）政策有序实施的原则。指将众多政策组合成政策群落时，必须遵循方便、有序实施的原则。

3. 政策结构的类型

（1）政策领域结构

①社会领域的划分。指把整体社会生活视为三大部分或三大领域，即政治、经济和文化。

②社会领域间的关系。指不再把社会公共问题都贴上政治问题的标签，而是用科学的、合理的社会政策来加以处理和解决。

③各个领域内部的细分程度。指在对政策领域结构进行管理时，管理者必须对每个政策领域的任务和目标、地位和功能、内部政策系统和政策的创新与发展做出详细、认真的研究和分析。

（2）政策形式结构

①政策间的上下关系。指中央政策与地方政策、上级政府制定的政策与下级政府制定的政策、国际相关主体实行的政策和国内实施的政策之间存在的关联。

②政策间的左右关系。指在同一层级上，不同领域政策的相互协调。

③政策间的前后关系。指不同政策间存在因果联系或有着手段与目的的关联。

【考点2】政策的领域结构管理——严强《公共政策学》

1. 政治领域政策群落

（1）政治政策的任务和目标

对于不同的社会形态、不同的阶级及其政党来说，制定和执行政治政策所要达到的目标是不一样的。在社会主义社会中，代表先进生产力、代表绝大多数人民利益、代表先进文化发展方向的执政党、国家、政府，制定和实施各项政治政策的目标是为了维护和增进世界和平、维护和保卫国家的独立和安全、维护和实现社会的公平、民主和法治。

（2）政治政策的地位与功能

政治政策的优先与支配的地位决定了对其他公共政策的规划与运行起着保障与导向的作用。

（3）政治政策的系统性

政治政策的系统性不仅表现在协调和解决政治关系中的矛盾和问题的各项政策是相互制约的，而且还表现在政策、战略、措施等方面的有机结合。

（4）政治政策的创新与发展

①创新和发展必须着眼于扩大人民民主，保证人民当家做主。

②创新和发展必须着眼于制定相应的政策来支持人民政协围绕团结和民主两大主题履行职能，推进政治协商、民主监督、参政议政制度建设。

③创新和发展必须着眼于发展基层民主，保障人民享有更多更切实的民主权利。

④创新和发展必须着眼于全面落实依法治国基本方略，加快建设社会主义法治国家。

⑤创新和发展必须着眼于实施壮大爱国统一战线，团结一切可以团结的力量，促进政党关系、民族关系、宗教关系、阶层关系、海内外同胞关系的和谐。

⑥创新和发展必须着眼于加快行政管理体制改革，建设服务型政府。

2. 经济领域政策群落

（1）经济政策的目标与任务

从中国是一个发展中国家的基本国情出发，可以将现阶段经济政策的任务与目标规定为经济增长、经济效率、经济稳定、经济公平、经济可持续发展。

（2）经济政策的地位与作用

①经济政策构成了一国全部政策的基础。

②经济政策在很大程度上制约和影响着其他的政策。

③经济政策是一国政策中影响最为普遍和广泛的政策。

（3）经济政策的创新和发展

①必须致力于提高自主创新能力，建设创新型国家。是国家发展战略的核心，是提高综合国力的关键。

②加快建设国家创新体系，支持基础研究、前沿技术研究、社会公益性技术研究。

③必须促进和加快转变经济发展方式，推动产业结构优化升级。

④要努力发展现代产业体系，大力推进信息化与工业化融合，促进工业由大变强。

⑤必须致力于统筹城乡发展，推进社会主义新农村建设。

⑥要加强动植物疫病防控，提高农产品质量安全水平。

⑦必须致力于加强能源资源节约和生态环境保护，增强可持续发展能力。

⑧要开发和推广节约、替代、循环利用的先进适用技术，发展清洁能源和可再生能源。

⑨必须致力于推动区域协调发展，优化国土开发格局。

⑩要遵循市场经济规律，突破行政区划界限，形成若干带动力强、联系紧密的经济圈和经济带。

⑪必须致力于完善基本经济制度，健全现代市场体系。

⑫要加强建设国有资本经营预算制度，完善各类国有资产管理体制和制度，推进集体企业改革，发展多种形式的集体经济、合作经济。

⑬必须致力于深化财税、金融等体制改革，完善宏观调控体系。

⑭要推进金融体制改革，发展各类金融市场，形成多种所有制和多种经营形式、结构合理、功能完善、高效安全的现代金融体系。

⑮必须致力于拓展对外开放的广度和深度，提高开放型经济水平。

⑯要加快转变外贸增长方式，立足以质取胜，调整进出口结构，促进加工贸

易转型升级。

3. 文化领域政策群落

（1）文化政策的性质和目标

在人类整体社会生活中，文化生活是保证人类生存和发展的纽带。一个社会既需要有物质文明的发展，也需要有精神文明的进步和发展。作为社会生活的精神文明方面，文教卫生科技对整个社会的运行和发展具有十分重要的意义。广义的文教卫生科技包括文化、教育、出版、体育、卫生、科技等方面内容。

（2）文化政策的地位与作用

一个社会的运行和发展，只有物质方面的文明是不够的，还必须有较高程度的精神文明建设作为支撑。一个社会文化领域中政策的地位和作用，与文化生活在整个社会生活中的地位是一致的。文化生活是整个社会生活中的精神方面，为物质文明、制度文明提供理论的、价值的、智力的、伦理的支撑。

（3）文化政策的创新和发展

①必须着眼于建设社会主义核心价值体系，增强社会主义意识形态的吸引力和凝聚力。

②要大力推进理论创新，不断赋予当代中国马克思主义鲜明的实践特色、民族特色、时代特色。

③要积极探索用社会主义核心价值体系引领社会思潮的有效途径，主动做好意识形态工作，既尊重差异、包容多样，又有力抵制各种错误和腐朽思想的影响。

④必须着眼于建设和谐文化，培育文明风尚。

⑤要加强和改进思想政治工作，注重人文关怀和心理疏导，用正确方式处理人际关系。

⑥必须着眼于弘扬中华文化，建设中华民族共有的精神家园。

⑦必须着眼于推进文化创新，增强文化发展活力。

⑧要深化文化体制改革，完善扶持公益性文化事业、发展文化产业、鼓励文化创新的政策，营造有利于出精品、出人才、出效益的环境。

4. 社会领域政策群落

（1）社会政策的地位与作用

①社会政策都是与社会成员的衣食住行、生老病死密切相关的。

②社会政策的实施有利于实现社会的公平。

③社会政策的实施有利于社会的安定和稳定。

（2）社会政策的创新和发展

①必须致力于优先发展教育，建设人力资源强国。

②要重视学前教育。

③必须致力于实施扩大就业的发展战略，促进以创业带动就业。

④要健全面向全体劳动者的职业教育培训制度，加强农村富余劳动力转移就业培训。

⑤必须致力于深化收入分配制度改革，增加城乡居民收入，合理的收入分配制度是社会公平的重要体现。

⑥要逐步提高居民收入在国民收入分配中的比重，提高劳动报酬在初次分配中的比重。

⑦必须致力于加快建立覆盖城乡居民的社会保障体系，保障人民基本生活。

⑧要完善城乡居民最低生活保障制度，逐步提高保障水平。

⑨必须致力于建立基本医疗卫生制度，提高全民健康水平。

⑩要提高重大疾病防控和突发公共卫生事件应急处置能力。

⑪新时期社会政策创新和发展必须致力于完善社会管理，维护社会安定团结。

⑫要加强流动人口服务和管理。

【考点3】政策的形式结构管理——严强《公共政策学》

1. 政策的塔式结构模式

当政策单元中的具体政策以及政策单元之间呈现等级关系时，政策的结构模式就有可能是塔式的。

2. 政策的树状结构模式

很多公共政策之间具有原生与派生的关系，由这些关系组织起来的政策系统，其结构图就是树状的。

3. 政策的链状结构模式

若干政策依次相依构成一条政策链，这就是政策的链型结构模式。政策的链型结构大多发生在为解决某一个具体的政策问题而制定和执行的相关政策上。

4. 政策的圈层结构模式

如果一个政策单元中的具体政策是单向相依和派生的，并且初始政策与终了政策又是相接的，这就会形成环型结构模式。

5. 政策的网络结构模式

政策的网络结构模式是一种综合模式。一个具体的政策问题总是同其他的政策问题缠绕在一起，从而形成政策问题的网络结构。

【考点4】政策的周期结构管理——严强《公共政策学》

1. 单项政策运行的周期

（1）单项政策的管理周期

只要单项政策运行中从第一轮的规划活动到下一轮的规划活动，就是经过了一个政策规划周期。同样，从第一轮的政策实施到下一轮的政策实施，就是经过了一个政策实施周期。从第一轮的政策评估到下一轮的政策评估，就是经过了一个政策评估周期。这种以政策规划、政策实施、政策评估为内容的政策周期是一种政策的要素周期，包含在单项政策的问题周期中。

（2）单项政策的问题周期

从政策问题的视角来观察，单项政策在运行中，无论发生多少间断和反复，也无论存在多大的模糊性和非规范性，政策运行的目的就是要解决社会公共问题。如果政策运行了或长或短的时间，原先存在的社会公共问题已经缓和、减轻乃至消除，这说明政策的作用已经达到了。政策运行也就完成了一个周期。这种从问题的存在到问题的解决所确定的政策周期是政策的问题周期。

2. 政策集群运行的周期

（1）政策集群的战略周期

在单项政策过程周期研究的基础上，要深入研究政策集群的运行周期。要考察政策集群的运行周期，就必须从社会经济发展的战略更替上来划分和研究政策集群运行的周期。

（2）政策集群的战术周期

有时在社会经济发展中在同一模式下也会出现战略上的更替，为了与前面讲的政策集群的战略周期相区别，称之为战术周期。

3. 公共政策运行周期的转换

（1）主导性政策的转移

在一个政策周期中，处于同一政策集群中的领域政策在地位上并不是同等的，其中总有某个领域政策处于主导地位，统率着并支配着其他领域政策，以实现既定的社会经济发展战略。

（2）部分旧政策的终止

谨慎的做法是先破除和终止那些直接阻碍新政策周期运行的政策，随着新政策周期的确立，再去破除和终止其余的旧政策。

（3）新政策的创造

一种是以创新政策取代旧的政策；另一种是先让新旧两种政策同时并存，然后再让旧的政策在比较中因丧失正当性和有效性而逐步终止。

25.3 热门院校真题解析

一、名词解释题

1. 政策领域（2020年中国科学院大学）

政策领域指的是政策管理者依据不同的社会生活领域制定不同的政策。现实的人类生活就被合理地划分为相互关联、相互渗透的政治、经济、社会和文化四大领域。整个建设也相应划分为包括政治建设、经济建设、文化建设、社会建设在内的四大建设。与此相对应，也就出现了政治领域的政策、经济领域的政策、社会领域的政策和文化领域的政策。

2. 公共政策结构（2014年江苏大学）

公共政策结构指政策系统的构成要素在时空上的排列、组合的方式及各要素间互动的相对稳定方式，是政策系统构成要素的组织形式和程序。

育明教育名师解析

定义后加上25.2常考知识点梳理中【考点1】中任意一个知识点，就构成了完整的答案。

政策结构的功能：

（1）能使不同领域、不同次序的政策有机结合起来。

（2）政策的结构化能让政策执行的计划变得更为合理。指立足于政策结构的政策计划就会更为切合实际和合理有序。

（3）政策的结构化能让政策资源的配置变得更为有效。指每项政策在群落体系中都有一定的地位和次序，按照这些进行政策资源的配置，就能保证有限的资源投入收到良好的效果。

（4）政策的结构化能让政策评估的结论变得更为可靠。指将政策合理地结构化，有可能为政策绩效特别是政策效率方面的评估提供方便。

3. 政策结构管理（2021年浙江工业大学）

政策结构管理包括政策的领域结构管理、政策的形式结构管理和政策的周期结构管理。其中政策的领域结构管理又包括政治领域政策群落、经济领域政策群落、文化领域政策群落和社会领域政策群落。政策的形式结构管理包括政策的塔式结构模式、政策的树状结构模式，政策的链状结构模式、政策的圈层结构模式和政策的网络结构模式。

4. **政策结构化**（2021 年福州大学）

公共政策的结构是指在政策管理活动中，政策管理者依据一定的原则，将不同领域、不同内容的众多政策组合起来，形成有利于政策规划、决策、实施和评估的政策群落。政策管理者将一定时空中的众多政策组合成有机政策群落的过程就是政策的结构化。

5. **政策群落**（2021 年浙江大学）

政策群落是指在政策管理活动中，政策管理者依据一定的原则，将不同领域、不同内容的众多政策进行的组合，政策群落有利于政策规划、决策和评估。政策管理者将一定时空中的众多政策组合成有机政策群落的过程就是政策的结构化。

6. **文化政策群落**（2020 年中国科学院大学）

文化政策群落是指在政策管理活动中，政策管理者依据一定的原则，将文化领域中不同内容的众多政策进行的组合，文化政策群落强调要把在同一个时间和同一个空间范围中的众多文化政策聚集起来，依据一定的原则，将它们按内容、资源、次序、领域、地位，组合成一个次序合理、位置正确、功能互补的文化政策群落。

7. **社会政策群落**（2021 年中国社会科学院大学）

社会政策群落是指在政策管理活动中，政策管理者依据一定的原则，将社会领域中不同内容的众多政策进行的组合，社会政策群落强调要把在同一个时间和同一个空间范围中的众多社会政策聚集起来，依据一定的原则，将它们按内容、资源、次序、领域、地位，组合成一个次序合理、位置正确、功能互补的社会政策群落。

8. **政策网络结构模式**（2017 年湖南师范大学）

政策的网络结构模式是指一种综合模式，由于社会政策问题很少是孤立存在的，各种问题处于相互联系之中，一个具体的政策问题总是同其他的政策问题缠绕在一起，从而形成政策问题的网络结构。与此相对应，解决问题的政策也是纵横交错地纠缠在一块的。研究政策的网络型结构模式的着眼点不是在政策的纵横交错上，而是在联系一个个节点上。在每个节点上，都汇集着多个政策的影响作用。只有抓住了节点，才能找到政策资源投放的重心，才能让不同的政策凝聚起来形成合力。

二、简答题→论述题

1. 政策结构管理的任务（2021年苏州大学）

政策结构管理包括政策的领域结构管理、政策的形式结构管理和政策的周期结构管理。其中政策的领域结构管理又包括政治领域政策群落、经济领域政策群落、文化领域政策群落和社会领域政策群落。

政策结构管理的任务主要有：

（1）使不同领域、不同次序的政策有机结合起来。

（2）让政策执行的计划变得更为合理。指立足于政策结构的政策计划就会更为切合实际和合理有序。

（3）让政策资源的配置变得更为有效。指每项政策在群落体系中都有一定的地位和次序，按照这些进行政策资源的配置，就能保证有限的资源投入收到良好的效果。

（4）让政策评估的结论变得更为可靠。指将政策合理地结构化，有可能为政策绩效特别是政策效率方面的评估提供方便。

2. 政策结构化的原则（2021年海南大学）

政策的结构化并不是将许多政策任意地排列到一起，要形成良好的符合实际的政策结构，需要依据一系列原则。

具体如下：

（1）服从总体目标的原则。在政策结构化的过程中，政策管理者必须牢牢把握一定时空中政策的总体目标，以总体目标来组合政策群落。

（2）减少内在冲突的原则。在政策实施前，政策管理者的重要任务就是仔细考虑即将付诸实施的政策间的关系，在形成政策群落结构时，注意避免政策打架的情况。

（3）政策有序实施的原则。政策管理的目的是推动和促进政策的执行，因此，将众多政策组合成政策群落时，必须遵循方便、有序实施的原则。

3. 政策结构化的作用（2021年湖南师范大学）

公共政策的结构是指在政策管理活动中，政策管理者依据一定的原则，将不同领域、不同内容的众多政策组合起来，形成有利于政策规划、决策、实施和评估的政策群落。政策管理者将一定时空中的众多政策组合成有机政策群落的过程就是政策的结构化。

政策结构化的功能具体如下：

（1）能使不同领域、不同次序的政策有机结合起来。指划定一定的时间和空间范围，将这一时空中方方面面的政策汇集到一起，使其有机结合起来，通过人的能动安排而形成有序的政策群落。

（2）政策的结构化能让政策执行的计划变得更为合理。制定出既考虑具体政策，又兼顾政策群落的执行计划。这种立足于政策结构的政策计划就会更为切合实际和合理有序。

（3）政策的结构化能让政策资源的配置变得更为有效。每项政策在群落体系中都有一定的地位和次序，按照这些进行政策资源的配置，就能保证有限的资源投入收到良好的效果。

（4）政策的结构化能让政策评估的结论变得更为可靠。将政策合理地结构化，有可能为政策绩效特别是政策效率方面的评估提供方便。

4. **政策形式结构的模式**（2014 年江苏大学）

政策的形式结构有塔式结构模式、树状结构模式、链状结构模式、圈层结构模式和网络结构模式。具体内容如下：

（1）政策的塔式结构模式。指当政策单元中的具体政策以及政策单元之间呈现等级关系时，可能呈现塔式的政策结构模式。位于塔尖的是一项具有最高效能并且总揽一切的政策，其余的各项政策按其效能的大小与从属关系逐层向下分级排列。

（2）政策的树状结构模式。很多公共政策之间具有原生与派生的关系，由这些关系组织起来的政策系统，其结构图就是树状的。有一项母政策处在主干位置上，其余的政策是由这一项政策派生出来的子政策，因而处在向同一方向延伸的分支上。

（3）政策的链状结构模式。指若干政策依次相依构成的一条政策链。政策的链型结构大多发生在为解决某一个具体的政策问题而制定和执行的相关政策上。构成链状结构的若干政策，排列在同一条直线上，从起点至终点是环环相因的。先行政策与后续政策之间完全是承接性的因果联系。

（4）政策的圈层结构模式。指如果一个政策单元中的具体政策是单向相依和派生的，并且初始政策与终了政策又是相接的所形成的结构模式。圈层结构模式在形式上是几个同心圆，处于内层的是核心，其余的在外层，内核与外层具有统属关系。

（5）政策的网络结构模式。指一种综合模式，由于社会政策问题很少是孤立存在的，各种问题处于相互联系之中，一个具体的政策问题总是同其他的政策问题缠绕在一起，从而形成政策问题的网络结构。

第 26 章　创新型政策管理

育明教育名师解析

本章主要介绍了政策评估后的政策创新的相关概念，从特点、类型、机制等方面一一介绍。随着当代社会政策创新成为热点时政问题，本章知识点的重要性在不断增加。考生在掌握框架的基础上科学高效地背记。

26.1　章节知识框架

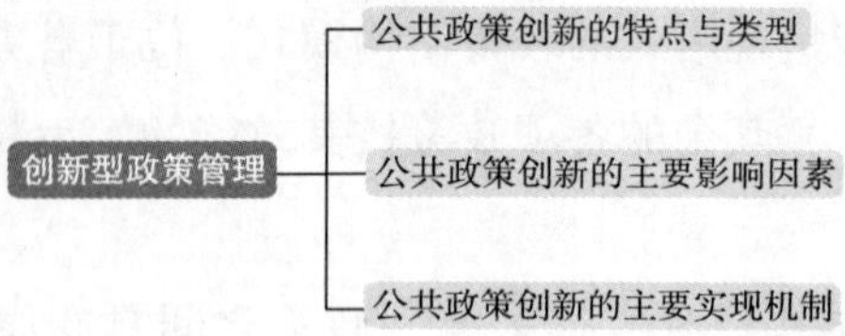

26.2 常考知识点梳理

【考点1】公共政策创新的特点与类型——严强《公共政策学》

1. 政策创新的特点

（1）政策创新的边界性

指规定了公共政策创新活动必须以维护和巩固社会主义基本形态和根本制度为目标，而不能在任何政策创新中有意或无意地突破既有的社会形态和既定的根本制度。中国社会转型时期体制转轨的性质和特点又从边界上制约着公共政策创新的限度。

（2）政策创新的新质性

指众多的政策创新活动累积起来所形成的政策体系或政策系统，已经与旧体制下的政策体系或政策系统有了质上的根本差别。

（3）政策创新的持续性

①对于某种体制，比如经济体制来说，旧体制一般总是根深蒂固的，要把这种体制根除掉，就必须在各个环节上创造出新的政策。

②对于先行转轨的体制来说，光有促使这种体制转轨的政策创新还不行，还必须有促使其他体制转轨的政策创新相配合，某种体制的转轨才能彻底。

（4）政策创新的互动性

指只有适当地将群众的首创精神与政府的主导作用结合起来，政策创新才能健康、有序地得到发展。

（5）政策创新的渐进性

指政策创新决不能一蹴而就，而需要一步一步推进。

2. 政策创新的类型

（1）强制型政策创新

①执政党和政府利用强力加以控制和推行的强制型的政策创新。

②执政党和政府要将公共权力垄断在手中，以借助于强力来推行各项新的公共政策。

③强制型的公共政策创新还需要执政党和政府对旧体制的弊端有深刻的认

识，对人民群众的利益需求有充分的、正确的了解。

（2）自治型政策创新

这种类型的政策创新方式是把创新的主体完全归于公众，政府和政治精英的作用被大大减弱。作为旧体制的变革者和新体制的创造者的公众，已经完全组织起来，并形成了意见一致的、一开始就表现为完全理性的政策创新的纲领，非常自觉并且一直准确无误地实施这一纲领。这种理论的预设是无法保证的。

（3）回应型政策创新

①回应型的政策创新是一个国家在社会过渡时期推进和实现体制转轨阶段公共政策运行的主要内容。

②回应型的政策创新是非常态的政策运行过程。社会过渡时期转轨阶段的公共政策运行显然不同于社会常态运行条件下的公共政策过程。

③公共政策创新可以发生在一个国家社会过渡时期的不同阶段，而回应型政策创新则是同过渡时期的一个特殊阶段即体制转轨阶段相联系的。

④回应型的公共政策创新是一个逐步的、系统性的创新。

【考点2】公共政策创新的主要影响因素——严强《公共政策学》

公共政策创新的主要影响因素有：现实利益的分化组合、初始突破的设计发动、规则组织的应对变化。不同影响因素作用的时间和内容是不一样的。

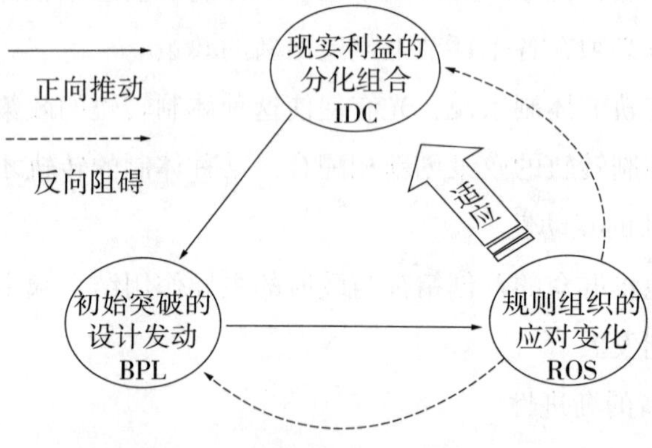

图26-1　影响政策创新的主要因素

1. 利益分化与协调因素

政策创新中行为者的利益分化和协调是一种具有内在结构、矛盾和演变规律的影响因子。可以将政策创新行为者的利益分化和协调看成一个分析系统。政策行为者的利益分化和行为上的聚合必然带来利益主体间的竞争与合作。人类的社会属性中最为基本的属性是利益的合作与利益的竞争。有三种竞争模式：负和竞争、零和竞争、正和竞争。

2. 初始政策设计因素

初始政策设计是连接利益分化与协调和规则与组织变换这两大影响因素的环节。

（1）作为一项成功的政策创新活动的初始设计，必须具有突破性。

（2）要使一项举措成为政策创新的初始设计，还必须具有强烈的扩展性，或具有强烈的可仿效性。

（3）作为创新的初始政策设计必须具备一种酵母的功能，能发酵出一连串的与之配套的政策。

3. 规则和组织的变换因素

在政策创新活动中，社会治理的规则和组织的变换起着重要作用。此处的社会规则和组织并不是泛指在社会生活中发挥作用的所有法律的、道德的、政治的、思想的等方面的规则和组织，而是特指与政策创新活动有关的、作为执政党和政府管理公共社会生活或对社会治理的规则和履行、维护这类规则的组织。

4. 公共政策创新三个主要影响因素的相互关系

（1）政策创新过程中的利益分化与协调因素与其他两个影响因素，即初始政策设计或发动、规则和组织变换之间是相互联系的。

（2）政策创新过程中的初始政策设计或发动影响因素和其他两个影响因素，即利益分化与协调、规则和组织变换之间也是相互联系的。

（3）政策创新过程中的规则和组织变换的影响因素与其他两个影响因素，即初始政策设计或发动、利益分化与协调之间也是相互联系的。

【考点3】公共政策创新的主要实现机制——严强《公共政策学》

1. 政策创新触发机制

（1）需要加大压力，让社会中的广大公众对旧政策的不满增大。

（2）要充分利用各种偶发事件。

（3）在培育触发机制时，要正确对待论争和社会震动。

2. 政策创新扩散机制

（1）只有保证政策创新变革的幅度适中，才能提高扩散速度。指创新的初始政策设计同原先的政策之间的差异性。

①低幅度。创新政策与旧的政策差异极小。这种政策创新并不能为很多人接受，因为人们不能从中获取更大的预期利益。

②大幅度。创新政策与旧政策的差异非常大。这种初始政策也不容易为很多

人接受，因为差异过大，仿效的人会认为风险较大因而担心。

③中等幅度。创新的政策与旧的政策相比，有一些差异，但这种差异能够为人们所接受。

（2）只有保证政策创新的连续性较强，才能提高扩散速度。指政策创新的推进方式。

（3）政策传播渠道的状况非常重要。指只有在具有同质性的群体中，政策创新才能以较快速度扩散。

（4）要保证政策创新以较快的速度扩散，就需要规则和组织的快速变换。

3. 政策创新发展机制

（1）经过扩散和传播后的创新政策的初始设计或最初发动进一步延伸，出现创新政策群或政策创新域。

（2）对政策创新过程中的过渡性的政策设计加以清除。

（3）将不断出现的创新政策逐步规范化、结构化，特别是形成合理、优良的创新政策结构体系，从而保证政策创新的可持续进展。

26.3 热门院校真题解析

一、名词解释题

1. 社会转型（2020 年北京邮电大学）

关于“社会转型”的含义，在我国社会学学者的论述中，主要有三方面的理解。

一是指体制转型，即从计划经济体制向市场经济体制的转变。

二是指社会结构变动，持这一观点的学者认为，社会转型的主体是社会结构，它是指一种整体的和全面的结构状态过渡，而不仅仅是某些单项发展指标的实现。社会转型的具体内容是结构转换、机制转轨、利益调整和观念转变。在社会转型时期，人们的行为方式、生活方式、价值体系都会发生明显的变化。

三是指社会形态变迁，即中国社会从传统社会向现代社会、从农业社会向工业社会、从封闭性社会向开放性社会的社会变迁和发展。社会转型就是社会经济结构、文化形态、价值观念等发生深刻变化。

2. 体制转轨（2019 年中国社会科学院大学）

“体制”，从管理学角度来说，指的是国家机关、企事业单位的机构设置和管理权限划分及其相应关系的制度，指的是有关组织形式的制度，限于上下之间有层级关系的国家机关、企事业单位。

体制是国家基本制度的重要体现形式，它为基本制度服务，具有多样性和灵活性。而从历史唯物主义角度来说，体制是社会有机体三大子系统——生产力、生产关系和上层建筑之间的结合点，是三者之间发生相互联系、发生作用的桥梁和纽带。体制的转轨是指如政治、经济、文化体制上的改革和调整，是结构形态、运转模型和人们观念的根本性转变过程，转轨时期是主动求新求变的过程，是一个创新的过程。在这个过程中，国家会更好更快地发展。如从计划经济体制向市场经济体制的转变。

3. 政策创新（2017 年广州大学；2017 年江苏大学；2015 年湖南农业大学；2013 年天津商业大学）

公共政策创新是指处于社会转型时期的执政党、政府、社会公共组织和公众，为实现新的利益分配与再分配，促使社会原有体制、规则和组织发生变革，最终构建新的体制的公共政策活动。

公共政策创新特指发生在通过解放思想、改革开放，社会实现从旧的体制向新的更有活力的新体制转轨过程中的一种公共政策活动，是促进和服务于社会过渡和体制转轨的核心操作工具。

4. 政策移植（2017 年、2016 年北京航空航天大学）

政策移植是指采纳其他国家的公共政策、行政体制、制度及思想等来解决本国所面临的政策问题，即将某种政策措施从一个空间或一种时间中转移出来，在另一个时间和空间中应用。这种政策移植，可以是一个国家内部的历史性移植，即把过去使用过的政策拿出来再用；也可以是不同国家间的政策借鉴。

5. 政策创新扩散机制（2021 年中央党校）

政策创新的扩散或传播机制是指从初始政策设计到活动规则和组织变革，从而使创新政策不断超出局部试验区域和人群，向社会宏观层面推广。政策创新的扩散机制是在初始政策设计到社会活动规则和组织变革这一过程中发挥作用的，由初始政策传播、社会权威推广、创新政策被采纳等几个环节构成，与时间即创新政策的采纳速度、传播网络即创新政策扩散的社会结构、导引者即创新政策传播中的观念引导者以及创新代理机构相关。

二、简答题→论述题

1. 如何正确认识社会转型时期的公共政策创新（2015 年湖南师范大学）

公共政策创新是指发生在通过解放思想、改革开放，社会实现从旧的体制向新的更有活力的新体制转轨过程中的一种公共政策活动，是促进和服务于社会过渡和体制转轨的核心操作工具。具有如下特点：

（1）政策创新的边界性。指规定了公共政策创新活动必须以维护和巩固社会主义基本形态和根本制度为目标，而不能在任何政策创新中有意或无意地突破既有的社会形态和既定的根本制度。

（2）政策创新的新质性。指众多的政策创新活动累积起来所形成的政策体系或政策系统，已经与旧体制下的政策体系或政策系统有了质上的根本差别。

（3）政策创新的持续性。有两层含义：①对于某种体制，比如经济体制来说，旧体制一般说来总是根深蒂固的，要把这种体制根除掉，就必须在各个环节上创造出新的政策。②对于先行转轨的体制来说，光有促使这种体制转轨的政策创新还不行，还必须有促使其他体制转轨的政策创新相配合，某种体制的转轨才能彻底。

（4）政策创新的互动性。只有适当地将群众的首创精神与政府的主导作用结合起来，政策创新才能健康、有序地得到发展。

（5）政策创新的渐进性。指要求政策主体在进行政策更新、政策创造时，必须坚持循序渐进的原则。政策创新决不能一蹴而就，而需要一步一步推进。

2. **促进体制转轨的创新型政策有哪些类型**（2021 年北京航空航天大学）

依据政策创新的主体态度来划分，可以分为三种类型：第一种是执政党和政府强制推动型政策创新；第二种是社会利益群体与执政党、政府结合的回应型的政策创新；第三种是社会自治型的政策创新。具体内容如下。

（1）强制型政策创新

①制定出一整套变革计划和措施以保证创新最终能达到预期的目标。

②执政党和政府要将公共权力垄断在手中，以借助于强力来推行各项新的公共政策。

③需要执政党和政府，包括组织和机构中的所有成员对旧体制的弊端有深刻的认识，对人民群众的利益需求有充分的、正确的了解，从而才能保证这种政策创新能得到人民群众的支持，能为破除旧体制、构建新体制服务。

（2）回应型政策创新（2017 年北京航空航天大学）

是一种面对革新现实的明智选择。对一个政策现实主义者来说，过渡时期转轨阶段的公共政策创新的主要目的就是要更科学、更民主、更为有效地回应社会体制转轨的需要。

作为一种回应型的政策创新，具有以下特点。

①回应型的政策创新是一个国家在社会过渡时期推进和实现体制转轨阶段公共政策运行的主要内容。

②回应型的政策创新是非常态的政策运行过程。回应型的政策创新并不是公共政策过程中具有创新性的因素，而是政策的内容与作用就具有创新性质，而且，这种公共政策的运行过程本身就在创造新的体制。

③公共政策创新可以发生在一个国家社会过渡时期的不同阶段，而回应型政策创新则是同过渡时期的一个特殊阶段即体制转轨阶段相联系的。

④回应型的公共政策创新是一种逐步的、系统性的创新。

（3）自治型政策创新

指一种作为与强制型政策创新相对的，并对其加以救治的政策创新方式。这种类型的政策创新方式是把创新的主体完全归于公众，政府和政治精英的作用被大大减弱。作为旧体制的变革者和新体制的创造者的公众，已经完全组织起来，并形成了意见一致的、一开始就表现为完全理性的政策创新的纲领，人们都非常自觉并且一直准确无误地实施这一纲领。这种理论的预设是无法保证的。

3. **政策管理者如何把握和提供政策创新的影响因素**（2019 年广州大学；2014 年江苏大学；2013 年、2012 年北京航空航天大学）

公共政策创新有三个主要影响因素或影响因子：现实利益的分化组合、初始突破的设计发动、规则组织的应对变化。不同影响因素作用的时间和内容是不一样的。只有这些主要影响因素或因子结合起来，一项真实的政策创新才能发生。

（1）利益分化与协调因素

政策创新中行为者的利益分化和协调是一种具有内在结构、矛盾和演变规律的影响因子。可以将政策创新行为者的利益分化和协调看成一个分析系统。在这一系统中，包括政策创新行为者的利益分类、利益分化、利益扩充、利益竞争与合作、利益表达等内容。

（2）初始政策设计因素

初始政策设计是连接利益分化与协调和规则与组织变换这两大影响因素的环节。

一层含义是指一个政策创新活动周期的起点，另一层含义是一个大的、系统的政策创新活动的最初发动。初始政策设计在内容上往往具有一些特性，即只有具备这些特性的政策设计才能成为一项政策创新的初始设计。

具体如下：

①作为一项成功的政策创新活动的初始设计，必须具有突破性。

②要使一项举措成为政策创新的初始设计，必须具有强烈的扩展性，或具有强烈的可仿效性。

③作为创新的初始政策设计必须具备一种酵母的功能，能发酵出一连串的与之配套的政策。

（3）规则和组织的变换因素

在政策创新活动中，社会治理的规则和组织的变换起着重要作用。这里讲的社会规则和组织特指与政策创新活动有关的、作为执政党和政府管理公共社会生活或对社会治理的规则和履行、维护这类规则的组织。组织与规则是相互作用的。组织是在现有的约束所提供的机会集合下有目的地建立起来的。

组织的行为、生存及演变必然要受规则框架的根本影响；反过来，组织也影响规则框架的变化。规则是社会生活的“游戏”的基础；组织的作用则是充当规则的执行者和维护者。

4. **政策管理者如何认识和提供政策创新的实现机制**（2021 年南开大学）

对于创新型政策的管理者来说，研究和分析政策创新中的有关机制，对于协调和组织政策创新活动是必不可少的。公共政策创新的实现机制主要有：政策创新触发机制、政策创新扩散机制、政策创新发展机制。这些机制作用的时间和内容是不相同的，只有将这些机制结合起来，政策创新才能实现。

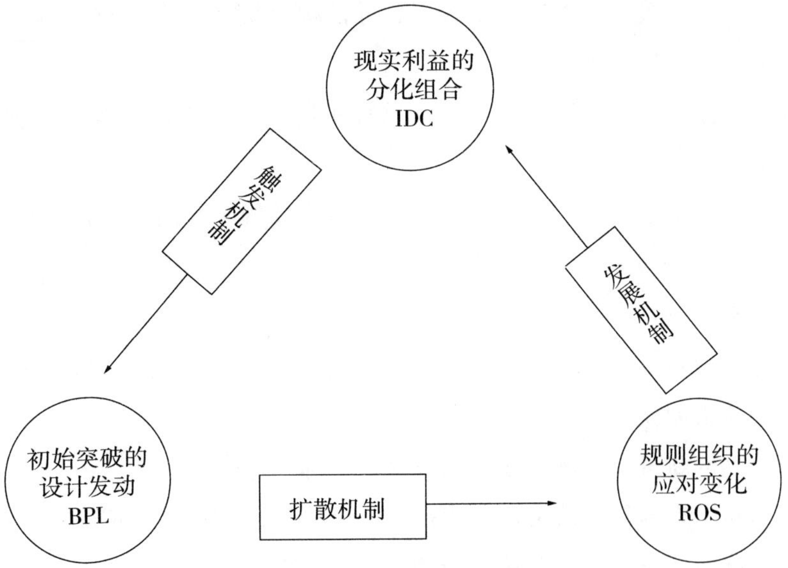

图26-2　政策创新的主要实现机制

（1）政策创新触发机制

政策创新的触发机制是指在利益分化与协调这一影响因子和初始政策设计或最初政策创新发动的影响因子之间发挥作用的机制。要让社会的压力转变为政策创新的发动，就必须利用、培植和把握触发机制。

触发机制包含如下环节：

①需要加大压力，让社会中的广大公众对旧政策的不满增大。只有不断地宣传旧体制的缺陷和新体制的优点，压力才会累积，才会到达一定的迸发临界点。

②要充分利用各种偶发事件。要利用偶发的事件，解放人们的思想，克服人们对旧体制的麻木，把人们对利益的追求与对新体制的企盼结合起来。

③在培育触发机制时，要正确对待论争和社会震动。

（2）政策创新扩散机制

政策创新的扩散或传播机制是指从初始政策设计到活动规则和组织变革，从而使创新政策不断超出局部试验区域和人群，向社会宏观层面推广。

初始政策设计扩散速度的提高与下列因素有关：一是政策创新的状况和幅

度，二是创新政策的进展程度，三是创新政策采纳者的态度、社会系统对创新的认可程度以及规则和组织变换的程度。

具体如下：

①只有保证政策创新变革的幅度适中，才能提高扩散速度。政策创新的幅度是指创新的初始政策设计同原先的政策之间的差异性。

②只有保证政策创新的连续性较强，才能提高扩散速度。政策创新的连续性是指政策创新的推进方式。

③政策传播渠道的状况非常重要。只有在具有同质性的群体中，政策创新才能以较快速度扩散。

④要保证政策创新以较快的速度扩散，就需要规则和组织的快速变换。

（3）政策创新发展机制

具体含义如下：

①经过扩散和传播后的创新政策的初始设计或最初发动进一步延伸，出现创新政策群或政策创新域。

②对政策创新过程中的过渡性的政策设计加以清除。

③将不断出现的创新政策逐步规范化、结构化，特别是形成合理、优良的创新政策结构体系，从而保证政策创新的可持续发展。

政策创新的发展机制是由创新政策制度化、创新政策调整、创新政策体系化、政策再创新等几个方面构成的。

第27章 应急型政策管理

育明教育名师解析

本章知识点主要应用于应对有关公共危机的案例分析题，考生将重点知识背记下来，作为答题语料。本章易结合突发卫生事件等进行考查，建议考生务必关注政府危机治理能力提升的路径、危机中政府与媒体关系等问题。

27.1 章节知识框架

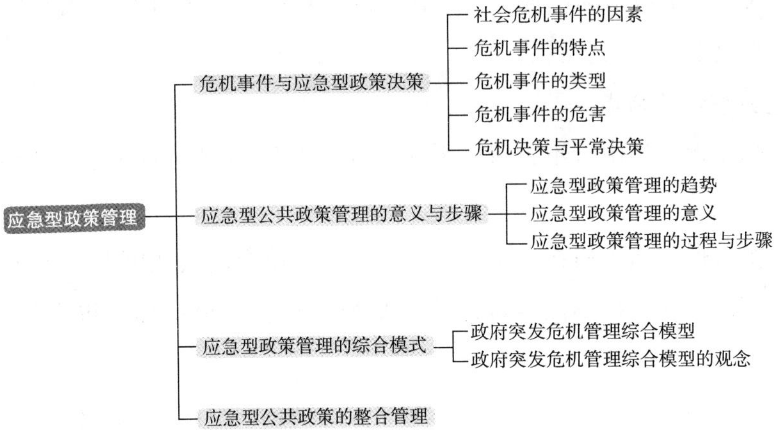

27.2 常考知识点梳理

【考点1】危机事件与应急型政策决策——严强《公共政策学》

1. 社会危机事件的因素

（1）事件是在人们的预料之外突然发生的，并且持续存在，不断扩散，产生较大的负面影响。

（2）事件的发生已经对社会系统的某一局部甚至整体的正常运行构成了冲击和破坏。

（3）事件已经给人民的生命财产造成了巨大威胁和损失，而且这种威胁和损失如果不采取措施将会不断增大。

（4）个人、家庭、民间组织已经应对不了这类事件，迫切需要社会公共机构强制介入，实施包括动用强力机构在内的特殊控制方案和手段，才能控制和缓解事态，避免更大的社会混乱。

2. 危机事件的特点

（1）恐惧性。指由于不了解或无从判断，产生心理上的紧张、焦虑、慌乱、惧怕。

（2）扩散性。指矛盾在一定时空引发以后，就会向其他更大空间蔓延。

（3）不确定性。指不能准确地应对危机事件，就更增加危机事件变化的不确定性。

（4）紧急性。指若不采取某种形式的应对和救援行动，不仅不能按常规生存下去，而且还会有生命和财产的损失。

（5）阶段性。指危机事件也有其孕育、爆发、演变、衰退的过程。

（6）警示性。指不仅仅意味着危险，而且还有转机、契机之意。

3. 危机事件的类型

（1）以引发社会危机事件的原因为标准进行分类

分为由自然原因引发的危机事件和人为原因引发的危机事件。

（2）以人们对危机事件的可控程度为标准进行分类

①由完全不可控制的自然灾害引发的社会危机事件，包括地震、山洪暴发、

海啸、台风等。

②由间接可控的自然灾害引发的社会危机事件，包括洪涝、旱灾、病毒等。

③由直接可控的特大事故引发的社会危机事件，包括交通（航空、水上、陆路）事故，火灾、爆炸、剧毒危险化学品大量泄漏，重特大安全生产事故。

④由完全可以控制的社会利益冲突引发的社会危机事件，包括群体性骚乱、恐怖主义行为、重大政治和经济事件等。

（3）以社会危机事件所直接面对的主体为标准进行的分类

①企业面临的危机。如企业生产和销售形势恶化、金融状况突变、发生灾难性事故等。

②政府管理的危机。指在政府责任范围内，政府及其部门需要以自己为主处理、缓解和消除的危机事件。

（4）以社会危机影响的范围和造成的危害程度为标准进行的分类

①轻型危机事件。指危机事件范围不大，人员生命和财产损失小。

②中型危机事件。指危机事件中相当多区域卷入，已经出现较多人员伤亡和财产损失，恐惧感蔓延。

③大型危机事件。指危机在全社会扩展，正常生活基本中断，国家发出紧急动员命令。

④巨型危机事件。指危机使社会基本制度、治理权威、基本价值受到挑战。

4. 危机事件的危害

（1）人民生命遭受威胁。

（2）社会财产遭受损坏。指会严重破坏社会的公共设施，毁坏人民的财产。

（3）社会正常生活中断。指任何突发性危机事件都会使一个国家、一个地区人们的正常生活突然中断。

（4）人们精神悲观恐惧。指在社会危机中，精神上的恐惧更甚于物质的匮乏。

5. 危机决策与平常决策（见表 27–1）

表 27–1　危机决策和平常决策的比较

内容	危机决策	平常决策
目标取向	迅速控制危机事件蔓延，保护人民生命财产安全	解决某些常见的公共问题，实现公共利益

续表

内容		危机决策	平常决策
约束条件	时间	时间急迫，即时决策	时间充足，反复决策
	信息	信息不完全、不及时、不准确	信息较完全，经过详细分析获得全面深刻的信息
	人力	缺乏，决策者自身素质和专业技术都严重匮乏	丰富，通过日常培训、训练、教育等措施提高决策者素质
	技术	危机时一般专业技术设备往往失灵，需要特别的高精尖的技术	技术手段较成熟，能基本实现自动化
决策程序		快速决策：决策权高度集中，决策者主要依靠自己的智慧和审时度势，也有专家参与	民主科学决策：遵循特定程序，标准化操作，决策权力分散，民主协商决定最终方案
决策效果		模糊决策的非预期，决策结果难以预料，风险极大	可通过局部验证、修正、监测执行过程，结果可控可预期

（1）常态下的政策决策

①目标取向单一。指解决某些常见公共社会问题，尽量协调多方需求，以实现公共利益。

②决策时间方面。指有充足的时间进行反复对话、平等论辩。

③信息方面。指可以获取较为完全的资料，对多种政策信息可以进行详细分析和选择。

④政策人力资源方面。指有机会通过日常培训、训练、教育等措施提高决策者素质。

⑤决策技术方面。指使用较为成熟的、常规的技术手段，有时则充分利用现代科技条件，实现决策的计算机模拟。

⑥决策程序方面。指严格遵循法定程序，实施标准化操作。利用社会网络，实现决策权力分散化，通过民主协商决定最终方案，真正使政策决策民主化、科学化。

⑦决策效果方面。指通过局部验证来增强政策的可行度，监测政策的执行过程，及时对政策做出调整修正，政策的结果是可以预期、可以控制的。

（2）危机状态下的政策决策

①目标取向方面。指必须选择迅速控制危机蔓延、保护人民生命财产安全的简单目标。

②时间约束方面。指因时间急迫，必须是即时决策。

③信息约束方面。指信息常常是不完全的、不及时的、不准确的，只能是快速决断。

④政策人力资源的约束方面。指决策者自身素质和专业技术都会出现严重匮乏的现象。

⑤决策技术的约束方面。指一般的政策分析技术和设备往往失灵，需要的是特别的高精尖的技术。

⑥决策程序方面。指必须快速决策。决策权必须高度集中，决策者主要是依靠自己的智慧和审时度势，而且需要多方面专家形成综合智力来参与。

⑦决策效果方面。指只能在模糊的条件下做出模糊决策，具有非预期性，结果难以预料，风险极大。

【考点2】应急型公共政策管理的意义与步骤——严强《公共政策学》

1. 应急型政策管理的趋势

（1）旧体制解构阶段

①在农村和城市，领头改革的群体，获得了巨大的改革红利，享受到新的经济利益。

②积极参与改革的群体，也从改革中获取了较大的利益。

③看上去是既得利益受损害的群体，实际获取的利益也比在旧体制下得到的多。

（2）体制转轨阶段

①体制内的改革使利益的分化日趋激烈。指社会分配上的分化日益加深，弱势群体逐渐出现，农村、城市两大社会的分化加大，地区发展不平衡加剧。

②旧体制的迅速瓦解和新体制的缓慢成长，客观上造成了“合适规范真空”和“合适制度缺失”。指二元结构摩擦，党政干部腐败，走私、假冒伪劣猖獗等问题。

③国家从社会、政府从市场迅速地退出，使政府治理社会和提供公共服务的资源与能力大大削弱。指政府从社会提取资源的质量下降，应对突发事件的能力减弱。

2. 应急型政策管理的意义

（1）保护公众的利益。

（2）增强政府合法性。指如果政府能有效地带领公众抗击社会危机，政府就会获得公众的认同，其合法性就会增强。

（3）完善政府的职能。指政府管理功能的增多和扩大，相当多的是通过危机管理的途径来实现的。

（4）加速政府的变革。指经过危机处理的考验，政府就能较为自觉地对职能定位、组织结构、决策机制等方面做出变革，以适应社会转型的需要。

3. 应急型政策管理的过程与步骤

（1）准备阶段

①确保政府功能的连续性。指灾难的发生并不意味着危机排除了政府的其他日常工作。

②紧急沟通。指政府内部及政府与外界环境的沟通。

③制订互惠帮助性的协议，保证充足的资源供应。

④建立相应的应急广播系统，制定危机应急计划，成立危机操作中心等。

（2）反应阶段

①部分事发地点的政府官员充当危机操作中心的组成人员，并启动危机应急计划。

②危机应急广播系统应该开始启动，将危机发生情形不断提供给公众，如果情形严重，应及时发布信息要求公众撤出危险地区。

③提供相应的救援设备，收留那些无家可归的人，分发相应救援物资。

（3）恢复阶段

①在短期内尽快地将大量受灾人员从灾难中解救出来，达到生活的最低限度，启动人员救援系统。

②逐步使人们的生活恢复到正常水平。

（4）消除阶段

①重新修建居民居住地，制定安全规划，增加救灾保险，确保有关工地的合理使用，进行危险性分析。

②制定足够的应急法规，提供救灾的过程分析图，推进公共教育，加强监管力度。

【考点3】应急型政策管理的综合模式——严强《公共政策学》

1. 政府突发危机管理综合模式

（1）防范危机的发生。指政府提供一定范围的人力、物力、财力的保障，对有可能发生的危机随时监控。

（2）制定危机管理计划。指确定政府在有效管理危机方面将要采取的步骤，并为每一个步骤确定具体人员的责任。

（3）对危机的研究。指搜集有关危机认知性的信息，探求危机发生的根源。

（4）对具体危机的管理。是处理和消除危机的应急公共政策中最为重要的环节。

（5）危机期间和危机之后进行沟通。指通过及时有效的沟通，可以提醒大家提高警惕和防范意识，可以降低人们的心理恐惧程度。

（6）对危机处理过程进行监控、评价并做出调整。指政府应依据危机的发展趋势，及时识别与评价政府和社会的弱点。

2. 政府突发危机管理综合模式的观念

（1）全过程危机政策处理和管理的观念

①要隔离和缓解危机状态。指必须想尽一切办法将损失控制到最小。

②有效地应对危机。指必须有充分的准备。

③尽快恢复社会秩序。指危机处理和管理的目的就是让社会尽快恢复秩序。

④政府部门对危机的回应性管理。指既包括对因危机而造成的损害给予救济与修复，也包括对危机处理和管理中出现的问题加以整改。

（2）充分资源支持的危机政策处理和管理观念

①权威资源的支持。指执政党和政府在面对危机时，需要凸显自身的权威，在人民最需要的时候，以坚定的形象出现在人民面前。

②信念。是一种精神，可以增强物质力量，可以让人临危不惧，可以让受到创伤的心灵得到慰藉。

③人力、物力和财力资源。

【考点4】应急型公共政策的整合管理——严强《公共政策学》

1. 各层级政府政策的整合

指必须将中央、地方和基层政府的应急政策加以整合，应当把社会突发危机事件管理的责任、权限、资源配置、救援力量分布在各层级政府部门和民间，根据突发危机事件的类型、规模、发生的可能性、社会危害程度等因素，实行分级响应、分层决策管理，把应急决策和管理的重心适当下移到基层。

2. 政府部门间政策的整合

指必须在政府各部门之间、各地政府之间建立应急政策管理的协调、整合机制。

3. 官方与民间政策的整合

指在应对突发事件的应急政策管理中，实施对突发事件处理的多元主体政策管理模式，将官方的应急政策和民间的应急政策有机整合起来。

4. 早期预警与危机应对政策的整合

（1）要对社会生活的正常参量进行研究。对社会正常生活参量的研究是多方面的，其中包括与人类生活有关的自然界的运行参量和正常社会生活的参量。

（2）必须尽可能地形成数字化预警指标体系。

（3）建立预警体系网络。指通过各个专门领域制定数字化预警体系，再形成全国性综合的数字化预警指标体系，甚至形成区域的和全球的社会危机早期数字化预警指标体系。

（4）及时发布危险程度信号。不同国家、不同领域内设置的危机信号等级是不一样的。通常是 3 级到 5 级。

27.3 热门院校真题解析

一、名词解释题

1. **突发事件**（2021 年北京市委党校）

突发事件，是指突然发生，造成或者可能造成严重社会危害，需要采取应急处置措施予以应对的自然灾害、事故灾难、公共卫生事件和社会安全事件。按照社会危害程度、影响范围等因素，自然灾害、事故灾难、公共卫生事件分为特别重大、重大、较大和一般四级。

2. **社会危机**（2021 年四川师范大学）

社会危机是指这样一种紧急事件或者紧急状态，其出现和爆发严重影响社会的正常运作，对生命、财产、环境等造成威胁、损害，超出了政府和社会常态的管理能力，要求政府和社会采取特殊的措施加以应对。

3. **危机事件**（2010 年东北财经大学）

危机是决策者面临的对其核心价值观念造成严重威胁而又事发突然，在事态发展具有高度不确定性，时间紧迫和所知信息很不充分的情况下必须迅速决策的诸多不利因素汇聚的一种状态。直接诱发并表现上述状态的事件就是危机事件。

4. **政府管理的危机**（2020 年浙江财经大学）

政府管理的危机是指在政府责任范围内，政府及其部门需要以自己为主处理、缓解和消除的危机事件。超越个人、家庭、企业之外，作为整体社会的，仅仅由个人的、民间的、企业的能力不足以处理的危机事件，则应当由政府出面应对。许多涉及面广，解决需要相当多的人力、物力和财力资源，并且要有公共权力和权威作为工具和手段的危机事件，必须由政府自身或由政府组织社会力量来处理和解决。政府面临的危机范围较宽，它基本上与政府治理社会和提供公共服务的范围相一致。其中不仅有涉及某一种职能领域内的危机，如水利、卫生、公安领域中的危机，也包括政府的层级范围，依照事件的严重性，从地方政府到中央政府都会采取相应的反应机制，启动相应的应急管理系统。

5. **政府危机**（2021 年黑龙江大学）

在通常情况下，政府是应对、处理社会危机事件的主动的、最有权威的，也是最有能力的主体。政府总是去积极解决外界出现的灾难、冲突、危机。但随着社会危机的升级，又会引发更大的危机，那就有可能危及政府的运作，就会引发政府自身的危机，包括一国的政局动荡或局部出现混乱、暴动甚至于战争，整个社会的秩序受到严重破坏。此时的危机已经直接表现为政府自身所面临的危机，又称政府的合法性危机。

6. **应急型公共政策**（2021 年浙江工商大学）

应急型公共政策就是应对、缓解社会危机事件的行动方案和行动过程。应急型公共政策总是和突发事件、社会危机联系在一起。应急型公共政策主要侧重于采取行动应对引起社会危机的突发事件。

育明教育名师解析

第 7、8 个名词解释题可转变为比较型的简答题，如：比较危机决策与常规决策。

7. **危机决策**（2021 年福州大学）

危机决策是指这样一种决策，以迅速控制危机事件蔓延、保护生命财产安全为目标取向；时间紧迫，信息不完全、不及时、不准确；人力缺乏，决策者自身素质和专业技术都严重匮乏；危机时一般专业技术设备往往失灵，需要特别的高精尖类的技术；快速决策，决策权高度集中，决策者主要依靠自己的智慧和审时度势；模糊决策的非预期，决策结果难以预料，风险极大。

8. **平常决策（常规决策）**（2021 年海南大学）

平常决策是指这样的决策，以解决某些常见的公共问题，实现公共利益为目标取向；在时间方面，时间充足，可反复决策；在信息方面，信息较完全，经过详细的分析能获得全面深刻的信息；人力丰富，可通过日常的培训、训练、教育等措施提高决策者素质；技术手段较成熟，能基本实现自动化；在决策程序方面，采取民主科学决策，遵循特定程序，标准化操作，决策权力分散，民主协商决定最终方案；可通过局部验证、修正、监测执行过程，结果可控可预期。

9. **危机管理综合模式**（2021 年北京师范大学）

危机管理专家波尼格罗提出的政府突发危机管理综合模式包括六方面的内容。具体如下。

（1）防范危机的发生。政府提供一定范围的人力、物力、财力的保障，对有可能发生的危机随时监控。

（2）制定危机管理计划。确定政府在有效管理危机方面将要采取的步骤，并为每一个步骤确定具体人员的责任。

（3）对危机的研究。搜集有关危机认知性的信息，探求危机发生的根源。

（4）对具体危机的管理。是处理和消除危机的应急公共政策中最为重要的环节。

（5）危机期间和危机之后进行沟通。沟通的对象既包括政府组织内的成员，也包括政府组织外的成员，通过及时有效的沟通，不仅可以提醒大家提高警惕和防范意识，也可以降低人们的心理恐惧程度。

（6）对危机处理过程进行监控、评价并做出调整。政府应依据危机的发展趋势，适应外在的环境，及时识别与评价政府和社会的弱点。

二、简答题→论述题

1. 应急型政策管理的过程与步骤（2017 年湖南师范大学；2015 年中国农业大学；2013 年南京大学）

应急型公共政策就是应对、缓解社会危机事件的行动方案和行动过程。应急型公共政策总是和突发事件、社会危机联系在一起。应急型公共政策主要侧重于采取行动应对引起社会危机的突发事件。

应急型政策管理的过程与步骤：

（1）准备阶段

【补充】2017 年江苏大学简答题：在应急公共政策过程的早期预警阶段，政府必须做好哪些工作？

①确保政府功能的连续性。指灾难的发生并不意味着危机排除了政府的其他日常工作。

②紧急沟通。指政府内部及政府与外界环境的沟通。

③制订互惠帮助性的协议，保证充足的资源供应。

④建立相应的应急广播系统，制定危机应急计划，成立危机操作中心等。

（2）反应阶段

①部分事发地点的政府官员充当危机操作中心的组成人员，并启动危机应急计划。

②危机应急广播系统应该开始启动，将危机发生情形不断提供给公众，如果情形严重，应及时发布信息要求公众撤出危险地区。

③提供相应的救援设备，收留那些无家可归的人，分发相应救援物资。

（3）恢复阶段

①在短期内尽快地将大量受灾人员从灾难中解救出来，达到生活的最低限度，启动人员救援系统。

②逐步使人们的生活恢复到正常水平。

(4) 消除阶段

①重新修建居民居住地，制定安全规划，增加救灾保险，确保有关工地的合理使用，进行危险性分析。

②制定足够的应急法规，提供救灾的过程分析图，推进公共教育，加强监管力度。

2. 危机决策的特点（2014 年南京大学）

【变形题】2017 年广州大学：简述常规决策与危机决策的不同。

育明教育名师解析

见 27.2 常考知识点梳理【考点 1】第 5 点“危机决策与平常决策”的比较。

危机决策，即危机状态下的政策决策，是指决策者在有限的时间、资源等约束条件下，确定应对危机的具体行动方案的过程。

危机决策的特点有：

(1) 目标取向方面。指必须选择迅速控制危机蔓延、保护人民生命财产安全的简单目标。

(2) 时间约束方面。指因时间急迫，必须是即时决策。

(3) 信息约束方面。指信息常常是不完全的、不及时的、不准确的，只能是快速决断。

(4) 政策人力资源的约束方面。指人力缺乏，决策者自身素质和专业技术都会出现严重匮乏的现象。

(5) 决策技术的约束方面。指危机时一般的政策分析技术和设备往往失灵，需要的是特别的高精尖的技术。

(6) 决策程序方面。指必须快速决策。决策权必须高度集中，决策者主要是依靠自己的智慧和审时度势，而且需要多方面专家形成综合智力来参与。

(7) 决策效果方面。指只能在模糊的条件下做出模糊决策，具有非预期性，结果难以预料，风险极大。

3. 具备哪些因素的事件才是危机事件

危机是决策者面临的对其核心价值观念造成严重威胁而又事发突然，在事态发展具有高度不确定性，时间紧迫和所知信息很不充分的情况下必须迅速决策的诸多不利因素汇聚的一种状态。直接诱发并表现上述状态的事件就是危机事件。

危机事件通常包含着下列一些重要因素。

（1）事件是在人们的预料之外突然发生的，并且持续存在，不断扩散，产生较大的负面影响。

（2）事件的发生已经对社会系统的某一局部甚至整体的正常运行构成了冲击和破坏。

（3）事件已经给人民的生命财产造成了巨大威胁和损失，而且这种威胁和损失如果不采取措施将会不断增大。

（4）个人、家庭、民间组织已经对付不了这类事件，迫切需要社会公共机构强制介入，实施包括动用强力机构在内的特殊控制方案和手段，才能控制和缓解事态，避免更大的社会混乱。

4. **社会转型时期危机事件会增多的原因**（2021 年四川大学）

随着社会转型的阶段推移，社会矛盾会增多，矛盾也会日趋复杂，而且有些矛盾还会激化，从而危机事件出现的可能性会提升。

社会转型时期危机事件增多的原因主要为如下三方面。

（1）体制内的改革使利益的分化日趋激烈。

在体制转轨阶段，社会分配上的分化日益加深，弱势群体逐渐出现，农村、城市两大社会的分化加大，地区发展不平衡加剧，原先的整体社会似乎出现了“断裂”。

（2）旧体制的迅速瓦解和新体制的缓慢成长，客观上造成了“合适规范真空”和“合适制度缺失”。

最初是二元结构摩擦，继而是因权力失去有效制衡和监督而引发愈演愈烈的党政干部腐败，再接下来是走私、假冒伪劣猖獗而引发社会交易活动中普遍诚信失范。加上邪教流窜、黑社会性质势力抬头，因而社会稳定受到威胁。

（3）国家从社会、政府从市场迅速地退出，使政府治理社会和提供公共服务的资源与能力大大削弱。

政府面对的责任加大，但从社会提取资源的质量下降，应对突发事件的能力减弱。

5. **危机事件的主要特点**（2021 年武汉理工大学）

危机是决策者面临的对其核心价值观念造成严重威胁而又事发突然，在事态发展具有高度不确定性，时间紧迫和所知信息很不充分的情况下必须迅速决策的诸多不利因素汇聚的一种状态。直接诱发并表现上述状态的事件就是危机事件。

社会危机事件具有恐惧性、扩散性、不确定性、紧急性、阶段性、警示性。等基本特点，具体如下。

（1）危机事件具有恐惧性。要求政府在对应急型政策进行管理时，要注意增强人们在危机状态下的自信心和镇定感，危机过后，仍然需要重视对人们做心理疏导工作，消除危机过程中产生的恐惧、悲观情绪。

（2）危机事件具有扩散性。要求政府在对应急型政策进行管理时必须果断，强行制止危机状态的蔓延，谨防事态扩大。

（3）危机事件具有不确定性。要求政府和公共部门在对应急型公共政策进行管理时，要有权变的思维，有灵活应对的本领，善于随机应变。

（4）危机事件具有紧急性。要求政府在对应急型政策进行管理时，必须雷厉风行，刻不容缓。

（5）危机事件具有阶段性。指危机事件也有其孕育、爆发、演变、衰退的过程。

（6）危机事件具有警示性。指政府在应急型政策的管理中，更要有意识地发挥危机的警示作用、挑战作用，遏制危机的消极作用，并创造各种便利条件，以便把消极转为积极，不利转为有利。

6. 危机事件的分类标准（2021 年重庆大学）

危机是决策者面临的对其核心价值观念造成严重威胁而又事发突然，在事态发展具有高度不确定性，时间紧迫和所知信息很不充分的情况下必须迅速决策的诸多不利因素汇聚的一种状态。直接诱发并表现上述状态的事件就是危机事件。

（1）以引发社会危机事件的原因为标准进行的分类

引发社会危机事件的原因有两类：一是天灾，二是人祸。因此，社会危机事件也就有两大类：①自然原因引发的危机事件；②人为原因引发的危机事件。

（2）以人们对危机事件的可控程度为标准进行的分类

可以分为：

①由完全不可控制的自然灾害引发的社会危机事件，包括地震、山洪暴发、海啸、台风等。

②由间接可控的自然灾害引发的社会危机事件，包括洪涝、旱灾、病毒等。

③由直接可控的特大事故引发的社会危机事件，包括交通（航空、水上、陆路）事故，火灾、爆炸、剧毒危险化学品大量泄漏，重特大安全生产事故。

④由完全可以控制的社会利益冲突引发的社会危机事件，包括群体性骚乱、恐怖主义行为、重大政治和经济事件等。

（3）以社会危机事件所直接面对的主体为标准进行的分类

①企业面临的危机，如企业生产和销售形势恶化、金融状况突变、发生灾难

性事故。

②政府管理的危机。指在政府责任范围内，政府及其部门需要以自己为主处理、缓解和消除的危机事件。

（4）以社会危机影响的范围和造成的危害程度为标准进行的分类

①轻型危机事件：危机事件范围不大，人员生命和财产损失小。

②中型危机事件：危机事件中相当多区域卷入，已经出现较多人员伤亡和财产损失，恐惧感蔓延。

③大型危机事件：危机在全社会扩展，正常生活基本中断，国家发出紧急动员命令。

④巨型危机事件：危机使社会基本制度、治理权威、基本价值受到挑战。

7. 政府加强应急型政策管理的意义（2021 年中国农业大学）

政府应急型政策的管理是政府利用公共权力对应对、隔离、缓解和消除社会危机事件的规划、决策和实施的管理，目的是要通过管理来提升政府对社会危机事件发生的可能性的预见能力、危机事件发生后的救治能力，来及时有效地处理社会危机，尽量减轻人民生命财产的损失，恢复社会稳定，恢复公众对政府的信任。

处于社会转型过程中的政府之所以要全力以赴地对社会危机事件和应急型政策及时、果断和科学、有效地加以管理，是因为如此做法具有重要意义。

（1）保护公众的利益。作为个体或群体的公众，其力量是有限的，不能有效抵抗突发性社会危机事件，有必要依赖作为社会公共机构的政府来应对和处理社会危机。

（2）增强政府合法性。政府被认为有足够的力量去应付个人力量所无法解决的难题。如果政府能有效地带领公众抗击社会危机，政府就会获得公众的认同，其合法性就会增强。

（3）完善政府的职能。政府通过社会危机管理可以完善并扩大其职能。

（4）加速政府的变革。处在转型过程中的政府，通过对社会危机的管理，可以加速自身的变革。

8. 政府应对危机事件的主要阶段（2020 年清华大学）

育明教育名师解析

本题与本章热门院校真题解析简答题→论述题部分的第 1 题相近，可以结合起来背记。

政府的危机事件管理是为了公众能够尽量恢复到正常生活。为了实现危机管理的目标，政府必须分阶段实施应对危机事件的应急公共政策。一般的研究认为应包括四个不同的阶段：准备阶段、反应阶段、恢复阶段和消除阶段。

（1）准备阶段

①确保政府功能的连续性。灾难的发生并不意味着危机排除了政府的其他日常工作。

②紧急沟通。分为两部分：一是政府内部，地方政府与上级政府的信息沟通，二是政府与外界环境的沟通，包括公众、媒体以及其他国家和国际组织。

③制订互惠帮助性的协议，保证充足的资源供应。

④建立相应的应急广播系统，制定危机应急计划，成立危机操作中心等。

（2）反应阶段

指危机事件发生后所立即采取的措施，反应行动的目的是挽救生命，减少财产方面的损失，提高从灾难中恢复的效率。

①部分事发地点的政府官员充当危机操作中心的组成人员，并启动危机应急计划。

②危机应急广播系统应该开始启动，将危机发生情形不断提供给公众，如果情形严重，应及时发布信息要求公众撤出危险地区。

③提供相应的救援设备，收留那些无家可归的人，分发相应救援物资。

（3）恢复阶段

①在短期内尽快地将大量受灾人员从灾难中解救出来，达到生活的最低限度，启动人员救援系统。

②逐步使人们的生活恢复到正常水平。具体措施包括清理废墟，建立灾难帮助中心，提供食品、危机咨询、环境消毒，还有长期性的贷款与捐赠计划，提供失业救济金，帮助人们重建家园，等等。

（4）消除阶段

措施包括重新修建居民居住地，制定安全规划，增加救灾保险，确保有关工地的合理使用，进行危险性分析。政府必须制定足够的应急法规，提供救灾的过程分析图，推进公共教育，加强监管力度等。

9. 什么是政府管理应急型政策的综合模式（2021 年中央党校）

（1）著名危机管理学家波尼格罗提出政府突发危机管理综合模式。这一综合模式包括六个方面的工作。

①防范危机的发生。指政府提供一定的人力、物力、财力的保障，对有可能

发生的危机随时监控。

②制定危机管理计划。指确定政府在有效管理危机方面将要采取的步骤，并为每一个步骤确定具体人员的责任。

③对危机的研究。指搜集有关危机认知性的信息，探求危机发生的根源。

④对具体危机的管理。是处理和消除危机的应急公共政策中最为重要的环节。

⑤危机期间和危机之后进行沟通。沟通的对象既包括政府组织内的成员，也包括政府组织外的成员，通过及时有效的沟通，不仅可以提醒大家提高警惕和防范意识，也可以降低人们的心理恐惧程度。

⑥对危机处理过程进行监控、评价并做出调整。政府应依据危机的发展趋势，适应外在的环境，及时识别与评价政府和社会的弱点。

（2）要运用好这一模式必须树立两个重要观念。

①全过程危机政策处理和管理的观念。指政府部门在处理和管理突发危机事件时必须将危机事件看成一个有自身生命的周期性的过程。

处理和管理这一过程必须系统考虑：

A. 要隔离和缓解危机状态。指在危机事件已经发生的情况下，可以不让危机事态继续恶化、蔓延，必须想尽一切办法将损失控制到最小。

B. 有效地应对危机。指必须有充分的准备，包括做出严密的规划、进行必要的训练、调集必要的资源、确定具体的应对方式。

C. 尽快恢复社会秩序。危机处理和管理的目的就是让社会尽快恢复秩序。

②充分资源支持的危机政策处理和管理观念。

A. 权威资源的支持。指执政党和政府在面对危机时，需要凸显自身的权威，在人民最需要的时候，以坚定的形象出现在人民面前。

B. 信念。是一种精神，可以增强物质力量，可以让人们在危机中临危不惧，可以让受到创伤的心灵得到慰藉。

C. 人力、物力和财力。

10. **在对应急型政策管理时，政府需要做哪些方面的政策整合**（2014 年重庆大学；2010 年暨南大学）

政府的危机事件管理是为了公众生命与财产能够恢复到正常生活。为了实现危机管理的目标，政府必须分阶段实施应对危机事件的应急公共政策。

（1）各层级政府政策的整合

从我国政府的层级结构和制度安排出发，必须将中央、地方和基层政府的应急政策加以整合。社会突发危机事件管理的责任、权限、资源配置、救援力量应当分布在各层级政府部门和民间，要根据突发危机事件的类型、规模、发生的可能性、社会危害程度等因素，实行分级响应、分层决策管理，把应急决策和管理的重心适当下移到基层。

（2）政府部门间政策的整合

必须在政府各部门之间、各地政府之间建立应急政策管理的协调、整合机制。各政府部门的应急政策系统应当相互衔接、信息共享，各地政府应急政策系统应当互连，形成条块结合、协调一致的应急政策管理体系。

（3）官方与民间政策的整合

在应对突发事件的应急政策管理中，还需要将政府即官方的应急政策与政府外的民间的应急政策加以整合。参与突发事件政策管理的政府外部的力量是多方面的，有包括非营利性组织、民间组织、志愿者组织、社区组织在内的非政府组织，有包括私营企业在内的私人组织，有广大的联合起来行动的公众，也有国际组织。

（4）早期预警与危机应对政策的整合

政府公共管理中的安全发展观念和全面风险观念是政府部门进行应急公共政策早期预警的思想前提。

在应急公共政策过程的早期预警阶段，政府必须做好以下工作。

①要对社会生活的正常参量进行研究。

②必须尽可能地形成数字化预警指标体系。可以从一些专门的领域开始实施。

③建立预警体系网络。通过各个专门领域制定数字化预警体系，再形成全国性综合的数字化预警指标体系，甚至形成区域的和全球的社会危机早期数字化预警指标体系。

④及时发布危险程度信号。不同国家、不同领域内设置的危机信号等级是不一样的。

第三部分

公共政策学领域的九大热点案例

专题一　城市垃圾分类：政策工具、政策执行

一、概况介绍

垃圾分类始于上海，走向全国，系居民生活重大关切，引发社会的广泛关注。“垃圾围城”现象频生，城市垃圾分类随即成为国内各大城市解决垃圾问题的一项重要政策。垃圾分类成功的关键在于政策的有效执行，垃圾分类政策工具作为政策执行的手段和方法，对于政策目标的实现具有重要作用。

城市居民的增多，垃圾制造量随之增加，“垃圾围城”问题也进一步突出。十九大报告中指出，中国特色社会主义进入新时代，我国社会主要矛盾已经转化为人民日益增长的美好生活需要和不平衡不充分的发展之间的矛盾。从现实生活的维度看，人民日益增长的美好生活需要重点体现为对良好教育、就业、医疗、社会保障、居住条件等的迫切需要。进入新时代，人们也对居住环境有了更高要求，那么服务型政府势必要将垃圾治理的重任扛在肩上。“垃圾也是一种资源”，垃圾的科学分类，是垃圾减量化、无害化、资源化处理的基础。我国大中城市作为政策试点地区，在学习和借鉴垃圾分类先进国家和地区的成功经验的基础上，率先采取了形式多样的城市垃圾分类实践。

城市垃圾分类政策的实施，大致可以分为城市生活垃圾源头产生阶段、中间收运阶段和末端处理阶段，最后还涉及整体性管理问题的研究分析。

1. 垃圾源头产生阶段中的问题

（1）源头减量工作

源头减量指的是从源头上减少生活垃圾的产生量，但生活垃圾减量化的界定仍存模糊。在实践中，城市生活垃圾更强调中间减量。立法者虽注意到源头减量的重要性，但法律规范大多是示范性、倡导性和宣誓性的，缺乏可操作的规范体系。

（2）垃圾分类工作

垃圾分类是指生活垃圾的产生者按照特定的标准将自己产生的生活垃圾归类，以利于生活垃圾的回收处理。在实践中，垃圾分类开展还存在问题，可归为以下三类。

①分类政策存在缺陷

城市生活垃圾分类存在制度缺失，缺乏明确细致、具可操作性的政策法规。

②分类标准粗放

当前中国缺乏明确细致的分类标准，仍是粗线条的标准，需结合实际不断

完善。

③分类意识淡薄

社会公众对垃圾分类的认知、理解和支持是城市生活垃圾管理政策实施成功的关键条件。近年来，中国公众的环保意识已有所觉醒，但受传统习惯影响，垃圾分类意识还比较薄弱。

2. 垃圾中间收运阶段中的问题

中间收运阶段是联结城市生活垃圾源头产生与末端处理的中间环节，包括城市生活垃圾的清扫、收集、运输（转运）等管理过程。

（1）收运路线不科学

在中间转运阶段，生活垃圾收运路线不科学，转运设施建设困难等问题比较突出。

（2）收集体系缺乏协调

①非正式垃圾收集体系利弊并存

由于中国城市还存在相当数量的“拾荒”人员，实际上存在着一套非正式的垃圾收集体系，但这也有可能带来无序竞争、特殊垃圾无法收集等问题。

②现代生活垃圾收集体系急需构建

多主体协同完善，促成现代科学生活垃圾收集体系非常必要。

（3）收运效果欠佳

大多数城市垃圾收运效果达不到预期，回收率不高，回收面窄。

3. 垃圾末端处理阶段中的问题

末端处理即运用焚烧、填埋等方式对生活垃圾进行最后处置，这一阶段很大程度上标志着城市生活垃圾管理的能力和水平。

（1）处理方式落后

国外先进国家实践显示，焚烧发电越来越成为受青睐的垃圾处理方式。但是，在我国焚烧并非主要垃圾处理方式。

（2）处理设施和技术水平落后

我国很多城市的生活垃圾处理设备和技术水平与国外相比还有较大的差距。

（3）处理设施建设中的资金筹集困难

由于垃圾处理产业投资大、建设和投资回收期长、投资回报率低等多种因素，政府是唯一的投资主体，而很多城市政府存在着对生活垃圾管理重视不够、资金投入不足的问题。

（4）处理设施建设引起社会不稳定和邻避冲突

当前城市生活垃圾处理面临着人口规模膨胀、土地空间有限、处理设施紧缺等突出问题。建设垃圾处理设施占用大面积土地，且影响附近居民的居住和生活环境，易带来冲突，对社会稳定的影响较大。

4. 整体性管理的问题

（1）城市生活垃圾管理体制欠完善

①政府垃圾治理部门多头管理、职责交叉，存在一定的盲区。

②政企不分、政社不分，政府集管理者、执行者、监督者的角色于一身。

③职责配置不到位，存在推诿扯皮的空间。

（2）城市生活垃圾收费制度急需建立和完善

发达国家和地区垃圾治理模式已拓展出税收、公用事业收费、直接收费等方式，但我国城市垃圾治理投入主要依靠政府支出，急需探索收费模式，给予一定经济刺激，并需要进一步强化责任追究体制。

二、出题角度分析

党的十九大报告指出，我国社会的主要矛盾已经发生了变化，转变为人民日益增长的美好生活需要与不平衡不充分的发展之间的矛盾。环境治理、社会可持续发展是国家和社会未来发展的方向，垃圾分类政策逐渐发展成近几年的关注热点，且又与公共管理、公共政策等学科关联密切，自然而然成为各大热门院校公共管理真题考查的主要关注点。

热门院校真题考查形式多为案例题或论述题，案例材料内容主要集中于部分城市的垃圾分类政策试点推广过程及成果，这里建议报考大城市热门院校的考生在平时备考中注意近几年院校所在城市的垃圾分类新举措，并在阅读后与所学的理论知识有所结合、有所思考。城市垃圾分类政策平稳开展，但仍处于大城市试点的阶段，政策措施还有较不完善的地方，真题考查更集中于政策工具、政策执行等角度，当然也不能忽视政策评估角度的考查。除此之外，还应考虑结合政策系统和政策的生命周期模型的相关所学知识开展研究。

三、答题思路简述

答题思路1：结合政策工具相关知识点

育明教育名师解析

考生可酌情使用下述答题语言，但尤其要注意与真题案例材料的结合，切忌死记硬背概况介绍内容，空谈知识点。

目前按照政策工具作用的机制不同，可以将我国城市采取的垃圾分类政策工具分为三大类，即行政主导下的命令控制型、市场调整下的经济激励型和社会参与下的社会参与型政策工具。

1. 命令控制型政策工具——生活垃圾分类行政主导机制

命令控制型政策工具是各国垃圾处理普遍采用的政策工具，该类工具在我国垃圾处理政策中应用非常广泛，起着主导性的作用。

首先，命令控制型垃圾分类政策工具通过制定和完善明晰的法律法规，为政策工具执行提供权威性保障。其次，在垃圾治理的执行过程中，它可以引导各级政府行政系统形成综合决策机制，能够有效地发挥各级政府力量和调动资源保证垃圾分类工作的开展。

我国政府在垃圾治理过程中采用的命令控制型工具手段可谓是不胜枚举。主要包括法律法规的出台、分类标准的制定、行政职责的落实，还包括政策执行中的管理行政制度的制定，例如“定时定点投放制度”“垃圾不落地制度”“垃圾管理责任人制度”等。

（1）法律法规和分类标准的制定

对于生活垃圾处理的法律法规，主要有中央机关制定和地方政府机关制定两种。

中央层面主要包括国家法律、行政法规和部门规章，例如《中华人民共和国环境保护法》（2014）、《城市市容和环境卫生管理条例》（2017）、《关于公布生活垃圾分类收集试点城市通知》（2000）。

地方层面主要是各级政府、试点城市根据中央层面要求，结合当地实际制定和颁布的地方性规章和政策，例如《北京市生活垃圾管理条例》（2020）、《上海市促进生活垃圾分类减量办法》（2014）、《深圳市生活垃圾分类和减量管理办法》（2020）等。

对于标准制定，主要包括垃圾分类标准和技术标准的制定，例如《城市生活垃圾处理及污染防治技术政策》（2000）、《生活垃圾分类标志》（2019）、《城市生活垃圾分类及其评价标准》（2004）等。

（2）管制制度的制定

所谓管制，就是针对某一政策目标，要求或禁止目标群体采取某些特定的行为，进而促成目标的实现，对于不遵守要求的目标群体将受到一定处罚。例如北京、上海两市研究推出相关垃圾强制分类政策，如北京市“垃圾分类管理责任人制度”和“垃圾分类评级制度”；还有一些城市的垃圾分类实施办法中，实行的某些制度性的要求，如深圳市“辖区生活垃圾限量排放制度”“生活垃圾分类和减量社会监督员制度”“生活垃圾跨区域处理环境补偿制度”等。

（3）直接供给

主要是针对公共物品的供给，由政府财政提供专项拨款，或由政府部门及其工作人员提供专项服务。对于生活垃圾的治理，一般是由城市环卫部门负责收集和运输，同时其他的部门如林业部门、环保部门、城建部门承担一定的职责和任务，配合环卫部门的工作。环卫部门可能采取服务外包的方式，将生活垃圾分类指定给某些行业公司如焚烧发电企业、废弃物回收企业等，并通过一定的税收优惠或者经济补贴促进垃圾处理工作的开展。

（4）行政处罚

行政处罚是针对产生生活垃圾的个人和企业单位，没有按照垃圾分类的相关规定进行处理，违反相关规定，有关负责部门和执行机构可以进行一定处罚，包括经济处罚和行政处罚。例如《北京市生活垃圾管理条例》（2020）规定，在垃圾处理过程中，阻碍或阻挠生活垃圾管理监督检查人员依法履行职务，或者围堵生活垃圾收集、运输车辆和处理设施，或者阻碍生活垃圾处理设施建设和运行，违反治安管理规定的，由公安机关做出治安管理处罚。

2. 经济激励型政策工具——生活垃圾分类市场调整机制

经济激励型政策工具是指政府行政部门发挥经济杠杆机制作用，对市场行为主体进行经济成本控制，从而使其行为有利于垃圾分类目标的实现。经济激励政策工具并不强调对主体的强制性，但是也需要法律法规的支持，具有间接强制性，在实践中主要利用使用者付费制度、奖惩机制和政府补贴来实现。

（1）使用者付费制度

这一政策工具主要指城市生活垃圾处理采取收费的方式，是不仅可以筹集垃圾处理费用，补贴财政支持，还可以引导民众垃圾减量投放的重要手段。通过对居民产生的生活垃圾进行收费，可以从消费成本上控制居民投放垃圾的数量，引导居民养成垃圾分类的习惯。目前情况下，我国垃圾分类收费主要包括固额收费、按水量收费和随袋计重收费等形式。

（2）奖惩机制结合

为了更好地调动居民参与垃圾分类的主动性，使居民从思想上和行为上愿意主动配合政府做好垃圾源头分类、减量化任务，各地政府部门采用了许多的奖励手段和处罚手段，通过正向奖励和反向处罚相互结合的方式来更好地促进垃圾源头分类的实现。

（3）政府补贴

政府补贴主要是政府部门为垃圾处理企业、环保组织或者基层政权组织提供资金支持，用来调节社会分配和生产的一种手段。政府每年都有专项资金进行垃圾治理。当开展垃圾分类活动的时候，政府部门将有更多财政支出。参与垃圾焚烧、垃圾填埋处理的企业，也可以通过每年完成的垃圾处理量来获得国家补贴。

3. 社会参与型政策工具——生活垃圾分类社会参与机制

相比于前两种政策工具，社会参与型政策工具不同之处在于其效用发挥后能够保持长效性。不依赖于法规的强制性以及经济利益的驱动性，该类政策工具一旦发挥作用，就会将分类观念同化到企业的经营理念与居民个人的价值观中去，从意识层面影响公民积极主动参与生活垃圾分类工作的开展。社会参与型政策工具，主要发挥社会各方参与力量的作用，促进更多主体参与到垃圾分类中来，减少垃圾分类工作开展的阻力。主要参与对象包括公民个人、志愿性组织、环保组织、社区居委会和业委会、企业等。

答题思路2：结合政策执行相关知识点

育明教育名师解析

此处答题可以重点结合15.2常考知识点梳理中的【考点4】政策执行过程及【考点9】政策执行的影响因素，这也就要求考生在平时备考时要形成框架体系记忆，方便在考场答题时能快速按课本的逻辑来组织答题语言。但尤其要注意与真题案例材料的结合，切忌死记硬背概况介绍内容，空谈知识点。

答题思路3：结合政策系统和政府与市场的关系相关知识点

育明教育名师解析

考生可酌情使用下述答题语言。但尤其要注意与真题案例材料的结合，切忌死记硬背概况介绍内容，空谈知识点。

1. 城市垃圾分类政策实施中的问题

（1）政策执行主体产生的问题

①干部政绩考核标准过多偏重经济增长和社会稳定。

②地方政府财政预算资金投入不足。

③环保部门角色重叠，集执法主体与守法主体于一身，监管不力。

④政府宣传教育力度不足。

（2）政策执行目标群体产生的问题

①对居民的利益激励不足，居民对其缺乏足够的认知，积极性不高。

②政府管制过多，导致居民过度依赖政府，而忽视自身的角色作用（政府失灵）。

③垃圾清运装置跟不上，造成垃圾混装，已有意识的居民对垃圾进行科学分类后未被正确回收处理，引发部分居民的不理解。

（3）政策本身产生的问题

①法规规章过于笼统，政策存有缺陷。

②分类标准不一，覆盖面窄。

（4）市场失灵

由于市场自发的局限性，也不可以单纯依赖市场调节。

2. 针对城市垃圾分类政策实施中问题的对策

（1）完善法律法规，规范居民义务，强化奖惩机制。

（2）加强政策宣传力度，树立垃圾分类意识。

（3）建立完善垃圾回收产业链，充分发挥市场化作用。

（4）建立垃圾处理收费制度，提供经济激励。

（5）加强对垃圾分类的监督，定时定点清运垃圾。

答题思路4：结合政策的生命周期模型相关知识点（侧重政策执行）

育明教育名师解析

城市垃圾分类政策的研究，也同样适用政策的生命周期模型。本部分将围绕政策执行角度进行分阶段论述，大致可以分为城市生活垃圾源头产生阶段、中间收运阶段和末端处理阶段，最后则涉及整体性管理问题的研究分析。当然，其实这一部分也是前两个思路的整合。

参照本专题概况介绍的内容，概况介绍中有城市垃圾分类政策的较完整周期。考生要留意大小标题内在的逻辑关系，这里将不再赘述。平时备考可酌情背记，但切忌脱离真题材料空谈。

专题二　住房公积金制度改革

一、概况介绍

住房公积金制度是一种社会性、互助性、政策性的住房社会保障制度，有利于筹集、融通住房资金，大大提高了职工的商品房购买能力。发展住房金融是深化城镇住房制度改革的目标之一，也是城镇住房制度改革得以进一步推行的动力。从国务院公布《关于深化城镇住房制度改革的决定》及《关于进一步深化城镇住房制度改革加快住房建设的通知》到1998年下半年开始停止住房实物分配，逐步实行住房分配货币化，我国城镇已开始全面推行和不断完善住房公积金制度。

从公平以及效率的角度出发，有人提出了当前公积金制度的诸多问题，如不买房的补贴买房的、长期存款短期计息等，但大多数人仍不主张直接取消。

目前我国公积金制度覆盖了1.44亿人，也就是说我国4亿城镇就业人员中约三分之二并没有公积金，但这并不妨碍在每次关于公积金的讨论中，反对取消的声音总是占到大多数。

随着舆论鼓噪，住房公积金制度改革前路在何方，引得学界为此争论不休。

二、出题角度分析

住房公积金制度由来已久，当前新时代新形势下，人们就此制度的公平性等方面展开讨论。作为公共管理学和公共政策学科的热点之一，自然引来了诸多考研热门院校的青睐和关注。各院校的教授对此话题研究颇多，他们也会关注考生在一定知识水平基础上对该事件的看法。

热门院校真题考查形式多为案例题或论述题，案例材料内容很有可能集中于当前住房公积金改革的具体举措及顶层设计，或者是当前比较热门的学界权威们就住房公积金制度的存废的讨论。考生们在复习备考时，切忌死记硬背以下答题内容，而更应该在背诵教材知识的基础上，灵活使用本书，总结符合报考院校真题答题规范的答题语言。

三、答题角度总结

（一）我国住房公积金制度改革的顶层设计

黄燕芬（中国人民大学公共管理学院教授、博士研究生导师）等人的观点①

作为我国住房制度改革的产物，经过多年发展，住房公积金制度在地方政府改善居民居住环境、保障房地产市场平稳发展等工作中起到“稳定器”和“助推器”的作用。但是，该制度一直存在定位模糊、效率低下、风险加剧和改革滞后等问题，我国房地产基础性制度和长效机制的建立也随之受到影响。因此需要加快改革，找准定位，提高效率，降低风险，更好地保障房地产市场平稳健康发展。

（1）我国住房公积金制度存在的问题及改革难点

①功能定位之谜——核心问题

强缴免税、强制低存和购房低贷是我国现行住房公积金制度的主要环节，这一制度设计决定了其兼具住房保障功能和住房金融功能，应包含公平性和互助性两大政策目标。新形势下的制度设计应如何协调住房保障功能和住房金融功能，实现公平性和互助性政策目标，成为住房公积金制度改革的一大重点和难点。

②属地管理之困——中央和地方的矛盾

不同城市住房公积金在使用上存在较大差异，可能是由于不同地区情况各异，如城市规模、居民收入水平和住房市场情况都存在差异，城市间住房公积金资金紧缺和闲置在所难免。住房公积金余额本在地方，强制集中上收到中央层面的管理机构，必然会损害地方的利益，从而破坏中央和地方的关系。

如何在打破住房公积金属地管理体制时统筹中央和地方的利益是住房公积金改革的一大难点，寻找到一种市场化的方式来集中部分住房公积金余额是一个可取的思路。

③潜在风险之扰——系统性风险

住房公积金面临的系统性风险主要包括利率风险和宏观经济周期性波动等。近两年，我国宏观经济各种风险因素已经显现：宏观经济增长放缓；房地产供应规模在持续增加；人口结构发生逆转，劳动人口比例下降；金融创新拓宽了家庭资产配置的渠道等，这些增加了房地产市场发生系统风险的可能。

---

① 黄燕芬，李怡达. 关于我国住房公积金制度改革顶层设计的探讨［J］. 国家行政学院学报，2017，（02）.

（2）我国住房公积金制度改革方案的顶层设计

①住房公积金制度的重新定位：互助性住房政策性金融

当前，我国住房公积金制度应定位于互助性住房政策性金融，以有效整合住房公积金制度住房保障和住房金融两大功能，统筹兼顾公平性和互助性政策目标，在强调效果普惠的基础上关注对中低收入参缴群体的特惠，提升城镇中低收入群体居住水平。

②建立以中央住房公积金银行为中心的互助性住房政策性金融体系，通过统筹中央和地方的利益来打破住房公积金制度的属地管理体制

地方住房公积金管理中心以增值收益入股的方式加入到体系中，成为中央住房公积金银行的会员机构，必要时中央住房公积金银行通过贷款或购买个人住房抵押贷款（待条件成熟）的方式为地方住房公积金管理中心提供流动性支持，协调各地方的公积金余额。中央住房公积金银行作为地方住房公积金管理中心对应的中央层面的机构，可与中国人民银行、金融市场衔接来防范系统性风险，同时参与地方的保障房建设，拓宽住房公积金使用范围，实现住房公积金保值增值。

（二）公积金存废之争：黄奇帆建议取消，北大刘俏称其为“糟糕的建议”

1. 黄奇帆（重庆原市长、中国国际经济交流中心副理事长）：取消企业住房公积金制度

黄奇帆就目前新冠肺炎疫情对中国经济的影响和全国复工情况公开撰文《新冠肺炎疫情下对经济发展和制造业复工的几点建议》。文章提供了诸多建议，其中有一条是：取消企业住房公积金制度。“现在我国房地产早已市场化，商业银行已成为提供房贷的主体，住房公积金存在的意义已经不大，将之取消可为企业和职工直接降低12%的成本。”

黄奇帆提出此条建议的前提背景是“当前我国经济增长处于增速下行、艰难转型的关键时期，疫情将导致消费承压、投资不振、财政收入雪上加霜”，而导致的后果之一是“在这些内外因素作用下，如不采取稳控措施，大量的中小制造企业会出现经营困难，更为重要的是，部分较脆弱的制造行业的产业生态，很有可能会被破坏，从而导致更长期的负面影响。物流中断和疾控措施引发的产业链、供应链中断带来的冲击比中美贸易摩擦要大得多，并且一旦中断，形成了转移替代，部分行业三十年的制造业基础丢了，很难再找回来。所以我们必须像重视疫情自身一样，高度重视保护产业生态、保护产业链和供应链、保护中小企业，只有这样我们才真正能够渡过难关”。

2. 刘俏（北京大学光华管理学院院长）、张峥（北京大学金融学教授）：“取消企业住房公积金制度”是一个不恰当的，甚至可以说是一个糟糕的政策建议

刘俏和张峥两位教授随即发表署名文章《我们为什么反对“取消企业住房公积金制度”的政策建议?》反驳黄奇帆的观点。

该文指出，“‘取消企业住房公积金制度’是一个不恰当的，甚至可以说是一个糟糕的政策建议，不仅不能在‘非常时期’真正给企业减负，而且会破坏正常的市场规则和秩序，给经济生活带来一系列不必要的负面冲击。取消公积金貌似政策实施成本不高，实则间接和新增伤害巨大”。关于公积金的本质属性，文章认为“公积金是作为住房工资强制发到职工账户里，是免税工资，是职工福利的重要体现形式。无论从企业还是职工的角度，住房公积金都是职工劳动报酬的一部分”。

之所以反对取消公积金制度，主要基于三个观点。

第一，取消住房公积金制度不能降低企业负担。文章认为“短期内取消住房公积金，为数庞大的中小微企业并未直接受益”。

第二，在商业银行已成为房贷主体的当下，住房公积金还有存在的意义。主要依据是“在满足中低收入群体住房金融需求，维系整个住房金融体系稳定性方面发挥重要作用”，“对于每年新增的 1 300 万城市就业人口和大多数进城的农民工（如果他们最终被纳入住房公积金计划）来说，公积金贷款仍然是很好的低息购房贷款，取消的话不利于其购房”。

第三，取消住房公积金制度会对居民收入和消费形成影响。主要依据是“因为公积金贷款利率远远低于商业贷款利率，这大大降低了居民的购房成本，变相增加其可支配收入，有助于提升消费，这不仅对房地产市场有正面促进作用，对以消费拉动经济增长也有重要意义”。

3. 其他专家学者的观点

此次黄奇帆与刘俏等教授关于公积金政策的存废之争，许多国内经济学界的知名学者和专家也纷纷加入讨论。

中国社会科学院金融所房地产金融研究中心主任尹中立在接受《中国证券报》记者采访时表示，住房公积金制度是中国政策性住房金融体系最重要的组成部分，对中国的住房制度改革起到非常重要的推动作用。对工薪阶层，尤其是年轻人完成购房置业、降低购房成本起到了不可替代的作用。如果说中国的政策性住房金融支持的唯一的渠道就是住房公积金，那么其是政策性住房金融不可或缺

的组成部分。

而华夏新供给经济学研究院首席经济学家、财政部财政科学研究所原所长贾康明确支持黄奇帆的建议，他提醒“反对者”注意：黄奇帆所提出的建议是“带有‘最小一揽子’式特征的配套设计，而取消住房公积金制度，只是配套中涉及的多个事项中的一个作为可选项的建议，并不是说他只有这一个建议”。他在接受《新京报》记者采访时表示，“总体看，我还是比较认同他提出的思路和这种‘最小一揽子’配套措施的，但我觉得这套想法里面能再增加一些内容就更好了，比如他提到了五险一金中的公积金制度，提到了与五险一金形成一定呼应作用的企业年金制度（这是养老的第二支柱），但他没有涉及基本养老金制度的‘全社会统筹’改革，我是力主要尽快推行这项改革的”。

专题三　政府和社会资本合作模式（PPP）

一、概况介绍

政府和社会资本合作即 PPP（Public-Private Partnership），又称 PPP 模式，是公共基础设施中的一种项目运作模式。在该模式下，鼓励私营企业、民营资本与政府进行合作，参与公共基础设施的建设。

推广政府与社会资本合作模式创新对于加快新型城镇化、实现国家治理现代化、提升国家治理能力、构建现代财政制度具有重要意义。在基础设施及公共服务领域通过 PPP 机制引进民间资本、吸引社会资金参与供给，一方面可以减轻政府财政压力，在更好发挥其作用的同时，使社会公众得到更高质量的公共工程和公共服务的有效供给；另一方面将为日益壮大的民间资本、社会资金创造市场发展空间，使市场主体在市场体系中更好地发挥其优势和创造力。然而，地方在推广运用 PPP 模式过程中遇到了诸多障碍。

二、出题角度分析

经济新常态下，制度变革、结构优化和要素升级是中国经济发展的新动力。PPP 模式能促进政府转变职能，是发挥市场资源配置效应的有效途径。在公共管理和公共政策领域的主流刊物中，PPP 模式成为公共管理学科热衷研究的时政要点之一，这也是政府未来发展的方向。从考官角度来讲，本热点舆情热度高，且有广泛的可考查知识点，备受考官的青睐；从学生角度来讲，应把握热点概况，结合所学知识框架展开专业化分析思考，迎合出题热点高效复习。

三、答题角度总结

（一）PPP 模式特征研究

刘薇（中国财政科学研究院副研究员）：PPP 模式理论阐释及其现实例证[①]

（1）PPP 的内涵与特征

作为制度供给的创新，PPP 模式的顺利运行和长久发展，特别需要强调现代文明演进中的法治建设和契约精神建设的相辅相成。

PPP 模式的运行具有三个重要特征：

① 刘薇. PPP 模式理论阐释及其现实例证［J］. 改革，2015（01）.

一是伙伴关系。伙伴关系是PPP的首要特征，强调的是各个参与方平等协商的关系和机制。

二是利益共享。建立利益共享机制，即政府和社会资本之间共享项目所带来利润的分配机制是PPP的第二个基本特征。

三是风险分担。PPP模式中合作双方的风险分担更多是考虑双方风险的最优应对、最佳分担，尽可能做到每一种风险都能由最善于应对该风险的合作方承担，进而达到项目整体风险的最小化。

（2）PPP融资模式与其他融资模式的比较

PPP是包括诸如BOT、BT、BOO等与定义相符的诸多形式的管理模式，从项目融资的角度看，PPP与BOT、BT、BOO等可以并列看待。PPP模式是政府与非政府主体就提供公共基础设施或服务签订长期合同，非政府主体在其中承担重要的融资及项目管理责任。

PPP模式的特点包括：

第一，风险转移。公共部门和私营参与方共同分担风险，政府通过PPP将项目建设、融资、运营等风险转移给有管理和承担能力的社会资本参与方（投资方）。

第二，合作双方通过合同进行风险分配。一般PPP项目合同周期是25—30年。

第三，社会资本合作方为公共基础设施提供资金，或运营该基础设施，或提供公共服务。

第四，社会资本合作方希望收回投资并获取合理回报。

第五，政府保留承担财产、服务的责任以及终止合同的权利。某些情况下，政府从维护公共利益的角度出发，可以终止合同，当然提前终止合同需要给予社会资本合作方一定的赔偿。

第六，可提高公共服务供给效率。

以下是BOT模式与PPP模式之间的区别与联系。

从机制创新的视角看，PPP管理模式包含BOT、TOT等具体的形式，但在实践中又有所区别。PPP分散了部分风险。与政府直接提供公共品与服务相比，PPP有助于地方债务的治理。BOT，即建设—经营—转让，是指政府授予私营企业一定期限的特许专营权，许可其融资建设和经营某公用基础设施，在规定的特许期限内，私人企业可以向基础设施使用者收取费用，由此来获取投资回报。待特许期满，私人企业将该设施无偿或有偿转交给政府。

从合作关系来看，BOT中政府与企业更多是垂直关系，即政府授权私企独立建造和经营设施，而不是与政府合作。PPP的优点在于通过机制安排，在项目初期已实现风险分配，政府承担部分风险，减少私人承担的风险，降低项目融资难度，有助于项目融资成功。当项目发生亏损时，政府与非政府主体共同承担损失。其缺点在于增加了政府与社会资本合作的难度以及包括债务负担在内的潜在风险。BOT的优点在于政府不用去直接投资项目，避免项目投资失败的风险，缺点是投资风险大，特许经营期不确定性风险增加，私营资本可能望而却步，且不同利益主体的利益不同，缺乏协调机制。

（二）机遇与挑战、问题及对策

周正祥（长沙理工大学交通经济研究所所长、教授、博士生导师）等人观点：新常态下PPP模式应用存在的问题及对策①

（1）PPP模式应用的根本原因

在中国，PPP模式是中央政府力推、各地方政府广泛响应推广起来的，是中国走向现代化的全面改革过程中发展混合所有制经济以解放生产力的战略选择。首先，其推广和运用是国家经济社会发展的现实需要，能有效缓解政府债务压力，降低地方融资平台的融资风险。其次，其运用是国家财政制度创新发展的内在需求，注重市场机制，引入社会资本，平滑年度财政间财政支出，符合资源优化配置、促进社会公平的现代财政制度要求。

目前，中国经济发展已进入新常态，处于经济增速放缓、结构调整、转型升级的重要时期。但我国有些地方政府财政债务负担严重，已基本接近政府承受的极限；政府财政资金吃紧，公共部门财政困难；经济发展需要保持适度公共投资规模与地方政府短期偿债压力过大之间的矛盾凸显。这些构成了中国PPP模式推广运用的根本原因。

（2）国内PPP模式应用的现状分析

随着中国经济的持续高速发展，基础设施供给不足对经济发展的限制效应再次凸显。在资金投入后，政府还要承担巨大的赤字风险，特别是在教育、医疗、卫生、能源、环保、交通及其他公用设施等方面。基础设施建设资金的短缺，为国内外社会资本以PPP模式参与我国公共基础设施投资建设提供了良好的契机。

---

① 周正祥，张秀芳，张平. 新常态下PPP模式应用存在的问题及对策［J］. 中国软科学，2015（09）.

PPP 模式的发展趋势依据项目主体与项目交付模式的变化而变化，其中政府的职能与地位发生了比较大的改变。随着 PPP 模式的发展，政府不仅仅是 PPP 项目的领导者，也是 PPP 项目的监督者和合作者。同时，依据 PPP 模式在中国的推广时间和深度，可将 PPP 模式的发展过程分为四个阶段。

第一阶段：理论研究尝试阶段（20 世纪 80 年代末—90 年代初）。

由于缺乏 BOT 运作经验，运行操作不规范，造成了一些遗留问题，中国政府和银行承担了过多风险。

第二阶段：试点项目阶段（1994—2001 年）。

这一阶段主要是以新建的 BOT 试点项目为主，政府参与运作并负责审批，较多借鉴了国外经验，建立了基本规则。

第三阶段：全面推进阶段（2002—2008 年）。

PPP 模式以本土化特点鲜明的优势在全国进行全面推广，同时项目文件、操作程序也都得到进一步规范。

第四阶段：总结反思阶段（2009 年至今）。

经过十几年的探索发展，PPP 模式的多种形式已在我国各地得到广泛应用，不少项目产生的问题也随着项目投入运营以及特许期结束日期的临近逐渐暴露出来。这使得政府和投资人对 PPP 模式进行总结反思，认识日趋成熟，这有利于 PPP 模式在未来的实践中得到更好的丰富和完善。

（3）PPP 模式应用存在的问题及原因

PPP 模式是一种公共部门与社会资本合作的模式，它可以缓解基础设施建设资金紧张的现象，是一种双赢或多赢的合作模式。推进 PPP 模式在我国的应用需要具备一定的内外部条件，在此将从公共部门和社会资本两个角度来分析我国推进 PPP 模式存在的问题及原因。

①公共部门存在的问题

第一，缺乏 PPP 模式应用法律体系。

第二，契约精神薄弱。PPP 项目的全过程都是通过合约对项目进行约束，可居于主导权威地位的政府部门对于契约精神认识不足。

第三，公共利益受损。PPP 模式下，由于有些政府官员缺乏必要的专业知识、技能和科学的评估方法，或沿用老的管理方法来管理，容易出现决策失误，甚至导致腐败，从而使国有资产由于管理者腐败而直接流失，由于过低的估价和决策失误而间接流失。另外，政府与社会资本合作过程中也会导致国有资产损失，包括政府财政直接损失和国有企业亏损。

第四，PPP 项目价格形成机制不合理。近年来，PPP 模式在我国的应用不断探索前进，虽然有效克服了政府部门垄断供给下的一些缺陷，但在运营过程中，价格形成机制仍存在很大问题。

第五，政府监管力度把握不准。目前，我国是市场机制的过渡时期，市场准入控制不足，使得某些公共服务项目参与经营的社会资本数量过多、竞争混乱、服务水平参差不齐。

②社会资本存在的问题

第一，法律法规不完善。依据我国目前 PPP 项目的现状，社会资本进入城市基础设施投资缺乏完善的法律保障。

第二，政府违约风险存在。城市基础设施特许经营项目投资资金量大、投资利润较低、投资回报渠道比较单一、投资回报周期长，企业的大部分或全部投资回报资金来源于政府财政支付，一旦政府出现支付违约，企业便无法支持，陷入困境，特别是中小型企业，很容易出现资金链断裂的严重危机。

第三，市场准入障碍。由于长期以来的政府因素影响，城市基础设施行业壁垒尚未打破，城市道路、水利等还是以财政投资为主，民间资本准入制度严格，行业进入阻力大。

第四，审批程序复杂。PPP 项目的立项必须面对复杂而耗时的许可和审批过程，在这个过程中牵涉不同层级的多个政府部门，投资者需要与众多的政府部门负责人和工作人员交涉、磋商甚至谈判。但是长期以来，政府部门的办事效率都不高，且存在较多的不确定因素，会影响到审批程序的办理。

第五，专业化机构和专业人才缺乏。由于 PPP 模式在中国的应用比较晚，很多条件都不成熟，特别是在一些二、三线城市，许多政府和企业对 PPP 模式认识不足。

第六，风险共担原则缺乏。PPP 模式在中国的应用尚未成熟，特别是在风险预测与管理方面，对风险缺乏事前充分的认识、论证以及风险管理经验的缺乏和合同中的责任不清，很容易使 PPP 项目陷入困境。同时，在风险分担方面，政府习惯把某一项目授权给私人投资者时连同政府的责任一同推卸掉，而风险分配的不均衡导致私人投资者的总体风险增加，并最终导致成本增加。

第七，融资困难。虽然金融机构有兴趣参与 PPP 项目建设，但由于 PPP 项目风险大、周期长，因此对于 PPP 项目的中长期融资约束条件更多，导致 PPP 项目融资难问题进一步凸显。

(4) 科学应用 PPP 模式的对策建议

①建立契约制度强化政府部门的契约精神

通过建立完善的契约制度，对政府部门的职责进行明确规定，并且明确规定政府部门违约行为的判定依据，并制定不同程度的违约惩罚，惩罚措施直接影响到相关政府部门及负责人。

②完善具体可操作的 PPP 投融资管理法律法规

PPP 模式是一种合同式的项目投融资和管理方式，它的有效运作需要一套完善的法律条文和政策作为依据来确保项目参与各方的谈判有章可循，政府建立和完善相关的法律法规能促使 PPP 项目更好地与国际接轨。

③转化角色制定标准化的 PPP 项目审批程序

政府应对公共基础设施建设的投融资体制进行改革，对管理制度进行创新，以便更好地发挥监督、指导及合作者的作用。同时，应简化 PPP 项目的审批程序，吸引社会资本参与。

④加大对社会资本的政策支持

第一，在融资方面给予社会资本政策支持。第二，地方政府在同等条件下优先选择社会资本。第三，政府在征地、税收方面给予社会资本优惠政策等一系列措施。第四，政府设立专项资金用于支持和鼓励 PPP 项目的开展，运用财政资金的引导作用，通过财政资金支持撬动大规模的社会资本，吸引社会资本积极参加 PPP 项目。

⑤加强识别 PPP 项目融资风险和制定风险分担机制

要保证 PPP 项目的顺利实施，要求我们在具体项目中加强对风险的识别，并确定风险分担机制，以确保 PPP 项目的顺利进行。

⑥创建科学的价格形成和财政补贴机制

在制定价格时，各级政府和有关部门应通过建立定期审价制度等方式，加强成本监控，健全公共服务价格调整机制，完善价格决策听证制度。

⑦成立创新性融资平台解决融资难问题

政府可建立创新性融资平台，联合各级政府拓宽融资渠道，吸引社会资本，引导非财政资金投入，降低融资成本，优化债务结构。

⑧设立 PPP 项目专业管理机构并提供技术支持

PPP 项目一般复杂、耗时，市场不稳定，这就需要政府设置一个专门负责 PPP 项目设计、开发、监督和管理的机构。

⑨加快培养PPP项目投融资专业人才

由于PPP项目的运作比较复杂，涉及法律、金融、财务和管理等方面的知识，需要培养专业的PPP项目管理人才。应通过PPP相关专业知识的培训、实际案例考察等手段培养政府所需要的PPP人才。

（三）PPP政策工具选择

胡春艳（中南大学公共管理学院教授、博士生导师，中南大学地方治理研究院副院长兼秘书长）等人观点：中国PPP政策工具选择及其选择模式研究——基于中央政策的文本分析[①]

（1）政策工具选择

从基本政策工具、政策目标、项目生命周期三个维度出发，探究发现了如下问题：

第一，工具组合结构的配置有待优化。

从基础政策工具维度分析来看，环境型政策工具是政府推广和应用PPP模式的首选，总体工具使用比例远超供给型和需求型政策工具。其中，策略性措施和法规及管制类政策工具运用尤为频繁。供给型和需求型政策工具运用相对势微，两类政策工具使用相对短缺。就项目生命周期各阶段工具分布而言，环境型政策工具仍旧是政府政策工具首选，供给型和需求型政策工具短缺，甚至在个别项目运行阶段，需求型政策工具尚未得到运用。

第二，工具的模式匹配差异性不足。

作为一种政府与私营部门合作的模式，PPP包括不同的合作模式，如合同外包、私有化和特许经营三大类。但是，我国对于不同的PPP模式匹配何种政策工具尚没有明确的规则界定，未能体现出政策工具使用在不同模式中的差异性。此外，PPP模式一部分由公共部门主导运作，一部分由私人部门主导运作，如不区分不同模式之间的差异性，不区分政策惠及对象的范围、所扮演的角色、公共责任和公众信任的区别而一概适用，则会导致不同PPP模式效能差异，不利于PPP优势的发挥，也有违政策工具的公共性价值理念。PPP政策内部缺乏清晰的模式应用界分，将会阻碍PPP政策有效执行，从而降低PPP政策整体效果。

第三，工具与目标之间的契合度较低。

从基本政策工具维度来看，三大类政策工具主要作用于合作环境营造和PPP

---

① 胡春艳，周付军. 中国PPP政策工具选择及其选择模式研究——基于中央政策的文本分析［J］. 北京行政学院学报，2019（04）.

模式的推广应用，作用于两者的政策工具比例合计高达51%，而针对于PPP可持续发展目标的工具则尤为匮乏，仅为13.9%。政策目标维度中，政策工具选择以环境型政策工具和供给型政策工具为主力，主要通过供给型工具产生的推动力和环境型工具的影响力来达成目标，而对于实现PPP政策目标有巨大拉动作用的需求型工具的使用较为短缺。

第四，忽视项目生命周期整体性。

中央PPP政策较为注重项目采购与项目执行，即对于PPP项目资格预审、采购文件编制、响应文件评审、谈判与合同签署、项目公司设立、融资管理、绩效监测与支付和中期评估等工作关注较多。相比之下，对项目管理架构组建、实施方案编制与审核、性能测试、资产交割、绩效评价等项目准备和移交阶段工作未予以足够重视。这表明中央政府对项目生命周期不同阶段重视程度存在差异，忽视了PPP项目生命周期整体性特征。而PPP政策目标实现依赖于PPP项目生命周期不同阶段之间的相互配合和紧密衔接。显然，对项目生命周期整体性特征的忽视不利于政策效果实现。

(2) 政策工具选择模式

政府政策工具选择模型共有两种政策工具选择模式，包含四条不同工具选择路径。

第一种模式为“政策工具—政策目标—政策效果”长线选择模式，包含两条路径。

路径一：政策工具选择—政策目标实现—政策效果良好—巩固目标共识—政策工具强化。

当政府政策工具与政策目标之间契合程度较高的情况下，政策执行效果实现有助于巩固目标认同与共识，进而间接促进政策工具选择和选择模式强化。

路径二：政策工具选择—政策目标失败—政策效果不佳—目标调整—政策工具调整。

当政策工具选择与政策目标间存在契合偏差时，政策工具无法有效推动政策目标的实现，从而造成政策执行效果不佳。政策效果不佳反向影响政策目标或政策工具选择的调整和变革。政策工具选择长线模式清晰地刻画出政策工具如何对政策执行效果产生影响，有助于我们理解政策工具与政策效果之间的关系。

第二种模式为“政策工具—政策目标”短线选择模式。

与长线模式相同，该模式也有两条政策工具选择路径。

路径一：政策工具选择—工具目标契合—政策目标实现—工具强化或依赖。

该路径表明，当政策工具与政策目标存在高度契合且政策目标有效实现的情况下，政府政策趋向于强化现有工具选择模式，并有可能逐渐形成工具选择依赖。

路径二：政策工具选择—工具目标偏差—政策目标失败—工具弱化或变革。

当政策工具与政策目标之间存在契合偏差，政策目标失败时，政策倾向于弱化某类工具选择和使用，并寻求工具创新与变革。政策工具选择短线模式有助于理解政府政策工具组合结构欠佳，和政策工具与 PPP 模式匹配等问题。

专题四　产业政策：政府与市场的关系

一、概况介绍

产业政策是国家制定的，引导国家产业发展方向、引导推动产业结构升级、协调国家产业结构、使国民经济健康可持续发展的政策。产业政策主要通过制定国民经济计划（包括指令性计划和指导性计划）、产业结构调整计划、产业扶持计划和财政投融资、货币手段、项目审批来实现。

社会主义国家和当代资本主义国家都会制定产业政策，但社会主义国家和资本主义国家产业政策的目标、内容、实现产业政策的手段和途径不同。社会主义国家产业政策的内容是产业结构平衡与产业结构升级；核心目标是引导推动产业结构升级产生并形成新的经济增长点，使经济可持续发展和人民生活水平不断提高，避开发展中国家的“中等收入陷阱”；主要通过国有企业完成指令性与指导性计划、国民产业结构调整计划、产业扶持计划、积极的财政政策、项目审批来实现；表现形式为常态化、前瞻性计划或政策；性质是对称型调控。资本主义国家产业政策的内容是供求均衡，目标是供求不均衡产生经济危机时通过政府干预使之均衡，主要通过货币政策来实现，表现形式为周期性、滞后性，性质是均衡型调控。所以社会主义国家制定、实现产业政策属于宏观调控的范畴，资本主义国家制定、实现产业政策属于政府干预经济的范畴。以国有企业和财政投融为主导实现产业政策是社会主义国家宏观经济的重要组成部分，是实现经济结构对称态、使社会经济可持续高速发展的必要条件，是社会主义制度优越性的表现，是社会主义市场经济的本质特征之一。政府是社会主义市场经济中的宏观经济主体；政府不在市场体系之外，而在市场体系之中；政府通过产业政策自觉进行宏观调控既不是干预市场经济，也不是计划经济，而是市场经济正常运转、产业结构升级、经济可持续发展的必要环节。

随着改革开放的深入与经济快速发展，中国的产业政策经历了一个由计划管理与选择性产业政策混合的产业政策体系向以选择性产业政策为主体、以功能性政策为辅助的产业政策体系转变的过程。十八大以来，中国的产业政策开始重视功能性产业政策与创新政策的运用。总体上看，中国的产业政策越来越注重市场机制的作用，但仍保留了大量直接干预市场的措施，由此带来的不良政策效应日趋突出。

二、出题角度分析

改革开放以来，我国的产业政策越来越注重市场机制的作用，但仍保留了大量直接干预市场的措施，由此带来的不良政策效应日趋突出。近几年，市场机制与产业政策的制衡愈演愈烈。因此，这一热点案例是值得考生关注的考点，结合所学知识和专家观点研究分析产业政策，以便在考场上遇到类似的论述题或案例题时不紧张，能结合材料答中要点，并有所展开。

三、答题思路总结

（一）产业政策争论：政府与市场的关系大论战

1. 林毅夫 VS 张维迎：产业政策真的有效吗?

继“北大交火事件”之后，时隔 21 年，我国的两位著名经济学家——张维迎和林毅夫之间，再次爆发了一场激烈的争论。

这一次，主题是围绕“产业政策”。张教授认为应该废除一切形式的产业政策。林教授则对产业政策表示支持。

事实上，这样的争论，我们很难分出孰对孰错。但我们不难看出的是，林毅夫与张维迎之争，本质上是一场关于市场与政府的争辩。

☆第一回合：是否应废除产业政策

• 张维迎：应废除任何形式的产业政策[①]

（1）产业政策是穿着马甲的计划经济

产业政策是披着马甲的计划经济，是指政府出于经济发展或其他目的，对私人产品生产领域进行的选择性干预和歧视性对待，其手段包括市场准入限制、投资规模控制，也包括财政补贴、土地价格优惠等。现在我们要建立市场经济，不再搞古代的重农抑商，但过去几十年里政府推出了各种各样的产业政策，这些产业政策同样阻碍着企业家精神的发挥和市场经济的发展。

产业政策通过对不同产业在市场准入、税收和补贴、融资和信贷、土地优惠、进出口许可等方面的区别对待，创造出权力租金。现在一些所谓的新技术公司账面有利润，一检查利润都来自政府的补贴。所以不难理解，大量从政府拿钱的企业根本就不可能是真正的创新企业。政府不阻止人“吃螃蟹”，但也没有必要为“吃螃蟹”的企业家买单。

---

① 张维迎. 呼吁废除一切形式的产业政策［EB/OL］.（2016－09－13）［2021－04－28］. http://finance. sina. com. cn/2l/china/2016-09-13/2l-ifxvukhv8255545. shtml.

（2）坚决主张废除任何形式的产业政策

产业政策的失败不是偶然的，而是必然的。大概有两个原因：第一个原因是人类认知能力的限制；第二个原因是激励机制的扭曲。我要特别强调，认知能力的限制比激励机制扭曲更为根本。为了创新，中国企业家需要自由和公平竞争的法治环境。政府不应该通过产业政策给任何企业、任何产业吃“偏饭”。

（3）创新是不可预见的

拥护产业政策的人一般有一个隐含的假设，就是技术进步和新产业是可以事先预见的，因而是可以计划的。但这个假设是完全错误的。

因为创新的一个基本特点就是它的过程充满一系列的不确定性，这与科学上的发现很类似。因此，我们没有办法预见未来哪些产业、哪些技术是最为重要的。

另外，创新是独一无二的，我们没有办法计算其成功或失败的概率。并且，一个创新是否能成功，常常取决于后续的其他创新是否出现，因而面临的是一系列的不确定性，而不是一个单独的不确定性。创新的不确定性使得我们没有办法预见求索的结果，然后制定一个目标，再按这个目标寻找一个路径。

（4）产业政策是“豪赌”

产业政策意味着我们要把有限的资源（人力的、物质的）投在政府选定的优先目标上，这实际上是一种“豪赌”。

总体来讲政府官员要比企业家在创新方面更为迟钝，当政府官员认识到某种技术的重要性的时候，这种技术基本上已经过时了。

那么，能不能靠专家制定产业政策呢？也不行，因为专家可能有硬知识，但没有创新所必需的企业家的敏锐性和软知识。如果要依靠专家的话就面临一个问题，就是少数服从多数，但是多数专家认为正确的东西很可能是完全错误的。

而靠企业家制定产业政策也不成，因为有资格被邀请参与政策制定的企业家一定是已经成功的企业家，但对经济发展产生重要影响的创新通常来自名不见经传的创业者，而不是功成名就的商界领袖。

（5）不搞砸绝不罢手

政府官员的激励和企业家很不一样，企业家试错，失败了损失是自己的，成功了收益也是自己的。但政府官员做事成功了没有与此对应的货币收益，失败了反倒可能要承担一定的职业风险。所以政府官员考虑更多的是怎么规避个人责任，而规避个人责任的一个办法就是听取专家的意见。第二个办法就是忠实执行上级政府的政策，中央号召做什么我就做什么；或者“跟风”，别人（其他地区）做什么我就做什么。

所以我们看到，一旦政府鼓励任何一个产业，这个产业一定会变得产能过剩，危机四伏。凡是政府扶持的产业，不把它做砸绝不会罢手。

应废除任何形式的产业政策，政府不应该给任何企业、任何行业任何特殊的政策，真正的企业家不应该有这个奢望。要特别呼吁的是，企业家应该争取的是每个人的平等的权利，而不是给自己的特权。

（6）企业家要争取的是普遍的权利，而不是特权

• 林毅夫：经济学家不该因为怕产业政策失败而凡产业政策都一概反对①

（1）经济学家不该因为怕产业政策失败而凡产业政策都一概反对

对发达国家和发展中国家的经济发展来说，之所以需要产业政策是因为推动经济发展的技术创新和产业升级既要有企业家的个人努力，也需要有政府帮助企业家解决企业家自身所难于克服的外部性和相应软硬基础设施完善的协调问题。

经济学家的责任不是因为怕产业政策失败而凡产业政策都一概反对，或是因为产业政策是经济发展的必要条件就无条件地支持一切产业政策，而是要研究清楚产业政策成功和失败的道理，以帮助政府在使用产业政策时，减少失败，提高成功的概率。

（2）实现劳动生产率水平提高需要有“有效的市场”和“有为的政府”

一个国家经济发展的本质是人均收入的不断增加，其前提则是越来越高的劳动生产率水平。劳动生产率水平的提高有两个途径：一是通过技术创新，提高现有产业中产品的质量和生产效率；二是通过产业升级，将现有劳动力、土地、资本等生产要素配置到附加价值更高的产业。根据新结构经济学的分析，这两者的实现需要有“有效的市场”和“有为的政府”的共同作用。

（3）必须要有“第一个吃螃蟹”的企业家

在技术创新和产业升级过程中，必须要有“第一个吃螃蟹”的企业家，如果没有其他必要的安排，“第一个吃螃蟹”的企业家倘若失败，将承担所有成本，并让后来者知道“螃蟹”不可“吃”，不去犯同样的错误；倘若成功了，后来者将会随之涌进，“第一个吃螃蟹”的企业家不会有垄断利润。因此，政府需要给第一个“吃螃蟹”的企业家一定的激励，企业家才会有积极性去冒这个风险。

① 林毅夫. 一味反对产业政策就是不负责［EB/OL］.（2016-09-13）［2021-04-28］. http://finance.sina.com.cn/2l/china/2016-09-13/2l-ifxvukhv8254883.shtml.

同时，“第一个吃螃蟹”的企业家能否成功，还取决于软硬件设施的完善程度，而这是很多企业家无能为力的，需政府因势利导，帮助企业进行软硬件设施完善。

（4）成功的产业政策必须是针对有潜在比较优势的产业

许多发展中国家的政府采用产业政策时经常失败，除了执行能力的问题之外，究其原因是发展中国家的政府容易出于赶超的目的，而去支持违反比较优势的产业，结果这些产业中的企业在开放竞争的市场中缺乏自生能力，只能靠政府永无止境的保护补贴来生存。

成功的产业政策必须是针对有潜在比较优势的产业，所谓有潜在的比较优势的产业指的是该产业的要素生产成本在开放竞争的市场中有优势，但是由于软硬基础设施不完善，交易费用太高，使得总成本在开放竞争的市场中没有竞争力。政府若能针对这些产业中的先行企业给予外部性补偿并帮助提供软硬基础设施的完善，则这样的产业政策能够使具有潜在比较优势的产业迅速变成具有竞争优势的产业。

☆第二回合：关于产业政策问题的四点错误及回应

随着林毅夫教授文章的发布，“林张之争”得到了社会各界的广泛关注。

值得一提的是，在发改委的发布会上，有记者也询问了发改委对于这一问题的看法。发改委表示，发改委也在认真评估当前的产业政策，当前我国经济发展进入新常态，我们现有的产业政策确实存在与新常态不相适应的地方，从目前产业政策的实施情况看，也存在一些迫切需要解决的突出难题，我们要通过相关的调整来使这些政策适应新常态的需要。

然而事情并没有就此终结，张维迎针对林毅夫的观点提出了四点错误。随后，林毅夫也再一次进行了逐条反驳。①

（1）中国经济落后是因为没有自由？

张维迎：后发国家保持长时间持续增长很难说是奇迹。中国的经济增长值得我们高兴。这说明，人只要有自由，就会有发展。需要特别强调的是，中国目前弥漫着一种过度自信的气氛，一方面反对普世价值，另一方面期望把中国的经验变成普遍的规律用来指导其他国家。实际上，中国过去 40 多年在经济持续增长的同时，却并没有创造能对人类未来发展提供重要推动力的新技术。英国产业革

① 中国财经报. 第二回合：张维迎批林毅夫四个错误　林毅夫听完后逐一反驳［N/OL］. 中国财经报网，2016-09-19［2021-04-28］. http：//www. cfen. com. cn/2yxw/jj/zhuanti_ 43/201609/20160919_ 2421750. html.

命期间创造蒸汽机，带来了机械化；美国在南北战争之后的30年里在电器以及汽车等方面取得突破性的进展。如果我们不能够谦逊地对待成就，我们就可能走向反面。

林毅夫：张维迎教授认为中国改革开放之前发展不好，最根本的原因是没有自由。实际上，中国传统社会就是自然经济，“日出而作，日入而息”“帝力于我何有哉”，是相当自由的，当时政府的力量对生产没有多大影响，基本上就只是收税，但仍然发展不好。此外，从欧美等国的经历来看，工业革命的产生与企业家精神有关，但是它还有赖于基础科学的革命和产权制度的建立。基础科学的革命不受企业家精神影响，而是政府支持的科学家推动的，政府部门发挥了相当大的作用。专利制度的建立也是政府的工作。如果说中国经济落后是因为没有自由，我觉得这个解释没有抓到现代经济出现翻天覆地变化的根本原因。

（2）发挥比较优势与强调政府作用存在矛盾？

张维迎：发挥比较优势与强调政府作用存在矛盾。林毅夫教授的经济学说始终强调经济发展要利用比较优势；与此同时，林毅夫教授也强调要充分发挥政府的作用来利用比较优势。这存在逻辑上的矛盾，也与历史上的经验不相容。理论上，最初提出比较优势理论的斯密和李嘉图等人以及后来强调分工带来的内生比较优势的杨小凯教授都认为，市场是最有效发挥比较优势的制度。存在市场的时候，每一个人都会想尽一切办法利用比较优势。

林毅夫：我觉得比较优势有静态和动态之分，在发挥动态比较优势时，政府的作用很关键。随着经济的发展，要素的禀赋结构会发生变化，一些原来不符合比较优势的产业变得符合比较优势，这时就需要技术升级和产业结构变化，既会面临很多外部性的问题，也会面临很多协调的问题，比如对基础设施、金融支持、法律服务的要求会相应变化，这些变化不是企业家单独能够做的，必须要由政府协调不同的企业来进行，或由政府来提供。

（3）企业家精神与产业政策存在矛盾？

张维迎：企业家精神与产业政策存在矛盾。社会进步和人类富有的本质是劳动生产率的提高，劳动生产率的提高需要依靠技术创新和技术进步，技术创新和技术进步的来源是企业家和企业家精神。可惜的是，目前正规的经济增长模型都缺少企业家这个关键因素，因为他们假设所有人都同样聪明理性，这是经济理论和经济增长理论的重要缺陷。诚然，企业家有可能判断错误，但是他们与常人不一样，一旦成功便可以给社会带来极大的好处。

在实际操作上，正确有效的产业政策的制定非常困难，不论是企业家还是科学家都难当大任。首先，企业家本身随着时代变化，过去成功的企业家也不一定是未来成功的最好人选。其次，即便由最前沿的科学家组成产业政策委员会，也只能看到某一个领域上的技术变化，而无法像企业家一样看到人类本身的需要。更不要说由政府官员制定的产业政策。

林毅夫：企业家的创新主要是在产品层面的创新，或者技术运用方面的创新。这些创新建立在基础科研跟公用技术的突破之上，而基础科研跟公用技术的突破大多是政府支持的，即使美国到今天也还是这样。政府对基础科研的预算支持是有限的，需要有战略性的选择，哪些支持，哪些不支持。这就是产业政策的作用。

我同意大部分国家的产业政策是失败的，但是我们也要看到，成功的国家都有产业政策，没有产业政策的国家基本上没有成功的。我们要避免产业政策的失败，也要避免没有产业政策的失败。所以，应该研究什么样的产业政策能够成功，这也是新结构经济学要做贡献的地方。

（4）战略和体制是何关系？

张维迎：林毅夫教授认为政府为了推行赶超战略，不得不扭曲体制。但究竟是体制导致了战略，还是战略导致了体制，是很值得进一步深究的。从历史上看，最初主张推行计划经济的人并不是出于赶超的目的，而是基于防止资本主义生产过剩的需要。一旦实施了计划经济，政府肯定要折腾。出于执政合法性的需要，政府不可能提出一个倒退的战略，所以只能赶超。一旦存在这种赶超战略，企业家精神就会遭遇打压，否定个人权利和市场的存在。讨论战略与体制的问题，我觉得，政府应保证更多的个人自由，促进市场体系建设，让企业家精神发挥作用，实现经济健康发展。

林毅夫：张维迎教授认为国家发展战略侵犯个人自由。我的观点是，在结构变迁过程当中，如果政府不因势利导解决问题，不对基础科研、基础设施、教育、金融等进行完善，那么企业家精神也发挥不出来。政府发挥作用的方式只要是对的，其实能给予个人更大的自由。

2. 其他专家学者热评[①]

（1）姚洋：张维迎观点激进，似在敲警钟

“在之前两人的争论中，很多问题没有说透，希望两人能够面对面讨论一

① 金彧，张泉薇，侯润芳，等. 四度交手　林毅夫张维迎激辩产业政策［N/OL］. 新京报，2013-11-10［2021-9-22］. http：//www. bjnews. com. cn/oktail/155151092114339. html.

下”，北京大学国家发展研究院院长姚洋谈起此次思辨会目的时表示，产业政策问题对今天的中国来说是一个非常重要的问题，两边的观点都需要。“可能大家会觉得张维迎老师的观点比较激进，但是总得要有人敲警钟。”姚洋评价张维迎和林毅夫的“交战”时表示，这样一种交锋可以让更多人关注产业政策问题，刺激学术研究深入研究中国。

（2）陈平：林毅夫的观点比较接近现实

对于此次“论战”，陈平教授评价：“林毅夫的观点比较接近现实，张维迎的观点比较接近意识形态。”

（3）白重恩：改善营商环境是对中国更好的产业政策

清华大学经济管理学院常务副院长白重恩近日表示，在中国当前的制度背景下，更好的产业政策方向是努力改善营商环境。营商环境的改善具有普惠性，而普惠的产业政策能够对行业效率产生正面影响，并且营商环境的改善不会带来负面后果。

专题五　住房政策："房住不炒"、共有产权房、租购同权、房产税

一、概况介绍

（1）"房住不炒"

2016年年底的中央经济工作会议首次提出，"房子是用来住的，不是用来炒的"，此后，与房地产相关的部门陆续出台了与之相配套的政策，涉及房企融资、购房者信贷等方面。房地产第一功能是使用功能，对GDP和税金的作用要建立在使用基础上。加强房地产市场分类调控，房价上涨压力大的城市要合理增加住宅用地，规范开发、销售、中介等行为。因城施策去库存。

2019年12月在北京举行的中央经济工作会议确定了要坚持"房子是用来住的、不是用来炒的"的定位。

（2）共有产权房

共有产权房，是地方政府让渡部分土地出让收益，然后低价配售给符合条件的保障对象家庭所建的房屋。保障对象与地方政府签订合同，约定双方的产权份额以及保障房将来上市交易的条件和所得价款的分配份额。即中低收入住房困难家庭购房时，可按个人与政府的出资比例，共同拥有房屋产权。房屋产权可由政府和市民平分，市民可向政府"赎回"产权。共有产权房自2007年起在江苏省淮安市进行试点，该模式已在江苏省其他地区获得了推广。

（3）租购同权

2017年7月17日下午，广州市政府正式发布《广州市人民政府办公厅关于印发〈广州市加快发展住房租赁市场工作方案〉的通知》（以下简称《方案》），《方案》明确规定符合条件的承租人子女享有就近入学的权利等公共服务权益，保障租购同权。具有本市户籍的适龄儿童少年、人才绿卡持有人子女等政策性照顾借读生、符合市及所在区积分入学安排学位条件的来穗人员随迁子女，其监护人在本市无自有产权住房，以监护人租赁房屋所在地作为唯一居住地且房屋租赁合同经登记备案的，由居住地所在区教育行政主管部门安排到义务教育阶段学校（含政府补贴的民办学校）就读，具体细则由各区教育行政主管部门制定。

(4) 房产税

房产税是以房屋为征税对象，按房屋的计税余值或租金收入为计税依据，向所有人征收的一种财产税。现行的房产税是第二步利改税以后开征的，1986 年 9 月 15 日，国务院正式发布了《中华人民共和国房产税暂行条例》，从 1986 年 10 月 1 日开始实施。2010 年 7 月 22 日，在财政部举行的地方税改革研讨会上，相关人士表示，房产税试点将于 2012 年开始推行。但鉴于全国推行难度较大，试点将从个别城市开始。

二、出题角度分析

民生问题，一直是中央政府十分关心的问题，也是人民十分关注的问题。民生的问题能否有效地解决，直接关系到人民的生活和人民对国家、对政府的满意程度。因此，解决民生问题，是国家所有工作的重中之重。在民生问题中，近些年来，住房问题日益突出，党中央和政府在住房问题上屡出政策。各大热门院校自然而然也不会忽视对这一模块的考查。考生不仅要关注国家的住房政策，还要关注热门院校所在城市及各一线城市的住房政策，这些是考研初试和复试的热门考点，有所了解、有所思考是最低要求。

三、答题思路总结

(一)“房住不炒”的专家观点

1. 陈杰（上海财经大学公共经济与管理学院投资系主任、教授，公共政策与治理研究院首席专家，不动产研究所执行所长）：以供给侧结构性改革实现“房住不炒”①

人人住有所居，是人民对美好生活向往的基础性组成部分。

(1)“房住不炒”成为未来我国住房政策核心指导思想

“房住不炒”，是在 2016 年中央经济工作会议上被首次提出，继而在党代表大会报告中再次被郑重提出，可见其核心指导思想地位。近年来，住房渐渐脱离了本来的居住属性，固定资产投资也逐渐成为受社会欢迎的投资和投机工具。在这样的供求环境中，多地房价走高，市场乱象丛生，威胁了社会稳定。在我国住房制度改革中，深化供给侧结构性改革成为未来发展方向，而且在十九大报告中有所体现，即“加快建立多主体供给、多渠道保障、租购并举的住房制度”。

(2)“房住不炒”定位对推动我国城镇住房供应体系改革具有很大的示范作用

十九大报告提出的“坚持房子是用来住的、不是用来炒的”的定位，与

---

① 陈杰. 以供给侧结构性改革实现“房住不炒”[J]. 人民论坛，2018 (06).

“加快建立多主体供给、多渠道保障、租购并举的住房制度”，以及“让全体人民住有所居”构成一套完整理论。“房住不炒”提供了思路，住房制度的建设要求指出了发力方向，“让全体人民住有所居”是最终目标。

2. 王碧峰（中国人民大学学术期刊社编辑）：从收入分配方面解析“房住不炒”的政策含义[①]

（1）土地升值收入的分配不平等是目前我国社会最大的收入分配不公

近十年来，我国房价普遍上涨，居民家庭占有财富的差距主要体现在居民家庭占有房产的差距上。正是居民家庭在获取土地升值收入上的巨大不平衡才造成了居民家庭占有社会财富的巨大差距。在我国的收入分配中，土地升值收入的分配不平等才是最大的收入分配不公。

（2）“房住不炒”的政策含义

既然土地升值收入的分配不平等才是最大的收入分配不公，那么，要解决好收入分配问题，首先要解决好土地升值收入的分配问题。

“房子是用来住的，不是用来炒的”这句话对此给出了重要的政策启示，它是一条既能保障居民购买房产的基本权利，又是一条能消除居民对于土地升值收入分配不平等的道路。

第一，要坚决抑制炒房行为。

炒房是指把房子当成投资品来炒作。其后果是，加剧了居民占有财富的不平等，使得土地升值收入向少数人集中，不利于社会公平的实现和社会稳定。

第二，要大力发展非商品房建设。

在肯定居民购房基本权利的前提下，尽可能地使土地增值收入少落入居民家庭手中。因此，要鼓励和支持各类建房主体积极建设非商品房，包括自建房、联建房、租赁房、廉租房等，加快建成多主体供给、多渠道保障、租购并举的住房制度。

第三，要正确对待刚性住房需求。

支持和保护居民的刚性住房需求，限制和打击居民的投机性住房需求。

第四，要尽可能地将本地生成的刚性住房购买力抑留在本地。

要贯彻好“房子是用来住的，不是用来炒的”精神，不仅要禁止购买多套住房现象的出现，而且应尽量减少异地购房现象的发生，尽可能地将本地生成的刚性住房购买力抑留在本地。

---

① 王碧峰. 从收入分配方面解析“房住不炒”的政策含义［J］. 经济师，2018（04）.

第五，要尽快出台调整土地升值收入的政策。

房地产税是贯彻“房住不炒”思想的有效政策工具。与此同时，针对我国目前居民在土地升值收入占有极不平衡的现状，可以考虑对房产交易征收特种税收，调节土地升值收入，抑制房价过快上涨，打击房屋交易的投机行为。

（二）共有产权房的专家观点

朱亚鹏（中山大学中国公共管理研究中心、政治与公共事务管理学院教授）：中国共有产权房政策的创新与争议[①]

（1）共有产权住房的发展历程

共有产权住房保障政策的出现是地方政府不断干预房地产市场，帮助中低收入家庭解决住房问题、促进住房自有的新举措。与其他公共政策领域的政策过程相似，共有产权房也经历了地方自发创新、试点、经验横向和纵向推广的过程。从 2007 年开始，共有产权房政策大致经历了两个发展阶段。

①地方创新与横向扩散（2007—2013 年）：从“淮安模式”到“上海模式”

共有产权住房的探索始于江苏淮安。2007 年 8 月，淮安市率先推出“共有产权住房”的概念，把原来“经济适用房”建设用地由划拨变为出让，住房的供应分配由政府包揽包办，变为政府和个人共同出资。土地划拨到出让之间的价差，以及政府给予经济适用房的相关优惠充作政府出资，形成政府在住房的产权份额。这样一来，购买政府保障房的低收入家庭和当地政府就可以按不同产权比例共享居民所购住房的产权。

发轫于江苏省的共有产权住房政策在上海市得到进一步的规范和发展。上海市发展出了新举措，其共有产权保障住房制度是一种半封闭式的运作，它压缩了保障性住房的寻租空间，是对原经济适用住房制度的完善。在具体运行中，政府让渡出自己出资部分的住房使用权供住户免费使用，但不允许居民回购政府持有的产权。

②政策创新与纵向推广（2013 年至今）：由中央推动的共有产权房政策

2013 年以来，共有产权住房成为中央政府深化住房保障制度探索的重点方向。2013 年底，在全国城乡工作会议上，住建部首次提出“探索发展共有产权房”。随后，政府高层多次在公开场合呼吁地方政府探索和推广共有产权房制度。2014 年，住建部把北京、上海、深圳、成都、淮安、黄石 6 座城市确定为共有产权住房试点城市。此后，各地共有产权住房的探索进入新阶段。

---

① 朱亚鹏. 中国共有产权房政策的创新与争议［J］. 社会保障评论，2018，2（03）.

（2）共有产权住房的制度创新

①住房保障模式创新：扩展保障范围和形式

作为一种住房保障模式的创新，共有产权住房能够补充住房租赁和住房自有两种产权模式的局限，为中低收入群体和“夹心阶层”提供多样化的住房选择，并能够打通住房保障与住房市场的割裂状态。首先，共有产权房把“夹心层”纳入住房保障的范围，扩大了住房保障的覆盖面，有助于解决中低收入群体的住房问题。其次，作为一种过渡性的产权占有模式，共有产权住房丰富了我国住房保障的途径和形式。再次，共有产权房制度设计灵活，有利于目标群体家庭根据自身经济条件和偏好选择产权份额，满足差异化、不同层次的住房需求。最后，通过政府资助，共有产权住房能够与普通商品住房市场接轨，化解经济适用住房以划拨土地的方式运作、与市场不接轨的弊端，有助于促进保障性住房与商品房市场的“无缝衔接”。

②社会保障方式创新：推动中低收入群体住房资产自有

通过政府与保障对象之间“共有”住房产权的创新，共有产权房有助于推动低收入阶层实现“自置居业”，并经住房资产累积效应分享住房升值和经济增长的成果。在加快“建立多主体供给、多渠道保障、租购并举的住房制度”进程上，共有产权房政策无疑是重要的制度创新。拥有住房可以使房屋所有者培养出一种未来取向，让事业正在起步的年轻人更容易展望未来，促进人力资本的发展以及社会资本的积累，帮助低收入家庭跳出“贫困陷阱”。它是推动对住房产权有需要的中低收入者拥有房产的快速通道，也是实现社会阶层向上流动的窗口。

③住房产权分配创新：理清产权比例，明确权益责任

相比于传统的经济适用性住房政策，共有产权房最大优点是产权明晰。一般认为，住房产权界定越明晰，资产被非法侵占的可能性就越小，房产的价值就越大。对整个社会来说，住房权利的分配非常重要，它会影响到人们对自己住房所采取的行为，尤其是对住房进行的修缮和改善性投资，也会影响公共和私人部门之间的权利平衡。

（3）共有产权房政策的局限

共有产权房弥补了原有住房保障设计中的不足，降低了城市居民拥有住房产权的门槛，具有明显的优点。然而在实践过程中，共有产权房政策也暴露出不少问题。除普遍面临的资金难题之外，围绕共有产权住房政策的争议主要包括：住房的资产效应及其所引发的公平争议、住房市场下行风险以及物业管理面临困

境等。

①资产效应及公平争议

在一定时期内，鼓励住房产权自有确实是诉诸个人和家庭利益的“权宜之计”，但这并不意味着仍适用于今天。此外，鼓励中等收入阶层获得住房资产的做法，理论上有扩大贫富差距的可能，因为这对低收入群体来说可能并不公平。

共有产权住房的功能定位是公平争议产生的源泉。共有产权住房如果能够顺利转化为普通商品住房，那么中低收入家庭就有机会获得财富增值的机会，实现参与分享经济增长的红利。这对购买到共有产权住房的家庭来说当然是重大利好，但对于没有申请到共有产权住房以及收入更低的城市贫困阶层来说却并不公平。

②市场不确定性与风险

与购买商品房一样，购买共有产权住房的居民能够享受房价上涨带来的收益，但也必须承受房价下跌带来的风险和损失。住房产权能否促进家庭财富的积累，在很大程度上取决于房价变化。只有在房价不断上升的情况下，住房所形成的个人和政府的产权收益才会增加；而一旦房价下降，则二者的产权收益都会下降，出现“一损俱损”的局面。这种逻辑关系很可能使地方政府失去调控房价的动力，甚至产生推高房价的积极性，这样就背离了住房保障的初衷。

③物业管理低效与立法缺失

共有产权住房涉及计划、建设、买卖、租赁、后续管理等复杂事项，仅靠住房保障部门难以实现快捷、高效管理，需要专门的机构来负责。共有产权住房的物业定价、收缴、维护是该政策有效实施、取得良好政策效果所面临的主要难点之一。

共有产权房的管理困境之一在于，政府既很难承担作为共有人的义务，也难以行使其权利。产权共有的双方由于出发点不一致，必然会导致许多纠纷。但具体怎么化解纠纷，我国现行法律政策缺乏有关规定。

（三）租购同权的专家观点

向为民（重庆理工大学 MBA 教育中心教授）等人观点：抑制和稳定房价背景的“租购同权”政策匹配[①]

（1）实现“租购同权”面临的困境

“租购同权”实施的现实困境主要体现在如下方面：

---

① 向为民，甘蕾. 抑制和稳定房价背景的“租购同权”政策匹配［J］. 改革，2017（11）.

从户籍制度看，实现“租购同权”，针对的主要是户籍人口，对外来人口设置了诸多苛刻条件。此外，就路径选择而言，我国的“租购同权”在大城市，特别是一线城市推动的难度较大。一旦取消户籍，则意味着在教育资源相对稳定的情况下，争夺优质教育资源的人口数量大大增加，除了让房租暴涨，并不能彻底解决问题。

从教育资源看，有限的优质教育资源更是实现“租购同权”的阻碍。如果租房与购房享有同等的权益，那势必引致对优质资源的需求急剧增加。

从政策实施细节看，还需要实际解决“租购同权”入学的竞争优势差异问题。在优质资源有限的条件下，虽然租房在性价比上高于购房，既能满足租房需求且价格比较低，但在判定获取进入好学校资格的优先次序时按“一表生”到“四表生”的排序，实际上仍肯定了户籍和购房的优势。如果租房享受优质教育的希望渺茫，那么满足条件的多数承租人将不会冒险参与此竞争，导致对房屋租赁需求的减少，也不利于住房租赁市场的发展。因此，“租购同权”仅提出租房者与购房者享有同等权利，但并未完善保障租户权益的相关实施细节。

（2）“租购同权”的政策建议

对我国目前房地产市场实施“租购同权”提出如下建议：

第一，在户籍制度的改革方面，各地政府需考虑差异性，因地制宜采取与本地相配套的一系列户籍改革措施。

第二，在教育资源方面，从更长远的角度扩大教育资源，从供给端出发，增大教育资源的供给量，培养更多的优秀教师，在一定学校范围内实行轮流教学，最大限度地平衡学生家长对优质资源的需求量和社会供给量。还可考虑将私有性公共服务资源作为必要补充。鼓励私人机构进入教育等公共服务资源领域，从源头上切断房屋产权、居住地与享有权益之间的联系，通过市场化的手段促进权益均等。

第三，在实施细节上，建立稳定的租赁关系是促成住房租赁市场发展的重要保障。改变目前我国住房租赁市场的出租人主体主要是持有产权个人的局面，加快确立租赁性用地，以利于政府和企业主导租赁住房，有助于在产权与公共服务属性相关联的层面，实现公共服务权益均等。实现租赁性土地的市场化运作，也将有利于从公共服务资源提供的角度实现市场化和稳定性。

第四，发展住房租赁市场是系统工程，需要中央和地方从土地、金融、税费、立法等多方面提供保障政策，加速建立适应国情和市场规律发展的基础性制度和长效机制，其中服务和支持是主要方面。更值得我们关注的是长久以来发展不平衡的房地产市场，大量基础性的建设工作亟待加强。在政府提供各项照顾性政策的同时，应强化市场管理，培养租赁双方遵纪守法的意识，保障租赁市场的健康、稳定发展，保护租赁关系的稳定。

房地产租赁市场的发展与完善不能一蹴而就，应因城而异。除针对不同地区的定位实施差异化的政策外，更应注重居民公共服务方面制度的完善，切实保障租户的住房权益。此外，由于房地产业具有关联度高、先导性及基础性等特点，因而需要合理的宏观调控来促进其健康发展，使“租购同权”真正实现。

专题六　大城市人才引进政策

一、概况介绍

国家发改委在《2019年新型城镇化建设重点任务》中指出，城区常住人口100万到300万人的Ⅱ型大城市要全面取消落户限制；城区常住人口300万到500万人的Ⅰ型大城市要全面放开放宽落户条件，并全面取消重点群体落户限制。除个别超大城市外放开城市落户限制，超大城市、特大城市要用相关政策来调控人口，既要留下愿意来城市发展、能为城市做出贡献的人口，又要立足城市功能定位，防止无序的蔓延。

随着放开城市落户限制，各大城市也纷纷出台关于人才引进与落户等相关政策，人才所能带动的经济及人才对城市发展的积极影响不言而喻。部分城市的相关人才引进政策拥有的亮眼之处，整理如下：

最“豪爽”：呼和浩特

具有普通全日制本科及以上学历的应往届毕业生（往届3年及以内），满足一定条件，可在呼和浩特科技城范围内半价买房。大学毕业生所购住宅平均销售价格按照项目所在区域市场价格的50%确定，但5年内不得上市交易。其中，采取按揭或公积金贷款的，首付比例最低可按20%支付。大学生公寓免租金周期为2年，超过2年仍需续租的，按照公租房标准缴纳租金，居住涉及的水、电、气、暖和物业费用由承租人承担。

最“便捷”：深圳

实行“秒批”政策，无需跑动人社部门、发改部门及其他相关单位，申请人根据公安部门发出的短信或系统提示，落户环节只需提供户籍和身份相关材料，公安部门开放派出所代管户。

全日制大专以上学历应届毕业生，毕业2年内即可落户，无工作和社保条件限制。

在职人员落户条件包括纯积分入户：积分满100分，45周岁以内（主要针对非全日制学历+技能型人才）；学历入户：全日制大专35周岁以内，全日制本科以上学历45周岁以内学历落户，最短需要一个月深圳社保记录，同时社保是在缴状态就行，然后申请落户期间，社保不能断。

落户后可申请人才补贴，补贴包含市级补贴和区级补贴。市级补贴：本科1.5万元，硕士2.5万元，博士3万元。落户深圳任何一个区都可以申请市级补贴。区级补贴：宝安、龙岗、龙华、大鹏、盐田都是本科1.5万元，硕士2.5万元，博士3万元；坪山是本科2万元，硕士3万元，博士5万元。有区补贴的可以申请区补贴+市补贴，没有区补贴的只能申请市补贴。

单次安家补助最高：宁波

引进的应届本科生和硕士研究生，取得毕业证书一年内来宁波就业，且毕业之日起18个月内在宁波连续缴纳社保满6个月、未在宁波购买住房的，一次性分别给予1万元、3万元生活安居补助。

高层次人才发放15—800万元的安家补助，其中，顶尖人才、特优人才、领军人才、拔尖人才和高级人才可以享受15—800万元的安家补助。此外，对于自引进之日起3年内，在宁波首次购买家庭唯一住房的各类人才，还给予购房总额的20%，最高20—60万元的购房补贴。

学历“门槛”最低：兰州

2018年10月，兰州市公安局结合省公安厅出台的便民利民“双十条”，在2017年的基础上，将落户“门槛”从大专降至中专。中专以上学历或相应专业技术职称人员，国内在校的大中专院校学生，均可迁入兰州市落户。

年龄变化最大：广州

入户年龄限制也较此前分别放宽了5岁。分别为：全日制本科40周岁、硕士45周岁、博士50周岁。取消了硕士研究生、博士研究生、高级职称人员以及择业期内的留学人员入户的社保参保年限限制。上述人员在广州市有参保记录即可入户。

最“全面”：天津

全日制高校毕业本科生40岁及以下，硕士45岁及以下，博士不受年龄限制，都可以直接落户；为各类人才提供全方位“保姆式”服务，在人才落户上，博士和符合条件的创业型人才，不受年龄限制，直接落户；人才可自主选择落户地，在线申报、三日审结、全市通办。

在人才购房上，新引进高层次人才在本市购买首套自住用房不限购，外籍人才存取公积金享受市民待遇。

在保障服务上，奖励资助和津贴可用于个人生活事项；对引进顶尖和领军人才，父母医疗待遇优先、配偶对口安排工作、子女就近入园入学。

补助最“持续”：石家庄

对于引进的博士学位研究生、“双一流”建设高校全日制硕士学位研究生、一流大学或一流学科全日制学士学位毕业生，以及企事业单位、社会组织招聘（引进）的世界排名前500名国（境）外院校的全日制学士学位及以上优秀毕业生发放人才绿卡B卡，并享受8项便利化服务项目。其中，租房买房都有补贴，到石家庄市工作之日起5年内，博士、硕士、学士可分别享受每月3000元、1500元、1000元的房租补助。在市域内购买首套自用商品房和存量房的，不受住房限购政策限制，市财政分别给予博士30万元、硕士10万元、学士5万元的一次性购房补贴。申请公租房的，不受收入、社保年限、居住证年限等条件限制，直接作为轮候批进行配租。

值得一提的是，大部分城市吸引人才，往往在住房上给予优惠。但放宽落户并不等于放松房地产调控。国家发改委规划司司长陈亚军表示，各地要落实好一城一策、因城施策、城市政府主体责任的长效调控机制，防止房价大起大落。不管户籍制度怎么改，都要坚持“房子是用来住的，不是用来炒的”的定位不动摇，保持房地产市场平稳健康发展。

二、出题角度分析

当今世界的竞争说到底是人才的竞争，提高城市核心竞争力更多是依赖优秀的人才。近几年，各大城市纷纷开展抢人竞争，也不足为奇。大学生和即将进入研究生阶段的学生群体，往往会更加关注这一热点事件，各大院校真题的出题人也青睐从学生熟知、感兴趣的角度着手出题，这就要求考生在了解基本人才引进政策情况的同时，也不能疏忽对知识点的应用理解。而且，本热点也常与住房政策相联系，在复习备考过程中，要有所联系，结合书本知识点和专家观点展开思考，灵活处理。

三、答题角度总结

专家学者针对大城市人才引进政策的相关政策建议：

1. 赵忠君（湘潭大学商学院副教授）等人观点：人才引进政策实施效果评价——以十大热门城市为例[①]

作者运用主成分分析法，从“引进、留住、培育、用好”四个方面对深圳、上海、成都、武汉等10座城市的人才引进政策实施效果进行了评价。结果表明：

① 赵忠君，邹丽娜. 人才引进政策实施效果评价——以十大热门城市为例［J］. 湖南财政经济学院学报，2019，35（01）.

三大一线城市综合效果更佳，二线城市引进效果显著；一线城市倾向间接培育，二线城市更注重直接培育；间接培育对人才引进政策综合实施效果的影响显著；部分二线城市人才引进政策的经济产出效果较好。

“人才”已成为21世纪最宝贵的资源。为了应对新时代的挑战，2017年各城市纷纷出台人才引进政策，一定程度上推动了我国人力资源新一轮的优化配置。

（1）制定相适宜的人才引进政策

各城市应根据城市发展目标、原有人力资源基础等情况制定相适宜、有针对性的人才引进政策。

（2）注重改善城市环境

改善城市环境不仅服务了新引进的人才，城市原有人才也能分享到资源，一定程度上降低了对新引进人才与原有人才之间的差别对待，减少了政策的负效用。

（3）充分调动用人单位的积极性

用人单位作为就业的供给方，各城市政府应给予更多关注与扶持，达到间接培育人才的目的。

（4）制定城市人才对接计划

自2015年《国务院关于中西部地区承接产业转移的指导意见》印发以来，产业转移已成为我国经济发展的一大趋势，各城市在进行产业转移时应该关注相应人才的对接，从推力因素与拉力因素两个方面共同影响人才流动，进行城市间的人才流动合作，谋求共赢。

（5）积极引进海外人才

当今世界面临的是人才环流的国际性格局，各城市应把握时代机遇，立足全球，建立国际人才交流平台，开拓国际人才引入渠道。

2. 孙锐（人力资源和社会保障部中国人事科学研究院研究员）：地方人才引进政策要避免进入“三拼”怪圈[1]

随着今年多个城市相继出台吸引人才政策后，各地人才争夺战开始进入白热化阶段。面对“乱花渐欲迷人眼”般的人才争夺，由中国新闻社主办、对外经济贸易大学协办的“国是论坛——毕业生，拿什么欢迎你?”，邀请业内知名专

---

① 杜雨萌. 地方人才引进政策要避免进入“三拼”怪圈［N/OL］. 证券日报网. 2018-6-20［2021-7-23］. http：//www. zqrb. cn/finance/hongguanjingji/2018-06-20/A1529462115685. html.

家学者，就大学生该如何选择就业去向，城市该如何让引才进入良性轨道等热点话题，进一步探讨“人才与城市”之间的关系。

在人力资源和社会保障部中国人事科学研究院研究员孙锐看来，如果中国不走创新驱动道路，新旧动能不能顺利转换，那是不可能真正强大起来的，而这一切的创新根源、动能转换的支撑点位就是人才，所以人才政策和创新机制都是下一步改革的重点。

孙锐认为，人才的优先发展导致了人才结构的改变，而这进一步助推了经济、社会、科技和产业的发展，所以很多城市要从二线跃升为一线，三线跃升为二线，更加需要掌握人才红利。那么，城市下一步追求的是什么红利呢？其实就是高精尖人才红利、研发人员人才红利、高技能人才红利、企业家红利、创业者红利等。所以，只有改善和调整城市人口结构、人力资源结构，提高整体人才素质水平，城市才能升级。

据相关调查显示，在城市选择上，高素质人力资源看重薪资水平的占64.3%，看重发展空间的占59.3%，看重城市大小的占43.9%，而落户政策以及激励补助排在偏后。

“所以说，户口政策对吸引人才是有一定的作用，但从长远来看，它的政策效应会逐步减少。”孙锐如是说。

在中国教育发展战略学会常务副会长兼秘书长韩民看来，对于一个城市来说，相较于吸引人才来说，更重要的是考虑如何留住人才，给人才创造一个能够不断成长、不断发展的环境。这就要求地方要创造一种优良的政策环境、制度环境和社会环境，从某种意义上讲，这或许比承诺的优惠条件更加重要。

但孙锐指出，目前一些地方在人才引进方面也存在一些问题，如自身特色不够明显，形成同质化竞争等。对此，他提醒称，各城市在人才引进过程中，要避免进入拼资金、拼待遇、拼资源的怪圈。每类人才都有不同的需求，高质量的人才战略更要实施差异化战略。

专题七　政府信息公开条例修订

一、概况介绍

《中华人民共和国政府信息公开条例》（以下简称《条例》）于2007年1月17日在国务院常务会议上通过，自2008年5月1日起施行。《条例》在实施过程中，对于推进政府政务公开，保障申请人依法获取政府信息，促进政府职能转变、建设法治政府方面发挥了积极作用。

为了加大政府信息公开力度，提升信息公开数量，优化信息公开质量，积极回应政府信息公开的需求，解决信息公开过程中存在的部分问题，国务院对《条例》进行了修订，于2019年4月15日公布，自2019年5月15日起施行。《条例》修订前共5章38条，修订后共6章56条，新增18条。修订要点有如下五点。

1. 规定“坚持以公开为常态、不公开为例外”。新增了“公开后可能危及国家安全、公共安全、经济安全、社会稳定的政府信息，不予公开；行政机关内部事务信息以及行政机关在履行行政管理职能过程中形成的信息，可以不予公开”。

2. 增加了政府应当主动公开信息的范围，包括办理行政许可和其他对外管理服务事项的依据、条件、程序以及办理结果，实施行政处罚、行政强制的依据、条件、程序以及本行政机关认为具有一定社会影响的行政处罚决定等内容，并明确行政机关应不断增加主动公开的信息。

3. 完善了依申请公开信息的程序，包括：信息公开申请内容不明确时的补正程序、信息公开申请时间的确定、申请公开政府信息的数量或频次明显超过合理范围的给予行政机关不予处理以及延期答复的权利等，以切实保障申请人及行政机关的合法权益。

4. 对少数申请人申请公开政府信息的数量、频次明显超过合理范围的，规定行政机关可以收取信息处理费。

5. 针对多个申请人就相同政府信息向同一行政机关提出公开申请，且该政府信息属于可以公开的，规定行政机关可以主动公开该信息。

此次对《条例》的修订，坚决贯彻落实党中央、国务院全面推进政务公开的精神，加大政府信息公开力度，既在公开数量上有所提升，也在公开质量上有所优化；积极回应人民群众对于政府信息公开的需求，体现近年来政府信息公开工作的新进展、新成果，解决实践中遇到的突出问题。

二、出题角度分析

新修订的《条例》自2019年5月15日起施行，这是我国推进行政法治征程中具有里程碑意义的大事。如何加强《条例》的制度配套建设，增强制度执行力，从而把《条例》制度优势转化为治理效能，更好地满足人民群众生产生活需要，是行政机关面临的一项重要任务。《条例》的修订也将成为各大热门院校真题考查的热点案例，多采用案例分析题或论述题等形式考查，要求考生要重视这一板块时政的积累，多读多思考。另外，考生要留意新时代政府在推进国家治理体系和治理能力现代化工作上所做的努力。

三、答题思路总结

（一）政府信息公开的十年历程

1. 王锡锌（北京大学法学院教授、公众参与研究与支持中心主任）：政府信息公开制度十年：迈向治理导向的公开①

（1）信息公开十年实践：成绩与问题

2008年5月1日，《条例》实施。《条例》具有继往开来的重要意义，它是对过往的信息公开和透明度建设工作的制度性总结，同时又为公共治理中的透明度建设及发展划定了新起点。

回顾《条例》实施以来的实践，我国的政府信息公开制度所取得的成就集中表现在制度框架的搭建、公开实践的展开和公开文化的培育这三个层面。

第一，信息公开制度的框架基本建立。这些制度框架具体表现在信息公开的规范体系建设、组织配套、平台搭建和考评监督等四个方面。

第二，公开实践稳步推进。在搭建信息公开制度框架的“基础设施”的基础上，我国政府信息公开实践迅速展开。一方面，大量的政府信息通过多种平台和多样渠道主动公开；另一方面，依申请公开的活跃程度也极大提升。

第三，公开文化不断发育。尽管《条例》并未明确规定“以公开为原则，不公开为例外”，但“公开”这一治理理念在信息“公开”制度的实践中生根发芽，枝繁叶茂，“公开”之理念日益成为政府治理语境中的共识。

但与此同时，政府信息公开全面展开的实践，也呈现出一系列突出问题。这些问题集中表现为五个方面的不平衡。

---

① 王锡锌. 政府信息公开制度十年：迈向治理导向的公开［J］. 中国行政管理，2018（05）.

第一，信息公开实践的地域不平衡。信息公开实践表现出明显的区域失衡现象，东部地区的政府信息公开指数明显高于中部和西部地区。

第二，信息公开实践的层级不平衡。早在2009年，北大公众参与中心在国内首次开展对全国30个省级政府和97个地市级政府信息公开状况的评估，当时便发现各省级政府与下属地市政府相比评分具绝对优势。

第三，信息公开的供需不平衡。在我国政府信息公开制度的十年实践中，一个突出问题是信息公开需求与信息供应不匹配。简言之，即行政机关公开的信息社会不需要，而社会需要的信息缺乏对应的信息供应，表现为信息供应的准确性、及时性、针对性和动态性不够。

第四，信息公开实践中主动公开与依申请公开的不平衡。从《条例》设计的本意来看，主动公开应是信息公开的主要手段，依申请公开则是必要的辅助和补充。在《条例》的实施过程中，主动公开也的确成为信息供应的主要途径，但由于主动公开在供需上的不匹配、不平衡、选择性等问题，影响了主动公开的效果，这导致许多本来可以通过主动公开的信息不得不经由依申请公开而实现。

第五，信息公开法律关系中权责不平衡。实施信息公开以来，尽管有不少针对政府信息公开工作的评估、考核、排名，但总体而言，行政机关在落实信息公开的法定职责过程中，依然存在权力和职责之间的不平衡。虽然《条例》设定了对信息公开义务主体的监督和问责机制，但这些机制的落实还很不到位。

（2）信息公开新时代：理念、体制和技术改进

我国政府信息公开实践中存在的问题，原因有多方面，但归纳起来，主要集中于理念、体制以及技术这三个层面。面对这些问题以及新时代政府治理的需要，我国政府信息公开的发展，应当转变观念，完善体制、优化技术，全面提升治理透明度，促进治理现代化。

①理念变革：从工具导向和权利导向到治理导向。

②体制优化：从保密主导下的公开到公开主导下的保密。

③技术升级：从信息公开到数据开放。

（3）治理现代化背景中公开的新发展：由信息公开到政务公开

政务公开可以提升社会治理理性化程度，推动国家治理现代化。具体来说，政务公开有利于促进以市场为载体的经济理性、以政府为载体的规制理性以及以公民政务社会为载体的沟通理性。

通过政务公开推动国家治理现代化和促进社会理性程度提升，除在理念、体制与技术等宏观方面的改善外，从具体方面讲，还应从三个方面扩大信息公开的

范围、程度，以实现由点到面、由平面向立体的信息开放。

第一，将更多的信息纳入到主动公开范围内。信息公开中“以公开为原则”不仅要求在公开与不公开之间，应当以公开为主，同时也应意味着在主动公开和依申请公开之间应当以主动公开为主。

第二，不仅需要公开概括性的统计信息，更需要个案信息的统一、全面发布。

第三，信息的公开应不断走向动态化。经济社会瞬息万变，这就要求信息更新要跟随社会变化的脚步。

2. 马怀德（中国政法大学教授，中国法学会行政法学研究会会长）：政府信息公开制度的发展与完善①

政府信息公开是承载着民主与法治、公平与正义等多元价值的重要法律制度，也是不断促进依法行政、推动法治政府建设的重要举措。因此，有必要以《条例》的修订为契机，在总结政府信息公开制度发展经验的基础上，把握新时代赋予政府信息公开制度的更高要求和期望，不断推动政府信息公开制度的发展完善。

（1）政府信息公开制度的发展历程

政府信息公开制度的建立并非一蹴而就，而是经历了从村务公开到乡镇机关政务公开和企业厂务公开，再到各级人民政府的政府信息公开这一发展过程。

①党对民主与法治工作的坚强领导有力推动了政府信息公开制度的建立健全

政府信息公开理念的确立和制度的发展，离不开党对民主与法治工作的领导和推动。早在 1987 年，党的十三大报告中强调“重大情况让人民知道”，奠定了实行政务公开与建立政府信息公开制度的思想和政策基础。十三大以来，民主监督的范围不断扩大、内容和形式不断丰富、制度不断完善，有力地推动了政府信息公开制度的建立健全。

②村务公开、厂务公开的制度探索为政府信息公开奠定了实践基础

政府信息公开制度起源于 20 世纪 80 年代以来村务公开的探索发展。在村务公开探索的基础上，乡镇机关政务公开和企业厂务公开制度相继建立。

③《条例》的颁布实施标志着政府信息公开制度的正式建立

《条例》经 2007 年 1 月 17 日国务院第 165 次常务会议通过，自 2008 年 5 月 1 日起施行。《条例》的颁布实施，标志着我国政府信息公开制度的正式建立，

① 马怀德. 政府信息公开制度的发展与完善［J］. 中国行政管理，2018（05）.

我国向建成阳光政府、开放政府、法治政府又迈出了重要一步。

（2）政府信息公开制度的主要特点

①明确各级政府主动公开政府信息的范围

采用列举方式对政府信息公开范围做出规定是《条例》的一大特点。

②确立依申请公开政府信息制度及其标准

《条例》规定，除了政府主动公开的信息外，公民、法人或者其他组织还可以根据自身生产、生活、科研等特殊需要，向国务院部门、地方各级人民政府及县级以上地方人民政府部门申请获取相关政府信息。

③在不同利益主体之间进行充分的利益平衡

《条例》开宗明义地指出，制定《条例》的目的在于保障公民、法人和其他组织依法获取政府信息，提高政府工作的透明度，促进依法行政，充分发挥政府信息对人民群众生产、生活和经济社会活动的服务作用。获得政府相关信息，是《条例》赋予公民的一项权利。但公民在行使该项权利的同时不得损害国家、社会、集体利益以及其他公民的合法权益。

④政府信息公开的范围不断拓展

从《条例》规定的公开范围来看，政府信息公开的外延主要包括政策文件、统计信息、报告、目录、标准以及各级政府在行政活动中的实施、办理、应对、监督检查、建设、发放、使用等情况。总体来看，《条例》规定的需要公开的政府信息主要是经过政府加工、处理的静态信息。政府信息公开的范围正在由静态信息拓展到动态信息，由结果信息拓展到过程信息，由分析处理后的信息拓展到采集到的基础数据信息。

⑤形成了多元政府信息公开渠道

《条例》自2008年实施以来，行政机关不断创新政府信息公开方式，利用互联网平台拓展政府信息公开渠道，形成了以门户网站为公开政府信息第一平台的多元信息公开渠道。

（3）建立政府信息公开制度的重要意义

自2008年《条例》实施以来，公开透明成为法治政府建设和依法行政的基本准则。政府信息公开制度不断完善，不仅促进了政府治理能力的全面提高，也为公众更好地行使知情权、参与权、表达权、监督权提供了制度保障。

①有力推动了法治政府建设进程。

②为加强民主监督、防止腐败提供了制度保障。

③对规范市场经济秩序、维护社会稳定发挥了重要作用。

④为人民群众生产、生活和经济社会活动提供便捷服务。

(4) 制定《政务公开法》，进一步完善政府信息公开制度

《条例》实施以来，政府信息公开制度在运行中虽然取得了诸多重大成就，但随着社会发展和时代变化，政府信息公开制度本身也暴露出越来越多的问题。

首先，规范政府信息公开制度的法律体系不健全。目前，规范政府信息公开制度的法律体系包括《条例》和位阶更低的规章和规范性文件。规范政府信息公开制度的法律位阶较低，就不易与政府信息公开相关的上位法律协调、配合。

其次，无法满足新时代背景下政务公开的内涵与要求。党的十八大以来，以习近平同志为核心的党中央统筹推进“五位一体”总体布局、协调推进“四个全面”战略布局，高度重视法治在国家治理和社会治理中的作用，把法治作为治国理政的基本方式，对政务公开、党务公开、实施国家大数据战略提出了一系列要求，为政府信息公开制度的发展完善明确了方向。

(二) 新时代下《条例》的修订

1. 后向东（国务院办公厅政府信息与政务公开办公室副处长）：构建新时代中国特色政府信息公开制度[①]

当前，中国特色社会主义已经进入新时代，中央对修改完善政府信息公开条例提出了明确要求，国务院年度立法工作计划对此做了具体安排。国务院办公厅作为法定的全国政府信息公开工作主管部门，依法提出了《条例》修改建议方案，相关立法工作正在稳步推进。

(1) 政府信息公开制度发展的时代背景

在具体推进法律制度发展时，必须全面把握时代背景，使制度发展顺应时代要求，契合时代脉动。我国政府信息公开制度发展过程中所着重把握的现实时代背景，主要有三个方面：

第一，习近平新时代中国特色社会主义思想的指导。

习近平新时代中国特色社会主义思想，是马克思主义中国化的最新成果，是运用科学的世界观、方法论改造当下客观世界的过程中所形成的科学理论，具有重要指导意义。政府信息公开制度的发展，必须自觉地以这个科学理论为指导，用科学的世界观、方法论观察问题、分析问题从而寻求解决问题的办法。

第二，基于客观实践的认识深化。

《条例》施行以来，我国政府信息公开实践不断深化，人们对于政府信息公

① 后向东. 构建新时代中国特色政府信息公开制度［J］. 中国行政管理，2018（05）.

开制度的认识也随之不断深化。

第三，基于世界经验的中国特色。

对于所涉及的现实问题，国际经验并不能提供有效的解决方案，必须立足中国实际，着眼中国具体问题，形成中国特色制度方案。

（2）政府信息公开制度发展的总体考虑

《条例》修订的总体考虑有四个方面：一是对基本定位和框架结构做必要调整，二是对主动公开制度重新设计，三是对依申请公开制度做必要优化调整，四是加强责任约束。

①调整基本定位和框架结构

《条例》的基本定位问题，核心是立法目的设定和理解问题，主要体现在政府信息公开与依法行政的关系方面。《条例》的基本定位问题，重点是适用主体范围问题。

结合实际问题，立足于政府信息公开法律制度的内在规律，此次修订对《条例》的框架结构做了必要调整。主要是区分出“主动公开”和“依申请公开”专章，对主动公开行为和依申请公开行为分别适用相应的规定。

②重新设计主动公开制度

着眼于原条例主动公开制度存在的突出问题，以及世界多数国家在主动公开制度方面的共性做法，有必要对主动公开制度进行重新设计。主要思路有两个方面：一是确定若干统一适用的共性主动公开内容，同时增加必要的兜底内容以容纳各行政机关的个性信息；二是将落实主动公开要求的权力和责任赋予各级政府信息公开工作主管部门。

③调整优化依申请公开制度

尽管原条例在制度构建时以主动公开为重点，但是，在实际执行过程中，依申请公开成为重点，也成为争议焦点和工作难点。

从实践中暴露出的各种问题出发，对依申请公开制度的修订，主要思路有四个方面：

第一，“依申请公开”独立成章，把依申请公开制度相关内容集中规定。这种体例结构上的调整，使政府信息公开条例的逻辑更清晰，层次结构更加分明。

第二，确立了若干豁免公开的情形。通过豁免条款，明确何种情形下可拒绝申请人的要求，在保障公众知情权与维护社会公共利益之间取得恰当的平衡，是政府信息公开法律制度的基本属性。

第三，明确了政府信息公开申请处理方式，使信息公开处理方式法定化、规范化。

第四，细化完善了依申请公开处理程序。主要是：明确了“收到申请”的认定办法，取消了引发大量争议的“三需要”表述，完善了信息公开期限规定，完善了征求第三方意见程序，明确了涉及其他行政机关的办理程序，等等。

④进一步加强监督约束

原条例对政府信息公开的监督约束做了一些规定，但是，从实践情况看，还存在力度不够、机制不完备等问题。从我国实践和世界经验来看，政府信息公开法律义务的落实，越来越依赖行政系统内部的监督约束机制发挥作用，因此，这方面的规定需要进一步强化。

对监督约束机制的修改完善思路，主要有两个方面：一是适当增加政府信息公开工作主管部门的法定职责，如监督主动公开制度的落实、加强培训和工作指导等。二是改革年度报告制度。

（3）政府信息公开制度发展的目标方向

在政府信息公开制度发展过程中，预设的目标方向主要有三个方面：

第一，对行政机关的监督约束更有力。政府信息公开制度的首要功能，就是通过行政行为所形成的记录的公开，对行政机关起到一定监督作用。

第二，对政府信息公开法律关系的调整更有序。政府信息公开条例实施后，在取得重大成效的同时，暴露出的最突出问题就是对公开法律关系调整不够有序，实践中各种滥用权利行为确实不同程度存在，出现了所谓的信息公开乱象，现行政府信息公开制度又确实难以应对。问题就是导向，对政府信息公开法律关系的调整更加有序，就是此次政府信息公开制度发展的目标方向。

第三，为世界信息公开制度发展贡献中国智慧。只要正视我国政府信息公开实践中遇到的问题，深入研究、积极探索解决办法，就能够对政府信息公开制度有所创新创造，也就将为世界信息公开法的发展贡献中国智慧。

专题八　网约车政策

一、概况介绍

随着大数据时代到来，算法渐渐走进人们的生活，特别是城市交通出行领域出现革命性变化。早些年，“打车难”“打车贵”的现象层出不穷，一度困扰着城市中有出行需求的人们。传统出租车行业普遍存在垄断经营、供给不足、服务质量不高等问题，恰在此时，网约车和顺风车出现了，彻底变革了出租车行业的运营模式。这种新兴的模式使大量闲置私人车辆得到共享式利用，为数以亿计的乘客提供了灵活、便捷、定制和舒适的交通出行服务，并为数以千万计的人员创造了新型就业机会。

网约车固然是带来共享经济红利、新型就业机会和交通出行便利等一系列“红利”，但同样也对政府监管提出了挑战。在中国，网约车往往被原有监管规则界定为非法运营，这使其长期处于政府监管的灰色地带，这种新生事物的出现也可被视为一种“监管断裂”，即无法将它很好地嵌入现有的监管框架中进行治理。而顺风车有很强的社交属性，加之缺乏行业准入门槛限制，这更会使乘车人暴露在危险之下。更值得一提的是，网约车的大量涌入也加剧了城市交通拥堵和环境污染，并对传统出租车的经营者和从业者构成利益威胁。

国务院为推动网约车行业健康向好发展，于 2016 年同时出台了两项政策。2016 年 7 月 28 日，国务院办公厅印发了《关于深化改革推进出租汽车行业健康发展的指导意见》，交通运输部等七部门又联合印发了《网络预约出租汽车经营服务管理暂行办法》，这两份文件均于 2016 年 11 月 1 日起施行。这为网约车的合规化运营打开了大门，但各地政府部门在执行上则面临各种难题。比如，许多城市的政府部门对网约车行业的准入门槛设置过高，迫使大量网约车不得不在灰色地带继续运营，安全问题也层出不穷。

2018 年 5 月 6 日郑州空姐案和 8 月 24 日温州乐清案，接连发生的两起恶性刑事案件使顺风车的乘客安全问题受到广泛的社会讨论，网约车行业事中事后联合监管的问题被推到了风口浪尖之上。30 日，交通运输部办公厅等七部门随即印发《关于加强网络预约出租汽车行业事中事后联合监管有关工作的通知》，要求建立健全联合监管工作机制，共同推动网约车行业健康发展。此后，交通运输部等部门又约谈网约车平台企业，敦促整改。

交通运输部等十部门自9月5日起又对网约车顺风车平台企业进行为期半个月的进驻式全面安全专项检查。2018年9月11日，交通运输部办公厅和公安部办公厅联合发出《关于进一步加强网络预约出租汽车和私人小客车合乘安全管理的紧急通知》，要求2018年12月31日前“在全国范围组织开展打击非法从事出租汽车经营的专项整治行动”，“全面清退不符合条件的车辆和驾驶员，并基本实现网约车平台公司、车辆和驾驶员合规化”。

2018年11月28日，交通运输部等联合检查组成员单位召开网约车顺风车进驻式安全专项检查工作新闻通气会，通报了检查中发现的突出问题和安全隐患，并要求8家主要网约车顺风车平台公司限期整改。

在公众舆论压力和政府强力监管的共同作用下，网约车平台公司将进一步加快平台内车辆和驾驶员的合规化进程，并配合政府部门完成数据对接和合规监管。但是，这是否会使网约车出租车化？是否会让代表未来发展趋势的网约车倒退？“打车难”“打车贵”的问题是否会复现？这些问题都是拷问网约车监管的关键问题，也是值得学者与监管部门关注的重要议题。可以预见的是，在各地网约车监管政策不松动不退让的情况下，网约车合规化将经历一场艰难的过程。

二、出题角度分析

网约车近几年在我国市场上发展比较快，签约司机增速非常快，用户量逐渐增多，使用范围逐渐扩大。为了维护正常的出行市场，政府更倾向于建立严格的市场运营和监督制度。随着行业内部出现一系列焦点事件，国家和各地政府网约车政策渐进式出台，这已经成为公共管理和公共政策学科考查的重点热点事件。真题集中于案例题或论述题等形式的考查，考生首先要熟悉这个过程，利用公众议程、网媒议程和政府政策议程设置相结合的相关知识点展开网约车政策分析。

三、答题思路总结

1. 董石桃（广州大学公共管理学院教授，廉政研究中心副主任，博士生导师）等人的观点：渐进性调适：公众议程、网媒议程和政策议程互动的演进过程分析——以“网约车”政策出台为研究对象[①]

公众议程设置的影响因素在于利益诉求和表达机会；网媒议程设置的影响因素在于媒体的选择性和交互性；政府政策议程设置的影响因素在于政府的自主性和政策问题建构性。基于公众议程、网媒议程和政策议程设置的内外影响因素，构建了三者互动的基本分析框架。

按照政策出台不同阶段中公众、网媒和政府的参与度、影响度和行动方式的

① 董石桃，蒋鸽. 渐进性调适：公众议程、网媒议程和政策议程互动的演进过程分析——以“网约车”政策出台为研究对象［J］. 中国行政管理，2020（01）.

不同，将网约车政策出台过程分为四个阶段。

第一阶段：公众议程、网媒议程和政策议程的互动缺失

2014 年 7 月，快的打车成为国内首家网络预约专车的平台。随后，滴滴、易到等约车公司也推出专车业务。网约车推出不久，为了抢占市场，开始对乘客和司机进行大规模补贴，其消费群体逐渐扩大。最开始，网约车的运营模式在公众中还存在较大争议。此时，地方政府政策议程是基于政府自主性单方面开启的。对于新生事物，尽管公众有争议，部分开启了公众议程，但是政府此时并未开启和公众议程的互动。大部分地方政府依据我国 2014 年 9 月通过的《出租汽车经营服务管理规定》，对网约车持反对态度。政府单方面的政策议程设置，使公众对于网约车的争议越发激烈。

这一阶段中只有公众议程和政策议程初始启动，网媒议程暂时缺席，政府单方面开启了政策议程设置。

第二阶段：公众议程、网媒议程和政策议程的互动生长

2014 年 12 月 25 日，上海将网约车定性为黑车进行打击，并查扣 12 辆专车的事件，引起部分网媒的报道。2015 年 1 月，由于“份子钱”过高和网约车抢生意，沈阳、长春、济南、成都、南昌等地的出租车相继罢运。同时，北京市交通执法总队表示将大力打击用手机软件等从事非法运营的车辆，将“网约车”定性为“黑车”进行打击，一经发现最高罚 2 万元。2015 年 1 月 7 日，使用某软件在济南西站送客的陈某，被济南市客运中心的执法人员认定为非法运营，罚款 2 万元，陈某向法院起诉，该案件被称为“专车第一案”。此案成为社会焦点事件，引发了大量网媒报道，有关网约专车的事件成为报道热点，专车开始被大部分公众所熟知，网媒报道进一步引发公众关注，公众议程与网媒议程的互动开始频繁。但是此时政府还停留在自己单方面议程设置，没有回应公众议程和网媒议程。

第三阶段：公众议程、网媒议程和政策议程的互动发展

2015 年 1 月 8 日，面对网约车事件的公众舆论浪潮，交通运输部终于做出回应，表示“网约车”服务对满足运输市场高品质、多样化、差异性需求具有积极作用。各类“网约车”软件公司应当遵循运输市场规则，承担应尽的责任，但禁止私家车接入平台参与经营。2015 年 10 月 10 日，交通运输部公布了《网络预约出租汽车经营服务管理暂行办法（征求意见稿）》，向社会公开征求意见。交通部的政策问题建构使公众议程、网媒议程和政策议程三方互动获得发展。公众与网媒经由议程互动而形成的利益诉求已传达至政府，中央相关政府部门开始通过一定的方式和公众、网媒议程进行互动。

第四阶段：公众议程、网媒议程和政策议程的互动形成

2016 年 7 月 28 日，交通运输部、工业和信息化部等 7 个部门联合颁布《网

络预约出租汽车经营服务暂行办法》（以下简称《暂行办法》），围绕《暂行办法》，公众议程、网媒议程和政策议程进行了较为充分的互动。

（1）从公众议程和政策议程的互动来看：

①通过对网民观点的梳理发现，43%的网民对新政持支持和赞扬的态度，23%的网民表示期待相关配套措施的出台，15%的网民认为需要加强监管、确保政策落地，而给出负面评价的仅占19%。

②新政出台后，各打车平台相继回应。平台认为《暂行办法》充分考虑了市场需求，平衡了新旧业态发展，照顾到了人民群众的实际出行需要。

③出租车行业对新政的评价也较高，如一家交通集团董事长认为新政体现了监管部门“依法治理，规范经营”的决心，有助于让目前无序竞争的出行市场回到健康发展的轨道。

④新政出台后没有出现类似于专家公开质疑的情况，部分专家学者认为，新政对共享经济的发展具有里程碑式的意义。

（2）从网媒议程和政策议程的互动来看，其焦点主要集中在对网约车的评价、政策解读、利弊分析等方面。

总之，这一阶段政府通过多种渠道与公众和网媒进行沟通，公众积极献策，网媒对新政不断进行宣传和解读，三方互动基本成型。

通过网约车政策形成的演进过程分析，可以发现三者互动是渐进调适形成的，从单方面启动，互动缺失，再经由公众议程推动，网媒议程的介入，公众和网媒议程的互动推进，最终形成三者成熟互动的形态。三者在互动中的主体角色体现在：公众议程设置是基于先导性和基础性的渐进调适，网媒议程设置是基于平台性和包容性的渐进调适，政策议程设置是基于自主性和被动性的渐进调适。网媒是三方议程互动重要的中介环节，但能否推动对政策议程设置的转变，最终取决于公众议程设置定向需求和政策议程设置自主性的契合程度。

2. 马亮（中国人民大学国家战略与发展研究院反腐败与新政治经济学研究中心研究员、公共管理学院教授）和李延伟（南京师范大学公共管理学院副教授）的观点[①]

（1）现状

经数据统计和定量分析，我国城市网约车监管政策呈现出如下的现状。

①国务院对网约车平台公司提出了一揽子的要求，而各地政府在履行方面的表现参差不齐。这意味着各地关注的焦点主要集中在车辆和驾驶员，因为对平台

① 马亮，李延伟．既得利益、多重动机与分享经济治理：中国城市网约车监管政策的实证研究［J］．甘肃行政学院学报，2018（05）．

公司的监管相对直接和容易。

②城市之间的差别较大，并表现出较强的波动性。这说明各地在网约车监管政策方面有很大差别，而并非完全“一刀切”或“铁板一块”。

③对车辆和驾驶员的要求存在较强的相关性，说明对车辆要求严格的城市也会对驾驶员提出较严格的要求。

（2）网约车包容度的影响因素

各地网约车监管政策差别很大，在探究网约车包容度的影响因素的研究中，得出如下结论。

①如果来自当地出租车行业的抗争压力较大（比如出租车司机罢运），那么地方政府会迫于压力而对网约车“重拳出击”。

②公共交通发展得越好，城市越有可能对网约车平台公司提出更高的要求，但是并不会影响城市对网约车车辆的要求。

③在交通拥堵严重的城市，进一步发展网约车的意愿不强，并会加强对网约车的监管。调查结果显示交通拥堵不是影响网约车监管政策的关键因素。

④网约车创造了大量新型就业岗位，所以在失业率较高的城市，发展网约车的需求较大，放宽网约车准入门槛的可能性较大。结果显示，失业率较高的城市对网约车车辆也提出了较高的要求，但是却不影响驾驶员的进入门槛。

⑤大量网约车进入城市道路，会造成较为严重的空气污染，空气污染严重的城市更倾向于设立较高的网约车驾驶员门槛。

⑥城市的行政级别越高，作为区域中心城市的辐射带动效应越大，越有可能采取更加严格的监管政策，避免邻近城市的车辆和驾驶员进入本地市场。

（3）结论与政策建议

当前各地网约车监管政策仍然存在过于严苛和门槛过高的问题，不利于网约车的合规化运营、公平竞争和健康发展。究其原因，各地政府出于保护地方市场、维护在位企业利益和便于监管等因素，选择对网约车采取严苛的监管政策。为此，我们提出如下政策建议，促进网约车等共分享经济的包容审慎监管。

首先，强化对网约车的包容审慎监管立场，纠正各地网约车监管政策的错误导向和不当规定，并加强利益相关者的协同治理。

其次，合理摆正出租车和网约车的关系，加快出租车的退出和转型，并推动网约车合规化运营。

最后，创新政府监管技术和手段，使政府监管更好地适应交通运输新业态的发展需求。

专题九　公民网络政策参与：政策主体

一、概况介绍

在传统媒体背景下，公民在政策参与过程中往往处于被动地位，公民作为独立的个体，自身的合法权益也不容易被关注，导致公民在政策参与过程中积极性不高。但是参与具有归属感和政治效能感，能够培养公民对政治制度的信任。参与增强合法性，合法性产生社会稳定。因此公民政策参与对社会稳定发展有着不可替代的作用。新时代的自媒体情境，使公民能够把自己的利益诉求便捷地表达出来，并容易形成更强的舆论力量，从而对政策制定产生更大的影响，使公民能够积极地参与到政策参与的过程中来。自媒体的迅猛发展，对公民网络政策参与既是机遇，又是亟须应对的挑战。

现今自媒体情境下，对诸如城市生活垃圾分类政策、高铁“霸座”事件后完善的立法、住房政策等与居民生活息息相关的政策，在其整个政策生命周期中，政府越来越重视科学化、民主化建设，公民参与程度不断加大，如从政策出台前通过网络广泛征集民意到召开政策座谈会等。足以见得，我们的社会正在向好的方向发展，公民的合法权益也越来越得到尊重。

二、出题角度分析

在政策科学理论视野中，政府与公民的关系被认为是公共政策过程的基础。在政策参与的过程中，公民不断调试着与政府的关系。在传统媒体背景下，公民往往处于被动的地位；而在新时代的自媒体情境下，公民能把利益诉求便捷地表达出来，并容易形成更强的舆论力量，从而对政策制定产生更大的影响，使公民能够积极地参与到政策参与的过程中来。这是公共管理和公共政策领域的巨大进步，考官们自然是希望考生能对该进步有所涉猎、有所思考。真题集中以论述题或案例题的形式来考查，答题思维要开阔，参考前几个热点案例的分析，也能得到一些可用的语言。

三、答题思路总结

1. 学者施锋娇的观点：自媒体情境下公民网络政策参与的机遇与挑战①

（1）自媒体促进了网络政策参与主体的扩大化

自媒体情境下网络的传播特点——传播速度快且实时和传受主体互动性强，使得公民网络政策参与的主体范围更加广泛，便捷了公民网络政策参与的实现途径，提高了公民进行网络政策参与的参与意识，也直接扩大了网络政策参与的参与阶层。

自媒体时代，所有人都无法置身事外，每个人都是自媒体的参与者，每个人都可以成为发言人。自媒体打破了地域、年龄、职业、受教育程度的限制，以其强大的开放性和交互性特点，很好地实现了公民在短时间内的政策参与与即时互动，不仅对公民的社会行为产生了影响，也影响了公民的政治行为，促使政策参与的参与阶层不断扩大，参与广度不断拓宽。

另外，自媒体的传播特点极大地促进了网络政策参与主体的参与积极性。

原因在于：

①自媒体的参与门槛很低。自媒体往往以简捷便利为原则为用户提供服务，用户只要经过简单的注册申请，一般就可以免费参与到自媒体所提供的平台中去。

②自媒体有一定的公共性。这就意味着人际间的隐私更加模糊，自媒体鼓励人们去关注、去评论、去转发，这在一定程度上极大地鼓励了公民政策参与的参与积极性。

③自媒体的平台立场使得不同群体的不同立场、不同观点和不同利益诉求都能够在自媒体得到表达，任何身份背景的人都可以参与其中。

政策参与主体范围的扩大和参与积极性的提高，也影响了公民政策参与的深度。自媒体的传播快速实时、传受主体互动性强以及裂变式传播的特点，必然会导致信息能够在短时间内产生巨大的社会影响力。一个热点问题、一条轰动性的消息，一旦进入自媒体平台，就极有可能成为社会热点问题，引起公民的极大关注和热烈讨论，产生深远的社会影响。这塑造着政策问题，影响着政策议程的建立。

（2）自媒体深刻拓展了公民政策参与的动机

传统媒体条件下，公民政策参与的动机大多是为了体现公意，实现社会资源的重新分配和合理优化配置。而在自媒体条件下，信息的传播环境发生了根本性

① 施锋娇．自媒体情境下公民网络政策参与的机遇与挑战［J］．中国行政管理，2019（09）．

的改变，“所有人对所有人”的信息交流方式变成现实，信息传播实现了真正的“个人化”。个人的利益诉求有了极其便捷的表达渠道，因此为实现个人利益、维护个人权益的参与动机越来越成为公民政策参与的主要动机。

具有开放性、互动性的自媒体逐渐成为公民表达意见、发表观点的新平台。通过这个平台，公民可以更加快捷地参与社会活动，参与公共政策的制定过程，进而促进公共决策的科学化、民主化，以达到维护其个人利益的目的。

（3）自媒体情境下的网络多元参与和无序参与

传统媒体条件下，公民政策参与的方式和程序主要是“自上而下”的权威引导，例如有关机关或部门组织的座谈会、听证会、民意调查等，政府等权威部门是政策问题的界定者。而自媒体提供了便捷的个人诉求表达渠道，因此实现个人利益的“自下而上”的大众驱动型的参与方式越来越成为公民政策参与的主要方式，每个人都可以通过自媒体的表达参与到政策问题的建构中。

但是，由于制度、传统、公民特性等各方面的差异，自媒体环境中的公民政策参与也表现出了明显的无序性特点。自媒体平台上那些欺骗性或极端的不良信息极大地威胁了公民的理性判断，也危害了社会的和谐稳定。

而这种无序性体现为虚假信息泛滥、盲目参与和情绪化参与等情况。

无序参与的直接后果是使政府的政策过程运行难度加大，无序参与对政府最大的挑战是政府回应机制的建立与完善。自媒体时代，公民的利益诉求越来越多地涌现出来，社会问题极易被聚焦，政府处理不善就很容易形成公共危机。

（4）以制度化促进公众网络参与的政策效果

多年来，在自上而下的权威引导和自下而上的大众驱动作用下，公众政策参与已经成为我国公共政策过程中重要的一部分，但总体而言，我国公众政策参与的实际效果并不理想，其中一个重要的原因就在于参与成果的制度化与再制度化程度不高。

公共政策的作用是形成针对特定公共问题的可操作决策，本质上属于操作选择规则，制度不仅涵盖作为操作细则规则的政策，还包括不用于处理具体问题却为处理具体问题的决策提供平台的先发选择规则和集体选择规则，因而制度是内核，政策是制度的延伸，制度规定着政策，政策是在特定制度平台上运行的。因此，对参与成果的制度化与再制度化过程是衡量公众政策参与有效性的重要指标。

自媒体既是我国发展和完善公众网络政策参与的机遇，也是挑战。自媒体不但扩大了网络政策参与的主体范围和参与广度，也拓展了网络政策参与的参与动机，个人利益诉求得到了更便捷的表达渠道，而且网络政策参与制度化成果显著。但同时也该注意到无序参与和参与有效性问题的存在，这就需要多方面的共同努力。对于网民来讲，需要提高有序参与能力，以公正、客观、理性的态度进行网络政策参与。对主流媒体而言，新闻报道要以维护公共利益为己任，在热点问题、敏感问题面前，主流媒体坚决不能失声，不能落后，舆情越是复杂，越是要给出自己的判断，发出自己的声音。正如习近平总书记所说，要“高度重视传播手段建设和创新，提高新闻舆论传播力、引导力、影响力、公信力”。政府也应该积极转变执政观念，努力营造一种便捷、透明、高效的政策参与氛围，增强在自媒体时代的危机公关能力。自媒体时代的公众政策参与必然会出现很多问题，但只要我们积极应对，网络政策参与在我国依然会有良好的发展前景。

2. 学者王法硕（华东师范大学经济与管理学院副教授）的观点：公民网络参与公共政策过程研究[①]

20 世纪 90 年代中期，网络信息技术开始在全球范围内蓬勃兴起，一场轰轰烈烈的互联网科技革命带来了网络信息时代。互联网改变了人类政治生活方式。数量惊人的网民开始形成一股重要的力量参与和影响着中国政治和公共政策。网络参与成为我国当前民意表达、政治参与的重要途径，改变了传统意义上的中国公共政策过程。

从宏观层面看，公民网络参与的背景和参与途径构成政策网络存在的环境。

公民网络参与产生和生长于一定的政治、经济、技术和社会大背景之下。现实途径中公民政治参与的失灵使公民将实现政治参与的希望寄托给互联网，政党执政理念的更新为网络参与提供了合法性；网络经济的发展及国内外经济形势的变化提升了公民网络参与的能力和热情；信息技术和互联网技术的飞速发展为网络参与的实现创造了可能性；市民社会在中国的初步孕育和发展更成为网络参与不断壮大的助推器。网络论坛、政府网站、博客和微博等网络应用是公民网络参与的主要途径。

通过实证考察得出结论：作为公民网络参与平台的网络论坛、政府网站、博客、微博等网络应用对塑造网络民意、推动网络民主、增进政治沟通起到积极的促进作用。

从微观层面看，政府、媒体、社会组织、网民等网络参与的行动者为了实现行动目标展开互动形成了公民网络参与公共政策过程的政策网络。

公民个体或群体借助互联网上的各种应用平台向政府进行偏好表达和意见输入，网络参与对包括议程设置、方案选择和政策执行在内的政策过程各阶段施加

---

① 王法硕，公民网络参与公共政策过程研究［D］. 上海：复旦大学，2012.

了影响。而在网络参与的另一端，面对来势汹涌的网络民意，作为政策制定和执行主体的政府需要做出回应。网络参与具有双重效应，对政府管理来说既构成了巨大挑战又发挥了积极作用。在网络参与初期，政府主要采取以监控为主的应对措施，而随着对网络参与认识的加深，越来越多的地方政府和政治领导人不再视网络参与为洪水猛兽，而以开放的姿态、包容的心胸直面网络民意，应对网络参与的策略从严格监控逐渐转变为积极回应和主动引导，政府应对方式的变化体现为由堵到疏的政策学习过程。

通过对公民网络参与公共政策过程的背景、途径、阶段及政府应对的详细考察，得出结论：网络民意和政府态度是影响公民网络参与的核心变量，政治精英、知识精英、大众传媒、社会组织、知名人士等是外围变量。政府和政治精英的态度是影响网络参与最重要的决定因素。

虽然当前公民网络参与对公共政策过程产生越来越重要的影响，但是其纵深发展仍然面临若干困难和瓶颈的制约：

（1）网络参与存在代表性结构失衡；

（2）互联网自由、开放等特性容易滋生无序网络参与；

（3）充斥于互联网上的西方意识形态和多元价值观有瓦解我国主流意识形态的危险；

（4）作为新媒体的互联网容易诱发网络参与出现“沉默螺旋”和“反沉默螺旋”效应；

（5）网络参与过程中可能产生群体极化等非理性群体心理。

要推动公民网络参与的良性发展，王教授提出制度、法律、道德三位一体的优化建议：

（1）要构建公民网络参与保障体系，缩小网络数字鸿沟，提升政府网站和政务微博水平，加强对网络参与的回应；

（2）要推动公民网络参与立法进程，保护公民网络言论自由权；

（3）要塑造公民网络参与伦理道德，倡导网络参与道德自律，培育公民网络参与精神，建构网络时代行政伦理。